Helmut LICHOWSKI
Einar SLADEČEK
Maria HUMER

POLITISCHE BILDUNG UND RECHT

Ausgabe für BHS

Verlag Hölder-Pichler-Tempsky GmbH
www.hpt.at

Mit Bescheid des Bundesministeriums für Unterricht und kulturelle Angelegenheiten, Zl. 40.283/1-V/2/96 vom 13. Juni 1997, als für den Unterrichtsgebrauch im Unterrichtsgegenstand „Politische Bildung und Recht" geeignet erklärt für Höhere Lehranstalten für Tourismus und Höhere Lehranstalten für wirtschaftliche Berufe für den IV. und V. Jahrgang, Höhere Lehranstalten für Mode und Bekleidungstechnik und Höhere Lehranstalten für künstlerische Gestaltung für den V. Jahrgang, Aufbaulehrgänge für Tourismus für den III. Jahrgang, Handelsakademien für den IV. und V. Jahrgang, Aufbaulehrgänge der Handelsakademien für Berufstätige für den III. Jahrgang, Handelsakademien für Berufstätige für das 1. und 2. Semester, Handelsakademie-Kollegs und Handelsakademie-Kollegs für Berufstätige für das 3. und 4. Semester.

Mit Schreiben des Bundesministeriums für Unterricht, Kunst und Kultur vom 14. Juni 2013, GZ. BMUKK-5.034/0034-B/8/2013, wurde die aktualisierte Fassung für folgende Schularten zugelassen: Handelsakademien, Höhere Lehranstalten für wirtschaftliche Berufe, Höhere Lehranstalten für Mode, Höhere Lehranstalten für Tourismus.

Dieses Schulbuch wurde auf der Grundlage von Rahmenlehrplänen erstellt; die Auswahl und die Gewichtung der Inhalte erfolgen durch die Lehrerinnen und Lehrer.

Schulbuchnummer: **2993**

Sehr geehrte Lehrerinnen und Lehrer!
Zu diesem Schulbuch gibt es im Internet unter der Adresse
www.hpt.at/schulbuchplus
ein kostenloses Angebot an Zusatzmaterialien.

Bildnachweis: Auer: 39, 65, 66, 69, 106, 122, 130, 133, 342
Eurostat: 332
HPT-Archiv: 26, 47, 62, 119, 137
Humer M.: 115 (unten 2), 123 (2) (oben u. unten), 148
Humer St.: 22, 107, 115, 123,131
Österr. Gesellschafts- u. Wirtschaftsmuseum: 27, 93, 103, 104, 256, 156
Österr. Staatsdruckerei: 265, 266, 306, 120
*Plasmatic Solutions: 115 (oben), 160, 169, 181, 189, 202, 225, 232, 273, 283, 289, 300, 340,
Sachartschenko: 110
*Plasmatic Solutions (www.plasmatic.at, office@plasmatic.at)

Die Autor/innen und der Verlag bitten, alle Anregungen und Vorschläge, die dieses Schulbuch betreffen, an folgende Adresse zu senden: Verlag Hölder-Pichler-Tempsky GmbH, Frankgasse 4, A-1090 Wien, E-Mail: service@hpt.at

Zu diesem Lehrwerk gibt es für Lehrerinnen und Lehrer kostenlose Begleitmaterialien (zu beziehen über den Verlag bzw. im Internet abrufbar unter der Adresse www.hpt.at/schulbuchplus).

Umschlaggestaltung: Atelier Udo Reisinger, Wien
Schulbuchvergütung/Bildrechte © VBK/Wien

12. Auflage 2015 (12,00)

Satz: Satz-Profi Josef Pavlas, 1110 Wien
Druck und Bindung: Brüder Glöckler GmbH, 2752 Wöllersdorf

ISBN 978-3-230-02024-6

Vorwort

Unsere Aufgaben, in denen wir Rechtswissen benötigen, werden von Jahr zu Jahr zahlreicher. Denken wir dabei nur an die Rechtsfragen in Zusammenhang mit den neuen Informationstechnologien wie Internet, digitale Unterschriftsleistung usw. Dementsprechend werden wir alle jährlich von einer Flut an Gesetzen überschwemmt, und nicht einmal Fachleuten gelingt es heute, den Überblick zu bewahren.

Daneben gibt es jedoch ein gewisses **juristisches Basiswissen**, das zwar nicht auf alle Detailfragen eine Antwort geben kann, uns jedoch auf jeden Fall weiterhilft, wenn ein Rechtsproblem auftaucht. Und zwar auf eine Weise weiterhilft, durch die wir

- einen Überblick über die Zusammenhänge in Politik und Gesellschaft erlangen,
- ein Wissen über politische und rechtliche Grundstrukturen erwerben, mit dem wir ein Spezialwissen aufbauen und in die Fachliteratur einsteigen können,
- wissen, in welchen Gesetzen, bei welchen Behörden, Gerichten, Organisationen oder auf welchen Internetseiten wir weitere Informationen finden,
- uns bereits vorbeugend rechtlich richtig, d. h. vor allem „beweissichernd", verhalten,
- einen politischen oder rechtlichen Sachverhalt einem Spezialisten brauchbar schriftlich oder mündlich darlegen können.

Das Buch versucht – unter Einhaltung der jeweiligen Lehrpläne – die oben geschilderten Ziele zu erreichen. Dabei wurden jene Gebiete **ausführlich** behandelt, die in unserem Privat- bzw. Berufsleben besonders **häufig** vorkommen. Sachgebiete, bei deren Befassung zumeist eine einschlägige Berufsausbildung vorangehen muss, wurden nur überblicksmäßig dargestellt.

Im Allgemeinen geht das Buch jedoch weit über die geschilderten Ziele hinaus, weil es den Absolventinnen und Absolventen auch nach dem Abschluss ihrer Ausbildung (und in vielen Fällen auch während eines Studiums oder einer Berufstätigkeit) als **Nachschlagewerk für Rechtswissen** dienen soll. Daher bleibt es den Lehrern/-innen, Instruktoren/-innen, Kursleitern/-innen – oder ganz einfach interessierten Leser/innen – überlassen, hier die entsprechenden **Schwerpunkte** je nach Eingangsvoraussetzungen, Berufszielen, Lehrzielen oder nach der juristischen Fragestellung zu setzen. **Aktuelle Entwicklungen** werden in diesem Buch ebenfalls berücksichtigt, etwa im Fall des Fern- und Auswärtsgeschäftegesetzes (FAGG) 2014 oder des Verbraucherkreditgesetzes (VKrG) 2010.

Wir haben uns darüber hinaus auch bemüht, **jedes einzelne Kapitel** als eine geschlossene **Einheit** darzustellen, sodass man im Prinzip mit jedem Buchkapitel beginnen kann – eben dadurch hält sich auch die Zahl der Querverweise in Grenzen.

Zahlreiche **Arbeitsaufgaben** mit einfachen **Rechtsfällen** sowie Diskussionsanregungen am Schluss jedes Kapitels sollen das Weiterdenken über die gebotene Information hinaus erleichtern. Daneben wurden sowohl in die einzelnen Kapitel als auch in den Schluss des Buches zahlreiche praktische Tipps eingearbeitet (z. B. Internetadressen oder Anhang 1: Übersicht über die juristischen Berufe, Anhang 2: Die Zustellung von Schriftstücken). Ein Sachregister erleichtert das Auffinden von Begriffen. Die Symbole am Rand sowie die zweifarbige Darstellung sollen die Struktur des Lehrstoffes erleichtern. Zusätzlich finden Sie Arbeitsblätter zu den einzelnen Rechtsbereichen im Internet unter www.hpt.at/schulbuchplus.

Für die rechtliche Detailberatung im Bereich des Privatrechts danken wir Herrn Dr. Johannes Sääf, RA em., Unternehmensberater und Dozent, im Bereich des Mietrechts Herrn Josef Rohr, Immobiliensachverständiger in Wien, im Bereich des Straßenverkehrsrechts Herrn Christian Vereby, Fahrschulinhaber in Wien.

Wien, im Juni 2015

OStR. MMag. Dr. Helmut Lichowski, Lehrbeauftragter *FH Wiener Neustadt – Institut für Recht, Prof. i. R. BHAK Wien 12*

Hofrat Dr. Einar Sladecek, *Lektor an der FH Campus Wien, Vorsitzender der Patientenschiedsstelle der Ärztekammer für Wien, Präsident des Arbeits- und Sozialgerichts Wien i. R.*

Prof. MMag. DDr. Maria Humer, *Lehrerin an der HLW Theresianum Eisenstadt, HAS und HAK-AUL SZ Friesgasse*

Inhalt

„Wer sich den Gesetzen nicht fügen will, muss die Gegend verlassen, wo sie gelten“.
(Johann Wolfgang von Goethe)

Grundbegriffe der Rechtslehre

Jedes Wissensgebiet hat seine eigene Fachsprache mit Fachbegriffen. Diese Fachbegriffe haben mitunter eine andere Bedeutung, als dies vom Laien angenommen wird. Es ist daher sinnvoll, vor der Vertiefung in ein neues Wissensgebiet wichtige Grundbegriffe zu erklären.

I. Die Rechtsordnung

„Auge um Auge, und die ganze Welt wird blind sein.“ (Mahatma Gandhi)

Wer kennt sie nicht, Redewendungen wie „Für Recht und Ordnung sorgen“ oder „Andere Länder, andere Sitten“. Menschen leben höchst selten als einzelne Wesen – auf sich allein gestellt, ohne Kontakt zu anderen Menschen. Menschliche Gemeinschaften schaffen seit jeher Verhaltensregeln für ihr Zusammenleben. Dies gilt auch für Staaten sowie Zusammenschlüsse von Staaten.

Nahezu alle staatlichen Gemeinschaften regeln das Leben und Zusammenwirken von Menschen durch jeweils gültige Rechtsordnungen.

Aus Beispielen der Geschichte wissen wir, dass eine funktionierende Rechtsordnung auf der Basis humaner Grundsätze für das sichere Zusammenleben von Menschen notwendig ist.

Was ist eine Rechtsordnung? Wofür braucht man eine Rechtsordnung? Welche Normen bilden eine Rechtsordnung? Was ist eine Norm? Wer schafft Normen? Müssen Normen befolgt werden? Welche Arten von Normen gibt es? Wo kann man sich über geltende Normen informieren? Was passiert, wenn ein Sachverhalt nicht durch Normen geregelt sein sollte?

Diese und weitere damit im Zusammenhang stehende Inhalte werden im folgenden Abschnitt behandelt.

A. Normen allgemein

Der Mensch wird in eine Gemeinschaft hineingeboren. Ein funktionierendes Zusammenleben bedarf einer ordnenden Gestaltung. Diese Ordnung ist von Regeln bestimmt, die als Normen bezeichnet werden.

Normen enthalten Vorschriften für menschliches Verhalten und entsprechen damit „Spielregeln“ des menschlichen Zusammenlebens.

Es gibt verschiedene **Normenordnungen**, die diese Aufgabe erfüllen, wobei die Rechtsordnung wohl die Bedeutendste ist. Vielfach prägen auch religiöse Lehren das Leben der Menschen.

Die **Rechtsordnung** ist die Summe aller staatlichen Normen, die für das menschliche Zusammenleben gelten.

Diese von staatlichen Organen und damit von Menschen eingesetzten Normen beanspruchen eingehalten zu werden. Sie sollen daher die Würde und Freiheit jedes einzelnen Menschen respektieren und garantieren.

Die Rechtsordnung soll gerecht sein. Sie wird von Organen geschaffen, weiterentwickelt und umgebaut. Eine Rechtsordnung soll das Wohlergehen der Allgemeinheit zum Ziel haben und dem Einzelnen persönliche Freiheit ermöglichen und sichern sowie Orientierung bieten.

Wenn ein Einzelner seine Freiheit missbraucht und in die Freiheitssphäre anderer eingreift, soll staatliche Macht dem betroffenen Opfer helfen.
Beispiel: Dem durch einen Verkehrsunfall Geschädigten wird zum Schadenersatz verholfen, wenn der Unfallgegner bzw. dessen Haftpflichtversicherung diesen nicht freiwillig leistet. Wird trotz Verurteilung nicht bezahlt, kann eine Exekution durchgeführt werden.

B. Moral, Sitte, Religion, Recht

Das Recht allein ist jedoch nicht in der Lage, alle Situationen des menschlichen Zusammenlebens zu regeln. Auch Religion, Sitte und Moral erfüllen Ordnungsaufgaben.

♦ Sitte

Die **Sitte** ist eine allgemein ausgeübte Verhaltensweise einer bestimmten Gruppe, z. B. eines Volkes, die eingehalten wird, weil es sich „so gehört". Sie wird vom Einzelnen befolgt, um die Wertschätzung der Mitbürger/innen nicht zu verlieren.
BEISPIEL: Tischsitten, Grußformen

♦ Moral

Die **Moral** wendet sich an das Innere des Menschen. Deren Gebote sind Forderungen an das eigene Gewissen. Wer so handelt, tut dies nicht nur wegen der Achtung oder Missbilligung durch andere, sondern um vor sich selbst, vor seinem Gewissen, bestehen zu können.
BEISPIEL: Ehrlichkeit, Hilfsbereitschaft

♦ Religion

Die **Glaubensinhalte einzelner Religionen** wenden sich vor allem an Gläubige und gelten für die Mitglieder der jeweiligen Religionsgemeinschaften. Abhängig von der Intensität des persönlichen Glaubens werden die jeweiligen Verhaltensvorgaben von den Gläubigen aus der Akzeptanz göttlicher Normen befolgt.
BEISPIEL: rücksichtsvolles Verhalten, Fasten zu vorgeschriebenen Zeiten

♦ Recht

Das Recht ist die für eine menschliche Gemeinschaft verbindliche Ordnung des menschlichen Zusammenlebens, die gerecht sein soll und notfalls auch mit Zwang durchgesetzt werden kann.

Das **Recht** ist dadurch gekennzeichnet, dass es unabhängig von Missfallensäußerungen anderer oder eventuellen persönlichen Gewissensbissen, wenn nötig auch mit staatlicher Zwangsgewalt durchgesetzt werden kann.

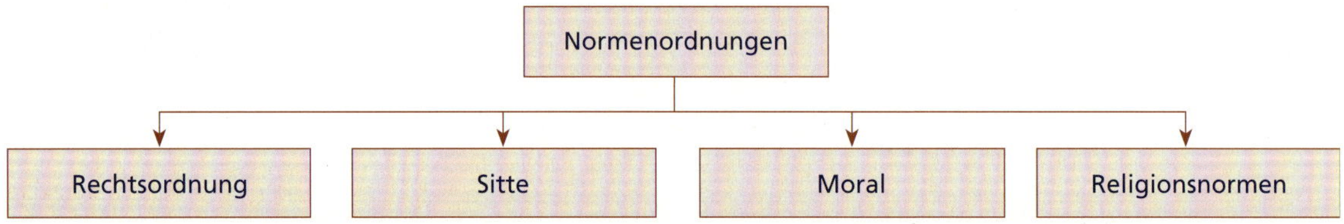

Sitte und Moral haben mit dem Recht eine Reihe von gemeinsamen Merkmalen, unterscheiden sich aber von ihm in mehrfacher Hinsicht.

Wer die **Moral** verletzt, hat dies vor seinem Gewissen zu verantworten und bekommt eventuell ein schlechtes Gewissen.

Wer die **Sitte** missachtet, erfährt die Missbilligung der Gesellschaft und wird gemieden. Wen das nicht stört, der kann sittliche Verhaltensweisen auch ignorieren.

Wer **religiöse Ge- und Verbote nicht befolgt**, wird je nach Tiefe seines Glaubens von Schuldgefühlen geplagt, von anderen Gläubigen gering geachtet oder hat mit Sanktionen seitens der Religionsgemeinschaft zu rechnen.

♦ Sanktionen

Normen	Sanktionen bei Nichteinhaltung
Sitte	Missbilligung und Missfallensäußerungen durch andere Gruppenmitglieder
Moral	schlechtes Gewissen, Gewissensbisse
Recht	Ermahnung, Geldstrafe, Freiheitsstrafe, Zwangsvollstreckung
Religion	von der jeweiligen Religionsgemeinschaft vorgegebene Sanktionen

C. Das Recht

Die einzelnen Rechtsnormen enthalten **Vorschriften** für menschliches Verhalten, die in Rechtsakten wie Gesetzen, Verordnungen, Bescheiden, Urteilen, Beschlüssen, Verträgen etc. nachzulesen sind.

Normen bestimmen:
- ♦ was Menschen tun oder unterlassen sollen (z. B. Straßenverkehrsordnung),
- ♦ mit welchen Rechtsfolgen sie bei Zuwiderhandeln zu rechnen haben (z. B. Strafrecht, Privatrecht),
- ♦ wozu Menschen ermächtigt sind (z. B. Verfassungsrecht, Strafvollzugsrecht, Exekutionsrecht)

1. Arten des Rechts

Naturrecht	Objektives Recht	Materielles Recht	Zwingendes Recht	Öffentliches Recht	Völkerrecht	Generelles Recht
Positives Recht	Subjektives Recht	Formelles Recht	Nachgiebiges Recht	Privat-recht	Innerstaatliches Recht	Individuelles Recht

a) Naturrecht – positives Recht

♦ **Naturrecht**
In früheren Zeiten vertrat man die Ansicht, dass Recht vorhanden sei und ohne menschliches Zutun existiere. Man meinte, es folge aus der Natur des Menschen, insbesondere aus seiner Vernunft. Es wäre nur noch notwendig, dieses **„Naturrecht"** zu erkennen.

♦ **Positives Recht**
Heute ist man überwiegend der Auffassung, dass die Gemeinschaft die Regeln für das Zusammenleben **selbst** schaffen muss. Als Rechtsquellen dienen **bewusste Rechtsetzung durch geschriebenes Recht** und **Gewohnheit**. Die solcherart in einer Gemeinschaft zustande gekommene und geltende Rechtsordnung nennt man **positives Recht**. Dieser Ausdruck wird abgeleitet vom lateinischen Wort „ponere" (– bestimmen, festlegen) und meint das von Menschen für Menschen „festgesetzte" Recht.

b) Objektives Recht – subjektives Recht

♦ **Objektives Recht**
Unter **objektivem Recht** versteht man die Gesamtheit aller vom Staat gesetzten Rechtsnormen.
BEISPIEL: §1295 ABGB: „Jedermann ist berechtigt, von dem Schädiger den Ersatz des Schadens, welchen dieser ihm aus Verschulden zugefügt hat, zu fordern."

♦ **Subjektives Recht**
Unter **subjektivem Recht** versteht man die für den Einzelnen aufgrund des objektiven Rechts abgeleitete Berechtigung.
BEISPIEL: Erfolgt eine konkrete schuldhafte Schadenszufügung, kann die betroffene geschädigte Person Ersatz fordern.

Materielles Recht – formelles Recht

♦ **Materielles Recht**
Materielles Recht ist jener Teilbereich des objektiven Rechts, der direkt und unmittelbar verschiedene Lebensbereiche regelt. Es beinhaltet also im Wesentlichen **Verhaltensnormen** bzw. regelt, welche **Ansprüche** jemand hat.
BEISPIEL: A kauft von B eine Sache und zahlt nicht. Ob B einen Anspruch gegen A hat, findet er im **materiellen Recht** (ABGB).

♦ **Formelles Recht**
Formelles Recht ist das Recht der **Rechtsdurchsetzung** (Verfahrensrecht, Prozessrecht). Es regelt die Form und Vorgangsweise der Durchsetzung jener Rechte, die aus dem materiellen Recht für den Einzelnen ableitbar sind.
BEISPIEL: Wie B obigen Anspruch gegen A durchsetzen kann, findet er im formellen Recht (Zivilprozessordnung). Wie mit einem eines Verbrechens Verdächtigen verfahren wird, regelt die Strafprozessordnung.

d) Zwingendes Recht – nachgiebiges Recht

♦ Zwingendes Recht

Zwingendes Recht ist Recht, das durch Vereinbarung der Parteien **nicht abgeändert** werden kann. Es handelt sich um „vereinbarungsresistentes" Recht. Dadurch soll bei bestimmten Rechtssätzen sichergestellt werden, dass entweder allgemeine Interessen oder die Interessen der am Rechtsverkehr teilnehmenden Personen gewahrt bleiben.

BEISPIELE: Regeln über Eingehen und Auflösen der Ehe (öffentliches Interesse an der Institution Ehe), Regelungen zur Geschäftsfähigkeit (Schutz des schwächeren Geschäftspartners)

♦ Relativ zwingendes Recht

Von **relativ zwingendem Recht** spricht man, wenn rechtliche Regelungen durch Vereinbarung disponierbar (= gestaltbar) sind. Sie können aber nicht zulasten, sondern nur **zugunsten** einer Partei abgeändert werden.

BEISPIEL: Viele Regelungen im Arbeitsrecht oder im Mietrecht können nur zugunsten von Arbeitnehmer/innen bzw. Mieter/innen durch Vereinbarung abgeändert werden.

Der meist schwächere Vertragspartner (Mieter/in, Arbeitnehmer/in) soll geschützt werden.

♦ Nachgiebiges Recht

Nachgiebiges Recht (= dispositives Recht) ist durch Parteienvereinbarung abänderbar. Diese Rechtssätze gelten dann, wenn keine Sondervereinbarungen getroffen wurden.

BEISPIEL: Regeln über die Fälligkeit von Forderungen, Regeln bezüglich des Erfüllungsortes

e) Öffentliches Recht – Privatrecht

♦ Öffentliches Recht

Das **öffentliche Recht** regelt das Verhältnis zwischen dem Staat und dem Einzelnen. Der Staat ist dabei dem Einzelnen übergeordnet.

BEISPIELE: Verfassungsrecht, Verwaltungsrecht, Prozessrecht

♦ Privatrecht

Das **Privatrecht** regelt die Rechtsbeziehung der Einzelnen zueinander, die sich gleichwertig gegenüberstehen.

BEISPIELE: Eherecht, Erbrecht

f) Völkerrecht – innerstaatliches Recht

♦ Völkerrecht

Das **Völkerrecht** regelt die Rechtsbeziehungen zwischen den einzelnen souveränen Staaten sowie übernationalen Organisationen, z. B. die Satzung der UNO, Staatsverträge.

♦ Innerstaatliches Recht

Das innerstaatliche Recht regelt die Rechtsbeziehungen zwischen den Rechtssubjekten und Rechtsobjekten innerhalb eines bestimmten Staates.

g) Generelles Recht – individuelles Recht

♦ Generelles Recht

Generelles Recht gilt für alle Mitglieder oder eine zumindest große Gruppe einer Rechtsgemeinschaft.

BEISPIELE: Privatrecht, ABGB, Strafrecht

♦ Individuelles Recht

Individuelles Recht enthält Befugnisse oder Verhaltensaufforderungen, die nur für den Einzelnen gelten.

BEISPIELE: Baubewilligung für ein Einfamilienhaus, Pensionsbescheid eines Sozialversicherungsträgers für einen Versicherten, Einantwortungsurkunde des Gerichts an einen Erben

2. Aufbau von Rechtsvorschriften – Normen

Die **Rechtsvorschriften (Normen)** bestehen aus:
Tatbestand (abstrahierter Sachverhalt) und
Rechtsfolge (Gesetzesbefehl).

Eine Norm ordnet bei gewissen, im Gesetz genau beschriebenen Voraussetzungen (Tatbestand) bestimmte Rechtsfolgen an.

Damit die Rechtsfolge eintreten kann, muss ein tatsächliches Geschehen (= der **Sachverhalt**, der „Fall") dem Tatbestand, der im Gesetz beschrieben ist, entsprechen.

BEISPIEL: § 727 ABGB: „Wenn der Verstorbene keine gültige Erklärung des letzten Willens hinterlassen … hat (Tatbestand), so findet die gesetzliche Erbfolge … statt (Rechtsfolge)."

Herr Müller stirbt ohne gültige Erklärung seines letzten Willens (Sachverhalt). Dieser Sachverhalt entspricht dem Tatbestand des § 727 ABGB, daher tritt die im Gesetz vorgesehene gesetzliche Erbfolge in Kraft.

Die Einordnung eines Sachverhalts unter einen Tatbestand nennt man **Subsumtion**. Dies ist die Aufgabe der Gesetzesvollziehung (Gerichtsbarkeit, Verwaltung).

D. Rechtsanwendung

Die **grundsätzliche Aufgabe des Rechtsanwenders** ist die Prüfung, ob sich ein konkreter Lebensvorgang (= **Sachverhalt**) einem gesetzlichen **Tatbestand mit all seinen Merkmalen** unterordnen lässt. Dieser Vorgang der Rechtsanwendung (= **Subsumtion**) läuft in folgender Weise ab:

- **Feststellen des Sachverhalts** durch den Rechtsanwender (mittels Beweisaufnahme, Beweiswürdigung);
- **Ermitteln der für die Entscheidung maßgeblichen Regeln** (Rechtssätze des objektiven Rechts) und Erkennen ihres Inhalts (Auslegung);
- **Prüfen, ob der festgestellte Sachverhalt dem Tatbestand untergeordnet** werden kann (Subsumtion);
- **Feststellen der** sich daraus ergebenden **Rechtsfolge** (Sanktion).

Die Rechtsanwendung ist keine rein mechanisch-logische Tätigkeit. In konkreten Sachverhalten können **unbestimmte Tatbestandsmerkmale** vorkommen, wie z. B. **gute Sitten, Treu** und **Glauben, Übung des redlichen Verkehrs, wichtige Gründe, tiefe Zerrüttung**. Ihr maßgeblicher Sinn muss durch den Anwender (Richter/in, Verwaltungsbeamte/r) mittels Auslegung oder Analogie klargestellt werden.

E. Stufenbau der Rechtsordnung

Stufenbau der Rechtsordnung bedeutet, dass die Basis der Rechtsordnung eine Verfassung bildet von der die weiteren Rechtsnormen ausgehen und abgeleitet werden. Diese müssen auch rückführbar sein auf die Verfassung und müssen somit den Inhalten und Vorgaben der Verfassung entsprechen.

Daraus ergibt sich, dass die Rechtsnormen in einer hierarchischen Beziehung stehen.

Die Bundesverfassung regelt die politisch-rechtliche Organisation des Staates sowie die Kompetenzen der Staatsorgane der gesetzgebenden und ausführenden Staatsgewalten.

Aufgrund der Bestimmungen der Bundesverfassung werden auf Bundesebene Bundesverfassungsgesetze (mit höherem Zustimmungserfordernis) und Bundesgesetze erlassen, auf Landesebene Landesverfassungsgesetze und Landesgesetze.

Auf Grundlage und im Regelungsrahmen von Bundes- bzw. Landesverfassungsgesetzen sowie Bundes- bzw. Landesgesetzen können Verwaltungsbehörden innerhalb ihres Aufgabenbereichs Verordnungen erlassen. **Verordnungen führen meist Gesetze näher aus.**

BEISPIEL: Das Schulunterrichtsgesetz enthält die fünf Notengrade – die Leistungsbeurteilungsverordnung legt fest, welche Leistung mit welcher Note zu beurteilen ist.

Gesetze und Verordnungen sind **generell-abstrakte Rechtsnormen**, da sie sich an einen unbestimmten Adressatenkreis richten.

Bescheide, Beschlüsse und Urteile sind **individuell-konkrete Rechtsnormen**, da sie sich an eine bestimmte Person richten.

Erst auf Basis einer nicht mehr anfechtbaren (rechtskräftigen) behördlichen Entscheidung dürfen **Vollstreckungshandlungen** (Exekutionen: z. B. Gehaltspfändung) vorgenommen werden.

Aufgrund von Gesetzen und Verordnungen fällen Behörden ihre **Entscheidungen für die jeweiligen Einzelfälle:**
- **Verwaltungsbehörden** in Form von **Bescheiden**
- **Gerichte** in Form von **Urteilen** oder **Beschlüssen**

Innerstaatlicher Stufenbau der Rechtsordnung

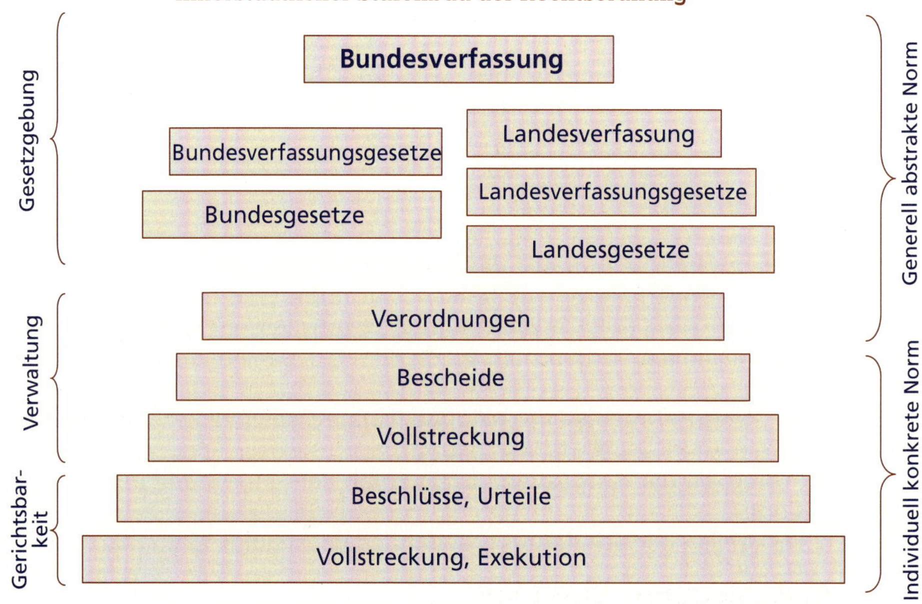

II. Rechtsquellen

„Etwas ist nicht recht, weil es Gesetz ist, sondern es muss Gesetz sein, weil es recht ist." (Charles-Louis de Montesquieu)

Jede Rechtsordnung basiert auf Rechtsquellen. Aber was ist mit Rechtsquellen gemeint?

Historisch betrachtet kommen als Rechtsquellen Naturrecht, religiöse Normen, Gewohnheitsrecht und geschriebenes Recht in Betracht. Gegenwärtig ist Naturrecht – abgesehen von Rechtsgrundsätzen – eher bedeutungslos. In den säkularisierten Staaten entfernen sich die immer diffiziler werdenden Rechtsordnungen zusehends vom Bezug auf religiöse Inhalte und Werte.

Für unsere Gesellschaft ist primär geschriebenes Recht maßgeblich.

Was bedeutet geschriebenes Recht und woher kommt es? Was gehört zu geschriebenem Recht? Wo findet man geschriebenes Recht? Was bedeutet Gewohnheitsrecht? Wie entsteht Gewohnheitsrecht?

Diese Fragen werden im folgenden Text behandelt.

A. Geschriebenes Recht

Die weitaus wichtigste Rechtsquelle ist das **„geschriebene" Recht.**

Geschriebenes Recht ist das von den dazu berufenen Organen erlassene Recht, wie: Bundesverfassung, Bundesverfassungsgesetze, Bundesgesetze, Landesverfassungen, Landesverfassungsgesetze, Landesgesetze, Verordnungen, Bescheide, Beschlüsse und Urteile.

In demokratischen Systemen sind für das Entwickeln und Beschließen von **Gesetzen** vom Volk gewählte Vertretungskörper zuständig (z. B. in Österreich: Nationalrat, Landtag).

Die genaue Vorgangsweise und (detaillierte) Zuständigkeit sind im Verfassungsrecht geregelt.

B. Gewohnheitsrecht

Gewohnheitsrecht ist das innerhalb einer (Rechts-)Gemeinschaft durch allgemeine, tatsächliche, lang andauernde Ausübung eines bestimmten Verhaltens mit Rechtsüberzeugung entstandene Recht.

BEISPIEL: Recht, über eine fremde Wiese zu spazieren

Historisch betrachtet entwickelte sich das Recht ursprünglich als Gewohnheitsrecht. Erst mit dem Entstehen staatlicher Ordnungen wurde dazu übergegangen, geltendes Recht schriftlich festzulegen.

Geschriebenes Recht und **Gewohnheitsrecht** bilden das **positive** oder **geltende Recht.**

III. Auslegung von Rechtsnormen

„Erfahrene Juristen bezeugen, dass es vor Gericht von Vorteil sein kann, wenn man im Recht ist." (Graham Chapman)

Manchmal ist es gar nicht so einfach, die konkreten, vielfältigen Sachverhalte des Lebens mit rechtlich normierten Tatbeständen in Verbindung zu bringen. Doch genau dies ist vor allem von Juristen zu bewerkstelligen. Diesem Erfordernis dienen Rechtsanwendung und Analogie.

Auf welche Weise erfolgt die Rechtsanwendung? Gibt es ein bestimmtes System für den Vorgang der Rechtsanwendung? Was bedeutet Analogie? Wann ist Analogie notwendig? Wie und nach welchen Grundsätzen erfolgt Analogie?

Diese Fragen werden in der Folge behandelt.

A. Auslegung – Analogie

1. Auslegung

Auslegung ist die **Ermittlung** des **Sinnes** eines bestimmten Rechtssatzes oder eines in einem Gesetz **verwendeten Begriffs.**

Sie wird begrenzt durch den möglichen Wortsinn des auszulegenden Ausdrucks bzw. Begriffs. Mitunter ist es für eine juristische Anwendung erforderlich, die präzise Bedeutung der in einer Rechtsnorm verwendeten Begriffe herauszufinden. Das ABGB enthält Regeln zur Auslegung.

2. Arten der Auslegung

- **Wortinterpretation**: Auslegung eines Gesetzes nach dem buchstäblichen Sinn der Worte
- **grammatisch-logische Interpretation:** Auslegung unter Berücksichtigung der grammatikalischen Regeln und des Zusammenhangs
- **historische Interpretation**: Suche nach dem Willen des geschichtlichen Gesetzgebers
- **teleologische Interpretation**: Frage nach dem Sinn und Zweck, den eine Regelung haben kann

Die **Auslegung** stellt darauf ab, den **tatsächlichen,** wenn auch undeutlich ausgedrückten **Willen des Gesetzgebers** zu finden. Sie klärt den Wortlaut, indem sie an die Stelle des undeutlichen Ausdrucks den vermutlich der Absicht entsprechenden Ausdruck setzt.

3. Analogie

Lässt sich ein juristischer Sachverhalt weder aus der Bedeutung der Worte noch aus dem erkennbaren Sinn eines Gesetzes entscheiden, orientiert man sich an **ähnlichen** in den Gesetzen bereits definitiv (= bestimmt) entschiedenen Fällen. Diese Auslegung wird **Analogie** genannt.

Analogie bedeutet die Anwendung eines Rechtssatzes, der für einen bestimmten Sachverhalt gilt, auf einen anderen Sachverhalt, der gesetzlich nicht geregelt ist.

Die Analogie wird nur angewandt, wenn eine Gesetzeslücke evident (offensichtlich) wird. Dabei zieht der Rechtsanwender den Gedankenschluss zwischen ähnlich gelagerten, vom Gesetzgeber geregelten Tatbeständen und dem zu beurteilenden, nicht geregelten Sachverhalt.

IV. Rechtssubjekte

„Das Recht des Stärkeren ist das größte Unrecht." (Marie von Ebner-Eschenbach)

Nur Rechtssubjekte besitzen Rechtsfähigkeit. Das bedeutet, sie sind rechtsfähig und können Rechte und/oder Pflichten haben. Wer oder was gilt jedoch als Rechtssubjekt oder Rechtsobjekt gemäß unserer Rechtsordnung? Ist der Mensch ein Rechtssubjekt oder gar ein Rechtsobjekt? Was ist der Unterschied zwischen Rechtsobjekt und Rechtssubjekt? Wofür benötigt man ein Rechtssubjekt oder Rechtsobjekt? Welche Rechtssubjekte und Rechtsobjekte gibt es?

Diese und ähnliche Fragen werden im folgenden Text behandelt.

Die jeweilige Rechtsordnung definiert, was **Rechtssubjekt** und was **Rechtsobjekt** ist.

♦ **Rechtssubjekte**
Nur **Rechtssubjekte** sind **rechtsfähig**, das bedeutet, sie können Träger von Rechten und Pflichten sein. Gemäß der österreichischen Rechtsordnung sind Rechtssubjekte die **natürliche** Person (Mensch) und die **juristische Person.**

♦ **Rechtsobjekte**
Als **Rechtsobjekte** werden Gegenstände (Sachen) bezeichnet, auf die sich subjektive Rechte (z. B. Eigentum) beziehen können. Im römischen Recht galten sogar Sklaven als Sache und damit als Rechtsobjekt.

Nach österreichischem Recht gilt als **Sache** „alles, was von der Person unterschieden ist und zum Gebrauch der Menschen dient ..." (§ 285 ABGB).

Tiere sind keine Sachen. Sie werden durch rechtliche Normen geschützt. Einige für Sachen geltende Regelungen (wie z. B. Übertragung des Eigentums, Schadenersatz) sind auch auf Tiere anzuwenden.

RECHTSORDNUNG
definiert
Rechtssubjekte und **Rechtsobjekte**

- **Rechtssubjekte**
  - ♦ haben Rechte und Pflichten
  - **Natürliche Personen**
    - ♦ Mensch
  - **Juristische Personen**
    - ♦ normierte Personengesamtheiten oder Vermögensmassen
    - **des Privatrechts**
      - ♦ Vereine
      - ♦ Kapitalgesellschaften
      - ♦ Genossenschaften
    - **des öffentlichen Rechts**
      - ♦ Gebietskörperschaften: Bund, Länder, Gemeinden
      - ♦ Personenkörperschaften: Kammern
      - ♦ Anstalten: Sozialversicherungsanstalten
- **Rechtsobjekte**
  - ♦ sind Gegenstände des rechtlichen Verkehrs
  - ♦ auf sie beziehen sich Rechte und Pflichten

A. Natürliche Person (Der Mensch)

Der **Mensch** ist als natürliche Person ein **Rechtssubjekt** und besitzt Rechtsfähigkeit unabhängig vom Alter und Geisteszustand. Er ist daher ab der vollendeten Geburt bis zum Tod rechtlich gesehen Träger von Rechten und Pflichten.

Die **natürliche Person** ist **aufgrund ihres Menschseins rechtsfähig.**

B. Juristische Person

Juristische Personen sind Gebilde, denen von der Rechtsordnung Rechtsfähigkeit zuerkannt wird.

Eine juristische Person kann eine **Personenmehrheit,** aber auch eine **Vermögensmasse** sein.

Eine Personenmehrheit entsteht durch Gesamtwillensakt der künftigen Mitglieder (z. B. Verein, Aktiengesellschaft).

Eine Vermögensmasse entsteht durch Einzelwillensakt des Begründers (z. B. Stiftung).

Der **juristischen Person** wird **Rechtsfähigkeit** erst **durch Gesetz eingeräumt.**

Arten von juristischen Personen

Nach den Aufgabenbereichen unterscheidet man juristische Personen

- des **öffentlichen Rechts:**
  Sind mit Hoheitsgewalt ausgestattet und können als Obrigkeit auftreten. Diese können u. a. Verordnungen und Bescheide erlassen sowie unmittelbare behördliche Befehls- und Zwangsakte (z. B. Verhaftung) setzen.
  Gegründet werden sie durch einen öffentlich-rechtlichen Akt (Gesetz oder Verordnung), z. B. Bund, Land, Gemeinde, Kammern.
- des **Privatrechts:**
  Haben ebenso wie natürliche Personen als solche keine staatliche Hoheitsgewalt und treten als diesen gleichberechtigte Partner auf.
  Gegründet werden sie durch einen privatrechtlichen Akt (Vertrag), z. B. GmbH, AG, Vereine.

Beginn und **Ende** der juristischen Person:
Juristische Personen werden durch ein **Gesetz** (z. B. Kammern) oder durch den **Gründungsvertrag** ihrer Mitglieder (Satzung, Statut) kreiert (= geschaffen) und ihre Existenz endet, wenn ein **Auflösungsgrund** eintritt, wie freiwilliger Beschluss, behördliche Verfügung, Wegfall des Zwecks oder Vermögens usw.

Näheres dazu im Kapitel **Privatrecht**

V. Zugang zum Recht

„Wenn du im Recht bist, kannst du dir leisten, die Ruhe zu bewahren; und wenn du im Unrecht bist, kannst du dir nicht leisten, sie zu verlieren." (Mahatma Gandhi)
„Wenn man alle Gesetze studieren wollte, so hätte man gar keine Zeit, sie zu übertreten." (Johann Wolfgang von Goethe)

Auch im täglichen Leben können juristische Fragen auftreten, etwa: Wie lange dürfen Minderjährige abends ohne die Begleitung Erziehungsberechtigter unterwegs sein? Wie kann ein Führerschein erworben werden? Dürfen 17-Jährige selbst ein Auto kaufen? Unter welchen Voraussetzungen kann in Österreich eine Ges.m.b.H. gegründet werden?

Damit stellt sich die Frage nach Informationsmöglichkeiten über juristische Anliegen. Kann man sich nur bei juristischen Fachleuten erkundigen oder hat man auch die Möglichkeit, sich anhand juristischer Literatur zu informieren? Welche Informationsmöglichkeiten bietet das Internet? Kann man bei Behörden Auskünfte zu juristischen Sachverhalten bekommen? Sind alle juristischen Auskünfte kostenpflichtig?

In der Folge werden diese Fragen und die wichtigsten Informationsquellen behandelt.

A. Allgemeines

Den Zugang zum Recht bieten dem Einzelnen:
- die schriftlichen **Veröffentlichungen** von Gesetzestexten, Literatur und Judikatur
- die Inanspruchnahme einer **Beratung** durch einen juristisch geschulten Fachmann

Einfache Rechtsfragen lassen sich anhand des Gesetzes und mit Hilfe eines juristischen Lehrbuchs selbst lösen. Falls sich allerdings auch nur geringfügige Zweifel an einer korrekten Falllösung ergeben, empfiehlt es sich, eine/n Juristen/-in beizuziehen, um keine Ansprüche zu verlieren oder um unnötige Kosten zu sparen.

B. Veröffentlichungen

Es ist vom **Gesetzestext** und der seiner Erläuterung dienenden Literatur auszugehen.

1. Gesetzestext

www.ris.bka.gv.at, http://europa.eu.int./eur-lex, www.jusline.at

!

Im **Bundesgesetzblatt (BGBl.)** bzw. den **Landesgesetzblättern (LGBl.)** werden alle Gesetze, Verordnungen und Staatsverträge kundgemacht.

Bis 1996 wurden alle Gesetze, Verordnungen und Staatsverträge im einheitlichen Bundesgesetzblatt kundgemacht.
Seit 1. Jänner 1997 ist das Bundesgesetzblatt dreigeteilt:
- Teil I enthält die Gesetze.
- Teil II enthält die Verordnungen.
- Teil III enthält die Staatsverträge.

Seit 1. Jänner 2004 werden die Bundesgesetzblätter nicht mehr in Papierform, sondern rechtlich verbindlich (authentisch) über das Internet im Rahmen des **Rechtsinformationssystems des Bundes (RIS)** kundgemacht.

Zusätzlich zu den Bundesgesetzblättern werden auch die **Erläuternden Bemerkungen** zum ursprünglichen Gesetzesvorschlag (Regierungsvorlage oder Initiativantrag) und der **Ausschussbericht** als Beilage zu den stenografischen Protokollen des Nationalrats und des Bundesrats veröffentlicht. Diese können bei der Auslegung einzelner Gesetzesbestimmungen hilfreich sein.

Wichtige Gesetze werden oft als **Textausgaben** (z. B. Kodex) oder in mit Anmerkungen versehenen **Handausgaben** (z. B. Staatsdruckerei, Manz-Verlag) veröffentlicht.

2. Literatur

Kommentare behandeln die Regelungen in der im Gesetz enthaltenen Reihenfolge. Sie bieten detaillierte Informationen.

Ein **System** ordnet das behandelte Rechtsthema nach methodischen Gesichtspunkten.

In **Lehrbüchern** findet man Grundsätzliches. Es ist ein System nach pädagogischen Gesichtspunkten.

Monografien behandeln juristische Einzelfragen.

Für einzelne juristische Berufe werden **Fachzeitschriften,** z. B. Anwaltsblatt, Richterzeitung, angeboten, in denen grundsätzliche Abhandlungen erscheinen und wichtige höchstgerichtliche Entscheidungen, meist mit wissenschaftlichem Kommentar, veröffentlicht werden.

3. Höchstgerichtliche Judikatur

Die höchstgerichtliche Judikatur hat zwar keine Gesetzeskraft und gilt nur für den Einzelfall, hat aber eine über den beurteilten Fall hinausreichende **Leitfunktion**, da der Rechtsanwender davon ausgehen kann, dass eine von einem Höchstgericht geäußerte Rechtsansicht für die nächsten Jahre zur ständigen Rechtsprechung werden kann.

Die Entscheidungen der **Höchstgerichte** werden außer in den Veröffentlichungen in Fachzeitschriften oft auch thematisch geordnet (Zivilsachen, Handelssachen, Strafsachen etc.) in eigenen **Entscheidungssammlungen** veröffentlicht.
www.ogh.gv.at, www.vfgh.at, www.vwgh.gv.at
Abschließend der Hinweis, dass die jeweiligen Interessenvertretungen meist reichlich ausgestattete Bibliotheken unterhalten, die öffentlich zugänglich sind.

C. Beratung und Rechtsauskunft

Internet
Erste Informationen bietet das **Internet:**
www.austria.gv.at Republik Österreich; www.help.gv.at Behörden Amtshelfer; www.sozialversicherung.at Sozialversicherungen; www.oerak.or.at Österreichischer Rechtsanwaltskammertag; www.rechtsanwaelte.at Rechtsanwälte; www.notar.at Österreichische Notariatskammer; www.arbeiterkammer.at Arbeiterkammer; www.wko.at Wirtschaftskammer; www.kwt.or.at Kammer der Wirt-

schaftstreuhänder; www.konsument.at Verein für Konsumenteninformation; www.polizei.at Polizei und Sicherheitsdirektionen; www.justiz.gv.at Justizministerium; www.volksanwaltschaft.gv.at Volksanwaltschaft; www.gksoft.com/govt Institutionen weltweit; www.europa.eu Europäische Union

Beratungsstellen

!

Als **Beratungsstellen** kommen in Frage:
- berufsmäßige Parteienvertreter: Rechtsanwalt/-anwältin, Notar/in, Steuerberater/in etc.
- Gerichte: Bezirksgericht, Arbeits- und Sozialgericht im Rahmen des Amtstags (= wöchentlicher Beratungstag)
- Sozialversicherungen
- Interessenvertretungen: Arbeiterkammer, Gewerkschaft, Wirtschaftskammer, Landwirtschaftskammer etc.
- freiwillige Vereinigungen: Mietervereinigung, Verein für Konsumenteninformation u. v. a.

Die Beratungstätigkeiten der berufsmäßigen Parteienvertreter (Rechtsanwalt/-anwältin, Notar/in, Steuerberater/in etc.) sind mit (zum Teil beträchtlichen) Beratungskosten verbunden. Rechtsanwaltskammer und Notariatskammer geben kostenlose erste Auskünfte.

Die Beratungstätigkeiten der gesetzlichen Interessenvertretungen und freiwilligen Vereinigungen beschränken sich meistens auf ihre Mitglieder und sind für diese überwiegend kostenlos.

Bei Interessenvertretungen und im Internet kann man weitere Beratungsmöglichkeiten erfahren.

Für eine Beratung und in weiterer Folge bei der Rechtsdurchsetzung können hohe Kosten entstehen. **Rechtsschutzversicherungen** können im Bedarfsfall den Zugang und die Durchsetzung des Rechts erleichtern.

Ist jemand außerstande, ohne Beeinträchtigung des notwendigen Unterhalts seine Prozesskosten zu bestreiten, werden diese unter bestimmten Voraussetzungen vom Staat übernommen (**Verfahrenshilfe**).

?

Wiederholungsfragen – Arbeitsaufgaben – Diskussionsanregungen

1. *Analysieren Sie die Unterschiede zwischen den Normen des Rechts, der Sitte und Moral.*
2. *Fassen Sie die Arten des Rechts zusammen.*
3. *Nehmen Sie Stellung zur Frage: Worin liegt der Sinn von zwingenden Rechtsnormen? Nennen Sie Beispiele.*
4. *Erklären Sie den Stufenbau der Rechtsordnung und dessen Grundsätze.*
5. *Umschreiben Sie den Begriff Verfassung.*
6. *Setzen Sie Gesetz und Verordnung in Beziehung. Führen Sie Gemeinsamkeiten/Unterschiede aus.*
7. *Erläutern Sie den Unterschied zwischen generellen und individuellen Rechtsnormen (Beispiele).*
8. *Erklären Sie den Begriff Subsumtion und mögliche Probleme, mit denen jemand als Rechtsanwender konfrontiert werden kann.*
9. *Beschreiben Sie den Unterschied zwischen einem Rechtssubjekt und einem Rechtsobjekt.*
10. *Zählen Sie die Rechtssubjekte auf, die unsere Rechtsordnung kennt.*
11. *Nennen Sie die Arten der juristischen Person und geben Sie jeweils Beispiele.*
12. *Vergleichen Sie die zur Verfügung stehenden Möglichkeiten, sich zu informieren, falls Sie eine juristische Frage haben. Empfehlen Sie einige kostengünstige/kostenlose Angebote.*
13. *Was ist die rechtliche Grundlage für die Beurteilung eines Sachverhalts?*
14. *Interpretieren Sie die Gründe, weshalb höchstgerichtliche Judikatur für eine Falllösung interessant ist.*
15. *Nennen Sie die Internetadresse, die zu zahlreichen Informationen österreichischer Behörden führt.*

Grundbegriffe der Staatslehre

Die Staatslehre befasst sich mit den rechtlichen Merkmalen eines Staates. Dabei werden aus dem Vergleich der Verfassungen einzelner Staaten Unterschiede in der Staatsform (Monarchie, Republik), der Regierungsform (Demokratie, Diktatur) und der Organisationsform (Bundesstaat, Zentralstaat, Staatenbund) ersichtlich.

Im Folgenden werden die Grundbegriffe der Staatslehre unter Einbeziehung der österreichischen Verfassung dargestellt.

I. Der Staatsbegriff

„Der einzig und allein gerechte und einzig und allein zu rechtfertigende Endzweck des Staates ist: das größte Glück der größten Zahl." (Jeremy Bentham)

Weltweit existieren gegenwärtig 195 anerkannte Staaten. Unter welchen Voraussetzungen spricht man von einem Staat? Was gilt als Staatsgebiet? Welche Personengruppen zählen zum Staatsvolk? Was bedeuten Begriffe wie Staatsgewalt, Gebietshoheit und Personalhoheit? Wie erwirbt man eine Staatszugehörigkeit? Kann man eine Staatsbürgerschaft auch verlieren? Wozu wird Staatsgewalt benötigt? Was ist Staatsgewalt? Wer oder welche Institutionen haben Staatsgewalt? Was bedeuten Staatsform und Regierungsform? Welche Staats- und Regierungsformen gibt es? Wie findet man heraus, welche Staatsform oder Regierungsform ein Staat hat? Wann ist ein Staat ein Bundesstaat? Was ist ein Zentralstaat? Welchen Zweck und welche Aufgaben hat ein Staat?

Diesen Themen ist der folgende Abschnitt gewidmet.

Der **Staat** ist ein mit **Herrschaftsgewalt** ausgestatteter **Verband sesshafter Menschen** innerhalb eines **bestimmten Territoriums**.

Ein Staat ist Rechtssubjekt des Völkerrechts. Demnach muss ein **Staat die drei Elemente Staatsgebiet**, **Staatsvolk** und **Staatsgewalt** besitzen. Fehlt ein Element, liegt kein Staat vor (z. B. ein Beduinenstamm).

Der Staat benötigt

- Staatsgebiet
- Staatsvolk
- Staatsgewalt

Ein Staat, der sich zur Gänze selbst regiert und von der Rechtsordnung anderer Staaten unabhängig ist, besitzt **Souveränität.**

A. Das Staatsgebiet

1. Grenzen des Staatsgebietes

Das Staatsgebiet ist ein begrenzter Teil der Erdoberfläche und erstreckt sich dabei in erreichbare Höhen und Tiefen.

Das **Staatsgebiet** bildet daher den **räumlichen Bereich, der der staatlichen Herrschaft unterliegt**.

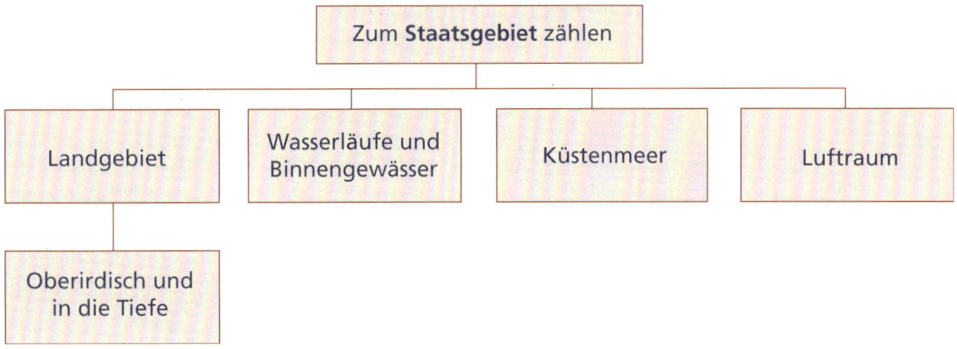

Zum Staatsgebiet und damit staatlichen Hoheitsgebiet zählen:

- Das geografische **Landgebiet** umfasst einen bestimmten Teil der Erdoberfläche.
- Im beherrschbaren **Luftraum** können zwar Flugzeuge fremdes Hoheitsgebiet verletzen, aber nicht Satelliten. Als Äther ist der Luftraum für die Übertragung von Funkwellen frei.
- Innerhalb des Staatsgebietes kann der Staat seine Herrschaft bis in jede **erreichbare Tiefe** ausüben.
- Schiffe unter einer Landesflagge unterliegen der betreffenden Rechtsordnung.
- Flugzeuge mit internationalen Kennbuchstaben eines Landes unterstehen der Rechtsordnung dieses Staates.
- Natürliche und künstliche **Wasserläufe** (wenn sie nicht die Grenze bilden) gehören zum Staatsgebiet. (Beachten Sie: Donau = internationaler Strom, aber österreichisches Staatsgebiet!)
- In nicht schiffbaren **Flüssen** ist die Grenzlinie die Mittellinie zwischen den beiden Ufern, in schiffbaren Flüssen die tiefste Rinne des Flussbettes (Talweg), auf **Brücken** ist es die Mitte.
- In **Binnengewässern** (z. B. Bodensee) mit verschiedenen Anliegerstaaten verläuft die Grenze (außer es ist vertraglich etwas anderes vereinbart) in der Mitte zwischen den Ufern.
- Das Völkerrecht regelt die Staatszugehörigkeit von **Meeresgebieten**, wobei die Herrschaftsgewalt der Anrainerstaaten mit zunehmender Entfernung vom Ufer abnimmt. Die See gehört allen Staaten, das **Küstenmeer** (3-12-Meilen-Zone) ist Gebiet des Küstenstaates.
  - **Eigengewässer** sind Gewässer zwischen dem trockenen Land und der Basislinie. In diesen Bereichen steht dem Küstenstaat volle Gebietshoheit und Souveränität zu. Sie umfassen Häfen, künstliche Kanäle, Flussmündungen, Buchten, Archipele.
  - **Küstengewässer** sind Gewässer ab der Basislinie bis zur Entfernung von maximal 12 Seemeilen. In diesem Bereich hat der Küstenstaat territoriale Souveränität. Fremde Kriegs- und Handelsschiffe sind zur friedlichen Durchfahrt sowie zur freien Ab- und Zufahrt zu den Eigengewässern berechtigt.
  - **Meerengen** verbinden als internationale Verkehrswege Teile der hohen See. Sie dürfen überflogen werden und es besteht das Recht auf friedliche Durchfahrt.
  - **Anschlusszone = Schutzzone:** Bis zur Entfernung von 24 Seemeilen ab der Basislinie kann der Staat eingreifen, falls seine Einwanderungs-, Finanz-, Gesundheits- oder Zollvorschriften verletzt werden.
  - **Wirtschaftszone:** In Gewässern zwischen der Basislinie und einer Distanz von 200 Seemeilen stehen Küstenstaaten Fischereirechte zu.
  - **Festlandsockel:** Die angrenzenden Küstenstaaten sind berechtigt, die Naturschätze dieses Gebietes auszubeuten, bis zu dem Ort, wo der Festlandsockel in die Tiefsee abfällt, oder bis zur maximalen Distanz von 350 Seemeilen ab der Basislinie.

2. Verhältnis von Staatsgebiet zur Staatsgewalt

Gebietshoheit (Territorialitätsprinzip) nennt man die Beziehung der Staatsgewalt zum Staatsgebiet.

Territoriale Souveränität berechtigt einen Staat, ohne übergeordnete Instanz Entscheidungen für und innerhalb seines Hoheitsgebietes (ausgenommen exterritoriale Personen oder Sachen) zu treffen.

Gebietshoheit entspricht der tatsächlichen Herrschaftsausübung eines Staates innerhalb seines Staatsgebiets. Beispiele: Gesetze erlassen, Steuern vorschreiben, durch Polizei und Gerichte die Ordnung aufrechterhalten

Das heißt, die Staatsgewalt erstreckt sich auf alle Personen (unabhängig von deren Staatsbürgerschaft, aber beschränkt durch die Exterritorialität), die sich innerhalb des Staatsgebietes aufhalten. Ausländische Staatsbürger haben sich in Österreich an die österreichische Rechtsordnung zu halten.

Personalhoheit (Personalitätsprinzip) ist die Beziehung der Staatsgewalt zu seinen Staatsbürgern, unabhängig davon, ob sich diese im Inland oder Ausland befinden.

Die Personalhoheit beschreibt die Verpflichtung der Staatsbürger/innen, die Staatsgewalt ihres Heimatstaates auch im Fall ihres Aufenthalts im Ausland zu akzeptieren.

Die Rechtspflichten von Staatsangehörigen können im Ausland jedoch nicht unmittelbar durchgesetzt werden, da dort keine Hoheitsakte fremder Staaten gesetzt werden dürfen.

Zur Durchsetzung von teils der Gebietshoheit, teils der Personalhoheit entspringenden staatlichen Aufgaben wurden zwischen den einzelnen Staaten **Rechtshilfeabkommen** abgeschlossen, in denen sie sich z. B. verpflichten, eine/n Tatverdächtige/n auszuforschen und an das die Auslieferung begehrende Land zu übergeben oder die Einvernahme einer Zeugin/eines Zeugen vorzunehmen. Ein/e ausgelieferte/r Tatverdächtige/r darf nur wegen der im Auslieferungsbegehren angeführten Tat(en) vor Gericht gestellt werden.

Staatsgewalt umfasst Gebietshoheit und Personalhoheit (Bsp. Ö – CH)

	Österreichische Staatsbürger/innen unterliegen bei Aufenthalt in Österreich der Gebietshoheit und der Personalhoheit ihres Heimatlandes Österreich.		Schweizer Staatsbürger/innen unterliegen bei Aufenthalt im Ausland Österreich der österreichischen Gebietshoheit, aber der Personalhoheit ihres Heimatlandes Schweiz.
	Schweizer Staatsbürger/innen unterliegen bei Aufenthalt in der Schweiz der Gebietshoheit und der Personalhoheit ihres Heimatlandes.		Österreichische Staatsbürger/innen unterliegen bei Aufenthalt im Ausland Schweiz der schweizer Gebietshoheit, aber der Personalhoheit Österreichs.

3. Staatsgebiet Österreich

Das Staatsgebiet Österreichs wurde im Wesentlichen 1919 nach dem I. Weltkrieg im Staatsvertrag von St. Germain festgelegt. Die Abgrenzung Kärntens zu Jugoslawien (nunmehr Slowenien) erfolgte 1920 durch eine Abstimmung, die eine Mehrheit für Österreich ergab, womit der Großteil von Südkärnten bei Österreich verblieb. Die Grenzziehung gegenüber Ungarn im Gebiet von Ödenburg (Sopron) erfolgte 1921 nach der Abstimmung, die zugunsten Ungarns ausfiel.

B. Das Staatsvolk

1. Allgemeines

Das **Staatsvolk** umfasst im **weiteren Sinne** all jene Menschen, für die aufgrund des Territorialitätsprinzips dieselbe Rechtsordnung gilt (Staatsbürger/innen und Staatsfremde).
Das Staatsvolk im **engeren Sinn** umfasst **alle Staatsbürger/innen**, unabhängig davon, ob sie die Staatsbürgerschaft von Geburt an oder erst später erworben haben.

In jedem Staat unterscheidet man
- Staatsbürger/innen: haben die Staatsbürgerschaft durch Abstammung oder Verleihung erlangt
- Staatsfremde: besitzen nicht die Staatsbürgerschaft ihres Aufenthaltsstaates

Staatsfremde können sein:
- Ausländer/innen – **EU-Bürger/innen:**
  Staatsbürger eines EU-Mitgliedstaates, die sich nicht in ihrem Heimatland aufhalten
- Ausländer/innen – **Drittstaatsbürger/innen:**
  haben die Staatsbürgerschaft eines Nicht-EU-Mitgliedsstaates, d.h. eines Drittstaates, und halten sich nicht in ihrem Heimatstaat auf
- **Staatenlose**:
  haben zu keinem Staat die Nahebeziehung einer Staatsbürgerschaft, z. B. Flüchtlinge
- **Exterritoriale Personen**:
  Staatsoberhäupter, Regierungschefs, diplomatische Vertreter und deren Angehörige besitzen die Staatsbürgerschaft ihres Heimatstaates.

2. Erwerb einer Staatsbürgerschaft – Grundsätze

Der **Erwerb** einer Staatsbürgerschaft richtet sich nach den Vorschriften des jeweiligen Staates (ist nationales Recht). Sehen Sie sich ihren Staatsbürgerschaftsnachweis an.
Folgende Prinzipien sind möglich:
- **Abstammungsprinzip:** Kinder von Staatsbürgern/-innen eines bestimmten Staates werden, gleichgültig wo sie zur Welt kommen, Staatsbürger/innen dieses Staates.
  Dies ist das Prinzip der meisten europäischen Rechtsordnungen, auch in Österreich.
- **Territorialprinzip (Bodenrecht):** Jeder im Staatsgebiet Geborene erhält die Staatsbürgerschaft dieses Staates (z. B. USA, Kanada).

Prinzipien zum Erwerb der Staatsbürgerschaft

Abstammungsprinzip
Alle Personen, bei denen ein Elternteil die betreffende Staatsbürgerschaft hat, erwerben auch diese Staatsbürgerschaft (z. B. **Österreich).**

Bodenrechtsprinzip
Alle Personen, die im Staatsgebiet geboren werden, erhalten die Staatsbürgerschaft.

www.help.gv.at

3. Erwerb der österreichischen Staatsbürgerschaft

Erwerb der österreichischen Staatsbürgerschaft

durch **Abstammung:**
Ein Elternteil von ehelich Geborenen oder die Mutter von unehelich Geborenen besitzt zum Zeitpunkt der Geburt die österreichische Staatsbürgerschaft.

durch **Verleihung:**
Bei Vorliegen der allgemeinen Einbürgerungsvoraussetzungen
a. nach Rechtsanspruch
b. ohne Rechtsanspruch nach freiem Ermessen
c. bei bestimmten Voraussetzungen(= außerordentliche Leistungen) trotz Wohnsitz im Ausland
d. Wiedererwerb durch Anzeige

durch **Antritt des Amtes als ordentliche/r Universitätsprofessor/in:**

a) Abstammungsprinzip

Das **österreichische Staatsbürgerschaftsgesetz basiert** auf dem **Abstammungsprinzip.**
- Eheliche Kinder erhalten die österreichische Staatsbürgerschaft, wenn mindestens ein Elternteil zum Zeitpunkt der Geburt des Kindes die österreichische Staatsbürgerschaft besitzt.
- Uneheliche Kinder erhalten die österreichische Staatsbürgerschaft, wenn die Mutter zum Zeitpunkt der Geburt des Kindes die österreichische Staatsbürgerschaft besitzt.
- Falls nur der Vater eines unehelich geborenen Kindes die österreichische Staatsbürgerschaft besitzt, muss der Vater binnen acht Wochen nach der Geburt die Vaterschaft anerkennen oder ein Gericht die Vaterschaft feststellen, damit das Kind die österreichische Staatsbürgerschaft bekommt.

b) Verleihung

♦ Zur Verleihung der Staatsbürgerschaft müssen die **allgemeinen Einbürgerungsvoraussetzungen** erfüllt werden:

- mindestens zehnjähriger **rechtmäßiger** und **ununterbrochener Aufenthalt** in Österreich mit mindestens fünfjähriger Niederlassungsbewilligung
- mindestens **sechsjähriger Aufenthalt** in Österreich **und**
  - Nachweis von Deutschkenntnissen auf B2-Niveau oder
  - mindestens dreijähriges nachgewiesenes freiwilliges Engagement in einer gemeinnützigen Organisation oder
  - mindestens dreijährige Berufstätigkeit im Bildungs-, Sozial- oder Gesundheitsbereich
- fünfjährige Ehe mit einem/-r Österreicher/in und ein Zusammenleben im gemeinsamen Haushalt
- **Unbescholtenheit**: keine Verurteilung, kein anhängiges Strafverfahren, keine schweren Verwaltungsübertretungen
- **gesicherter Lebensunterhalt**
- **Deutschkenntnisse** sowie Kenntnisse der demokratischen Ordnung und Geschichte Österreichs und des jeweiligen Bundeslandes
- **bejahende Einstellung zur Republik Österreich**, keine Gefahr für die öffentliche Ruhe, Ordnung und Sicherheit
- kein Aufenthaltsverbot und kein anhängiges Verfahren zur Aufenthaltsbeendigung
- keine Ausweisung innerhalb der letzten 12 Monate
- kein Naheverhältnis zu einer extremistischen oder terroristischen Gruppierung
- grundsätzlich: Aufgeben der bisherigen Staatsangehörigkeit
- Verleihung darf die internationalen Beziehungen nicht wesentlich beeinträchtigen und die Interessen der Republik Österreich nicht schädigen
- mindestens **15-jähriger rechtmäßiger und ununterbrochener Aufenthalt** in Österreich und nachweisliche **berufliche und persönliche Integration** in Österreich
- mindestens **30-jähriger ununterbrochener Hauptwohnsitz** in Österreich

♦ Ein **Rechtsanspruch auf Verleihung** der Staatsbürgerschaft besteht bei:

- Erfüllen der **allgemeinen Einbürgerungsvoraussetzungen**
- mindestens **dreißigjährigem Hauptwohnsitz** in Österreich oder
- mindestens **fünfzehnjährigem rechtmäßigem und ununterbrochenem Aufenthalt und nachweislicher Integration in Österreich** oder
- mindestens **sechsjährigem rechtmäßigem und ununterbrochenem Aufenthalt** in Österreich **und**
  - eine fünfjährige aufrechte Ehe mit einem/-r Österreicher/in mit gemeinsamem Haushalt oder
  - Asylberechtigter oder
  - EWR-Staatsangehörigkeit besteht oder
  - Antragsteller kam in Österreich zur Welt oder
  - außerordentliche (überdurchschnittliche) Leistungen im Bereich Wissenschaft, Wirtschaft, Kunst oder Sport im Interesse Österreichs wurden erbracht oder sind zu erwarten

♦ **Verleihung aufgrund freien Ermessens:**

Falls kein Rechtsanspruch auf Verleihung besteht, kann die Staatsbürgerschaft aufgrund freien Ermessens verliehen werden. Dabei werden geprüft:

- das Gesamtverhalten
- das allgemeine Wohl
- das öffentliche Interesse
- die erfolgte Integration

♦ **Verleihung bei Wohnsitz im Ausland:**

Dafür müssen die allgemeinen Einbürgerungsvoraussetzungen mit Ausnahme des langjährigen Hauptwohnsitzes erfüllt und außerordentliche Leistungen im besonderen Interesse Österreichs erbracht werden.

♦ **Wiedererwerb der Staatsbürgerschaft durch Anzeige:**

Frühere österreichische Staatsbürger/innen, die Österreich vor dem 9. Mai 1945 aus politischen Gründen verlassen mussten und wegen Erwerbs einer fremden Staatsbürgerschaft die österreichische aufgeben mussten, können diese durch Anzeige wieder erwerben.

c) Dienstantritt als ordentliche/r Universitätsprofessor/in

Ein Fremder sowie Ehegattin/-gatte und minderjährige unverheiratete Kinder, die sich in Österreich aufhalten, erwerben durch Dienstantritt des Fremden als ordentliche/r Universitätsprofessor/in die österreichische Staatsbürgerschaft, ohne auf ihre bisherige Staatsbürgerschaft verzichten zu müssen.

Die Verleihung der Staatsbürgerschaft ist Landessache und erfordert grundsätzlich den Verzicht auf die bisherige Staatsbürgerschaft. Für die Abwicklung des Einbürgerungsverfahrens ist das jeweilige Amt der Landesregierung zuständig. Das Verfahren dauert rund ein Jahr und kostet zwischen 200 bis 900 Euro an Bundesgebühren und Landesgebühren.

4. Verlust der österreichischen Staatsbürgerschaft

a) Erwerb einer fremden Staatsangehörigkeit
Durch den Erwerb einer fremden Staatsbürgerschaft verliert man die österreichische, wobei jedoch **ausnahmsweise** unter bestimmten Bedingungen das Beibehalten der österreichischen Staatsbürgerschaft möglich ist. Der Betreffende besitzt dann zwei Staatsbürgerschaften („**Doppelstaatsbürgerschaft**").

Eine Doppelstaatsbürgerschaft kann auch ohne Bewilligung erworben werden, wenn jemand in einem Staat zur Welt kommt, in dem das Bodenrecht gilt, die Mutter oder der eheliche Vater aber Bürger eines Landes ist, das die Staatsbürgerschaft an die Abstammung knüpft.
BEISPIEL: Eine Österreicherin bringt in den USA ein Kind zur Welt.

b) Eintritt in den Militärdienst eines fremden Staates
Die Staatsbürgerschaft verliert, wer freiwillig in den Militärdienst eines fremden Staates tritt.

c) Entziehung
Einem Staatsbürger kann u. a. die Staatsbürgerschaft entzogen werden, wenn er/sie im Dienst eines fremden Staates steht und durch sein/ihr Verhalten die Interessen oder das Ansehen der Republik erheblich schädigt oder wenn nicht innerhalb von zwei Jahren ab der Verleihung der österreichischen Staatsbürgerschaft die frühere Staatsbürgerschaft aufgegeben wurde. Im Fall einer Doppelstaatsbürgerschaft kann die österreichische Staatsbürgerschaft einer Person entzogen werden, die freiwillig für eine bewaffnete Gruppe an Kampfhandlungen in einem bewaffneten Konflikt teilnimmt.

d) Verzicht
Unter bestimmten Voraussetzungen, z. B. weil man eine andere Staatsbürgerschaft hat und dauernd im Ausland lebt, kann auf die österreichische Staatsbürgerschaft verzichtet werden.

5. Rechte und Pflichten der Staatsbürger
Mit der Staatsbürgerschaft sind Rechte und Pflichten verbunden.

Die Bürgerrechte stellen einen Bereich der Grundrechte dar. Diese Staatsbürgerrechte können im Gegensatz zu den Menschenrechten, die allen Menschen zustehen, nur von den jeweiligen Staatsbürgern beansprucht werden.

!

Rechte	Pflichten
– Recht auf ungestörten Aufenthalt im Land – politische Rechte (Wahlrecht, Teilnahme an Volksabstimmungen, Übernahme öffentlicher Ämter usw.) – Gleichheit vor dem Gesetz – Schutz durch österreichische Vertretungsbehörden im Ausland	– Treuepflicht gegenüber dem Staat – Wehrpflicht für Männer – Pflicht zur Übernahme eines Schöffenamtes bzw. Geschworenenamtes – Unterliegen der Personalhoheit des Staates

6. Stellung von Ausländer/innen, Staatenlosen und Exterritorialen

Ausländer/innen	Der Aufenthaltsstaat hat die **erworbenen Privatrechte** (z. B. Eigentum) der Ausländer/innen zu **achten.** Die Durchsetzung ihrer Rechte muss den Ausländern/-innen offenstehen (mit Hilfe der Behörden). Die Ausländer/innen unterliegen nicht den Staatsbürgerpflichten, haben aber auch nicht die mit der Staatsbürgerschaft einhergehenden Rechte. Es stehen ihnen Menschenrechte zu.
Staatenlose:	Diese Personen unterliegen nicht den Pflichten der Staatsbürger/innen. Sie haben in keinem Staat Recht auf Aufenthalt oder Anspruch auf diplomatischen Schutz. In Österreich stehen ihnen Menschenrechte zu.
Exterritoriale:	**Staatsoberhäupter, diplomatische Vertreter** samt Angehörigen und Personal sowie in vielen Fällen Vertreter/innen der Staaten bei internationalen Organisationen genießen gegenüber der Hoheit des Aufenthaltsstaates eine **Ausnahmestellung.** Sie unterliegen zwar der Rechtsordnung des Aufenthaltsstaates, aber im Fall eines Rechtsverstoßes können sie in diesem Staat nicht behördlich verfolgt werden. Sie können aber abberufen werden.

7. Unionsbürgerschaft

http://citizens.eu.int

Alle Staatsbürger/innen eines EU-Staates haben die **Unionsbürgerschaft** mit folgenden **Rechten:**

- Freizügigkeit und **Aufenthaltsrecht** im Hoheitsgebiet aller Mitgliedstaaten
- aktives und passives **Wahlrecht bei Kommunalwahlen** im Aufenthaltsort
- aktives und passives **Wahlrecht** bei den Wahlen zum **Europäischen Parlament** im Aufenthaltsstaat
- **diplomatischer** und konsularischer **Schutz** in Drittstaaten auch durch die Vertretungsbehörden anderer Mitgliedstaaten
- **Petitionsrecht** beim Europäischen Parlament
- **Beschwerderecht** bei den vom Europäischen Parlament ernannten **Bürgerbeauftragten** und dem EUGH
- Recht, sich **in der eigenen Sprache an EU Behörden zu wenden** und eine Antwort in dieser Sprache zu erhalten
- Recht auf Zugang zu den Dokumenten der Europäischen Kommission, des Parlaments und des Rates der EU
- **Zugang zum öffentlichen Dienst** der EU-Institutionen
- bei Aufenthalt in einem Mitgliedsstaat: **gleichberechtigter Zugang zu Sozialleistungen** wie Stipendien, Wohnbauförderung, Pflegegeld, Familienbeihilfe, etc.
- Recht auf **Anerkennung von Berufsabschlüssen**

8. Volksgruppen in Österreich

a) Allgemeines

Die **Volksgruppen (Minderheiten)** werden in Österreich. durch verschiedene verfassungsrechtliche Bestimmungen geschützt.

Unter Volksgruppe wird eine Gruppe von Staatsbürgern/-innen verstanden, die sich von der Mehrheit entweder nach objektiven Kriterien (Sprache, Religion) oder nach subjektiven Merkmalen (Bekenntnis zu einer bestimmten Kulturgruppe) unterscheidet.

b) Das Volksgruppengesetz

Das **Volksgruppengesetz** aus dem Jahr 1976 erkennt nur eingesessene (autochthone) Volksgruppen an, die seit mindestens drei Generationen in Österreich leben und österreichische Staatsbürger/innen sind.

Demnach sind in Österreich sechs Volksgruppen anerkannt: Kroaten, Roma und Sinti, Slowaken, Slowenen, Tschechen und Ungarn.

Im gesamten Burgenland mit Ausnahme des Bezirkes Jennersdorf siedeln burgenländische **Kroaten**. Größere kroatische Sprachinseln gibt es in der Umgebung von Oberwart, Oberpullendorf, Eisenstadt und Neusiedl am See. Wegen der Abwanderung leben viele der etwa auf 19.400 Personen geschätzten Kroaten auch in Wien.

Die nach Schätzung rund 10.000 bis 26.000 **Ungarn** leben einerseits in vier burgenländischen Sprachinseln (Oberpullendorf, Oberwart, Siget in der Wart und Unterwart); andererseits lebt auch eine beträchtliche Zahl der Ungarn in Wien.

Volksgruppengebiete in Österreich

Volksgruppen im Burgenland

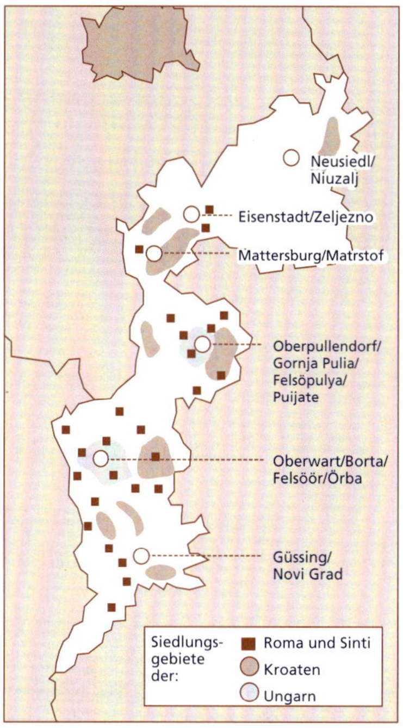

wb2

Quelle: Österreichisches Volksgruppenzentrum/Kulturverein Österreichischer Roma und Sinti

Die Volksgruppen der nach Schätzung etwa 2.000 bis 4.300 **Roma, Sinti** und **Lowara** leben überwiegend im Burgenland, teilweise durch Abwanderung auch in Wien. Aus sozialen Gründen liegen ihre Siedlungen mitunter außerhalb der Dörfer, etwa bei Oberwart, Oberpullendorf und Unterschützen.

Die **Slowenen**, die auf 13.200 bis 18.000 Personen geschätzt werden, sind vor allem in den drei Südkärntner Tälern Gailtal, Rosental und Jauntal (Bleiburg, Eisenkappel und Völkermarkt) beheimatet. In der Südsteiermark leben Slowenen in Bad Radkersburg, Goritz und Dedenitz.

Die geschätzen rund 4.000 bis 11.000 **Tschechen** und etwa 1.000 bis 3.000 **Slowaken** leben vor allem in Wien und in Niederösterreich, insbesondere im Marchfeld und im Tullnerfeld.

Die oben angeführten Zahlen basieren auf Daten, die bei der Volkszählung 2001 erhoben wurden.

c) Rechte der Volksgruppen

Die im Volksgruppengesetz festgelegten Rechte der Volksgruppen basieren auf

- dem **Bundes-Verfassungsgesetz,**
- dem **Staatsgrundgesetz 1867,**
- den **Staatsverträgen von St. Germain 1919** und **von Wien 1955** und
- der **Europäischen Menschenrechtskonvention**.

Artikel 7 des **Staatsvertrages von Wien** trifft folgende Regelung:

!

- Österreichische Staatsangehörige der slowenischen und kroatischen Minderheit in Kärnten, Burgenland und Steiermark genießen dieselben **Rechte** aufgrund **gleicher Bedingungen** wie alle **anderen** österreichischen **Staatsangehörigen** einschließlich des Rechtes auf ihre **eigenen Organisationen, Versammlungen** und **Presse** in ihrer **eigenen Sprache.**
- Sie haben Anspruch auf **Elementarunterricht** in slowenischer oder kroatischer Sprache und auf eine **verhältnismäßige Anzahl** eigener **Mittelschulen.** In diesem Zusammenhang werden Schullehrpläne überprüft, und eine Abteilung der Schulaufsichtsbehörde wird für slowenische und kroatische Schulen errichtet.
- In den Verwaltungs- und Gerichtsbezirken Kärntens, des Burgenlandes und der Steiermark mit slowenischer, kroatischer oder gemischter Bevölkerung wird die **slowenische** oder **kroatische Sprache zusätzlich** zum Deutschen als **Amtssprache** zugelassen. In solchen Bezirken werden die Bezeichnungen und **Aufschriften topografischer Natur** sowohl in slowenischer oder kroatischer Sprache wie in Deutsch verfasst.
- Österreichische Staatsangehörige der slowenischen und kroatischen Minderheiten in Kärnten, Burgenland und Steiermark nehmen an den kulturellen, Verwaltungs- und Gerichtseinrich-

tungen in diesen Gebieten aufgrund gleicher Bedingungen wie andere österreichische Staatsangehörige teil.
- Die Tätigkeit von **Organisationen,** die darauf abzielen, der kroatischen oder slowenischen Bevölkerung ihre Eigenschaft und ihre **Rechte als Minderheit zu nehmen,** ist zu **verbieten.**

Art. 6a B-VG Minderheitenschutz als Staatszielbestimmung:

♦ Die von den Volksgruppenbeiräten geforderte Verankerung des Minderheitenschutzes als **Staatszielbestimmung** in unserer Verfassung wurde im Jahr 2000 im Art. 6a B-VG umgesetzt.

Darin bekennt sich Österreich zu den gesetzlich anerkannten Volksgruppen, deren Sprache und Kultur zu achten, zu sichern und zu fördern.

C. Die Staatsgewalt

1. Allgemeines

Die Staatsgewalt ist eine von niemandem abgeleitete Befehls- und Zwangsgewalt.

Um ein geordnetes Zusammenleben der Menschen zu garantieren, hat der Staat seine Staatsgewalt auszuüben. Sie befugt staatliche Organe (z. B. Parlament, Regierung, Gerichte), im Rahmen ihrer Zuständigkeit das Verhalten von Menschen verbindlich zu regeln sowie das vorgeschriebene Verhalten (notfalls) mit Zwang durchzusetzen.

Wer diese Staatsgewalt ausübt und wie dies geschieht, ist in den Verfassungen der einzelnen Länder unterschiedlich geregelt.

Die **Staatsgewalt** ist gewöhnlich durch **Souveränität** gekennzeichnet. Sie ist von **anderen Staaten und internationalen Organisationen unabhängig.**

Staaten können jedoch Teile ihrer Hoheitsgewalt auf internationale Organisationen übertragen und damit auf die Ausübung von Teilen ihrer Souveränität verzichten (z. B. EU).

Die in einer Rechtsgemeinschaft **geltende Rechtsordnung** muss **zunächst erzeugt** und **anschließend vollzogen** werden.

Die Staatsgewalt lässt sich demnach in die Funktionen Gesetzgebung und Vollziehung gliedern, für die verschiedene Staatsorgane zuständig sind.

2. Funktionelle Gliederung der Staatsgewalt

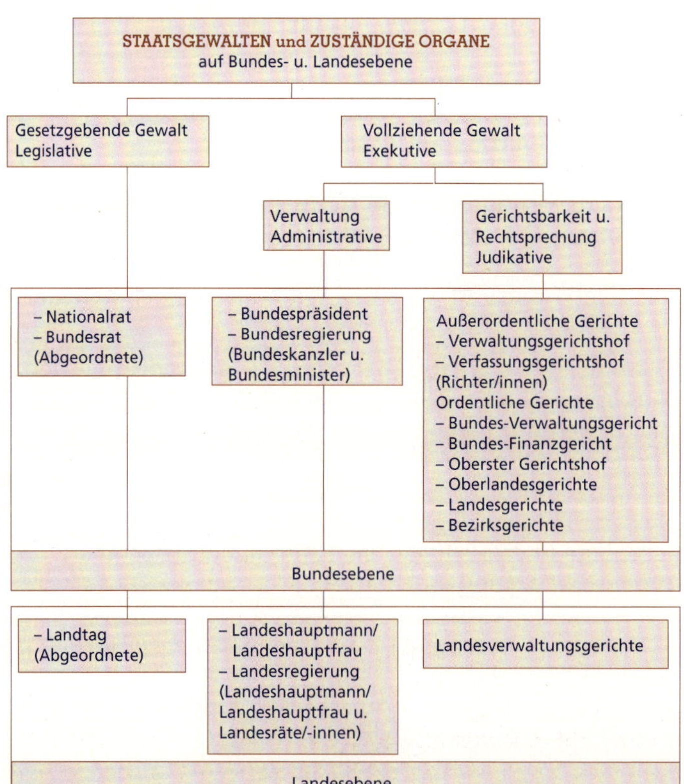

a) Die Gesetzgebung
Die Gesetzgebung (**Legislative**) schafft Regeln für das Verhalten der Mitglieder der Rechtsgemeinschaft, die von der Vollziehung durchgesetzt werden.
Gesetzgebende Organe sind z. B.: Nationalrat und Bundesrat sowie die Landtage in Österreich, Houses of Parliament in Großbritannien, Repräsentantenhaus und Senat in den USA.
b) Die Vollziehung
Die Vollziehung (**Exekutive**) hat die erzeugte Rechtsordnung durch die weisungsgebundene Verwaltung und die unabhängige Gerichtsbarkeit anzuwenden. Die vollziehenden Organe sind Behörden mit Befehls- und Zwangsgewalt.
- **Weisungsgebundene Verwaltung (Administration)**:

Die Rechtsordnung wird durch die obersten Staatsorgane (z. B. Minister) und die ihnen unterstellten Ämter und Behörden vollzogen.
(Die nachgeordneten Behörden sind an die Weisung der übergeordneten Behörden gebunden, z. B. Erlass des unabhängigen Finanzsenates an die Finanzämter.)
- **Unabhängige Gerichtsbarkeit (Judikative)**:

Das geltende Recht wird durch unabhängige und weisungsfreie Richter vollzogen, die bei ihren Entscheidungen nur an die Rechtsordnung gebunden sind. Alle zivilrechtlichen Ansprüche und alle strafrechtlichen Anklagen werden von den ordentlichen Gerichten bearbeitet.

3. Gewaltentrennung

Das System der Gewaltentrennung, also der organisatorischen und personellen Aufteilung der Staatsgewalt, basiert auf den Lehren von Locke (1632–1704), Rousseau (1712–1778) und vor allem Montesquieu (1689–1755). Diese Gelehrten meinten, dass eine umfassende Staatsmacht wegen mangelnder Kontrolle zu Machtmissbrauch und damit zur Benachteiligung der Bürger führen kann.

Die Idee der Gewaltenteilung wurde in den meisten Verfassungen umgesetzt.

Demnach wird die Staatsgewalt aufgeteilt in
- gesetzgebende Gewalt (Legislative) und
- ausführende oder vollziehende Gewalt (Exekutive), die wiederum unterteilt ist in
  - Verwaltung (Administrative) und
  - Rechtsprechung oder Gerichtsbarkeit (Judikative).

Die einzelnen Organe der Staatsgewalten sind getrennt voneinander organisiert. Sie haben jedoch auch zusammenzuwirken und einander zu kontrollieren.

4. Staatsformen

In der modernen Staatslehre gibt es verschiedene Ansätze, Staatsformen einzuteilen.
Ausgangspunkt aller Theorien ist die **antike Staatstheorie des Philosophen Aristoteles**:

- **Monarchie:** Herrschaft eines Einzelnen
- **Aristokratie:** Herrschaft einer beschränkten Zahl von sozial privilegierten Menschen (= Herrschaft durch adelige Oberschicht)
- **Demokratie:** Herrschaft des Volkes
- **Oligarchie:** politische Herrschaft einer kleinen Gruppe
- **Republik:** Die Herrschenden werden vom Volk oder seinen Repräsentanten für eine temporäre (= zeitlich befristete) Herrschaft gewählt.

Machiavelli unterschied am Beginn der Neuzeit (Ende des 15. Jahrhunderts) die Herrschaftssysteme in:

- **Republik**: Mehrere Personen üben die Staatsmacht aus.
- **Monarchie:** Eine erblich berufene Person übt die Staatsmacht aus.

Maßgeblich für diese Einteilung war die **Anzahl der Menschen**, die an der Staatswillensbildung beteiligt sind.

Nun **wird auf die rechtliche Position des Staatsoberhauptes abgestellt.** Bei der Ermittlung der Staatsform ist es unerheblich, wie Staatsgewalt ausgeübt wird.

Republiken sind alle Staaten, die kein monarchisches Staatsoberhaupt besitzen, sondern ein vom Volk gewähltes Organ, das gewöhnlich befristet im Amt ist.
Monarchien sind alle Staaten mit einem auf Lebenszeit bestellten und meist im Erbfolgeweg berufenen Staatsoberhaupt.

Monarchie und Republik sind die historischen Grundtypen des Staates.

Republik	Monarchie
Staat, in dem mehrere nicht durch Erbfolge bestimmte Personen zu den rechtlich festgelegten Bedingungen die Staatsgewalt ausüben – Staatsoberhaupt wird aus einem unbegrenzten Personenkreis gewählt – mit zeitlich beschränkter Amtszeit **BEISPIELE:** Österreich, Deutschland, Schweiz, Italien, Ungarn, Frankreich	– Staatsoberhaupt ist durch Erbfolge bestimmt oder wird aus einem begrenzten Personenkreis gewählt – mit zeitlich unbeschränkter Amtszeit **BEISPIELE:** Liechtenstein, Schweden, Norwegen, Dänemark, Niederlande, Spanien, Großbritannien

Staatsformen

- Republik
  - Parlamentarische Republik
    - Regierung ist wegen des Misstrauensvotums vom Parlament abhängig
    - Präsident gehört nicht der Regierung an, repräsentiert als Staatsoberhaupt
  - Präsidentschaftsrepublik
    - Regierung ist vom Vertrauen des Parlaments unabhängig
    - Präsident ist Regierungschef und Staatsoberhaupt
- Monarchie
  - Absolute Monarchie
    - Monarch hat umfassende Staatsgewalt
    - ist rechtlich nicht verantwortlich
  - Konstitutionelle Monarchie
    - Verfassung (= fr. Konstitution) regelt die Ausübung der Staatsgewalt
    - Parlament beschließt die Gesetze
    - Monarch übt Vollziehung mit Ministern aus
  - Parlamentarische Monarchie
    - Parlament beschließt die Gesetze
    - Regierung ist für die Verwaltung zuständig
    - Gerichte besorgen die Rechtsprechung
    - Monarch ist Staatsoberhaupt und Repräsentant

5. Regierungsformen

Unter Regierungsform versteht man die **Art** und **Weise** der **Ausübung der Staatsgewalt. Entscheidend ist die Mitwirkungsmöglichkeit und tatsächliche Beteiligung der Bevölkerung an der Staatswillensbildung.**
Entweder wird aufgrund von Normen, die das **Volk in demokratischer Weise (Demokratie)** geschaffen hat, oder nach **autoritären** Vorschriften, die nahezu ohne Mitwirkung der Bevölkerung zustande kommen **(Diktatur)**, regiert.

Regierungsformen

Demokratie Bevölkerung ist an der Herrschaft im Staat beteiligt	**Diktatur** Bevölkerung ist an der Herrschaft im Staat nicht beteiligt
das Volk herrscht – direkt durch Abstimmungen oder – indirekt durch gewählte Vertreter Merkmale: – Rechtserzeugung unter Bürgerbeteiligung – Grundrechte – Mehrheitsentscheidungen – Opposition zugelassen – Rechtsstaat – Vielfalt an Meinungen und politischen Parteien **BEISPIELE:** Deutschland, Frankreich, Großbritannien, Österreich, Schweden, Spanien,	ein Einzelner oder eine Gruppe herrscht – ohne Legitimation durch freie Wahlen – ohne sonstige Beteiligung oder Mitentscheidung der Bevölkerung Merkmale: – Rechtserzeugung ohne Bürgerbeteiligung – keine Grundrechte – Alleinregentschaft des Herrschenden und seiner Partei – Opposition verboten – kein Rechtsstaat – Polizeistaat – Kontrolle der Gesellschaft **BEISPIELE:** Österreich zur Zeit des Absolutismus

a) Demokratie
„Demokratie ist die Regierung des Volkes durch das Volk für das Volk." (Abraham Lincoln)

In einer Demokratie erzeugen die Bürger indirekt durch Wahl ihrer Vertreter in gesetzgebende Körperschaften und andere staatliche Organe oder **direkt** durch Volksabstimmungen **die geltende Rechtsordnung**. Dieser unterliegt dann die gesamte Bevölkerung.

Merkmale einer Demokratie:

♦ **Rechtserzeugung durch die Bürger**
Abhängig von der Art und Weise, wie die Bürger an der Erzeugung der Rechtsordnung beteiligt sind, spricht man von
– **indirekter Demokratie** oder
– **direkter Demokratie.**

Arten und **Mittel** der Demokratie

Indirekte Demokratie	**Direkte** Demokratie
Bevölkerung wählt Vertreter (v. a. in gesetzgebende Organe: Nationalrat, Landtag), die Gesetze beschließen und politische Entscheidungen treffen Mittel = **Wahlen**	Bevölkerung entscheidet direkt über eine Sachfrage Mittel = **Volksabstimmung** bzw. beeinflusst Sachentscheidungen durch **Volksbefragung** oder **Volksbegehren**

In der **indirekten (mittelbaren oder repräsentativen)** Demokratie bestellt das Volk durch **Wahlen** Vertreter/innen, die an seiner Stelle Gesetze erlassen.

In Österreich gibt es **Nationalratswahl, Landtagswahl, Gemeinderatswahl, Europawahl** (= Wahl der Abgeordneten zum Parlament der Europäischen Union).

Eine direkt gewählte Versammlung (z. B. Nationalrat, Landtage), die mit einer bestimmten Regierung verbunden ist, ist für die Gesetzgebung zuständig. Die im Parlamentarismus eigentlich Handelnden sind die **politischen Parteien.**

Die meisten Demokratien sehen für besonders wichtige Fragen Instrumente der direkten Demokratie, z. B. Volksabstimmungen, vor. Da aus praktischen Gründen nicht zu jeder Frage des Alltags Volksabstimmungen stattfinden können, ist die indirekte Demokratie unverzichtbar.

In der **direkten (unmittelbaren)** Demokratie wird das Recht ausschließlich durch Abstimmungen des Volkes erzeugt oder bestimmt.

Elemente der direkten Demokratie sind in Österreich **Volksabstimmung, Volksbegehren, Volksbefragung.**

– **Volksabstimmung**
Nach dem erfolgten Gesetzesbeschluss im Nationalrat kann auf Antrag des Nationalrates (sowohl für einfache Bundesgesetze als auch Bundesverfassungsgesetze) eine Volksabstimmung angeordnet werden.
Falls ein Gesetz zu einer Gesamtänderung der Bundesverfassung führen würde, muss dazu eine Volksabstimmung angeordnet werden. Bei einer Volksabstimmung entscheidet die Bevölkerung, ob ein Gesetzesbeschluss des Nationalrates in Kraft treten soll.

– **Volksbegehren**
Mittels Volksbegehren kann die Bevölkerung einen Gesetzesantrag beim Nationalrat oder in den Bundesländern beim Landtag einbringen.
Ein Volksbegehren muss beim Bundesministerium für Inneres beantragt werden. Den Antrag müssen mindestens ein Promille der in der Wählerevidenz eingetragenen Bürger oder mindestens 8 Nationalratsabgeordnete oder mindestens je 4 Landtagsabgeordnete dreier Landtage unterschreiben.

– **Volksbefragung**
Eine Volksbefragung kann auf Antrag des Nationalrats angeordnet werden über eine Angelegenheit von grundsätzlicher und gesamtösterreichischer Bedeutung, die vom Bundesgesetzgeber zu regeln ist. Die Fragestellung muss mit ja oder nein zu beantworten sein oder sie hat zwei Lösungsvorschläge zu enthalten.

♦ **Existenz und Einhaltung von Grundrechten**

Die Grundrechte sichern den Bürgern persönliche Freiheit gegenüber staatlichen Organen, aber auch gegenüber anderen Bürgern.
Eine funktionierende Demokratie basiert vor allem auf folgenden Grundrechten:
- Meinungs- und Pressefreiheit
- Versammlungs- und Vereinsfreiheit
- Wahlrecht
- Recht auf den gesetzlichen Richter
- Recht auf ein faires Verfahren

♦ **Entscheidung durch die Mehrheit – Mehrheitsprinzip**

In einer Demokratie werden Entscheidungen meist durch Beschluss einer Mehrheit von Bürgern getroffen. Die nach dem **Mehrheitsprinzip (Majoritätsprinzip)** zustande gekommenen Entscheidungen müssen von allen Bürgern eingehalten werden.

Man begründet diese Verfahrensweise damit, dass die vernünftigeren Argumente ohnehin überzeugen. Es darf jedoch nicht übersehen werden, dass Auseinandersetzungen keineswegs nur rational geführt werden.

Personalpolitische, parteipolitische, Prestige vermittelnde oder egoistische Motive können ebenso wie vernünftige Argumente Entscheidungen beeinflussen.

Daraus ergibt sich einerseits, dass es jedem Einzelnen obliegt, im Rahmen der Möglichkeiten der direkten und indirekten Demokratie an politischen Entscheidungen teilzunehmen, andererseits durch Kontakt oder Mitgliedschaft zu meinungsbildenden Organisationen oder beschlussfassenden Institutionen seine Meinung und Interessen einzubringen.

Die Folge des Majoritätsprinzips ist die Existenz von **Minderheiten (Minorität).** Diese müssen rechtlich geschützt werden.

♦ **Oppositionsparteien**

In demokratischen Staatswesen sind auch all jene politischen Parteien, die nicht an der Regierung beteiligt sind, zugelassen und können ihre Meinung sowie ihre Lösungsvorschläge zu verschiedenen Themen der Öffentlichkeit darlegen.

Oppositionsparteien benötigen den Zugang zu Informationen, um die die Herrschaft im Staat ausübenden Parteien kontrollieren zu können.

Die Opposition muss als Minderheit die Chance haben, ihre relevanten Interessen zu vertreten, den Willen der Mehrheit zu beeinflussen oder selbst zur Mehrheit zu werden.

In demokratischen Staaten werden Sympathisanten und Mitglieder der Opposition nicht an ihrer Tätigkeit behindert oder deshalb verfolgt. Dies wird durch die Grundrechte gewährleistet.

♦ **Rechtsstaat**

Ein demokratischer Staat zeichnet sich durch weitgehende Rechtssicherheit aus. Die vorhandene Rechtsordnung gilt für alle Bürger und auch sämtliche Behörden und Staatsorgane haben sich daran zu halten.

Die Staatsgewalt ist zwischen gesetzgebenden, ausführenden und richterlichen Organen geteilt, wobei gegenseitige Kontrollmöglichkeiten rechtlich vorgesehen sind.

Die Rechtsprechung wird von Richtern ausgeübt, denen die Verfassung Unabhängigkeit durch Weisungsfreiheit und Unabsetzbarkeit garantiert. Richter haben sich bei der Ausübung ihres Amtes ausschließlich an der geltenden Rechtsordnung zu orientieren. Sie sollen nach Möglichkeit gerechte Entscheidungen fällen, d. h. auf Basis der Rechtsordnung ohne Ansehen der Person und ohne Vorteil für sich selbst oder andere Personen handeln.

In einem Rechtsstaat ist es den Bürgern möglich, die Handlungen und Entscheidungen von Verwaltungsbehörden und Gerichten durch übergeordnete Instanzen oder eine Volksanwaltschaft überprüfen zu lassen. Es steht den Bürgern auch zu, behauptete Ansprüche gegen den Staat oder Staatsorgane einzuklagen.

b) Diktatur

„Eine Diktatur ist ein Staat, in dem sich alle vor einem fürchten und einer vor allen."
(Alberto Moravia)

! Bei einer Diktatur handelt es sich um eine grundsätzlich **auf Dauer gerichtete, unbeschränkte Herrschaft eines Einzelnen oder einer Gruppe (Partei) ohne Legitimierung durch demokratische Wahl. Die Herrschenden beanspruchen alleinige Macht und Kenntnis des Richtigen.** Dem Einzelnen ist es nicht möglich, für seine individuellen Ziele einzutreten und zu werben.

Die Politik eines diktatorischen Staates ist darauf ausgerichtet, das Leben des Volkes in allen seinen Bereichen zu durchdringen und zu beherrschen. Alles wird durch den Führer oder durch die Führungsgruppe vorgegeben, die behaupten, immer Recht zu haben.

Entscheidungen staatlicher Organe werden nicht öffentlich diskutiert oder durch Zusammenwirken verschiedener Interessenvertretungen, Volksvertreter und Staatsorgane im gleichberechtigten Meinungsaustausch entwickelt. Sie dürfen nicht öffentlich kritisiert werden und können auch nicht auf dem Rechtsweg angefochten oder objektiv überprüft werden.

Merkmale einer Diktatur

♦ **Rechtserzeugung ohne Bürgerbeteiligung**

Die rechtsunterworfenen Bürger sind weder an der Erzeugung der Rechtsordnung noch an anderen für das Staatswesen wichtigen Entscheidungen mit demokratischen Mitteln beteiligt.

♦ **Keine Grund- und Freiheitsrechte**

Den Bürgern stehen keine Grundrechte zu, sodass die persönliche Freiheit und Sicherheit extrem eingeschränkt ist und politische Gegner unterdrückt werden.
Mitunter gibt es keine Wahlen oder nur Scheinwahlen.
Demonstrationen, Versammlungen und Vereine außerhalb der Partei sind nicht gestattet.

♦ **Kein Rechtsstaat**

Staatliche Organe können willkürliche Entscheidungen treffen. Ihre Handlungen unterliegen keiner rechtsstaatlich üblichen, politischen oder rechtlichen Kontrolle.
Einzelne Bürger können gegen staatliche Organe keine Klagen einbringen.
Es gibt keine funktionierende Gewaltentrennung.

♦ **Alleinregentschaft des Herrschenden und seiner Partei**

Die Bevölkerung ist an der Staatsmacht nicht beteiligt. Abgeordnete und Minister sind langjährige Parteimitglieder und befolgen Anweisungen der Partei.
Die Partei kontrolliert sämtliche Staatsorgane, die Armee und die Gesellschaft. Mittels Propaganda in den Massenmedien und Massenkundgebungen soll die Bevölkerung beeindruckt und geprägt werden.

♦ **Opposition verboten**

Der offiziellen Ansicht entgegengesetzte Meinungen sind unerwünscht oder verboten. Oppositionelle werden besonders bewacht, schikaniert, verfolgt oder verbannt.

◆ **Polizeistaat**
Die Polizei kann willkürlich in Eigentum, Freiheit und Leben eingreifen. Diese Eingriffe sind vielfach weder vorhersehbar noch kontrollierbar.
Mitunter gibt es auch eine Geheimpolizei.
Durch permanente Drohung mit nicht berechenbarer Anwendung von physischer Gewalt wird bei der beherrschten Bevölkerung ständige Angst erzeugt, sodass die Herrschenden ihre Macht erhalten können.

◆ **Kontrolle der Gesellschaft**
Die herrschende Partei kontrolliert mit Polizei und Verwaltung die Bevölkerung, Parteimitglieder und Funktionäre.
Das Ziel ist die Isolierung der Individuen. Das Kollektiv hat Vorrang. Die Menschen sollen einander misstrauen und einander fürchten.
Der Staat versucht früh in die Erziehung der Kinder einzugreifen.
Religionsgemeinschaften erscheinen dem Staat als verdächtig und gefährlich.

Damit realisiert die Diktatur die **Kontrolle der Beherrschten durch die Herrschenden**.

6. Zusammentreffen von Staats- und Regierungsform

Die Einstufung eines Staates als Monarchie oder Republik sagt nichts über seine Regierungsform aus. Jeder Staat hat sowohl eine Staatsform als auch eine Regierungsform.

Es gibt daher demokratische Monarchien (z. B. Großbritannien, Belgien, Schweden) und demokratische Republiken (z. B. Österreich, Frankreich, Italien, Schweiz) sowie diktatorische Monarchien (z. B. Österreich, Frankreich zur Zeit des Absolutismus) und diktatorische Republiken (z. B. ehemalige DDR, Sowjetunion, NS-Deutschland, Nordkorea).

7. Organisationsformen

Jeder Staat hat außer einer Staats- und Regierungsform auch eine Organisationsform. Je nachdem, ob die Funktionen der Staatsgewalt (Gesetzgebung und Vollziehung) zwischen einem Oberstaat und Gliedstaaten (Bundesländer, Kantone, Länder, Provinzen, Staaten) aufgeteilt sind oder nicht, handelt es sich um einen Bundesstaat (föderalen Staat) oder einen Zentralstaat (Einheitsstaat).

Organisationsform – innerstaatlich

Zentralstaat	Bundesstaat
– Für den gesamten Staat existiert nur eine einzige Gesetzgebung und Verwaltung. – Die nicht in der Hauptstadt befindlichen Behörden sind nur lokale Ausgliederungen der Zentralstellen.	– Gesetzgebung und Vollziehung sind zwischen dem Oberstaat (Bund) und den Gliedstaaten (Land) aufgeteilt. – Der Oberstaat und die Gliedstaaten verfügen über eigene, unabhängig voneinander handelnde Staatsorgane.
BEISPIEL: Frankreich, Ungarn	**BEISPIEL:** Österreich, USA, Deutschland, Schweiz, Kanada

Bundesstaat

Der Bundesstaat (Föderalismus) ist eine Verbindung von mehreren (Glied-)Staaten zu einem Gesamtstaat (Oberstaat).

Der **Oberstaat** (Bund) entscheidet über alle Fragen, die für die Einheit und den Bestand des Gesamtstaates wesentlich sind (z. B. Außenpolitik, Landesverteidigung) sowie über die Verteilung staatlicher Aufgaben zwischen ihm und den Gliedstaaten.

Die Gliedstaaten haben meist ein Mitspracherecht durch eine zweite Kammer der Gesetzgebung (z. B. Bundesrat in Österreich).

Die **Gliedstaaten haben** im Rahmen ihrer Zuständigkeiten ein Selbstbestimmungsrecht und können auch eine eigene „Landes"-Verfassung erlassen. Diese muss den Vorgaben der Verfassung des Gesamtstaates entsprechen. Sie haben eine eigene Volksvertretung (Ö: Landtage) mit Gesetzgebungskompetenz sowie eigene Vollzugsorgane (Ö: Landesregierung).

Im Detail ist die Aufteilung der Zuständigkeiten für Gesetzgebung und Vollziehung, also Kompetenzverteilung in den bundesstaatlich organisierten Staaten verschieden.

So zählen Zivilrecht und Strafrecht in den USA zu den von den einzelnen Gliedstaaten („States") zu regelnden Agenden, während diese Angelegenheiten in Österreich in die Kompetenz des Bundesgesetzgebers fallen.

Vor- und Nachteile einer bundesstaatlichen Gliederung

Für eine bundesstaatliche Gliederung spricht:
- In einigen Themenbereichen kann die Gesetzgebung auf die lokalen Situationen besser eingehen.
- Bürgernahe Vollziehung.
- Auf unterschiedliche Entwicklungen und unterschiedliche Bedürfnisse der Regionen kann in einem Bundesstaat besser eingegangen werden.
- Historische Traditionen und kulturelle Eigenheiten können erhalten werden.

Gegen eine bundesstaatliche Gliederung gibt es folgende Argumente::
- Unübersichtliche und **komplizierte Verteilung** von Zuständigkeiten.
- Der Bundesstaat **verhindert einheitliche Regelungen.**
- **Kostspielige doppelte Bürokratie** von Bund und Ländern, ein Zentralstaat ist billiger.
- Die **zahlreichen** durch den Föderalismus bedingten **Wahlen zu unterschiedlichen Zeitpunkten erschweren** eine kontinuierliche Politik.
- Föderalismus schafft **zu viele politische Ämter** und dient der Selbstversorgung der Politiker.

Organisationsform – zwischenstaatlich
Im Völkerrecht wird der Begriff des Bundesstaates als Gegensatz zum Staatenbund verwendet.

Bundesstaat	Staatenbund
– Besteht aus einem Gesamtstaat und mehreren völkerrechtlich unselbstständigen Gliedstaaten. – Die Unabhängigkeit nach außen (Souveränität) kommt nur dem Gesamtstaat zu.	– Besteht aus mehreren völkerrechtlich selbstständigen Staaten. – Die Unabhängigkeit nach außen (Souveränität) kommt jedem einzelnen Mitgliedstaat zu. Die Aufgaben des Staatenbundes werden durch den vereinbarten Vertragszweck begrenzt.
BEISPIEL: Österreich, USA, Deutschland, Schweiz, Kanada, Brasilien	**BEISPIEL:** UNO, OSZE, OPEC

8. Aufgaben des Staates

„Eine Regierung muss sparsam sein, weil das Geld, das sie erhält, aus dem Blut und Schweiß des Volkes stammt. Es ist gerecht, dass jeder einzelne dazu beiträgt, die Ausgaben des Staates tragen zu helfen. Aber es ist nicht gerecht, dass er die Hälfte seines jährlichen Einkommens mit dem Staat teilen muss." (Friedrich II. der Große)

„Die Menschen werden ungleich geboren. Der große Segen der Gesellschaft besteht darin, diese Ungleichheit soweit wie möglich durch die Beschaffung von Sicherheit, des erforderlichen Eigentums, der Ausbildung und des Beistands für einen jeden zu mindern." (Joseph Joubert)

Seit der Urgeschichte leben Menschen als größere Verbände in Staatswesen. Mit dem Fortschreiten der Zivilisation stellte sich schon früh heraus, dass es Lebensbereiche gibt, in denen es erforderlich ist, dass viele Menschen zusammenwirken. Bei den frühen Hochkulturen ging es dabei um den Aufbau einer einfachen Infrastruktur wie Wege und Bewässerungssysteme, die gewartet werden mussten, Anlegen und Verwalten von Vorräten sowie um den Schutz nach außen gegen Angriffe fremder Völker.

Historisch wandelten sich die Aufgaben des Staates, indem sie fortwährend erweitert wurden. Zunächst und lange Zeit erfüllte der Staat **Ordnungs- und Schutzaufgaben**. Erst im 19. Jahrhundert übernahm der Staat auch **Leistungsaufgaben** und nunmehr erfüllen zahlreiche Staaten, vor allem die Mitgliedstaaten der EU, auch **Sozial- und Wohlfahrtsaufgaben**.

Aufgaben des Staates

Ordnung und Schutz	Leistungen	Soziales und Wohlfahrt
Erhalt des Staates Ordnung im Inneren Schutz nach außen	Bildung Wirtschaft Umweltschutz Kultur	Kranken-, Unfall-, Arbeitslosen- , Pensionsversicherung Wohlfahrtseinrichtungen

♦ Ordnungs- und Schutzaufgaben

– Ordnung

Der Staat soll in seinem Bestand erhalten bleiben. Innerhalb des Staates sollen Ordnung und Ruhe durch Exekutive und Gerichtsbarkeit gewährleistet werden.

– Schutz

Der Staat soll Sicherheit gewähren:
im Inneren: vor Kriminalität
nach Außen: gegen militärische Angriffe fremder Staaten

♦ Leistungsaufgaben

Der Staat greift in etliche Bereiche ein, um das Funktionieren des Staates und die Versorgung der Bevölkerung mit verschiedensten Gütern zu sichern. Durch normative Regelungen sowie durch direkte staatliche Leistungen sollen gute Lebensbedingungen für die Bevölkerung vorgegeben werden.

– Bildung

Der Staat errichtet und erhält eine große Zahl an öffentlichen Schulen und Ausbildungseinrichtungen, um seinen Bürgern eine umfassende und differenzierte Ausbildung ermöglichen zu können.

– Wirtschaft

Der Staat gibt Rahmenbedingungen für die Wirtschaftstätigkeit vor. Der Staat stellt eine moderne Infrastruktur bereit, z. B. Verkehrsverbindungen wie Straßen, Autobahnen, Eisenbahn und öffentliche Transportmittel, Wasserversorgung und Abwasserbeseitigung. Er gestaltet die Agrar- und Steuerpolitik und ist auch an der Lohnpolitik beteiligt.

– Umweltschutz

Der Staat soll durch gesetzliche Vorgaben und konkrete Maßnahmen einen ökologisch intakten Lebensraum für Menschen, Tiere und Pflanzen erhalten bzw. wiederherstellen.

– Kultur

Der Staat soll durch Errichtung und Erhaltung von Schulen, Universitäten, Bibliotheken, Theatern etc. die Bildung der Bevölkerung und das Schaffen sowie Weitergeben von Kunst und Kultur gewährleisten.

♦ Sozial- und Wohlfahrtsaufgaben

In diesem Bereich geht es um die Absicherung der Existenz jedes einzelnen Bürgers.

– Soziales

Der Staat übernimmt in beträchtlichem Ausmaß die materielle Absicherung, falls Bürger nicht in der Lage sind, ihren Lebensunterhalt selbst zu bestreiten und damit ihre lebenswichtigen Bedürfnisse zu decken.

In Österreich existiert zu diesem Zweck die Sozialversicherung. Mittels Kranken-, Unfall-, Arbeitslosen- und Pensionsversicherung soll im Fall des Eintritts einer dieser Risiken die medizinische Versorgung und Befriedigung der Lebensbedürfnisse sichergestellt werden.

Weitere materielle Bedürftigkeit wird durch staatliche Fürsorgeleistungen und Sozialhilfe so weit wie möglich abgedeckt.

– Wohlfahrt

Der Staat soll durch verschiedene Einrichtungen und Institutionen die materiellen Daseinsvoraussetzungen für seine Bürger sichern. Dies geschieht etwa durch den Bau und das Betreiben von Spitälern, Kindergärten, Wohnhäusern, Freizeiteinrichtungen, Sportstätten und Altersheimen.

♦ Finanzierung

Seit den staatsähnlichen Verbänden der ersten Hochkulturen musste die Bevölkerung durch Abgaben, Frondienste, Geld- oder Naturalleistungen zur Erhaltung des Staatswesens beitragen. Auch in modernen Staaten haben die Bürger die staatlich erbrachten Leistungen zu finanzieren. Sämtliche Leistungen, die der Staat erbringt, und alle Aufgaben, die der Staat erfüllt, müssen durch Abgaben und Steuern seiner Bürger finanziert werden. Wenn der Staat zunehmend mehr Aufgaben übertragen bekommt und erfüllt, benötigt er auch mehr finanzielle Mittel, die die Bevölkerung aufzubringen hat.

Wiederholungsfragen – Arbeitsaufgaben – Diskussionsanregungen

1. *Zählen Sie die Elemente auf, über die ein Staat verfügen muss, damit er völkerrechtlich akzeptiert wird.*
2. *Vergleichen Sie einen Staat mit einem Beduinenstamm. Wodurch unterscheiden sich die beiden?*
3. *Umschreiben Sie die Staatsgewalt in Beziehung zum Staatsgebiet.*
4. *Beschreiben Sie die Prinzipien, nach denen eine Staatsbürgerschaft erworben werden kann.*
5. *Fassen Sie zusammen, welche gesetzlichen Möglichkeiten für den Erwerb der österreichischen Staatsbürgerschaft bestehen.*
6. *Nehmen Sie Stellung zu den existierenden österreichischen Einbürgerungsvoraussetzungen. Sind Sie mit sämtlichen Voraussetzungen einverstanden? Geben Sie Ihren Vorschlag dazu ab, wie Ihrer Meinung nach der Erwerb der österreichischen Staatsbürgerschaft geregelt werden sollte.*
7. *Nennen Sie Fälle, in denen ein Rechtsanspruch auf die Verleihung der österreichischen Staatsbürgerschaft gegeben ist.*
8. *Nennen Sie Rechte und Pflichten, die an die Staatsbürgerschaft anknüpfen.*
9. *Geben Sie einen Überblick über jene Rechte, die die Unionsbürgerschaft gibt.*
10. *Zählen Sie die Volksgruppen auf, die das österreichische Volksgruppengesetz anerkennt.*
11. *Beschreiben Sie die Staatsgewalt und ihre Funktionen.*
12. *Erläutern Sie die Aufgaben der Vollziehung.*
13. *Führen Sie jene Organe an, die mit der Vollziehung betraut sind.*
14. *Erklären Sie den Sinn der Gewaltentrennung.*
15. *Vergleichen Sie die existierenden Staatsformen und zeigen Sie die maßgeblichen Unterschiede auf.*
16. *Erläutern Sie die zentralen Unterschiede der Regierungsformen.*
17. *Erläutern Sie die wesentlichen Merkmale einer Demokratie.*
18. *Bewerten Sie die einzelnen Merkmale einer Demokratie für die einzelnen Menschen bzw. für den Bestand eines demokratischen Staates. Erläutern Sie die von Ihnen vorgenommene Bewertung.*
19. *Beschreiben Sie den Unterschied zwischen einer direkten und einer indirekten Demokratie.*
20. *Analysieren Sie die unterschiedlichen Merkmale von Demokratie und Diktatur.*
21. *Vergleichen Sie die Organisationsformen von Staaten und erklären Sie, wodurch sich diese unterscheiden.*
22. *Diskutieren Sie die Vor- und Nachteile eines Bundesstaates im Vergleich zu einem Zentralstaat.*
23. *Erstellen Sie ein Plakat, auf dem Sie einen Überblick über die Aufgaben geben, die der österreichische Staat erfüllt. Kommentieren Sie das Ergebnis.*
24. *Angenommen, Sie würden sich in einer politischen Partei engagieren und Sie sollten ein Statement abgeben zum Thema: „Welche Aufgaben muss oder soll der Staat erfüllen?" Untermauern Sie Ihre Auffassung mit entsprechenden Argumenten.*
25. *Diskutieren Sie den in der Vergangenheit erfolgten fortschreitenden Ausbau staatlicher Leistungen.*
26. *Geben Sie eine Übersicht über die bedeutendsten sozialen Leistungen, die staatlich organisiert bzw. erbracht werden, und erklären Sie, wie diese finanziert werden.*
27. *Diskutieren Sie die Finanzierung und Ausweitung bzw. Reduktion staatlicher Aufgaben und Leistungen.*

II. Staatenverbindungen

„Die Menschheit muss dem Krieg ein Ende setzen, oder der Krieg setzt der Menschheit ein Ende." (John F. Kennedy)

Souveräne Staaten können sich zu Staatenverbindungen zusammenschließen. Gegenwärtig gibt es zahlreiche internationale Organisationen.

Früher waren Staaten auf ihre starke Position bedacht. Im historischen Rückblick kann man beobachten, wie wichtig es für Staaten war, über möglichst große Territorien und damit eine große Bevölkerungsgruppe zu herrschen.

Staaten führten vielfach kriegerische Auseinandersetzungen, um ihren Herrschaftsbereich und ihre Macht zu vergrößern.

Nach den immensen Verlusten an Menschenleben, dem großen Leid und der gewaltigen materiellen Wertvernichtung durch die massiven Zerstörungen im Zuge des I. Weltkriegs setzte sich in Europa die Ansicht durch, dass künftig eine Zusammenarbeit zwischen den Staaten zum Wohle der Menschen sinnvoller sei.

Aus diesem Grund wurde 1919 der Völkerbund gegründet. Dadurch konnten das Leid und die furchtbaren Ereignisse des II. Weltkriegs leider nicht vermieden werden.

Danach setzten sich vor allem in Europa wieder die Ideen der Zusammenarbeit durch, die sich in der Gründung einzelner internationaler Organisationen manifestieren.

Nun stellen sich folgende Fragen:

Welche Arten von Staatenverbindungen gibt es? Welche Ziele und Aufgaben haben Staatenverbindungen? Wie sind Staatenverbindungen rechtlich zu bewerten? Wie handeln Staatenverbindungen? Wie wichtig sind die einzelnen Staatenverbindungen? Gibt es einen Unterschied zwischen internationalen und supranationalen Organisationen? Was bedeutet supranational? Welche supranationalen Organisationen gibt es?

Bei Staatenverbindungen werden unterschieden:

- **staatsrechtliche Staatenverbindung (= Bundesstaat)**
Mehrere unselbstständige Gliedstaaten bilden einen selbstständigen, souveränen Gesamtstaat.
- **völkerrechtliche Staatenverbindung(= Staatenbund = Internationale Organisation)**
Mehrere souverän bleibende Staaten beschließen einen Zusammenschluss zwecks Zusammenarbeit in verschiedenen Bereichen.
- **supranationale Staatenverbindungen**
Sind völkerrechtliche Staatenverbindungen, bei denen die Mitgliedstaaten Teile ihrer Souveränität an die gemeinschaftlichen Organe dieser Staatengemeinschaft übertragen.
Diese Organe der Gemeinschaft sind befugt, Entscheidungen zu treffen, die für die Mitgliedstaaten unmittelbar verbindlich und daher auszuführen sind.

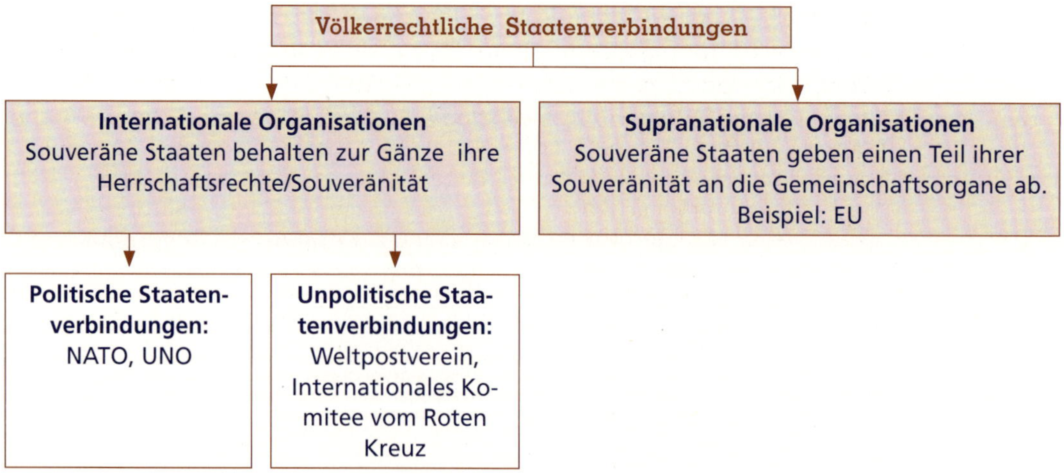

Im Anschluss werden die bedeutendsten Staatenverbindungen dargestellt, wobei für Österreich vor allem die Europäische Union wichtig ist.

A. Die Europäische Union (EU)

www.europa.eu.int,
www.europainfo.at

„Die Einheit Europas war ein Traum weniger. Sie wurde eine Hoffnung für viele. Sie ist heute eine Notwendigkeit für alle." (Konrad Adenauer)

1. Entwicklung der europäischen Integration

Das Wort **Integration** stammt vom lateinischen „integratio" (= das Wiederherstellen eines Ganzen). Es bedeutet auch die (Wieder-)Herstellung eines Ganzen aus seinen Teilen zu einer Einheit bzw. Vervollständigen oder Eingliederung in ein größeres Ganzes.

Bereits nach dem Ende des I. Weltkrieges wurde durch den Völkerbund eine engere Zusammenarbeit der europäischen Staaten angestrebt.

Graf Coudenhove-Kalergi gründete die **paneuropäische Bewegung** und strebte die Schaffung der **„Vereinigten Staaten von Europa"** an.

Der II. Weltkrieg richtete in Europa gravierende politische und wirtschaftliche Schäden an. Millionen Menschen verloren das Leben oder zumindest ihre Existenz, und die Volkswirtschaften aller am Krieg beteiligten Länder wurden massiv geschädigt oder zerstört.

Nach der Erfahrung der beiden verlustreichen und schrecklichen Weltkriege stand das Bestreben im Vordergrund, künftig Kriege in Europa unbedingt vermeiden zu wollen. Die Staaten sollten in verschiedenen Bereichen zusammenarbeiten und sich zusammenschließen.

Dieser Integrationsprozess begann 1950 mit dem Schumanplan, an dem sich sechs Staaten beteiligten. Heute umfasst die Europäische Union als supranationale Staatenverbindung 27 europäische Staaten.

Am 9. Mai 1950 bot der französische Außenminister Schuman seinem ehemaligen Kriegsgegner und „Erbfeind" Deutschland eine gemeinsame Politik – und damit Mitspracherecht und Kontrolle – in den gerade für die Rüstungsindustrie zentralen Bereichen Kohle und Stahl an (**Schumanplan**).

Dieser Plan führte zu Verhandlungen, an denen neben Deutschland und Frankreich auch Italien, Belgien, die Niederlande und Luxemburg teilnahmen. Diese Länder waren als Nachbarländer im Lauf der Jahrhunderte wiederholt von den kriegerischen Auseinandersetzungen zwischen Deutschland und Frankreich in Mitleidenschaft gezogen worden und hatten besonderes Interesse an einer friedlichen Zusammenarbeit.

Diese Verhandlungen waren der Beginn der Europäischen Integration.

Die **Gründungsstaaten Frankreich, Deutschland, Belgien, Niederlande, Luxemburg und Italien** ergriffen die Initiative für folgende Gemeinschaften:

– **Europäischen Gemeinschaft für Kohle und Stahl (EGKS/ Montanunion, 18.04.1951)**

Die Gründungsstaaten übertrugen Hoheitsrechte in den Bereichen Kohle und Stahl auf Organe der Gemeinschaft. Der Vertrag trat am 23.07.1952 in Kraft.

– **Europäische Wirtschaftsgemeinschaft (EWG, 25.03.1957)**

In der EWG wurde die gemeinsame Politik vom Bereich Kohle und Stahl auf weitere Bereiche der Wirtschaft ausgedehnt, wie z. B. auf die Landwirtschaft, das Verkehrswesen und das Wettbewerbsrecht. Als künftige Ziele wurden die politische Einigung geplant und die Errichtung eines Binnenmarktes beschlossen.

- **Europäische Atomgemeinschaft (EURATOM, EAG, 25.03.1957)**
Ihre Aufgabe ist die Förderung und Kontrolle der friedlichen Nutzung der Kernenergie in den Mitgliedstaaten.
Die Verträge der EWG und EAG traten am 01.01.1958 in Kraft.
Die heutige EU basiert auf diesen Gemeinschaften.

1967 wurden die Organe der drei Gemeinschaften vereinigt und als **Europäische Gemeinschaften (EG)** bezeichnet.

Die größten **Änderungen** erfuhren die Gründungsverträge (EGKS; EWG; EURATOM) durch:

- **die Einheitliche Europäische Akte** im Februar **1986,** in Kraft getreten am 01.07.1987
- **den Vertrag von Maastricht** am 07.02.**1992,** in Kraft getreten am 01.11.1993, **(EU)**
- **den Vertrag von Amsterdam** am 02.10.**1997,** in Kraft getreten am 01.05.1999
- **den Vertrag von Nizza** am 26.02.**2001**, in Kraft getreten am 01.02.2003
- den **Vertrag von Lissabon,** unterzeichnet am 13.12.**2007**, in Kraft getreten am 1.12.2009

Diese Verträge brachten folgende **Neuerungen:**

♦ Die Einheitliche Europäische Akte

Mit ihr wurde der Weg für die Vollendung des Binnenmarktes vorbereitet.
Ein **Binnenmarkt** ist ein Gebiet, worin das gesamte wirtschaftliche Geschehen nach weitgehend einheitlichen Regeln und gleichen Bedingungen abläuft. In ihm wurden die schon im EWG-Vertrag von 1957 genannten **vier Freiheiten** verwirklicht:

Freier Warenverkehr
bedeutet:
- keine Zölle
- keine Kontingentierungen
- erleichterter Warenaustausch

Freier Dienstleistungsverkehr
bedeutet:
- Aufträge in und aus allen Staaten der Union
- größere Auswahlmöglichkeiten bei Bankgeschäften und Versicherungsverträgen
- Ausbau von Verkehrs- und Nachrichtendiensten

Freier Kapitalverkehr
bedeutet:
- keine Devisenbeschränkungen
- freie Finanzmärkte
- freie Kapitalveranlagungsmöglichkeiten

Freier Personenverkehr
bedeutet:
- keine systematischen Grenzkontrollen
- freie Wahl des Wohnsitzes
- freie Wahl des Arbeitsplatzes

♦ Vertrag von Maastricht

Mit dem Vertrag von Maastricht wurde die **Europäische Union** gegründet. Die Regierungen erweiterten damals maßgeblich die politischen Bereiche der Zusammenarbeit.

Auf Grund des Vertrags von Maastricht beruhte der Wirkungsbereich der **EU auf drei Säulen:**

- **Erste Säule:**
Umfasste die Arbeitsbereiche der schon davor in der **EG** zusammengeschlossenen drei Gemeinschaften **EWG, EGKS und EURATOM,** eine vollständige **Wirtschafts- und Währungsunion (WWU)** und Bereiche wie Forschung und Umwelt, Gesundheit, Verbraucherschutz.
- **Zweite Säule:**
Umfasste die vertraglich vereinbarte **Zusammenarbeit** der Regierungen der EU-Staaten in der **gemeinsamen Außen- und Sicherheitspolitik (GASP).**
- **Dritte Säule:**
Umfasste die vertraglich vereinbarte **Zusammenarbeit** der EU-Staaten in der **Justiz- und Innenpolitik**. V. a.: Schutz und besondere Kontrolle der EU-Außengrenzen, keinerlei Kontrollen der Binnengrenzen für alle Mitglieder des Schengen-Abkommens, grenzüberschreitende Amtshandlungen in den Mitgliedstaaten des Schengen-Abkommens, Europol.

In den Zuständigkeitsbereichen der 1. Säule übertrugen die Mitgliedstaaten Hoheitsrechte und damit Entscheidungsbefugnisse an Organe der EU übertragen. Die Supranationalität galt nur für die Bereiche der 1. Säule. Die Organe der EU waren nur in diesen Bereichen befugt, durch Verordnung, Richtlinie oder Entscheidung EG-Recht zu schaffen.

POLITIKBEREICHE der EU gemäß dem Vertrag von Maastricht

Europäische Gemeinschaft	Gemeinsame Außen- u. Sicherheitspolitik	Zusammenarbeit im Innen- u. Justizbereich
Supranationalität – EU Recht Mitgliedsstaaten geben Souveränität an EU ab	Mitgliedsstaaten behalten Souveränität und vereinbaren Zusammenarbeit	
Zollunion u. Binnenmarkt Agrarpolitik Strukturpolitik Handelspolitik Wirtschafts- u. Währungsunion Unionsbürgerschaft Bildung u. Kultur Transeuropäische Netze Verbraucherschutz Gesundheitswesen Forschung u. Umwelt Sozialpolitik	Außenpolitik – Kooperation, gemeinsame Standpunkte u. Aktionen – Friedenserhaltung – Menschenrechte u. Demokratie Sicherheitspolitik – Abrüstung – Europäische Sicherheit	Asylpolitik Einwanderungspolitik Außengrenzen Kampf gegen Drogenkriminalität Bekämpfung der organisierten Kriminalität Justizielle Zusammenarbeit in Zivil- u. Strafsachen Polizeiliche Zusammenarbeit

♦ **Vertrag von Amsterdam**

Dieser Vertrag sollte die Europäische Union auf die geplanten Erweiterungen vorbereiten.

♦ **Vertrag von Nizza**

Dieser Vertrag sollte das Funktionieren der europäischen Organe und Einrichtungen auch nach den Erweiterungen von 2004 und 2007 sicherstellen.

Die bisherigen Mitgliedstaaten verzichteten in einem gewissen Ausmaß auf Macht durch Reduktion ihrer jeweils entsandten Vertreter/innen in die Organe der EU, damit auch die Vertreter der neuen Mitgliedstaaten in den Organen vertreten sind und ein effizientes Arbeiten möglich ist.

Weiters wurden jene Bereiche reduziert, in denen bisher einstimmige Beschlüsse im Rat notwendig waren.

♦ **EU-Verfassung = Reformvertrag**

Da die Organisation, Kompetenzen und Funktionsweise der EU im Laufe der Zeit mittels verschiedener Verträge entwickelt, geändert und erweitert wurden, beschlossen die Mitgliedstaaten die Ausarbeitung einer „Europäischen Verfassung".

Nachdem in einigen Mitgliedsstaaten die Bevölkerung bei Volksabstimmungen über die geplante EU Verfassung diese ablehnte, wurde der Ratifizierungsprozess gestoppt. An Stelle der geplanten Verfassung wurde mit dem Vertrag von Lissabon ein modifizierter neuer Vertrag mit ähnlichen Inhalten ausgearbeitet.

♦ **Vertrag von Lissabon**

Dieser Vertrag beinhaltet die jeweils **konsolidierte**, das heißt adaptierte **Fassung des Vertrags über die Europäische Union und des Vertrags über die Arbeitsweise der Europäischen Union samt ergänzenden Protokollen und Anhängen**, die Bestimmungen enthalten, auf die einzelne Mitgliedsstaaten besonderen Wert legen oder die Ausnahmeregelungen für einzelne Mitgliedsstaaten festlegen.

Die Mitgliedsstaaten gründeten mit diesem Vertrag das Völkerrechtssubjekt **„Europäische Union"**, die im Vertrag als **„Union"** und **Rechtsnachfolgerin der Europäischen Gemeinschaft** bezeichnet wird. Mit den Neuerungen dieses Vertrages wurde:

- die Arbeitsweise in der Union an die wachsende Zahl der Mitgliedsstaaten angepasst, insbesondere die Beschlusserfordernisse
- die inhaltliche Zuständigkeit der Union auf zusätzliche Politikbereiche ausgeweitet
- die EU Grundrechte-Charta verbindlich
- dem Europäischen Parlament mehr Entscheidungsmacht bei der Gesetzgebung gegeben
- den Mitgliedsstaaten die Möglichkeit einer Verstärkten Zusammenarbeit eröffnet
- ein Verfahrensmechanismus für austrittswillige Staaten vorgegeben
- die Position der Union gegenüber Drittstaaten und anderen Staatenverbindungen als eigenständiges Völkerrechtssubjekt dokumentiert, da es nunmehr das Amt des Präsidenten des Europäischen Rates und das Amt des Hohen Vertreters für Außen- und Sicherheitspolitik gibt

Überblick über die Etappen der Entwicklung der europäischen Integration	
1951	Einigung über die Europäische Gemeinschaft für Kohle und Stahl (EGKS). Der Vertrag wurde am 23. Juli 1952 in Paris unterzeichnet. Da seine Geltungsdauer mit 50 Jahren befristet war, lief dieser Vertrag am 23. Juli 2002 aus. Seither gelten für diesen Bereich die Bestimmungen des EG-Vertrags.
1957	Die 6 EGKS-Mitgliedstaaten gründen die Europäische Wirtschaftsgemeinschaft (EWG) und die Europäische Atomgemeinschaft (Euratom).
1967	Verschmelzung von EGKS, EWG und Euratom zu Europäischen Gemeinschaften (EG).
1973	Beitritt: Großbritannien, Irland, Dänemark
1979	Inkrafttreten des Europäischen Währungssystems (EWS) Erste Direktwahlen zum Europäischen Parlament.
1981	Beitritt: Griechenland
1986	1. Jänner: Beitritt: Spanien, Portugal Februar: Unterzeichnung der Einheitlichen Europäischen Akte (1. Reform der Römischen Verträge).
3.10.1990	Beitritt der Ex-DDR durch die deutsche Einigung.
7.2.1992	Unterzeichnung des Vertrags von Maastricht über Europäische Union (EU), in Kraft seit dem 1.11.1993. Grundstein für Europäische Wirtschafts- und Währungsunion, gemeinsame Außen- und Sicherheitspolitik, Zusammenarbeit bei Innerem, Justiz (2. Reform). Die EGKS und die EAG werden Teil der EG, der früheren EWG. Namensänderung in **EU.**
1.1.1993	Binnenmarkt (4 Freiheiten) verwirklicht.
1.1.1994	Europäischer Wirtschaftsraum EWR in Kraft getreten; Mitglieder: EU- und EFTA-Staaten (Island, Norwegen, Liechtenstein)
1.1.1995	Beitritt: Österreich, Schweden, Finnland
2.10.1997	Unterzeichnung des Vertrags von Amsterdam (3. Reform).
1.1.1999	Wirtschafts- und Währungsunion tritt in Kraft – Einführung des EURO als Buchgeld.
26.2.2001	Unterzeichnung des Vertrags von Nizza (4. Reform).
1.1.2002	Einführung des Euro-Bargelds als gesetzliches Zahlungsmittel in 12 EU-Ländern: Belgien, Deutschland, Finnland, Frankreich, Griechenland, Irland, Italien, Luxemburg, Niederlande, Österreich, Portugal, Spanien
1.5.2004	Beitritt: Estland, Lettland, Litauen, Polen, Tschechien, Slowakei, Ungarn, Slowenien, Malta, Zypern
1.1.2007	Beitritt: Rumänien, Bulgarien; Slowenien übernimmt den Euro als gesetzliche Währung.
13.12.2007	Unterzeichnung des Vertrags von Lissabon
1.1.2008	Malta und Zypern übernehmen den Euro als gesetzliche Währung.
1.1.2009	Slowakei übernimmt den Euro als gesetzliche Währung.
1.12.2009	Vertrag von Lissabon tritt in Kraft.
1.1.2011	Estland übernimmt Euro als gesetzliche Währung.
1.7.2013	Beitritt: Kroatien
1.1.2014	Lettland übernimmt Euro als gesetzliche Währung.
1.1.2015	Litauen übernimmt Euro als gesetzliche Währung.

!

Die EU als supranationale Staatenverbindung

Die Staaten der **Europäischen Union** sind ein **Verband von 28 selbstständigen Staaten**, die vertraglich vereinbart haben,

- in etlichen Bereichen der Politik nur noch **gemeinschaftlich** zu handeln und gemeinsam Beschlüsse zu fassen, die für alle Mitglieder verbindlich sind (z. B. Binnenmarkt, Agrarpolitik);
- in anderen Bereichen der Politik eng **zusammenzuarbeiten** und ihr Handeln weitgehend aufeinander abzustimmen (z. B. Gemeinsame Außen- und Sicherheitspolitik);
- in allen übrigen Bereichen der Politik weiterhin **allein zu entscheiden**, dabei jedoch aufeinander Rücksicht zu nehmen (z. B. Familienpolitik).

2. Werte und Ziele der Union

Der Vertrag von Lissabon legt **Werte** fest, auf denen die Union beruht. Dazu zählen: Achtung der Menschenwürde, Freiheit, Demokratie, Gleichheit, Rechtsstaatlichkeit und Menschenrechte.

Die Union verfolgt die **Ziele** den Frieden, ihre zugrundeliegenden Werte sowie das Wohlergehen ihrer Bevölkerung zu unterstützen und die kulturelle und sprachliche Vielfalt der Mitgliedsstaaten zu erhalten.

3. Wesen der Union

Die Union wird definiert als **„Raum der Freiheit, der Sicherheit und des Rechts ohne Binnengrenzen"**. In diesem Raum existiert der **Binnenmarkt**, der geprägt ist von einer wettbewerbsfähigen **sozialen Marktwirtschaft** in der **Umweltschutz** und technologischer Fortschritt angestrebt werden. In diesem Gebiet soll eine nachhaltige Entwicklung auf der Basis von Wirtschaftswachstum und Preisstabilität errichtet werden.

4. Mitglieder

Frankreich, Deutschland, Italien, Belgien, Niederlande und Luxemburg initiierten am 18.04.1951 als Gründungsstaaten der EGKS die europäische Integration. Nunmehr umfasst die Europäische Union 28 Mitglieder.

Neue Mitgliedsländer müssen die „Kopenhagener Kriterien" erfüllen. Diese lauten:

- politische Stabilität mit demokratischer, rechtsstaatlicher Ordnung und Gewähren der Grundrechte inklusive dem Schutz der Minderheiten
- funktionierende Marktwirtschaft, die freien Wettbewerb zulässt
- Das gesamte bestehende Recht der EU (= Acquis) und die Ziele der EU und WWU (Wirtschafts- und Währungsunion) müssen akzeptiert und eingehalten werden.

Für neue Mitglieder gibt es eine „Heranführungsstrategie", um sie auf ihren Beitritt vorzubereiten. Diese Strategie umfasst:

- Assoziierungsabkommen zwischen der EU und den Kandidatenländern
- jährliche Berichte der Kommission über diese Kandidaten
- Beitrittspartnerschaften, bei denen mehrere EU-Länder Beitrittskandidaten politisch beraten, damit EU Standard erreicht wird
- nationale Programme der Kandidaten zur Übernahme des Acquis (= Rechtsbestand der EU)
- finanzielle Vorbeitrittshilfen der EU für die Beitrittskandidaten

Die Mitgliedstaaten und Beitrittskanditaten der Europäischen Union 2015

	Fläche in 1.000 km²	Bevölkerung in Mio.		Fläche in 1.000 km²	Bevölkerung in Mio.
Belgien	31	10,8	Tschechische Republik	79	10,5
Dänemark	43	5,6	Estland	45	1,3
Deutschland	357	81,8	Zypern	9	0,8
Griechenland	132	11,3	Lettland	65	2,3
Spanien	506	46,0	Litauen	65	3,3
Frankreich	544	64,7	Ungarn	93	10,0
Irland	70	4,4	Malta	0,3	0,4
Italien	301	60,4	Polen	313	38,1
Luxemburg	3	0,5	Slowenien	20	2,0
Niederlande	42	16,6	Slowakei	49	5,4
Österreich	84	8,4	Bulgarien	111	7,6
Portugal	92	10,6	Rumänien	238	21,4
Finnland	338	5,3	Kroatien	56	4,4
Schweden	450	9,3	Gesamt	4.188	505,7
Großbritannien	244	62,0			

Beitrittskandidaten: Albanien, Montenegro, Mazedonien, Serbien, Türkei. Mit Montenegro, Serbien und der Türkei werden Beitrittsverhandlungen geführt.

Potenzielle Beitrittskandidaten: Bosnien und Herzegowina, Kosovo

5. Symbole der Europäischen Union

16 Mitgliedsländer, darunter auch Österreich, betrachten nach einer Erklärung als Symbole der Europäischen Union, die den Zusammenhalt ausdrücken:

- die Flagge mit einem Kreis aus zwölf goldenen Sternen auf blauem Hintergrund,
- die Hymne aus der „Ode an die Freiheit" der 9. Symphonie von Ludwig van Beethoven
- der Leitspruch „In Vielfalt geeint"
- den Euro als gesetzliches Zahlungsmittel = Euro Münzen und Banknoten
- 9. Mai als Europatag

6. Organe der EU

Die EU erfüllt wie ein Staat **durch ihre Organe legislative, exekutive und judikative Aufgaben.** Die **Europäische Kommission, das Europäische Parlament und der Rat der Europäischen Union** bilden das **„institutionelle Dreieck“**, das die Politik und die Rechtsakte maßgeblich prägt bzw. entscheidet.

Die Verfassung eines Staates schreibt vor, welche Organe welche Staatsaufgaben erfüllen. Obwohl die EU kein Staat ist, werden von ihr als supranationale Organisation Rechtsakte erlassen, die Gesetzeskraft erlangen und vollzogen werden.

Organe der EU

Organe	Europäischer Rat	Rat der EU	Europäische Kommission	Europäisches Parlament	Europäischer Gerichtshof	Europäischer Rechnungshof	Europäische Zentralbank
Sitz	Treffen jeweils im vorsitzführenden Staat	Brüssel, Luxembourg	Brüssel	Straßburg ,Brüssel, Luxembourg	Luxembourg	Luxembourg	Frankfurt am Main
http:	www.europa.eu	www.consilium.europa.eu	www.ec.europa.eu	www.europarl.europa.eu	curia.europa.eu	eca.europa.eu	www.ecb.eu
Mitglieder	Präsident des Europäischen Rates und (28) Staats-/Regierungschefs aller Mitgliedsstaaten und der/die Kommissionspräsident/in	(28) Fachminister/in-nen (Je 1 Minister/in pro Land) aller Mitgliedstaaten	(28) ein Kommissar je Mitgliedstaat – (eine/r davon ist Kommissionsprä-sident/in)	751 Abgeordnete von den Bürgerinnen und Bürgern der Mitgliedsländer gewählt	(28) 1 Richter/in je Mitgliedstaat und 8 Generalanwälte/-anwältinnen	(28) 1 Mitglied je Mitgliedsstaat	Direktorium: 6 Mitglieder
Aufgaben	♦ bestimmt maßgeblich die Grundsätze der Politik der EU	♦ beschließt Politik und Rechtsakte der EU ♦ koordiniert Wirtschaftspolitik der Mitgliedstaaten ♦ vertritt nationale Interessen der Mitgliedsländer	♦ legt Gesetzesentwürfe vor ♦ führt die EU-Politik durch ♦ setzt Verträge = EU Recht um	♦ beschließt und kontrolliert das EU-Budget ♦ kontrolliert die EU-Organe ♦ wirkt an der Gesetzgebung mit ♦ Misstrauensvotum gegen die Europäische Kommission ♦ hat Rechte im außenpolitischen Bereich	♦ Rechtssprechung bezüglich dem EU-Recht ♦ wahrt Einheitlichkeit des EU Rechts	♦ prüft Einnahmen und Ausgaben der EU auf finanzielle Richtigkeit, Rechtmäßigkeit und Wirtschaftlichkeit	♦ zuständig für Geld- und Zinspolitik in Wirtschafts- und Währungsunion und Stabilität des €

Bedeutende Institutionen

Organe	Wirtschafts- und Sozialausschuss	Ausschuss der Regionen	Europäische Investitionsbank	Europäischer Bürgerbeauftragter	Europäischer Datenschutzbeauftragter
Sitz	Brüssel	Brüssel	Luxembourg	Straßburg	Brüssel
http:	www.eesc.europa.eu	www.cor.europa.eu	www.eib.org	www.ombudsman.europa.eu	www.edps.europa.eu
Mitglieder	353 Mitglieder aus allen Mitgliedstaaten	353 Mitglieder aus allen Mitgliedstaaten	Rat der Gouverneure: 1 Minister je EU Staat	wird vom Europäischen Parlament ernannt	wird vom Europäischen Parlament ernannt
Aufgaben	♦ Beratung und Mitwirkung an der Rechtsetzung	♦ Beratung und Mitwirkung bei Rechtsetzung	♦ finanziert EU-Investitionsprogramme	♦ prüft Beschwerden über ♦ Missstände in der EU Verwaltung ♦ Untätigkeit von EU Behörden	♦ schützt persönliche Daten der EU-Bürger/innen

a) Der Europäische Rat
http://europa.eu/european_council/index_de.htm

Der Europäische Rat ist die **politisch wichtigste Instanz** in der EU.

♦ **Mitglieder**
Die Staats- und Regierungschefs, Präsident/in des Europäischen Rates und Präsident/in der Kommission bilden als gleich- und stimmberechtigte Mitglieder den Europäischen Rat. Der Hohe Vertreter der Union für Außen- und Sicherheitspolitik nimmt an seinen Arbeiten teil. D. Präsident/in des Europäischen Rates wird für zweieinhalb Jahre gewählt und kann einmal wiedergewählt werden. Er/Sie führt den Vorsitz, sorgt für die Zusammenarbeit und vertritt die EU nach außen gegenüber Staats- und Regierungschefs von Drittstaaten. Der Europäische Rat tagt mindestens zweimal im Halbjahr.

♦ **Aufgaben**

Der Europäische Rat kümmert sich um zukunftsbestimmende Fragen der EU. Er legt die allgemeinen politischen Zielvorstellungen fest, an die sich der Rat der EU halten muss. Er hat die Kompetenz, Verträge, auf denen die EU beruht, einvernehmlich zu ändern.

b) Das Europäische Parlament
www.europarl.europa.eu, www.europarl.at, http://europa.eu/institutions/inst/parliament

Das Europäische Parlament ist das einzig direkt gewählte Organ der EU. Es ist an der Gesetzgebung entscheidend beteiligt und hat neben den legislativen Rechten die Budgethoheit sowie die Exekutive zu kontrollieren. Es hält öffentlich Plenartagungen ab.

♦ **Mitglieder**
Die Abgeordneten = Mitglieder des europäischen Parlaments = MEP können seit 1979 alle fünf Jahre direkt von den Bürgerinnen und Bürgern der EU gewählt werden.

Derzeit gehören 751 Abgeordnete dem europäischen Parlament an. Österreich stellt davon 18 Abgeordnete.

♦ **Sitz**
Straßburg ist der Sitz des Parlaments, wo auch die Plenarsitzungen stattfinden. Die Sitzungen der Ausschüsse und Fraktionen tagen in Brüssel, das Generalsekretariat befindet sich in Luxemburg. In 17 ständigen Ausschüssen wird die Arbeit der Plenarsitzungen vorbereitet.

♦ **Sitzverteilung**
Die Zahl der Abgeordneten, die ein Mitgliedsland stellt, richtet sich nach dessen Einwohnerzahl. Das kleinste Land ist mit mindestens 6 und das größte Mitgliedsland mit maximal 96 Abgeordneten vertreten.

♦ **Fraktionen**
Die Abgeordneten schließen sich zu übernationalen Fraktionen zusammen und sitzen deshalb nicht nach Herkunftsländern, sondern nach Fraktionen zusammengefasst vereint im Plenarsaal. Die größten und somit einflussreichsten Fraktionen sind die der Europäischen Volkspartei (EPP-ED) und der Progressiven Allianz der Sozialisten und Demokraten (S&D).

Die derzeit 18 österreichischen Mitglieder des Europäischen Parlaments sind Mitglieder folgender Fraktionen: Europäische Volkspartei (6), Progressive Allianz der Sozialisten und Demokraten (4), Grüne / Freie Europäische Allianz (2), Fraktionslos (5).

♦ Aufgaben

Das Europäische Parlament ist an der Gesetzgebung beteiligt, entscheidet mit dem Rat über das Budget der EU und kontrolliert die Kommission. Die Befugnisse des Europäischen Parlaments umfassen:
- **Gesetzgebungsrechte**
- **Haushaltsrechte**
- **Kontrollrechte**
- **Rechte im außenpolitischen Bereich**

a) Gesetzgebungsrechte
Das Europäische Parlament hat in wichtigen politischen Bereichen gleichberechtigt mit dem Rat der EU ein **Mitentscheidungsrecht** in der Gesetzgebung, z. B. in den Bereichen Binnenmarkt, Energie, Sicherheit, Kultur, Bildung, Gesundheit und Umweltschutz.

Seine **Zustimmung** ist bei maßgeblichen Entscheidungen wie Assoziierungsabkommen und Beitrittsverträgen neuer Mitgliedstaaten **erforderlich.**

Es hat aber **kein unmittelbares Initiativrecht**, d. h. es kann keine Gesetzesvorschläge einbringen, aber die Kommission dazu auffordern. (Näheres siehe Kapitel Gesetzgebung der EU!)

b) Haushaltsrechte
Das Europäische Parlament berät und beschließt gemeinsam mit dem Rat der EU den Budgetplan. Es kontrolliert die Verwendung der Budgetmittel und beschließt danach durch Abstimmung „die Entlastung der Kommission".

c) Kontrollrechte
Der/Die jeweilige **Ratspräsident/in** erläutert zu Beginn der halbjährlich wechselnden Präsidentschaft sein/ihr Arbeitsprogramm vor dem Europäischen Parlament und gibt am Ende einen Rechenschaftsbericht ab.

Am weitesten reichen die Kontrollrechte des Parlaments gegenüber der Kommission. Ein/e neue/r **Kommissionspräsident/in** und (mit dessen/deren Einvernehmen) auch die übrigen Kommissionsmitglieder werden von den Regierungen der EU-Staaten vorgeschlagen, dann vom Europäischen Parlament angehört und befragt. Daraufhin muss das Europäische Parlament allen Mitgliedern der Kommission zustimmen.

Die Abgeordneten können **schriftliche und mündliche Anfragen** an die Kommissionsmitglieder und den Rat der EU stellen.

Das Europäische Parlament prüft Berichte des Rates der EU sowie Petitionen von Unionsbürgern.

Das Parlament ist befugt, Untersuchungsausschüsse einzurichten, um behauptete Verstöße bei der Anwendung des EU-Rechts zu überprüfen.

Es kontrolliert, unterstützt vom Rechnungshof der EU, die **Budgetausführung** und erteilt der Kommission die Entlastung – oder nicht.

Das Parlament kann der Kommission das Misstrauen aussprechen. Wird ein **Misstrauensantrag** mit Zweidrittelmehrheit angenommen, muss die Kommission geschlossen zurücktreten.

d) Rechte im außenpolitischen Bereich
Völkerrechtliche Verträge der EU bzw. der EG, wie Beitrittsbeschlüsse, können nur in Kraft treten, wenn das Europäische Parlament zugestimmt hat.

In der Gemeinsamen Außen- und Sicherheitspolitik (GASP) sowie der polizeilichen und justiziellen Zusammenarbeit stehen dem Europäischen Parlament Information, Anhörung sowie Fragen und Empfehlungen an den Rat zu.

Abgeordnete des Europäischen Parlaments: Stand 2015

Mitgliedsland	Anzahl der Abgeordneten	Mitgliedsland	Anzahl der Abgeordneten	Mitgliedsland	Anzahl der Abgeordneten
Belgien	21	Kroatien	11	Schweden	20
Bulgarien	17	Lettland	8	Slowakei	13
Dänemark	13	Litauen	11	Slowenien	8
Deutschland	96	Luxemburg	6	Spanien	54
Estland	6	Malta	6	Tschechische Republik	21
Finnland	13	Niederlande	26	Ungarn	21
Frankreich	74	Österreich	18	Vereinigtes Königreich	73
Griechenland	21	Polen	51	Zypern	6
Irland	11	Portugal	21		
Italien	73	Rumänien	32		
Gesamt ab Juni 2014: 751					

Amtlicher Stimmzettel der EU Wahl für Österreich vom 25.5.2014

Amtlicher Stimmzettel

für die

Wahl der österreichischen Mitglieder des Europäischen Parlaments

am 25. Mai 2014

Liste Nr.	Für die gewählte Partei im Kreis ein X einsetzen!	Kurzbezeichnung	Parteibezeichnung	Bezeichnung eines Bewerbers oder einer Bewerberin (Name und/oder Reihungsnummer) durch den Wähler oder durch die Wählerin
1	◯	ÖVP	Österreichische Volkspartei – Liste Othmar Karas	
2	◯	SPÖ	Sozialdemokratische Partei Österreichs	
3			leer	
4	◯	FPÖ	Freiheitliche Partei Österreichs (FPÖ) – Die Freiheitlichen	
5	◯	GRÜNE	Die Grünen – Die Grüne Alternative	
6	◯	BZÖ	BZÖ – Liste Mag. Werthmann	
7	◯	NEOS	NEOS Das Neue Österreich und Liberales Forum	
8	◯	REKOS	Die Reformkonservativen – Liste Ewald Stadler	
9	◯	ANDERS	Europa Anders – KPÖ, Piratenpartei, Wandel und Unabhängige	
10	◯	EUSTOP	EU-Austritt, Direkte Demokratie, Neutralität (EU-Stop)	

♦ **Europawahlordnung**

Jeder Staat erlässt für sein Gebiet eine eigene Europawahlordnung. Diese orientiert sich in Österreich an der Nationalratswahlordnung, der folgende Prinzipien zugrunde liegen:

Verhältniswahlrecht: Die auf die einzelnen Fraktionen entfallenden Mandate werden durch das d'Hondtsche Verfahren ermittelt.

Ermittlungsverfahren: Es gibt nur ein Ermittlungsverfahren.

4 % Mindeststimmen: Eine Wahlpartei muss österreichweit mindestens 4 % der gültigen Stimmen erreicht haben, um ein Mandat erhalten zu können.

Vorzugsstimmen: Durch Eintragung in die betreffende Spalte des Stimmzettels kann auch **eine** Vorzugsstimme vergeben werden. Um eine Vorreihung auf der Kandidatenliste zu erreichen, müssen mindestens 7 % der für die betreffende Partei abgegebenen gültigen Stimmen eine Vorzugsstimme für eine(n) bestimmte(n) Kandidatin(en) ausweisen.

Wahlvorschlag: Für einen gültigen Wahlvorschlag ist die Unterschrift von mindestens drei Nationalratsabgeordneten oder einem Abgeordneten des Europäischen Parlaments oder die Vorlage von 2600 Unterstützungserklärungen erforderlich.

Wahltag: Wahltag ist ein Sonntag oder öffentlicher Ruhetag.

Wahlberechtigung: Wahlberechtigt sind nach der österreichischen Nationalratswahlordnung wahlberechtigte Österreicher/innen und die in der Europawahlevidenz eingetragenen Auslandsösterreicher/innen sowie Unionsbürger/innen mit einem Hauptwohnsitz in Österreich, wenn sie sich in ihrem Heimatland nicht an den EU-Wahlen beteiligen. Mittels Wahlkarte kann man auch außerhalb seines Wahlsprengels oder im Ausland wählen.

c) Der Rat der Europäischen Union

www.consilium.europa.eu

Der Rat ist gemeinsam mit dem Europäischen Parlament für die Gesetzgebung und das Budget zuständig und gestaltet damit die Politik der Union. In diesem Gremium werden die Interessen der Mitgliedsstaaten eingebracht und vertreten.

♦ **Mitglieder**

Der Rat setzt sich aus je einem/einer Minister/in der nationalen Regierungen jedes Mitgliedstaates zusammen. Sie sind befugt, für die Regierung ihres Staates verbindlich zu handeln, und sind dafür politisch verantwortlich.

Der Rat der Europäischen Union erledigt seine Aufgaben in verschiedenen Zusammensetzungen:

- Allgemeine Angelegenheiten: Außen- oder Europaminister
- Auswärtige Angelegenheiten: Hohe Vertreter der Union für Außen- und Sicherheitspolitik HVASP und Außenminister
- Wirtschaft und Finanzen – „ECOFIN"
- Justiz und Inneres
- Beschäftigung, Sozialpolitik, Gesundheit und Verbraucherschutz
- Wettbewerbsfähigkeit, Binnenmarkt, Industrie, Forschung und Raumfahrt
- Verkehr, Telekommunikation und Energie
- Landwirtschaft und Fischerei
- Umwelt
- Bildung, Jugend, Kultur und Sport

Zu allgemeinen Fragen tagen die Außen- bzw. Europaminister/innen. Zu speziellen Fragen tagen die jeweiligen Fachminister/innen. Der Hohe Vertreter der Union für Außen- und Sicherheitspolitik leitet die Gemeinsame Außen- und Sicherheitspolitik der Union und den Rat für Auswärtige Angelegenheiten. Der Hohe Vertreter hat Initiativen für die Außen-, Sicherheits- und Verteidigungspolitik der Union zu entwickeln und im Auftrag des Rates durchzuführen. Er vertritt gemeinsam mit dem Präsidenten des Europäischen Rats die Union nach außen.

♦ **Präsidentschaft**

Die Mitgliedstaaten übernehmen nach einer langfristig vom Rat der EU vorgegebenen Reihenfolge für jeweils sechs Monate den Vorsitz des Rates der EU.

Das Vorsitz führende Land hat:
- die Sitzungen des Rates vorzubereiten und einzuberufen
- die Tagesordnung festzulegen
- die Sitzungen zu leiten
- gesetzgebende und politische Initiativen vorzubereiten
- Kompromisse zu finden

Österreich hatte bisher den Vorsitz im zweiten Halbjahr 1998 und im ersten Halbjahr 2006.

Die geplante Reihenfolge der Präsidentschaften lautet:

– Luxemburg	Juli bis Dezember 2015
– Niederlande	Jänner bis Juni 2016
– Slowakei	Juli bis Dezember 2016
– Malta	Jänner bis Juli 2017
– Österreich	Jänner bis Juni 2019

Die Präsidentschaft bildet mit ihrer Vorgängerin und der Nachfolgerin die **„Troika"**, sodass eine gewisse Kontinuität in der Arbeit gewährleistet werden kann.

Der Rat wird in seiner Arbeit **unterstützt** von:
- dem **Generalsekretariat** in Brüssel mit etwa 2400 Beamten
- dem **Ausschuss „Ständiger Vertreter"** (= Botschafter/innen der einzelnen Mitgliedsländer bei der EU)
- **Ausschüssen** mit Beamten/-innen der nationalen Ministerien

♦ **Sitz**

Der Rat hat seinen Sitz in Brüssel.

♦ **Aufgaben**

Übersicht über **die wichtigsten Aufgaben des Rates**:
- **beschließt** (vielfach gemeinsam mit dem Europäischen Parlament) **europäische Rechtsakte**
- **stimmt die Wirtschaftspolitik der Mitgliedstaaten untereinander ab**
- **vereinbart internationale Verträge** zwischen der EU mit anderen Staaten oder internationalen Organisationen
- **beschließt gemeinsam mit dem Europäischen Parlament das Budget der EU**
- **entwickelt die Gemeinsame Außen- u. Sicherheitspolitik der EU**, die der Hohe Vertreter der Union für Außen- und Sicherheitspolitik international vertritt

Der Rat hatte lange eine dominierende Position bei der Rechtserzeugung der EU. Im Laufe der Zeit erwarb das Europäische Parlament zunehmende Beteiligung an der Gesetzgebung. Nunmehr haben der Rat und das Europäische Parlament im ordentlichen Gesetzgebungsverfahren eine gleichberechtigte Position. Für einige Bereiche ist ein besonderes Gesetzgebungsverfahren vorgeschrieben, bei dem meistens der Rat und seltener das Europäische Parlament einen Rechtsakt erlassen müssen.

Während das Europäische Parlament, die Kommission, der Gerichtshof und der Rechnungshof rein europäische Organe sind, die nur das Wohl der EU im Auge haben, ist der Rat ein Organ, in dem die Mitgliedsländer ihre nationalen Interessen vertreten und in dem ein Kompromiss **zwischen den europäischen Zielen und den nationalen Interessen** gefunden werden muss.

♦ **Beschlussfassung im Rat**

Der Rat beschließt grundsätzlich mit qualifizierter Mehrheit, außer es ist vertraglich eine andere Mehrheit vorgeschrieben.

Beschlüsse mit **qualifizierter Mehrheit**:

Bei Beschlüssen mit qualifizierter Mehrheit haben die Staaten unterschiedliches, ihrer Größe entsprechendes Stimmengewicht, wobei bevölkerungsschwache Länder bei der Stimmenzuteilung bevorzugt werden. (Näheres siehe „Gesetzgebung der EU", Seite 54)

STIMMGEWICHTUNG IM RAT DER EUROPÄISCHEN UNION
bei Beschlüssen mit qualifizierter Mehrheit

Die einzelnen Länder verfügen im Rat über folgende Anzahl an Stimmen:

Land	Stimmen
Deutschland, Frankreich, Italien, Vereinigtes Königreich	29
Spanien, Polen	27
Rumänien	14
Niederlande	13
Belgien, Tschechische Republik, Griechenland, Ungarn, Portugal	12
Österreich, Schweden, Bulgarien	10
Dänemark, Irland, Kroatien, Litauen, Slowakei, Finnland	7
Zypern, Estland, Lettland, Luxemburg, Slowenien	4
Malta	3
qualifizierte Mehrheit	260
gesamt	352

Bis 31. Oktober 2014 gilt eine qualifizierte Mehrheit als erreicht:
- wenn mindestens 256 befürwortende Stimmen abgegeben werden, d. h. 72,3 % der Gesamtzahl an Stimmen **und**
- wenn die Mehrheit der Mitgliedstaaten (in einigen Fällen eine Zweidrittelmehrheit) zustimmt.
- Zusätzlich kann jedes Mitgliedsland verlangen, dass geprüft wird, ob die befürwortenden Stimmen mindestens 62 % der Gesamtbevölkerung der Europäischen Union repräsentieren.

Ab 1. November 2014 gilt für die qualifizierte Mehrheit der Grundsatz der doppelten Mehrheit. Demnach müssen 55 % der Mitgliedsländer zustimmen und diese müssen zugleich auch mindestens 65 % der EU Bevölkerung stellen.

Wenn der Rat nicht auf Vorschlag der Kommission beschließt, werden die Stimmen von 72 % der Mitgliedsstaaten, die zusammen 65 % der EU Bevölkerung stellen müssen, benötigt.

Einstimmige Beschlüsse:
Bei einstimmigen Beschlüssen oder einfachen Mehrheitsbeschlüssen hat jedes Land eine Stimme (z. B.: bei Beschlüssen zur Gemeinsamen Außen- und Sicherheitspolitik).

d) Die Europäische Kommission

http://ec.europa.eu

Die Europäische Kommission erfüllt vor allem Aufgaben der exekutiven Staatsgewalt und wird daher auch als **Regierung** der EU bezeichnet.

Sie setzt Beschlüsse des Europäischen Parlaments und des Rates der EU um und hat das Recht Gesetzesvorschläge zu machen.

Die Europäische Kommission ist von den Regierungen der Mitgliedstaaten unabhängig und hat ausschließlich die Interessen der Europäischen Union und deren Bürger/innen zu wahren.

♦ Mitglieder

Die Kommission hat 28 Mitglieder, wobei jedes Mitgliedsland eine/n Kommissar/in entsendet. Der Hohe Vertreter der Union für Außen- und Sicherheitspolitik ist auch Kommissionsmitglied und Vizepräsident/in der Kommission. Ihre Amtszeit beträgt 5 Jahre.

Der/Die Präsident/in der Kommission wird von den Regierungen der EU-Länder bestimmt und benötigt die Zustimmung des Europäischen Parlaments. Diese/r designierte Präsident/in sucht „im Einvernehmen" mit den Regierungen die übrigen Kommissionsmitglieder aus.

Nach Anhörung und Befragung aller Kandidaten muss das gesamte Kollegium vom Parlament bestätigt werden. Der Rat der EU muss diesem Vorschlag mit qualifizierter Mehrheit zustimmen.

Der/Die **Präsident/in** der Kommission ist, neben d. Ratspräsidenten/-in, der höchste Vertreter der EU.

Mitglieder der Europäischen Kommission 2014 – 2019

Name	Land	Zuständigkeitsbereich	Name	Land	Zuständigkeitsbereich
Jean-Claude Juncker	Luxemburg	Kommissionspräsident	Marianne Thyssen	Belgien	Beschäftigung, soziale Angelegenheiten, Qualifikationen und Mobilität der Arbeitnehmer
Frans Timmermans	Niederlande	*Erster Vizepräsident* Rechtssetzung, interinstitutionelle Beziehungen, Rechtstaatlichkeit und Grundrechtecharta	Karmenu Vella	Malta	Umwelt, Maritime Angelegenheiten und Fischerei
Federica Mogherini	Italien	*Vizepräsidentin* Hohe Vertreterin für Außen- und Sicherheitspolitik	Johannes Hahn	Österreich	Europäische Nachbarschaftspolitik und Erweiterungsverhandlungen
Kristalina Georgiewa	Bulgarien	*Vizepräsidentin* Haushalt und Personal	Jonathan Hill	Vereinigtes Königreich	Finanzstabilität, Finanzdienstleistungen und Kapitalmarktunion
Andrus Ansip	Estland	*Vizepräsident* Digitaler Binnenmarkt	Vytenis Andriukaitis	Litauen	Gesundheit und Lebensmittelsicherheit
Maroš Šefčovič	Slowakei	*Vizepräsident* Energieunion	Christos Stylianides	Zypern	Humanitäre Hilfe und Krisenschutz
Valdis Dombrovski	Lettland	*Vizepräsident* Euro und sozialer Dialog	Elżbieta Bieńkowska	Polen	Binnenmarkt, Industrie, Unternehmertum und KMU
Jyrki Katainen	Finnland	*Vizepräsident* Arbeitsplätze, Wachstum, Investitionen und Wettbewerbsfähigkeit	Neven Mimica	Kroatien	Internationale Zusammenarbeit und Entwicklung
Phil Hogan	Irland	Landwirtschaft und ländliche Entwicklung	Věra Jourová	Tschechien	Justiz, Verbraucher und Gleichstellungsfragen
Miguel Arias Cañete	Spanien	Klimaschutz und Energie	Dimitris Avramopoulos	Griechenland	Migration und Inneres
Margrethe Vestager	Dänemark	Wettbewerb	Corina Crețu	Rumänien	Regionalpolitik
Günther Oettinger	Deutschland	Digitale Wirtschaft und Gesellschaft	Carlos Moedas	Portugal	Forschung, Wissenschaft und Innovation
Pierre Moscovici	Frankreich	Wirtschafts- und Finanzangelegenheiten, Steuern und Zollunion	Cecilia Malmström	Schweden	Handel
Tibor Navracsics	Ungarn	Bildung, Kultur, Jugend und Bürgerschaft	Violeta Bulc	Slowenien	Verkehr und Weltraum

Die Mitglieder der Kommission üben ihr Amt **„in voller Unabhängigkeit zum allgemeinen Wohl der Gemeinschaft aus".** Sie sind weder dem Rat der EU noch ihren heimatlichen Regierungen verantwortlich. Sie unterliegen der Kontrolle des Europäischen Parlaments. Die Kommission umfasst ca. 24.000 Beamte.

♦ **Sitz**

Der **Sitz** der Kommission ist in **Brüssel**. Sie hat Vertretungen in allen Mitgliedstaaten sowie in rund 100 anderen Staaten (vergleichbar mit Botschaften).

♦ **Aufgaben**

♦ Die Kommission gilt als **„Exekutive"**, gleichsam als „Regierung" der EU und primär zuständiges Organ der fortschreitenden Integration und hat folgende Aufgaben:

– **Initiativrecht**:
Die Kommission hat das primäre Recht, Gesetzesvorschläge einzubringen.
Der Rat, das Europäische Parlament und mindestens 1 Million Bürgerinnen und Bürger können jedoch solche anregen. (Zum Vergleich: In Österreich haben die Bundesregierung, der Nationalrat, der Bundesrat und das Volk mittels Volksbegehren ein Initiativrecht auf Bundesebene.)

– **Exekutivrechte**:
Die Kommission verwirklicht vielfach das, was Rechtsakte des Rates (Verordnungen, Richtlinien, Empfehlungen, Entscheidungen) verlangen.
Sie erlässt notwendige Durchführungsverordnungen und verwaltet alle Finanzmittel.

– **Kontrollrechte**:
Die Kommission ist die „Hüterin der Verträge". Verstößt ein Mitgliedstaat gegen EU-Recht, ist die Kommission verpflichtet, einzuschreiten und notfalls vor dem Europäischen Gerichtshof gegen den Mitgliedstaat Klage zu erheben.

Kommission der Europaischen Union
Präsident
Vizepräsidenten
28 Mitglieder = Kommissare

Aufgaben

Gesetzesanträge	Vorschläge	Kontrolle	Verwaltung	Vertretung
Antragsrecht für Gesetzesanträge	zur Weiterentwicklung der Unionspolitik	über Einhaltung und richtige Anwendung des EU-Rechts	und Durchführung der EU-Vorschriften	der EU in internationalen Organisationen

Die Kontrollfunktion der Kommission zur Einhaltung des EU-Rechts

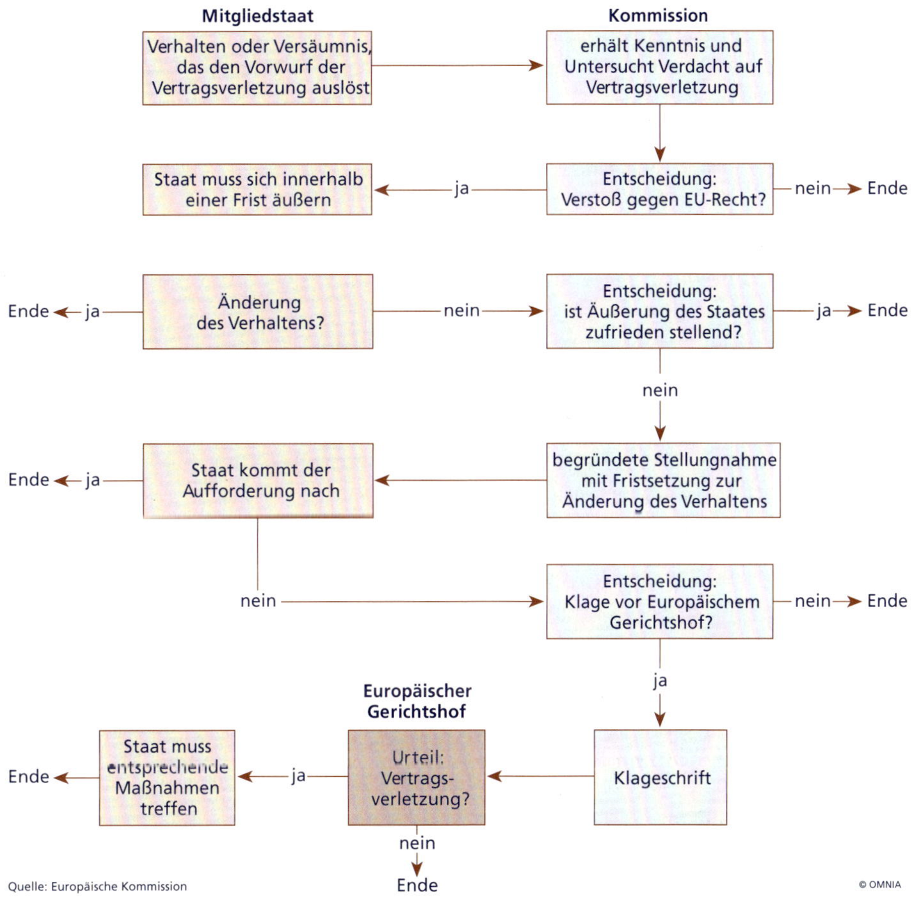

e) Der Europäische Gerichtshof der Europäischen Gemeinschaft

http://curia.europa.eu, http://curia.eu.int

Für die **Gerichtsbarkeit** sind in der EU **der Gerichtshof der Europäischen Union** (27 Richter und 8 Generalanwälte, 1952 gegründet) und das **Gericht erster Instanz** (28 Richter, 1989 gegründet) in Luxemburg zuständig.

Die Richter und Generalanwälte müssen in ihren Heimatländern für höchste Richterämter qualifiziert sein und werden von den Regierungen der Mitgliedstaaten für 6 Jahre ernannt, wobei eine Wiederernennung zulässig ist.

Richter/innen und Generalanwälte/-innen entscheiden in völliger Unparteilichkeit und Unabhängigkeit. Die Generalanwälte/-innen erstellen „Schlussanträge" denen die entscheidenden Richter/innen nicht folgen müssen.

Der Gerichtshof der Europäischen Gemeinschaft beschließt Urteile mit Stimmenmehrheit und verkündet diese in öffentlicher Sitzung.

♦ Das **Gericht I. Instanz** ist für folgende Klagen zuständig:
- Klagen von natürlichen und juristischen Personen gegen Maßnahmen der Gemeinschaftsorgane, z. B. Klage wegen einer auferlegten Bußzahlung
- Klagen der Mitgliedstaaten gegen die Kommission
- Klagen der Mitgliedstaaten gegen den Rat wegen Maßnahmen gegen staatliche Beihilfen oder handelspolitische Schutzmaßnahmen
- Schadenersatzklagen wegen von Gemeinschaftsorganen oder deren Bediensteten verursachter Schäden
- ein auf Rechtsfragen beschränktes Rechtsmittel gegen ein Urteil des Gerichts für den öffentlichen Dienst

Gegen ein Urteil kann beim Gerichtshof der EG ein auf Rechtsfragen beschränktes Rechtsmittel eingelegt werden.

♦ **Der Gerichtshof der Europäischen Gemeinschaft** ist für folgende Klagen und Verfahren zuständig:

– **Vorabentscheidungsersuchen:**

Alle nationalen Gerichte der Mitgliedstaaten haben geltendes EU-Recht anzuwenden.

Da geltendes EU-Recht einheitlich ausgelegt werden soll, können nationale Gerichte und müssen Gerichte der letzten Instanz ein Vorabentscheidungsersuchen stellen, wenn Zweifel über die Gültigkeit eines Gemeinschaftsrechtsaktes oder die Vereinbarkeit von nationalem Recht und Gemeinschaftsrecht bestehen.

Die nationalen Gerichte sind an das dazu ergehende Urteil oder den Beschluss gebunden, ebenso wie andere nationale Gerichte bei der Beurteilung eines gleichen Sachverhalts. Durch dieses Verfahren wird gewährleistet, dass EU-Recht in allen EU Ländern einheitlich ausgelegt wird.

– **Klagen wegen Vertragsverletzung:**

Die Europäische Kommission oder ein Mitgliedstaat kann eine Vertragsverletzungsklage einbringen, bei begründeter Annahme, dass ein Mitgliedsland seine Verpflichtungen aufgrund des EU-Rechts nicht erfüllt.

Stellt der Gerichtshof der Europäischen Gemeinschaft eine Vertragsverletzung fest, folgt die Aufforderung, vertragswidriges Handeln einzustellen. Bei Zuwiderhandeln kann zusätzlich eine Bußgeldzahlung angeordnet werden.

– **Nichtigkeitsklagen:**

Der Rat der EU, die Europäische Kommission, das Parlament der EU, ein Mitgliedstaat oder private Unionsbürger/innen können mit einer Nichtigkeitsklage begehren, dass ein rechtswidriger Rechtsakt der EU für nichtig erklärt wird.

– **Untätigkeitsklagen:**

Mitgliedstaaten, Organe der EU, Einzelpersonen oder Unternehmen können damit die Rechtmäßigkeit der Untätigkeit eines Gemeinschaftsorgans überprüfen lassen.

– **Rechtsmittel:**

Der Gerichtshof entscheidet über auf Rechtsfragen beschränkte Rechtsmittel gegen ein Urteil des Gerichtshofs I. Instanz.

– **Überprüfung:**

Ausnahmsweise überprüft der Gerichtshof Entscheidungen des Gerichts I. Instanz über Rechtsmittel gegen Entscheidungen des Gerichts für den öffentlichen Dienst der Europäischen Union.

Der EUGH entscheidet über
- Vorabentscheidungsersuchen von Gerichten der Mitgliedsländer
- Klagen wegen Vertragsverletzung
- Nichtigkeitsklagen gegen rechtswidrigen Rechtsakt der EU
- Rechtsmittel gegen Entscheidungen des Gerichtshofes I. Instanz
- Untätigkeitsklagen wegen Untätigkeit eines Gemeinschaftsorgans
- Überprüfung von Entscheidungen des Gerichts in I. Instanz

f) Der Rechnungshof der Europäischen Union
http://www.eca..europa.eu.

Dem **Rechnungshof gehören 28 Mitglieder** an – je eines aus jedem EU-Staat. Die nominierten Mitglieder werden nach Anhörung durch das Europäische Parlament vom Rat der EU mit qualifizierter Mehrheit ernannt. Der Rechnungshof hat seinen **Sitz in Luxemburg** und ist das finanzielle Kontrollorgan der EU.
Er prüft die:
- Rechtmäßigkeit und
- Ordnungsmäßigkeit der Einnahmen und Ausgaben sowie
- die Wirtschaftlichkeit der Ausgaben.

Der Rechnungshof arbeitet völlig unabhängig und unterstützt das Europäische Parlament und den Rat der EU bei der Haushaltskontrolle.

g) Wirtschafts- und Sozialausschuss
http://www.eesc.europa.eu.

Dem Wirtschafts- und Sozialausschuss gehören 353 Mitglieder an. Österreich entsendet 12 Mitglieder. Dieses unabhängige Gremium vertritt die Interessen von verschiedenen größeren beruflichen und sozialen Gruppen, wie Arbeitgebern/-innen, Arbeitnehmern/-innen, Landwirten/-innen und Konsumenten/-innen.

Dieser Ausschuss muss vor jeder Beschlussfassung des Rates im Bereich der Wirtschafts- und Sozialpolitik gehört werden. Er darf auch Stellungnahmen zu anderen Entscheidungen abgeben.

h) Ausschuss der Regionen
http://www.cor.europa.eu

Dem Ausschuss der Regionen gehören 353 Vertreter von Regionen und Gemeinden der Mitgliedsländer der EU an. Österreich entsendet 12 Mitglieder. Der Ausschuss der Regionen bringt durch Stellungnahmen die lokalen Interessen und Standpunkte von Gebietskörperschaften in den Rechtsetzungsprozess ein.

Der Ausschuss ist unabhängig und muss von Kommission und Rat gehört werden, wenn spezifische regionale Interessen von einer Beschlussfassung betroffen sind.

i) Europäische Zentralbank (EZB)
http://www.ecb.eu

Die Europäische Zentralbank ist ein Organ der Union, hat ihren Sitz in Frankfurt und hat vor allem auf die Stabilität des Euro zu achten und kontrolliert deshalb die im Umlauf befindliche Euro-Geldmenge. Sie ist unabhängig und für die Wirtschafts- und Währungspolitik der EU verantwortlich.

Zwecks Steuerung der Geldmenge legt sie die Zinssätze für das Gebiet der Wirtschafts- und Währungsunion fest.

Die EZB beaufsichtigt die Kreditinstitute. Sie hat beratende Funktion im Rechtsetzungsverfahren im Aufgabenbereich der EZB und ein Initiativrecht bei der Währungspolitik.

Zur Erfüllung ihrer Aufgaben kann die EZB Verordnungen erlassen.

Die **EZB** verfügt über folgende **Organe:**

- **Direktorium**

Dem Direktorium gehören Präsident/in, Vizepräsident/in und vier weitere Mitglieder der EZB an. Ihre Amtszeit beträgt acht Jahre, sie dürfen nicht wiederernannt werden.

Das Direktorium hat die vom Rat der Zentralbankpräsidenten vorgegebene Geldpolitik umzusetzen, erteilt den beteiligten nationalen Notenbanken Weisungen und führt die Tagesgeschäfte der EZB.

- **Rat der Zentralbankpräsidenten**

Dem Rat der Zentralbankpräsidenten gehören die 19 Präsidenten der Notenbanken der WWU-Länder und die sechs Direktoriumsmitglieder an.

Dieses Gremium legt die Zinssätze und die Geldpolitik für den WWU-Raum fest.

- **Erweiterter Rat**

Der Erweiterte Rat besteht aus: Präsident/in und Vizepräsident/in der EZB sowie Präsident/in der Zentralbanken aller 28 EU-Mitgliedstaaten.

Dieses Organ hat beratende Funktion und ist an der Vorbereitung der Erweiterung des Gebietes der Wirtschafts- und Währungsunion beteiligt.

j) Europäische Investitionsbank (EIB)

Die Europäische Investitionsbank existiert seit 1958. Sie gewährt Darlehen für Projekte, die einer Verbesserung der Infrastruktur oder dem Umweltschutz dienen und in finanziell schwächeren Gebieten der Union, in Beitrittsländern oder Entwicklungsländern durchgeführt werden sollen.

Die von der EIB geförderten Projekte müssen folgende Anforderungen erfüllen:
- Die Projekte müssen zu einer Anhebung der Wettbewerbsfähigkeit von Unternehmen führen oder dem Ausbau transeuropäischer Netze oder der Informationstechnologie dienen, sie müssen den Umweltschutz fördern oder das Bildungs- bzw. Gesundheitswesen verbessern.
- Die Projekte sollen die Entwicklung von wirtschaftlich schlechteren Regionen unterstützen.
- Die Projekte müssen zur Entstehung weiterer Finanzierungsquellen beitragen.

4. Gesetzgebung der EU

Üblicherweise wählt die Bevölkerung eines Landes ihre Vertreter für gesetzgebende Körperschaften (Parlamente). Die EU-Mitgliedsstaaten haben der Union Entscheidungsbefugnisse in etlichen Politikbereichen übertragen. Der Beschluss von Gesetzen wird in der Union durch das Europäische Parlament und den Rat vorgenommen. Der Rat der EU, der aus Minister/innen der Mitgliedstaaten besteht, hat eine maßgebliche Position im Rechtsetzungsverfahren. In nahezu allen Fällen ist ein Vorschlag der Kommission erforderlich, den der Rat und das Europäische Parlament – sowie eine EU-Bürgerinitiative mit mindestens 1 Million Unterschriften – anfordern können.

BEREICHE der ZUSTÄNDIGKEIT der UNION

EINZELNE ZUSTÄNDIGKEITEN	HANDLUNGSUMFANG	POLITIKBEREICHE
Ausschließliche Zuständigkeit der Union	Die Union erlässt als Gesetzgeber verbindliche Rechtsakte	Zollunion, Wettbewerbsregeln für den Binnenmarkt, Währungspolitik für Euro-Mitgliedsstaaten, Erhaltung der biologischen Meeresschätze, Handelspolitik, Abschluss internationaler Verträge in bestimmten Bereichen
Geteilte Zuständigkeit zwischen Union und Mitgliedsstaaten	Falls die Union nicht / nicht mehr gesetzgebend tätig wird, können die Mitgliedsstaaten verbindliche Rechtsakte erlassen	Binnenmarkt; Sozialpolitik; Wirtschaftliche, soziale u. territoriale Zusammenarbeit; Landwirtschaft u. Fischerei; Umwelt; Verbraucherschutz; Verkehr; Transeuropäische Netze; Energie; Raum der Freiheit, Sicherheit u. des Rechts
Justizielle Zusammenarbeit in Zivilsachen	Europäisches Parlament und Rat erlassen verbindliche Rechtsakte zwecks grenzüberschreitender Beweisermittlung und Anerkennung gerichtlicher Entscheidungen	Zivilsachen mit grenzüberschreitendem Bezug
Justizielle Zusammenarbeit in Strafsachen	Europäisches Parlament und Rat erlassen verbindliche Rechtsakte zur: – Anerkennung von Urteilen und Gerichtsentscheidungen in der Union – Festlegung von Straftaten und Strafen bei schwerer grenzüberschreitender Kriminalität – Aufbau von Eurojust und Etablierung einer Europäischen Staatsanwaltschaft	Zusammenarbeit bei – Strafverfolgung sowie Vollzug von Entscheidungen – Einzelnen Kriminalitätsbereichen: Terrorismus, Menschenhandel, Sexuelle Ausbeutung, Drogenhandel, illegaler Waffenhandel, Geldwäsche, Korruption, Fälschung von Zahlungsmitteln, Computerkriminalität, organisierte Kriminalität
Polizeiliche Zusammenarbeit	Europäisches Parlament und Rat erlassen verbindliche Rechtsakte zwecks polizeilicher Zusammenarbeit aller national zuständigen Behörden	Grenzüberschreitend: Erfassen und Analysieren von Informationen Gemeinsame Ermittlung bei organisierter Kriminalität Austausch von Personal und Ausrüstung
Gemeinsame Außen- und Sicherheitspolitik	Der europäische Rat legt die strategischen Interessen der Union fest und erlässt Beschlüsse über Standpunkte und vorzunehmende Aktionen der Union	Gemeinsame Außen- und Sicherheitspolitik mit der Absicht eine gemeinsame Verteidigungspolitik zu entwickeln
Mitgliedsstaaten koordinieren ihre Wirtschaftspolitik innerhalb der Union	Der Rat beschließt die Grundsätze	Wirtschaftspolitik
Union koordiniert Politikbereiche	Die Union gibt Leitlinien vor	Beschäftigung, Soziales
Union setzt Maßnahmen zur Unterstützung der Mitgliedsstaaten		Gesundheit, Industrie, Kultur, Tourismus, Bildung , Jugend, Sport, Katastrophenschutz, Verwaltungszusammenarbeit, Forschung, Raumfahrt, Entwicklungszusammenarbeit
Verstärkte Zusammenarbeit einzelner Mitgliedsstaaten	Bei der Beschlussfassung sind nur die an der verstärkten Zusammenarbeit beteiligten Staaten stimmberechtigt und die dabei erlassenen Rechtsakte binden nur diese Staaten	Politikbereiche für die die Union keine ausschließliche Zuständigkeit hat

♦ Arten des Gesetzgebungsverfahrens

An fast allen Beschlussfassungen sind
- die **Europäische Kommission,**
- das **Europäische Parlament** und
- der **Rat der Europäischen Union** beteiligt.

Die Organe der Union können auf unterschiedliche Weise Rechtsakte erlassen.

Entscheidungsverfahren bei der EU-Gesetzgebung

- Ordentliches Gesetzgebungsverfahren – Mitentscheidungsverfahren von Parlament und Rat
- Besonderes Gesetzgebungsverfahren – (Meist) Rat oder Parlament entscheiden

In der überwiegenden Zahl der Rechtsetzungsakte ist das **ordentliche Gesetzgebungsverfahren** vorgesehen, bei dem das Parlament gleichberechtigt und gemeinsam mit dem Rat mit der Gesetzgebung betraut ist. In selteneren Fällen wird das **besondere Gesetzgebungsverfahren** angeordnet, bei dem entweder der Rat oder das Parlament unter Beteiligung des anderen Organs einen Rechtsakt verabschieden muss.

– **Mitentscheidungsverfahren**
Bei diesem ist eine Einigung zwischen Rat der EU und Europäischem Parlament erforderlich, damit ein „Gesetz" erlassen werden kann.
Falls keine Einigung zustande kommt, muss ein Vermittlungsausschuss eingesetzt werden, dem gleich viele Mitglieder des Rates der EU und des EU-Parlaments angehören. Dieser Ausschuss hat einen „gemeinsamen Entwurf" auszuarbeiten, dem sowohl das Parlament als auch der Rat der EU zustimmen müssen, damit das betreffende „Gesetz" verabschiedet werden kann.

Das Mitentscheidungsverfahren ist u. a. anzuwenden bei:
- Binnenmarkt
- Visa, Asyl, Einwanderung und freier Personenverkehr, Beschäftigung
- Sozialpolitik, Gesundheitswesen, Verbraucherschutz
- Bildung, Forschung, Kultur
- Industrie, Transeuropäische Netze
- Umweltschutz
- Betrugsbekämpfung

Stimmgewichtung (und Abgeordnetensitze) in der EU

Stimmstärke nach Ländern

Land	Bevölkerung in Mio.	Rat (352)	Parlament (751)
Deutschland	81,8	29	96
Frankreich	64,7	29	74
Großbritannien	62,0	29	73
Italien	60,4	29	73
Spanien	46,0	27	54
Niederlande	16,6	13	26
Griechenland	11,3	12	21
Belgien	10,8	12	21
Portugal	10,6	12	21
Schweden	9,3	10	20
Österreich	8,4	10	18
Dänemark	5,6	7	13
Finnland	5,3	7	13
Irland	4,4	7	11
Luxemburg	0,5	4	6

Land	Bevölkerung in Mio.	Rat	Parlament
Polen	38,1	27	51
Tschechische Rep.	10,5	12	21
Ungarn	10,0	12	21
Slowakei	5,4	7	13
Litauen	3,3	7	11
Lettland	2,3	4	8
Slowenien	2,0	4	8
Estland	1,3	4	6
Zypern	0,8	4	6
Malta	0,4	3	6
Rumänien	21,4	14	32
Bulgarien	7,6	10	17
Kroatien	4,4	7	11
Gesamt	505,7		

So entstehen europäische Gesetze

Verfahren der Mitentscheidung

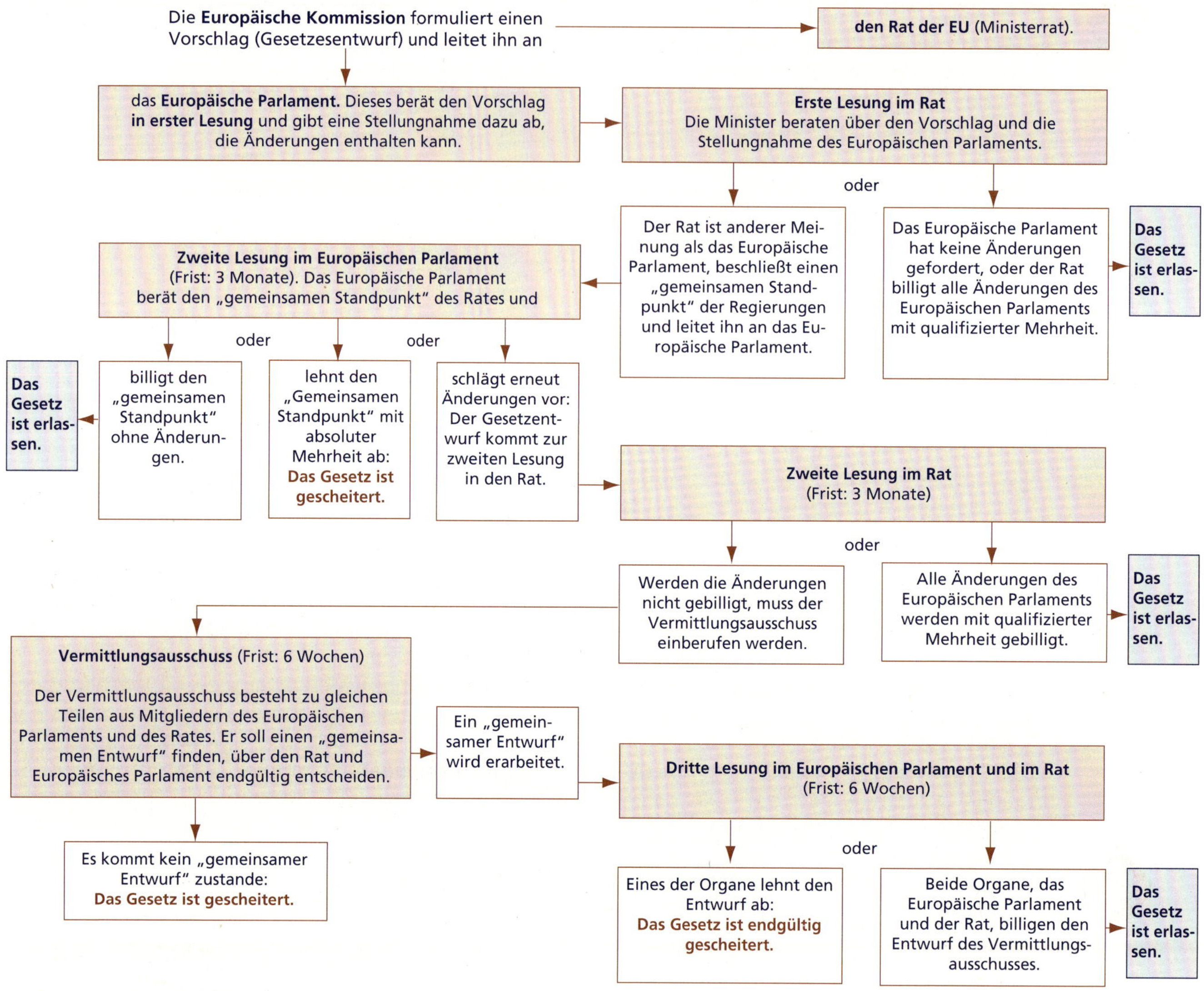

Quelle: Europäisches Parlament: Europa 2006

Das besondere Gesetzgebungsverfahren:
Für bestimmte Sachverhalte ist ein besonderes Rechtsetzungsverfahren vorgesehen. Für diese Fälle ist jeweils exakt geregelt, welches Organ einen Beschluss initiieren muss, welches Organ zu entscheiden hat und welche/s EU Organ/e dabei angehört oder beteiligt werden. Dies gilt z. B. für die Gemeinsame Außen- und Sicherheitspolitik.

In der überwiegenden Zahl der Fälle, die nach dem besonderen Gesetzgebungsverfahren zu entscheiden sind, steht dem Rat die Beschlussfassung zu, die dem Anhörungsverfahren entspricht.

Darstellung der Rechtserzeugung in der EU für das Anhörungsverfahren:

Vorschlag = Gesetzesinitiative der Europäischen Kommission

↓

an den **Rat der Europäischen Union** (Generalsekretariat)

↓ Vorschlag wird übermittelt an

– **Ratsarbeitsgruppen** = Beamtendelegationen und COREPER = Ausschuss der Ständigen Vertreter

– **Europäisches Parlament**

– **Wirtschafts- und Sozialausschuss**

zur Stellungnahme und zu Zusatzanträgen berechtigt

↓

Verhandlung über Vorschlag im Ausschuss der Ständigen Vertreter

↓

Beschluss des Rates der EU als

Verordnung, Richtlinie, Empfehlung oder Entscheidung

↓

Anwendung in den Mitgliedstaaten

8. Rechtsakte der EU

Die Organe der EU können Rechtsakte der EU als Verordnungen, Richtlinien, Beschlüsse, Empfehlungen und Stellungnahmen erlassen.

Arten der EU Rechtsakte = Sekundäres Gemeinschaftsrecht

Verordnung	Richtlinie	Beschlüsse	Empfehlung/ Stellungnahme

♦ **Verordnungen**

gelten unmittelbar und generell in jedem Mitgliedstaat, sind verbindlich, werden nicht in nationales Recht umgesetzt und ohne Möglichkeit der Änderung durch den nationalen Gesetzgeber von den Behörden der einzelnen Mitgliedstaaten vollzogen.

BEISPIEL: In Verordnungen werden EU-weite Regelungen für die gegenseitige Anrechnung von Sozialversicherungszeiten für die Pension getroffen. Dadurch ist im Rahmen der Freiheit des Personenverkehrs der Wechsel von einem Staat in einen anderen Staat unter Aufrechterhaltung der bisher erworbenen Pensionsansprüche gewährleistet.

♦ **Richtlinien**

geben den Mitgliedstaaten Ziele und Standards allgemein verbindlich vor, stellen ihnen jedoch frei, wie sie diese Ziele erreichen. Richtlinien müssen bis zu dem vorgegebenen Zeitpunkt in nationales Recht umgesetzt werden.

BEISPIEL: In Richtlinien werden Mindeststandards für die Ausbildungen für die einzelnen Berufe festgelegt. Erfüllt eine nationale Berufsausbildung zumindest die Richtlinie, so muss sie EU-weit anerkannt werden.

♦ **Beschlüsse**

sind allgemein verbindlich. Falls sie nur an bestimmte Adressaten gerichtet sind, sind sie nur für diese verbindlich.

BEISPIEL: Der Europäische Rat fasst einen Beschluss im Rahmen der Gemeinsamen Außen- und Sicherheitspolitik nach Anhörung des Rates.

♦ **Empfehlungen und Stellungnahmen**

geben den Mitgliedstaaten unverbindlich Ziele und Standards vor und stellen ihnen frei, diese Standards in ihr nationales Recht umzusetzen.

Empfehlungen sind nicht rechtsverbindlich und kommen meist zustande, wenn zwar grundsätzliche Einigkeit über ein gemeinsames Ziel besteht, aber noch keine Mehrheit für eine Richtlinie erzielt werden kann.
BEISPIEL: In Empfehlungen wurden Mindeststandards für die Sicherheit von Kinderspielzeugen oder Höchstwerte für CO_2-Emissionen von Kraftfahrzeugen festgelegt.

Alle Rechtsakte der Union werden in den 25 Amtssprachen im Amtsblatt der Europäischen Union veröffentlicht.

9. Rechtsquellen der EU

Als RECHTSQUELLEN DES EU-RECHTS gelten:

Übereinkommen der EU-Mitgliedstaaten

völkerrechtliche Abkommen der EU

sekundäres Gemeinschaftsrecht
Verordnungen, Richtlinien, Beschlüsse, Empfehlungen

primäres Gemeinschaftsrecht
Gründungsverträge, Beitrittsverträge, Allgemeine Rechtsgrundsätze

völkerrechtliche Verträge
z. B. UN-Resolutionen

Das Primärrecht steht innerhalb des Gemeinschaftsrechts an wichtigster Stelle und ist auch Maßstab für die Rechtmäßigkeit des sekundären Gemeinschaftsrechts.

Es erfüllt derzeit die Funktion einer Verfassung der EU.

♦ **Die Einordnung des EU-Rechts**

– **Eigenständigkeit des EU-Rechts**
Die Mitgliedstaaten haben durch Gründung der Gemeinschaften ihre Gesetzgebungshoheit zugunsten der EU beschränkt und damit das Entstehen von verbindlichem EU-Recht / Gemeinschaftsrecht ermöglicht.
– **Zusammentreffen von EU-Recht und nationalem Recht**
Der potenziell gleiche Adressatenkreis von Gemeinschaftsrecht und staatlichen Rechtsnormen kann es gelegentlich mit sich bringen, dass die Regelungen durch die Rechtsordnung der EU und der nationalen Rechtsordnungen einander widersprechen.

Für diesen Fall stellte der Gerichtshof der Europäischen Gemeinschaft durch seine Rechtsprechung fest, dass das gesamte **EU-Recht** in seiner Anwendung **Vorrang vor dem innerstaatlichen Recht** hat. Dem Gemeinschaftsrecht widersprechendes nationales Recht wird nicht aufgehoben und tritt nicht automatisch außer Kraft, es darf aber im Kollisionsfall nicht angewandt werden (**Anwendungsvorrang** des EU-Rechts).

Der Vorrang der Anwendung des EU-Rechts gilt grundsätzlich auch gegenüber dem Verfassungsrecht. Bezüglich der Grundprinzipien der Verfassung ist dies in den Mitgliedstaaten, auch in Österreich, nicht allgemein anerkannt.

10. Budget der Europäischen Union

Die Mitgliedstaaten haben der EU die erforderlichen finanziellen Mittel als „Eigenmittel" zur Verfügung zu stellen. Diese Beiträge kommen aus:
- Zöllen für Waren aus Drittländern
- „Agrarabschöpfungen" für eingeführte Agrarprodukte aus Drittstaaten
- Mehrwertsteuereinnahmen
- Bruttonationaleinkommensmittel: Die Mitgliedsländer leisten einen Mitgliedsbeitrag von bis zu 1,24 % ihres Bruttoinlandsprodukts.

Die Europäische Union finanziert mit ihren Eigenmitteln ihre Verwaltung und in einem beträchtlichen Ausmaß die regionale Entwicklung wirtschaftlich schwächerer Gebiete.

11. Regionalförderung der Europäischen Union

Durch die Regionalpolitik sollen in allen Regionen und Städten neue Arbeitsplätze, die Wettbewerbsfähigkeit von Unternehmen, Wirtschaftswachstum sowie eine nachhaltige Entwicklung finanziell unterstützt werden.

Die Regionalförderung verfolgt folgende Ziele:
- Ziel 1: **Konvergenz**

Fördert: Infrastruktur, Innovation, Investitionen, Bildung und Beschäftigung, Umweltschutz und Verkehrsinfrastrukturen, erneuerbare Energien in Regionen mit einem Pro-Kopf-Durchschnittseinkommen von unter 75 % des Durchschnitts aller EU-Staaten.
- Ziel 2: **Regionale Wettbewerbsfähigkeit und Beschäftigung**

Fördert: Infrastruktur, Innovation, Investitionen, Bildung und Beschäftigung in Regionen, die nicht zum Konvergenzgebiet zählen und Regionen, die bis 2006 „Ziel 1" Status hatten und nun nicht mehr Konvergenzstatus besitzen.
- Ziel 3: **Europäische territoriale Zusammenarbeit**

Fördert Infrastruktur, Innovation, Investitionen, Bildung und Kultur durch Unterstützung von grenzüberschreitenden Initiativen und Grenzregionen.

Für den Zeitraum 2014 – 2020 wurden für die Kohäsionspolitik 351,8 Milliarden Euro veranschlagt.

12. Schengen-Abkommen

♦ Gründung

Das Schengen-Abkommen wurde am 14. Juni 1985 in Schengen/Luxemburg von Deutschland, Frankreich, Belgien, Niederlande und Luxemburg unterzeichnet.

Dieses Abkommen bezweckte den Wegfall der Personenkontrollen an den Grenzen von EG-Mitgliedsländern. Dem Schengen-Abkommen (und dem Durchführungsabkommen vom 1.9.1993) traten inzwischen alle EU-Mitgliedsländer bei. Island und Norwegen schlossen sich mittels eines Kooperationsabkommens an. Mit dem Vertrag von Amsterdam wurde das Schengen-Abkommen ab 1.5.1999 Teil des EU-Rechts.

♦ Mitglieder

Insgesamt 33 Staaten haben das Abkommen unterzeichnet und wenden es teilweise oder vollinhaltlich an.

25 Staaten (von diesen 33) wenden das Abkommen zur Gänze an, inklusive Abschaffung von Personenkontrollen an Landes- und Seegrenzen sowie bei Flughäfen sowie Ausstellen von Schengen-Visa.

Das Schengenabkommen wird nunmehr von nahezu allen EU-Mitgliedsländern angewendet. Das Vereinigte Königreich und Irland haben den Status von kooperierenden Mitgliedern. Bulgarien und Rumänien planen die Vollanwendung des Abkommens ab 2012. Die Nicht-EU-Mitglieder Island, Norwegen, Schweiz und Liechtenstein wenden die Bestimmungen des Schengen-Abkommens vollinhaltlich an.

Vollmitglieder müssen die Schengen-Standards umsetzen können:
- Außengrenzsicherung
- polizeiliche Zusammenarbeit
- das Schengener Informationssystem SIS
- die Kriterien der Schengen-Visa
- Ab 2009 muss auch das Schengener Informationssystem II mit Speicherung von Biometriedaten, Fingerabdrücken und Lichtbildern sowie eine erweiterte Zusammenarbeit bei Personen- und Sachfahndungen verwirklicht werden.

♦ **Inhalte und Ziele**

Das Schengen-Abkommen enthält folgende **Regelungen:**
- An den Grenzen zwischen den Vertragsstaaten entfallen Personenkontrollen für Staatsbürger/innen von Schengen-Ländern.
- Beim Einreisen in ein Schengen-Mitgliedsland wird
  - bei EU- und EWR-Bürgern/-innen nur die Identität überprüft
  - bei anderen Einreisewilligen geprüft, ob kein Einreiseverbot besteht und die nationale Sicherheit oder die öffentliche Ordnung gefährdet wird, ob gültige Reisedokumente und erforderlichenfalls ein gültiges Visum und finanzielle Mittel zur Bestreitung des Unterhalts vorhanden sind.
- Errichten des Schengen Informationssystems (SIS) als grenzüberschreitendes Fahndungssystem
- grenzüberschreitende polizeiliche Zusammenarbeit
- genaue Überwachung der Schengen-Außengrenzen sowie der Flug- und Seehäfen
- einheitliches Schengen-Visum
  - Drittstaatsangehörige, die über ein von einem Schengen-Mitgliedsland ausgestelltes Visum für Besuchs-, Geschäftsaufenthalte bis zu 3 Monate pro Halbjahr oder ein Transit- oder Flughafentransitvisum verfügen, dürfen sich entsprechend dessen Gültigkeit auch in den anderen Schengen-Ländern aufhalten und unterliegen beim Überschreiten der Binnengrenzen keinen Kontrollen.
  - Drittstaatsangehörige, die sich mit einem gültigen Aufenthaltstitel in einem Schengen-Land befinden, können mit einem gültigen Reisepass ohne Visum bis zu 3 Monate pro Halbjahr in ein anderes Schengen-Land reisen.
- vereinfachte internationale Rechtshilfe und Auslieferung
- Aufteilung von Asylwerbern nach dem Erstasyllandsprinzip
- Zusammenarbeit gegen Drogenkriminalität
- grenzüberschreitende Verfolgung von Tatverdächtigen

13. Europäische Sicherheit

Als der europäische Integrationsprozess begann, standen Frieden und Sicherheit für die Bürger/innen der beteiligten Länder im Mittelpunkt. Die Europäische Union ist eine politische und wirtschaftliche Gemeinschaft, die nach wie vor und letztendlich durch ihr gesamtes Wirken dauerhaften Frieden erreichen soll. Diesem Ziel dient auch die Europäische Sicherheits- und Verteidigungspolitik ESVP. Die ESVP ist Teil der GASP (Gemeinsame Außen- und Sicherheitspolitik).

Ziele der Europäischen Sicherheits- u. Verteidigungspolitik

- Bewältigung militärischer Krisen
- Bewältigung ziviler Krisen
- Konfliktvermeidung

Um diese Ziele zu erreichen, werden diplomatische, polizeiliche, wirtschaftliche und militärische Instrumente eingesetzt und mit der OSZE und UNO zusammengearbeitet.

Die EU bemüht sich dabei, auf mehreren Ebenen für Sicherheit vorzusorgen:
- Die Tätigkeit der WEU (Westeuropäische Union siehe Seite 65) wurde mit Ausnahme der Beistandsverpflichtung ihrer Mitglieder in die EU integriert

- enge Zusammenarbeit mit der NATO
- Vorbereitung der kurzfristigen Mobilisierungsmöglichkeit (binnen 60 Tagen) von Truppen aus den EU-Mitgliedsländern als Kampfverbände für Kriseneinsätze
- Rekrutierungsmöglichkeit von bis zu 60.000 Soldaten als Gefechtsverbände, um humanitäre Missionen, Rettungseinsätze, friedenserhaltende und friedensschaffende Einsätze zu bewältigen
- Zusammenarbeit mit anderen Staaten
  EU-Militäreinsätze benötigen ein Mandat des UN-Sicherheitsrates.

B. Die Europäische Freihandelszone (EFTA)

http://www.efta.int

♦ Gründung

Die **Europäische Freihandelszone** (EFTA – European Free Trade Association) ist ein Wirtschaftsbündnis, das 1960 von Dänemark, Norwegen, Österreich, Portugal, Schweden, Norwegen, Island, Schweiz, Liechtenstein und dem Vereinigten Königreich gegründet wurde. Diese Länder beteiligten sich aus verschiedenen wirtschaftlichen oder politischen Gründen nicht an der EWG (Österreich wegen seiner Neutralität). Finnland trat mit einem Assoziierungsabkommen 1961 der EFTA bei.

♦ Ziele

Die **Ziele** der EFTA sollen den Lebensstandard der Bevölkerung heben und lauten:
- gänzlicher **Abbau** der **Zollschranken** und sonstiger **Beschränkungen** des Handels zwischen den Mitgliedern
- Förderung des Welthandels
- Gewährleistung gerechter Wettbewerbsbedingungen
- Verbesserung der Produktivität
- Erhalten der finanziellen Stabilität

Diesen Zielen dienen etliche Freihandelsabkommen.

Das EFTA-Sekretariat hat den Sitz in Genf, der EFTA-Gerichtshof in Luxemburg.

♦ Arbeitsweise

Im Gegensatz zur EU sieht die EFTA nur eine beschränkte wirtschaftliche Zusammenarbeit ihrer Mitglieder vor. Die Souveränität der Mitgliedstaaten darf laut EFTA-Vertrag nicht beeinträchtigt werden. Das **gemeinsame Organ** ist der **EFTA-Rat**, in dem jedes Mitgliedsland mit einer Stimme vertreten ist. Beschlüsse werden einstimmig gefasst.

Die meisten EFTA-Länder traten in den vergangenen Jahren der EU bei und aus der EFTA aus. Derzeit gehören der EFTA noch die Schweiz, Liechtenstein, Norwegen und Island an.

Die EFTA ist Teil des Europäischen Wirtschaftsraums (EWR).

C. Der Europäische Wirtschaftsraum (EWR)

♦ Gründung und Mitglieder

1973 begann mit einem Freihandelsabkommen die Zusammenarbeit zwischen EWG und den EFTA-Staaten.

1992 wurde zwischen den zwölf EWG-Mitgliedstaaten und den sieben EFTA-Staaten das Abkommen über den Europäischen Wirtschaftsraum (EWR) abgeschlossen.

Der EWR ist am 1.1.1994 in den zwölf EWG-Staaten sowie in Österreich, Schweden, Norwegen, Finnland und Island in Kraft getreten. Liechtenstein trat mit 1.5.1995 dem EWR-Abkommen bei.

Die Schweiz hat den EWR in einer Volksabstimmung abgelehnt. Sie ist durch bilaterale Verträge mit der EU seit 1.6.2002 in abgeschwächter Form an den vier Freiheiten des EWR beteiligt.

♦ Ziele und Arbeitsweise

Die vier Grundfreiheiten des EG-Binnenmarktes (Freiheit des Personen-, des Waren-, des Dienstleistungs- und des Kapitalverkehrs) gelten auch für den EWR.

Der EWR erweitert den EG Binnenmarkt der 28 EU-Staaten auf Norwegen, Island und Liechtenstein.

Im EWR gibt es keine Zölle unter den Mitgliedstaaten.

Bei der Einfuhr in EFTA-Länder sind Verbrauchssteuern zu entrichten.

Das EWR-Abkommen wird dem EU-Recht laufend angepasst.
Der Großteil der Binnenmarktvorschriften gilt auch im EWR.
Die EWR-Länder, die nicht der EU angehören, werden hinsichtlich der Anwendung des EWR-Abkommens von der EFTA-Überwachungsbehörde und dem Gerichtshof der EFTA überwacht.

Wettbewerbsverzerrungen und Benachteiligungen wegen der Staatsbürgerschaft zu einem anderen EWR-Staat sind unzulässig. Vom EWR-Abkommen nicht betroffen sind die Landwirtschaft sowie die Lebens- und Genussmittelindustrie.

D. Der Europarat

www.coe.int

„Einer muss den Frieden beginnen wie den Krieg." (Stefan Zweig)

Der Europarat soll durch seine Tätigkeit die europäischen Ideale und Grundsätze fördern und schützen, die das gemeinsames Erbe bilden und den wirtschaftlichen und sozialen Fortschritt der Mitglieder fördern.

Alle Mitglieder des Europarates sind demokratische Rechtsstaaten und unterzeichneten die Europäische Menschenrechtskonvention.

♦ Gründung und Mitglieder

Der Europarat wurde am 5.5.1949 in London gegründet.

Gründungsmitglieder waren Belgien, die Niederlande, Luxemburg, Dänemark, Schweden, Norwegen, Irland, Italien, Frankreich und Großbritannien.

Österreich ist seit 16.4.1956 Mitglied.

Derzeit hat der Europarat 47 Staaten als Mitglieder. Beitrittskandidat ist Weißrussland.

Mitglieder im Europarat

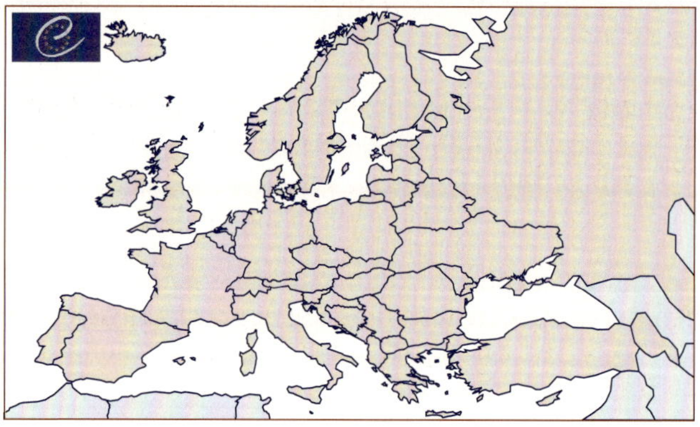

Der **Europarat** wird mitunter mit dem **Europäischen Rat** verwechselt. Er existiert unabhängig von der EU. Allerdings sind die 27 EU-Staaten auch Mitglieder des Europarates.

Der Europarat ist das größte politische Forum Europas, sein Aufgabenbereich ist der weiteste aller europäischen Organisationen. Er umfasst alle Politikbereiche außer der Verteidigung.

♦ Ziele

- Schutz der Menschenrechte, der pluralistischen Demokratie und der Rechtsstaatlichkeit
- Förderung des Bewusstseins einer gemeinsamen (kulturellen) Identität der Europäer, die auf gemeinsamen Werten beruht
- Suche nach Lösungen für gesellschaftspolitische Probleme (Minderheiten, Umweltschutz, AIDS, Drogen usw.)
- Seit 1989 enge politische Partnerschaft mit den postkommunistischen Demokratien Europas, um Demokratie, Rechtsstaatlichkeit und Wirtschaftsreformen zu etablieren. Dabei wird auf die Verankerung von Menschenrechten in den nationalen Rechtsordnungen geachtet.
- Sicherheit der Bürger Europas: Kampf gegen Terrorismus, organisierte Kriminalität und Menschenhandel
- Zusammenarbeit mit europäischen und internationalen Organisationen

◆ **Organe**

Der Europarat handelt durch folgende Organe:
- Das **Ministerkomitee** besteht aus den Außenministern der 47 Mitgliedstaaten bzw. ihrer Stellvertreter, den Ständigen Vertretern in Straßburg. Das Ministerkomitee ist das Entscheidungsorgan.
- Die **Parlamentarische Versammlung** hat 315 Mitglieder und 315 Stellvertreter, die den 46 nationalen Parlamenten angehören. Dieses Organ entscheidet über die Aufnahme neuer Mitgliedstaaten.
- Der **Kongress der Gemeinden und Regionen** besteht aus einer Kammer der Gemeinden und einer Kammer der Regionen.
- Der **Generalsekretär** leitet den Europarat.
- **Europäische Menschenrechtskommission**
- **Europäischer Gerichtshof für Menschenrechte**

◆ **Arbeitsweise**

Der Europarat verabschiedet neben **Entschließungen** (Empfehlungen) an die Mitgliedstaaten, die nicht verbindlich sind, auch **Konventionen** und **Abkommen**. Diese werden durch Ratifizierung verbindlich in den Ländern, die sie ratifizieren.

Eine der wichtigsten ist die **Europäische Konvention zum Schutz der Menschenrechte und Grundfreiheiten (EMRK) von 1950.** Zur Durchsetzung der in der EMRK verbürgten Rechte ist ein **internationales Rechtsschutzsystem** errichtet worden. Dessen Organe sind
- die Europäische Menschenrechtskommission
- der Europäische Gerichtshof für Menschenrechte in Straßburg
- das Ministerkomitee des Europarates

Die **Europäische Menschenrechtskommission** prüft die Zulässigkeit von Beschwerden, versucht eine gütliche Einigung und leitet Beschwerden an den Gerichtshof weiter.

Der Europäische Gerichtshof für Menschenrechte in Straßburg ist ein von den Regierungen unabhängiges Organ. Er entscheidet einen Fall endgültig. Seine Urteile sind für die betroffenen Staaten bindend.

Das **Ministerkomitee** des Europarates hat die Durchführung der Entscheidungen des Gerichtshofes zu überwachen.

An den Europäischen Gerichtshof für Menschenrechte als internationale richterliche Instanz können erstmals in der Geschichte der internationalen Beziehungen Einzelpersonen und Gruppen unter bestimmten Voraussetzungen eine Beschwerde gegen einen Staat richten, auch gegen den eigenen.

E. Die Nordatlantische Verteidigungsgemeinschaft

(North Atlantic Treaty Organization: NATO)
www.nato.int

◆ **Gründung und Mitglieder**

Die Nordatlantische Verteidigungsgemeinschaft wurde am 4.4.1949 in Washington von den USA, Kanada und zehn europäischen Staaten (Belgien, Dänemark, Frankreich, Großbritannien, Island, Italien, Luxemburg, Niederlande, Norwegen und Portugal) gegründet. (Island hat keine eigenen Streitkräfte und verpflichtete sich zu medizinischer Hilfe.) Der Vertrag trat am 24.8.1949 in Kraft.

Die NATO hat 28 Mitgliedstaaten.

Neben den zwölf Gründungsstaaten traten der NATO Griechenland (1952), die Türkei (1952), Deutschland (1955), Spanien (1982), 1999 Polen, Ungarn und Tschechien sowie 2004 Bulgarien, Estland, Lettland, Litauen, Rumänien, Slowakei und Slowenien bei. Seit 1.4.2009 gehören Albanien und Kroatien dem Bündnis an. Durch die Zunahme an Mitgliedern sollte und soll die Sicherheit erhöht werden.
Beitrittskandidaten sind Montenegro und Mazedonien.
Sitz ist Brüssel.

◆ **Wesen und Zweck**

Die NATO ist eine zwischenstaatliche Organisation, in der die Mitgliedsländer ihre Souveränität behalten. Ihr Zweck ist Freiheit, Sicherheit und dauerhafter Friede durch Zusammenarbeit auf politischem, wirtschaftlichem und militärischem Gebiet.

♦ **Ziele**

Bei und nach der Gründung stand der Schutz vor einem sowjetischen Angriff im Vordergrund. Durch den Umbruch in der Sowjetunion und die umwälzenden Veränderungen in den übrigen Staaten Osteuropas änderten sich die sicherheitspolitischen Interessen.

Das Bündnis soll die Freiheit und Sicherheit aller Mitgliedstaaten und damit den Frieden in Europa und Nordamerika auf Dauer absichern.

Die westlich orientierte, demokratische und liberale Gesellschaftsordnung soll erhalten werden.

♦ **Arbeitsweise**

Diese **Friedenssicherungspolitik** wird durch Konsultationen, Zusammenarbeit und Solidarität umgesetzt. Gleichzeitig wird zur Abschreckung eine angemessene Fähigkeit zur kollektiven Verteidigung aufrechterhalten.

Nach Art. 5 des NATO-Vertrages bedeutet ein bewaffneter Angriff auf ein Mitgliedsland einen Angriff gegen alle Mitgliedsländer. Daraus folgt aber **keine automatische militärische Beistandsverpflichtung.** Den Regierungen der einzelnen Mitgliedsländer ist es überlassen, zusammen mit den Partnern jene Maßnahmen zu treffen (so erforderlich auch Anwendung von Waffengewalt), die sie für notwendig halten.

Wenn Ereignisse außerhalb des Vertragsgebietes Auswirkungen auf die Sicherheit des NATO-Gebietes haben, kann es zu Konsultationen der Bündnispartner kommen. In deren Folge kann es nach Genehmigung des Sicherheitsrates zur Konfliktverhütung und Krisenbewältigung auch militärische Einsätze außerhalb des NATO-Gebietes geben („Out of Area-Einsätze" z. B. in Afghanistan).

Besondere Bedeutung bekam die NATO im Zusammenhang mit den Ereignissen des Bürgerkriegs im ehemaligen Jugoslawien. Hier kam es 1994 zum ersten Kampfeinsatz der Allianz.

Die NATO einigte sich darauf, auch ohne UNO-Mandat in Krisengebieten einzuschreiten. Dies geschah im bisher größten militärischen Einsatz 1998 in den Auseinandersetzungen um den Kosovo.

♦ **Partnerschaft für den Frieden (PfP)**

Das Programm „Partnerschaft für den Frieden" soll in den teilnehmenden Staaten Vertrauensbildung bewirken und Transparenz in militärischen Belangen schaffen.

Seit der Gründung der „Partnership for Peace" im Jänner 1994 nahmen bereits 26 Länder – einschließlich Russland – an diversen, von jedem Staat individuell mit der NATO zu vereinbarenden Programmen teil.

An diesem Programm beteiligen sich Länder aus Osteuropa, Asien und dem Mittelmeergebiet. Es wird auf verschiedenste Art zusammengearbeitet, etwa durch Beratung, Ausbildung, Austausch von Personal und Abhalten gemeinsamer militärischer Übungen. Die teilnehmenden Staaten lernen die Arbeitsweise der NATO kennen und werden so auf eine NATO-Mitgliedschaft vorbereitet.

Die PfP-Staaten arbeiten zur Krisenbewältigung zusammen.

Derzeit sind folgende 20 Staaten am PfP-Programm beteiligt:

Albanien, Armenien, Aserbaidschan, Finnland, Georgien, Irland, Kasachstan, Kirgisien, Kroatien, Mazedonien, Moldawien, Österreich, Russland, Schweden, Schweiz, Tadschikistan, Turkmenistan, Ukraine, Usbekistan, Weißrussland

♦ **Die NATO und Österreich**

Ein NATO-Beitritt Österreichs wurde seit der Beendigung des Kalten Krieges und der Auflösung des Warschauer Paktes wiederholt diskutiert. Wegen der unterschiedlichen Meinungen der im Parlament vertretenen Parteien zur Neutralität Österreichs und zur Teilnahme an militärischen Bündnissen konnte diese Frage bisher nicht entschieden werden.

Österreich unterzeichnete den Rahmenvertrag des **Kooperationsprogramms „Partnerschaft für den Frieden".**

Neben einem allgemeinen Bekenntnis zur Einhaltung der UN-Charta, der Bestimmungen der OSZE-Schlussakte und einer Verpflichtung, keine Drohungen oder Gewalt gegen die „territoriale Integrität oder die politische Unabhängigkeit jedweden Staates" anzuwenden, akzeptiert Österreich, gemeinsam mit der NATO folgende Ziele anzustreben:

- Transparenz in der Verteidigungsplanung,
- Sicherung der demokratischen Kontrolle der Streitkräfte,
- einen von der Verfassung abhängigen Beitrag zu friedenserhaltenden „Operationen" unter UN- oder OSZE-Leitung zu leisten und für solche Einsätze „kooperative militärische Beziehungen mit der NATO zu entwickeln". Dazu gehört „auf längere Sicht auch die Entwicklung von Streitkräften, mit denen die Mitgliedstaaten der NATO besser gemeinsam operieren können".

NATO-Mitglieder

Nordatlantische Vertragsorganisation (North Atlantic Treaty Organization)

PB00-9

F. Die Westeuropäische Union (WEU)

www.weu.int

„Den ungerechtesten Frieden finde ich immer noch besser als den gerechtesten Krieg.“ (Marcus Tullius Cicero)

♦ Gründung

Die Westeuropäische Union (WEU) ist ein **Verteidigungsbündnis mit Beistandspflicht**, das 1954 nach der Grundlage des Brüsseler Vertrags von 1948 entstanden ist. Dieser Vertrag trat am 5.5.1955 in Kraft.

♦ Mitglieder

Der WEU gehören an:

Als **Vollmitglieder** zehn EU- und NATO-Staaten: Belgien, Deutschland, Frankreich, Griechenland, Großbritannien, Italien, Luxemburg, Niederlande, Portugal, Spanien

Assoziierte Mitglieder sind die NATO-Staaten: Norwegen, Island, Türkei, Polen, Tschechien, Ungarn

Beobachterstaaten, EU-Staaten, die neutral sind oder nicht Vollmitglieder sein möchten: Dänemark, Irland, Finnland, Österreich, Schweden

Assoziierte Partnerstaaten sind: Estland, Lettland, Litauen, Slowakei, Slowenien, Rumänien und Bulgarien

♦ Ziele und Arbeitsweise

Die Ziele der WEU wurden in einer Erklärung der WEU-Staaten 1991 so formuliert:

„Die WEU wird als Verteidigungskomponente der EU und als Mittel zur Stärkung des europäischen Pfeilers der NATO entwickelt.“

Die WEU sollte zur Verteidigungskomponente der EU ausgebaut werden. Seit dem Vertrag von Helsinki 1999, in dem die Europäische Sicherheits- und Verteidigungspolitik ESVP formuliert wurde, wurde die WEU großteils, mit Ausnahme der Beistandspflicht, die nur für die Vollmitglieder gilt, in die EU integriert. Es sind gemeinsame verteidigungspolitische Entscheidungen im Rahmen der GASP (siehe Seite 41) vorgesehen.

Nach wie vor tagt einmal im Jahr die Parlamentarische Versammlung, die aus Abgeordneten von den Parlamenten der Mitgliedstaaten besteht und erörtert sicherheitspolitische Fragen.

Am 31. März 2010 wurde beschlossen, die Westeuropäische Union bis zum Sommer 2011 aufzulösen. Das wurde nunmehr umgesetzt.

G. Die Organisation für Sicherheit und Zusammenarbeit in Europa (OSZE)

www.osce.org

Teilnehmerstaaten der OSZE

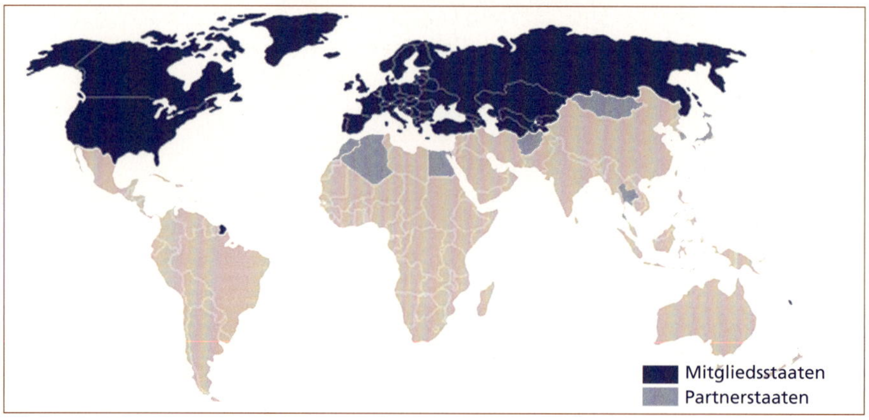

Quelle: www.eu2006.at

„Es gibt keinen Weg zum Frieden, denn Frieden ist der Weg."(Mahatma Gandhi)

♦ Gründung

Die OSZE existiert seit 1.1.1995 als Nachfolgeorganisation der KSZE, die 1975 mit der Schlussakte von Helsinki als Konferenz über Sicherheit und Europa entstand. Damals ging es um:

- Anerkennung der geopolitischen Gegebenheiten in Europa
- Menschenrechte
- Kontakte zwischen den westlich und östlich orientierten europäischen Staaten.

Sitz ist Wien.

♦ Aufgaben

Die OSZE hat als System kollektiver Sicherheit folgende Aufgaben:

- politische Krisen, Konflikte oder militärische Auseinandersetzungen durch Vermittlung und Kontrolle von Abrüstungsvereinbarungen zu beenden
- Den (Wieder)Aufbau von demokratischen und rechtsstaatlichen Staatswesen unterstützen
- Einhalten von Menschenrechten und Schutz von Minderheiten
- Aufbau einer europäischen Friedensordnung

♦ Die Prinzipien der OSZE lauten:

- souveräne Gleichheit der Länder und Achtung ihrer Rechte
- Selbstbestimmung der Völker
- keine Androhung oder Anwendung von Gewalt
- Unverletzlichkeit und territoriale Integrität der Grenzen
- Nichteinmischung in innere Angelegenheiten
- Achtung der Grundrechte
- Zusammenarbeit der Staaten
- Erfüllung völkerrechtlicher Verpflichtungen

Zur Durchsetzung dieser Ziele hat die OSZE zum Beispiel in Bosnien-Herzegowina, Albanien und im Kosovo Friedensmissionen durchgeführt.

♦ Mitglieder

Die OSZE verfügt über 57 Mitgliedsländer: alle europäischen Staaten, die zentralasiatischen Länder sowie Kanada und die USA.

♦ Gremien und Organe

- Vorsitz: Der Vorsitz wechselt jährlich unter den Mitgliedstaaten. Er wird für ein Kalenderjahr vom Außenminister des betreffenden vorsitzführenden Mitgliedslandes übernommen.
  Gemeinsam mit dem vorangegangenen und dem nachfolgenden Mitgliedsland bildet das vorsitzende Land die Troika.
- Generalsekretär(in): wird für drei Jahre vom Ministerrat ernannt
- Ministerrat: Außenminister aller Mitgliedstaaten tagen jährlich
- bei Bedarf: Gipfel der Staats- und Regierungschefs
- Ständiger Rat als Vertreter der Außenminister: tagt wöchentlich in Wien
- Parlamentarische Versammlung (317 Mitglieder): tagt einmal jährlich im Plenum

Die **OSZE hat** die **vorrangige Handlungszuständigkeit bei Krisen, Konflikten oder militärischen Auseinandersetzungen, die ihre Mitglieder betreffen!**

H. Die Vereinten Nationen (UNO, United Nations Organization)

www.un.org

„Der ewige Friede ist ein Traum, und nicht einmal ein schöner, solange die Nationen ein gesondertes Dasein führen." (Helmuth Graf von Moltke)

1. Geschichte und Grundsätze

♦ **Gründung**

Der Zweite Weltkrieg brachte für Millionen Menschen großes Leid. Wie bereits nach dem Ersten Weltkrieg, kam auch mit dem Ende des Zweiten Weltkrieges die Überzeugung auf, dass Kriege letztlich kein Mittel der Problemlösung sind. Obwohl der nach dem Ersten Weltkrieg gegründete Völkerbund den Zweiten Weltkrieg nicht verhindern konnte, entschieden sich die Repräsentanten der alliierten Siegerstaaten abermals für die Gründung einer internationalen Organisation, die künftig den internationalen Frieden sichern sollte.

Roosevelt, Churchill und Stalin vereinbarten in Jalta, für den 25. April 1945 eine **Konferenz in San Francisco** einzuberufen. Auf dieser sollte die endgültige Satzung einer neuen **friedenserhaltenden Organisation** ausgearbeitet werden.

Die Vertreter von 51 Nationen unterzeichneten am 26. Juni 1945 die Satzung der neuen Weltorganisation, die **UNO-Charta.** Am 24. Oktober 1945 lagen die erforderlichen Zahlen der Ratifikationen vor, und die Vereinten Nationen konnten ihre Tätigkeit beginnen.

♦ **Aufnahmevoraussetzungen**:

Die Staaten müssen die Charta der Vereinten Nationen akzeptieren und gewillt sein, ihre Inhalte umzusetzen. Weiters benötigen sie die Empfehlung ihrer Aufnahme durch den Sicherheitsrat und die Zustimmung der Generalversammlung.

♦ **Mitglieder**

Der UNO gehören 193 Staaten als Mitglieder an.

♦ **Amtssprachen:**

Chinesisch, Englisch, Französisch, Russisch, Spanisch, Arabisch

♦ **Grundsätze** der Vereinten Nationen:

- souveräne Gleichheit aller Mitglieder
- Alle Mitglieder erfüllen die Verpflichtungen gemäß der Charta der Vereinten Nationen.
- Internationale Streitfälle werden friedlich beigelegt.
- Alle Mitglieder fördern die Maßnahmen der Vereinten Nationen, die auf der Charta basieren.
- Die Vereinten Nationen greifen nicht in innerstaatliche Angelegenheiten und Zuständigkeiten ein.

2. Ziele der Vereinten Nationen:

- Erhaltung des Weltfriedens und der internationalen Sicherheit
- Entwicklung freundschaftlicher Beziehungen zwischen den Nationen
- internationale Zusammenarbeit zur Lösung von Problemen wirtschaftlicher, sozialer, kultureller und humanitärer Art
- Einhaltung der Menschenrechte
- internationale Abrüstung

3. Organe

Die Vereinten Nationen haben sechs Hauptorgane:

- Generalversammlung
- Sicherheitsrat
- Wirtschafts- und Sozialrat
- Generalsekretär/Sekretariat
- Treuhandrat
- Internationaler Gerichtshof

Vereinte Nationen – Organisationsschema

Die Organisation der UNO

Gegründet: 26.6.1945 in San Francisco

Mitglieder: 193 (alle Staaten bis auf West-Sahara, Taiwan, Vatikanstadt)

Sitze: New York, Genf, Wien

UNSG/Generalsekretariat
Generalsekretär: seit 2007
Ban Ki Moon, Südkorea
(wird von der Generalversammlung gewählt)

HAUPTORGANE

UNSC/Sicherheitsrat
Betraut mit „Hauptverantwortung für die Wahrung des Weltfriedens"
5 ständige Mitglieder: China, Frankreich, Großbritannien, Russland, USA
10 nicht ständige Mitglieder
(für 2 Jahre gewählt)

Kann Nebenorgane einsetzen, z. B.
↓
Ständiger Militärausschuss
Friedenstruppen

UNGA/Generalversammlung
Zentrales politisches Beratungsorgan
Je eine Stimme für jeden Mitgliedstaat
7 Hauptausschüsse:
- Politik und Sicherheit
- Politischer und Sonderausschuss
- Wirtschaft/Finanzen
- Soziales/Humanitäres/Kultur
- Treuhandschaft
- Verwaltung/Haushalt
- Recht

2 Sachverständigenausschüsse und sonstige Nebenorgane

ECOSOC/Wirtschafts- und Sozialrat
54 Mitglieder (gewählt von Generalversammlung für 3 Jahre)
5 regionale Wirtschaftskommissionen

CEPALC	Lateinamerika und Karibik
ECA	Afrika
ECE	Europa
ESCAP	Asien und Pazifik-Region
ESCWA	West-Asien

Wichtigste Sonderorgane und Programme der UNO

UNCTAD	Welthandel und Entwicklung
UNDP	Entwicklungsprogramme
UNEP	Umweltprogramm Drogenbekämpfung
UNFDAC	Hochkommissar für Menschenrechte
UNHCR	Hoher Flüchtlingskommissar
UNICEF	Kinderhilfswerk
UNWRA	Hilfswerk für Palästinaflüchtlinge

Wichtigste Sonderorganisationen im UN-Verband

FAO	Ernährung und Landwirtschaft
IBRD	Bank für Wiederaufbau und Entwicklung
IWF	Internationaler Währungsfonds
UNESCO	Organisation für Erziehung, Wissenschaft und Kultur
UNIDO	Organisation für industrielle Entwicklung
WHO	Weltgesundheitsorganisation

ICJ/Internationaler Gerichtshof
Sitz in Den Haag
15 Richter
(von Generalversammlung und Sicherheitsrat gewählt)

Autonome Organisationen

IAEO	Internationale Atomenergie-Organisation, Sitz in Wien
WTO	Welthandelsorganisation

◆ **Generalversammlung**

Die Generalversammlung ist das wichtigste Beratungsorgan der Vereinten Nationen. Sie kann alles erörtern, was in den Aufgabenbereich der UNO fällt.

Alle anderen Organe haben der Generalversammlung jährlich über ihre Tätigkeit zu berichten.

Die Generalversammlung prüft deren Arbeit und gibt Empfehlungen für weitere Maßnahmen. Sie beschließt das Budget der Vereinten Nationen.

Alle Mitglieder der Vereinten Nationen haben **Sitz und Stimme** in der Generalversammlung. Jedes Mitglied hat eine Stimme. Beschlüsse werden grundsätzlich mit einfacher Mehrheit gefasst. In bestimmten Angelegenheiten ist jedoch eine Zweidrittelmehrheit erforderlich.

Die Generalversammlung ist **kein Weltparlament mit Gesetzgebungskompetenz**. Beschlüsse der Generalversammlung haben keine „Gesetzeskraft", sondern stellen lediglich **Empfehlungen** an die Staaten dar, die aber von politischer Bedeutung sind, da die Weltmeinung ausgedrückt wird.

Die **größte Staatengruppe** in der UN-Generalversammlung bilden die **Entwicklungsländer**. Auf sie entfallen 77 % aller UN-Sitze. Das ist etwas mehr, als ihrem Anteil an der Weltbevölkerung (71 %) entspricht.

Da sich die Höhe der Mitgliedsbeiträge jedoch nach der Wirtschaftskraft der Länder bemisst, sind die westlichen **Industriestaaten die Hauptfinanziers** der Vereinten Nationen. Der vorgeschriebene Beitrag beträgt mindestens 0,001 % und kann bis zu 25 % des UN-Budgets ausmachen.

Österreich finanziert 0,887 % des UN-Budgets. Österreichs Beitrag zum UN-Budget betrugt für 2009 19,1 Millionen Euro.

◆ **Sicherheitsrat**

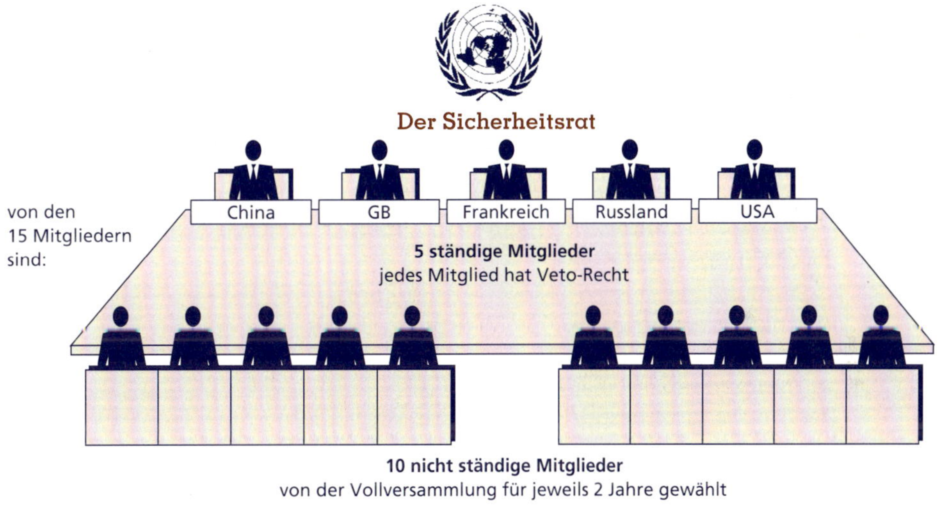

Der Sicherheitsrat ist gemäß der Charta für die Wahrung des Weltfriedens und der internationalen Sicherheit zuständig.

Der Sicherheitsrat hat **15 Mitglieder**, davon fünf ständige und zehn nicht ständige Mitglieder. Alle haben eine Stimme.

China, Großbritannien, Frankreich, Russland (als Nachfolgestaat der Sowjetunion) und die Vereinigten Staaten sind **ständige Mitglieder**. Diese fünf Staaten besitzen ein **absolutes Vetorecht,** d. h., jedes dieser fünf Länder kann mit seinem Einspruch/Veto allein einen Beschluss blockieren.

Die anderen zehn Mitglieder werden von der Generalversammlung der UNO für jeweils zwei Kalenderjahre gewählt.

Bei Abstimmungen ist die Zustimmung von neun Mitgliedern erforderlich. Ein ständiges Mitglied, das eine Entscheidung des Sicherheitsrats nicht unterstützen möchte, aber den Sicherheitsrat auch durch ein Veto nicht blockieren will, kann sich der Stimme enthalten.

Im Gegensatz zu den Beschlüssen der Generalversammlung sind die **Beschlüsse** des **Sicherheitsrats für die Staaten rechtsverbindlich.** Die Vereinten Nationen besitzen aber kein eigenes Organ, das die Umsetzung ihrer Beschlüsse rechtlich und tatsächlich erzwingen könnte.

Der Sicherheitsrat kann jederzeit zusammentreten, wenn irgendwo eine Bedrohung des Friedens der Welt vorliegt, die ein Mitglied der Vereinten Nationen zu erörtern wünscht. Er entscheidet nicht nach internationalem Recht, sondern nach den politischen Interessen der Mitglieder.

Dem Sicherheitsrat steht eine **Anordnungsbefugnis** zu:

Bei Gefährdung oder Verletzung des Friedens kann der Sicherheitsrat Maßnahmen wie **wirtschaftliche Sanktionen gegen Aggressorstaaten** anordnen.

Der Sicherheitsrat kann gemäß der Charta eine **internationale Streitmacht** einsetzen, um eine Friedensverletzung, insbesondere einen militärischen Angriff durch eine internationale militärische Kampftruppe zu beenden.

Seit einigen Jahren wird eine **Reform** der Zusammensetzung des Sicherheitsrates diskutiert, da diese nicht mehr die wirtschaftlichen und politischen Gegebenheiten seiner Mitgliedsländer repräsentiert. Die bisher gemachten Vorschläge fanden nicht die erforderliche Zweidrittelmehrheit.

♦ Wirtschafts- und Sozialrat

Der Wirtschafts- und Sozialrat wurde als Hauptorgan geschaffen, um die wirtschaftlichen und sozialen Tätigkeiten der Vereinten Nationen, der Sonderorganisationen und anderer Institutionen zu koordinieren.

Er befasst sich mit vielfältigen Themen, wie der Bevölkerungsexplosion, Kinder, Rechte der Frauen, Rassendiskriminierung, Rauschgifthandel, Verbrechensbekämpfung, soziale Wohlfahrt und mit verschiedenen Wirtschaftsfragen, wie internationalem Handel und Industrialisierung.

Etliche **Sonderausschüsse** untersuchen diese Bereiche und berichten darüber dem Wirtschafts- und Sozialrat.

Der Wirtschafts- und Sozialrat hat 54 Mitglieder, die von der Generalversammlung für drei Kalenderjahre gewählt werden. Jedes Jahr werden 18 Mitglieder neu gewählt. Jedes Mitglied hat eine Stimme. Beschlüsse werden mit einfacher Mehrheit der Mitglieder gefasst.

♦ Sekretariat

Das Sekretariat dient den übrigen Organen der Vereinten Nationen und ist für die **Durchführung** der von diesen erstellten Programme und Richtlinien zuständig.

An der **Spitze** steht d. **Generalsekretär/in**, der/die auf Empfehlung des Sicherheitsrates von der Generalversammlung für fünf Jahre bestellt wird. Er/Sie leitet die Vereinten Nationen nach innen und repräsentiert sie nach außen.

D. Generalsekretär/in hat den Sicherheitsrat auf Vorgänge aufmerksam zu machen, die die internationale Sicherheit oder den Frieden bedrohen. Er/Sie kann durch seine Vermittlungsfähigkeit zur Konfliktlösung beitragen.

Seit 1.1.2007 ist Ban Ki Moon aus Südkorea als 8. Generalsekretär der UNO im Amt. Von 1972–1981 war der Österreicher Dr. Kurt Waldheim Generalsekretär der UNO.

♦ Treuhandrat

Der Treuhandrat besteht aus den fünf Mitgliedern China, Frankreich, Russland, USA, Großbritannien. Er hatte unmittelbar nach der Gründung der UNO große Bedeutung bei der Entkolonialisierung und der Verwaltung ehemaliger Kolonien als Treuhandgebiete. Derzeit hat er keine Aufgaben, da den Vereinten Nationen seit 1994 keine Treuhandgebiete mehr unterstehen.

♦ Internationaler Gerichtshof (IGH)

Der Internationale Gerichtshof mit **Sitz in Den Haag** (Niederlande) ist das Rechtsprechungsorgan der Vereinten Nationen. Er besteht aus 15 unabhängigen Richtern, die vom Sicherheitsrat und der Generalversammlung für die Dauer von neun Jahren gewählt werden.

Der IGH kann nur dann eine Entscheidung treffen, wenn die Parteien vor Beginn seiner Tätigkeit erklären, sein Urteil zu respektieren.

Parteistellung vor dem IGH haben:
- Staaten bei völkerrechtlichen Streitigkeiten
- internationale Organisationen
- Organe der Vereinten Nationen für Rechtsgutachten

Der IGH entscheidet nach den Regeln des Völkerrechts.

♦ **Sitze**
Das **Hauptquartier** der Vereinten Nationen ist in **New York**, wo alle Hauptorgane mit Ausnahme des IGH ihren Sitz haben.

Weitere Amtssitze der Vereinten Nationen sind in **Wien** und **Genf**.

Die Sitze von Sonder- und Spezialorganisationen der UNO befinden sich in folgenden weiteren Städten:
New York: UNICEF Kinderhilfswerk, UNDP Entwicklungshilfe, UNFPA Bevölkerungsfonds
Genf: WHO Weltgesundheitsorganisation, ILO Arbeitsorganisation, UNCTAD Handel, UNHCR Flüchtlingshilfe
Rom: FAO Ernährungsorganisation, WFP Welternährungsprogramm
Nairobi: UNEP Umweltprogramm, UNCHS Wohnen
Wien: UNRWA Palästinaflüchtlinge
Tokio: UNU UN-Universität
Santo Domingo: INSTRAW Forschung
Paris: UNESCO Bildung und Kultur
Washington: IMF Internationaler Währungsfonds

4. Arbeitsweise der Vereinten Nationen

Die Vereinten Nationen sind **keine Weltregierung.** Sie können auch keine Gesetze beschließen, die mit staatlicher Zwangsgewalt durchgesetzt werden. Die Vereinten Nationen bieten einen Ort, an dem die Vertreter aller Mitgliedsregierungen aus allen Teilen der Welt zusammenkommen können, um ihre Probleme zu erörtern und einer Lösung zuzuführen. Die Vereinten Nationen können nur so stark sein, wie die Regierungen der einzelnen Staaten, vor allem der Großmächte es zulassen.

Zur Durchsetzung ihrer Ziele können verschiedene **Mittel** eingesetzt werden:
- Entsenden von Vermittlern in Krisenregionen
- Verhängen von wirtschaftlichen Sanktionen
- Verhängen eines Waffenembargos
- Entsenden von Beobachtergruppen oder Truppenkontingenten (= Blauhelme) zur Friedenssicherung. Diese UN-Soldaten greifen nicht in einen akuten Krieg ein. Sie haben nur Waffen, die sie benötigen, um sich selbst zu verteidigen. Meistens sollen sie einen ausgehandelten Waffenstillstand überwachen, humanitäre Hilfe leisten, Pufferzonen bilden.
- Schaffung von internationalen Gerichten zur strafrechtlichen Verfolgung von Kriegsverbrechern (Im Falle der kriegerischen Auseinandersetzungen im ehemaligen Jugoslawien wurde ein Kriegsverbrechertribunal in Den Haag zur Verurteilung von Personen, denen Kriegsverbrechen zur Last gelegt werden, eingesetzt.)
- Beauftragung des Internationalen Gerichtshofes zur Erstellung eines Rechtsgutachtens in einer strittigen Angelegenheit
- In **Ausnahmefällen**, wenn alle friedlichen Mittel zur Beilegung eines Konflikts ausgeschöpft sind, kann der Sicherheitsrat sogar zur militärischen **Gewaltanwendung** ermächtigen. Die Truppen einer **Internationalen Streitmacht** werden von mehreren Mitgliedstaaten freiwillig zur Verfügung gestellt, wie dies z. B. im Irak-Kuwait-Konflikt (Golfkrieg) 1991 geschah.

5. Österreich und die Vereinten Nationen

Nach dem Wiedererlangen der vollen Unabhängigkeit durch den Staatsvertrag vom 15. Mai 1955 wurde das neutrale Österreich am **14. Dezember 1955** in die Vereinten Nationen aufgenommen. Seither hat es sich wiederholt mit freiwilligen Soldaten als Blauhelme immer aktiv an den Programmen der Weltorganisation, erstmals 1960 im Kongo (Zaire), beteiligt.

Österreich trägt zur Finanzierung des UNO-Budgets bei (siehe Seite 69).

1971 wurde **Dr. Kurt Waldheim** zum **Generalsekretär** der Vereinten Nationen bestellt und nach Ablauf der fünfjährigen Amtszeit wiedergewählt.

Für die Jahre **1973/74** und **1990/91** sowie für **2009/10** wurde Österreich als **nicht ständiges Mitglied** in den Sicherheitsrat gewählt.

Seit dem 23. August 1979 ist das **Internationale Zentrum Wien (Vienna International Center)** Sitz verschiedener UNO-Einrichtungen, in denen rund 4000 Beschäftigte aus mehr als 100 Staaten arbeiten. Die „**UNO-City**" wurde den Organisationen für 99 Jahre zu einer symbolischen Miete von einem Schilling (7 Cent) pro Jahr übergeben. Die laufenden Betriebskosten werden von den Vereinten Nationen bezahlt.

Folgende **Organisationen und Büros** haben ihren **Hauptsitz in Wien:**

UN-Organisationen oder Büros mit Sitz in Wien

UNOV	UNODC	UNIDO	IAEO	CTBTO	ICPDR	UNCITRAL	UNPA	UNHCR	UNSCEA	UNOPS	UNAIDS

UNOV: Büro der Vereinten Nationen in Wien
Der Generaldirektor des UNO-Büros vertritt den Generalsekretär der Vereinten Nationen in Österreich. Das Büro unterstützt die hier ansässigen Organisationen und Einheiten bei ihrer Tätigkeiten.

UNODC: Büro der VN für Drogen- und Verbrechensbekämpfung
Dieses Büro existiert seit 1997 und beschäftigt sich mit der Bekämpfung von Drogen, Verbrechen und Terrorismus.

UNIDO: Organisation der VN für industrielle Entwicklung
Die UNIDO unterstützt kleine und mittlere Unternehmen, um dadurch in Reform- und Entwicklungsländern das Wirtschaftswachstum zu fördern.

IAEO: Internationale Atomenergie-Organisation
Die IAEO hat seit 1957 ihren Sitz in Wien. Sie bemüht sich weltweit um wissenschaftliche Zusammenarbeit zur friedlichen Nutzung der Atomenergie. Sie führt durch Inspektoren und elektronische Überwachung weltweit Kontrollen durch, um das Gebot der friedlichen Nutzung der Kernenergie durchzusetzen.

CTBTO Prep Com: Vorbereitende Kommission für die Organisation des Vertrages über das umfassende Verbot von Nuklearversuchen
Diese Kommission bereitet die Durchsetzung des Vertrages über das umfassende Verbot von Nuklearversuchen vor. Dazu wurden ein internationales Überwachungssystem und ein internationales Datenzentrum eingerichtet.

ICPDR: Internationale Kommission zum Schutz der Donau

UNCITRAL: Kommission der VN für internationales Handelsrecht
Diese Abteilung fördert den Welthandel durch Angleichung internationaler handelsrechtlicher Vorschriften.

UN-Organisation mit Standort in Wien:
UNPA: Postverwaltung
UNHCR: Hochkommissar der Vereinten Nationen für Flüchtlinge
UNSCEAR: Wissenschaftlicher Ausschuss der Vereinten Nationen zur Untersuchung der Auswirkungen radioaktiver Strahlung
UNOPS: Büro für Projektdienste
UNAIDS: Programm für HIV und AIDS

I. Die österreichischen Vertretungsbehörden im Ausland

1. Einteilung

Diplomatische Missionen	Vertretungen bei internationalen Organisationen
– Botschaften – Gesandtschaften	– Österreichische Vertretung bei den Vereinten Nationen
Konsularische Vertretungen	**Vertretungen besonderer Art**
– Berufskonsulate – Honorarkonsulate	– Vertretungen bei Teilorganisationen der UN, wie z. B. bei der UNESCO

Die Republik Österreich besitzt in über **80 Staaten** der Erde Vertretungsbehörden, deren Aufgabe die Wahrung der Interessen Österreichs und seiner Staatsbürger/innen im Empfangsstaat ist.

2. Aufgaben der Vertretungsbehörden

- Vertretung Österreichs im **Empfangsstaat**
- **Schutz** der Interessen der Republik Österreich und ihrer Staatsbürger/innen im Empfangsstaat innerhalb der völkerrechtlichen Grenzen und Usancen (= rechtlich anerkannte Gepflogenheiten)
- Förderung freundschaftlicher Beziehungen zwischen Österreich und dem Empfangsstaat, Ausbau der wirtschaftlichen, kulturellen und wissenschaftlichen Beziehungen
- **Berichterstattung** über die Verhältnisse und Entwicklungen im Empfangsstaat

Wiederholungsfragen – Arbeitsaufgaben – Diskussionsanregungen

1. *Beschreiben Sie das Motiv zur Entwicklung des europäischen Integrationsprozesses.*
2. *Zählen Sie jene drei Gemeinschaften auf, aus denen sich die heutige Union entwickelte.*
3. *Geben Sie an, wann und mit welchem Vertrag die EU gegründet wurde.*
4. *Nennen Sie das Datum des Beitritts Österreichs zur EU.*
5. *Nennen Sie das politisch höchste Gremium der EU und beschreiben Sie dessen Aufgaben.*
6. *Erläutern Sie die wesentlichen Komponenten eines Binnenmarkts.*
7. *Nehmen Sie Stellung zu den einzelnen Freiheiten des EU-Binnenmarkts. Prüfen Sie dabei die jeweiligen Freiheiten auf deren vorteilhafte oder nachteilige Konsequenzen für einzelne Personen.*
8. *Wer vertritt die Union nach außen?*
9. *Erklären Sie die Aufgaben des Rates der EU und wer diesem angehört.*
10. *Beschreiben Sie die Funktion und die Aufgaben der Europäischen Kommission und nennen Sie deren Mitglieder.*
11. *Nennen Sie jenes Organ, das Streitfragen bei der Anwendung des EU-Rechts entscheidet.*
12. *Stellen Sie übersichtsmäßig dar, wie die EU-Gesetzgebung erfolgt.*
13. *Fassen Sie zusammen, welche Organe an der EU-Gesetzgebung beteiligt sind.*
14. *Erläutern Sie die Arten von Rechtsakten, die es in der EU gibt, und weisen Sie dabei auf deren Unterschiede hinsichtlich der Verbindlichkeit und der jeweiligen Adressatenkreise hin.*
15. *Analysieren Sie, wie Österreich in den einzelnen Organen der EU vertreten ist. Kommentieren Sie das gegenwärtige Ausmaß der gegenwärtig geltenden Regelung.*
16. *Setzen Sie die österreichische Rechtsordnung in Beziehung zum EU-Recht.*
17. *Geben Sie eine persönliche Stellungnahme zum Bestehen und zur Bedeutung der Union ab. Begründen Sie Ihre Auffassung.*
18. *Geben Sie Ihre Einschätzung zu den nachstehenden Fakten der Europäischen Integration:*

Fakten d. EU	*Für mich*			
	positiv	*Begründung*	*negativ*	*Begründung*
Freier Warenverkehr				
Schengenraum				
EU Recht				
Gemeinsame Währung				
EU Förderungen				
Freier Dienstleistungs-verkehr				
Großes Gebiet				
Über 500 Millionen Ein-wohner				

19. *Entwickeln Sie Ihre Vision über die künftige Entwicklung der Union und erläutern Sie diese.*
20. *Befürworten Sie künftige Erweiterungen der Union oder lehnen Sie diese ab. Begründen Sie Ihre Ansicht.*
21. *Diskutieren Sie die jüngsten Entwicklungen in der EU aufgrund von Medienberichten.*
22. *Beschreiben Sie die Aufgaben des Europarats? Nehmen Sie Stellung zur Bedeutung der einzelnen Aufgaben.*
23. *Untersuchen Sie, was die bedeutendste Leistung des Europarates ist.*

24. *Kreuzen Sie die Ziele der Vereinten Nationen an.*

	Ja	Nein
Erhaltung des Weltfriedens	○	○
Förderung der Menschenrechte	○	○
militärische Maßnahmen gegen Staaten, die den Frieden stören	○	○
Regierung der Welt	○	○
internationale Zusammenarbeit	○	○
Lösung von wirtschaftlichen Problemen	○	○
Erlassen von allgemein verbindlichen Normen	○	○

25. *Nennen Sie die wichtigsten Organe der Vereinten Nationen.*

26. *Geben Sie den Zeitraum an, in dem Dr. Kurt Waldheim das Amt eines Generalsekretärs der Vereinten Nationen ausübte. Kreuzen Sie an!*

○ 1961 – 1970 ○ 1972 – 1981 ○ 1976 – 1982

27. *Erklären Sie die Zusammensetzung des Sicherheitsrats und die Besonderheiten der Beschlussfassung.*

28 *Kreuzen Sie an.*

	Ja	Nein
Der Internationale Gerichtshof entscheidet in Streitfällen von Bürgern mit verschiedener Staatsbürgerschaft.	○	○
Der Generalsekretär ist das oberste Organ der Vereinten Nationen.	○	○
Österreich ist seit 1955 Mitglied der Vereinten Nationen.	○	○
Die Generalversammlung beschließt allgemein verbindliche Normen.	○	○
Die Mitglieder des Sicherheitsrates werden für die Dauer von 4 Jahren gewählt.	○	○
Alle Staaten der Welt sind automatisch Mitglieder der Vereinten Nationen.	○	○
Die Vereinten Nationen sind eine Art Weltregierung.	○	○
Ein ehemaliger Generalsekretär der Vereinten Nationen ist ein Österreicher.	○	○
Der Sicherheitsrat kann jederzeit zusammentreten, wenn eine Bedrohung des Weltfriedens vorliegt.	○	○

29. *Kategorisieren Sie überblicksmäßig die Beziehungen bzw. Verbindungen zwischen Österreich und der UNO.*

30. *Nehmen Sie Stellung zur Bedeutung der UNO für Österreich.*

31. *Geben Sie Ihre Einschätzung ab zur Frage der Mitgliedschaft eines dauernd neutralen Staates bei der UNO. Diskutieren Sie diese Frage.*

32. *Prüfen Sie, welche Nachbarstaaten Österreichs der EU, dem EWR, der NATO, der OSZE, dem Europarat und der UNO angehören.*

33. *Recherchieren Sie und berichten Sie, an welchen bedeutenden internationalen Organisationen Österreich beteiligt ist.*

34. *Diskutieren Sie aktuelle Aktivitäten der UNO.*

35. *Führen Sie alle jene internationalen Organisationen an, die durch Ihre Tätigkeit Frieden und Sicherheit in der Welt und insbesondere in Europa gewährleisten sollen.*

36. *Ordnen Sie die unten angeführten Organe den folgenden internationalen Organisationen zu:*

EU = 1, Europarat = 2, OSZE = 3, UNO = 4

○ Wirtschafts- u. Sozialausschuss
○ Wirtschafts- u. Sozialrat
○ Ministerrat
○ Rat der EU
○ Europäischer Rat
○ Sicherheitsrat
○ Europäische Kommission
○ Generalsekretär/in
○ Europäisches Parlament
○ Parlamentarische Versammlung
○ Ministerkomitee
○ Europäische Menschenrechtskommission
○ Europäischer Gerichtshof
○ Europäischer Gerichtshof f. Menschenrechte
○ Internationaler Gerichtshof
○ Kongress der Gemeinden u. Regionen
○ Generalversammlung
○ Europäische Zentralbank

Die Grundrechte

„Freiheit, hat sie erst einmal Wurzeln geschlagen, ist eine Pflanze, die sehr schnell wächst." (George Washington)

Nach demokratischem Verständnis stehen jedem Menschen Grundrechte zu.

Wie entstanden Grundrechte, wofür gibt es sie? Was versteht man unter Grundrechten? Welche Arten von Grundrechten existieren? Wie lauten die Inhalte der Grundrechte? Wie können Grundrechte durchgesetzt werden? Steht die Einhaltung von Grundrechten mit der Regierungsform in Beziehung? Werden Grundrechte in allen Staaten eingehalten?

Diese Fragen werden in der Folge erörtert.

A. Geschichte und Arten

Die Grundrechte entstanden im Zeitalter der Aufklärung. Ausgehend von den „angeborenen" Rechten jedes einzelnen Menschen unabhängig von seiner gesellschaftlichen Position, ging es um die Abwehr staatlicher Eingriffe in die Privatsphäre des Einzelnen und das staatliche Akzeptieren persönlicher Rechte. Die Bevölkerung erkämpfte sich allmählich das Zugeständnis von Grundrechten seitens der Obrigkeit und deren Aufnahme in die ersten Verfassungsurkunden.

1689 verabschiedete das englische Parlament die **Bill of Rights**, die als **erste Erklärung der Grundrechte** betrachtet wird. Darin wurden einige Freiheiten der Untertanen aufgezählt, über die die Krone nicht ohne Zustimmung des Parlaments verfügen durfte. Diese Erklärung regelte jedoch nur Rechte des Parlaments und noch nicht Grundrechte im heutigen Sinn.

Die **Menschenrechtserklärung von Virginia 1776** enthielt bereits Rechte des Einzelnen und damit Grundrechte im eigentlichen Sinn. Nach diesem Vorbild wurde im Verlauf der **Französischen Revolution 1789** die **Erklärung der Menschen- und Bürgerrechte** verkündet. Die damalige Parole lautete „Liberté, Egalité, Fraternité" und wird auch heute noch auf den 1- und 2-Euro-Münzen Frankreichs eingeprägt.

Unter dem Eindruck dieser Erklärung setzte sich ab dem 19. Jahrhundert die verfassungsrechtliche Gewährleistung der Grundrechte in vielen europäischen, demokratisch organisierten und rechtsstaatlich aufgebauten Staaten durch.

In **Österreich** wurden die Grundrechte durch das **Staatsgrundgesetz über die allgemeinen Rechte der Staatsbürger/innen** in die Dezemberverfassung **1867** aufgenommen.

♦ **Arten der Grundrechte**

„Freiheit ist ein Gut, das durch Gebrauchen wächst, durch Nichtgebrauch dahinschwindet." (Carl Friedrich von Weizsäcker)

Historisch entwickelten sich zunächst liberale, dann demokratische und schließlich soziale Grundrechte.

– **Liberale Grundrechte:**
Sichern jedem Einzelnen eine Freiheitssphäre, in die der Staat durch seine Organe nicht eingreifen darf – **Freiheit vom Staat.**
Z. B.: Recht auf Leben, Freiheit der Person, des Eigentums, Hausrecht, Glaubens- und Gewissensfreiheit, freie Berufswahl, Meinungsfreiheit

– **Demokratische Grundrechte:**
Sichern dem Einzelnen die Möglichkeit, an der politischen Willensbildung in einer Demokratie mitwirken zu können – **Freiheit im Staat.**
Z. B.: Vereinsfreiheit, Versammlungsfreiheit, Pressefreiheit, aktives und passives Wahlrecht, Recht auf Zugänglichkeit öffentlicher Ämter, Petitionsrecht

– **Soziale Grundrechte:**
Sichern die Existenz des Einzelnen, insbesondere durch staatliche Sozialleistungen – **Freiheit durch den Staat**
z. B.: Staatliche Sozialversicherung (Kranken-, Unfall-, Pensions- und Arbeitslosenversicherung), staatliche Fürsorge, Recht auf Arbeit, Recht auf intakte Umwelt
Der Entwurf für eine neue österreichische Verfassung sieht weiters vor: Recht auf Gleichbehandlung, Rechte behinderter Menschen, Recht auf Pflege und Altersabsicherung, Recht auf Wohnen, Bildung, Gesundheit, Daseinsvorsorge, soziale Sicherheit, unentgeltliche Arbeitsvermittlung

B. Wesen und Grenzen

Grundrechte werden auch als **Freiheits- oder Menschenrechte** bezeichnet. Das Gewähren von Grundrechten ist ein charakteristisches und grundlegendes Merkmal eines demokratischen Staatswesens. Die oben angeführten demokratischen Grundrechte bilden die Basis einer funktionierenden Demokratie.

Die gewährten Grundrechte werden entsprechend den sich ändernden gesellschaftlichen Gegebenheiten **laufend adaptiert und erweitert**. Z. B.: Grundrecht auf Fernmeldegeheimnis, Zivildienst, Datenschutz

Grundrechte sind subjektive Rechte im Verfassungsrang, die den Einzelnen vor staatlichen Eingriffen schützen und ihm einen persönlichen Freiheitsraum garantieren.

Sie **binden staatliche Organe der Vollziehung und der Gesetzgebung**.
Der Gesetzgeber ist daher verpflichtet, Grundrechte der Bürger/innen zu gewährleisten.
Z. B.: Das Recht auf Leben verpflichtet den Gesetzgeber, dieses Recht mittels gesetzlicher Regelungen zu schützen und jede Verletzung unter Strafe zu stellen.

Je nachdem, für welchen Personenkreis die Grundrechte gelten, unterscheidet man **Menschenrechte**, **Bürgerrechte** und **Staatsbürgerrechte**.
Für Österreich gilt folgende Einteilung:

<table>
<tr><th>Menschenrechte</th><th>Bürgerrechte</th></tr>
<tr><td rowspan="3">Gelten für alle Menschen (Staatsbürger/innen, Ausländer/innen, Staatenlose), die sich in einem Staatsgebiet aufhalten.
Recht auf:
– Leben
– persönliche Freiheit
– Freizügigkeit und freien Aufenthalt
– Eigentum
– Briefgeheimnis
– Fernmeldegeheimnis
– Unverletzlichkeit des Eigentums
– ein Verfahren vor d. gesetzlichen Richter/in
– Glaubens- und Gewissensfreiheit
– freie Berufswahl
– Freiheit der Wissenschaft und des Unterrichts
– freie Meinungsäußerung
– Datenschutz
– Freiheit des künstlerischen Schaffens, der Vermittlung von Kunst und deren Lehre
– Hausrecht
– Petitionsrecht</td><td>Stehen nur den österreichischen und EU-Bürgern/-innen zu.
Gleichheit aller Bürger/innen vor dem Gesetz.
Recht auf:
– freie Einreise
– Freiheit der Erwerbstätigkeit
– Unterrichtserteilung
– freien Liegenschaftserwerb
– Freizügigkeit und freier Aufenthalt</td></tr>
<tr><th>Staatsbürgerrechte</th></tr>
<tr><td>Stehen nur österreichischen Staatsbürgern/-innen in Österreich zu.
Recht auf:
– Schutz vor Auslieferung und Ausweisung
– gleiche Zugänglichkeit öffentlicher Ämter
– Befreiung von der Wehrpflicht
– Schutz der Volksgruppen
– politische Rechte – Wahlrecht
– Zugang zu öffentlichen Ämtern, Erwerbsfreiheit
– Niederlassungsfreiheit</td></tr>
</table>

Die subjektiven Grundrechte jedes Einzelnen werden durch die **Rechte anderer** und die **öffentliche Ordnung begrenzt.** Daher stehen verschiedene Grundrechte unter **Gesetzesvorbehalt**, d. h., ein einfaches Gesetz kann aufgrund ausdrücklicher verfassungsrechtlicher Ermächtigung das betreffende Grundrecht einschränken (siehe die bei den einzelnen Grundrechten angeführten Beispiele).

C. Grundrechte in Österreich

„Freiheit ist die Freiheit zu sagen, dass zwei und zwei gleich vier ist. Sobald das gewährleistet ist, ergibt sich alles andere von selbst." (George Orwell)

1. Allgemeines und die Durchsetzung von Grundrechten

Wie in jedem demokratischen Rechtsstaat gibt es auch in Österreich einen umfangreichen Katalog von Grund- und Freiheitsrechten.
Ihr **Schutz** obliegt
- dem **Verfassungsgerichtshof** (bei Verletzung der Grundrechte durch Verwaltungsakte oder bei unmittelbarer Verletzung durch Gesetze) und
- dem **Obersten Gerichtshof** (bei Verletzung der Grundrechte durch Gerichtsentscheidungen).

Bei Verletzung von Rechten, die in der Europäischen Menschenrechtskonvention angeführt sind, kann – nach Ausschöpfung aller innerstaatlichen Möglichkeiten – eine Beschwerde an den **Europäischen Gerichtshof für Menschenrechte** in Straßburg gerichtet werden.

2. Rechtsquellen

Der Kampf um die Grundrechte richtete sich gegen die Macht des Absolutismus. Nach der Revolution von 1848 wurde im Kremsierer Entwurf ein Grundrechtskatalog angeführt, der zwar nie in Kraft trat, jedoch richtungweisend für die spätere Entwicklung war.

Durch das **Gesetz zum Schutze der persönlichen Freiheit** sowie **das Gesetz zum Schutze des Hausrechtes,** beide aus dem Jahre **1862**, wurden erstmals Grundrechte gesetzlich festgelegt.

Durch das **Staatsgrundgesetz über die allgemeinen Rechte der Staatsbürger von 1867** wurde der erste umfassende Grundrechtskatalog in Kraft gesetzt.

1920 wurden diese Gesetze in das Bundesverfassungsrecht übernommen.

Der **Staatsvertrag von St. Germain 1919** und der **Staatsvertrag von Wien 1955** enthalten ebenfalls Grundrechte, um die Volksgruppen in ihrem Bestand abzusichern.

Am 10. Dezember 1948 beschloss die Generalversammlung der Vereinten Nationen in Paris die **„Allgemeine Erklärung der Menschenrechte".** Diese Erklärung enthält ein die Mitglieder **nicht verpflichtendes** Grundsatzprogramm als Empfehlung für alle Völker und Staaten.

Die 1950 in Kraft getretene **Europäische Menschenrechtskonvention** ist für alle Mitgliedstaaten, die sie ratifiziert haben, **verbindlich**. Österreich tat dies 1964.

Mit dem Vertrag von Lissabon wurde auch die Charta der Grundrechte der EU verbindlich.

Der Entwurf für eine neue österreichische Verfassung enthält ebenfalls im zweiten Hauptstück einen Grundrechtskatalog.

3. Einzelne in Österreich geltende Grundrechte

Unsere Verfassung kennt – je nach Einteilung und Zusammenfassung – etwa 20 bis 30 Grundrechte, von denen hier die wichtigsten dargestellt werden.

♦ **Menschenwürde**

Die **Menschenwürde** ist unantastbar.

Dieser Satz wird aus verschiedenen Grundrechten sowie auch aus dem nicht im Verfassungsrang stehenden ABGB abgeleitet.

Der schon seit 1812 geltende §16 ABGB lautet zu Beginn: **„Jeder Mensch hat angeborene, schon durch die Vernunft einleuchtende Rechte und ist daher als Person zu betrachten."**

♦ **Gleichheitsgrundsatz**

Vor dem Gesetz sind alle **Staatsbürger** gleich. Vorrechte der Geburt, des Geschlechtes, des Standes, der Klasse und des Bekenntnisses sind ausgeschlossen.

Der Gleichheitsgrundsatz richtet sich in erster Linie an den Gesetzgeber: **Gleiches muss gleich, Ungleiches muss ungleich geregelt werden.**

Daraus ergibt sich, dass nur eine **„sachlich gerechtfertigte" Differenzierung** erlaubt ist.

Z. B.: gleiche Entlohnung für gleiche Leistung, gleiche Ausbildungsmöglichkeiten, gleiches Pensionsalter, Förderung der Chancengleichheit und faktischen Gleichstellung von Frauen und Männern sowie behinderter Personen, hingegen Wehrpflicht nur für Männer, Mutterschutz nur für Frauen, Begünstigungen für Behinderte als Ausgleich für die Behinderung

♦ Recht auf Leben

Das Recht auf Leben umfasst auch das Recht auf körperliche Integrität.

Dieses Recht schließt auch das Verbot der Auslieferung an einen Staat, in dem die Todesstrafe droht, ein.

Der Staat ist verpflichtet, das Recht auf Leben jedes einzelnen Menschen durch entsprechende gesetzliche Maßnahmen zu schützen.

Z. B.: Im Strafgesetzbuch werden Mord, Totschlag, fahrlässige Tötung, Tötung auf Verlangen und fahrlässige Körperverletzung verboten und unter Strafe gestellt.

♦ Recht auf persönliche Freiheit

Damit soll jeder **Mensch** vor willkürlicher Verhaftung und vor willkürlicher Freiheitsbeschränkung jeder Art bewahrt werden.

Eine Verhaftung darf nur über richterlichen Haftbefehl erfolgen und eine Zwangseinweisung in ein Krankenhaus nur in den ausdrücklich vom Gesetz vorgesehenen Fällen angeordnet werden.

Medizinische Behandlungen gegen den Willen des Betroffenen sind nicht zulässig.

Z. B.: Strafprozessordnung mit ihren Regelungen über die Verhängung der Haft, Krankenanstaltengesetz mit seinen Regelungen über die Zustimmung zu Behandlungen und Operationen sowie über die vorzeitige Entlassung

Ausnahmen:

- Freiheitsentzug nach rechtskräftigem Urteil zu einer Freiheitsstrafe
- Freiheitsentzug durch Verwaltungsbehörde wegen eines Straferkenntnisses
- Freiheitsentzug bei Verdacht einer gerichtlich oder finanzbehördlich strafbaren Handlung zur Beendigung der Tat oder sofortigen Sachverhaltsfeststellung sowie bei Flucht-, Verdunkelungs- oder Wiederholungsgefahr für bis zu 48 Stunden (Spätestens vor Ablauf dieser Frist muss der Festgenommene von einem Richter einvernommen werden oder bei Wegfall des Haftgrundes freigelassen werden)
- Freiheitsentzug wegen einer ansteckenden gefährlichen Krankheit
- Freiheitsentzug nach dem Unterbringungsgesetz
- Freiheitsentzug wegen Erziehungsmaßnahmen
- Freiheitsentzug zwecks Ausweisung oder Auslieferung

♦ Hausrecht

Als Haus gilt jede **abschließbare Wohnstätte**. Fremde Personen dürfen Räumlichkeiten **nur mit Zustimmung des Nutzungsberechtigten betreten.**

Das Hausrecht ist unverletzlich. Eine **Hausdurchsuchung** darf grundsätzlich **nur mit einem richterlichen Hausdurchsuchungsbefehl** vorgenommen werden.

Z. B.: Hausdurchsuchung zwecks finanzieller Aufsicht; Betretung eines Grundstücks oder Gebäudes wegen Kontrollen nach dem Ausländerbeschäftigungsgesetz

Ausnahme:

- **Bei Gefahr in Verzug** (= drohender Gefährdung der Erreichung des Zwecks der Amtshandlung) kann von Sicherheitsbehörden, Gerichtsbeamten oder Gemeindevorstehern auch ohne richterlichen Befehl eine Hausdurchsuchung angeordnet werden bzw. von Sicherheitsorganen „aus eigener Macht" vorgenommen werden. Ein richterlicher Hausdurchsuchungsbefehl muss aber im Nachhinein erteilt werden.

♦ Recht auf Freizügigkeit der Person

Die Freizügigkeit der Person und des Vermögens innerhalb des Staatsgebietes unterliegt keiner Beschränkung. Jeder Bürger kann den Ort seines Aufenthalts und Wohnsitzes wählen.

Dieses nur den **Staatsbürgern** und **EWR-Bürgern** zustehende Recht beinhaltet sowohl die Niederlassungsfreiheit als auch die Auswanderungsfreiheit.

Jeder Staatsbürger ist berechtigt, nach Österreich einzureisen und darf aus Österreich nicht ausgewiesen werden. Jeder Staatsbürger ist zum Aufenthalt und Wohnsitz im Bundesgebiet berechtigt.

Ausnahmen:

- Für männliche Staatsbürger ist dieses Recht beschränkt durch die Wehrpflicht, ab Zustellung des Einberufungsbefehls bis zur Beendigung des Präsenzdienstes oder Zivildienstes.
- Ausländer aus Staaten außerhalb des EWR benötigen eine Aufenthaltsbewilligung.

♦ Recht auf Eigentum

Dieses Recht garantiert dem Einzelnen, Eigentum erwerben und darüber verfügen zu dürfen.

Ausnahmen:

- Eine Enteignung darf nur vorgenommen werden, wenn das öffentliche Interesse sonst nicht umgesetzt werden kann und umgehend eine angemessene Entschädigung erfolgt (z. B. Errichtung einer Autobahn, U-Bahn Bau).
- Eigentumsbeschränkungen: Denkmalschutz, Bauverbote

♦ **Briefgeheimnis**
„Briefe" sind verschlossene Schriftstücke, die persönlich adressiert sind.

Dieses Grundrecht stellt ein staatliches Zensurverbot dar. Zwischen Privatpersonen ist dieses Recht als Privatrecht gerichtlich durchsetzbar. Das Öffnen der Privatpost durch Untergebene kann einen Entlassungsgrund darstellen.

Staatliche Beschlagnahme und Öffnung von Briefen darf nur auf richterlichen Befehl im Zusammenhang mit der Verfolgung strafbarer Handlungen erfolgen.
Ausnahmen:
- Das Recht des gesetzlichen Vertreters, die Post von Minderjährigen oder Personen unter Sachwalterschaft zu lesen, bleibt davon unberührt.
- bei Vorliegen eines richterlichen Haft- oder Hausdurchsuchungsbefehls

♦ **Fernmeldegeheimnis**
Dieses Recht schützt die Vertraulichkeit von Mitteilungen, die über Telefon, Funk oder Internet übermittelt werden und nicht für Dritte bestimmt sind. Dieser Schutz umfasst auch Name, Telefonnummer und Standort der Telekommunikationsanlage. Ausnahme:
- Eine gerichtlich angeordnete Überwachung einer Telekommunikationsanlage ist zwecks Aufklärung schwerer Verbrechen zulässig. Bei begründeter Annahme, dass ein Tatverdächtiger die Telekommunikationsanlage eines unbeteiligten Dritten benützt, kann auch diese überwacht werden. Die Beendigung der Überwachung muss dem Betroffenen mitgeteilt werden.

Gemäß der „EU-Richtlinie zur Voratsspeicherung von Daten" mussten seit 15. September 2007 Internet- und Telefonverkehrsdaten (auch ohne Verdacht einer strafbaren Handlung) protokolliert und sechs Monate gespeichert werden. Die systematische Vorratsdatenspeicherung wurde aufgehoben.

Erfasst wurden bei Telefonaten: Teilnehmer mit Name, Nummer, Anschrift, weiters Zeitpunkt sowie Seriennummer von Mobiltelefonen und SIM-Karte sowie die „Cell-ID" der Funkzelle; bei Internetkontakten ab März 2008: IP-Adressen, Name und Anschrift des Benutzers und Zeitpunkt.

♦ **Vereins- und Versammlungsfreiheit**
Dieses Recht ermöglicht es allen Menschen, sich zu einem gemeinschaftlichen Zweck in Vereinen zu organisieren und sich öffentlich zu versammeln. Die Grenzen dieses Grundrechts sind im Strafgesetz festgelegt. Es wird durch das Vereinsgesetz und das Versammlungsgesetz geregelt.

Das Recht umfasst auch das Recht, Gewerkschaften zu gründen, diesen anzugehören sowie das Recht der Gewerkschaften, die Interessen der Mitglieder zu vertreten und zu verfolgen.

Alle Vereine müssen angemeldet werden.

Versammlungen sollen spätestens 24 Stunden zuvor schriftlich angezeigt werden.

Grundsätzlich darf niemand gezwungen werden, einer Vereinigung beitreten zu müssen. Die Pflichtmitgliedschaft zu Kammern fällt nicht darunter.
Ausnahmen:
- Vereine können behördlich aufgelöst werden bei: gesetzwidriger Tätigkeit, Überschreiten der statutengemäßen Tätigkeit.
- Versammlungen können unter bestimmten Voraussetzungen, etwa bei Gefährdung der öffentlichen Sicherheit, untersagt werden.

♦ **Meinungsfreiheit und Pressefreiheit**
„Die Freiheit der Rede hat den Nachteil, dass immer wieder Dummes, Hässliches und Bösartiges gesagt wird. Wenn wir aber alles in allem nehmen, sind wir doch eher bereit, uns damit abzufinden, als sie abzuschaffen." (Winston Churchill)

Diese Grundrechte ermöglichen es allen **Menschen**, ihre Meinung in Wort und Schrift, Druck oder bildlicher Darstellung frei zu äußern, allerdings ohne jemanden zu beleidigen oder zu einer strafbaren Handlung aufzufordern.

Pressefreiheit sowie Rundfunk- und Medienfreiheit garantieren das Recht, zu informieren und informiert zu werden. Bei der Ausübung dieser Rechte ist der Persönlichkeitsschutz zu beachten. Näheres regelt das Mediengesetz.

♦ **Recht auf ein Verfahren vor dem gesetzlichen Richter**
Dieses Recht schützt die gesetzlich vorgegebene Zuständigkeit von Gerichts- und Verwaltungsbehörden und beauftragt die gesetzgebenden Organe, die Behördenzuständigkeit sachlich und örtlich genau anzuordnen.

♦ **Recht auf ein faires gerichtliches Verfahren**
Dieses Recht garantiert dem Einzelnen, dass über zivilrechtliche Angelegenheiten und strafrechtliche Anklagen unabhängige Gerichte zu entscheiden haben. Als unabhängige Gerichte zählen die

ordentlichen Gerichte, die Unabhängigen Verwaltungssenate sowie Kollegialbehörden mit richterlichem Einschlag.

Die entscheidenden Mitglieder müssen unabhängig sein. Die Entscheidung muss im Instanzenzug angefochten werden können.

Gerichtliche Verfahren müssen innerhalb einer angemessenen Frist und fair abgewickelt werden.

Der Einzelne ist zur Teilnahme an der Verhandlung berechtigt, er hat das Recht auf Gehör, Kläger und Beklagter sind gleichgestellt, die Regeln eines ordnungsgemäßen Beweisverfahrens sind einzuhalten und gerichtliche Entscheidungen sind ausreichend zu begründen.

Die Unschuldsvermutung, die für das Strafrecht und das Verwaltungsstrafrecht gilt, ist bis zum Nachweis einer Schuld zu respektieren.

Niemand darf in einem Straf- oder Verwaltungsstrafverfahren gezwungen werden, sich selbst zu belasten.

♦ Verbot rückwirkender Strafgesetze

Es gilt das Rückwirkungsverbot von Strafgesetzen, wonach niemand wegen einer Tat bestraft werden darf, die zum Tatzeitpunkt nicht unter Strafe stand oder mit einer niedrigeren Strafe bedroht war.

♦ Freiheit der Wissenschaft

Die Forschung und wissenschaftliche Lehre sind frei. Niemand darf wegen der Aufstellung eines eigenen wissenschaftlichen Lehrsatzes gerichtlich oder behördlich verfolgt werden.

Dieses für Wissenschaft und Forschung unentbehrliche **Menschenrecht** ist allerdings dadurch eingeschränkt, dass es in Kollision mit anderen Grundrechten zurückstehen muss.

Das Strafgesetz und viele Sondergesetze schränken mögliche, allerdings aus ethischen, moralischen, religiösen oder rechtlichen Gründen unerwünschte Forschungstätigkeiten ein:

- Gentechnikgesetz, Fortpflanzungsmedizingesetz verbietet alle nicht ausdrücklich erlaubten Methoden. Klinische Tests werden nur nach Beurteilung durch die Ethikkommission gestattet.
- Die nicht medizinisch indizierte Amputation von Gliedmaßen stellt auch mit Zustimmung des Amputierten das Verbrechen der schweren Körperverletzung dar.
- Forschungen am lebenden Menschen (z. B. klinischer Test von Medikamenten) sind nur an freiwilligen Versuchspersonen nach Aufklärung über alle Risiken und mit der Auflage zulässig, dass die Testperson jederzeit ohne finanzielle Verpflichtungen aus dem Versuch aussteigen kann, auch wenn dies einen Schaden für die Wissenschaft bedeutet.

♦ Glaubens- und Gewissensfreiheit

Jeder **Mensch** hat das Recht, einer Glaubensgemeinschaft anzugehören und sich auch öffentlich dazu zu bekennen, sein Glaubensbekenntnis zu wechseln oder keinem Glaubensbekenntnis anzugehören und sich auch dazu öffentlich zu bekennen.

Bis zum vollendeten 10. Lebensjahr bestimmen die Eltern das Glaubensbekenntnis, zwischen dem 10. und 12. Lebensjahr ist das Kind in religiösen Fragen vom Pflegschaftsgericht zu hören, zwischen dem 12. und 14. Lebensjahr kann das Religionsbekenntnis gegen den Willen des Kindes nicht gewechselt werden und ab dem vollendeten 14. Lebensjahr kann das Kind sein Glaubensbekenntnis selbst bestimmen (**Religionsfreiheit**).

♦ Petitionsrecht

Jeder **Mensch** ist berechtigt, Anträge allgemeiner Art an Organe der Gesetzgebung und Vollziehung zu richten. Die Behörden sind verpflichtet, diese entgegenzunehmen und zu bearbeiten, müssen aber gegenüber dem Antragsteller nicht Stellung nehmen.

Das Petitionsrecht ist die verfassungsrechtliche Grundlage für alle **Bürgerinitiativen**. Im Nationalrat beschäftigt sich ein eigener Ausschuss mit der Beratung von Bürgerinitiativen und Petitionen. Dieser Ausschuss hat die Möglichkeit, die Anliegen von Bürgerinitiativen in Gesetzesvorschläge einzuarbeiten.

Aus dem Petitionsrecht und den Bürgerinitiativen hat sich das Volksbegehren entwickelt.

♦ Datenschutz

Jeder **Mensch** hat einen Anspruch auf Geheimhaltung der ihn betreffenden personenbezogenen Daten, soweit er daran ein schutzwürdiges Interesse hat, insbesondere im Hinblick auf die Achtung seines Familien- und Privatlebens. Dies gilt sowohl für automatisationsunterstützt registrierte Daten als auch für herkömmlich gesammelte Daten.

Z. B.: Verschwiegenheitspflicht in allen Beratungsberufen (Ärztegeheimnis, Anwaltsgeheimnis etc.), Amtsverschwiegenheit der Behörden, Einsichtnahme in die Krankengeschichten durch nicht mit der Betreuung eines Patienten befasste Personen nur mit Zustimmung des Patienten

Jeder Einzelne ist berechtigt zu erfahren, welche Daten von wem über ihn erhoben werden, woher die Daten stammen und wozu sie verwendet werden.
Nicht geschützt sind jene Daten, die allgemein zugänglich sind oder soweit anonymisiert sind, dass sie auf die betreffende Person nicht mehr zurückgeführt werden können.

♦ **Verbot der Folter**
Es sind sowohl die Anwendung der Folter als auch einer unmenschlichen oder erniedrigenden Strafe oder Behandlung untersagt.

Als Folter gelten jene Handlungen, durch die einer Person vorsätzlich große körperliche oder seelische Schmerzen oder Leiden zugefügt werden, um dadurch eine Aussage oder ein Geständnis zu erlangen.

Eine Behandlung ist erniedrigend, wenn sie beim Betroffenen Angst, Ohnmacht oder Minderwertigkeit bewirkt.

Eine Handlung ist unmenschlich, wenn ein Mensch vorsätzlich heftigen körperlichen oder seelischen Schmerzen ausgesetzt und dadurch erniedrigt wird.

Außergewöhnliche Umstände, gleich welcher Art (z. B. Krieg oder Kriegsgefahr, innenpolitische Instabilität, öffentlicher Notstand), dürfen nicht als Rechtfertigung für Folter geltend gemacht werden.

Erteilte Weisungen eines Vorgesetzten, die zur Folter oder Erniedrigung führen, dürfen nicht befolgt werden und bilden keinen Rechtfertigungsgrund.

Jeder Staat hat einen Ausschuss gegen Folter mit zehn Sachverständigen zu bilden.

♦ **Recht auf Achtung des Privat- und Familienlebens**
Dieses Recht schützt die Privatsphäre eines Menschen **so weit, als sein Verhalten nicht an die Öffentlichkeit adressiert ist** (öffentliche Auftritte von Politikern oder Stars).

Das Recht auf Schutz des Privatlebens inkludiert (= schließt ein) auch das persönliche Verhalten in der Öffentlichkeit (außerhalb der privaten Wohnung) und im Beruf (etwa auch ein privates Telefonat am Arbeitsplatz) sowie die Identität und die Einkommensdaten eines Menschen.

Zur geschützten Privatsphäre zählen:
- die körperliche und psychische Befindlichkeit, Krankheiten, Geisteszustand, Sexualverhalten
- persönliche Beziehungen zum Partner, Familienmitgliedern, Freunden, Vertrauten (Arzt)
- Verhalten im Beruf
- Verhalten im gesellschaftlichen Zusammenhang

Ausnahmen:
- erkennungsdienstliche Maßnahmen der Sicherheitsorgane
- polizeiliche Überwachung im Zuge des „großen Lauschangriffs" und der „Rasterfahndung"
- statistische Erfassungen

Ebenso geschützt ist das Recht auf Achtung des Familienlebens. Dieses Recht schützt das Zusammenleben von Eltern und Kindern sowie die Lebensgemeinschaften. Das Recht auf Eheschließung und Gründung einer Familie steht jedem Menschen nach Maßgabe der nationalen Gesetze zu.

♦ **Recht auf Wehrdienstverweigerung**
Jemand kann aus Gewissensgründen den Wehrdienst verweigern, hat aber den Zivildienst zu leisten.

♦ **Berufsausbildungsfreiheit**
Das Recht auf Ausbildung darf niemandem verwehrt werden. Der Zugang zu bestehenden Bildungsstätten muss gewährleistet werden.

♦ **Verbot der Zwangs- und Pflichtarbeit**
Dieses Verbot bezieht sich auf höchstpersönliche Dienstleistungen in Form von geistiger oder körperlicher Arbeit, die nicht freiwillig gemacht wird, sowie auf unterdrückende Arbeit.

Ausnahmen:
- übliche Arbeiten während einer Inhaftierung
- Wehrpflicht oder Zivildienst
- Dienstleistungen während eines zivilen Notstandes

♦ **Schutz gesetzlich anerkannter Kirchen und Religionsgemeinschaften**
Gesetzlich anerkannte Kirchen und Religionsgemeinschaften sind juristische Personen des öffentlichen Rechts. Sie können ihre inneren Angelegenheiten selbst besorgen.

♦ **Freiheit der Kunst**
Dieses Recht schützt die künstlerische Tätigkeit, die Vermittlung von Kunst und das Unterrichten von Kunst.

♦ **Liegenschaftsfreiheit**
Staatsbürger dürfen Liegenschaften frei erwerben und darüber frei verfügen.

♦ **Recht auf wirksame Grundrechtsbeschwerde**
Wenn die Verletzung eines Grundrechts behauptet werden kann, muss eine Grundrechtsbeschwerde bei einer innerstaatlichen Instanz ermöglicht werden. Diese nationale Behörde muss die Grundrechtsbeschwerde inhaltlich prüfen und entscheiden können und soll die vorgebrachte Grundrechtsverletzung abstellen.

?

Wiederholungsfragen – Arbeitsaufgaben – Diskussionsanregungen

1. *Richtiges ankreuzen: Grund- und Freiheitsrechte regeln hauptsächlich:*
   - ☒ *die Beziehung zwischen Staat und Staatsbürger/innen*
   - ○ *die Beziehung zwischen den einzelnen Staatsorganen*
   - ○ *die Beziehung zwischen den einzelnen Bürger/innen*
2. *Führen Sie an, wodurch der inhaltliche Geltungsbereich der Grund- und Freiheitsrechte beschränkt ist.*
3. *Nennen Sie die historischen Wurzeln und Vorläufer der heute in Österreich geltenden Grund- und Freiheitsrechte.*
4. *Erklären Sie den Unterschied zwischen Menschenrechten und Bürgerrechten. Führen Sie Beispiele an.*
5. *Geben Sie einen Überblick über jene Einrichtungen, die Österreicher/innen die Durchsetzung der Grundrechte gewährleisten.*
6. *Analysieren Sie, ob die „Allgemeine Erklärung der Menschenrechte" der UNO einen durchsetzbaren Anspruch auf Einhaltung dieser Rechte für Einzelne darstellt.*
7. *Zählen Sie die Verträge und Gesetze auf, die die in Österreich geltenden Grund- und Freiheitsrechte beinhalten.*
8. *Bewerten Sie die wesentlichen Grundrechte in Hinblick auf deren Bedeutung für die Etablierung und den Bestand einer Demokratie.*
9. *Nennen Sie Einschränkungen folgender Grundrechte:*

   Recht auf Freizügigkeit ______________________

   Recht auf Eigentum ______________________

   Recht auf Freiheit ______________________

   Freiheit der Wissenschaft ______________________
10. *Diskutieren Sie die Einführung sozialer Grundrechte. Besprechen Sie auch den finanziellen Aspekt.*
11. *Sammeln Sie Zeitungsberichte über Staaten, in denen die Grundrechte nicht in dem Ausmaß gewährt werden, wie dies in Österreich der Fall ist.*
12. *Diskutieren Sie in der Klasse über die gegenwärtige Bedeutung der Grundrechte für die österreichische Bevölkerung.*

Der Mensch in der Gesellschaft

Wir sind als einzelne Menschen Teil zahlreicher Gemeinschaften von Menschen. Wir leben in teilweise dicht besiedelten Gebieten und haben meist täglich Kontakt zu anderen. Wir sind als Einzelne Teile der Gesellschaft.

Was bedeutet Gesellschaft? Welche Aufgaben erfüllt eine Gesellschaft? Welche Gruppen menschlichen Zusammenlebens gibt es? Welche Gruppen beeinflussen und prägen eine Gesellschaft? Wer oder welche Institutionen haben Macht in einer Gesellschaft? Ist Macht notwendig oder sinnvoll? Gibt es ein Ordnungssystem für menschliche Gesellschaften? Wie werden politische Parteien definiert? Wofür gibt es politische Parteien? Welche Massenmedien gibt es? Welche Zwecke erfüllen Medien und welche Möglichkeiten haben sie? Verändern sich Gesellschaften? Welche Bedeutung hat Migration für Österreich? Was bedeuteten Emigration und Immigration? Wie ist Zuwanderung nach Österreich rechtlich geregelt?

Diese und ähnliche Fragen werden im folgenden Text behandelt.

I. Gesellschaft

A. Wesen und Begriff

Gesellschaft ist das jeweils umfassendste System menschlichen Zusammenlebens.
Eine **Gesellschaft** von Menschen, die unterschiedlichen Gruppen angehören können, verfügt über ein abgegrenztes Gebiet. Sie besteht über die individuelle Lebenszeit der Menschen hinaus, besitzt bestimmte Organisationsformen und eine gemeinsame Kultur sowie eine gewisse Selbstständigkeit.

Der gebräuchliche Gesellschaftsbegriff entwickelte sich aus der „bürgerlichen Gesellschaft", die sich im 18. Jahrhundert als „neue Oberschicht" gegenüber Fürsten und Adel formierte.

Die Gesellschaft ist notwendig, um die existenziellen wirtschaftlichen Bedürfnisse ihrer Mitglieder ausreichend zu befriedigen.

B. Die Gruppe

1. Begriff

Zwei oder mehrere Personen bilden dann eine Gruppe, wenn die Beziehungen zwischen ihnen regelmäßig und zeitlich anhaltend sind. Die Gruppe bleibt bestehen, auch wenn die Mitglieder wechseln.

Unter dem Begriff „Gruppe" versteht man nicht zufällige Menschenansammlungen auf der Straße **(soziales Aggregat)** oder Personen, die ein Merkmal gemeinsam haben, wie z. B. Staatsbürger/innen **(soziale Kategorie)**.

2. Arten

Man unterscheidet zwei Arten von Gruppen:

♦ **Primärgruppen:**
umfassen kaum mehr als 10 bis 15 Personen. Die Mitglieder kennen einander von Angesicht zu Angesicht, weil die Gruppe überschaubar ist (z. B. Freundesgruppe).

In Primärgruppen spielen Gefühle eine wichtige Rolle. Die Beziehungen der Mitglieder sind eng, ein „Wir-Gefühl" entwickelt sich, das die Gruppe gegen ihre Umwelt, „die anderen", abgrenzt.

♦ **Sekundärgruppen:**
sind meist größer und umfassen mehr als 20 Menschen bis zu einigen hundert, wobei meist der direkte Kontakt der Gruppenmitglieder untereinander fehlt.

Sekundärgruppen entwickeln kein oder nur ein schwaches „Wir-Gefühl". In diesen können sich Primärgruppen, wie Freundeskreise, entwickeln.

II. Normen und Werte

Im Laufe der Geschichte haben sich die in einer Gesellschaft wichtigen Werte geändert. Werte existieren nach wie vor. Viele Gruppen verbinden gemeinsame Werte. Jeder Mensch orientiert sein Leben an den für ihn maßgeblichen Werten.

Werte sind bewusste oder unbewusste **Vorstellungen** dessen, was als wünschenswert angesehen wird. Sie beeinflussen menschliches Handeln.
Die **Norm** ordnet eine Verhaltensweise an, durch die Werte umgesetzt werden sollen. Norm ist somit eine Verhaltensregel.

Die grundlegenden Normen einer Gesellschaft lernt der Mensch schon in der frühen Kindheit kennen. Diesen Vorgang bezeichnet man als **primäre Sozialisation.** Neben diesen grundlegenden Normen werden im Laufe des Lebens weitere Regeln von Verhaltensweisen gelernt, die der Anpassung an verschiedene Situationen, z. B. in der Schule oder in der Berufswelt, dienen. Dieser Lernprozess heißt **sekundäre Sozialisation.**

III. Macht und Herrschaft

Eine menschliche Gemeinschaft bedarf einer Ordnung ihres Zusammenlebens. Zur Durchsetzung und Einhaltung der Ordnung ist Macht erforderlich. In einem funktionierenden Staatswesen muss Staatsmacht vorhanden sein. Diese ordnende Macht bedeutet auch Verantwortung und sollte dementsprechend umsichtig wahrgenommen werden. Ziel ist es, das Bestmögliche für das Staatswesen insgesamt anzustreben, wobei auch die Bedürfnisse und Rechte jedes Einzelnen berücksichtigt werden sollten.

Es stellen sich folgende Fragen: Was bedeuten Macht und Herrschaft? Weshalb sind sie notwendig? Wem steht Macht in einem Staat zu?

A. Macht

In einer Gruppe wie in einer Gesellschaft gibt es Menschen, die dafür sorgen, dass Normen nicht verletzt werden.

Macht bedeutet die Möglichkeit, seinen Willen auch gegen den Widerstand der Betroffenen durchzusetzen.
Gewalt ist Macht, die durch äußere Mittel durchgesetzt wird.

B. Herrschaft

In unserer Gesellschaft gilt nicht das Recht des Stärkeren.

Bestimmten staatlichen Organen, Institutionen und Anstalten wurde rechtlich legitimiert Macht und damit Herrschaft übertragen. Diese Herrschaft ist rechtlich zulässig.

Das Parlament hat die Macht, Gesetze zu erlassen, die Gewerkschaft ist befugt, Arbeitnehmer/innen zu vertreten, ein Gericht hat die Macht, eine/n Straftäter/in zu verurteilen usw.

Ein Staat kann erwiesenermaßen auf Zwangsmacht nicht verzichten. Er benötigt im Bedarfsfall auch die Befugnis, mit staatlicher Gewalt im Sinne von Autorität zu handeln, um seine Funktionen wahrnehmen zu können. Seine Macht soll aber gesetzmäßig geregelt, also Herrschaft sein.

- **Legale** Herrschaft ist gegeben, wenn die Herrschaftsbefugnisse rechtmäßig erteilt wurden und konkret gesetzlich verankert sind.
- **Charismatische** Herrschaft hat eine Person, der besondere überdurchschnittliche persönliche Begabungen zugeschrieben werden. Große politische Führer besitzen Charisma.
- **Traditionelle** Herrschaft basiert auf dem Glauben der Machtunterworfenen, dass historisch überkommenen Institutionen und Organen Machtbefugnis und Machtausübung zusteht.

IV. Grundlagen der politischen Meinungsbildung

„Politik ist die Kunst des Möglichen." (Otto Fürst von Bismarck)

Ein demokratisches Staatswesen ist gekennzeichnet von einer Vielfalt an politischen Meinungen.

Welche Gruppierungen wirken meinungsbildend? Was ist eine politische Partei? Welche Aufgaben haben diese? Welche Arten von Parteien gibt es? Wie sind Parteien organisiert, wie werden sie finanziert? Sind politische Parteien notwendig? Woraus kann man sich über die Inhalte und Ziele einzelner politischer Parteien informieren? Welche Bedeutung haben Massenmedien für die politische Meinungsbildung?

Diese und weitere nahe liegende Fragen werden nun behandelt.

A. Die politischen Parteien

1. Begriff und Funktion der Partei

Seit jeher haben sich Menschen zusammengeschlossen, um als Gruppe ihre Interessen durchsetzen zu können.

Parteien sind Gruppen von Gleichgesinnten mit ähnlichen politischen Vorstellungen, die auf staatlicher Ebene nach Einfluss und Macht streben, um die politische Willensbildung zu bestimmen und gemeinsame politische Vorstellungen zu verwirklichen.

Parteien sind Teile einer Gesellschaft, sie erklären ihre Interessen als allgemeine Ziele für das Gemeinwohl.

Während Bürgerinitiativen vor allem auf Anliegen der Bevölkerung aufmerksam machen, die staatliche Organe unzureichend wahrnehmen, versuchen Parteien und Interessenverbände die Anliegen durchzusetzen.

Politische Parteien entstanden mit dem Parlamentarismus im 19. Jahrhundert.

Merkmale
- **Vereinigungen** von **Menschen mit bestimmten Zielen**
- im Rahmen einer **dauernden Organisation**
- streben nach Einfluss auf die **staatliche** Willensbildung

♦ **Anforderungen**

Politische Parteien sollen:
- die demokratische Organisation des Staates achten
- innerparteilich demokratisch organisiert sein und handeln
- in Führungspositionen verantwortungsbewusste Persönlichkeiten haben

Existenz und Vielfalt politischer Parteien sind grundlegende Bestandteile jedes demokratischen Staates. Eine Demokratie existiert durch die Möglichkeit ihrer Bürger/innen, sich zu Parteien zusammenzuschließen. Sie benötigt auch das Interesse und die Bereitschaft möglichst vieler Menschen zum Engagement in politischen Belangen und Parteien.

♦ **Aufgaben**

Politische Parteien haben in einem demokratischen Staat folgende Aufgaben:

Aufgaben von politischen Parteien

Interessenvertretung der Bevölkerung	**Meinungsbildung**	**Kandidatur bei Wahlen** – damit alternative Gestaltungsweisen anbieten	**Regierungstätigkeit** und Übernehmen von politischen Ämtern	Als **Opposition** die Regierenden kontrollieren

Die **rechtlichen Grundlagen** für **politische Parteien** bilden Vereinsgesetz und **Parteiengesetz**.

Eine **Kandidatur bei Wahlen** setzt keine Partei nach dem Parteiengesetz voraus, sie ist auch **für** eine **Wahlpartei möglich**.

Bei einer Wahlpartei handelt es sich um eine Wählergruppe ohne dauernde Organisation, die sich unter der Führung einer Parteibezeichnung an einer Wahl beteiligt Die Wahlpartei entsteht durch **Einbringung** eines **Wahlvorschlages** bei der Wahlbehörde. Die Wahlpartei hat ihre Rechtsgrundlage in den jeweiligen Wahlvorschriften. Nach durchgeführter Wahl kann sich eine bloße Wahlpartei im Gegensatz zur politischen Partei wieder auflösen.

2. Parteiensysteme

In jeder Demokratie existieren zumindest zwei politische Parteien. Ob sich ein **Zwei-** oder **Mehrparteiensystem** herausbildet, hängt von den spezifischen historischen und gesellschaftlichen Gegebenheiten ab.

♦ Mehrparteiensystem

Ein **Verhältniswahlrecht** und ein uneinheitliches soziales Gefüge der Bevölkerung begünstigen das Entstehen eines Mehrparteiensystems. Vielparteiensysteme bildeten sich in vielen Staaten Kontinentaleuropas.

In diesem Parteiensystem sind mehrere politische Parteien verschiedener Richtungen in den gesetzgebenden Körperschaften vertreten und in der öffentlichen Meinung präsent.

Wegen der größeren Zahl an Parteien ist es in diesem System für eine Partei bei Wahlen schwieriger, eine absolute Mehrheit an Stimmen zu erreichen. Deshalb müssen die Parteien nach Wahlen häufig Koalitionen bilden, um regieren zu können.

♦ Zweiparteiensystem

Das **Mehrheitswahlrecht begünstigt** die Bildung eines Zweiparteiensystems.

Bei einem **Zweiparteiensystem** stehen zwei Großparteien einander gegenüber, wobei die nach einer Wahl stärkere Partei allein eine Regierung bilden kann. Ein Zweiparteiensystem entstand in Großbritannien und den USA.

♦ Einparteiensystem

In Diktaturen dominiert das **Einparteiensystem,** da der herrschenden Meinung entgegengesetzte Ansichten verpönt und meistens verboten sind. Parteien mit anderen Ansichten und Zielen werden offiziell nicht zugelassen (z. B. KPdSU in der Sowjetunion 1917–1991, NSDAP im nationalsozialistischen Deutschland 1933–1945).

3. Richtungen und Ziele politischer Parteien

Die meisten politischen Parteien versuchen den Eindruck zu vermitteln, ihr Ziel sei das Wohl des Gesamtstaates und die größtmögliche Wohlfahrt der Staatsbürger/innen.

Dabei formierten sich Parteien mit unterschiedlichen Ideologien und Zielen.

♦ Liberale

Liberale Parteien betonen die **Freiheitsrechte des Individuums,** den Rechtsstaat sowie den freien Markt und lehnen eine Verstaatlichung der Produktionsmittel ab.

♦ Konservative

Konservative Parteien trachten, das **„bewährte Überkommene"** zu **erhalten** bzw. wiederherzustellen. Deshalb stehen sie Neuerungen und Veränderungen abwartend gegenüber, lassen aber maßvolle Reformen zu, die mit ihren Positionen übereinstimmen.

♦ Sozialistische

Sozialistische Parteien entstanden mit der Arbeiterbewegung, die sich mit der sozialen Situation der Arbeitnehmer/innen beschäftigte. Die **sozialdemokratischen Parteien** streben eine auf **Gleichheit** der Menschen beruhende demokratische Gesellschaftsordnung an und **engagieren** sich für die wirtschaftlich **Schwächeren.**

♦ **Kommunistische**

Kommunistische Parteien gingen nach dem I. Weltkrieg aus der sozialistischen Bewegung hervor. Ausgehend von den Theorien von Marx und Engels beharren sie auf der **führenden Rolle der Partei** zwecks Förderung des gesellschaftlichen Fortschritts und propagieren die **Diktatur** des **Proletariats**. Sie forcieren die Verstaatlichung von Unternehmen und führten in der Vergangenheit oft eine zentrale **Planwirtschaft** als Gesellschafts- und Wirtschaftssystem ein. Notfalls strebten sie die Machtübernahme durch eine Revolution an.

♦ **Christlichsoziale**

Christlichsoziale Parteien entstanden aus dem Gegensatz zwischen Staat und Kirche und durch die von den Sozialisten und Liberalen vorangetriebene Bewegung gegen den kirchlichen Einfluss auf das öffentliche Leben. Diese Parteien bekennen sich zum **Christentum.** Sie können eher **soziale** oder eher **konservative Ziele** anstreben.

♦ **Grüne**

Grüne Parteien entstanden als Reaktion der Bürger/innen auf die durch Wirtschaftswachstum und fortschreitende Mobilität hervorgerufenen Umweltbelastungen und Umweltschäden während der 1970er-Jahre. Neben ökologischen Zielen verfolgen sie besonders frauen- und friedenspolitische Ziele.

♦ **Linke und rechte Parteien**

Diese Bezeichnungen wurden vom Sprachgebrauch der französischen Kammern Anfang des 19. Jahrhunderts übernommen. Sie entsprachen der Sitzordnung der politischen Parteien im Parlament. Die konservativen Abgeordneten saßen vom Präsidentenstuhl aus gesehen auf der rechten Seite des Parlaments, die liberalen Abgeordneten auf der linken Seite.

Parteien verkünden als Ziel die Wohlfahrt aller Bürger/innen unter besonderer Berücksichtigung der Interessen ihrer vermeintlich eigenen und ursprünglichen Anhänger.

Großparteien streben die Vereinbarung von Gruppen- und Staatsinteressen an. Je nach politischer, sozialer und wirtschaftlicher Lage bekommt immer ein anderer Bereich der Parteiziele mehr Gewicht. Ideelle Ziele können auch eingeschränkt oder gar aufgegeben werden, wenn sie nicht mehr dem Erreichen oder Erhalten der Macht dienen.

4. Politische Parteien in Österreich

♦ **Geschichte**

Die österreichische Bundesverfassung von 1920 setzt politische Parteien voraus. Sie enthält aber keine diesbezüglichen Regelungen. Durch das Parteiengesetz von 1975 wurden die Rechtsstellung der Parteien, ihre Funktion und ihre Finanzierung geregelt und die Parteien auch in der Verfassung verankert.

Die österreichische Parteienlandschaft war bis 1980 durch die Existenz zweier Großparteien, der damaligen **Sozialistischen Partei Österreichs** (heute Sozialdemokratische Partei Österreichs, SPÖ) und der **Österreichischen Volkspartei** (ÖVP), gekennzeichnet.

Obwohl sich seit 1945 über 20 Parteien um den Einzug in den Nationalrat bemüht haben, konnten bisher nur acht Parteien dieses Ziel erreichen:

SPÖ und **ÖVP**, die **Freiheitliche Partei Österreichs** (FPÖ, mit Vorläufer WdU und VdU seit 1949), die **Grünen** (seit 1986), das **Bündnis Zukunft Österreich** (BZÖ, durch Abspaltung von der FPÖ 2005 entstanden), die **Kommunistische Partei Österreichs** (KPÖ 1945 bis 1959) und das **Liberale Forum** (LIF, 1993 durch den Austritt von fünf Abgeordneten aus der FPÖ gegründet und 1994 als Partei gewählt, 1999 wieder ausgeschieden). Das **Team Stronach** (TS) ist seit 2012 und die Partei **NEOS** durch Erfolg bei der Nationalratswahl 2013 seit Oktober 2013 im Nationalrat vertreten.

♦ **Rechtsgrundlage**

Das **Parteiengesetz** aus **1975** bildet die rechtliche Grundlage der politischen Parteien in Österreich. Darin wird festgelegt, dass

- die Existenz und Vielfalt politischer Parteien wesentliche Bestandteile der demokratischen Ordnung der Republik Österreich sind,
- die freie Bildung von Parteien garantiert wird,
- Parteien, die sich nicht zur demokratischen Grundordnung Österreichs bekennen oder deren Zwecke gegen das Strafgesetz verstoßen, zu verbieten sind.

Parteigründung
Für die **Gründung** einer Partei sieht das Parteiengesetz nur wenige Voraussetzungen vor. Die Partei muss eine **Satzung** beschließen, die folgende Informationen enthalten muss:

- ihre **Organe** und welche Organe nach außen **vertretungsbefugt** sind
- die **Rechte und Pflichten ihrer Mitglieder**
- das **Ziel,** an der politischen **Willensbildung mitzuwirken**

Diese Satzung muss in einer **periodischen Druckschrift veröffentlicht** und **beim Bundesministerium für Inneres** hinterlegt werden. Mit der Hinterlegung erlangt die Partei Rechtspersönlichkeit. Bisher wurden im Innenministerium die Satzungen von etwa 800 Parteien hinterlegt.

♦ **Finanzierung**
Parteien werden durch Mitgliedsbeiträge, Spenden und staatliche Zuschüsse finanziert:

- Die Mitglieder zahlen **Mitgliedsbeiträge**, wobei die Funktionsträger für die Dauer ihrer Amtsperiode einen Teil der durch ihre Ämter erzielten Einnahmen an die Partei als Parteisteuern leisten. Die Partei übernimmt dafür die Finanzierung und Organisation der Wahlwerbung und der Öffentlichkeitsarbeit für die einzelnen Funktionsträger/innen.

- **Spenden** erfolgen durch Privatpersonen oder Interessenvertretungen.

- Die **Zuschüsse** aus Budgetmitteln des Bundes werden gewährt, um die Vielfalt von politischen Parteien in einer Demokratie zu ermöglichen. Die Höhe dieser Zuwendungen orientiert sich an den jeweils bei Nationalratswahlen erzielten Stimmen.

Bereits in den 1970er-Jahren erhielten die Parteien für ihre parlamentarische Tätigkeit und ihre staatsbürgerliche Bildungsarbeit Zuschüsse aus dem Budget. Das Parteiengesetz sieht Zuwendungen für die Öffentlichkeitsarbeit und die Wahlwerbung vor.

Die politischen Parteien erhielten 2010 ca. 171 Millionen Euro an staatlicher Parteienförderung aus dem Budget. Jede im Nationalrat vertretene Partei erhält einen Sockelbetrag. Der Rest der aus dem Budget zu diesem Zweck bereitgestellten Mittel wird nach der Nationalratswahl jeweils für die Dauer der Legislaturperiode alljährlich auf die Parteien im Verhältnis zur Anzahl der Stimmen verteilt, die sie bei den letzten Nationalratswahlen erhalten haben.

Alle Parteien, die bei einer Nationalratswahl mindestens 1 % der gültigen Stimmen erreicht haben, aber nicht im Nationalrat vertreten sind, haben für das Wahljahr Anspruch auf Zuwendungen zwecks Öffentlichkeitsarbeit und erhalten öffentliche Mittel aus dem oben angeführten Budget entsprechend dem Verhältnis der erzielten Stimmen (gleichsam als Beitrag zu den Wahlkampfkosten).

Jede politische Partei, die nach erfolgter Nationalratswahl im Nationalrat vertreten ist und davor den betreffenden Antrag gestellt hat, erhält einen Wahlwerbungskostenbeitrag als Förderung des Bundes. Die Summe dieser Förderungsmittel ergibt sich aus der Multiplikation der Zahl der wahlberechtigten Personen mit einem Betrag von derzeit 2,21 Euro. Diese Mittel werden im Verhältnis der von den einzelnen Parteien erreichten Stimmen aufgeteilt.

Außerdem werden die Politischen Akademien der Parteien gefördert.

♦ **Die im Nationalrat vertretenen Parteien sind:**

SPÖ

www.spoe.at

Sozialdemokratische Partei Österreichs – SPÖ
Zentralsekretariat, 1014 Wien, Löwelstraße 18, derzeitiger Parteivorsitzender: Werner Faymann

Organisation:
Die SPÖ ist hierarchisch gegliedert. Die unterste Ebene ist die Ortsorganisation, die aus mehreren Sektionen bestehen kann. Ortsorganisation und Sektionen sind zu Bezirksorganisationen zusammengefasst, die in jedem Bundesland Landesorganisationen bilden.

Teilorganisationen bzw. nahe stehende Organisationen:
Bund Sozialdemokratischer Akademiker
Freier Wirtschaftsverband
Kinderfreunde, Rote Falken
Sozialistische Jugend, Junge Generation
Naturfreunde
SPÖ-Frauen

Die erste Sozialdemokratische Arbeiterpartei wurde in Österreich 1874 im burgenländischen Ort Neudörfl gegründet. Zu ihr gehörten noch nicht alle Strömungen der Arbeiterbewegung.

Victor Adler vereinigte am Parteitag in Hainfeld zum Jahreswechsel 1888/89 alle wichtigen ideologischen Strömungen der Arbeiterbewegung zur Sozialdemokratischen Arbeiterpartei (SDAP). Diese wurde bei den ersten Wahlen zum Abgeordnetenhaus des Reichsrates im Jahr 1907 stimmenstärkste Partei.

1934 kam es zur Annullierung der sozialdemokratischen Mandate und Beschlagnahme der Vermögenswerte der Partei durch die österreichische Bundesregierung unter Dollfuß.

Die Partei konstituierte sich anlässlich der Gründung der 2. Republik 1945 als Sozialistische Partei Österreichs.

Bedeutende sozialdemokratische Politiker
1. Republik: Dr. Karl Renner, Ferdinand Hanusch, Karl Seitz, Otto Bauer, Julius Deutsch
2. Republik:
Bundespräsidenten: Theodor Körner, Dr. Adolf Schärf, Franz Jonas, Dr. Rudolf Kirchschläger, Dr. Heinz Fischer
Bundeskanzler: Dr. Bruno Kreisky, Dr. Fred Sinowatz, Dr. Franz Vranitzky, Mag. Viktor Klima

ÖVP
www.oevp.at

Österreichische Volkspartei – ÖVP
Bundespartei, 1010 Wien, Lichtenfelsgasse 7, derzeitiger Parteiobmann: Dr. Reinhold Mitterlehner

Organisation:
Die ÖVP ist nach zwei Strukturen (territorial – hierarchisch und bündisch) organisiert.

Territorial ist sie nach Gemeinden, politischen Bezirken und nach Bundesländern gegliedert. Die Bünde ÖAAB, Bauern-, Senioren- und Wirtschaftsbund, Junge ÖVP und Frauenbewegung vertreten die Interessen dieser Bevölkerungsgruppen.

Teilorganisationen bzw. nahe stehende Organisationen:
ÖAAB Österreichischer Arbeiter- und Angestelltenbund
Bauern- und Nebenerwerbsbauernbund
Wirtschaftsbund
Frauenbewegung
Junge ÖVP, Akademikerbund
Seniorenbund,
Kameradschaft der Exekutive,
Land- und Forstarbeiterbund, Mieter- und Siedlerbund
Christliche Gewerkschafter FCG u. a.

Die Christlichsoziale Partei wurde 1891 vom Wiener Bürgermeister Karl Lueger gegründet, indem er verschiedene christlich-soziale Gruppierungen unter seiner Führung zusammenfasste.

Die ÖVP wurde 1945 als Nachfolgepartei der früheren Christlichsozialen Partei von Leopold Kunschak und Felix Hurdes in Wien gegründet.

Bedeutende Politiker der ÖVP:
Bundeskanzler: Dipl.-Ing. Leopold Figl, Ing. Julius Raab, Dr. Alfons Gorbach, Dr. Josef Klaus, Dr. Wolfgang Schüssel.
Bundespräsidenten: Dr. Kurt Waldheim, Dr. Thomas Klestil

FPÖ
www.fpoe.at

Die Freiheitlichen – FPÖ
Bundesgeschäftsstelle: 1060 Wien, Theobaldgasse 19/4, derzeitiger Parteiobmann: Heinz-Christian Strache

Teilorganisationen bzw. nahe stehende Organisationen:
Freiheitliche Arbeitnehmer, Freiheitlicher Familienverband, Freiheitliche Akademie – Bildungswerk, Freiheitlicher Lehrerverein
Initiative Freiheitliche Frauen
Ring Freiheitlicher Wirtschaftstreibender
Ring Freiheitlicher Jugend

Herbert Kraus und Viktor Reimann gründeten 1949 den Verband der Unabhängigen.

1955 erfolgte der Zusammenschluss mit der Freiheitspartei zur Freiheitlichen Partei Österreichs.

1983 wurde die FPÖ unter Parteiobmann Dr. Norbert Steger Koalitionspartner der Regierung Dr. Sinowatz.

1986 übernahm Dr. Jörg Haider die Parteiführung. Er hatte diese bis 2000 inne.

www.gruene.at

Die Grünen – Die Grüne Alternative
Bundesbüro, Bundesgeschäftsführung: 1070 Wien, Lindengasse 40, derzeitige Bundessprecherin: Dr. Eva Glawischnig-Pieszek

Teilorganisationen bzw. nahe stehende Organisationen:
Grüne Bildungswerkstatt

Außerparlamentarische Aktivisten/-innen, Bürgerinitiativen und Umweltschützer/innen waren mit den etablierten politischen Parteien unzufrieden. Nach einigen Richtungskämpfen formierten mehrere grüne Bewegungen mit den grünen Alternativen die Partei: „Die Grünen".

Seit 1986 stellen die Grünen Abgeordnete im Nationalrat.

www.teamstronach.at

Team Stronach – TS
Bundesbüro: 1010 Wien, Reichsratstraße 3; Parteivorsitzender: Frank Stronach

Das Team Stronach wurde im September 2012 von dem Industriellen und Austrokanadier Frank Stronach gegründet und ist durch Übertritte von Abgeordneten anderer Parteien seither im Nationalrat vertreten. Seit den Landtagswahlen im Frühjahr 2013 ist die Partei in den Landtagen von Niederösterreich, Kärnten und Salzburg vertreten. Bei der Nationalratswahl im September 2013 errang die Partei 11 Mandate.

www.neos.eu

NEOS – Das Neue Österreich
Bundesbüro: 1090 Wien, Rooseveltplatz 4–5; Parteivorsitzender: Matthias Strolz

Die Partei Das Neue Österreich NEOS wurde im Oktober 2012 gegründet. Die Partei ging mit dem Liberalen Forum LIF und den Jungen Liberalen JuLis für die Nationalratswahl 2013 ein Wahlbündnis ein und ist seit Oktober 2013 mit 9 Abgeordneten im Nationalrat vertreten.

Die **Programme** der einzelnen Parteien, aus denen ihre grundsätzlichen Positionen und Ziele ersichtlich sind, können bei den **politischen Akademien, den Parteizentralen und über das Internet bezogen werden.**

Beschaffen Sie sich die **Parteiprogramme und informieren Sie sich.**

Regierungsbeteiligung und Oppositionsrolle der österreichischen politischen Parteien			
Parteien	Alleinregierung	Koalitionsregierung	Opposition
SPÖ	1970 – 1983	1945 – 1966 1983 – 2000 BK 2007 – BK	1966 – 1970 2000 – 2007
ÖVP	1966–1970	1945 – 1966 BK 1987 – 2000 2000 – 2007 BK 2007 –	1970 – 1987
GRÜNE			1986 –
FPÖ		1983 – 1987 2000 – 2005	1949 – 1983 1987 – 2000 2005 –
BZÖ		2005 – 2007	2007 – 2013
LIF			1994 – 1999
KPÖ		1945 –1947	1947 – 1959
TS			2012 –
NEOS			2013 –

BK: Bundeskanzler

B. Massenmedien

1. Allgemeines

Dem politischen System werden auch die **Massenmedien – Printmedien** wie **Zeitungen, Zeitschriften** (soweit sie nicht reine Unterhaltungs- oder Fachzeitschriften sind), **Rundfunk** und **Fernsehen, Internet** – zugerechnet (zum anderen Teil gehören sie zum kulturellen System).

Parteien und Medien stehen zueinander in Beziehung. Einerseits gibt es mitunter eine Nähe zwischen politischen Parteien und einzelnen Medien und andererseits können Medien das politische Geschehen maßgeblich beeinflussen, indem sie bestimmte Themen sehr öffentlichkeitswirksam behandeln und damit der Bevölkerung dementsprechend bewusst machen. Die Bevölkerung ist bei ihrer Meinungsbildung auf die durch die Medien transportierten und verbreiteten Informationen angewiesen.

Durch die rasante Entwicklung und Verbreitung der neuen elektronischen Medien Kabel- und Satellitenfernsehen sowie Internet ist es den einzelnen Mediennutzern möglich, sich über ein weltweites Netz von Sendekanälen und Datenträgern zu informieren. Da Medieninhalte zugleich auch ganz bestimmte Bilder, Sichtweisen und Meinungen von der Wirklichkeit übermitteln, prägen die Medien unser Bewusstsein, unser Denken, Fühlen und Handeln.

Es ist zu überlegen, wie sie eine öffentliche Meinungsbildung ermöglichen und wie sie diese manipulieren können (im Extremfall durch unlautere Mittel in eine gewünschte Richtung lenken, z. B. durch Verschweigen bestimmter Tatsachen oder Alternativen, durch einseitige Stellungnahmen).

Medium:
Ist jedes Mittel zur Verbreitung von Mitteilungen in Wort, Schrift, Ton oder Bild an einen größeren Personenkreis durch Massenherstellung.

♦ **Bei der Berichterstattung sind zu beachten:**

– **Überzeugungsschutz**
Medienmitarbeiter/innen sind berechtigt, die Mitarbeit an der inhaltlichen Gestaltung von Beiträgen wegen einer entgegenstehenden persönlichen Überzeugung zu verweigern.

– **Entschädigungsanspruch** bei Ehrendelikten und Verletzung der Privatsphäre
Bei übler Nachrede, Beschimpfung, Verspottung oder Verleumdung sowie bei Verletzung höchstpersönlicher Lebensbereiche in einem Medium hat der/die Betroffene einen Entschädigungsanspruch gegen d. Verleger/in.

– **Schutz der Unschuldsvermutung**
Jemand, der einer gerichtlich strafbaren Handlung verdächtigt wird, darf bis zur rechtskräftigen Verurteilung nur als tatverdächtig bezeichnet werden. Andernfalls hat er einen Entschädigungsanspruch gegen d. Verleger/in/Medieninhaber/in.

– **Gegendarstellung**
Jede nicht bloß allgemein betroffene natürliche oder juristische Person hat Anspruch auf unentgeltliche Gegendarstellung gegen das Medium, das eine unrichtige oder unvollständige Tatsachenmitteilung verbreitet hat. Diese Gegendarstellung muss die Richtigstellung oder Ergänzung enthalten, in der gleichen Sprache abgefasst sein wie die ursprüngliche Mitteilung und im Verhältnis zu dieser stehen.

2. Medien in Österreich

a) Die Printmedien

1946 gab es in Österreich 35 verschiedene Tageszeitungen, 1995 nur mehr 16 und 2013 15, plus 3 Gratis-Tageszeitungen, die durch die zahlreichen Werbeinserate finanziert werden. Von der Gesamtauflage dieser Zeitungen entfallen mehr als zwei Drittel auf die drei größten Zeitungen, die „Kronen Zeitung", den „Kurier" und die „Kleine Zeitung".

Davon entfielen 2012 über 40 % auf die „Kronen Zeitung". Diese gilt mit ihrer täglichen Auflage von mehr als einer Million Exemplaren gemessen an der Bevölkerungszahl Österreichs als größte Tageszeitung der Welt!

An „Kronen Zeitung" und „Kurier" hält die „Westdeutsche Allgemeine Zeitung" Minderheitsanteile. Die drei Unternehmen betreiben gemeinsam ein eigenes Unternehmen „Mediaprint" für Druck, Vertrieb und Inseratenverwaltung. Deutsche Zeitungsunternehmen sind auch an anderen österreichischen Presseerzeugnissen beteiligt.

Ein vollständiges Verzeichnis aller in Österreich erscheinenden periodischen Druckschriften enthält das Pressehandbuch, herausgegeben vom Verband Österreichischer Zeitungsherausgeber und Zeitungsverleger, das jährlich erscheint.

Die staatliche Presseförderung bezweckt eine möglichst breite Meinungsvielfalt und damit die Existenz verschiedener Zeitungen zu fördern. Ein Einfluss der Regierung auf geförderte Zeitungen ist gesetzlich untersagt.

b) Die elektronischen Medien

♦ **Der Österreichische Rundfunk (ORF)**
Der Österreichische Rundfunk steht unter der Leitung eines Generalintendanten und ist politisch und wirtschaftlich unabhängig. 1974 wurde der ORF zu einem eigenen Wirtschaftskörper reformiert, in dem die „Objektivität und Unparteilichkeit der Berichterstattung, die Berücksichtigung der Meinungsvielfalt, die Ausgewogenheit der Programme sowie die Unabhängigkeit der Personen und Organe" des Rundfunks durch Verfassungsgesetz garantiert sind. Damit soll eine Einflussnahme der Regierung auf den Rundfunk verhindert werden.

An der Spitze des Rundfunks steht der Generalintendant, für die Programmgestaltung sind ein Hörfunkintendant und zwei Fernsehintendanten verantwortlich. Daneben gibt es neun Landesintendanten für die Länderstudios in den Bundesländern.

♦ Der Privatrundfunk

Das Regionalradiogesetz (RRG) ermöglicht seit 1. April 1998 die Einrichtung privater Radiosender. Private Hörfunkveranstalter können seither ein eigenständiges, regionales oder lokales Hörfunkprogramm senden, benötigen dazu jedoch eine Sendelizenz. Mit der Verabschiedung des Privatfernsehgesetzes im Juli 2001 wurde in Österreich die rechtliche Grundlage für das Betreiben von privatem, neben dem Kabel auch über Hausantenne zu empfangendem Fernsehen geschaffen.

c) Internet und Online-Medien

In den letzten Jahren stieg der Zugang und die Nutzung von Internet deutlich an. Knapp die Hälfte aller Haushalte und über 90 % der Unternehmen verfügen über einen Internetzugang. Die Internetnutzung zur Kommunikation, Informationsbeschaffung, Erledigung von Einkäufen, Bankgeschäften und Amtswegen steigt kontinuierlich an.

Einige österreichische Medien, die im Internet präsent sind:

www.orf.at, www.news.at, www.diepresse.com, www.derstandard.at, www.apa.at, www.kurier.at, www.krone.at, www.salzburg.com, www.kleinezeitung.at, www.nachrichten.at, www.tirol.com

?

Wiederholungsfragen – Arbeitsaufgaben – Diskussionsanregungen

1. *Erläutern Sie die Aufgaben, die politische Parteien in einer Demokratie erfüllen.*
2. *Nennen Sie die Ziele, die eine politische Partei verfolgen kann.*
3. *Analysieren Sie die Unterschiede zwischen einem Zwei- und einem Mehrparteiensystem.*
4. *Erklären Sie die erforderlichen Bedingungen für die Gründung einer Partei in Österreich.*
5. *Nennen Sie die Parteien, die im Nationalrat sind, und jene, die in der Regierung vertreten sind.*
6. *Berichten Sie über die Aufgaben, die der Österreichische Rundfunk zu erfüllen hat.*
7. *Diskutieren Sie den Einfluss der Massenmedien auf die öffentliche Meinung.*
8. *Welche Medien nutzen Sie täglich? Tauschen Sie Ihre Erfahrungen aus.*
9. *In welchen Bereichen haben Medieninformationen Einfluss auf Ihre persönlichen Handlungsweisen?*
10. *Diskutieren Sie das Problem zunehmender Gewalt auf dem Bildschirm. Sind die Folgen dieses Medienkonsums harmlos oder schädlich, besonders für junge Zuschauer/innen?*
11. *Erklären Sie den Inhalt des Begriffs „Überzeugungsschutz" und dessen Zweck.*
12. *Nennen Sie Fälle, in denen ein Entschädigungsbetrag vom Medieninhaber begehrt werden kann.*

V. Bevölkerungslehre

„Der Geist der Wahrheit und der Geist der Freiheit – dies sind die Stützen der Gesellschaft." (Henrik Ibsen)

Damit man von einem Staat sprechen kann, wird auch ein Staatsvolk benötigt. Wer gehört zur Bevölkerung eines Staates? Verändert sich die Bevölkerung? Gibt es Faktoren, die die Bevölkerungsentwicklung beeinflussen? Wodurch wird Migration verursacht? Welche Bedeutung hat Migration für Österreich? Welche Gesetze regeln die Immigration nach Österreich?

Diese und damit in Zusammenhang stehende weitere Fragen des Themas Bevölkerung werden nachfolgend behandelt.

A. Bevölkerung und Bevölkerungsentwicklung

Die **Bevölkerungslehre** untersucht die Zusammensetzung und Entwicklung der Bevölkerung nach verschiedenen Gesichtspunkten (Alter, Geschlecht, Bildungsstand etc.).

Mit „**Bevölkerung**" meint man die **Summe der Einwohner eines abgegrenzten Gebietes,** wie die Bevölkerung einer Ortschaft, eines Landes, eines Kontinents. Erfasst die Einwohner-Eigenschaft, nicht die Staatsangehörigkeit, Rassen- oder Volkszugehörigkeit.

Um Entwicklung und Aufbau einer Bevölkerung festzustellen, benötigt man statistische Daten.

Eine **Bevölkerung** unterliegt insgesamt einem **quantitativen Prozess,** der vor allem durch vier Faktoren beeinflusst wird:
- die Fruchtbarkeit
- die Sterblichkeit
- die Einwanderung (Immigration)
- die Auswanderung (Emigration)

Alterstruktur der Wohnbevölkerung 1991 und 2030

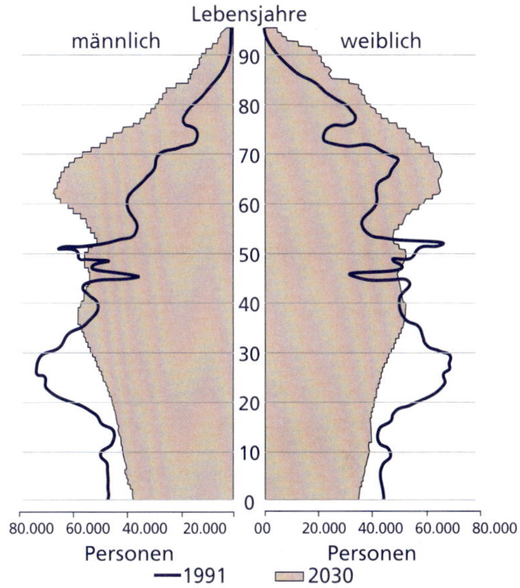

B. Bevölkerung und Politik

Bevölkerungspolitik umfasst alle Maßnahmen, durch die die Bevölkerung hinsichtlich ihrer Größe (quantitative Bevölkerungspolitik) und ihrer Zusammensetzung (qualitative Bevölkerungspolitik) planmäßig beeinflusst werden soll.

Bevölkerungspolitik
- quantitative Bevölkerungspolitik
- Maßnahmen zur Beeinflussung der Bevölkerungsgröße
- qualitative Bevölkerungspolitik
- Maßnahmen zur Beeinflussung der Bevölkerungszusammensetzung

C. Migration

♦ **Allgemeines**

Unter **Migrationsbewegungen** versteht man Wanderungen (**Auswanderung** = Emigration, **Einwanderung** = Immigration) von Einzelnen, Gruppen, Volksteilen oder ganzen Völkern.

Seit Beginn der 1990er-Jahre gehört Migration neben Bevölkerungsexplosion und zunehmender Umweltbeeinträchtigung zu den zentralen Sachverhalten unserer Welt.

♦ **Ursachen**

Die Entscheidung, die Heimat zu verlassen, erfolgt aus unterschiedlichsten Gründen, die alle zwei Grundmotive haben:
- Das Bestreben, sich den Lebensbedingungen, die als unbefriedigend oder sogar als Bedrohung empfunden werden, zu entziehen.
  Es kann sich um materielle Not handeln, um Armut und Arbeitslosigkeit, ohne Hoffnung auf eine absehbare Verbesserung. Es kann aber auch eine direkte Bedrohung von Leib und Leben vorliegen, sei es infolge von Bürgerkriegen, politischer Verfolgung oder allgemeiner Unsicherheit.
- Besonders attraktive Lebensbedingungen in anderen Regionen, etwa die Hoffnung auf Erwerb von Land, auf günstige Arbeitsmöglichkeiten oder auf ein Leben in Freiheit und Sicherheit, bewegen zum Verlassen der bisherigen Heimat.

Besonders ausgeprägt ist die Neigung zur Migration in Situationen, in denen beide Motive zusammentreffen. Die Folgen lassen sich in den Migrationsstatistiken nach dem Zweiten Weltkrieg ablesen.

Das sich vertiefende Gefälle der Lebensqualität zwischen, aber auch innerhalb der verschiedenen Weltregionen zeigt sich in wirtschaftlichen, politischen und ökologischen Bereichen. Die Folgen dieser unterschiedlichen Lebensbedingungen sind zunehmende Flucht- und Migrationsbewegungen in aller Welt.

1. Flüchtlinge

www.integrationsportal.at

a) Politische Flüchtlinge

♦ Flüchtlinge gemäß Genfer Konvention

Flüchtling im Sinne des Abkommens der Vereinten Nationen über die Rechtsstellung der Flüchtlinge (**Genfer Konvention**, Artikel 1, Nr. 2) ist:

„Jede Person, die infolge von Ereignissen ... und aus der begründeten Furcht vor Verfolgung wegen ihrer Rasse, Religion, Nationalität, Zugehörigkeit zu einer bestimmten sozialen Gruppe oder wegen ihrer politischen Überzeugung sich außerhalb des Landes befindet, dessen Staatsangehörigkeit sie besitzt, und den Schutz dieses Landes nicht in Anspruch nehmen kann oder wegen dieser Befürchtungen nicht in Anspruch nehmen will, oder die sich als staatenlos infolge solcher Ereignisse außerhalb des Landes befindet, in welchem sie ihren gewöhnlichen Aufenthalt hatte, und nicht dorthin zurückkehren kann oder wegen der erwähnten Befürchtungen nicht dorthin zurückkehren will."

♦ De-facto-Flüchtlinge

Daneben gibt es noch so genannte „**De-facto-Flüchtlinge**". Sie haben entweder keinen Asylantrag gestellt oder dieser wurde abgelehnt. Aus rechtlichen, politischen und humanitären Gründen werden sie nicht abgeschoben. Ihr Bleiberecht ergibt sich aus der Allgemeinen Erklärung der Menschenrechte oder der Genfer Flüchtlingskonvention.

♦ Ausmaß an Flüchtlingen

Die verlässlichsten Statistiken gibt es über die Flüchtlinge, die unter die Genfer Konvention von 1951 fallen und vom Hohen Flüchtlingskommissariat in Genf (UNHCR) betreut werden.

Ihre Zahl betrug 1970 in Europa 650.000 Menschen und fiel 1980 auf 580.500 Menschen. Ein Jahrzehnt später stieg ihre Zahl auf 830.000. Der Zerfall Jugoslawiens bewirkte einen rapiden Anstieg der Flüchtlingszahlen in Europa.

2004 betrug die Zahl der Flüchtlinge und Asylwerber in Europa 2,7 Millionen. Dazu kamen noch1,6 Millionen Binnenvertriebene.

Die Zahl der Flüchtlinge eskalierte weltweit von 2,4 Millionen im Jahre 1970 auf über 17 Millionen Menschen 2004.

b) Armuts- und Wirtschaftsflüchtlinge

♦ Wirtschaftsflüchtlinge

Es handelt sich dabei um Menschen, die entweder aus materieller Not ihre traditionellen Heimatgebiete aufgeben oder darauf hoffen, in anderen Regionen der Welt bessere Lebensbedingungen, vor allem Arbeit, aber auch Wohlstand und persönliche Freiheit und Sicherheit zu finden.

Die Zahl der Armuts- und Wirtschaftsflüchtlinge ist deutlich höher als die der politischen Flüchtlinge.

♦ Anzahl

Die Internationale Arbeitsorganisation zählte 1990 weltweit zirka 20 Millionen legale und 100 Millionen illegale Gastarbeiter.

♦ Angestrebte Destinationen (= Zielländer)

Die Hauptzielgebiete von Arbeitsmigranten sind vor allem für Menschen aus Asien, Südamerika und der Karibik die Golfstaaten, die USA und Kanada sowie der Europäische Wirtschaftsraum und die Schweiz. Nach Europa streben primär Menschen aus osteuropäischen und asiatischen Staaten, besonders aus der Türkei und aus Afrika.

c) Umweltflüchtlinge

Dies sind Menschen, die nach Definition des UN-Environment-Programms gezwungen sind, „ihre traditionelle Umgebung vorübergehend oder gar dauerhaft zu verlassen, da Umweltschäden ihre Existenz in Gefahr brachten und/oder ihre Lebensqualität schwerwiegend beeinträchtigen".

2. Ausländer in Österreich

a) Historische Entwicklung

♦ Historischer Hintergrund

Gegenwärtig wird mit dem Begriff Ausländer/in „anderssprachig" assoziiert. Im Vielvölkerstaat Österreich – Ungarn war man die Sprachenvielfalt der Monarchie gewohnt.

Die Reichshauptstadt und Residenzstadt Wien zog immer wieder Immigranten/-innen an. Die Zuwanderung erfolgte kontinuierlich und betraf vor allem die untersten Lohn- und Berufssschichten. Es gab aber auch Karriere-Migration.

Nach dem Ende des Zweiten Weltkriegs befanden sich, bedingt durch die Kriegswirren, viele fremde Menschen in Österreich. Viele von ihnen fanden in Österreich ihre neue Heimat.

Andererseits beschlossen damals sehr viele Menschen, angesichts der schwierigen und wirtschaftlich tristen Situation in Österreich auszuwandern. Die Zielländer waren damals USA, Kanada, Australien und Südafrika. (Im Vergleich zur Gegenwart war Österreich damals ein Auswanderungsland.)

Als sich 1956, nachdem Österreich gerade seit einem Jahr seine volle Souveränität wieder hatte, in einer Revolution die ungarische Bevölkerung gegen den Kommunismus erhob, flüchteten rund 200.000 Menschen nach Österreich.

Als 1968 der „Prager Frühling" von den Truppen der „Bruderländer" beendet wurde, flohen wieder Tausende Menschen aus der damaligen Tschechoslowakei nach Österreich.

Nachdem 1981 in Polen das Kriegsrecht verhängt wurde, war Österreich abermals von einer Flüchtlingswelle betroffen.

Im Spätsommer 1989 wurde die Grenze des „Eisernen Vorhanges" erstmals zwischen Ungarn und Österreich geöffnet. Dies nutzten Tausende Ostdeutsche, um in den Westen zu gelangen.

Seither ist der Ost-Westkonflikt verschwunden. Das Phänomen des Kalten Krieges, der das Weltbild einer ganzen Generation von Europäern geprägt hat, gibt es nicht mehr.

Nach dem Ende des Ost-Westkonflikts kam es zu Konflikten mit kriegerischen Auseinandersetzungen in Süd-Osteuropa, die abermals große Flüchtlingsströme insbesondere nach Österreich und anderen mittel- und westeuropäischen Staaten auslösten.

b) Gesetzliche Regelungen

♦ **Asylgesetz 2005 – AsylG 2005**
Mit diesem Gesetz regelt die Republik Österreich die Aufnahme von Flüchtlingen.

Asyl bedeutet Schutz, der einem/einer Fremden wegen seiner/ihrer Flüchtlingseigenschaft in Österreich gewährt wird. Dieser Schutz umfasst ein Aufenthaltsrecht im Bundesgebiet sowie alle Rechte, die einem Flüchtling nach der Genfer Flüchtlingskonvention zustehen.

Gemäß § 3 AsylG steht der Status des Asylberechtigten einer/m Fremden zu „der in Österreich einen Antrag auf internationalen Schutz gestellt hat ... soweit dieser Antrag nicht wegen Drittstaatssicherheit oder Zuständigkeit eines anderen Staates zurückzuweisen ist ... wenn glaubhaft ist, dass ihm im Herkunftsstaat Verfolgung im Sinne der ... Genfer Flüchtlingskonvention droht".

Ein Asylantrag ist abzuweisen, falls die/der Fremde eine „innerstaatliche Fluchtalternative" hat oder sie/er „einen Asylausschließungsgrund gesetzt hat". Dies wäre der Fall, wenn die/der Fremde eine Gefahr für die Sicherheit der Republik Österreich darstellt oder sie/er von einem Gericht wegen eines besonders schweren Verbrechens rechtskräftig verurteilt worden ist und sie/er deshalb eine Gefahr für die Gemeinschaft darstellt.

Ein Asylantrag ist zurückzuweisen, wenn die/der Fremde in einem sicheren Drittstaat Schutz vor Verfolgung hat.

Asylwerber/innen haben in Österreich ab Antragstellung folgende Rechte und Pflichten:
- faktischer Abschiebeschutz
- Aufenthaltsrecht
- Recht auf Wiedereinreise
- Mitwirkungspflichten im Asylverfahren

– **Faktischer Abschiebeschutz**:
Asylwerber/innen genießen ab Antragstellung auf Asyl bis zur rechtskräftigen Beendigung ihres beantragten Asylverfahrens faktischen Abschiebeschutz.

– **Aufenthaltsrecht**:
Asylwerber/innen, deren Asylverfahren zugelassen wird, haben bis zur Beendigung ihres Asylverfahrens ein Aufenthaltsrecht im gesamten Bundesgebiet.

– **Recht auf Wiedereinreise**:
Ein/e Asylwerber/in, der/die ausgewiesen worden ist, ist zur Wiedereinreise nach Österreich berechtigt, wenn seine/ihre Berufung zugelassen worden ist.

- **Mitwirkungspflichten**:
Ein/e Asylwerber/in hat am Asylverfahren mitzuwirken. Er/sie hat den Asylantrag zu begründen und auf Nachfrage wahrheitsgemäß Auskunft zu geben über: seinen/ihren Namen, alle bisher in Verfahren verwendete Namen und Aliasnamen, Geburtsdatum, Staatsangehörigkeit bzw. Herkunftsstaat, Staaten seines/ihres frühren Aufenthalts, den Reiseweg nach Österreich, frühere Asylanträge auch in anderen Staaten, familiäre und soziale Verhältnisse, Verbleib nicht mehr vorhandener Dokumente und Gründe für den Asylantrag.

Ein/e Fremde/r kann bei folgenden Stellen um Schutz vor Verfolgung, also um Asyl ansuchen:
- einem Organ des öffentlichen Sicherheitsdienstes
- einer Sicherheitsbehörde
- einer Erstaufnahmestelle

Für das Asylverfahren zuständige Behörden sind:
- in 1. Instanz: das **Bundesamt für Fremdenwesen und Asyl**
- als Berufungsinstanz in 2. Instanz: das **Bundesverwaltungsgericht**

Danach ist eine Beschwerde an den **Verwaltungsgerichtshof** möglich.

Asylverfahren sind einzustellen, wenn sich Asylwerber/innen dem Asylverfahren entziehen bzw. das Bundesgebiet freiwillig verlassen.

Asylwerber/innen können ihre Anträge in deutscher Sprache sowie in allen Amtssprachen der Vereinten Nationen stellen. Das Hochkommissariat der Vereinten Nationen für Flüchtlinge muss von der Einleitung jedes Asylverfahrens verständigt werden.

Staatliche Unterstützung für Asylberechtigte
Die zuständigen Behörden müssen dem/der Asylwerber/in ermöglichen, seinen/ihren Fall mit Hilfe aller verfügbaren Beweismittel vorzutragen. Asylwerbern/-innen werden deshalb **Rechts- und Flüchtlingsberater** beigestellt. Diese Rechtsberater sind unabhängig. Ihre Kosten bezahlt die Republik Österreich.

Asylwerber/innen können **Rückkehrhilfe** durch Rückkehrberatung und finanzielle Unterstützung in Anspruch nehmen.

Asylberechtigten kann **Integrationshilfe** gewährt werden, um „eine möglichst weitgehende Chancengleichheit mit österreichischen Staatsbürgern/-innen" herbeizuführen. Die von der Republik finanzierte Integrationshilfe umfasst:
- Sprachkurse
- Kurse zur Aus- und Weiterbildung
- Veranstaltungen zur Einführung in die österreichische Kultur und Geschichte
- gemeinsame Veranstaltungen mit österreichischen Staatsbürgern zur Förderung des gegenseitigen Verständnisses
- Weitergabe von Informationen über den Wohnungsmarkt
- Leistungen des Österreichischen Integrationsfonds

♦ Grundversorgungsgesetz – Bund 2005 GVG-B 2005
Da das Prüfungsverfahren durch das Bundesasylamt sowie die Erledigung der Berufung durch den unabhängigen Bundesasylsenat eine gewisse Zeit benötigt, muss für den Lebensunterhalt der Asylwerber gesorgt werden.

Die Bundesbetreuung von Asylwerbern und Fremden wird durch das Grundversorgungsgesetz – Bund 2005 geregelt. Darin wird die Versorgung von Grundbedürfnissen von Asylwerbern während des Zulassungsverfahrens und bestimmten anderen Fremden geregelt. Diese Versorgung umfasst Unterbringung, Verpflegung, Krankenhilfe, Schulbedarf, Taschengeld und soziale Betreuung.

Die Bundesbetreuung wird nur hilfsbedürftigen Asylwerbern gewährt. Das trifft auf den Großteil der Asylwerber zu. Die Bundesbetreuung endet mit dem Wegfall der Hilfsbedürftigkeit, spätestens aber mit dem rechtskräftigen Abschluss des Asylverfahrens.

♦ Niederlassungs- und Aufenthaltsgesetz NAG 2005
Dieses Gesetz regelt die Gründe, Möglichkeiten, Voraussetzungen und Verfahren für Fremde, die einen vorübergehenden oder dauernden Wohnsitz in Österreich anstreben.

Aufenthaltsbewilligungen benötigen Fremde, die vorübergehend einen Wohnsitz in Österreich begründen möchten.

Niederlassungsbewilligungen benötigen Fremde, die sich für längere Zeit oder auf Dauer in Österreich niederlassen möchten.

Wollen Fremde in Österreich unselbstständig erwerbstätig sein, benötigen sie eine **Beschäftigungsbewilligung**, eine **Arbeitserlaubnis** oder einen **Befreiungsschein**. Diese Bewilligungen werden verweigert, wenn ein Aufenthaltsverbot besteht oder illegal eingereist wurde.

Das NAG führt folgende **Aufenthaltstitel** an:

1. **„Niederlassungsbewilligung"**: mit Möglichkeit anschließend „Daueraufenthalt – EG" zu beantragen. Niederlassungsbewilligungen gibt es für verschiedene Bedarfssituationen von Fremden:

- Niederlassungsbewilligung – Schlüsselkraft: gestattet befristete Niederlassung und Erwerbstätigkeit
- Niederlassungsbewilligung – ausgenommen Erwerbstätigkeit: gestattet befristete Niederlassung ohne Erwerbstätigkeit
- Niederlassungsbewilligung – unbeschränkt: berechtigt zu befristeter Niederlassung und selbstständiger Erwerbstätigkeit sowie unselbstständiger Erwerbstätigkeit
- Niederlassungsbewilligung – beschränkt: berechtigt zu befristeter Niederlassung und selbstständiger Erwerbstätigkeit sowie unselbstständiger Erwerbstätigkeit mit entsprechender Berechtigung nach dem Ausländerbeschäftigungsgesetz
- Niederlassungsbewilligung – Angehöriger: gestattet die befristete Niederlassung ohne Erwerbstätigkeit (diese kann nachträglich im Rahmen der Quote beantragt werden)

2. **„Familienangehöriger“**: gestattet die befristete Niederlassung und ermöglicht, anschließend den Aufenthaltstitel „Daueraufenthalt – Familienangehöriger“ zu bekommen

3. **„Daueraufenthalt – EG“**: berechtigt zur unbefristeten Niederlassung

4. **„Daueraufenthalt – Familienangehöriger“**: berechtigt zur unbefristeten Niederlassung

5. **„Aufenthaltsbewilligung“:** berechtigt zum vorübergehenden befristeten Aufenthalt mit einem bestimmten Zweck mit der Möglichkeit, später eine Niederlassungsbewilligung zu beantragen.

Fremde mit einer Aufenthaltsbewilligung dürfen während deren Gültigkeit eine andere Aufenthaltsbewilligung oder Niederlassungsbewilligung beantragen. Bis zur Entscheidung der Behörde 1. Instanz haben Fremde ein Bleiberecht.

Befristete Aufenthaltstitel gelten für maximal zwölf Monate.

Folgende Personen können eine Aufenthaltsbewilligung erhalten:
- Rotationsarbeitskräfte
- Betriebsentsandte
- Selbstständige
- Künstler/innen
- Sonderfälle unselbstständiger Erwerbstätigkeit
- Schüler, Studierende
- Inhaber eines Aufenthaltstitels „Daueraufenthalt – EG“ eines anderen EWR-Staates
- Sozialdienstleistende
- Forscher/innen

Fremde erhalten unter folgenden Voraussetzungen einen Aufenthaltstitel:
- Der Aufenthalt der/s Fremden widerspricht nicht dem öffentlichen Interesse.
- Die/der Fremde weist einen Rechtsanspruch auf eine Unterkunft nach, die für eine vergleichbare Familie ortsüblich ist.
- Die/der Fremde verfügt über eine Krankenversicherung, die auch in Österreich leistungspflichtig ist.
- Der Aufenthalt einer/s Fremden soll eine Gebietskörperschaft nicht finanziell belasten.
- Durch das Gewähren eines Aufenthaltstitels sollen die diplomatischen Beziehungen zwischen Österreich und einem anderen Staat nicht wesentlich beeinträchtigt werden.

Erstanträge müssen grundsätzlich vor der Einreise nach Österreich bei einer österreichischen Vertretungsbehörde im Ausland eingebracht werden.

Die erstmalige Erteilung einer Niederlassungsbewilligung unterliegt ebenso der Quotenpflicht wie eine Zweckänderung eines gültigen Aufenthaltstitels, wenn der dabei beantragte Niederlassungstitel auch unter eine Quotenpflicht fällt.

Die/der Fremde hat bei erstmaliger Antragstellung ein Gesundheitszeugnis vorzulegen, wenn sie/er dies auch für ein Visum benötigen würde.

Mit dem Erteilen oder Verlängern eines Aufenthaltstitels müssen Fremde binnen fünf Jahren eine Integrationsvereinbarung erfüllen. Dadurch sollen Fremde Kenntnisse der deutschen Sprache, des Lesens und Schreibens erreichen, um am gesellschaftlichen, wirtschaftlichen und kulturellen Leben Österreichs teilnehmen zu können. Von der Integrationsvereinbarung ausgenommen sind Personen, die
- schriftlich erklären, dass sie sich maximal zwölf Monate in Österreich aufhalten werden und damit auf einen Verlängerungsantrag verzichten,
- zum Zeitpunkt der Erfüllungspflicht noch unmündig sind,
- mittels amtsärztlicher Bestätigung nachweisen, dass ihnen wegen ihres hohen Alters oder Gesundheitszustands eine Erfüllung der Integrationsvereinbarung nicht zugemutet werden kann

Fremde, die zur Niederlassung berechtigt sind, können ebenso wie Asylberechtigte Integrationsförderung in Anspruch nehmen (siehe Seite 96).

Die Bundesregierung erlässt für jedes Kalenderjahr eine Niederlassungsverordnung, in der die Anzahl der zulässigen Niederlassungsbewilligungen festgesetzt wird. Bei dieser Festlegung der Quoten ist besonders die Entwicklung des Arbeitsmarktes zu berücksichtigen.

Diese Höchstzahl wird dann auf die neun österreichischen Bundesländer aufgeteilt, und jede/r Landeshauptmann/-frau kann darüber entscheiden, ob er diese Zahl tatsächlich ausschöpft oder sie einengt, falls sein Bundesland bereits über einen überdurchschnittlichen Ausländeranteil verfügt.

Letztlich ist es erforderlich, dass die/der Ausländer/in die öffentliche Ruhe, Ordnung und Sicherheit nicht stört, da sonst die Fremdenpolizei tätig wird und die Aufenthaltserlaubnis entzogen werden kann.

♦ **Fremdenrechtsänderungsgesetz FrÄG 2009**

Mit diesem Gesetz wurden u. a. folgende Veränderungen eingeführt:

- Fremde Personen, die sich rechtmäßig in Österreich aufhalten, erhalten als Ausweis die „Identitätskarte für Fremde".
- Personen, die um Asyl angesucht haben, kann während des Zulassungsverfahrens zum Asylverfahren eine regelmäßige Meldung bei einer Polizeiinspektion aufgetragen werden.
- Im Fall der Begehung einer Straftat durch eine asylwerbende Person kann dieser der Schutzstatus aberkannt werden.
- Wenn ein Folgeantrag ohne berechtigtem Interesse an einem neuerlichen Asylverfahren gestellt wird, entfällt der sonst übliche Abschiebeschutz.
- Ein Aufenthaltsrecht über drei Monate gilt nur solange ein Aufenthaltsgrund tatsächlich existiert. Ein Daueraufenthaltsrecht erwirbt jede Person, die sich rechtmäßig und durchgehend mindestens fünf Jahre in Österreich aufgehalten hat. Nach einer Abwesenheit von über zwei Jahren verliert eine fremde Person das Daueraufenthaltsrecht.
- Durch den positiven Abschluss des Unterrichtsgegenstands „Geschichte und Sozialkunde" auf dem Niveau der 8. Schulstufe weist man die für den Erwerb der Staatsbürgerschaft vorgeschriebenen Kenntnisse der demokratischen Ordnung und Geschichte Österreichs nach.

?

Wiederholungsfragen – Arbeitsaufgaben – Diskussionsanregungen

1. *Erklären Sie die Begriffe Migration, Emigration und Immigration.*
2. *Analysieren Sie, welche Arten von Flüchtlingen es gibt.*
3. *Geben Sie einen genauen Überblick über die Rechte, die Asylwerber/innen ab der Antragstellung haben.*
4. *Nennen Sie Gesetze, die die Aufnahme von Flüchtlingen und den Aufenthalt von Fremden in Österreich regeln.*
5. *Beschreiben Sie die unterschiedlichen Regelungsbereiche einerseits des Asylgesetzes und andererseits des Niederlassungs- und Aufenthaltsgesetzes.*
6. *Erstellen Sie eine Übersicht über staatliche Unterstützungen, die Österreich Asylberechtigten gewährt.*
7. *Nennen Sie die für Asylverfahren zuständigen Behörden.*
8. *Führen Sie in Ihrer Klasse/in Ihrem Freundeskreis eine Befragung durch, wer Personen kennt, die in Österreich einen Antrag auf Asyl gestellt bzw. Asyl erhalten haben.*
9. *Vergleichen Sie mittels einer Internetrecherche das in Österreich geltende Asylrecht mit einigen anderen Ländern. Bewerten Sie danach das österreichische Asylrecht und diskutieren Sie darüber.*

Das österreichische Verfassungsrecht

I. Die Staatsverfassung

„Die Welt muss begreifen, dass Staatsmoral ebenso lebenswichtig ist wie Privatmoral." (Franklin Delano Roosevelt)

Was regelt die Verfassung und weshalb ist sie so bedeutend für einen Staat? In welcher Beziehung stehen Verfassung und Rechtsordnung eines Staates? Welchen Stellenwert hat die Verfassung innerhalb der Rechtsordnung eines Staates?

Wie funktioniert der Staat? Wie erfolgt in Österreich die Machtzuteilung an Staatsorgane? Welche Staatsorgane sind wofür zuständig? Welche Grundsätze prägen die österreichische Verfassung?

Diese und weitere Fragen werden in der Folge erörtert.

A. Allgemeines

Die Verfassung eines Staates enthält **Grundregeln** des Zusammenwirkens in einem Staat.

Sie regelt, welchen Staatsorganen Macht übertragen wird, damit ein Staat nach demokratischen und rechtsstaatlichen Grundsätzen organisiert wird und funktionieren kann.

Die Verfassung regelt **Staatsform** (z. B. Republik) und **Regierungsform** (z. B. Demokratie), weiters, wie die **Staatsfunktionen** (Gesetzgebung, Verwaltung und Gerichtsbarkeit) ausgeübt werden, eventuell auch die Beziehung des Staates zu seinen Staatsbürgern/-innen (**Grundrechte**) und Staatsziele (z. B. Neutralität, Umweltschutz).

Die **österreichische Staatsverfassung regelt**:
- Staats-, Regierungs- und Organisationsform
- Staatsgebiet, Staatssprache, Staatssymbole
- Ausübung der Staatsgewalt: Gesetzgebung und Vollziehung
- Verwaltung und Rechtsprechung
- Kontrollorgane

Die gesamte Rechtsordnung ist von der Verfassung abgeleitet.

Für die Entstehung von Verfassungsgesetzen ist eine **besondere Form** vorgesehen.

In Österreich ist bei der Abstimmung über Verfassungsgesetze im Nationalrat die Anwesenheit von mindestens der Hälfte der Abgeordneten (= erhöhtes Präsenzquorum) und die Zustimmung von zwei Drittel der Anwesenden (= erhöhtes Konsensquorum) erforderlich.

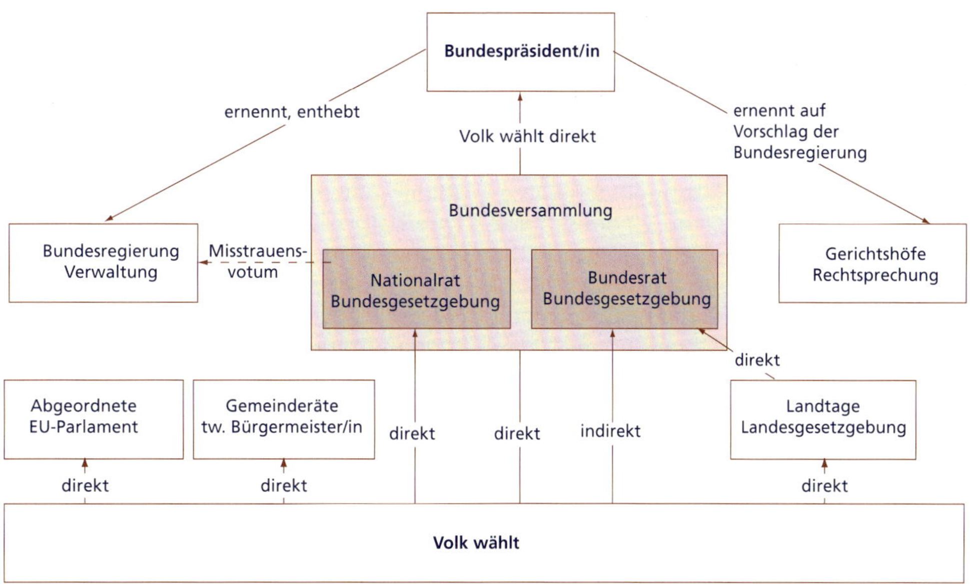

B. Die Entwicklung des österreichischen Verfassungsrechts

Die **österreichische Bundesverfassung (B-VG)** wurde am 1. Oktober 1920 beschlossen und seither mehrmals novelliert (= erneuert, teilweise geändert). Die Stellung der obersten Organe zueinander wurde **1929 in der heute noch geltenden Form** geregelt.

Das B-VG wurde 1934 außer Kraft gesetzt, als nach der von der Regierung Dollfuß so aufgefassten bzw. behaupteten „Selbstausschaltung des Nationalrates" am 4.3.1933 die damalige Regierung, auf Basis des „Kriegswirtschaftlichen Ermächtigungsgesetzes" von 1917, eine Verfassung erließ.

Nach der Besetzung Österreichs durch deutsche Truppen ab dem 13. März 1938 wurde Österreich Teil des Deutschen Reichs und das deutsche Recht wurde eingeführt.

Nach dem Ende des Zweiten Weltkriegs wurde das **B-VG 1920 in der Fassung von 1929** durch das Verfassungsüberleitungsgesetz 1945 mit allen Bundesverfassungsgesetzen und in einfachen Bundesgesetzen enthaltenen Verfassungsbestimmungen **wieder in Kraft gesetzt**.

1945 wurde Österreich zwar wieder selbstständiger Staat, blieb aber durch die Kompetenzen der alliierten Besatzungsmächte in seiner Souveränität eingeschränkt.
Der alliierte Kontrollrat:
- musste Verfassungsgesetzen zustimmen
- konnte einfache Gesetze beeinspruchen
- konnte Verwaltungshandlungen abändern oder aufheben

Österreich erlangte erst durch den am 15.5.1955 unterzeichneten und am 27.7.1955 in Kraft getretenen Staatsvertrag von Wien seine volle Souveränität.

Neben dem B-VG enthalten auch Bundesverfassungsgesetze wie das Neutralitätsgesetz 1955 oder das Parteiengesetz 1975 und Verfassungsbestimmungen in einfachen Bundesgesetzen Verfassungsrecht. Dies führt zu erheblicher Unübersichtlichkeit des geltenden Verfassungsrechts.

Mit dem **Beitritt zur EU** hat Österreich verschiedene Gesetzgebungsbefugnisse an Organe der EU übertragen, sodass zur österreichischen Rechtsordnung das Recht der EU hinzukam.

Dies hat auch Auswirkungen auf die Rangordnung österreichischer Rechtsnormen.

In seiner Rechtsprechung hat der EUGH festgestellt, dass das gesamte **EU-Recht** in seiner Anwendung **Vorrang vor dem staatlichen Recht** hat. Dem Gemeinschaftsrecht widersprechendes nationales Recht wird nicht aufgehoben und tritt nicht automatisch außer Kraft, es darf aber im Konfliktfall nicht angewandt werden (**Anwendungsvorrang des EU-Rechts**).

C. Die Staatssymbole

Staatsorgane dürfen nur die vorgegebenen staatlichen Symbole verwenden. Die Staatssymbole dürfen nicht unbefugt verwendet oder herabgewürdigt werden.

1. Staatswappen

Das Wappen der Republik (Bundeswappen) besteht nach Art. 8 a B-VG „aus einem frei schwebenden, einköpfigen, schwarzen, golden bewaffneten und rot bezungten Adler, dessen Brust mit einem roten, von einem silbernen Querbalken durchzogenen Schild belegt ist. Der Adler trägt auf seinem Haupt eine goldene Mauerkrone mit drei sichtbaren Zinnen. Die beiden Fänge umschließt eine gesprengte Eisenkette. Er trägt im rechten Fang eine goldene Sichel mit einwärts gekehrter Schneide, im linken Fang einen goldenen Hammer".

Das Bundeswappen dürfen nur bestimmte Bundesorgane oder Berechtigte in Ausübung staatlicher Funktionen führen.

2. Staatssiegel

Ein Staatssiegel ist verfassungsgesetzlich nicht festgelegt. Das Siegel der Republik Österreich wurde im **Wappengesetz** beschrieben. Danach ist das Siegel kreisförmig und trägt im oberen Halbkreis um das Bundeswappen die Aufschrift „Republik Österreich".

3. Staatsfarben und Staatsflagge

Die Farben der Republik sind „rot-weiß-rot". Die Flagge besteht aus drei gleich breiten waagrechten Streifen, von denen der mittlere weiß, der obere und untere rot sind.

4. Staatshymne

Die Bundeshymne wurde, anders als verschiedene Landeshymnen, nicht gesetzlich festgelegt. Die Bundesregierung beschloss 1946, das Lied „Brüder reicht die Hand zum Bunde" von Wolfgang Amadeus Mozart zur künftigen Volkshymne zu erklären. Der Text von Paula von Preradovič wurde erst später bekannt gegeben.

II. Grundprinzipien der Verfassung

„Die Frage, wer an die Macht kommen soll, ist falsch gestellt. Es genügt, wenn eine schlechte Regierung wieder abgewählt werden kann." (Sir Karl Raimund Popper)

Die Bundesverfassung enthält einige Grundsätze. Wie lauten diese Grundsätze? Welchen Zweck und welche Bedeutung haben diese Prinzipien? Wer gibt diese Prinzipien vor? Können die Grundsätze der Verfassung abgeändert werden?
Diese und daran anknüpfende Fragen werden in der Folge behandelt.

A. Allgemeines

Die Grundprinzipien bilden das stützende Gerüst der Verfassung. Alle Vorschriften unserer Rechtsordnung sind an ihnen zu messen bzw. in ihrem Sinn auszulegen. **Eine Änderung oder Beseitigung** eines oder mehrerer dieser Grundsätze wird als Gesamtänderung der Bundesverfassung gewertet und **unterliegt einer Volksabstimmung**. Die Grundprinzipien haben daher gegenüber dem übrigen Verfassungsrecht eine erhöhte Bestandsgarantie. Diese verfassungsrechtlichen Grundsätze umfassen das demokratische, das republikanische, das bundesstaatliche, das rechtsstaatliche und das gewaltentrennende Prinzip.

Nachstehend werden die Inhalte dieser Prinzipien erläutert.

demokratisches Prinzip	**republikanisches Prinzip**	**bundesstaatliches Prinzip**	**rechtsstaatliches Prinzip**
Art. 1 B-VG 1920 „Österreich ist eine demokratische Republik. Ihr Recht geht vom Volk aus."	Art. 1 B-VG 1920 „Österreich ist eine demokratische Republik."	Art. 2 B-VG 1920 „Österreich ist ein Bundesstaat. Der Bundesstaat wird gebildet aus den selbstständigen Ländern Bgld, Ktn, NÖ, OÖ, Slbg, Stmk, Tirol, Vlbg und Wien."	Art. 18 B-VG „Die gesamte staatliche Verwaltung darf nur aufgrund der Gesetze ausgeübt werden."
– Das Volk ist Träger der Staatsgewalt.	– Staatsoberhaupt ist d. Bundespräsident/in. – Absage an die Monarchie	– Ausübung der Staatsgewalt durch Bund und Länder – Kompetenzverteilung für Gesetzgebung und Vollziehung zwischen Bund und Ländern (Art. 10-15 B-VG)	– Das gesamte Handeln der Verwaltungsorgane bedarf einer rechtlichen Grundlage. – Kontrolle der staatlichen Organe und ihrer Tätigkeit

B. Das demokratische Prinzip

1. Allgemeines

In einer Demokratie sind die Bürger/innen am Entstehen der geltenden Rechtsordnung maßgeblich beteiligt. Die wahlberechtigten Bürger/innen können Abgeordnete zu den gesetzgebenden Organen Nationalrat und Landtag direkt wählen und bestimmen indirekt durch die Landtagswahlen die Abgeordneten des Bundesrates.

Die Abgeordneten werden für die nachfolgende Gesetzgebungsperiode ermächtigt und beauftragt, durch Gesetzesbeschlüsse die Rechtsordnung und damit auch die rechtlichen Lebensbedingungen der Bürger/innen zu gestalten.

Diese Auswahl seiner Repräsentanten durch **Wahlen** (v. a. in gesetzgebende Organe) wird als **mittelbare** oder **indirekte** oder **repräsentative Demokratie** bezeichnet.

Die österreichische Bundesverfassung enthält auch **Mittel der unmittelbaren** oder **direkten Demokratie**. Dies sind **Volksbegehren, Volksabstimmung** und **Volksbefragung**. Dabei kann die wahlberechtigte Bevölkerung politische Entscheidungen direkt beeinflussen.

2. Das Wahlrecht

a) Allgemeines

Politische Wahl bedeutet Bestellung jener staatlichen Funktionäre, die **Wahlämter** (z. B. Nationalratsabgeordneter, Bundespräsident) innehaben. Das Wahlrecht regelt, wie und wann die Repräsentanten des Volkes bestimmt werden. Um eine demokratische Mitbestimmung aller Bürger/innen zu garantieren, gelten bestimmte Wahlrechtsgrundsätze.

♦ **Wahlen in Österreich**

Die wahlberechtigten Bürger/innen können in Österreich folgende Organe direkt wählen: Bundespräsident/in, Abgeordnete des Nationalrats, österreichische Abgeordnete des EU-Parlaments, Abgeordnete der Landtage, Gemeinderäte, in einigen Bundesländern die Bürgermeister/innen und in Wien die Bezirksvertretungen

direkt wählbare Organe in Österreich

Bundesebene	Landesebene	Gemeindeebene
Bundespräsident/in Nationalratsabgeordnete österr. Abgeordnete zum EU-Parlament	Landtagsabgeordnete	Gemeinderäte Bürgermeister/innen in Bgld, Ktn, OÖ, Slbg, T, Vlbg In Wien auch: Bezirksvertretungen

b) Wahlsysteme

Die Wahlsysteme unterscheiden sich in der Voraussetzung, unter der eine Person als gewählt gilt. Diese Wahlsysteme sind: **Mehrheitswahlsystem** und **Verhältniswahlsystem.**
Das österreichische Wahlrecht sieht das Verhältniswahlsystem vor.

♦ **Mehrheitswahlsystem**

Beim Mehrheitswahlsystem wird in einem Wahlkreis nur ein Abgeordneter gewählt. Das Staatsgebiet wird in so viele, bevölkerungsmäßig etwa gleich große Wahlkreise eingeteilt, wie Abgeordnete zur Wahl stehen. Es **gilt jene/r Kandidat/in als gewählt, der/die innerhalb des Wahlkreises die Mehrheit der Stimmen erhält.**

Hier gibt es zwei Möglichkeiten. Entweder d. Kandidat/in benötigt die **relative Mehrheit** der Stimmen, um gewählt zu sein (z. B. Großbritannien), oder er/sie braucht dazu die **absolute Mehrheit** der Stimmen (z. B. Frankreich).

Erhält im ersten Wahlgang kein/e Kandidat/in die absolute Mehrheit, kommt es zu einer Stichwahl zwischen jenen zwei Kandidaten, die im ersten Wahlgang die relativ meisten Stimmen erhalten haben.

In beiden Fällen werden die Stimmen für die unterlegenen Kandidaten bzw. deren Parteien nicht weiter berücksichtigt. Das bedeutet, dass die Interessen jener Wähler/innen, die ihre Stimme unterlegenen Kandidaten gegeben haben, nach der jeweiligen Wahl keine Vertretung haben.

♦ Verhältniswahlsystem

Beim Verhältniswahlsystem werden in einem Wahlkreis mehrere Abgeordnete gewählt. Die Abgeordnetensitze eines Wahlkreises werden auf die wahlwerbenden Parteien des Wahlkreises im Verhältnis der für sie abgegebenen Stimmen aufgeteilt.

Kleinere Parteien haben in diesem System größere Chancen, einen Abgeordnetensitz zu erlangen. Der Vorteil des Verhältniswahlsystems wird in der „gerechteren" Verteilung der Parlamentssitze entsprechend dem Wahlergebnis gesehen.

Dies kann dazu führen, dass das **Parlament in viele relativ kleine Parteien zersplittert** ist, was Kompromisse zwischen den Parteien erzwingt. Für die Bildung stabiler, entscheidungskräftiger Regierungen kann sich das ungünstig auswirken. Um eine allzu große Zersplitterung zu vermeiden, wird mitunter für das Erhalten eines Mandats ein bestimmter Mindestprozentsatz an Stimmen verlangt.

Wahlsysteme

- **Mehrheitswahlrecht**
- **Verhältniswahlrecht**

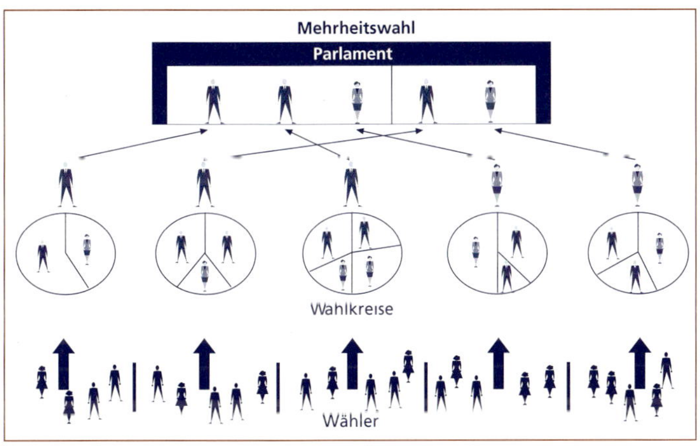

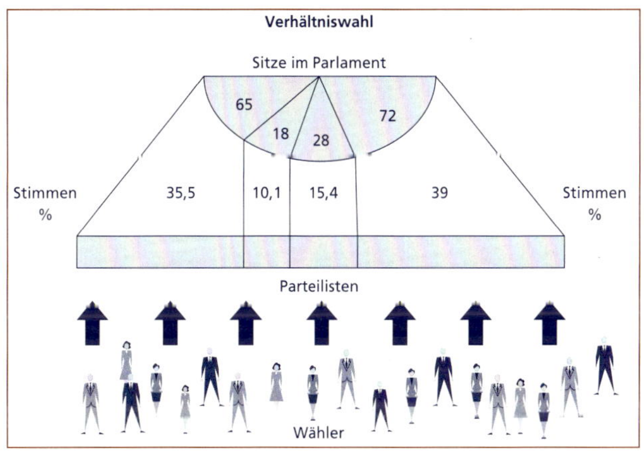

c) Wahlrechtsgrundsätze in Österreich

Wahlrecht

- allgemeines
- gleiches
- unmittelbares
- geheimes
- persönliches

♦ Allgemeines Wahlrecht

http://www.bmi.gv.at/wahlen

Allgemeines Wahlrecht bedeutet, dass grundsätzlich jedem/jeder Staatsbürger/in, der/die ein bestimmtes Alter erreicht hat, das **Recht zu wählen (= aktives Wahlrecht) und** auch das **Recht, gewählt zu werden (= passives Wahlrecht),** zusteht.

aktives Wahlrecht	passives Wahlrecht
Aktiv wahlberechtigt sind alle Österreicher/innen, die spätestens mit Ablauf des Wahltages das 16. Lebensjahr vollendet haben und nicht vom Wahlrecht ausgeschlossen sind.	Passiv wahlberechtigt sind alle Österreicher/innen, die spätestens mit Ablauf des Wahltages das 18*. Lebensjahr vollendet haben und nicht vom Wahlrecht ausgeschlossen sind.

* Ausnahme bei Bundespräsidenten-Wahlen: 35 Jahre

Keine Bevölkerungsgruppe darf vom Wahlrecht ausgeschlossen werden. Das Wahlrecht darf auch nicht an eine bestimmte Steuerleistung oder ein Mindestvermögen gebunden sein, wie dies **in der Monarchie** beim **Zensuswahlrecht** der Fall war. Ein Ausschluss vom Wahlrecht darf nur Folge bestimmter gerichtlicher Verurteilungen sein. Das allgemeine Männerwahlrecht wurde in Österreich 1907, das allgemeine Frauenwahlrecht 1918 eingeführt.

♦ **Gleiches Wahlrecht**

Jede Stimme zählt gleich viel. Unterschiedliche persönliche Verhältnisse der einzelnen Wahlberechtigten, wie etwa Anzahl der Kinder, Höhe des Einkommens, des Vermögens, der Steuerleistung oder Bildung, werden nicht berücksichtigt.

♦ **Unmittelbares Wahlrecht**

Die Wähler/innen wählen direkt eine Partei oder Kandidaten/Kandidatin und nicht erst Wahlmänner, die ihrerseits die eigentliche Wahl vornehmen.

Die Abgeordneten zum Nationalrat werden vom Volk direkt gewählt, die Abgeordneten zum Bundesrat werden durch die direkt gewählten Landtagsabgeordneten gewählt.

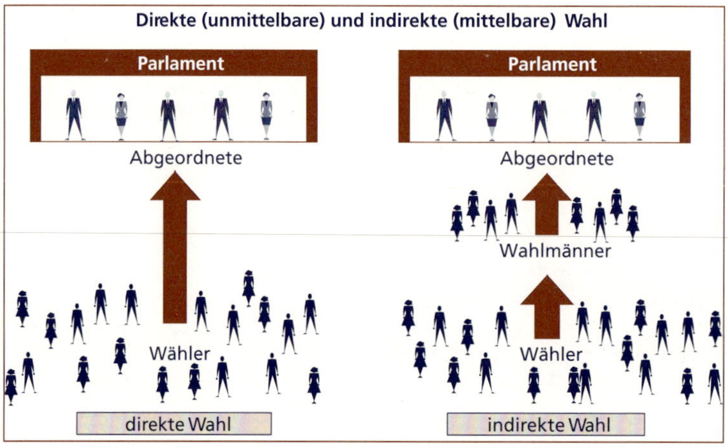

♦ **Geheimes Wahlrecht**

Nach dem Wahlvorgang kann nicht mehr festgestellt werden, wie sich die Wähler entschieden haben, sodass sie keinerlei Nachteile wegen ihrer Stimmabgabe befürchten müssen.

Das geheime Wahlrecht ist dadurch gewährleistet, dass d. Wähler/in den amtlichen **anonymen Stimmzettel** in einer **Wahlzelle** ausfüllt, die er/sie grundsätzlich nur **allein betreten** darf. Der Stimmzettel wird in ein **undurchsichtiges Kuvert** gegeben, welches verschlossen in die **Wahlurne** gesteckt wird. Die Kuverts müssen vor dem Auszählen **durchmischt** werden und ein **Wahlsprengel** muss **mindestens 30 Wahlberechtigte** umfassen.

♦ **Persönliches Wahlrecht**

Im Inland muss der Stimmzettel – auch bei Wahlkarten – persönlich abgegeben werden. Die Stimmabgabe durch Stellvertreter/innen (mit Vollmacht) ist nicht möglich. Bei Auslandsaufenthalt ist eine Briefwahl möglich. Die generelle Möglichkeit einer Briefwahl im Inland wurde beschlossen, die Durchführungsgesetze werden erlassen.

3. Direkte Demokratie in Österreich

a) Allgemeines

Mit Mitteln der direkten Demokratie haben die Bürger/innen die größte und unmittelbare Möglichkeit, die staatliche Willensbildung zu gestalten. Diese Art der Beschlussfassung und Entscheidungsfindung ist in einer größeren Gemeinschaft aus praktischen Gründen nicht für jede Entscheidung durchführbar.

Die verfassungsrechtlichen Instrumente der direkten Demokratie ergänzen die Einrichtungen der mittelbaren Demokratie. Das B-VG sieht **drei Instrumente** der direkten Demokratie vor.

Volksabstimmung	Volksbegehren	Volksbefragung
Entscheidung des Volkes – über das Inkrafttreten eines vom Nationalrat bereits beschlossenen Gesetzes (z. B. EU-Beitritt) – über Antrag der Bundesversammlung auf Absetzung des Bundespräsidenten	Gesetzesantrag des Volkes an den Nationalrat oder Landtag auf Erlassung eines Gesetzes (z. B. Frauenvolksbegehren, Pensionsvolksbegehren)	Befragung des Volkes über eine Frage der aktuellen Politik von gesamtösterreichischer Bedeutung, die gesetzlich zu regeln ist (z. B. Durchführung von Olympischen Spielen; Beibehaltung der allgemeinen Wehrpflicht)

b) Volksabstimmung

!

Eine Volksabstimmung ist die **Entscheidung über das Inkrafttreten eines Gesetzesbeschlusses** des Nationalrates.

Nach der Bundesverfassung **muss** eine **Volksabstimmung abgehalten** werden, wenn ein Verfassungsgesetz eine **Gesamtänderung der Bundesverfassung** bewirkt.

Bei anderen **Verfassungsgesetzen** ist eine Volksabstimmung nur auf **Antrag von mindestens einem Drittel der Mitglieder des Nationalrates oder des Bundesrates** anzusetzen.

Für ein **einfaches Bundesgesetz** kann eine Volksabstimmung auf Verlangen der **einfachen Mehrheit der Nationalratsabgeordneten** durchgeführt werden, z. B. über die Inbetriebnahme des Kernkraftwerkes Zwentendorf.

Das Ergebnis einer Volksabstimmung ist bindend und kann nur durch eine neuerliche Volksabstimmung geändert werden.

Das Volksabstimmungsgesetz regelt die Abwicklung des Verfahrens einer Volksabstimmung, wobei eine Fragestellung formuliert werden muss und statt der Parteienbezeichnung die Wörter „Ja" oder „Nein" anzukreuzen sind.

Bisher gab es in Österreich zwei Volksabstimmungen:

- 1978 über das Bundesgesetz zur Errichtung und Inbetriebnahme von Atomkraftwerken in Österreich (beabsichtigt war die Schaffung einer neuen gesetzlichen Grundlage für die Inbetriebnahme des bereits errichteten Atomkraftwerks Zwentendorf und die Errichtung weiterer Atomkraftwerke – 50,5 % stimmten dagegen)
- 1994 über den Beitritt Österreichs zur EU (66,6 % stimmten dafür)

c) Volksbegehren

Das Volksbegehren ist ein **Gesetzesantrag des Volkes**. Es hat sich aus dem Petitionsrecht entwickelt (siehe Seite 80).

Für das Zustandekommen eines Volksbegehrens benötigt man die Unterschriften von einem Promille der Bevölkerung mit Hauptwohnsitz in Österreich (das sind zurzeit 8.401 Personen). Danach wird es eine Woche lang in den Gemeinden zur Unterzeichnung aufgelegt.

Wird das Volksbegehren **von mindestens 100.000 Wahlberechtigten unterschrieben**, wobei die Unterstützungserklärungen eingerechnet werden, muss es von der Regierung dem Nationalrat vorgelegt werden. Dieser ist jedoch nur verpflichtet, **über den Antrag binnen 6 Monaten zu beraten.** Er ist nicht verpflichtet, ihn anzunehmen oder auch nur darüber abzustimmen.

Das letzte Volksbegehren zum Thema Österreichs Austritt aus der EU im Juli 2015 erreichte ca. 261.200 Unterschriften.

Volksbegehren in Österreich

Anzahl der gültigen Eintragungen in Tausend

Gegen Kirchenprivilegien	2013	48,1
„Demokratie jetzt" "	2013	57,8
Bildungsinitiative	2011	383,7
„Raus aus EURATOM"	2011	99
Österreich bleib frei	2006	258
Pensionsvolksbegehren	2004	628
Atomfreies Europa	2003	132
Gegen Abfangjäger	2002	625
Sozialstaat Österreich	2002	717
„Anti-Temelin-Volksbegehren"	2002	915
„Bildungsvolksbegehren"	2001	173
Anti-EU-Volksbegehren	2000	193
Familien-Volksbegehren	1999	183
Schilling-Volksbegehren	1997	254
Atomfreies Österr.-Volksbegehren	1997	249
Frauen-Volksbegehren	1997	645
Gentechnik-Volksbegehren	1997	1.226,6
Für Erhaltung der Neutralität	1996	358

Für bundesweites Tierschutzgesetz	1996	459
„Pro Motorrad-Volksbegehren"	1995	76
„Ausländer-Volksbegehren"	1993	417
Für Volksabstimmung z. EWR-Vertrag	1991	127
Gegen ORF-Monopol	1989	109
Für Senkung d. Klassenschülerzahl	1989	220
Anti-Privilegien	1987	251
Gegen Abfangjäger	1986	121
Anti-Draken (nur Steiermark)	1986	244
Für Verlängerung des Zivildienstes	1985	196
Gegen Kraftwerksprojekt Hainburg	1985	354
Gegen Bau Konferenzzentrum	1982	1.361
Anti-Zwentendorf	1980	147
Pro Zwentendorf	1980	421
Für Aufhebung der Fristenlösung	1975	895
Für Abschaffung 13. Schulstufe	1969	339
Pro 40-Stunden-Woche	1969	889
Für ORF-Reform	1964	832

d) Volksbefragung

Eine Volksbefragung kann über Angelegenheiten von grundsätzlicher und gesamtösterreichischer Bedeutung, die der Bundesgesetzgeber zu regeln hat, abgehalten werden.

Sie wird vom Nationalrat oder der Bundesregierung angeordnet. Die Fragestellung muss mit „Ja" oder „Nein" zu beantworten sein oder zwei alternative Lösungen zur Wahl bieten.

Das Ergebnis der Volksbefragung informiert politische Entscheidungsträger über die Meinung der Bevölkerung zu konkreten Vorhaben, hat politische Bedeutung, aber **keine bindende Wirkung**. Die Entscheidung bleibt und obliegt dem betreffenden politischen Organ.

Die Landesverfassungen sehen ebenfalls Mittel der direkten Demokratie vor, die unterschiedlich geregelt sind.

Bisher gab es in den Bundesländern Volksbefragungen. Z. B. Volksbefragung über Abhaltung der EXPO (Weltausstellung) 1995 in Wien; Volksbefragung über Bewerbung zur neuerlichen Abhaltung von Olympischen Spielen in Innsbruck 2006. Beide Projekte wurden von der Bevölkerung mehrheitlich abgelehnt und daraufhin von den entscheidenden Politkern, die zuvor deren Durchführung befürworteten, abgesagt. Im Jänner 2013 wurde eine bundesweite Volksbefragung über die Beibehaltung der allgemeinen Wehrpflicht oder die Einführung eines Berufsheers durchgeführt. 52,4 % der Wahlberechtigten beteiligten sich an der Volksbefragung und entschieden mit einer Mehrheit von 59,7 % für die Beibehaltung der allgemeinen Wehrpflicht.

C. Das republikanische Prinzip

Art. 1 B-VG erklärt „Österreich ist eine demokratische Republik". Damit wird die Republik als Staatsform festgelegt. Deren Staatsoberhaupt ist ein Präsident.

In einer Republik wird das Staatsoberhaupt von der Bevölkerung für einen begrenzten Zeitraum bei regelmäßig abgehaltenen Wahlen bestimmt und ist rechtlich und politisch für seine Amtsführung verantwortlich.

In Österreich ist das Staatsoberhaupt der **Bundespräsident**, der vom Volk für sechs Jahre gewählt wird und diesem auch verantwortlich ist.

Im Zusammenhang mit der republikanischen Staatsform steht die Bestimmung der Bundesverfassung, wonach Mitgliedern regierender Häuser oder solcher Familien, die ehemals regiert haben, kein passives Wahlrecht zum Bundespräsidenten zusteht (insbesondere den Habsburgern).

D. Das bundesstaatliche (föderalistische) Prinzip

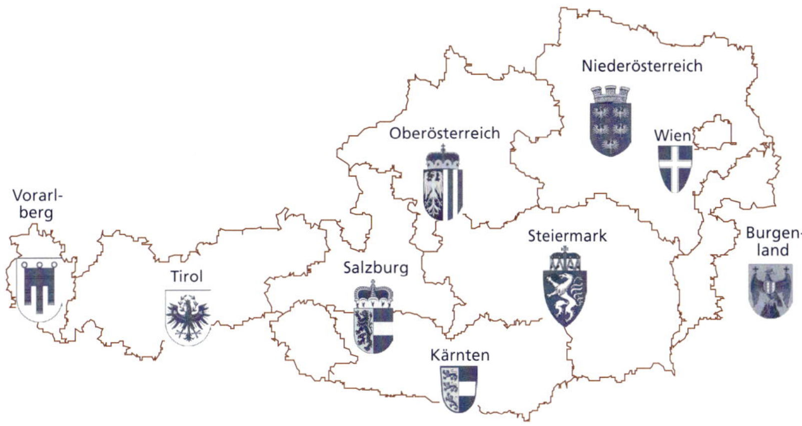

Föderalismus bedeutet: Bundesstaat mit weitgehender Eigenständigkeit der ihn bildenden Einzelstaaten

Im Gegensatz zu einem Zentralstaat besteht die Republik Österreich aus neun relativ selbstständigen **Bundesländern**, die gemeinsam den Staat Österreich bilden.

Wesentliche Elemente des bundesstaatlichen Prinzips sind:
- Aufteilung der staatlichen Funktionen zwischen Bund und Ländern
- Mitwirkung der Länder an der Bundesgesetzgebung

Diese Elemente sind **in Österreich auf folgende Weise verwirklicht:**
- **Die Bundesländer wirken an der Gesetzgebung des Bundes durch den Bundesrat mit**. Die Bundesratsabgeordneten werden von den Landtagen entsandt (siehe Kapitel Bundesgesetzgebung, Seite 115).
- Die **Bundesländer sind berechtigt**, innerhalb ihres Kompetenzbereiches, der in der Verfassung geregelt ist, **eigene Gesetze zu erlassen**. Die Landesgesetze werden von den Landtagen beschlossen, wobei der Bundesregierung eine Mitwirkung zusteht. Die Landtage werden von den jeweiligen Bürgern der Bundesländer direkt gewählt.
- Die **Vollziehung der Landesgesetze wird von eigenen Landesorganen** (z. B. Landesregierung) **besorgt**. Die Organe des Bundes können hier nicht eingreifen.
- Landesorgane werden vielfach mit der Vollziehung von Bundesgesetzen beauftragt.

(Mittelbare Bundesverwaltung, siehe Seite 136.)

◆ **Kompetenzverteilung**

Die Ausübung der Staatsgewalt durch Gesetzgebung und Verwaltung als Teil der Vollziehung ist zwischen dem Oberstaat (Bund) und den Teilstaaten (Bundesländern) aufgeteilt (= Kompetenzverteilung).

Für die Gerichtsbarkeit ist ausschließlich der Bund mit eigenen Organen zuständig.

Es gibt vier Grundtypen der Zuständigkeit für Gesetzgebung und Verwaltung:

- **Gesetzgebung und Vollziehung sind Bundessache**:

In diesen Angelegenheiten erlässt der Nationalrat die Gesetze, Bundesbehörden (z. B. Finanzamt) oder Landesbehörden vollziehen diese Vorschriften (z. B. Bundesverfassung, Außenpolitik, Bundesfinanzen, Landesverteidigung, Gerichtsbarkeit, Gewerbewesen usw.).

Dieser Kompetenzkatalog ist der weitaus umfangreichste und zeigt, dass der Bund bei der Gesetzgebung dominiert.

- **Gesetzgebung ist Bundessache, Vollziehung ist Ländersache**:

In diesen Angelegenheiten erlässt der Nationalrat die Gesetze, Landesbehörden (z. B. Bezirksverwaltungsbehörde) vollziehen diese Vorschriften (z. B. Staatsbürgerschaftsrecht, Straßenpolizei, Umweltverträglichkeitsprüfung).

- **Grundsatzgesetzgebung ist Bundessache, Ausführungsgesetzgebung und Vollziehung ist Ländersache:**

In diesen Angelegenheiten erlässt der Nationalrat Gesetze, die allgemeine Grundsätze (Richtlinien) enthalten, die Landtage führen diese durch Landesgesetze näher aus. Die Vollziehung dieser Landesgesetze erfolgt durch Landesbehörden (z. B. Sozialhilfe, Bodenreform, Kranken- und Pflegeanstalten, Pflanzenschutz und Schädlingsbekämpfung)

– **Gesetzgebung und Vollziehung sind Ländersache:**

In diesen Angelegenheiten erlassen die Landtage Gesetze, die von Landesbehörden vollzogen werden (z. B. Raumordnung, Bauwesen, Grundverkehrsrecht, Jugendschutz, Theater- und Kinowesen, Jagd und Fischerei, Naturschutz usw.)

E. Der rechtsstaatliche Grundsatz

Nach Art. 18 B-VG darf die gesamte staatliche Verwaltung nur aufgrund der Gesetze ausgeübt werden.

Die Bindung an das geltende Recht gilt auch für die gesetzgebenden Organe und die Gerichte. Das heißt, alle Akte staatlicher Organe (z. B. Bescheid, Verhaftung) bedürfen einer rechtlichen Grundlage und Legitimation.

In einem Rechtsstaat sollen behördliche Entscheidungen für den Einzelnen vorhersehbar und überprüfbar sein. Menschen sollen nur der geltenden Rechtsordnung unterstehen, nicht einer Willkür ausübenden Macht.

◆ **Rechtsschutzeinrichtungen**

Das rechtsstaatliche Prinzip verlangt daher Rechtsschutzeinrichtungen, die die Beachtung des geltenden Rechts effektiv gewährleisten.

Die Einhaltung der Gesetze kann mittels verschiedener **Rechtsschutzeinrichtungen überprüft werden:**
- Anrufung der im **Instanzenzug** übergeordneten Behörde
- **Beschwerde** an den **Verwaltungsgerichtshof**
- **Beschwerde** an den **Verfassungsgerichtshof**
- **Beschwerde** an **Unabhängige Verwaltungssenate** in den Ländern – siehe auch Kapitel: Kontrolle der Staatsgewalt S. 149 f.
- **Beschwerde** an das **Verwaltungsgericht des Bundeslandes, Bundesverwaltungsgericht, Bundesfinanzgericht**

Auch in Fällen, in denen den Behörden bei ihren Entscheidungen vom Gesetz ein **Ermessensspielraum** eingeräumt ist, dürfen sie **nicht willkürlich**, sondern nur sachlich und nach dem Sinn des Gesetzes entscheiden.

In einem **Rechtsstaat existiert** eine Rechtsordnung, die den Staat mit all seinen Organen ebenso bindet wie die Bürger/innen. Es gibt Normen,
- die das Gesetzgebungsverfahren regeln,
- die dem Einzelnen sein Verhalten vorschreiben und an die Nichteinhaltung Zwang durch staatliche Sanktionen knüpfen, und
- es gibt Einrichtungen, die das Einhalten der Rechtsordnung sichern.

Das Gegenteil eines Rechtsstaates ist der **Polizeistaat**.

F. Das liberale Prinzip

Während das demokratische Prinzip die Freiheit des Einzelnen mittels Beteiligung an der Rechtserzeugung gewährleistet („Freiheit im Staat"), will **das liberale Prinzip dem Einzelnen bestimmte Bereiche absichern, die von staatlicher Regelung und Einflussnahme ausgenommen sein sollen („Freiheit vom Staat")**.

Das liberale Prinzip ist zwar im B-VG nicht ausdrücklich genannt, wird aber in zahlreichen **Grund- und Freiheitsrechten** umgesetzt, die im Verfassungsrang stehen.

G. Das gewaltentrennende Prinzip

Das gewaltentrennende Prinzip ist nicht ausdrücklich festgelegt, es geht aber aus verschiedenen Verfassungsvorschriften hervor. Es beruht auf dem Gedanken, dass **die staatlichen Funktionen getrennt werden müssen, um die Freiheit des Einzelnen zu sichern und staatliches Handeln überprüfen zu können.**

Die Bundesverfassung legt die **Gewaltentrennung fest durch:**
- **die organisatorische Trennung von Gesetzgebungs- und Vollziehungsorganen**
- **die ausdrückliche Trennung von Justiz und Verwaltung**
- **die Einrichtung von Selbstverwaltungskörpern**
- **Unvereinbarkeitsbestimmungen** (bestimmte staatliche Funktionen können nicht gleichzeitig von derselben Person ausgeübt werden)

III. Staatsziele

Staatszielbestimmungen sind Verfassungsbestimmungen, die die Staatsorgane verpflichten, bestimmte Staatsaufgaben zu übernehmen, und die auch vorgeben, welche Grundsätze dabei zu beachten und einzuhalten sind. Staatsziele bilden Leitlinien der Staatspolitik.

Die wichtigsten österreichischen Staatszielbestimmungen sind: das Verbot nazistischer (nationalsozialistischer) Tätigkeit, die dauernde Neutralität, die umfassende Landesverteidigung und der umfassende Umweltschutz.

Staatszielbestimmungen nach österreichischem Bundesverfassungsrecht			
Verbot nazistischer Tätigkeit gemäß StV von Wien 1955 und Verbotsgesetz	**Bekenntnis zur immerwährenden Neutralität** gemäß BVG vom 26.10.1955	**Bekenntnis zur umfassenden Landesverteidigung** gemäß Art. 9a B-VG	**Bekenntnis zum umfassenden Umweltschutz** gemäß BVG 1984

A. Verbot nazistischer Tätigkeit

Im österreichischen **Staatsvertrag** verpflichtet sich Österreich, alle Gedanken des Nationalsozialismus aus dem politischen, wirtschaftlichen und kulturellen Leben zu beseitigen. Alle Organisationen faschistischen Charakters sind aufzulösen und entsprechende Betätigungen unter Androhung von Strafsanktionen zu verbieten.

Das **Verbotsgesetz** enthält ein allgemeines Verbot der Wiederbetätigung im nationalsozialistischen Sinn sowie eine Reihe von Strafbestimmungen. Ein Verein, dessen Zweck in einer nazistischen Betätigung liegt, ist zu verbieten.

B. Grundsatz der dauernden Neutralität

1. Begriff der immerwährenden Neutralität

Die **immerwährende Neutralität verpflichtet einen Staat** (im Gegensatz zur temporären, d. h. zeitlich begrenzten = gewöhnlichen Neutralität) **unabhängig von einem konkreten Krieg zwischen anderen Ländern auch in Friedenszeiten zur Neutralität. Die immerwährende Neutralität kann ein Staat auch in Friedenszeiten annehmen.**

♦ **Pflichten**

Für neutrale Staaten gelten folgende **Verpflichtungen:**
- **Verbot der Beteiligung an Kriegen** und des Beginns von Kriegen
- **Pflicht zur Verteidigung seiner Unabhängigkeit**

- **Pflicht zur Unparteilichkeit gegenüber kriegführenden Staaten**
- **Verbot des Anschlusses an Militärbündnisse**
- **Verbot, militärische Stützpunkte von fremden Staaten oder von Militärbündnissen auf ihren Territorien zuzulassen**
- **Aus- und Durchfuhrverbot von Kriegsmaterial an kriegführende Staaten**

Das Gebot der Unparteilichkeit ist bereits in Friedenszeiten zu berücksichtigen.

Gewöhnliche (zeitlich begrenzte) Neutralität:
Ein unbeteiligtes Land erklärt aus Anlass eines konkreten Krieges zwischen anderen Staaten in Bezug auf diesen Krieg seine Neutralität.

2. Geschichte der österreichischen Neutralität

Die österreichische Neutralität hat ihren politischen Ursprung im Ost-West-Konflikt der Nachkriegszeit. Die folgenden Daten markieren ihre Entstehung:

1. November 1943
In der Moskauer Deklaration halten die drei Alliierten (Großbritannien, USA und Sowjetunion) fest, dass Österreich nach Kriegsende wieder ein selbstständiger Staat werden soll.

27. April 1945
Während des Zusammenbruchs des „Dritten Reiches" erklärt eine provisorische österreichische Regierung in Wien das Wiedererstehen Österreichs als freier, unabhängiger Staat.

15. April 1955
Nach fast zehnjährigen vergeblichen Verhandlungen über einen österreichischen Staatsvertrag kommt es zum ,,**Moskauer Memorandum**". Eine österreichische Regierungsdelegation erhält darin von der Sowjetunion die Zusicherung, dass diese den Staatsvertrag unverzüglich unterzeichnen wolle, wenn sich Österreich dafür nach Abschluss des Staatsvertrages bereit erklärt, „immerwährend eine Neutralität der Art zu üben, wie sie von der Schweiz gehandhabt wird".

Politische Situation ab 1945 bis zum Abschluss des Staatsvertrags

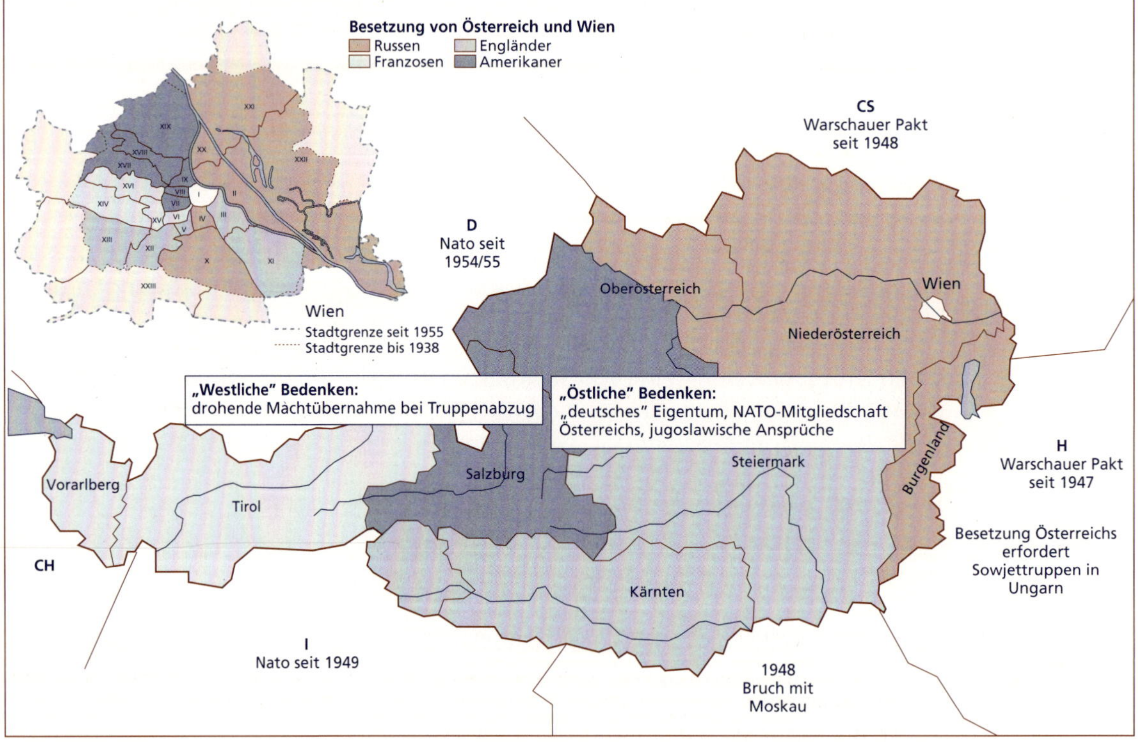

15. Mai 1955
In Österreich wird der Staatsvertrag unterzeichnet. Die **Signatarmächte sind Österreich, Frankreich, Großbritannien, die Sowjetunion und die USA.** Der Staatsvertrag bestimmt unter anderem, dass die alliierten Besatzungsmächte innerhalb von 90 Tagen nach dem Inkrafttreten infolge Ratifizierung (= Unterzeichnung eines völkerrechtlichen Vertrages von zuständigen Staatsorganen nach erfolgter Zustimmung durch das Parlament) des Vertrages österreichischen Boden zu verlassen haben.

26. Oktober 1955
Das österreichische Parlament beschließt am ersten Tag nach Ablauf der Räumungsfrist von 90 Tagen (Beginn nach der Hinterlegung der letzten Urkunde durch Frankreich in Moskau am 27. Juli 1955) das **Verfassungsgesetz über seine immerwährende Neutralität**.

25. Oktober 1965
Der Tag der Neutralitätserklärung (26. Oktober) wird zum österreichischen Nationalfeiertag erklärt.

3. Wandel der Neutralität

Durch die Veränderung der weltpolitischen Lage seit 1989 ist eine Neubewertung der österreichischen Neutralität im Gange.

1955 verlief der Eiserne Vorhang entlang Österreichs Ostgrenze und die Großmächte USA und die damalige Sowjetunion befanden sich im Kalten Krieg. Diese politischen Gegensätze hatten zur österreichischen Neutralität geführt. Seit der Öffnung des Ostens 1989 und der Auflösung der Sowjetunion hat die Neutralität ihre Funktion als Pufferzone zwischen Ost und West verloren.

Seit 1995 ist Österreich Vollmitglied der EU, welche u. a. eine gemeinsame Außen- und Sicherheitspolitik, die auch die Verteidigungspolitik beinhaltet, verfolgt. **Österreich trat unter Neutralitätsvorbehalt der EU bei.**

Nunmehr wird die österreichische Neutralität als **„differenzielle Neutralität"** gesehen, wonach die grundlegenden Pflichten eines neutralen Staates einzuhalten sind. Dies bedeutet:
- Österreich muss seine Neutralität mit militärischen Mitteln verteidigen.
- Österreich darf keinen Militärbündnissen beitreten.
- Österreich darf militärische Stützpunkte fremder Staaten nicht zulassen.
- Österreich darf sich an keinen militärischen Aktionen beteiligen, die nicht durch UN-Beschlüsse legitimiert sind.

Gemäß Art 23f B-VG kann sich Österreich an der gemeinsamen Verteidigungspolitik der Gemeinsamen Außen- und Sicherheitspolitik der EU durch Verhängung von Wirtschaftssanktionen gegen ein Drittland beteiligen und an Kampfeinsätzen mitwirken, die als friedenserhaltende oder friedensschaffende Maßnahmen politische Krisen beenden sollen.

C. Umfassende Landesverteidigung

1. Allgemeines

> Als neutrales Land muss Österreich seine Souveränität, das gesamte Bundesgebiet sowie seine Neutralität verteidigen.

Das Bekenntnis Österreichs zur Neutralität **verpflichtet zur bewaffneten Neutralität**. Mit dem Wiedererlangen der vollen Unabhängigkeit durch den Staatsvertrag 1955 wurden die österreichische Wehrverfassung und das Wehrrecht wieder in Kraft gesetzt.

Die äußere Sicherheit ist ein Staatsziel. Dies soll durch die umfassende Landesverteidigung gewährleistet werden.

2. Inhalt der Umfassenden Landesverteidigung (ULV)

Die ULV soll die Sicherheit Österreichs und seiner Bürger/innen wahren. Demnach soll die Verteidigung des Landes und der damit zusammenhängenden Grundwerte auf breiter Basis von folgenden Stellen wahrgenommen werden:
- Bundesheer
- öffentlichen Stellen auf Bundes-, Landes-, Bezirks- und Gemeindeebene (Bundesregierung, Landeshauptleute, Bezirkshauptmänner/-frauen, Bürgermeister/innen usw.)
- Hilfs- und Einsatzorganisationen (Freiwillige Feuerwehr, Rotes Kreuz usw.)
- jedem Einzelnen

Im Bedarfsfall soll eine effektive Verteidigung durch das Zusammenwirken der entscheidungsbefugten Organe – Bundespräsident/in, Bundesminister/in für Landesverteidigung, Bundesregierung, Verwaltungsbehörden des Bundes, der Länder und Gemeinden – erreicht werden.

Die ULV umfasst die militärische, die geistige, die zivile und die wirtschaftliche Landesverteidigung.

Umfassende Landesverteidigung

- Militärische Landesverteidigung
- Zivile Landesverteidigung
- Wirtschaftliche Landesverteidigung
- Geistige Landesverteidigung

a) Militärische Landesverteidigung:
Das neue österreichische Verteidigungskonzept wurde nach dem Wegfall des Ost-West-Konflikts der gegenwärtigen politischen Situation angepasst.

Die **Anlassfälle** für die umfassende Landesverteidigung lauten:
- **Krisenfall:** Internationale Konflikte oder internationale Spannungen mit der Gefahr einer Ausweitung auf Österreich
- **Neutralitätsfall:** militärische Auseinandersetzung in einem Nachbarland Österreichs
- **Verteidigungsfall:** militärischer Angriff auf Österreich

Eine Verletzung unserer Grenzen bzw. das Übergreifen von Kampfhandlungen auf unser Territorium soll verhindert werden. Unsere wirtschaftlichen Lebensgrundlagen sowie die Infrastruktur sollen geschützt werden.

Zu diesem Zweck wurden rasch verfügbare Einsatztruppen in der Stärke von etwa 15.000 Mann geschaffen, die bei einer Gefährdung unserer Staatsgrenze umgehend für Assistenz- und Sicherungsaufgaben aufgeboten werden können.

b) Zivile Landesverteidigung (ZLV)
Zur ZLV gehören **Maßnahmen und Einrichtungen zum Schutz der Zivilbevölkerung im Falle von Krisen und Kriegen sowie die Sicherstellung der Funktionsfähigkeit der Staatsorgane.**

c) Wirtschaftliche Landesverteidigung (WLV)
Durch die wirtschaftliche Landesverteidigung sollen ökonomische Störungen vermieden und die Leistungsfähigkeit der österreichischen Wirtschaft erhalten werden.

Dazu gehören die Errichtung eines wirtschaftlichen Krisenmanagements mit Bevorratungsplanung (insbesondere Haushaltsbevorratung), Energienotversorgung und Grundversorgung mit Medikamenten.

d) Geistige Landesverteidigung (GLV)
Die GLV hat die Aufgabe, **über Inhalte und Notwendigkeit der ULV zu informieren**, das Verständnis der Bevölkerung für alle Bereiche der ULV (auch durch Vermittlung im Schulunterricht) zu wecken und zu vertiefen. Das Bewusstsein jedes Einzelnen für die Sicherheitsvorsorge soll gestärkt werden, um in Krisensituationen nicht unvorbereitet zu sein (z. B. den Bedarf an Lebensmitteln, Hygiene- und Sanitärartikeln für ca. drei Tage im Haushalt vorrätig zu haben).

♦ Österreichische Sicherheitspolitik

Die umfassende Landesverteidigung mit ihren vier Teilbereichen stellt nur eine der drei **Säulen der österreichischen Sicherheitspolitik** dar. Österreich hat sich mit dem Beitritt zur Europäischen Union dazu bekannt, im Rahmen der „Gemeinsamen Außen- und Sicherheitspolitik" am Aufbau eines europäischen Sicherheitssystems aktiv und solidarisch mitzuwirken. Darüber hinaus gehört Österreich zahlreichen internationalen Organisationen an.

Säulen der österreichischen Sicherheitspolitik

- Umfassende Landesverteidigung
- Teilnahme an der Gemeinsamen Außen- u. Sicherheitspolitik der EU
- Mitgliedschaft in Internationalen Organisationen

3. Das Bundesheer

www.bmlvs.gv.at
www.bundesheer.at

Für die militärische Landesverteidigung ist das Bundesheer zuständig.

Das Bundesheer ist ein Teil der Bundesverwaltung. Oberbefehlshaber und Vorgesetzter aller Bundesheerangehörigen ist der **Bundespräsident**. Die unmittelbare Befehlsgewalt und politische Verantwortung hat d. **Verteidigungsminister/in**.

a) Aufgaben

Die Aufgaben des Bundesheeres sind im **Wehrgesetz** festgelegt.
Demnach ist das **Bundesheer zuständig für**:

- **militärische Landesverteidigung**
- **den Schutz der verfassungsmäßigen Einrichtungen und ihrer Handlungsfähigkeit**
- **Hilfeleistung bei Elementarereignissen und Unglücksfällen außergewöhnlichen Umfanges**
- **zur Hilfeleistung im Ausland bei Maßnahmen der Friedenssicherung, der humanitären Hilfe und der Katastrophenhilfe sowie der Such- und Rettungsdienste**

b) Wehrsystem

Das österreichische Wehrsystem ist das System der **allgemeinen Wehrpflicht**:

Art 9a B-VG bestimmt: „Jeder männliche österreichische Staatsbürger ist wehrpflichtig. Wer aus Gewissensgründen die Erfüllung der Wehrpflicht verweigert und hiervon befreit wird, hat einen Ersatzdienst zu leisten." (Zivildienst)
Die allgemeine Wehrpflicht betrifft nur männliche Staatsbürger und dauert 6 Monate.

Seit 1.1.1998 sind Frauen auf freiwilliger Basis zum Wehrdienst (inklusive Berufssoldatentum) zugelassen.

Die Verfassung schreibt als Organisationsform für das Heer das **„Milizsystem"** vor. Im Gegensatz zum Berufsheer tritt das Milizheer in Friedenszeiten nur zu Ausbildungs- und Übungszwecken zusammen und wird dabei von einem verhältnismäßig kleinen Bestand von Berufssoldaten (Kaderpersonal) angewiesen.

Der **Zivildienst** (www.zivildienst.gv.at) ist ein 9-monatiger Ersatzdienst an Stelle der Wehrpflicht bei dafür vorgesehen Einrichtungen (dazu gehören u. a. Krankenanstalten, Rettungswesen, Sozial- und Behindertenhilfe, Katastrophenhilfe). Das Recht auf Leistung des Zivildienstes ist ein verfassungsgesetzlich gewährleistetes Recht.

D. Umfassender Umweltschutz

Seit 1984 bekennt sich Österreich durch ein Verfassungsgesetz zum umfassenden Umweltschutz. Dieser wird als „Bewahrung der natürlichen Umwelt als Lebensgrundlage des Menschen vor schädlichen Einwirkungen" definiert.

Er besteht insbesondere „in Maßnahmen zur Reinhaltung der Luft, des Wassers und des Bodens sowie zur Vermeidung von Störungen durch Lärm". Die nähere Ausgestaltung dieses Grundsatzes erfolgt in einfachen Gesetzen.

?

Wiederholungsfragen – Arbeitsaufgaben – Diskussionsanregungen

1. *Beschreiben Sie die Funktion und die Inhalte einer Verfassung eines Staates.*
2. *Prüfen Sie, ob der EU-Beitritt den Stufenbau der Rechtsnormen in Österreich verändert hat.*
3. *Nennen Sie die Grundsätze der österreichischen Bundesverfassung.*
4. *Erklären Sie, welche Organe in Österreich vom Volk direkt gewählt werden und welche indirekt bestimmt werden.*
5. *Erläutern Sie den Unterschied zwischen einem Mehrheitswahlsystem und Verhältniswahlsystem.*
6. *Erörtern Sie die Vor- bzw. Nachteile eines Verhältnis- bzw. ein Mehrheitswahlsystems.*
7. *Erläutern Sie die Prinzipien des österreichischen Wahlrechtes.*

8. *Beschreiben Sie das aktive und passive Wahlrecht und erklären Sie, wie dies in Österreich geregelt ist.*
9. *Analysieren Sie die Unterschiede zwischen Volksabstimmung, Volksbefragung und Volksbegehren.*
10. *Nennen Sie mögliche Anlässe für die Durchführung einer Volksabstimmung.*
11. *Vergleichen Sie die Instrumente der direkten Demokratie und erläutern Sie, welches Ihrer Meinung nach das größte politische Gewicht hat.*
12. *Führen Sie jene Verfassungsbestimmungen an, an denen erkennbar ist, dass Österreich ein Bundesstaat ist.*
13. *Finden Sie Argumente für und gegen die föderalistische Organisation Österreichs.*
14. *Diskutieren Sie über die Kosten eines bundesstaatlich organisierten Staates.*
15. *Erläutern Sie die kennzeichnenden Merkmale eines Rechtsstaats und erklären Sie, was das Gegenteil eines Rechtsstaates ist.*
16. *Diskutieren Sie über die typischen Merkmale eines Rechtsstaates.*
17. *Geben Sie einen Überblick über die geltenden Staatszielbestimmungen und erklären Sie deren Zweck.*
18. *Erläutern Sie den Unterschied zwischen gewöhnlicher und immerwährender Neutralität.*
19. *Beschreiben Sie die Entwicklung der österreichischen Neutralität.*
20. *Zählen Sie die Pflichten Österreichs als neutraler Staat auf.*
21. *Analysieren Sie, wodurch die österreichische Neutralität seit 1989 eine neue Bedeutung erfahren hat.*
22. *Diskutieren Sie die Bedeutung der österreichischen Neutralität anhand aktueller Medienberichte.*
23. *Diskutieren Sie die Beibehaltung oder Abschaffung der Neutralität Österreichs inklusive der jeweiligen Konsequenzen.*
24. *Erklären Sie die Teilbereiche des Konzepts der umfassenden Landesverteidigung. Diskutieren Sie über die Bedeutung der einzelnen Bereiche.*

IV. Die Gesetzgebung

„Es kann nicht Aufgabe eines Politikers sein, die öffentliche Meinung abzuklopfen und dann das Populäre zu tun. Aufgabe des Politikers ist es, das Richtige zu tun und es populär zu machen." (Walter Scheel)

Die Gesetzgebung ist ein zentrales Instrument zur Gestaltung der rechtlichen Lebensbedingungen der Bürger. In einer Demokratie kann die Bevölkerung indirekt durch Wahl der Abgeordneten sowie direkt durch die Möglichkeit eines Volksbegehrens oder einer Volksabstimmung mitwirken.

Da Österreich föderalistisch organisiert ist, wird sowohl eine Bundesgesetzgebung als auch eine Landesgesetzgebung benötigt.

Welche Organe sind für die Bundes- und Landesgesetzgebung zuständig? Wie entsteht ein Gesetz? Welche anderen Organe oder Institutionen sind am Gesetzgebungsprozess beteiligt? Auf welche Weise wirken Bundes- und Landesorgane am Bundesgesetzgebungs- und Landesgesetzgebungsverfahren mit? Ab welchem Zeitpunkt gelten Bundes- und Landesgesetze?

Welche besondere rechtliche Position haben Abgeordnete? Wer bildet die Bundesversammlung und wofür ist diese zuständig?

Diese und ähnliche Themen werden im Folgenden behandelt.

Österreich ist ein Bundesstaat, daher gibt es jeweils die Gesetzgebung auf Bundes- und auf Landesebene. Dafür zuständig sind bestimmte, allgemeine, vom Volk gewählte Vertretungskörper.

A. Gesetzgebung des Bundes

www.parlament.gv.at

Foto:
Das Parlament

Die Kompetenzartikel der Bundesverfassung legen die Zuständigkeit von Bundes- und Landesorganen für Gesetzgebung und Vollziehung für einzelne Fachbereiche fest. Sie weisen demnach bestimmte Angelegenheiten der Bundesgesetzgebung oder der Landesgesetzgebung zu.

Für die Bundesgesetzgebung ist der Nationalrat unter Einbindung des Bundesrates als Ländervertretung zuständig (= Zweikammergesetzgebung).
Bundesgesetze gelten für das gesamte Staatsgebiet der Republik Österreich.

Landesgesetze gelten nur für das jeweilige Bundesland und werden von den Landtagen beschlossen.

1. Der Nationalrat

♦ Mandatare

Auf der Grundlage der Nationalratswahlordnung 1992 ergeben sich die pro Landeswahlkreis und Regionalwahlkreis zu vergebenden Abgeordnetenmandate.

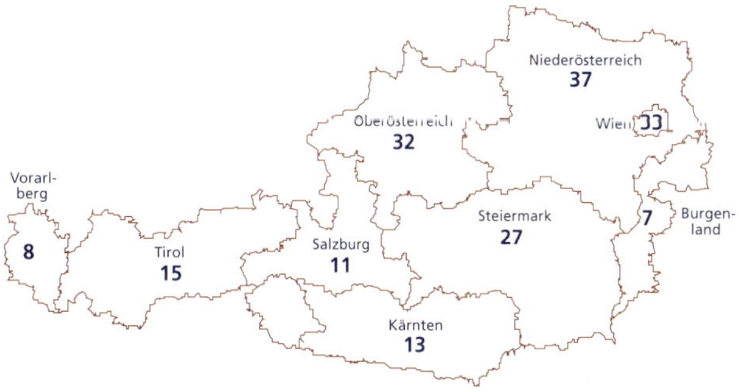

♦ Sitz

Der Nationalrat hat ebenso wie die anderen obersten Bundesorgane seinen Sitz in der Bundeshauptstadt Wien.

Empfangshalle des Parlaments
© M. Humer

Sitzungssaal des Nationalrats
© M. Humer

♦ Gesetzgebungsperiode und Konstituierung

Der Nationalrat besteht aus **183 Abgeordneten, die das Plenum bilden.** Diese Volksvertreter werden von den wahlberechtigten Staatsbürger/innen für eine **Gesetzgebungsperiode** (Legislaturperiode) von fünf Jahren gewählt.

Eine Gesetzgebungsperiode kann in folgenden Fällen verkürzt werden:
- Selbstauflösungsbeschluss des Nationalrates
- Auflösung durch den Bundespräsidenten auf Vorschlag der Bundesregierung
- Automatische Auflösung, wenn auf Veranlassung des Nationalrates die Bundesversammlung (= Nationalrat und Bundesrat) eine Volksabstimmung zur Absetzung des Bundespräsidenten verlangt hat und das Volk diese Absetzung ablehnt.

Der neu gewählte Nationalrat ist vom Bundespräsidenten innerhalb von 30 Tagen nach der Wahl zur konstituierenden Sitzung einzuberufen. Unter „**Konstituierung**" versteht man das erstmalige Zusammentreten eines neu gewählten Organs.

Der/die Präsident/in des Nationalrates beruft die einzelnen **Sitzungen** ein. Wenn ein Viertel der Abgeordneten es verlangt, muss eine Sitzung innerhalb von fünf Tagen stattfinden. Die Sitzungen sind **öffentlich.** Durch Beschluss des Nationalrates ist ein **Ausschluss** der Öffentlichkeit für einzelne Sitzungen des Nationalrates **möglich.**

Für wahrheitsgetreue Berichte der Medien über die Verhandlungen in den öffentlichen Sitzungen des Nationalrates und seiner Ausschüsse gilt die **„sachliche Immunität".**

♦ Präsident

Der Nationalrat wählt aus seinen Mitgliedern den **Präsidenten** bzw. die **Präsidentin** des Nationalrates sowie einen **zweiten und dritten Präsidenten.** Sie haben die Geschäftsordnung zu vollziehen. Der/die Präsident/in hat darauf zu achten, dass die Würde und die Rechte des Nationalrates gewahrt und die dem Nationalrat obliegenden Aufgaben erfüllt werden.

Der/die Präsident/in führt den Vorsitz in den Sitzungen und nimmt Abstimmungen vor. Im Fall seiner/ihrer Verhinderung vertritt ihn/sie der zweite bzw. dritte Präsident (von denen er/sie sich aber auch sonst jederzeit in der Vorsitzführung vertreten lassen kann).

Die Verwaltungsgeschäfte des Nationalrates werden durch die **Parlamentsdirektion** auf Weisung des Präsidenten/der Präsidentin besorgt.

♦ Parlamentarischer Klub

Abgeordnete derselben wahlwerbenden Partei sind im Nationalrat berechtigt, sich zu einem Klub zusammenzuschließen. Um einen Klub konstituieren zu können, werden mindestens fünf Abgeordnete benötigt. Jeder Klub wählt an seine Spitze einen Klubobmann beziehungsweise eine Klubobfrau.

Die Klubobleute bilden zusammen mit den drei Nationalratspräsidenten die „**Präsidialkonferenz**". Diese ist ein zentrales Beratungsorgan des Nationalrates und bestimmt die Tagesordnung der Sitzungen, den Zeitablauf und die Redeordnung.

Die parlamentarischen Klubs erhalten finanzielle Zuwendungen aus dem Bundesbudget.

♦ Ausschüsse

Ein wesentlicher Teil der parlamentarischen Arbeit erfolgt in Ausschüssen, die die öffentlichen Debatten im Plenum vorbereiten. Hier erfolgt die endgültige **Formulierung der Gesetze**, wobei die Ausschüsse berechtigt sind, Änderungen am geplanten Entwurf vorzunehmen, vorgeschlagene Bestimmungen zu streichen und neue Bestimmungen hinzuzufügen. Bei seinen Beratungen ist der Ausschuss berechtigt, Experten beizuziehen, den Minister sowie die zuständigen Referenten vorzuladen und zu befragen.

Ebenso wie die Regierung in Ressorts gegliedert ist, werden im Parlament die Ausschüsse nach Sachgebieten formiert, z. B. ist für Unterrichtsfragen in der Regierung der Unterrichtsminister, im Parlament der Unterrichtsausschuss zuständig, für Fragen der Landwirtschaft der Landwirtschaftsminister bzw. der Landwirtschaftsausschuss etc.

Die Ausschüsse setzen sich entsprechend der Stärke der einzelnen Parteien im Plenum zusammen. Die Mitglieder und Ersatzmitglieder der Ausschüsse werden von ihren Klubs nominiert und gelten dann als gewählt.

♦ **Folgende Ausschüsse sind in der Verfassung vorgeschrieben:**

– **Hauptausschuss**

Der Hauptausschuss stellt eine Verbindung zwischen Nationalrat und Bundesregierung dar und wirkt an bestimmten Aufgaben der Vollziehung mit. Z. B. Mitwirkung bei der Ernennung von österreichischen Vertretern in den Organen der EU, Abgabe von Stellungnahmen zu Vorhaben im Rahmen der EU und Erstellung von Vorschlägen für die Wahl des Präsidenten und Vizepräsidenten des Rechnungshofes sowie der Mitglieder der Volksanwaltschaft

– **Ständiger Unterausschuss des Hauptausschusses**

Er wird vom Hauptausschuss aus seiner Mitte gewählt und muss jederzeit zusammentreten können. Wird der Nationalrat vom Bundespräsidenten aufgelöst, hat der Ständige Unterausschuss an der Vollziehung mitzuwirken, wie dies sonst dem Nationalrat bzw. dem Hauptausschuss zusteht. Weiters hätte er an Notverordnungen des Bundespräsidenten mitzuwirken (siehe Seite 132).

- **Rechnungshofausschuss und dessen Unterausschuss**
- **Immunitätsausschuss**
- **Unvereinbarkeitsausschuss**
- **Budgetausschuss mit Unterausschuss**
- **Ständiger Unterausschuss zur Überprüfung der Staatspolizei und militärischer Nachrichtendienste**
- **Ständiger gemeinsamer Ausschuss von Nationalrat und Bundesrat**

Außerdem gibt es für alle wichtigen Angelegenheiten Ausschüsse für die Dauer der Gesetzgebungsperiode, z. B. **Finanz- und Budgetausschuss, Justizausschuss, Unterrichtsausschuss.** Daneben können jederzeit durch Beschluss des Nationalrates **Untersuchungsausschüsse** eingesetzt werden (Enqueterecht, siehe Kapitel Kontrolle der Staatsgewalt, Seite150 f).

♦ **Aufgaben des Nationalrates**

- **Beratung und Beschlussfassung von Bundesgesetzen**
- **Budgetbewilligung** (ohne Mitwirkung des Bundesrates)
- **Mitwirkung an der Vollziehung**
- **Kontrolle der Bundesregierung** (Näheres siehe unter Kontrolle der Verwaltung, Seite 150 f.)

♦ **Rechtsstellung der Abgeordneten**

Abgeordnete haben eine besondere Position, damit sie ihr Mandat grundsätzlich unabhängig und am Wohl der Republik und der Bürger/innen orientiert ausüben können.

a. Recht zur Ausübung des Mandats

Mit der Angelobung in der konstituierenden Sitzung gehört ein/e Abgeordnete/r für die laufende Gesetzgebungsperiode dem Nationalrat an.

Das Mandat endet durch:

- freiwilligen Verzicht
- Erklärung des Mandatsverlusts durch den Verfassungsgerichtshof
- erfolgreiche Wahlanfechtung
- Beanspruchen des Mandats durch ein bisheriges Mitglied der Bundesregierung bei einem „Mandat auf Zeit"

b. Freies Mandat

Die Verfassung sieht vor, dass Abgeordnete bei der Ausübung ihres Mandates **an keine Aufträge oder Weisungen gebunden** sind. Das bedeutet, dass die Abgeordneten im Parlament ihre Entscheidung unabhängig vom Auftrag der Wähler/innen, unabhängig von der Meinung der sie nominierenden Partei treffen und nur im Sinne des Gemeinwohls handeln können. In der Praxis sind sie jedoch durch den Klubzwang meist an parteiinterne Beschlüsse gebunden. Hält sich die/der Abgeordnete nicht daran, hat dies keinen Einfluss auf ihre/seine rechtliche Stellung als Abgeordnete/r.

Auch im Falle eines Austritts oder Ausschlusses einer/s Abgeordneten aus ihrer/seiner Partei behält sie/er ihr/sein Mandat und wird „wilde/r Abgeordnete/r".

c. Immunität

Die Immunität schützt die Abgeordneten vor Verfolgung durch Strafbehörden während ihrer Amtsperiode. Damit wird eine ungehinderte und unabhängige parlamentarische Tätigkeit ermöglicht. Ohne Immunität könnte die Bundesregierung durch Anordnung der Verhaftung von Abgeordneten den Nationalrat blockieren.

– **Berufliche Immunität:**
Gewährleistet die Rede- und Abstimmungsfreiheit. Abgeordnete dürfen wegen der in Ausübung ihres Berufes vorgenommenen **Abstimmungen niemals,** wegen der in diesem Beruf gemachten **mündlichen** oder **schriftlichen Äußerungen nur** vom **Nationalrat verantwortlich** gemacht werden.
– **Außerberufliche Immunität:**
Schützt Abgeordnete vor Verfolgungsmaßnahmen wegen einer strafbaren Handlung, wobei zu unterscheiden ist, ob die strafbare Handlung mit oder ohne Zusammenhang der politischen Tätigkeit begangen wurde.

	Strafbare Handlungen **im Zusammenhang** mit der politischen Tätigkeit	Strafbare Handlungen **ohne Zusammenhang** mit der politischen Tätigkeit
Verhaftung oder Hausdurchsuchung	Nur mit Zustimmung des Nationalrates möglich. Ausnahme: Ergreifung auf frischer Tat bei Verübung eines Verbrechens	
Sonstige behördliche Verfolgungsmaßnahmen	Nur mit Zustimmung des Nationalrates nach einem Auslieferungsbegehren möglich	Ohne Zustimmung des Nationalrates möglich. Jedoch kann der Nationalrat auf Antrag des betreffenden Abgeordneten oder eines Drittels der Mitglieder des Immunitätsausschusses des Nationalrats verlangen, dass Verfolgungsmaßnahmen unterlassen oder abgebrochen werden.

d. Unvereinbarkeit
Mit der Mitgliedschaft im Nationalrat und im Bundesrat sind bestimmte andere Funktionen nicht vereinbar, z. B. mit der Stellung der/s Bundespräsidentin/en, der/s (Vize-)Präsidentin/en oder eines Mitgliedes des OGH, des VfGH und des VwGH sowie mit der Stellung eines Mitglieds des Europäischen Parlaments.
Keine Unvereinbarkeit besteht zwischen öffentlichem Amt als Beamter/-in und Abgeordnetenmandat.

e. Bezüge
Im 19. Jahrhundert übernahmen Abgeordnete ihr Mandat ehrenamtlich. Heutzutage erhalten Nationalratsabgeordnete für ihre Tätigkeit ein Gehalt gemäß dem Bundesbezügegesetz in der gültigen Fassung. Die aktuellen Bezüge finden Sie im Internet.

2. Die Nationalratswahlordnung 1992
www.bmi.gv.at/wahlen

♦ Allgemeines
Die Bundesverfassung bestimmt, dass für die Wahl des Nationalrates das Verhältniswahlsystem gilt. Dieses verwirklicht die Nationalratswahlordnung in ihren Ermittlungsverfahren.

♦ Wahlberechtigung
Aktiv wahlberechtigt sind alle Österreicher/innen, die spätestens mit dem Ablauf des Wahltages das 16. Lebensjahr vollendet haben und nicht vom Wahlrecht ausgeschlossen sind.
Passiv wahlberechtigt sind alle Österreicher/innen, die spätestens mit dem Ablauf des Wahltages das 18. Lebensjahr vollendet haben und nicht vom Wahlrecht ausgeschlossen sind.

♦ Wahlausschließungsgründe
Vom Wahlrecht ausgeschlossen ist, wer durch ein inländisches Gericht wegen einer oder mehrerer mit Vorsatz begangener strafbarer Handlungen zu einer mehr als einjährigen Freiheitsstrafe rechtskräftig verurteilt worden ist. Der Wahlausschluss endet sechs Monate nach Beendigung der Freiheitsstrafe.

♦ Wahlkreise
Das Bundesgebiet wird für die Wahl in neun Landeswahlkreise eingeteilt, wobei jedes Bundesland einen Landeswahlkreis bildet. Jeder Landeswahlkreis wird in zwei oder mehrere Regionalwahlkreise eingeteilt. Insgesamt gibt es 39 Regionalwahlkreise.

♦ Aufteilung der Mandate auf die Landes- bzw. Regionalwahlkreise
Die Aufteilung der insgesamt 183 Mandate auf die Landeswahlkreise bzw. Regionalwahlkreise erfolgt nach dem **Bürgerzahlprinzip.** Jedem Landeswahlkreis werden so viele Mandate zugewiesen, wie die Bürgerzahl in der Anzahl der Staatsbürger/innen eines Bundeslandes plus der dort verzeich-

neten Auslandsösterreicher/innen enthalten ist. Analog dazu werden die Mandate den Regionalwahlkreisen zugewiesen.

!

Mandatszahl für den Landeswahlkreis = Staatsbürger/innen des Bundeslandes + eingetragene Auslandsösterreicher/innen : { Österreichische Staatsbürger/innen + eingetragene Auslandsösterreicher/innen : **183** }

(Österreichische Staatsbürger/innen + eingetragene Auslandsösterreicher/innen = Bürgerzahl)

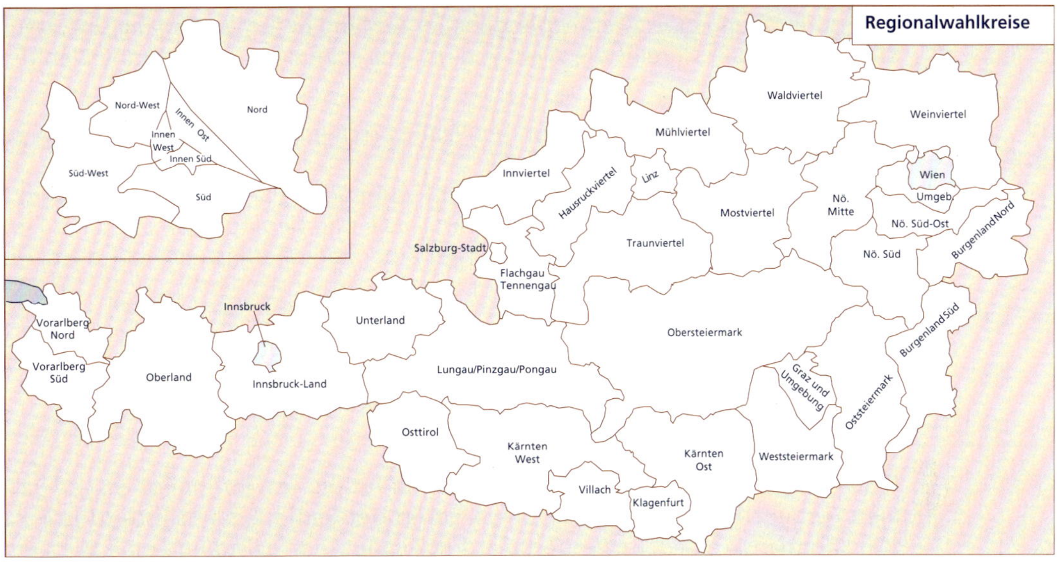

♦ Wahlkreise und zu verteilende Mandate

Landeswahlkreis	Gesamt-mandate	Regional-wahlkreise	Regionalwahlkreisbezeichnung	Mandate
Burgenland	7	1 A	Burgenland Nord	4
		1 B	Burgenland Süd	3
Kärnten	13	2 A	Klagenfurt	3
		2 B	Villach	3
		2 C	Kärnten West	3
		2 D	Kärnten Ost	4
Niederösterreich	37	3 A	Weinviertel	7
		3 B	Waldviertel	5
		3 C	Mostviertel	6
		3 D	Niederösterreich Mitte	5
		3 E	Niederösterreich Süd	5
		3 F	Wien Umgebung	5
		3 G	Niederösterreich Süd-Ost	4
Oberösterreich	32	4 A	Linz und Umgebung	7
		4 B	Innviertel	5
		4 C	Hausruckviertel	8
		4 D	Traunviertel	6
		4 E	Mühlviertel	6
Salzburg	11	5 A	Salzburg Stadt	3
		5 B	Flachgau / Tennengau	4
		5 C	Lungau / Pinzgau / Pongau	4
Steiermark	27	6 A	Graz und Umgebung	9
		6 B	Oststeiermark	6
		6 C	Weststeiermark	4
		6 D	Obersteiermark	8
Tirol	15	7 A	Innsbruck	3
		7 B	Innsbruck - Land	5
		7 C	Unterland	3
		7 D	Oberland	3
		7 E	Osttirol	1
Vorarlberg	8	8 A	Vorarlberg Nord	4
		8 B	Vorarlberg Süd	4
Wien	33	9 A	Wien Innen - Süd	3
		9 B	Wien Innen - West	3
		9 C	Wien Innen - Ost	3
		9 D	Wien Süd	7
		9 E	Wien Süd - West	6
		9 F	Wien Nord - West	5
		9 G	Wien Nord	6

♦ **Wahlbehörden**
Für die Durchführung von Wahlen sind Wahlbehörden zuständig, die auch die Stimmen auszählen und das Wahlergebnis in ihrem Zuständigkeitsbereich ermitteln.

Es gibt eine **Bundeswahlbehörde, 9 Landeswahlbehörden, Bezirkswahlbehörden** (in den Statutarstädten, politischen Bezirken bzw. Verwaltungsbezirken), **Gemeindewahlbehörden** (besondere Wahlbehörden in Gemeinden ohne Sprengeleinteilung) und **Sprengelwahlbehörden** (besondere Wahlbehörden in Gemeinden mit Sprengeleinteilung).

Bei allen Wahlbehörden wird ein/e Vorsitzende/r ernannt. Die weiteren Mitglieder der Wahlbehörden werden von den Parteien nominiert. Der Bundeswahlbehörde gehören auch Richter/innen an. Die zur Beurkundung einer Stimmenabgabe im Ausland befugten Organe sind keine Wahlbehörden. Die Bundesregierung schreibt die Wahl in einer Verordnung aus und nennt Wahltag und Stichtag.

♦ **Wahlvorschläge**
Die wahlwerbenden Parteien können Wahlvorschläge mit Kandidatenlisten einreichen.

– **Landeswahlvorschläge**
Landeswahlvorschläge sind von den wahlwerbenden Parteien spätestens am 30. Tag vor der Wahl einzubringen. Sie haben eine Landesparteiliste und Regionalparteilisten zu enthalten, wobei ein/e Kandidat/in österreichweit jeweils nur auf einer Regionalparteiliste und einer Landesparteiliste aufscheinen darf.

– **Bundeswahlvorschlag**
Für das dritte Ermittlungsverfahren müssen wahlwerbende Parteien spätestens am 17. Tag vor der Wahl einen Bundeswahlvorschlag bei der Bundeswahlbehörde einbringen, da sonst eventuelle Restmandate in diesem Verfahren nicht berücksichtigt werden können.

♦ **Stimmabgabe**
Jede/r **Wähler/in** kann **zusätzlich** zur **Stimme** für die von ihr/ihm gewählte Partei **drei Vorzugsstimmen** vergeben: eine für eine/n Bewerber/in der Regionalparteiliste (durch Ankreuzen), eine Vorzugsstimme für eine/n Bewerber/in auf der Landesparteiliste und eine Vorzugstimme für eine/n Bewerber/in der Bundesparteliste (durch Einsetzen des Namens) der von ihr/ihm gewählten Partei. Es ist **kein Stimmensplitting möglich.** Wird vom Wähler oder von der Wählerin eine Partei bezeichnet und eine Vorzugsstimme für eine/n Bewerber/in einer anderen Partei gegeben, so ist nur die Stimme für die Partei gültig!

Ein **Stimmzettel ist gültig**, wenn **eindeutig die Entscheidung für eine Partei zu erkennen** ist.

Vorzugsstimmen
Die Vorzugsstimmen wirken sich dann aus, wenn Bewerber/innen eine ausreichende Anzahl von Vorzugsstimmen erhalten haben. (Die Anzahl der notwendigen Vorzugsstimmen ist im Landes- und Regionalwahlkreis unterschiedlich geregelt.) Wenn kein/e Bewerber/in genügend Vorzugsstimmen erhalten hat, werden die Mandate nach der Reihenfolge der jeweiligen Parteiliste zugewiesen.

Amtlicher Stimmzettel
für die Nationalratswahl am 29. September 2013
Regionalwahlkreis **9 A** Wien Innen-Süd

Liste Nr.	1	2	3	4	5	6	7	8	9	10	11
Parteibezeichnung	Sozialdemokratische Partei Österreichs	Österreichische Volkspartei	Freiheitliche Partei Österreichs	BZÖ – Liste Josef Bucher	Die Grünen – Die Grüne Alternative	Team Frank Stronach	NEOS Das Neue Österreich und Liberales Forum	Sozialistische LinksPartei	Piratenpartei Österreichs	Der Wandel	Kommunistische Partei Österreichs
Kurzbezeichnung	**SPÖ**	**ÖVP**	**FPÖ**	**BZÖ**	**GRÜNE**	**FRANK**	**NEOS**	**SLP**	**PIRAT**	**WANDL**	**KPÖ**
Für die gewählte Partei im Kreis ein X einsetzen.	◯	◯	◯	◯	◯	◯	◯	◯	◯	◯	◯
VORZUGSSTIMME-BUNDESWAHLVORSCHLAG Für die Vergabe einer Vorzugsstimme an einen Bewerber oder eine Bewerberin der Bundesparteiliste der gewählten Partei die Bezeichnung des Bewerbers oder der Bewerberin (Name und/oder Reihungsnummer der jeweiligen Bundesparteiliste) in das entsprechende Feld einsetzen.											
VORZUGSSTIMME-LANDESWAHLKREIS Für die Vergabe einer Vorzugsstimme an einen Bewerber oder eine Bewerberin der Landesparteiliste der gewählten Partei die Bezeichnung des Bewerbers oder der Bewerberin (Name und/oder Reihungsnummer der jeweiligen Landesparteiliste) in das entsprechende Feld einsetzen.											
VORZUGSSTIMME-REGIONALWAHLKREIS Für die Vergabe einer Vorzugsstimme an einen Bewerber oder eine Bewerberin der Regionalparteiliste der gewählten Partei im Kreis links vom Namen ein X einsetzen.	1 ◯ Krainer Kai Jan, 1968	1 ◯ Ing.in Leeb Isabella, 1967	1 ◯ Jenewein Hans-Jörg, 1974	1 ◯ Habsburg-Lothringen Ulrike Margarethe, 1945	1 ◯ Mag.a Neuroth Barbara, 1957	1 ◯ Dr. Bauer Ronald, 1981	1 ◯ Mag. Alm Nikolaus, 1975	1 ◯ Müller Irene-Renate, 1981		1 ◯ Maier Raimund, 1980	1 ◯ Jurjans Wolf-Goetz, 1952
	2 ◯ Mag. Auer-Stüger Stephan, 1979	2 ◯ Ing. Mag. Keri Andreas, 1968	2 ◯ Stumpf Michael, 1988	2 ◯ Pfisterer Jean, 1946	2 ◯ Felderer Romed, 1985	2 ◯ Mag. Mag. Walzel Gustav, 1964	2 ◯ Dr. Hofmann, LL.M. Alexander, 1961	2 ◯ Hörtner Pablo, 1979			2 ◯ Empacher Susanne, 1961
	3 ◯ Wessely Susanne, 1963	3 ◯ Böhm Maria, 1954	3 ◯ Dr.in Kappel Barbara, 1965	3 ◯ Mag.a Peschko-Gruber Katharina, 1963	3 ◯ Akkaya Esin, 1971	3 ◯ Steiner, BA Andrej, 1986	3 ◯ Dr. Duschek Stefan, 1947	3 ◯ Döller Lucia, 1986			3 ◯ Brunnthaler Robert, 1965
	4 ◯ Mag. Ritt Thomas, 1965	4 ◯ Mag. Pasquali Johannes, 1975	4 ◯ Ing.in Guggenberger Karin, 1986	4 ◯ Vogelsang Johannes, 1957	4 ◯ Mag. König Philip, 1974	4 ◯ Mag. Edelbacher Maximilian, 1944	4 ◯ Zöllner Hanns, 1948				4 ◯ Lehner Waltraud, 1955
	5 ◯ Wagner Kurt, 1957	5 ◯ Korbiel Adrian, 1989	5 ◯ Schuster Georg, 1977	5 ◯ Mag.a Fauland Nicol, 1973	5 ◯ Mag.a Lachkovics Eva, 1955		5 ◯ Mag. Heigl Nikolas, 1985				5 ◯ Holzinger Lutz, 1944
	6 ◯ Mag.a Halbwidl Lea, 1981	6 ◯ Moser Christian, 1967	6 ◯ Kops Dietrich, 1964	6 ◯ Jaromin Walter, 1919	6 ◯ Dvorsky Peter, 1956		6 ◯ Mag. Hießböck Hans Christian, 1973				6 ◯ Grammel Hildegard, 1958
	7 ◯ Mag.a Enzi Marion, 1972	7 ◯ Feichtinger-Kos Maria, 1954	7 ◯ Wolf Inge, 1941		7 ◯ Puller Ingrid, 1961						7 ◯ Pecha Andreas, 1955
	8 ◯ Mag.a Trattnig Andrea, 1976	8 ◯ Schwarz Sabine, 1973	8 ◯ Suzan Gerald, 1969		8 ◯ Pilgram Ulrike, 1968						8 ◯ Lutz Claudia, 1972
	9 ◯ Ing. Krassnitzer Martin, 1949	9 ◯ Mag. Dr. Benesch Markus, 1979	9 ◯ Unger Christian Paul, 1972		9 ◯ Dipl.-Ing.in Zerzer Nada, 1972						9 ◯ Girlinger Johann, 1959
	10 ◯ Dipl.-Ing.in Asadi Shams, 1961	10 ◯ Szatkowska Kornelia, 1991	10 ◯ Mag.a Kauba Aloisia, 1937		10 ◯ Dipl.-Ing. Tausig Mathias, 1979						10 ◯ Mag.a Fritz-Klackl Waltraud, 1953
	11 ◯ Glanz Michael, 1948	11 ◯ Wernicke Irene, 1946	11 ◯ Vogelsang Brigitte, 1948		11 ◯ Voss Paul, 1985						11 ◯ Hauptmann Gerhard, 1955
	12 ◯ Hammer Andrea, 1962	12 ◯ Dipl.-Päd.in Hochetlinger Barbara, 1984	12 ◯ Mag. Gudenus Johann, 1976		12 ◯ Mag.a Pokorny Petra, 1976						12 ◯ Mende Bärbel, 1943

♦ Ermittlungsverfahren

Die Nationalratswahlordnung sieht drei Ermittlungsverfahren vor:

- **Erstes Ermittlungsverfahren in den 43 Regionalwahlkreisen (RWK)**
  Die Zuweisung der Mandate auf die Parteien erfolgt aufgrund der **Wahlzahl** des Landeswahlkreises (= LWK). Jede Partei erhält im Regionalwahlkreis (= RWK) so viele Mandate (Grundmandate), wie die auf die nächsthöhere ganze Zahl ergänzte Wahlzahl in ihrer Parteisumme enthalten ist.
  Hat eine Partei Mandate im RWK erhalten, werden diese vorerst an die Kandidaten/-innen mit Vorzugsstimmen vergeben, wenn diese mindestens die Hälfte der Wahlzahl oder ein Sechstel der Parteienstimmen erhalten haben. Die restlichen errungenen Mandate der Partei werden gemäß der Reihenfolge der Kandidatinnen/en auf die Regionalparteiliste verteilt.
- **Das zweite Ermittlungsverfahren in den 9 Landeswahlkreisen (LWK)**
  ist ein Auffüllverfahren:
  Ermittlung der Wahlzahl (Haresches Verfahren)

$$\textbf{Wahlzahl} = \frac{\text{gültige Stimmen des LWK}}{\text{Mandate des LWK}}$$

- Ermittlung der Mandate für die Parteien im LWK. Nur für Parteien, die **mindestens ein Mandat in einem RWK** oder **bundesweit mindestens 4 % der Stimmen** errungen haben.

$$\textbf{Mandate der Partei im LWK} = \frac{\text{gültige Stimmen der Partei im LWK}}{\text{Wahlzahl des LWK}}$$

  Von den Mandaten der Partei im LWK werden die bereits errungenen Mandate der RWK abgezogen.
  Zuweisung der verbleibenden Mandate an Bewerber/innen, die mindestens so viele Vorzugsstimmen erhalten haben, wie die Wahlzahl des LWK groß ist. Verbleibende Mandate werden gemäß der Reihenfolge der Kandidatinnen/en auf der Landesparteiliste aufgeteilt.
- **Das dritte Ermittlungsverfahren (im Bundeswahlkreis)**
  ist ebenfalls ein Auffüllverfahren:
  – Ermittlung der Wahlzahl für alle 183 Mandate nach dem d'Hondtschen Verfahren.
  – Ermittlung der Mandate für alle Parteien. Nur für Parteien, die **mindestens ein Mandat in einem RWK** oder **bundesweit mindestens 4 % der Stimmen** errungen und einen Bundeswahlvorschlag abgegeben haben.

$$\textbf{Mandate der Partei österreichweit} = \frac{\text{gültige Stimmen der Partei österreichweit}}{\text{Wahlzahl des Bundeswahlkreises}}$$

Die bereits in den RWK und LWK errungenen Mandate werden abgezogen.
Verbleibende Mandate der Partei werden gemäß der Reihenfolge des Bundeswahlvorschlages auf die Kandidatinnen/en aufgeteilt.

Vereinfachtes Beispiel für das **d'Hondtsche** Wahlverfahren:

Partei A	5.000 Stimmen	Zu vergebende Mandate: 7
Partei B	12.000 Stimmen	
Partei C	1.500 Stimmen	
Partei D	7.000 Stimmen	
Partei E	2.000 Stimmen	
Summe	27.500 Stimmen	

$1/1$	12.000	7.000	5.000	2.000	1.500
$1/2$	6.000	3.500	2.500	1.000	750
$1/3$	4.000	2.333	1.666	666	500
$1/4$	3.000	1.755			

Wahlzahl: siebentgrößte Zahl = 3.000
Mandatsverteilung: B = 4 D = 2 A = 1 C = 0 E = 0

Mandatsverteilung im Nationalrat seit 1945 aufgrund des jeweiligen Wahlergebnisses

Gesetzgebungs-periode	Zeit	SPÖ	ÖVP	FPÖ[1]	Grüne	Liberales Forum	KPÖ[2]	BZÖ[5]	Frank	Neos
V.	1945–1949	76	85	–	–	–	4			
VI.	1949–1953	67	77	16	–	–	5			
VII.	1953–1956	73	74	14	–	–	4			
VIII.	1956–1959	74	82	6	–	–	3			
IX.	1959–1962	78	79	8	–	–	–			
X.	1962–1966	76	81	8	–	–	–			
XI.	1966–1970	74	85	6	–	–	–			
XII.[3]	1970–1971	81	78	6	–	–	–			
XIII.[4]	1971–1975	93	80	10	–	–	–			
XIV.	1975–1979	93	80	10	–	–	–			
XV.	1979–1983	95	77	11	–	–	–			
XVI.	1983–1986	90	81	12	–	–	–			
XVII.	1986–1990	80	77	18	8	–	–			
XVIII.	1990–1994	80	60	33	10	–	–			
XIX.	1994–1996	65	52	42	13	11	–			
XX.	1996–1999	71	52	41	9	10	–			
XXI.	1999–2002	65	52	52	14	–	–			
XXII.	2002–2006	69	79	18	17	–	–			
XXIII.	2006–2008	68	66	21	21	–	–	7		
XXIV.	2008–2013	57	51	34	20	–	–	21		
XXV.	2013–	52	47	40	24	–	–	–	11	9

1 Von 1949 bis 1956 WdU („Wahlpartei der Unabhängigen")
2 Von 1949 bis 1953 und 1956 bis 1959 „Kommunisten und Linkssozialisten", von 1953 bis 1956 „Österreichische Volksopposition"
3 Unter Berücksichtigung der Ergebnisse der Teilwiederholung der Nationalratswahl
4 Im Zuge der Wahlrechtsreform 1971 wurde die Mitgliederzahl des Nationalrats von 165 auf 183 erhöht.
5 Im April 2005 durch Abspaltung von FPÖ entstanden
(Änderungen während einer Gesetzgebungsperiode nicht berücksichtigt. Stand: Jänner 2009)

Ergebnis der Nationalratswahl 2013

Stimmenanteile in Prozent (Ergebnis inkl. Wahlkarten) — Veränderung in Prozentpunkten

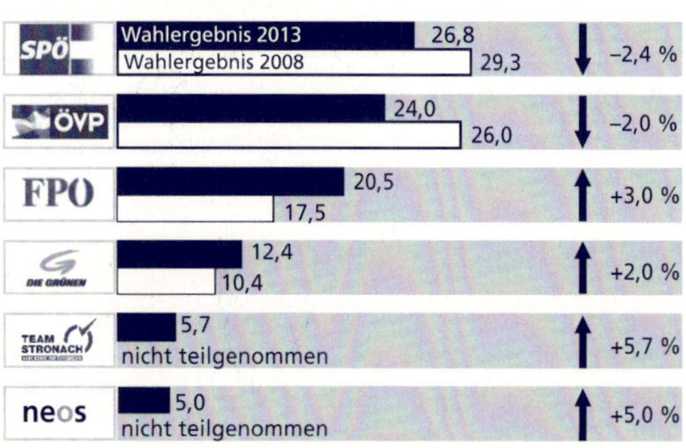

Mandate*

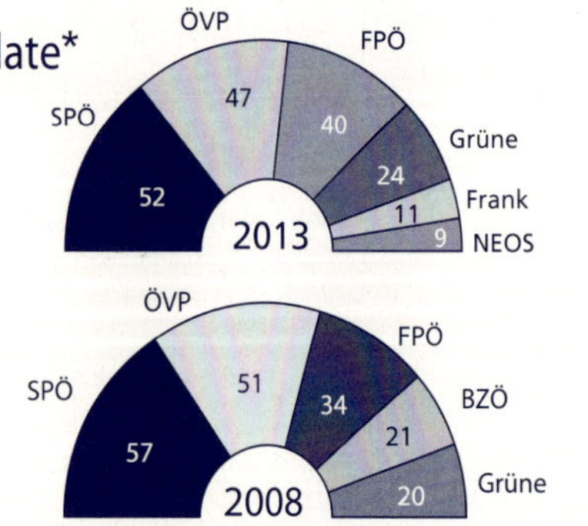

NR-Wahlergebnis 1945 bis 2013

Angaben in Prozent

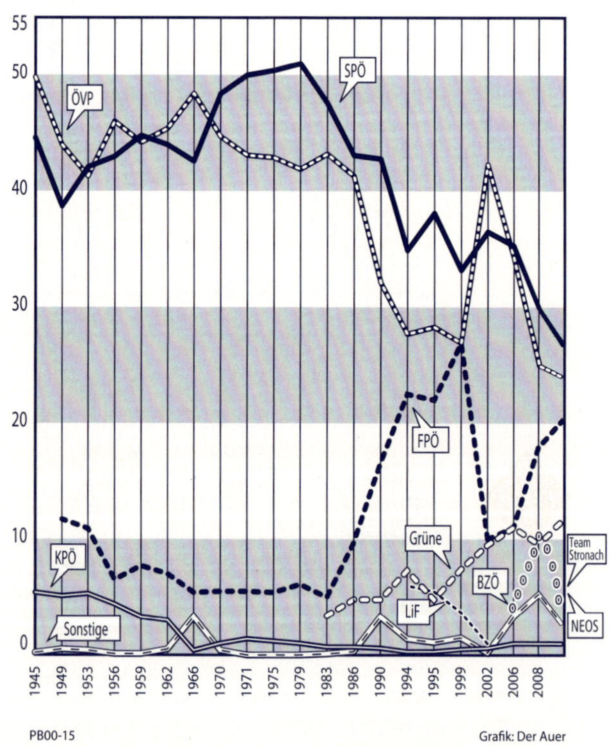

* Aktueller Mandatsstand Juli 2015: SPÖ 52, ÖVP 49, FPÖ 38, Grüne 24, Frank 9, Neos 9, fraktionslos 2.

3. Bundesrat

Sitzungssaal des Bundesrats

Der Bundesrat ist die **Länderkammer** in der Bundesgesetzgebung und hat die Interessen der Bundesländer wahrzunehmen.
Die Mitglieder des Bundesrates werden von den **Landtagen** der einzelnen Bundesländer, in deren konstituierenden Sitzungen nach dem Verhältniswahlrecht, für die Dauer der Gesetzgebungsperiode dieser Landtage gewählt.

Die gewählten Abgeordneten zum Bundesrat haben die gleiche Rechtsstellung wie Nationalratsabgeordnete. Sie sind an keine Weisungen des Landtages gebunden.

Bundesratsabgeordnete pro Bundesland

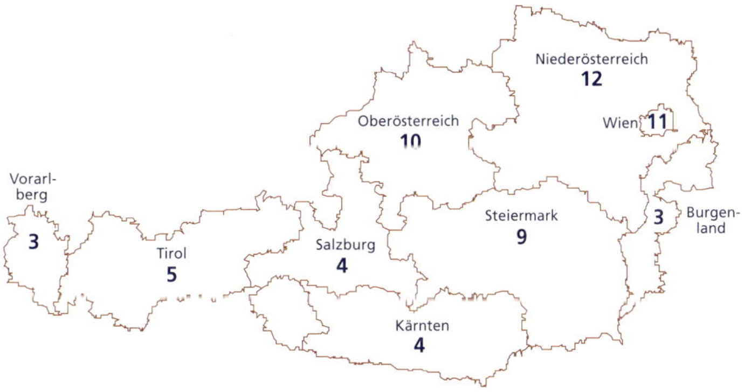

Die Zahl der Mitglieder des Bundesrates (derzeit 61, künftig geplant 56) hängt von einem durch die Verfassung bestimmten Verteilungsschlüssel ab (maximal 12 Sitze für das bevölkerungsstärkste Bundesland, alle anderen im **Verhältnis** dazu, mindestens jedoch 3 Sitze).

Für das Einbringen von Gesetzesinitiativen ist die Zustimmung von mindestens einem Drittel der Mitglieder des Bundesrates erforderlich.

Der Bundesrat ist weniger bedeutend als der Nationalrat, weil er nur ein **Einspruchsrecht** (gegen Gesetzesbeschlüsse des Nationalrats) hat, wogegen der Nationalrat mit einem Beharrungsbeschluss das geplante Gesetz endgültig beschließen kann.

4. Die Bundesversammlung

Die Abgeordneten des **Nationalrates** und des **Bundesrates** bilden gemeinsam die **Bundesversammlung**.

Die Bundesversammlung ist **keine gesetzgebende Körperschaft**. Ihre in der Verfassung geregelten Aufgaben sind – mit Ausnahme einer Kriegserklärung – auf d. Bundespräsidenten/-in bezogen. Während der letzten Jahrzehnte trat sie jeweils zur Angelobung d. Bundespräsidenten/-in und aus Anlass von Jubiläen der Republik Österreich zusammen.

Parlament Bundesversammlung in Wien © M. Humer

Bundesversammlung
183 Abgeordnete des Nationalrats und 61 Abgeordnete des Bundesrats
Vollziehendes Organ

1. **Angelobung d. Bundespräsidenten/-in** (BP)
2. Anklage des BP beim Verfassungsgerichtshof wegen Verletzung von Amtspflichten
3. Volksabstimmung zur Absetzung des BP
4. Kriegserklärung

Nationalrat
183 Abgeordnete
vom Bundesvolk auf 5 Jahre gewählt

1. **Beratung und Beschlussfassung über Bundesgesetze**
2. **Kontrolle der Bundesregierung**
   a) politisch (Misstrauensvotum, ...)
   b) rechtlich (Verfassungsgerichtshof)
   c) finanziell (Budget u. Rechnungshof)
3. **Mitwirkung an der Vollziehung**

Bundesrat
61 Abgeordnete,
von den Landtagen gewählte Landesvertreter
Wahrung der Länderinteressen

a. Einspruchsrecht
b. Gesetzesanträge

5. Weg der Bundesgesetzgebung

Für die Gesetzgebung des Bundes sind **Nationalrat** und **Bundesrat** zuständig.
Die Bundesverfassung regelt den Ablauf des Gesetzgebungsverfahrens.

♦ Gesetzesantrag

Das Gesetzgebungsverfahren beginnt mit der Einbringung eines **Gesetzesvorschlages** im Nationalrat.

Gesetzesanträge können stellen:
- **Bundesregierung** als Regierungsvorlage
- **Nationalrat:** mindestens 5 Abgeordnete als Initiativantrag
  Ausschuss des Nationalrats als Ausschussantrag
- **Bundesrat:** ein Drittel der Abgeordneten
- **Bevölkerung** durch Volksbegehren

- Die meisten Gesetzesanträge bringt die **Bundesregierung** ein (= **Regierungsvorlage**). Die von der Fachabteilung des jeweiligen Ministeriums ausgearbeiteten Gesetzesvorschläge (= Ministerialentwürfe) werden, bevor sie im Ministerrat einstimmig beschlossen werden, meist interessierten Gruppen zur Stellungnahme übermittelt und damit einem **Begutachtungsverfahren** unterzogen. In diesem Zusammenhang haben die Interessenvertretungen, die Bundesländer und andere vom Gesetz betroffene Stellen das Recht, ihre Meinung dazu zu äußern, die meist auch berücksichtigt wird.
- Mindestens **fünf Abgeordnete des Nationalrates** können einen **Initiativantrag** einbringen oder ein **Ausschuss des Nationalrats.**
- Mindestens **ein Drittel der Abgeordneten des Bundesrates** kann gemeinsam einen Gesetzesantrag stellen.
- Mindestens 100.000 **wahlberechtigte Personen** oder jeweils ein Sechstel der wahlberechtigten Bevölkerung aus drei Bundesländern können als **Volksbegehren** einen Gesetzesantrag stellen.

♦ Lesungen

Die parlamentarische Diskussion über Gesetzesanträge findet in **3 Lesungen** im **Plenum** (= Vollversammlung der Nationalratsabgeordneten) statt.

1. Lesung
Die erste Lesung wird nur auf Antrag abgehalten. Wenn keine erste Lesung durchgeführt wird, wird der Antrag gleich einem **Ausschuss** zugewiesen. Die Beratungen im Plenum sind im Gegensatz zu den Ausschussberatungen grundsätzlich öffentlich.
Der Ausschuss
- berät über die endgültige Formulierung des beantragten Gesetzes,
- kann Änderungen des Entwurfs vornehmen,
- verfasst einen Bericht, in dem er dem Plenum die Annahme oder die Ablehnung des Gesetzesantrages vorschlägt.

2. Lesung
In der zweiten Lesung im Plenum wird über den Bericht des Ausschusses in einer **Generaldebatte** (über den gesamten Gesetzesantrag) und einer **Spezialdebatte** (über einzelne Teile des Gesetzesantrags) diskutiert.

3. Lesung

In der dritten Lesung wird über das zu beschließende Gesetz **abgestimmt.**

♦ **Abstimmungen**
Für einen Beschluss des Nationalrates über ein einfaches Bundesgesetz ist die **Anwesenheit** von mindestens **einem Drittel** der Abgeordneten und die **unbedingte (= einfache bzw. absolute) Mehrheit der abgegebenen Stimmen** erforderlich.

Für manche Beschlüsse sind besondere Vorschriften festgelegt:
- Beim Beschluss über ein **Verfassungsgesetz** muss mindestens die **Hälfte der Abgeordneten anwesend** sein und eine **qualifizierte Mehrheit** (nämlich zwei Drittel der Abgeordneten) zustimmen.
- Beim **Beharrungsbeschluss** gegen einen Einspruch des Bundesrates müssen mehr als die Hälfte der Abgeordneten anwesend sein. Bei einem einfachen Bundesgesetz müssen mehr als die Hälfte und bei einem Bundesverfassungsgesetz müssen mindestens zwei Drittel der Abgeordneten zustimmen.

Abstimmungserfordernisse:

Beschlussart	Präsensquorum = mindestes Anwesenheitserfordernis der Abgeordneten	Konsensquorum = mindestes Zustimmungserfordernis der Abgeordneten
Einfache Bundesgesetze	1/3	1/2
Bundesverfassungsgesetze	1/2	2/3
Beharrungsbeschluss	1/2	1/2 oder 2/3
Misstrauensvotum	1/2	1/2

♦ **Vorlage an den Bundesrat**
Der Gesetzesbeschluss des Nationalrates wird im Regelfall an den **Bundesrat** weitergeleitet. Dieser kann binnen acht Wochen einen begründeten **Einspruch** dagegen erheben, wenn er die Interessen der Bundesländer durch das verabschiedete Gesetz verletzt sieht. Sein Einspruch hat aber unter Umständen nur **aufschiebende Wirkung,** weil der Nationalrat durch einen neuerlichen Beschluss (**Beharrungsbeschluss**), von wenigen Ausnahmen abgesehen, das ursprünglich verabschiedete und nun beeinspruchte Gesetz ohne Änderung neuerlich beschließen kann.

Manche Gesetzesbeschlüsse müssen dem Bundesrat überhaupt nicht vorgelegt werden (z. B. das alljährliche Bundesfinanzgesetz/ Budgetgesetz).

Falls der Nationalrat die Einwände des Bundesrates aufgreift und ein neues Gesetz formuliert und beschließt, muss dieses wieder dem Bundesrat vorgelegt werden.

♦ **Vorlage an den Bundespräsidenten und Gegenzeichnung**
Hat der Bundesrat keinen Einspruch erhoben oder hat der Nationalrat trotz Einspruchs einen Beharrungsbeschluss gefasst, kommt das Gesetz zur **Beurkundung** zur/m **Bundespräsidentin/en.**

Diese/r bestätigt mit ihrer/seiner Unterschrift das verfassungsmäßige Zustandekommen des Bundesgesetzes. Diese Bestätigung bezieht sich lediglich auf das formal richtige Zustandekommen eines Gesetzes, nicht auf dessen Inhalt. Nach der Beurkundung des Gesetzes wird es vom/von der **Bundeskanzler/in gegengezeichnet.**

♦ **Kundmachung**
Anschließend erfolgt die **Verlautbarung** im **Bundesgesetzblatt**. Diese Kundmachung erfolgt nunmehr durch **Veröffentlichung im Rechtsinformationssystem des Bundes** (RIS) im Internet. Die Bundesgesetze sind unter www.ris.bka.gv.at ersichtlich.

Wenn in einem Gesetz kein Geltungsbeginn datumsmäßig festgelegt ist, tritt es mit 0 Uhr des Tages nach der **Veröffentlichung** in Kraft. § 2 ABGB regelt: „Sobald ein Gesetz gehörig kundgemacht worden ist, kann sich niemand entschuldigen, dass ihm dasselbe nicht bekannt geworden sei."

Wie ein Bundesgesetz entsteht

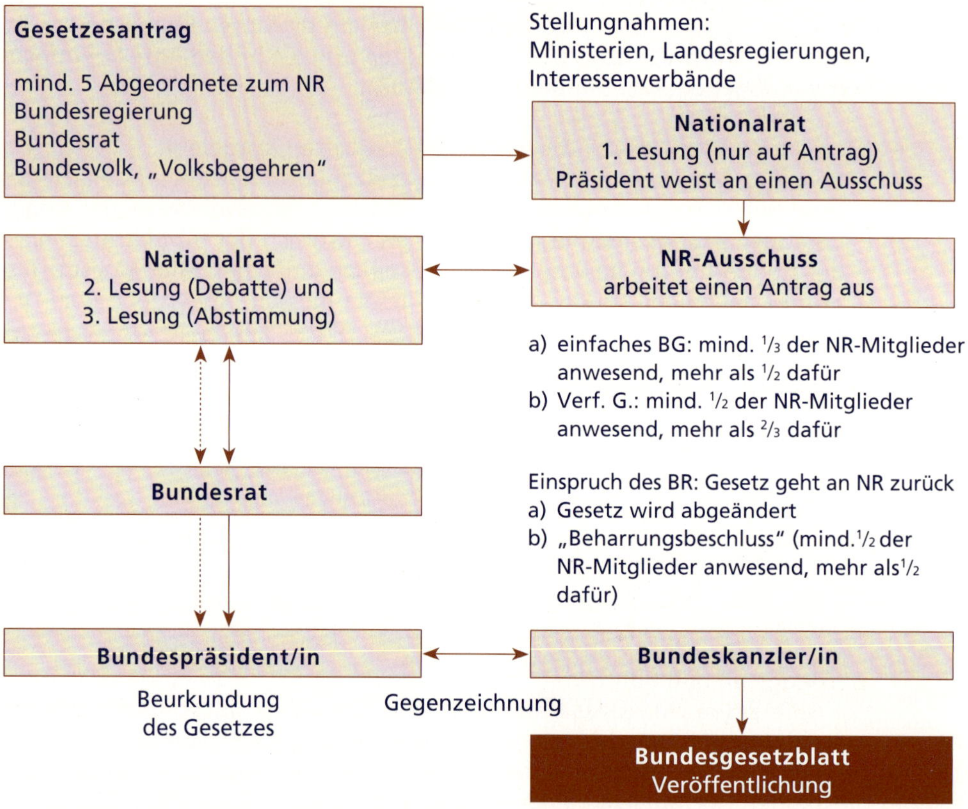

B. Gesetzgebung der Länder

Für die Gesetzgebung der Bundesländer sind die **Landtage (Einkammergesetzgebung)** zuständig.

Die Landtagsabgeordneten werden von den Bürgern/-innen des jeweiligen Bundeslandes nach dem Verhältniswahlrecht bei den Landtagswahlen gewählt. Die Gesetzgebungsperiode beträgt in Oberösterreich 6 Jahre, sonst überall 5 Jahre.

Die **Zahl der Landtagsabgeordneten** orientiert sich an der Bevölkerungszahl der Bundesländer.
- **36** Landtagsabgeordnete: **Burgenland, Kärnten, Salzburg, Vorarlberg, Tirol**
- **56** Landtagsabgeordnete: **Niederösterreich, Oberösterreich, Steiermark** (ab nächster LT-Wahl 48)
- **100** Landtagsabgeordnete in **Wien**

Die Mandatare der Landtage genießen dieselbe **Immunität** wie Nationalratsabgeordnete.

Der **Ablauf der Landesgesetzgebung** ist der Bundesgesetzgebung nachgebildet und in den einzelnen Landesverfassungen (nur in unwesentlichen Einzelheiten unterschiedlich) geregelt.

♦ **Gesetzesantrag**
Gesetzesanträge für Landesgesetze können an den jeweiligen Landtag eingereicht werden als:
- Regierungsvorlage der Landesregierung
- Initiativantrag von Landtagsabgeordneten
- Volksbegehren der Landesbevölkerung

♦ **Ausschuss**
Der Gesetzesantrag wird einem Ausschuss zugewiesen, der ebenso wie bei der Bundesgesetzgebung für die Verhandlung und **Formulierung des geplanten Gesetzes** zuständig ist und die Diskussion im Plenum vorbereitet.

♦ **Lesungen und Abstimmung**
Der Gesetzesentwurf wird von den Landtagsabgeordneten im Plenum diskutiert und danach wird darüber abgestimmt.

Bei **einfachen Landesgesetzen** müssen (abhängig von der Vorgabe der jeweiligen Landesverfassung) mindestens ein Drittel oder die Hälfte der Landtagsabgeordneten anwesend sein und die einfache Mehrheit der abgegeben Stimmen muss zustimmen.

Bei **Landesverfassungsgesetzen** muss mindestens die Hälfte der Abgeordneten anwesend sein und mindestens zwei Drittel der abgegebenen Stimmen müssen dafür sein.

♦ **Vorlage an Bundesregierung**
Nach der Beschlussfassung liegt ein Gesetzesbeschluss des Landtages vor. (Sieht ein Landesgesetz für die Vollziehung die Mitwirkung von Bundesorganen vor, muss die Bundesregierung diesem Landesgesetz zustimmen, damit es in Kraft treten kann.) Wegen einer Gefährdung der Interessen des Bundes, z. B. durch Anleihen, Darlehen oder Haftungen des Landes, kann die Bundesregierung binnen acht Wochen einen begründeten Einspruch erheben. Dagegen kann der Landtag einen Beharrungsbeschluss fassen, wonach das Landesgesetz nur in Kraft treten kann, wenn die Bundesregierung ihren Einspruch binnen drei Wochen zurückzieht.

♦ **Beurkundung und Gegenzeichnung**
Je nach der jeweiligen Landesverfassung beurkundet der/die Landtagspräsident/in oder der/die Landeshauptmann/-frau die Landesgesetze.

Der/die jeweilige Landeshauptmann/-frau oder ein/e Landesrat/-rätin oder die/der Landesamtsdirektor/in nimmt die Gegenzeichnung vor.

♦ **Kundmachung**
Anschließend wird das Landesgesetz im **Landesgesetzblatt** (LGBl.) kundgemacht. Der **Wirksamkeitsbeginn** ist in den einzelnen Ländern unterschiedlich geregelt. Landesgesetze werden ebenfalls im RIS veröffentlicht.

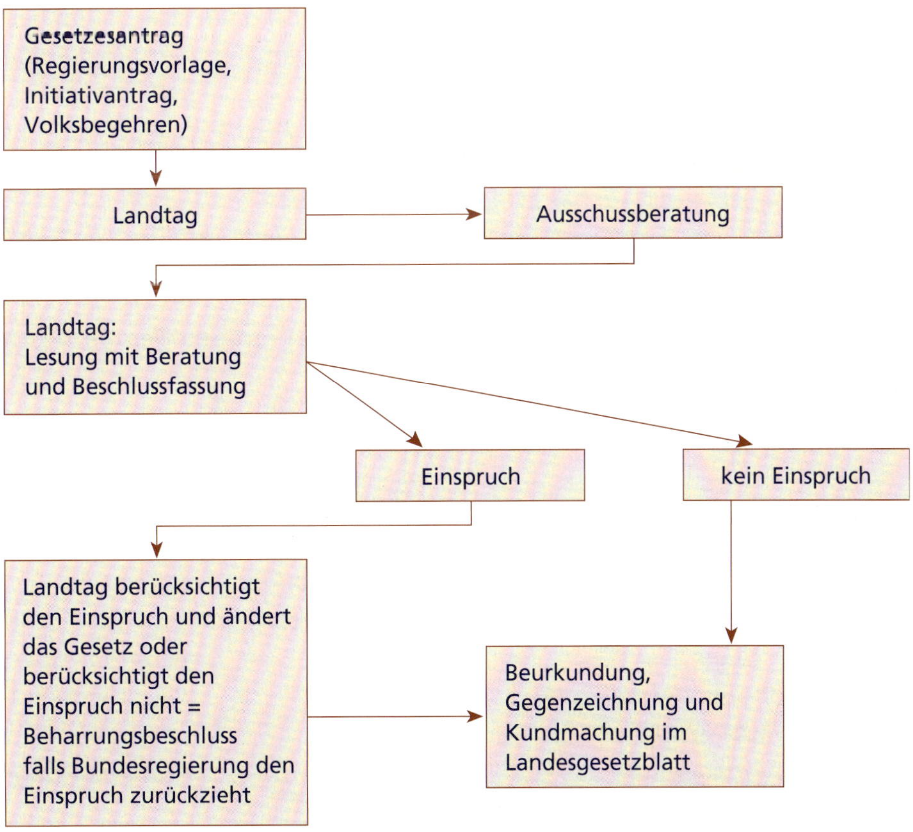

Wiederholungsfragen – Arbeitsaufgaben – Diskussionsanregungen

1. *Zählen Sie die Körperschaften auf, die für die Bundesgesetzgebung sowie für die Landesgesetzgebung zuständig sind.*
2. *Nennen Sie die Zahl der Abgeordneten im Nationalrat und jene Parteien, die derzeit im Nationalrat vertreten sind.*
3. *Erklären Sie den Fachausdruck „Konstituierung".*
4. *Geben Sie einen Überblick über die Abstimmungsvoraussetzungen im Nationalrat.*

	Anwesende Abgeordnete	*Erforderliche Mehrheit*
Einfaches Gesetz	____________	____________
Verfassungsgesetz	____________	____________
Beharrungsbeschluss	____________	____________

5. *Geben Sie an, von welcher Stelle die meisten Gesetzesanträge eingebracht werden.*
6. *Setzen Sie sich mit dem mutmaßlichen Vorwurf auseinander: „Das Parlament ist eine Abstimmungsmaschinerie der Regierung." Diskutieren Sie diese Aussage.*
7. *Erläutern Sie die Aufgaben der Ausschüsse im Parlament.*
8. *Bewerten Sie das Einspruchsrecht des Bundesrates.*
9. *Erklären Sie die Aufgabe d. Bundespräsident/in im Gesetzgebungsverfahren.*
10. *Nennen Sie die möglichen Zeitpunkte, ab denen ein Bundesgesetz verbindlich wird.*
11. *Ein Abgeordneter beleidigt im Zuge einer heftigen Nationalratsdebatte einen anderen Abgeordneten. Ist er gegen eine Ehrenbeleidigungsklage geschützt?*
12. *Erörtern Sie den Zweck der Immunität von Abgeordneten. Halten Sie die Immunität noch für zeitgemäß?*
13. *Erläutern Sie die Begriffe: a. Freies Mandat, b. Wilde/r Abgeordnete/r, c. Klubzwang.*
    Geben Sie Ihre Stellungnahme zu diesen rechtlichen Positionen bzw. faktischen Gegebenheiten ab.
14. *Stellen Sie die berufliche Immunität der außerberuflichen Immunität gegenüber und stellen Sie die Unterschiede dar.*
15. *Nennen Sie die gewöhnliche Dauer einer Gesetzgebungsperiode des Nationalrates.*
16. *Geben Sie einen Überblick über die Aufgaben d. Nationalratspräsidenten/-in.*
17. *Erklären Sie, wie jemand Nationalratspräsident/in werden kann.*
18. *Zählen Sie die Namen d. derzeitigen Nationalratspräsidenten/-in und seiner/ihrer Stellvertreter/innen auf.*
19. *Setzen Sie sich mit den Aufgaben des Bundesrats auseinander. Empfehlen Sie eine Stärkung seiner politischen Position, die Beibehaltung der derzeitigen Befugnisse oder die Abschaffung des Bundesrats? Begründen Sie Ihre Ansicht.*
20. *Erläutern Sie die Bestellung der Abgeordneten des Bundesrates.*
21. *Nennen und erklären Sie jenes Verfassungsprinzip, das durch die Einrichtung des Bundesrates u. a. verwirklicht wird.*
22. *Analysieren Sie, worauf es zurückzuführen ist, dass eine Partei die Mehrheit im Nationalrat, aber nur eine Minderheit von Abgeordneten im Bundesrat hat.*
23. *Nennen Sie die Parteien, die im Landtag Ihres Bundeslandes vertreten sind.*
24. *Bringen Sie die folgenden Tätigkeiten bei der Landesgesetzgebung in die richtige Reihenfolge:*

◯ *Gesetzesbeschluss*	◯ *Beharrungsbeschluss*
◯ *Einspruch der Bundesregierung*	◯ *Beurkundung und Gegenzeichnung*
◯ *Beratung im Ausschuss*	◯ *Lesungen*
◯ *Regierungsvorlage*	◯ *Kundmachung im Landesgesetzblatt*

V. Die Vollziehung

„Der Staatsdienst muss zum Nutzen derer geführt werden, die ihm anvertraut werden, nicht zum Nutzen derer, denen er anvertraut ist." (Marcus Tullius Cicero)

Anfangs wurde erklärt, dass die Staatsgewalt in einzelne Funktionen gegliedert ist.

Die Gesetzgebung schafft die rechtliche Grundlage für einen Staat und dessen Bewohner.

Das erzeugte Recht ist von den Bürgern und Staatsorganen zu beachten und umzusetzen. Falls das geltende Recht nicht ordnungsgemäß eingehalten wird, haben Gerichte die Aufgabe, Gesetzesverstöße zu ahnden oder juristische Streitfälle zu schlichten.

Welche Behörden und Organe sind nun konkret für die Vollziehung von Gesetzen zuständig? Welche rechtliche Stellung haben die Organe der Vollziehung? Wie erfolgt die Vollziehung von Gesetzen? Wie erfolgt die Vollziehung der Gesetze im Bereich der einzelnen Verwaltungsebenen? Wie kann ein einzelner Bürger von der Vollziehung der Gesetze betroffen sein? Gibt es Grundsätze der Verwaltung?

Diese und ähnliche Fragen werden nun behandelt.

Die Bundesverfassung sieht **zwei Arten** der Vollziehung von Gesetzen vor;
- die Vollziehung durch Organe der **Gerichtsbarkeit**
- die Vollziehung durch Organe der **Verwaltung**

Die Abgrenzung erfolgt nach der **Rechtsstellung der** mit der Vollziehung berufenen **Organe.**
- Die **Gerichtsbarkeit** wird durch **unabhängige, weisungsfreie Richter/innen** ausgeübt.
- Die **Verwaltung** wird von obersten Verwaltungsorganen denen ein **Weisungsrecht** gegenüber nachgeordneten Verwaltungsorganen zusteht, besorgt.

Weisungen müssen befolgt werden, außer eine Weisung wurde von einem unzuständigen Organ erteilt oder ihre Befolgung würde gegen strafrechtliche Bestimmungen verstoßen.

A. Die Verwaltung

1. Begriff und Bereiche der Verwaltung

Unter **Verwaltung** versteht man die **Durchführung der zahlreichen Aufgaben, die** durch die Bundesverfassung, die Landesverfassungen und die einfachen Bundes- und Landesgesetze **an staatliche Organe oder Behörden übertragen werden**. Diese sind hierarchisch gegliedert und bei der Ausübung ihres Amtes an die Weisungen der übergeordneten Organe gebunden.

Verwaltung ist jener Bereich der **Vollziehung von Gesetzen,** die **durch**
- **„oberste"** (politisch verantwortliche) **Verwaltungsorgane,**
  z. B. Bundespräsident/in, Mitglieder der Bundesregierung und der Landesregierungen,
- **„nachgeordnete"** (weisungsgebundene) **Verwaltungsbehörden** (Ämter, Dienststellen:
  z. B. Präsidentschaftskanzlei, Bundesministerien, Ämter der Landesregierungen, Bezirkshauptmannschaften, Finanzämter, Magistrate, Gemeindeämter) erfolgt.

Die Verwaltungsangelegenheiten unseres Staates sind wie in jedem Bundesstaat durch die **Zuständigkeitsvorschriften** („Kompetenzartikel") in der Bundesverfassung zwischen Bund und Ländern aufgeteilt in **Bundes- und Landesverwaltung.**

Ein Teil der Verwaltungsaufgaben ist den Gemeinden zur selbstständigen Besorgung vorbehalten **(Selbstverwaltung der Gemeinden).** Dieses Recht der Selbstverwaltung haben neben den Gemeinden auch noch andere juristische Personen des öffentlichen Rechts wie Kammern und Sozialversicherungsträger.

Verwaltungszweige

- Staatliche Verwaltung
  - Bundesverwaltung
    - unmittelbare
    - mittelbare
  - Landesverwaltung
- Selbstverwaltung
  - Gemeindeverwaltung
  - Kammern, Sozialversicherungen, andere Arten

2. Verwaltung des Bundes

Unter Bundesverwaltung versteht man die **Vollziehung der Bundesgesetze** durch oberste Verwaltungsorgane und ihnen untergeordnete (= nachgeordnete) Behörden.

Zu den **obersten Verwaltungsorganen des Bundes** zählen
- der/die **Bundespräsident/in,**
- die **Bundesregierung** (als Kollegialorgan),
- der/die **Bundeskanzler/in**, der/die **Vizekanzler/in,** die **Bundesminister/innen**

Sie sind gegenüber den nachgeordneten Dienststellen weisungsberechtigt, unterliegen selbst keinen Weisungen, sind aber den gesetzgebenden Organen verantwortlich.

a) Bundespräsident/in

www.bundespraesident.at

Sitz des Bundespräsidenten Leopoldinischer Trakt der Hofburg in Wien

◆ Funktion

Der/die Bundespräsident/in ist das **Staatsoberhaupt** und als solches Repräsentant/in des Staates.

Bundespräsidenten seit 1945

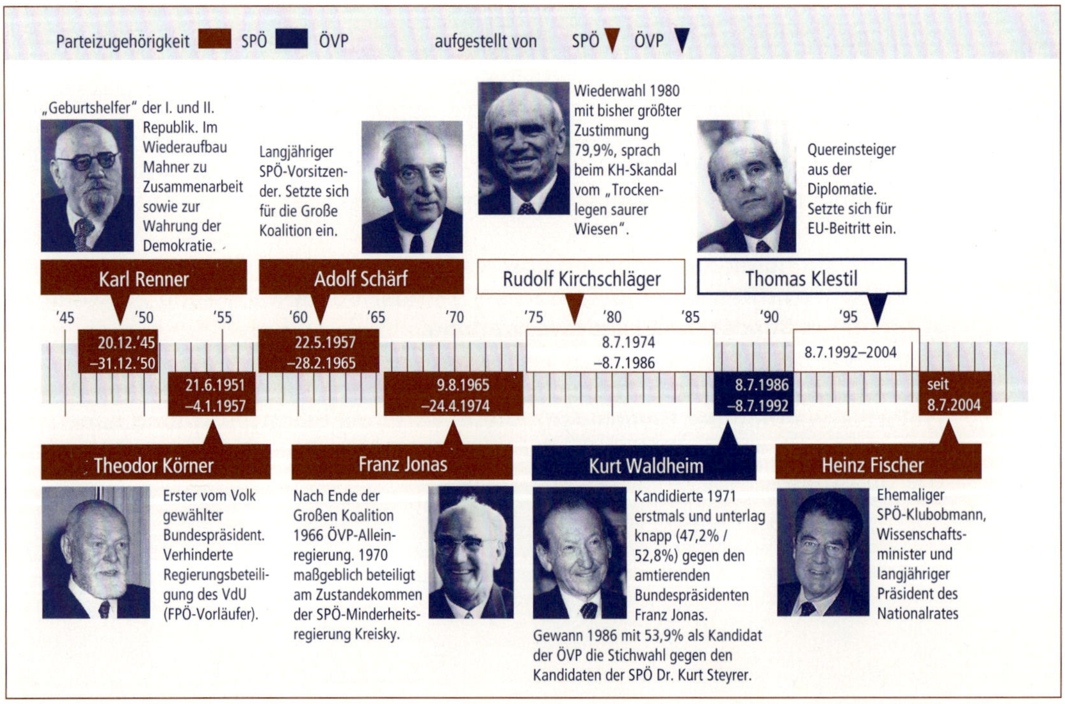

♦ **Wahl**
Der/die Bundespräsident/in wird vom wahlberechtigten Bundesvolk in unmittelbarer und geheimer **Wahl** gewählt.
- Das **„aktive Wahlrecht"** hat jede/r zum Nationalrat Wahlberechtigte.
- Das **„passive Wahlrecht"** besitzt jede/r Wahlberechtigte, die/der spätestens mit Ablauf des Wahltages das 35. Lebensjahr überschritten hat.
- Mitglieder regierender oder ehemals regierender „Häuser" haben kein passives Wahlrecht.
- Wenn nur ein/e Kandidat/in vorgeschlagen ist, wird die Wahl als Abstimmung durchgeführt.
- Gewählt ist, wer die **absolute Mehrheit** der gültigen Stimmen erreicht (also mehr als 50%).
- Abstimmung: Falls nur ein/e Kandidat/in antritt, wird eine Abstimmung durchgeführt. Sollte diese negativ für die nominierte Person ausfallen, muss eine neue Wahl für den Bundespräsidenten angesetzt werden. Dabei darf jede Person antreten, die die Voraussetzungen des passiven Wahlrechts für das Amt des Bundespräsidenten erfüllt, auch der/die bei der Abstimmung abgelehnte Kandidat/in.

Wird eine solche Mehrheit im ersten Wahlgang nicht erreicht, hat eine **Stichwahl** zwischen jenen beiden Kandidaten zu erfolgen, die im ersten Wahlgang die relativ meisten Stimmen erhielten.
- Die **Angelobung** geschieht durch die **Bundesversammlung**.
- Die Amtszeit des/der Bundespräsidenten/-in dauert sechs Jahre. Eine Wiederwahl für die nächstfolgende Amtsperiode ist nur einmal zulässig.

♦ **Vertretung**
Bei Verhinderung gehen alle Funktionen des/der Präsidenten/in zunächst für maximal 20 Tage auf den/ie **Bundeskanzler/in** über. Dauert die Verhinderung länger als 20 Tage, so üben, ebenso wie im Falle seines/ihres Todes, die drei **Präsidenten/innen des Nationalrates** als Kollegium die Funktion des Bundespräsidenten aus.

♦ **Sitz**
Sitz des/der Bundespräsidenten/in **ist die Präsidentschaftskanzlei** in der **Wiener Hofburg.**

♦ **Rechtliche Stellung**
- **„Politisch verantwortlich"** ist der/die Bundespräsident/in dem Volk. Sie/Er kann durch Volksabstimmung, die von der Bundesversammlung angeordnet werden muss, abgesetzt werden.
- **„Rechtlich verantwortlich"** ist sie/er der Bundesversammlung. Diese kann gegen sie/ihn wegen Verletzung der Bundesverfassung Anklage beim Verfassungsgerichtshof erheben.
- **„Immunität":** Behördliche Verfolgung ist nur mit Zustimmung der Bundesversammlung zulässig.
- **„Unvereinbarkeit":** Sie/Er darf keine andere Funktion und keinen anderen Beruf ausüben.
- **Die Amtshandlungen des/der Bundespräsidenten/in erfolgen überwiegend auf Vorschlag der Bundesregierung.**
- **Ohne Vorschlag der Bundesregierung stehen dem Bundespräsidenten/der Bundespräsidentin die Ernennung und Entlassung des Bundeskanzlers und auf dessen/deren Vorschlag die Ernennung der Bundesminister/innen zu.**

♦ **Aufgaben**
Das Amt d. Bundespräsidenten/-in ist durch die Bundesverfassung eingerichtet. Seine/Ihre Aufgaben sind in dieser aufgezählt.

Aufgaben und Pflichten d. Bundespräsidenten/-in
- Mitwirkung an der Staatsführung
- Funktionen als Staatsoberhaupt
- Oberbefehl über das Bundesheer
- Funktionen im Krisen- oder Kriegsfall

Mitwirkung an der Staatsführung:
- Ernennung und Entlassung von Bundesministern oder der Bundesregierung
- Auflösung des Nationalrates oder der Landtage
- Einberufung des Nationalrates
- Beurkundung von Bundesgesetzen
- Ernennen der Mitglieder/Richter von Verfassungsgerichtshof und Verwaltungsgerichtshof

Funktionen als Staatsoberhaupt:
- Vertretung der Republik, Beglaubigen von Botschaftern, Empfang ausländischer Staatsoberhäupter
- Abschluss von Staatsverträgen
- Begnadigungen und individuelle Gnadenakte
- Legitimation unehelich geborener Kinder
- Gewähren von Ehrenrechten wie Orden und Berufstitel
- Ernennung von höheren Bundesbeamten und Richtern

Oberbefehl über das Bundesheer:
- Bundespräsident/in ist Vorgesetzte/r aller Bundesheerangehörigen und des Bundesministers für Landesverteidigung

Funktionen im Krisen oder Kriegsfall
- Verlegung des Nationalratssitzes
- Notverordnungsrecht

Das **„Notverordnungsrecht"** des Bundespräsidenten/der Bundespräsidentin:
Falls der Nationalrat nicht zusammentreten kann, kann der/die Bundespräsident/in zur Abwehr eines nicht wiedergutzumachenden Schadens für die Allgemeinheit **vorläufig gesetzesändernde Verordnungen (= Notverordnung)** erlassen.

Diese erfolgen auf Vorschlag der Bundesregierung und im Einvernehmen mit dem ständigen Unterausschuss des Nationalrates.

Jede Notverordnung muss dem unverzüglich einzuberufenden Nationalrat vorgelegt werden. Der Nationalrat kann binnen vier Wochen statt der Notverordnung ein Bundesgesetz beschließen, ansonsten muss die Notverordnung außer Kraft gesetzt werden.

b) Die Bundesregierung
www.austria.gv.at

Die Bundesregierung, als **oberstes Verwaltungsorgan**, ist mit „obersten Verwaltungsgeschäften" betraut, soweit diese nicht dem Bundespräsidenten vorbehalten sind.

Bundeskanzleramt

– **Mitglieder**

Bundesregierung		
Bundeskanzler/in	Vizekanzler/in	Bundesminister/innen

Die **Bundesregierung** besteht aus:
- **Bundeskanzler/in**
- **Vizekanzler/in**
- **Bundesminister/innen**

Der/die **Bundeskanzler/in ist Vorsitzende/r** der Bundesregierung. Der/die **Vizekanzler/in** ist sein/ihre **Vertreter/in.** Der/die Bundeskanzler/in hat wichtige **Koordinationsaufgaben,** aber **kein Weisungsrecht** gegenüber Bundesministern/-innen.

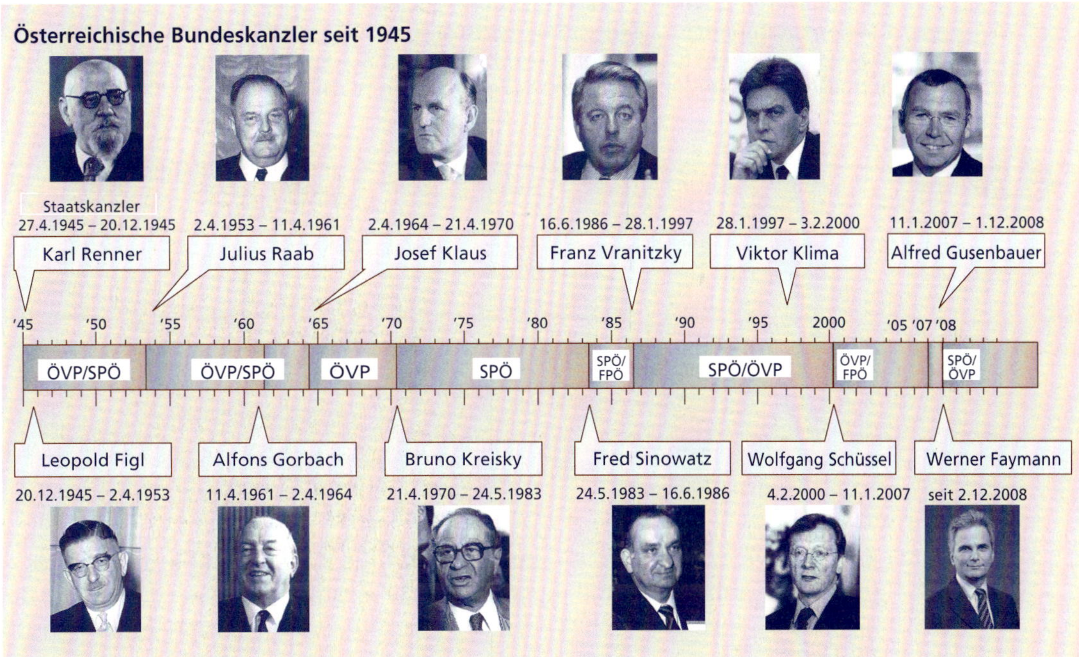

♦ **Aufgaben**

Die Aufgaben der Bundesregierung werden einerseits von den **einzelnen Mitgliedern der Bundesregierung** eigenverantwortlich wahrgenommen, andererseits obliegen bestimmte Aufgaben der **Bundesregierung als Kollegialorgan** (wobei eine gemeinsame Beschlussfassung erforderlich ist).

– **Bundeskanzler/in**

Der/die **Bundeskanzler/in**, als Vorsitzende/r der Bundesregierung schlägt die Ernennung und Entlassung der Bundesminister/innen vor. Weiters obliegt ihm/ihr z. B. die Vertretung der/s Bundespräsidentin/en oder die Gegenzeichnung von Gesetzesbeschlüssen und deren Kundmachung.

Als Leiter/in des Bundeskanzleramtes hat er/sie die Stellung e. Bundesministers/-in. Sie/Er darf den übrigen Bundesminister/innen keine Weisung erteilen, da diese als oberste Verwaltungsorgane weisungsfrei sind und ihnen deshalb „Leitungsgewalt" zusteht. Bundeskanzler/in und Bundesminister/innen sind rechtlich gleichgestellt.

♦ **Bundesminister/innen**

Jeder/jede **Bundesminister/in leitet eigenverantwortlich** einen eigenen Verwaltungsbereich **(Ressort),** in dem er/sie als **oberstes Organ** der Bundesverwaltung tätig ist.

Die Bundesminister/innen stehen an der Spitze eines Bundesministeriums, das hierarchisch aufgebaut ist. Mit Hilfe dieses Verwaltungsapparates erledigen sie ihre Amtsgeschäfte. Alle übrigen Behörden der Bundesverwaltung sind den Bundesministerien untergeordnet.

Zur Unterstützung in der Geschäftsführung und zur parlamentarischen Vertretung können den Bundesministern **Staatssekretäre/-sekretärinnen** beigegeben werden. Diese sind keine „obersten Verwaltungsorgane" und an die Weisungen ihres/r Bundesministers/in gebunden.

Die Zahl der (derzeit 13) Bundesministerien, ihr Wirkungsbereich und ihre innere Organisation regelt das Bundesministeriengesetz.

Gemäß der Bundesministeriengesetz-Novelle 2014 existieren derzeit folgende Bundesministerien:

- Bundeskanzleramt
- Bundesministerium für Finanzen
- Bundesministerium für Kunst und Kultur, Verfassung und Medien
- Bundesministerium für Europa, Integration und Äußeres
- Bundesministerium für Arbeit, Soziales und Konsumentenschutz
- Bundesministerium für Bildung und Frauen
- Bundesministerium für Familien und Jugend
- Bundesministerium für Gesundheit
- Bundesministerium für Inneres
- Bundesministerium für Justiz
- Bundesministerium für Landesverteidigung und Sport
- Bundesministerium für Land- u. Forstwirtschaft, Umwelt u. Wasserwirtschaft
- Bundesministerium für Verkehr, Innovation u. Technologie
- Bundesministerium für Wissenschaft, Forschung u. Wirtschaft

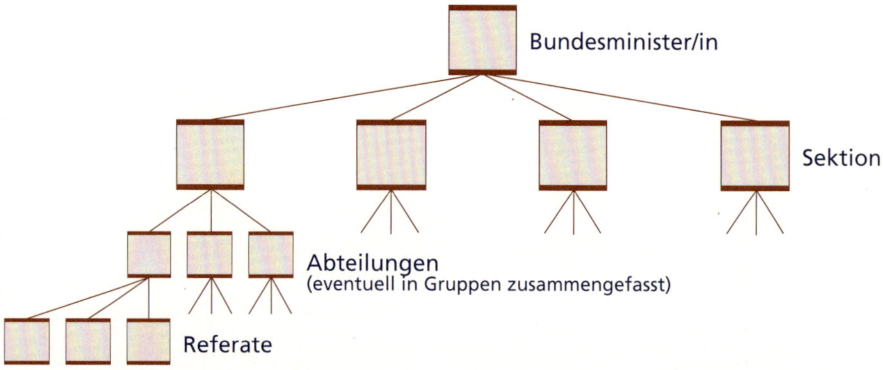

♦ **Bundesregierung als Kollegialorgan**

Als **Kollegialorgan** lenkt die **Bundesregierung** die **Gesamtpolitik** des Staates. In dieser Funktion berät sie als **„Ministerrat"** und muss Beschlüsse einstimmig fassen. Damit die Bundesregierung beschlussfähig ist, muss mehr als die Hälfte ihrer Mitglieder anwesend sein. Beschlüsse der Bundesregierung sind z. B.:

- **Gesetzesanträge** (Regierungsvorlagen) an den Nationalrat, insbesondere Bundesvoranschlagsentwurf für das kommende Finanzjahr (Budget)
- **Einsprüche gegen Landesgesetze**
- **Vorschläge zur Besetzung wichtiger Staatsämter** wie Präsidenten/-innen und Richter/innen des Verfassungs- und Verwaltungsgerichtshofs
- **Erlassen von wichtigen Verordnungen**

♦ **Verantwortlichkeit**

Die Bundesregierung ist dem **Nationalrat „politisch verantwortlich".** Spricht der Nationalrat der gesamten Bundesregierung oder einzelnen Mitgliedern sein Misstrauen aus **(Misstrauensvotum),** ist sie oder das betreffende Mitglied durch die/den Bundespräsidentin/en des Amtes zu entheben.

Die Bundesregierung ist **dem Nationalrat** auch **„rechtlich verantwortlich".** Dieser kann wegen Gesetzesverletzungen gegen jedes Mitglied der Bundesregierung Anklage beim Verfassungsgerichtshof erheben **(„Ministeranklage").**

♦ **Regierungsbildung – Regierungsformen**

Nach jeder Nationalratswahl wird die Regierung neu gebildet. Die Verfassung enthält keine genauen Angaben über die Vorgangsweise bei der Regierungsbildung. Festgelegt ist nur, dass der/die Bundeskanzler/in sowie die von dieser/m vorgeschlagenen übrigen Mitglieder der Bundesregierung **vom/von der Bundespräsidenten/in ernannt** werden. Die Mitglieder der Bundesregierung müssen zum Nationalrat wählbar sein.

Bei der **Regierungsbildung** hat sich folgende Praxis herausgebildet:

Der/die **Bundespräsident/in** ist bei der Ernennung des Bundeskanzlers/der Bundeskanzlerin **an keinen Vorschlag gebunden**. Sie/Er beauftragt die/den Spitzenkandidatin/-en der stärksten Partei (meist Parteiobmann oder Parteivorsitzende) mit der Regierungsbildung.

Hat die stimmenstärkste Partei bei der Nationalratswahl die absolute Mehrheit an Mandaten erreicht, kann sie eine Alleinregierung bilden und alle Ministerämter besetzen. Der/die mit der Regierungsbildung beauftragte Parteienvertreter/in legt dem Bundespräsidenten/der Bundespräsidentin

einen Vorschlag über die Minister vor und diese/r nimmt im Falle ihres/seines Einverständnisses die Angelobung vor.
Die Regierung benötigt für eine konstruktive Arbeit die Zustimmung der absoluten Mehrheit des Nationalrates. Hat die Partei bzw. haben die Parteien, die die Regierung bildet/en, nicht die absolute Mehrheit an Abgeordneten im Nationalrat, muss die Regierung bei jedem Gesetzesvorschlag um eine Mehrheit im Nationalrat ringen und bangen.

Überdies könnte sie jederzeit durch ein Misstrauensvotum vom Nationalrat abberufen werden. Deshalb muss sich die/der mit der Regierungsbildung Beauftragte in Verhandlungen mit anderen Parteien um eine Koalitionsregierung bemühen, die gemeinsam die absolute Mehrheit der Abgeordneten im Nationalrat stellen.

Auch in diesem Fall schlägt der/die mit der Regierungsbildung beauftragte Parteirepräsentant/in dem Bundespräsidenten/der Bundespräsidentin die Minister vor, der/die dann alle Regierungsmitglieder ernennt.

♦ Regierungsformen

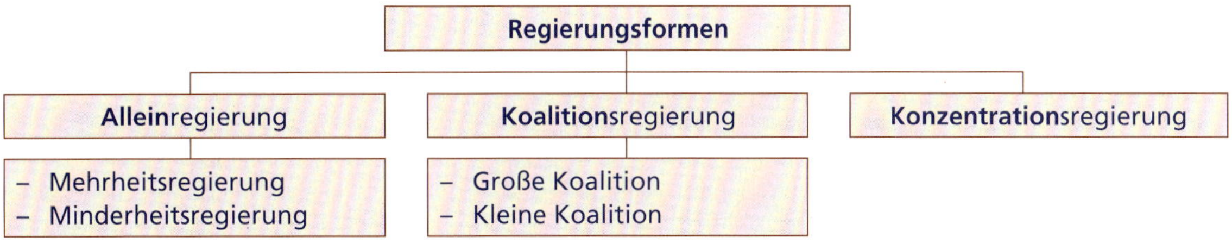

Je nach Wahlergebnis sind folgende **Regierungsformen** möglich:
- **Alleinregierung**:
  Alle Regierungsmitglieder werden von einer Partei gestellt.
- **Mehrheitsregierung**: Eine Partei erzielt bei den Nationalratswahlen die absolute Mehrheit und bildet allein eine Regierung.
- **Minderheitsregierung**: Eine Partei, die nicht die absolute Mehrheit im Nationalrat hat, stellt alle Regierungsmitglieder.
- **Koalitionsregierung**:
  Zwei oder mehr Parteien bilden gemeinsam die Regierung und besetzen die Ministerämter. Dies geschieht, wenn bei den Nationalratswahlen keine Partei die absolute Mehrheit erzielte. Die Parteien bilden gemeinsam eine Regierung, um so die absolute Mehrheit im Nationalrat zu erreichen.
  Große Koalition: Die beiden größten Parteien bilden gemeinsam eine Regierung.
  Kleine Koalition: Andere als die zwei größten Parteien bilden gemeinsam eine Regierung.
- **Konzentrationsregierung**:
  Alle im Nationalrat vertretenen Parteien bilden gemeinsam eine Regierung.

Österreichische Regierungen seit 1945

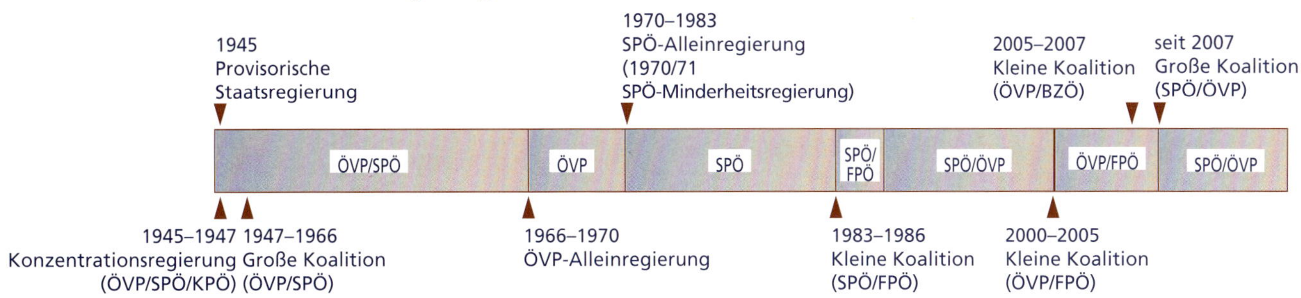

c) Die Organisation der Bundesverwaltung

Wegen des bundesstaatlichen Aufbaus Österreichs haben sowohl der Bund als auch die Länder eigene Verwaltungsorganisationen. Die Bundesverwaltung ist auf **zwei Arten organisiert:**

Das B-VG regelt: **Im Bereich der Länder üben die Vollziehung des Bundes, soweit nicht eigene Bundesbehörden bestehen (unmittelbare Bundesverwaltung), d. Landeshauptmann/-frau und die ihm/ihr unterstellten Landesbehörden aus (mittelbare Bundesverwaltung).**

♦ **Unmittelbare Bundesverwaltung**
Die **Angelegenheiten der unmittelbaren Bundesverwaltung** werden in der Verfassung aufgezählt und **vom Bund durch eigene Organe besorgt.**
z. B. Finanzverwaltung durch die Finanzämter, Polizei, Bundesheer, Botschaften

♦ **Mittelbare Bundesverwaltung**
Alle anderen **Angelegenheiten der mittelbaren Bundesverwaltung werden** grundsätzlich **durch Landeshauptmann/-frau und die ihm/ihr unterstellten Landesbehörden,** z. B. Bezirksverwaltungsbehörde, **vollzogen**.

Der/Die **Landeshauptmann/-frau** ist in diesem Zusammenhang **an die Weisungen der einzelnen Bundesminister/innen gebunden und diesen gegenüber verantwortlich.**

Der Instanzenzug ist in der Regel zweistufig und endet bei Landeshauptmann/-frau/Verwaltungsgericht, ausnahmsweise gibt es drei Instanzen und der Instanzenzug endet bei dem/der zuständigen Bundesminister/in.

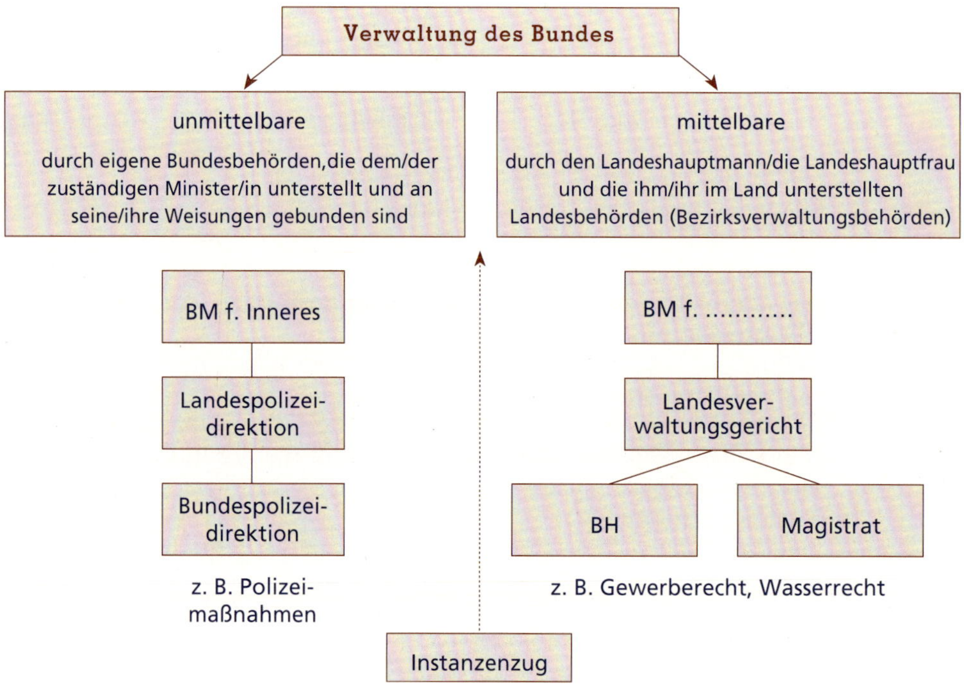

3. Verwaltung der Länder

Die Landesverwaltung besorgt die Vollziehung von Landesgesetzen und von Bundesgesetzen im Rahmen der mittelbaren Bundesverwaltung.
Dafür zuständig sind die von den Landtagen gewählten Landesregierungen als oberste und weisungsbefugte Verwaltungsorgane der Länder und die ihnen nachgeordneten Behörden.

♦ **Landesregierung**
Die Landesregierung besteht aus
- **Landeshauptmann/-frau,**
- einem/r bis drei **Landeshauptmann/-frau-Stellvertreter/innen** und weiteren
- **Landesräten/-innen.**

Jedes Mitglied der Landesregierung hat einen bestimmten Aufgabenbereich (ähnlich wie die Mitglieder der Bundesregierung).

♦ **Landeshauptmann/-frau**
Der/Die Landeshauptmann/-frau besitzt eine Mehrfachfunktion: Er/Sie
- **vertritt das Land** und kann rechtsverbindliche Erklärungen abgeben,
- ist **Vorsitzende/r der Landesregierung,**
- **Träger/in der mittelbaren Bundesverwaltung,**
- **Vorstand/Vorständin des Amtes der Landesregierung** und
- Vorgesetzte/r der Bezirkshauptleute

Die **Landesregierung wird vom Landtag gewählt**, während die Bundesregierung durch Bundespräsidenten/-in bestellt wird. Der/Die Landeshauptmann/-frau wird von Bundespräsidenten/-in, die übrigen Mitglieder der Landesregierung werden vor Antritt ihres Amtes von Landeshauptmann/-frau angelobt.

Die jeweilige **Landesverfassung regelt** die Zahl der Regierungsmitglieder und **die Regierungsform**. Die Wahl der Landesregierungen erfolgt:
- **nach dem Verhältniswahlsystem = Proporzsystem in: Bgld, Ktn, NÖ, OÖ, Stmk**
- **nach dem Mehrheitswahlsystem in: Sbg, T, Vlbg, W**

Als ausführendes Organ steht der Landesregierung und ihren Mitgliedern das **Amt der Landesregierung** zur Verfügung.

Landesregierung		
Landeshauptmann/-frau	Landeshauptmannstellvertreter/in (meist zwei)	Landesräte/-rätinnen („Landesminister")

Österreichs rechtlich-territoriale Organisation:

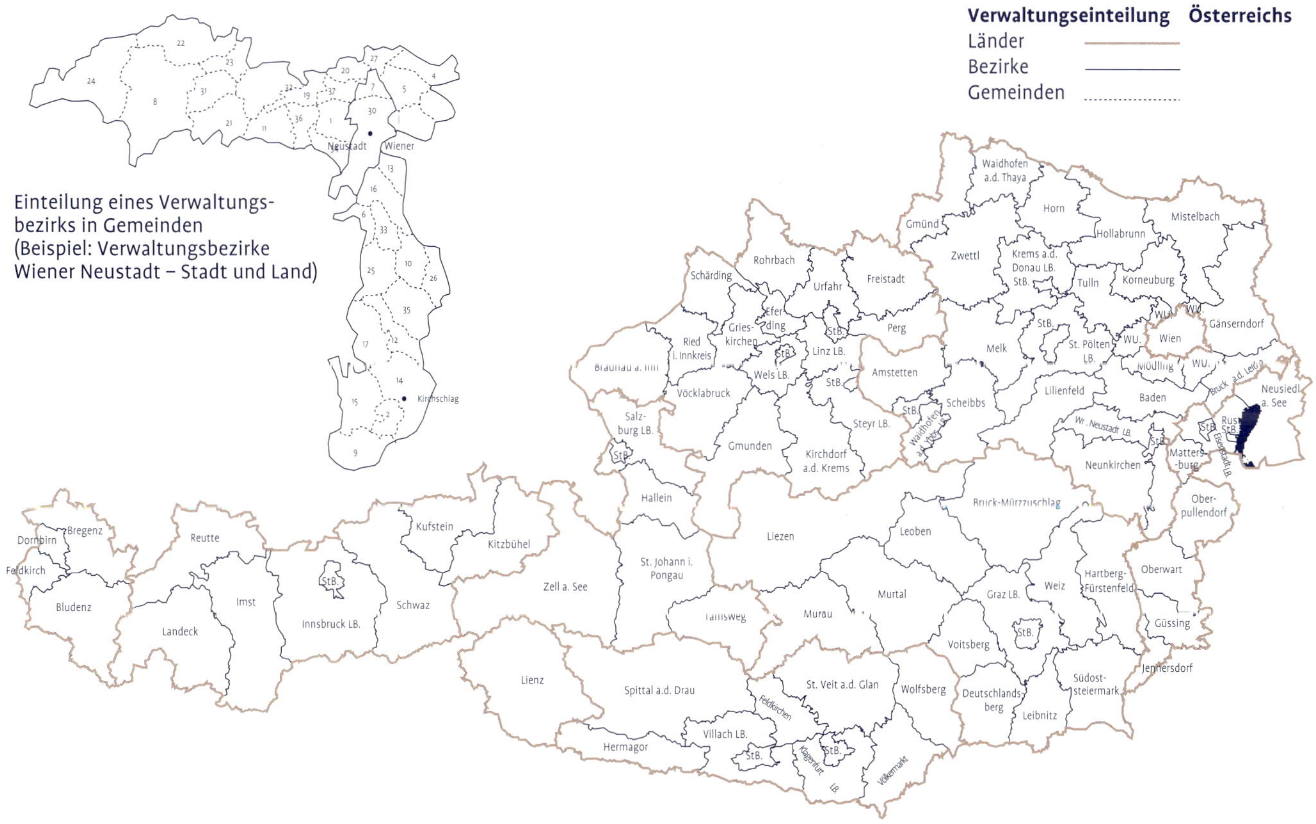

♦ **Bezirksverwaltungsbehörden**

Die **Bezirksverwaltungsbehörden sind Landesbehörden** und erledigen die Aufgaben der Landesverwaltung und der mittelbaren Bundesverwaltung in **erster Instanz** für den Bereich ihres Amtssprengels = politischen Bezirkes.
In den Landbezirken heißen diese Behörden der allgemeinen staatlichen Verwaltung **Bezirkshauptmannschaften**. An der Spitze steht der/die Bezirkshauptmann/-frau, der von der/die Landesregierung bestellt wird.
In den **Städten mit eigenem Statut** haben diese Aufgaben die **Magistrate.** Diese sind zwar Gemeindebehörden, üben aber auch die Funktion einer Bezirksverwaltungsbehörde aus.

In Angelegenheiten der Landesvollziehung unterstehen die Bezirksverwaltungsbehörden der Landesregierung, in Angelegenheiten der mittelbaren Bundesverwaltung dem/der Landeshauptmann/-frau.

Aufgaben der Bezirksverwaltungsbehörden sind z. B.:
- Ausstellung des Gewerbescheins für ein Gewerbe
- Erteilung der Bewilligung bei bewilligungspflichtigen gebundenen Gewerben
- Ausstellung von Reisepässen, Personalausweisen, Führerscheinen
- Amtsvormundschaft und Jugendschutz
- Aufgaben des Gesundheitswesens (Amtsarzt/-ärztin), Veterinärpolizei (Amtstierarzt/-ärztin)
- Forstwesen
- Bezirkshauptmannschaften führen die Aufsicht über die Ortsgemeinden ihres Bezirkes

Wo **Bundespolizeibehörden** bestehen, sind diese anstelle der Bezirksverwaltungsbehörden für bestimmte Angelegenheiten zuständig, z. B. ist die Bundespolizeidirektion Wien für die Anmeldung von Versammlungen, das Verkehrswesen (Verkehrsamt der BPD Wien) zuständig.

4. Selbstverwaltung

a) Allgemeines

Im Gegensatz zur **Staatsverwaltung durch Bundes- und Landesverwaltungsbehörden** spricht man von **Selbstverwaltung,** wenn der Staat bestimmte Verwaltungsaufgaben eigenen Rechtsträgern überlässt, die selbst an der Besorgung interessiert sind. Die **Selbstverwaltungskörper sind juristische Personen des öffentlichen Rechts**.

Kennzeichnend für die Selbstverwaltung ist ein **zweifacher Wirkungsbereich:**
- **Eigener Wirkungsbereich:**
Hier werden Aufgaben erfüllt, die im Interesse der Mitglieder des Selbstverwaltungskörpers liegen und geeignet sind, durch diese Gemeinschaft besorgt zu werden. Die Organe sind dabei an keine staatlichen Weisungen gebunden, unterliegen aber dem staatlichen Aufsichtsrecht.
- **Übertragener Wirkungsbereich:**
Hier ist der Selbstverwaltungskörper als Bundes- oder Landesbehörde tätig und der übergeordneten Behörde gegenüber weisungsgebunden.

Die Selbstverwaltung ist **demokratisch organisiert**. Dies gilt vor allem für die Bestellung der wichtigen Organe.

Selbstverwaltungskörper sind **Zwangsverbände,** z. B.:
- alle Personen, die in einer Gemeinde ihren ordentlichen Wohnsitz haben, sind Gemeindeangehörige,
- alle Rechtsanwälte/-innen sind verpflichtet, der Rechtsanwaltskammer anzugehören.

!

Die Selbstverwaltung kann auf territorialer oder auf personaler Grundlage aufgebaut sein.

Territoriale Selbstverwaltung:
- Gemeinde

Personelle Selbstverwaltung: Ihre Mitglieder haben jeweils gleiche, gemeinsame Interessen.
- berufliche Selbstverwaltung
  gesetzliche Berufsvertretungen: Kammern
- soziale Selbstverwaltung
  gesetzliche Sozialversicherungsanstalten
- Interessenvertretungen
  Österreichische Hochschülerschaft
  Tourismusverbände

b) Gemeinden

♦ **Allgemeines**

Die 2102 Gemeinden Österreichs sind Gebietskörperschaften und haben das verfassungsgesetzliche Recht auf **territoriale Selbstverwaltung**.

Im Gegensatz zu Bund und Ländern sind Gemeinden an der gesetzgebenden Staatsgewalt nicht beteiligt. Gemeinden haben nur Verwaltungsaufgaben, können aber zur Durchführung von Gesetzen Verordnungen erlassen.

♦ **Organe**

Die Gemeinde, als juristische Person hat folgende **Organe**, die für sie handeln:

– **Gemeinderat**

Der Gemeinderat ist das **beschlussfassende und überwachende Organ** und wird direkt von den Gemeindebürgern/-innen gewählt. Das aktive und passive Wahlrecht steht auch den in der Gemeinde lebenden EU-Bürgern/-innen zu.

– **Gemeindevorstand:**

Der Gemeindevorstand ist eine Art Gemeinderegierung und dient zur Vorberatung der Entscheidungen des Gemeinderates. Er wird vom Gemeinderat nach dem Verhältniswahlrecht gewählt. In Städten heißt er Stadtrat, in Städten mit eigenem Statut Stadtsenat.

– **Bürgermeister/in**

Der/die Bürgermeister/in ist das **Vollzugsorgan** der Gemeinde, Vorsitzende/r des Gemeindevorstandes und Vorstand/Vorständin des Gemeindeamtes.

Er/Sie wird entweder vom Gemeinderat (Niederösterreich, Steiermark, Wien) oder von den Gemeindebürgern/-innen (Burgenland, Kärnten, Oberösterreich, Salzburg, Tirol, Vorarlberg) gewählt.

Das **Gemeindeamt,** in Statutarstädten der Magistrat, dient den zuvor angeführten Organen zur Durchführung ihrer Aufgaben.

♦ **Aufgaben**

Wie jeder Selbstverwaltungskörper hat die Gemeinde **zwei Wirkungsbereiche:**

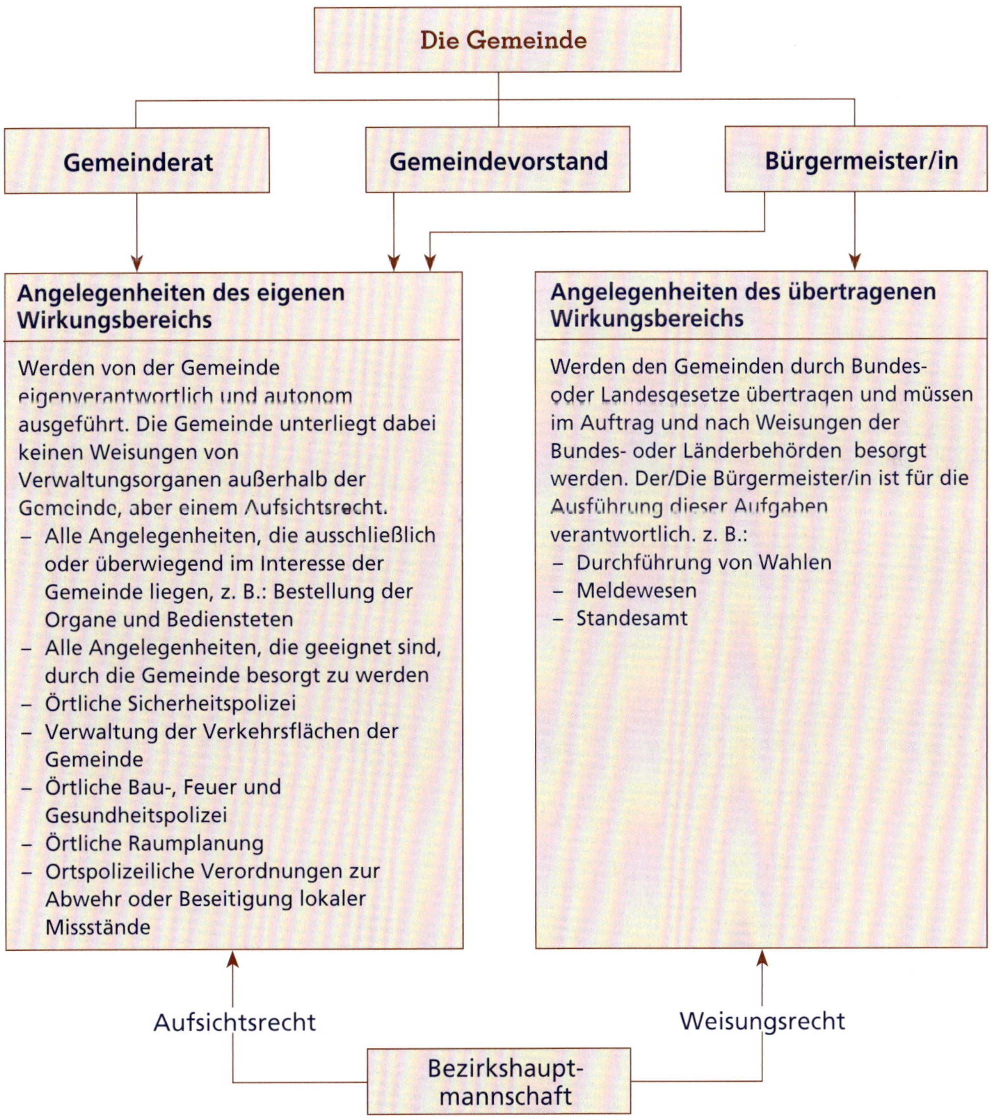

♦ **Arten der Gemeinden – Städte mit eigenem Statut**

Es ist gleich, ob eine Ortsgemeinde ein Dorf, ein Markt (= Marktgemeinde) oder eine Stadt ist (diese Bezeichnungen stellen nur einen Titel dar).

Nur die **Städte mit eigenem Statut** haben ein **eigenes besonderes Stadtrecht** und eine Sonderstellung, weil sie **für die Gemeindeverwaltung und zugleich auch für die Bezirksverwaltung zuständig** sind. Sie **haben einen Magistrat** und sind keiner Bezirkshauptmannschaft untergeordnet.

Der/die **Bürgermeister/in** hat **auch** die Stellung eines/r **Bezirkshauptmannes/frau**.

Städte mit eigenem Statut sind alle Landeshauptstädte mit Ausnahme von Bregenz, ferner Wiener Neustadt, Krems, Waidhofen an der Ybbs, Wels, Steyr, Villach und Rust.

c) Berufliche Selbstverwaltung

In Österreich sind Arbeiter/innen, Angestellte, Gewerbetreibende und Unternehmer/innen **gesetzlich verpflichtet**, Mitglied in der für sie zuständigen Interessenvertretung zu sein. Diese beruflichen Interessenvertretungen werden **Kammern** genannt. Sie besitzen das Recht der Selbstverwaltung **(„berufliche Selbstverwaltung")** und sind als juristische Personen des öffentlichen Rechts mit Hoheitsgewalt ausgestattet (Weiteres siehe Kapitel Sozialpartner, Seite 156 f).

d) Selbstverwaltung in der Sozialversicherung

www.sozialversicherung.co.at

Die gesetzlichen Sozialversicherungsträger sind als Selbstverwaltungskörper organisiert und besorgen die Angelegenheiten der gesetzlichen Sozialversicherung. In Österreich erwerbstätige Menschen unterliegen der gesetzlichen Sozialversicherung.

Die Bereiche der Sozialversicherung sind die Unfall-, Kranken- und Pensionsversicherung. (Näheres siehe Kapitel Sozialrecht Seite 329 f.)

Die Angelegenheiten der Arbeitslosenversicherung werden nicht durch Selbstverwaltungskörperschaften, sondern durch die Geschäftsstellen des Arbeitsmarktservice wahrgenommen.

5. Wien – Bundeshauptstadt – Bundesland

www.wien.gv.at

Die Gemeinde Wien besitzt eine Sonderstellung, weil die Bundeshauptstadt Wien zugleich Gemeinde, Stadt mit eigenem Statut und Bundesland ist. Das Gebiet der Stadt Wien umfasst einen politischen Bezirk.

Die Organe der Stadt Wien fungieren als Landes- und Gemeindeorgane. Der **Magistrat** der Stadt Wien mit seinen Abteilungen besorgt sowohl die **Aufgaben einer Gemeinde** als auch die **Aufgaben der Bezirksverwaltung.**

Wien hat die Aufgaben
- einer **Gemeinde** für den eigenen und den übertragenen Wirkungsbereich,
- eines **Bundeslandes** mit den Angelegenheiten im Rahmen der mittelbaren Bundesverwaltung,
- einer **Bezirksverwaltungsbehörde** als Statutarstadt zu besorgen.

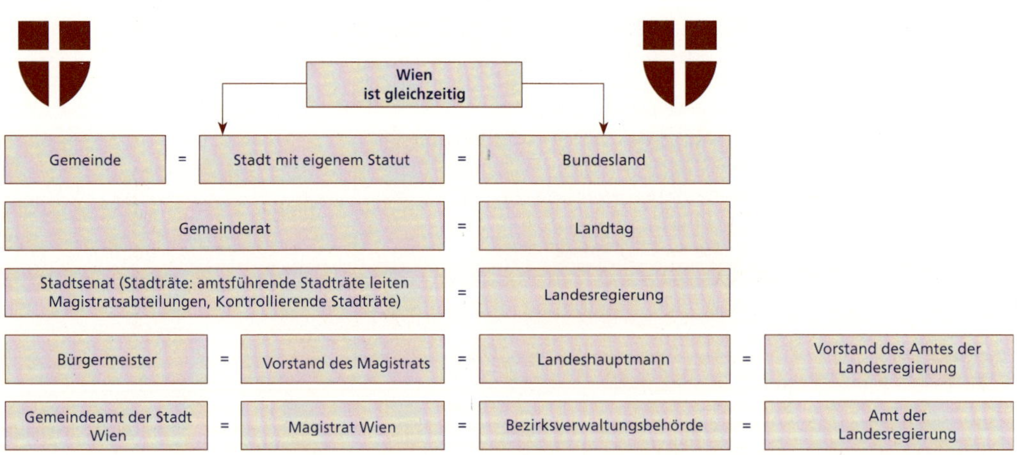

Der Gemeinderat, der gleichzeitig auch der Landtag ist, wird für **fünf Jahre** gewählt und hat **100 Mitglieder**. Wenn der Wiener Gemeinderat als Landtag zusammentritt, gilt für seine Mitglieder Immunität.

Der/die Bürgermeister/in wird vom Gemeinderat als Landtag gewählt. Er/Sie ist gleichzeitig Vorstand /Vorständin des Magistrats, Vorstand /Vorständin des Amtes der Landesregierung und Landeshauptmann/-frau.

Bürgermeister der Stadt Wien:
1945 –1951 Theodor Körner, 1951 –1965 Franz Jonas, 1965 –1970 Bruno Marek, 1970 –1973 Felix Slavik, 1973 –1984 Leopold Gratz, 1984 –1994 Helmut Zilk, seit 1994 Michael Häupl

Eine Besonderheit von Wien sind die 23 **Bezirksvertretungen**, die aus Bezirksvorstehern und Bezirksvorsteherinnen sowie Bezirksräten und Bezirksrätinnen bestehen. Die 23 Gemeindebezirke bilden Verwaltungssprengel, sie sind keine politischen Bezirke. Sie können gleichzeitig mit der Gemeinderatswahl in allen 23 Gemeindebezirken von allen wahlberechtigten Bürgern/-innen gewählt werden. Die Bezirksvertretung umfasst je nach Bevölkerungsanzahl zwischen 40 und 60 Mitglieder. Den/die Bezirksvorsteher/in stellt die stimmenstärkste Partei.

Die Bezirksvertretung besorgt Aufgaben, die ihr der Gemeinderat überträgt (z. B. Gestaltung und Erhaltung von Grünanlagen, Einrichtung von Kinder- und Jugendbetreuungseinrichtungen, Gestaltung von Straßen).

?

Wiederholungsfragen – Arbeitsaufgaben – Diskussionsanregungen

1. *Geben Sie einen Überblick über jene Organe, die für die Vollziehung zuständig sind.*
2. *Beschreiben Sie die Merkmale, die ein oberstes Verwaltungsorgan kennzeichnen.*
3. *Zählen Sie die obersten Verwaltungsorgane des Bundes auf.*
4. *Erklären Sie die Begriffe Bundesverwaltung und Landesverwaltung.*
5. *Interpretieren Sie die Besonderheiten der Bundespräsidentenwahl.*
6. *Erklären Sie, wie lange die Amtsperiode d. Bundespräsidenten/-in dauert und wann die nächsten planmäßigen Bundespräsidentenwahlen voraussichtlich durchgeführt werden.*
7. *Nennen Sie mindestens drei Aufgaben d. Bundespräsidenten/-in.*
8. *Analysieren Sie, bei welcher Aufgabe d. Bundespräsident/-in an keinen Vorschlag gebunden ist.*
9. *Nennen Sie die Voraussetzungen des Notverordnungsrechts.*
10. *Zählen Sie auf, aus welchen Mitgliedern die Bundesregierung besteht.*
11. *Prüfen Sie, in welcher hierarchischen oder rechtlichen Beziehung die Mitglieder der Bundesregierung zueinander stehen.*
12. *Nennen Sie die möglichen Regierungsformen, vergleichen Sie diese und geben Sie eine kategorisierende Übersicht darüber.*
13. *Analysieren Sie, worin das Risiko bei der Bildung einer Minderheitsregierung liegt.*
14. *Erklären Sie, unter welchen Umständen die Bildung einer Koalitionsregierung notwendig ist.*
15. *Beschreiben Sie die gegenwärtige Regierungsform auf Bundesebene sowie in Ihrem Bundesland.*
16. *Erläutern Sie, wie jemand in die Position d. österreichischen Bundeskanzlers/-in kommen kann.*
17. *Nennen Sie derzeitige/n Bundeskanzler/in, Vizekanzler/in und mindestens drei Bundesminister/innen mit Namen und zugehörigem Ressort.*
18. *Analysieren Sie, wie die Bevölkerung die Besetzung oberster Verwaltungsorgane beeinflussen kann.*
19. *Prüfen Sie, ob die jeweiligen Amtsträger oberster Verwaltungsorgane veranlasst werden, vorzeitig aus ihren Ämtern auszuscheiden.*
20. *Untersuchen Sie die Unterschiede zwischen mittelbarer und unmittelbarer Bundesverwaltung.*
21. *Bewerten Sie, welche Art der Bundesverwaltung überwiegt.*
22. *Vergleichen Sie die Zuständigkeiten und Aufgaben von Landesräten/-innen und Landtagsabgeordneten. Erläutern Sie die auffälligsten Unterschiede.*
23. *Zeigen Sie die bestehenden Unterschiede zwischen der Bestellung der Landesregierung und der Bestellung der Bundesregierung auf.*
24. *Geben Sie einen Überblick über die Arten der Selbstverwaltungskörper.*
25. *Beschreiben Sie die Merkmale, die alle Selbstverwaltungskörper aufweisen.*
26. *Erklären Sie, über welche Organe eine Gemeinde verfügt und wie diese bestellt werden.*
27. *Nennen Sie jenes Organ der Gemeinde, das für den übertragenen Wirkungsbereich zuständig ist.*

28. Fassen Sie das Wahlergebnis der letzten Gemeinderatswahl in Ihrer Heimatgemeinde zusammen.
29. Erläutern Sie die Sonderstellung von Städten mit eigenem Statut.
30. Nennen Sie einige rechtliche Besonderheiten Wiens.

6. Verwaltungsverfahren

Verschiedene Verwaltungsverfahrensgesetze regeln das behördliche Verfahren der Verwaltungsorgane. Rechtliche Grundlage ist das **Allgemeine Verwaltungsverfahrensgesetz (AVG). Ergebnis** eines Verwaltungsverfahrens kann sein:

- **Bescheid** (z. B. Baubescheid)
- **Maßnahmen verwaltungsbehördlicher Befehls- und Zwangsgewalt**
- **Beurkundung** (z. B. Ausstellen eines Führerscheins, Staatsbürgerschaftsnachweis)

♦ Verfahrensgrundsätze

Verwaltungsverfahren unterliegen bestimmten **Grundsätze**n:

Grundsätze von Verwaltungsverfahren

- Parteiengehör
- Materielle Wahrheit
- Freie Beweiswürdigung
- Entscheidungspflicht
- Schriftlichkeit des Verfahrens

– Parteiengehör

Den Parteien muss ausreichend Gelegenheit zur Wahrung ihrer Rechte gegeben werden. Bei Schriftakten wird der Partei das Ergebnis des Ermittlungsverfahrens zur Kenntnis gebracht und Gelegenheit gegeben, dazu (schriftlich) Stellung zu nehmen.

– Grundsatz der materiellen Wahrheit

Der **wahre Sachverhalt** ist von der Behörde von Amts wegen zu ermitteln und dem Bescheid zugrunde zu legen. Die Behörde ist dabei nicht an Geständnisse oder andere Parteienerklärungen gebunden.

– Freie Beweiswürdigung

Alle Beweismittel, die zur Feststellung des maßgeblichen Sachverhalts zweckdienlich sind, sind gleichwertig. Die Behörde ist an keine Beweisregeln gebunden, sie hat unter Berücksichtigung der Ergebnisse des Verfahrens nach freier Überzeugung zu beurteilen, ob etwas als erwiesen anzunehmen ist oder nicht.

– Entscheidungspflicht

Die Behörden sind verpflichtet, Anträge oder Berufungen der Parteien **innerhalb von sechs Monaten zu erledigen**. Verletzt die Behörde diese Entscheidungspflicht, geht auf Antrag die Zuständigkeit auf die nächste Instanz über (Devolution). Bleibt auch die sachlich zuständige oberste Behörde sechs Monate die Entscheidung schuldig, kann ein Fristsetzungsantrag an den Verwaltungsgerichtshof gerichtet werden.

– Schriftlichkeit

Im Gegensatz zu den Gerichtsverfahren werden Verwaltungsverfahren vorwiegend schriftlich durchgeführt. Mündliche Verhandlungen werden nur durchgeführt, wenn es das Gesetz verlangt (z. B. Bauverhandlung).

♦ Ablauf des Verwaltungsverfahrens

Verwaltungsverfahren können **von Amts wegen** (z. B. im Verwaltungsstrafverfahren) oder **auf Antrag** (z. B. Bauverhandlung, Verleihung der Staatsbürgerschaft) **eingeleitet** werden.

Das **Ermittlungsverfahren** dient zur Feststellung des Sachverhaltes, wird in der Regel schriftlich durchgeführt und mit Bescheid abgeschlossen.

Ein **Bescheid muss enthalten**:
- Bezeichnung „Bescheid"
- Bezeichnung der erlassenden Behörde
- Adressat
- den Spruch (dies ist die Entscheidung der Behörde, nur dieser wird rechtskräftig)
- Sachverhaltsdarstellung
- eine Begründung
- eine Rechtsmittelbelehrung
- die Unterschrift des Organs

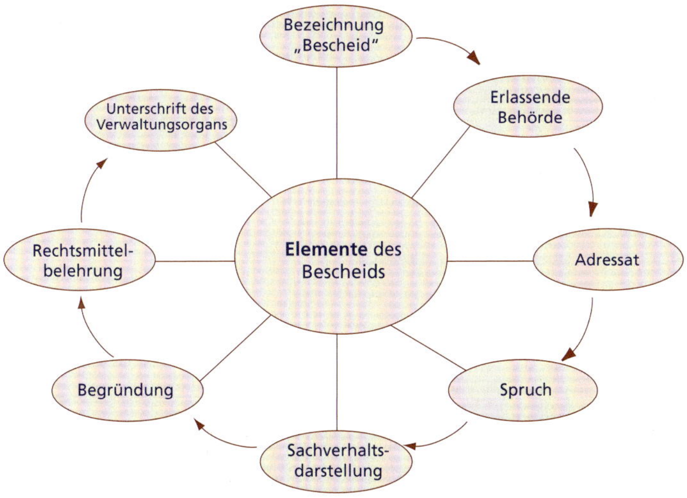

◆ **Rechtsmittelverfahren gegen Bescheide**

Seit 1.1.2014 **entscheiden Verwaltungsgerichte über Rechtsmittel** gegen Verwaltungsakte. (Bis dahin entschieden über Rechtsmittel im Instanzenzug übergeordnete Verwaltungsbehörden.)

Das **ordentliche Rechtsmittel gegen einen Bescheid** ist die **Beschwerde**. Sie ist in der Regel binnen vier Wochen bei der Behörde, die den Bescheid erlassen hat (belangte Behörde), persönlich oder postalisch einzubringen Das **Verwaltungsgericht (VwG)** ist in seiner Entscheidungsbefugnis an das Beschwerdebegehren und die Beschwerdebegründung gebunden. Das VwG kann daher von sich aus keine weiteren inhaltlichen Entscheidungsfehler prüfen.

Erforderliche Inhalte der Beschwerde:
- Bezeichnung des angefochtenen Bescheids
- Bezeichnung der belangten Behörde
  Gründe, für die vermutete Rechtswidrigkeit
- Beschwerdebegehren

Es besteht kein Anwaltszwang.

Gewöhnlich haben Bescheidbeschwerden aufschiebende Wirkung. Diese kann jedoch im Einzelfall von der belangten Behörde oder vom VwG ausgeschlossen werden.

Nach Einbringung einer Beschwerde hat die belangte Behörde die Möglichkeit, innerhalb von zwei Monaten mit einer **Beschwerdevorentscheidung** über eine Beschwerde gegen ihren Bescheid zu entscheiden oder die Beschwerde direkt dem VwG vorzulegen. Gegen eine Beschwerdevorentscheidung kann innerhalb von 2 Wochen mit einem **Vorlageantrag** beantragt werden, die Beschwerde dem VwG vorzulegen.

Wird rechtskräftigen Bescheiden oder Erkenntnissen nicht Folge geleistet, werden diese von der zuständigen Verwaltungsbehörde oder auf deren Antrag von den Gerichten vollstreckt.

Instanzenzug

Der Instanzenzug unterscheidet sich, je nachdem, ob es sich um Angelegenheiten der mittelbaren oder unmittelbaren Bundesverwaltung, der Landesverwaltung oder der Gemeinden im eigenen Wirkungsbereich handelt.

Beschwerden in Angelegenheiten der unmittelbaren Bundesverwaltung sind üblicherweise an das **Bundesverwaltungsgericht** zu richten.

Für **Beschwerden in Angelegenheiten der mittelbaren Bundesverwaltung** und der Landesverwaltung sind die **Landesverwaltungsgerichte** zuständig.

Der **Verwaltungsgerichtshof (VwGH)** kann in besonderen Fällen angerufen werden:
- wenn es um eine Rechtsfrage von besonderer Bedeutung geht
- wenn die Entscheidung der Behörde von der bisherigen Rechtsprechung des VWGH abweicht oder die bisherige Spruchpraxis des VwGH dazu uneinheitlich war
- eine Rechtsprechung des VwGH fehlt

Instanzenzug im Verwaltungsverfahren:

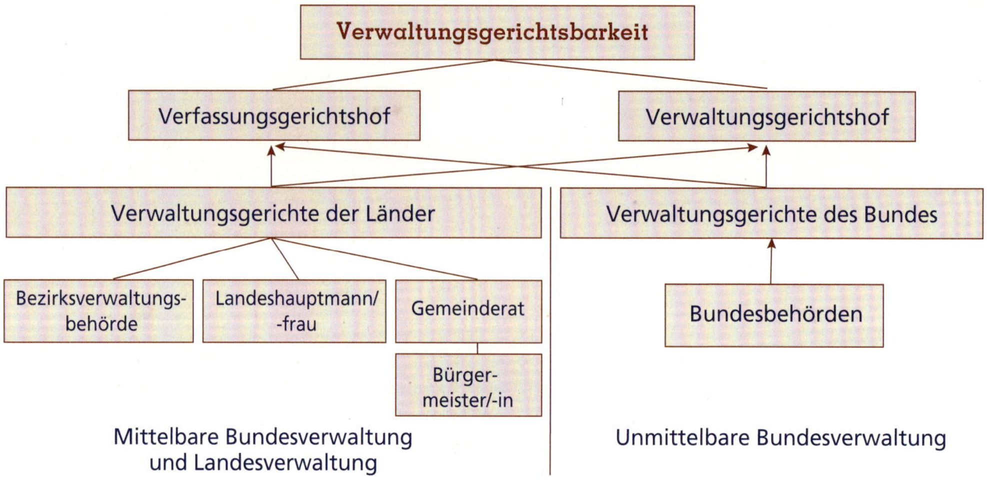

7. Verwaltungsstrafverfahren

Verwaltungsübertretungen sind mit wenigen Ausnahmen **von Amts wegen zu verfolgen.**

Die Behörde erfährt gewöhnlich durch **Anzeige** von einer Verwaltungsübertretung, woraufhin ein Strafverfahren einzuleiten ist.

♦ Zuständigkeit

In 1. Instanz sind **Bezirksverwaltungsbehörden** für die Untersuchung und Bestrafung von Übertretungen zuständig bzw. **Bundespolizeibehörden** in ihrem Wirkungsbereich. **Örtlich** zuständig ist die Behörde, in deren Sprengel die Verwaltungsübertretung **begangen** worden ist.

♦ Verjährung

Die Verfolgung einer Person ist **unzulässig,** wenn gegen sie binnen der Verjährungsfrist von der Behörde **keine** Verfolgungshandlung wie Strafverfügung, Vorladung usw. vorgenommen wurde.

Die **Verjährungsfrist** beträgt **sechs Monate,** gerechnet **ab dem Tag der strafbaren Tat** (Ausnahmen: z. B. Hinterziehung von Landes- oder Gemeindeabgaben, Kurzparkzone 1 Jahr).

Nach drei Jahren gibt es keine Bestrafung mehr!

♦ Ordentliches Verfahren

Sieht die Behörde nicht schon aufgrund der Anzeige beziehungsweise der Erhebungen von der Verfolgung ab, hat sie dem Beschuldigten **Gelegenheit** zu geben, sich zu **rechtfertigen** (Parteiengehör). Diese Rechtfertigung (Beweismittel!) kann schriftlich oder durch mündliche Vorsprache erfolgen. Die zur Last gelegte Tat ist dem Beschuldigten zu Beginn der Einvernahme vorzuhalten.

Die Behörde hat von der Fortführung eines Strafverfahrens abzusehen und die **Einstellung** zu verfügen, wenn die dem Beschuldigten zur Last gelegte Tat nicht bewiesen werden kann.

Ansonsten entscheidet sie durch ein **Straferkenntnis.**

♦ Beschwerde = Rechtsmittelverfahren

Der/die Beschuldigte ist in einem Verwaltungsstrafverfahren berechtigt, gegen ein Straferkenntnis binnen vier Wochen eine **Beschwerde an** das zuständige **Verwaltungsgericht (Landesverwaltungs-, Bundesverwaltungs-, Bundesfinanzgericht)** zu erheben.

Die **Beschwerde gegen einen Bescheid** ist bei der Bescheid erlassenden Behörde einzubringen.

Maßnahmenbeschwerden sind beim Verwaltungsgericht einzubringen.

Das Landesverwaltungsgericht kann bei Überwiegen berücksichtigungswürdiger Umstände die verhängte Strafe in eine mildere umwandeln oder ganz nachsehen.

Kosten: Beschwerden vor den Verwaltungsgerichten sind kostenfrei. Eingaben (wie vorgelegte Schriftsätze) können kostenpflichtig sein. Eine **Revision an** den **Verwaltungsgerichtshof** ist kostenpflichtig.

♦ Beendigung des Verfahrens

Das Rechtsmittelverfahren endet mit einem **Erkenntnis des Verwaltungsgerichts.**

- **Verwaltungsgerichtshofbeschwerde**: Der Verwaltungsgerichtshof prüft in speziellen Fällen die Erkenntnisse der Verwaltungsgerichte (siehe Seite 151).
- **Verfassungsgerichtshofbeschwerde**: Der Verfassungsgerichtshof kann durch eine **Verfassungsgerichtshofbeschwerde** angerufen werden, falls ein durch die **Verfassung garantiertes Recht** verletzt wurde.

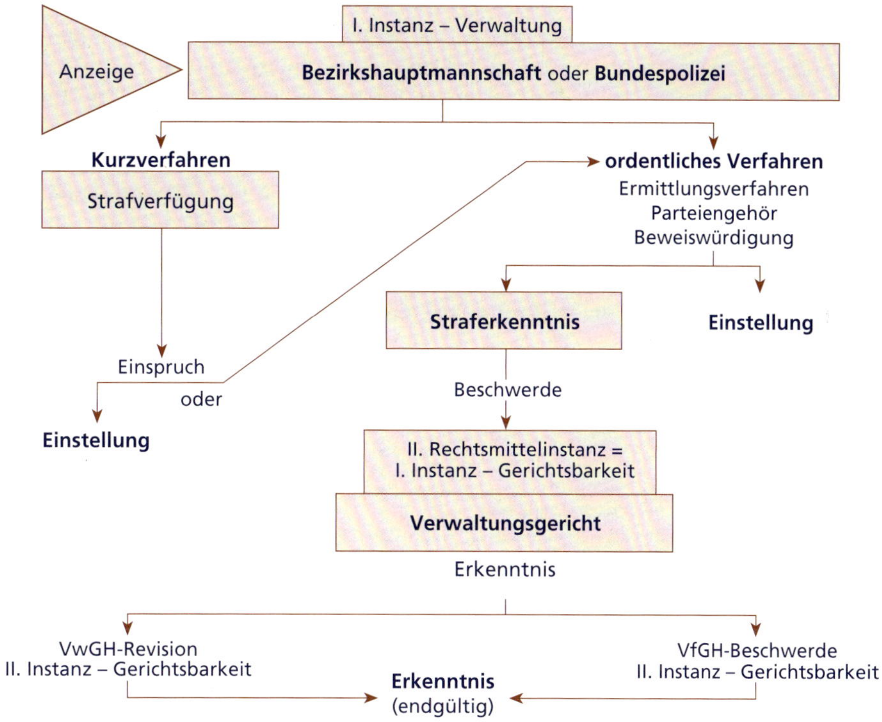

♦ Das abgekürzte Verfahren im Verwaltungsstrafverfahren

Anstelle eines ordentlichen Verwaltungsstrafverfahrens kann unter bestimmten Voraussetzungen im abgekürzten Verfahren Folgendes erlassen werden:

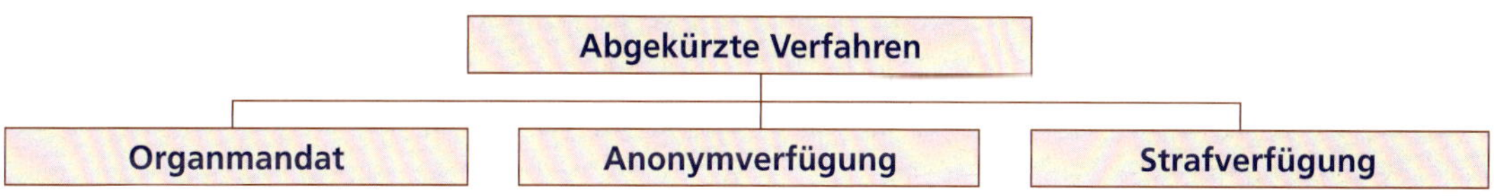

Organmandat (Organstrafverfügung)

Die Behörden können **besonders geschulte Organe** der öffentlichen Aufsicht ermächtigen, wegen Übertretung **bestimmter** Verwaltungsvorschriften mit Organmandaten (Strafkataloge enthalten Höchststrafen) gegen Personen vorzugehen, die auf **frischer Tat** betreten werden. Der Vorteil des Organmandates besteht darin, dass dabei die Person des Täters nicht festgehalten wird, so dass diese Strafe nirgends aufscheint! Die Organe sind verpflichtet, über Wunsch der Beanstandeten ihre Ermächtigungsurkunde vorzuweisen.

Verweigert der Beanstandete die Bezahlung des Strafbetrages, ist das Organmandat **gegenstandslos.** Über den beanstandeten Sachverhalt ist dann vom Organ Anzeige an die Behörden zu erstatten. Organmandate sind auch gegen Jugendliche zulässig.

Laut Entscheidung des Verwaltungsgerichtshofes hat **niemand Anspruch** auf eine Strafe durch ein Organmandat!

Bundespolizeidirektion Wien

Block Nr. 17788 Fortl. Zl. 17

Organstrafverfügung

gemäß § 50 des Verwaltungsstrafgesetzes (VStG) ☒ Zutreffendes ist angekreuzt!

Auf Grund der erhaltenen Ermächtigung wurde eine Geldstrafe von € 21

☑ vom Lenker des Fahrzeuges

behördl. Kennzeichen MD 727L

eingehoben.

Grund (Tat):

begangen in

am um (von – bis) Uhr.

Die Geldstrafe wurde

☐ in bar ☐ mit Scheck ☐ mit Kreditkarte ☐ mit entrichtet.

Widmung des Strafbetrages:

Wien, am

Unterschrift

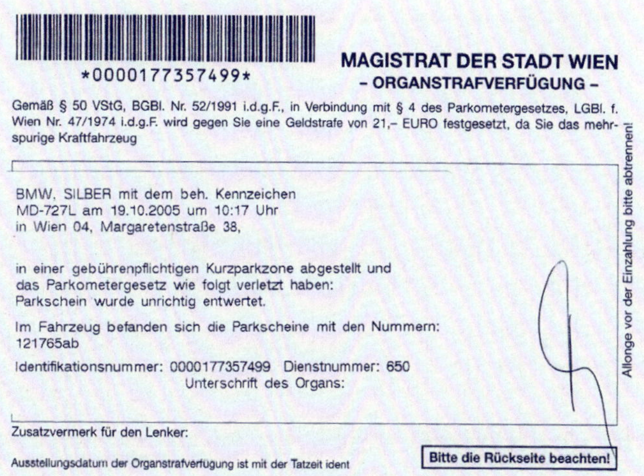
0000177357499

MAGISTRAT DER STADT WIEN

– ORGANSTRAFVERFÜGUNG –

Gemäß § 50 VStG, BGBl. Nr. 52/1991 i.d.g.F., in Verbindung mit § 4 des Parkometergesetzes, LGBl. f. Wien Nr. 47/1974 i.d.g.F. wird gegen Sie eine Geldstrafe von 21,– EURO festgesetzt, da Sie das mehrspurige Kraftfahrzeug

BMW, SILBER mit dem beh. Kennzeichen
MD-727L am 19.10.2005 um 10:17 Uhr
in Wien 04, Margaretenstraße 38,

in einer gebührenpflichtigen Kurzparkzone abgestellt und das Parkometergesetz wie folgt verletzt haben:
Parkschein wurde unrichtig entwertet.

Im Fahrzeug befanden sich die Parkscheine mit den Nummern:
121765ab

Identifikationsnummer: 0000177357499 Dienstnummer: 650

Unterschrift des Organs:

Zusatzvermerk für den Lenker:

Ausstellungsdatum der Organstrafverfügung ist mit der Tatzeit ident

Bitte die Rückseite beachten!

Allonge vor der Einzahlung bitte abtrennen!

Anonymverfügung

Ist der Täter unbekannt, kann die Behörde von der Ausforschung des Täters unter bestimmten Voraussetzungen absehen und durch eine **Anonymverfügung** eine Geldstrafe aussprechen. Sie wird jener Person zugestellt, von der anzunehmen ist, dass sie den Täter kennt.

Z. B. bei Übertretungen der Straßenverkehrsordnung kann sie an den Zulassungsbesitzer eines Kraftfahrzeuges ergehen.

Wird die Strafe bezahlt, wird gegen niemanden ein Verwaltungsstrafverfahren geführt und es scheint auch niemand aus diesem Delikt auf. Die Behörde erspart sich den Ausforschungsaufwand bei der Tätersuche. Bei Nichtbezahlen der Strafe wird die Anonymverfügung gegenstandslos und die Ausforschung des Täters eingeleitet.

Gegen die Anonymverfügung ist kein Rechtsmittel zulässig.

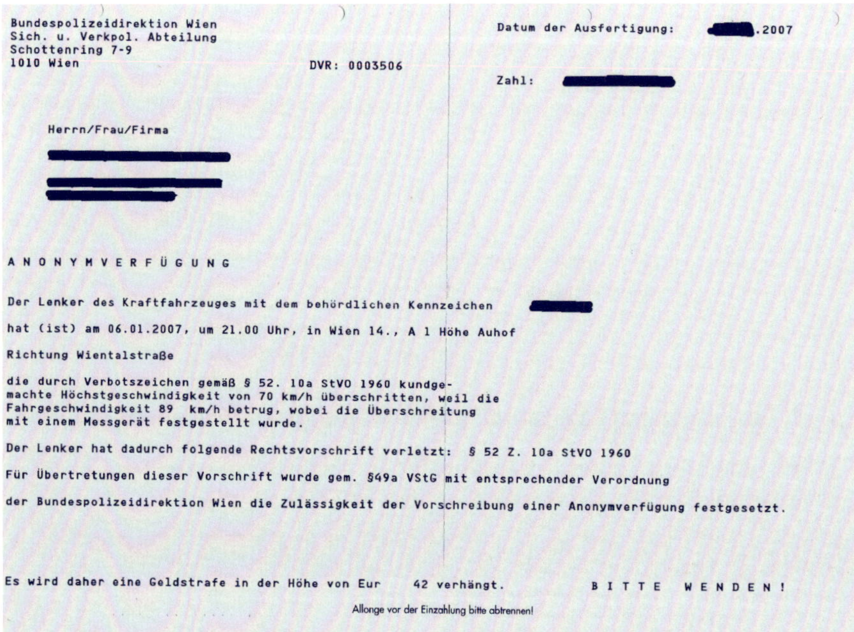

Bundespolizeidirektion Wien
Sich. u. Verkpol. Abteilung
Schottenring 7-9
1010 Wien

DVR: 0003506

Datum der Ausfertigung: .2007

Zahl:

Herrn/Frau/Firma

A N O N Y M V E R F Ü G U N G

Der Lenker des Kraftfahrzeuges mit dem behördlichen Kennzeichen

hat (ist) am 06.01.2007, um 21.00 Uhr, in Wien 14., A 1 Höhe Auhof

Richtung Wientalstraße

die durch Verbotszeichen gemäß § 52. 10a StVO 1960 kundgemachte Höchstgeschwindigkeit von 70 km/h überschritten, weil die Fahrgeschwindigkeit 89 km/h betrug, wobei die Überschreitung mit einem Messgerät festgestellt wurde.

Der Lenker hat dadurch folgende Rechtsvorschrift verletzt: § 52 Z. 10a StVO 1960

Für Übertretungen dieser Vorschrift wurde gem. §49a VStG mit entsprechender Verordnung der Bundespolizeidirektion Wien die Zulässigkeit der Vorschreibung einer Anonymverfügung festgesetzt.

Es wird daher eine Geldstrafe in der Höhe von Eur 42 verhängt.

B I T T E W E N D E N !

Allonge vor der Einzahlung bitte abtrennen!

Strafverfügung

Wird einer Verwaltungsbehörde eine Verwaltungsübertretung angezeigt, kann sie ohne Anhörung des Beschuldigten und ohne Ermittlungsverfahren durch **Strafverfügung** die Strafe festsetzen, wenn eine Freiheitsstrafe von höchstens **drei Tagen** oder eine **Geldstrafe von höchstens 218 Euro** zu verhängen ist.

Gegen Jugendliche können Strafverfügungen nicht verhängt werden.

Gegen die Strafverfügung kann innerhalb von 14 Tagen (mündlich, schriftlich oder per Fax) **Einspruch** erhoben werden, wodurch sie automatisch **außer Kraft** tritt.

Hat der Einspruch nicht die Einstellung zur Folge, ist das **ordentliche Verfahren** einzuleiten.

Wiederholungsfragen – Arbeitsaufgaben – Diskussionsanregungen

1. *Zählen Sie die Grundsätze auf, die für Verwaltungsverfahren gelten.*
2. *Nennen Sie Unterschiede zwischen einem Gerichtsverfahren und einem Verwaltungsverfahren.*
3. *Kreuzen Sie an, ab wann eine Verwaltungsübertretung nicht mehr verfolgbar ist.*
   Nach ○ einem Monat ○ drei Monaten ○ sechs Monaten.
4. *Eine Strafverfügung wird durch einen ________ außer Kraft gesetzt.*
5. *Analysieren Sie mögliche Vorteile der abgekürzten Verwaltungsstrafverfahren.*
6. *Das ordentliche Verwaltungsverfahren endet in der 1. Instanz mit einer________ oder________.*
7. *Auf welche Art kann die Berufungsentscheidung eines Landesverwaltungsgerichts angefochten werden?*

8. Hier soll der Ablauf eines bestimmten Verwaltungsverfahrens nachvollzogen werden. In welcher Reihenfolge werden die nachgenannten Tätigkeiten ausgeführt? Zeichnen Sie die richtige Reihenfolge des Bearbeitungsvorganges mit Pfeilen ein und nennen Sie das jeweils befasste Organ.

	Organe oder Personen
Strafverfügung	
Anzeige	
Einspruch	
Ordentliches Verfahren	
Straferkenntnis	
Entscheidung	
Berufung	
Vollstreckung	

B. Die Gerichtsbarkeit

www.justiz.gv.at/justiz/gerichte

„Vier Eigenschaften gehören zu einem Richter: höflich anzuhören, weise zu antworten, vernünftig zu erwägen und unparteiisch zu entscheiden." (Sokrates)

Neben der Verwaltung ist die Gerichtsbarkeit für die Vollziehung der Gesetze zuständig.

Der Gerichtsbarkeit obliegt die Strafgerichtsbarkeit und die Entscheidung in Privatrechtsstreitigkeiten.

Der Gesetzgeber hat in den letzten Jahrzehnten auch andere Angelegenheiten, bei denen er auf eine besondere Qualität des Rechtsschutzes Wert legt, den unabhängigen Gerichten zugewiesen, etwa in den meisten Gebieten des Jugendwohlfahrtsrechts, Arbeitsrechts und Sozialrechts.

! Im Gegensatz zur Verwaltung **sind die Gerichte unabhängige Staatsorgane.**
Die Gerichtsbarkeit wird durch unabhängige Richter ausgeübt, die in der Ausübung ihrer richterlichen Tätigkeit nur an Verfassung, Gesetze und Verordnungen gebunden sind.

Zur Absicherung der unabhängigen Rechtsprechung sieht die Bundesverfassung als richterliche Garantien die **Unabhängigkeit** (Weisungsfreiheit), **Unabsetzbarkeit** und **Unversetzbarkeit** der Richter/innen vor.

- **Unabhängigkeit:**
Der/die Richter/in ist in seiner/ihrer rechtsprechenden Tätigkeit nur an die Verfassung, die Gesetze und die Verordnungen gebunden. Er/sie hat dabei keinen Vorgesetzten und niemanden, der ihm/r eine bestimmte Entscheidung vorschreiben kann. Seine/ihre Entscheidung kann durch ein im Instanzenzug übergeordnetes Gericht überprüft werden.

© M. Humer

- **Unabsetzbarkeit:**
Der/die Richter/in kann wegen einer getroffenen Entscheidung niemals abgesetzt werden. Eine Absetzung kann nur wegen einer dienstlichen Verfehlung im Zuge eines Disziplinarverfahrens oder wegen Dienstunfähigkeit erfolgen.
- **Unversetzbarkeit:**
Der/die Richter/in kann gegen seinen/ihren Willen nicht versetzt werden – ausgenommen bei Änderung der Gerichtsverfassung (z. B. wenn das Gericht, an dem er/sie ernannt ist, aufgelöst wird). Eine Versetzung auf Grund einer Bewerbung zu einem anderen Gericht kann jederzeit erfolgen.

Die Gerichtsbarkeit ist prinzipiell Bundessache, allerdings im Bereich der Verwaltungsgerichtsbarkeit teilweise auch Ländersache, nämlich in den Zuständigkeiten der Landesverwaltungsgerichte. Das bedeutet: Die meisten Gerichte (ordentlichen und außerordentlichen Gerichte) sind Bundesbehörden. Es gibt aber in jedem Bundesland ein Landesverwaltungsgericht, das jeweils eine Landesbehörde ist.

VI. Kontrolle der Staatsgewalt

„Vertrauen ist gut, Kontrolle ist besser!“ (Wladimir Iljitsch Uljanow [Lenin])

Ein wesentliches Merkmal demokratischer Staaten ist die rechtlich eingeräumte und zugesicherte Möglichkeit, die Tätigkeit staatlicher Organe durch andere oder übergeordnete Organe überprüfen zu lassen.

Auf welche Art und Weise ist eine Kontrolle der Staatsgewalten möglich? Welche Staatsorgane unterliegen welcher Kontrolle? Werden Handlungen von Staatsorganen systematisch überprüft? Dürfen nur staatliche Organe einander kontrollieren oder können auch Privatpersonen staatliches Handeln überprüfen lassen? Welchen Zweck hat die Überprüfung von Handlungen staatlicher Organe?

Diese und damit einhergehende Themen werden nun behandelt.

Gesetzmäßiges Verhalten der Staatsorgane ist Voraussetzung für das Vertrauen der Bürger/innen in den Staat.

Willkürliches oder gesetzwidriges Handeln staatlicher Organe soll durch verfassungsmäßig vorgesehene Kontrollmöglichkeiten verhindert werden.

A. Kontrolle der Gesetzgebung

www.vfgh.gv.at

♦ **Wahlen**

Österreich ist eine parlamentarische Demokratie. Das heißt, das Volk wählt die Nationalratsabgeordneten, die den politischen Willen des Volkes durch entsprechende Gesetzgebung im Parlament umsetzen sollen. Diese konkrete Ausführung in der Politik kann vom Volk beobachtet und bei **Wahlen mittels der Wahlentscheidung** (für oder gegen die regierenden Parteien) **für gut oder unzureichend befunden werden**.

♦ **Verfassungsgerichtshof**

Der **Verfassungsgerichtshof** ist ein Höchstgericht öffentlichen Rechts und nimmt im System der Kontrolle eine besondere Stellung ein. Er prüft die Verfassungsmäßigkeit der Gesetzgebung und damit die Arbeit des Parlaments. **Verfassungswidrige Gesetze können von ihm aufgehoben werden**. Sofern eine gesetzliche Bestimmung nicht sofort ersatzlos aufgehoben wird, kann der Verfassungsgerichtshof ausnahmsweise die befristete Weitergeltung der verfassungswidrigen Norm anordnen (für maximal ein Jahr). Innerhalb dieser Frist hat der Nationalrat oder Landtag die Möglichkeit, das aufgehobene Gesetz durch ein neues, verfassungskonformes Gesetz zu ersetzen.

Jeder kann sich an den VfGH wenden. Es gilt aber Anwaltspflicht.

Der Verfassungsgerichtshof als Hüter der Verfassung:
- prüft die **Verfassungsmäßigkeit von Gesetzen**
- prüft **Gesetzmäßigkeit von Verordnungen**
- entscheidet als **Kompetenzgerichtshof** über Zuständigkeitsstreitigkeiten zwischen Bund, Ländern und Gemeinden sowie zwischen Gerichten und Verwaltungsbehörden
- prüft die **Verfassungsmäßigkeit von Staatsverträgen**
- entscheidet als **Wahlgerichtshof** über die Anfechtung von Wahlen
- entscheidet als **Staatsgerichtshof** über Anklagen gegen alle obersten Organe der Bundes- und Landesverwaltung wegen einer schuldhaften Rechtsverletzung während ihrer Amtszeit
- Als **Sonderverwaltungsgerichtshof** gewährleistet der Verfassungsgerichtshof einen **Grundrechtsschutz**. Er prüft bei Beschwerden gegen Bescheide, ob der Beschwerdeführer in einem verfassungsmäßig gewährleisteten Recht verletzt wurde.
- entscheidet über vermögensrechtliche Ansprüche gegen Bund, Länder, Gemeinden und Gemeindeverbände, für die weder ein Gericht noch eine Verwaltungsbehörde zuständig ist.

Kontrolle der Staatsgewalt

der Gesetzgebung

a) durch Bevölkerung – bei Wahlen
b) Verfassungsgerichtshof (VfGH)
- Verfassungsmäßigkeit von Gesetzen und Staatsverträgen
- Entscheidung über
  - Zuständigkeitsstreitigkeiten
  - Anfechtung von Wahlen
- Gewährleistet den Grundrechtsschutz

der Verwaltung

1) Verwaltungsorgane
A) Politische Kontrolle
a) des Bundespräsidenten
politisch – Volksabstimmung
rechtlich – Anklage beim Verfassungsgerichtshof
ba) der Bundesregierung durch den Nationalrat
- Interpellationsrecht
- Resolutionsrecht
- Enqueterecht
- Misstrauensvotum

bb) der Bundesregierung durch den Rechnungshof finanzielle Kontrolle

B) Rechtliche Kontrolle
a) Oberste Organe
Nationalrat bzw. Landtag kann gegen Bundes- bzw. Landregierung Ministeranklage beim VfGH einbringen
b) Öffentliche Bedienstete

2) Verwaltungsakte
a) Verordnungen – vom Verfassungsgerichtshof (VfGH) auf Gesetzmäßigkeit geprüft
b) Bescheide – im Instanzenzug vom Landesverwaltungsgericht, oder Bundesverwaltungsgericht, oder Bundesfinanzgericht
- Berufungsverfahren gegen Verwaltungsübertretungen
- Maßnahmenbeschwerden
- Säumnisbeschwerden
c) Weisungsrecht
d) Verwaltungsgerichtshof (VwGH)
- Revision wegen Rechtswidrigkeit von Erkenntnissen
- Fristsetzungsanträge
e) Verfassungsgerichtshof

3) Finanzielle Kontrolle
Rechnungshof
prüft finanzielle Gebarung von Gebietskörperschaften und deren Unternehmen sowie Sozialversicherungsanstalten auf finanzielle Richtigkeit, Wirtschaftlichkeit und Rechtsmäßigkeit

4) Volksanwaltschaft
prüft Beschwerden über Missstände in der öffentlichen Verwaltung

der Gerichtsbarkeit

Überprüfung der Rechtsprechung der Gerichte im Instanzenzug

Oberster Gerichtshof: oberstes Gericht in Zivil- und Strafsachen

B. Kontrolle der Verwaltung

1. Kontrolle der obersten Verwaltungsorgane

- **Der/die Bundespräsident/in** kann durch eine **Volksabstimmung** abgesetzt werden, die die Bundesversammlung nach einem mit Zweidrittelmehrheit beschlossenen Antrag des Nationalrates anordnen kann.
- **Die Bundesregierung** und ihre **Mitglieder** sind als oberste Verwaltungsorgane **oberste Instanz** und unterliegen **keinen Weisungen** anderer Organe.

Die Verfassung sieht eine **Kontrolle der Regierung durch den Nationalrat und Bundesrat mit** Hilfe folgender Kontrollinstrumente vor:

- **Interpellationsrecht (Fragerecht):** Eine bestimmte Anzahl von Abgeordneten hat das Recht, Anfragen an die Regierung oder einzelne Regierungsmitglieder zu richten. Die praktische Bedeutung des Fragerechts liegt darin, dass es ein **Minderheitsrecht** ist, d. h. oft einer kleinen Minderheit oder einem einzigen Abgeordneten zusteht.
- **Resolutionsrecht:** Die Abgeordneten des Nationalrates oder des Bundesrates können mittels Mehrheitsbeschluss ihren Wünschen über die Ausübung der Vollziehung in Form von Resolutionen (Entschließungen) Ausdruck verleihen. Diese sind für die Bundesregierung rechtlich nicht verbindlich.

- **Enqueterecht**: Die absolute Mehrheit der Nationalratsabgeordneten kann **Untersuchungsausschüsse** einsetzen, die Vorgänge im Bereich der Vollziehung des Bundes kritisch überprüfen.
- **Misstrauensvotum:** Der Nationalrat kann mittels Mehrheitsbeschluss den Rücktritt der Regierung oder einzelner Regierungsmitglieder erzwingen.

Die Landesverfassungen sehen ähnlich Kontrollinstrumente des Landtages gegenüber der Landesregierung vor.

Finanzielle Kontrolle

Die Bundesregierung ist für die Vollziehung des Budgets verantwortlich. Der **Rechnungshof** kontrolliert als Hilfsorgan des Nationalrats die ordnungsgemäße Vollziehung des Budgets.

Rechtliche Kontrolle

Gegen Mitglieder der Bundesregierung oder der Landesregierungen kann durch den Nationalrat bzw. Landtag beim Verfassungsgerichtshof Anklage wegen Gesetzesverletzung erhoben werden.

Nicht nur die obersten Vollziehungsorgane, sondern alle öffentlich Bediensteten unterliegen über die normale strafrechtliche Verantwortlichkeit hinaus besonderen Strafdrohungen, wenn sie ein im Strafgesetzbuch vorgesehenes „Amtsdelikt" begehen, z. B. Missbrauch der Amtsgewalt, Geschenkannahme durch Beamte, Verletzung des Amtsgeheimnisses.

2. Kontrolle der Verwaltungsakte

Verordnungen

Verordnungen können vom Verfassungsgerichtshof auf ihre Gesetzmäßigkeit überprüft und, falls sich ihre Gesetzwidrigkeit herausstellt, aufgehoben werden.

Aufsicht

Die übergeordneten Behörden müssen die Tätigkeit der Unterbehörden durch ihre Aufsichtsführung überwachen und notfalls durch entsprechende Weisungen (Erlässe) Mängel beseitigen.

Bescheide

Das bescheidmäßige Handeln von Verwaltungsorganen unterliegt der Kontrolle im Instanzenzug: In einem **Rechtsstaat** müssen Privatpersonen Entscheidungen durch Staatsorgane überprüfen lassen können. Das geschieht normalerweise durch die innerhalb der betreffenden Staatsgewalt übergeordnete Behörde, also im Instanzenzug. Die von einem Verwaltungsverfahren betroffenen Parteien können die Entscheidung einer Verwaltungsbehörde im Rahmen eines Verwaltungsverfahrens durch eine **Beschwerde vor dem Verwaltungsgericht** überprüfen lassen. Wenn eine Beschwerde eingebracht wird, kommt es zu einem **Wechsel der handelnden Staatsgewalt von der Verwaltung zur Gerichtsbarkeit**, in der dann das **Landesverwaltungsgericht, das Bundesverwaltungsgericht oder das Bundesfinanzgericht als 1. Instanz** zuständig wird, obwohl das Gericht als Rechtsmittelinstanz tätig wird (siehe S. 144).

Überprüfung von Bescheiden und Verwaltungshandlungen durch Verwaltungsgerichte der Länder, Bundesverwaltungsgericht und Bundesfinanzgericht
Durch 9 Landesverwaltungsgerichte plus 2 Bundesgerichte (Bundesverwaltungsgericht und Bundesfinanzgericht) wird die Verwaltungsgerichtsbarkeit umgesetzt.

Landesverwaltungsgericht LVwG
In jedem Bundesland gibt es **ein Landesverwaltungsgericht**, das über eingebrachte Beschwerden gegen Bescheide oder Entscheidungen/Handlungen von Verwaltungsbehörden entscheidet. Die Landesverwaltungsgerichte erkennen über folgende Beschwerden:
- gegen einen Bescheid wegen Rechtswidrigkeit
- gegen Ausübung verwaltungsbehördlicher Befehls- und Zwangsgewalt wegen Rechtswidrigkeit
- wegen Verletzung der Entscheidungspflicht der zuständigen Verwaltungsbehörde

Bundesverwaltungsgericht BVwG
Das Bundesverwaltungsgericht entscheidet über Beschwerden
- in Angelegenheiten der unmittelbaren Bundesverwaltung (die durch Bundesorgane erledigt werden)
- bei Sachverhalten des öffentlichen Auftragswesens
- in dienstrechtlichen Streitfällen öffentlich Bediensteter

Bundesfinanzgericht BFG
Das Bundesfinanzgericht erkennt über Beschwerden gegen Entscheidungen von Abgaben- oder Finanzbehörden des Bundes. Dazu zählen alle Abgabenangelegenheiten des Bundes, (Steuer-, Beihilfen-, Finanz- oder Zollstrafsachen).

In II. Instanz und damit letztinstanzlich können nur mehr der **Verwaltungsgerichtshof** oder der **Verfassungsgerichtshof** mit der Überprüfung eines Erkenntnisses eines Verwaltungsgerichts befasst werden.

www.vwgh.gv.at

♦ **Verwaltungsgerichtshof VwGH**
Der **Verwaltungsgerichtshof** kann nur in folgenden Einzelfällen mit der Prüfung von Erkenntnissen der Verwaltungsgerichte befasst werden.

!

Die gerichtliche Kontrolle der Verwaltung ist ein wesentliches Element des rechtsstaatlichen Prinzips, da so gewährleistet ist, dass Verwaltungsakte letztinstanzlich durch unabhängige Richter/innen kontrolliert werden können.

Der **Verwaltungsgerichtshof VwGH** entscheidet über:

Revisionen:
- wegen behaupteter Rechtswidrigkeit, wobei es um eine Rechtsfrage von grundsätzlicher Bedeutung geht
- wenn das Erkenntnis von der Rechtsprechung des VwGH abweicht
- wenn zum strittigen Sachverhalt noch keine Rechtsprechung des VwGH existiert
- wenn die betreffende Rechtsfrage bisher vom VwGH uneinheitlich entschieden worden ist

Die Revision muss binnen sechs Wochen schriftlich an den VwGH übermittelt werden. Die Revision muss folgenden Inhalt haben:
- die Bezeichnung des angefochtenen Erkenntnisses
- die „belangte" Behörde
- den Sachverhalt
- die verletzten Rechte
- die Gründe, auf die sich die behauptete Rechtswidrigkeit stützt
- ein bestimmtes Begehren

Fristsetzungsanträge: Die zuständige Verwaltungsbehörde ist ihrer Entscheidungspflicht durch sechs Monate hindurch nicht nachgekommen.

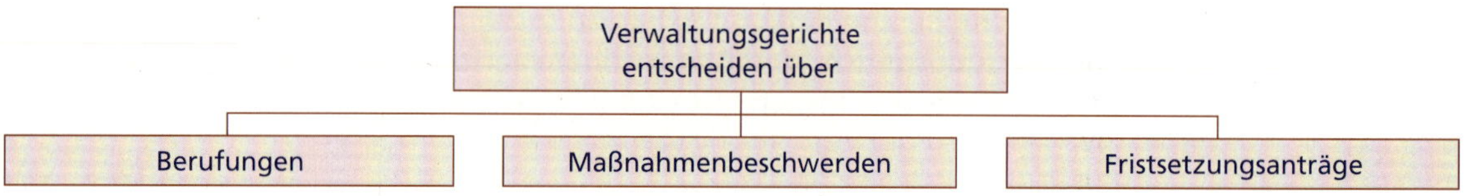

Sie entscheiden im **Berufungsverfahren** wegen **Verwaltungsübertretungen**.

Es können auch **Maßnahmenbeschwerden** (Beschwerden gegen unmittelbar ausgeübte behördliche Zwangsgewalt, z. B. Abnahme des Führerscheins) und in bestimmten Fällen **Fristsetzungsanträge** eingebracht werden.

Behauptet jemand, durch einen letzinstanzlichen Bescheid in einem verfassungsgesetzlich gewährleisteten Recht verletzt worden zu sein, kann er eine Beschwerde beim **Verfassungsgerichtshof** einbringen

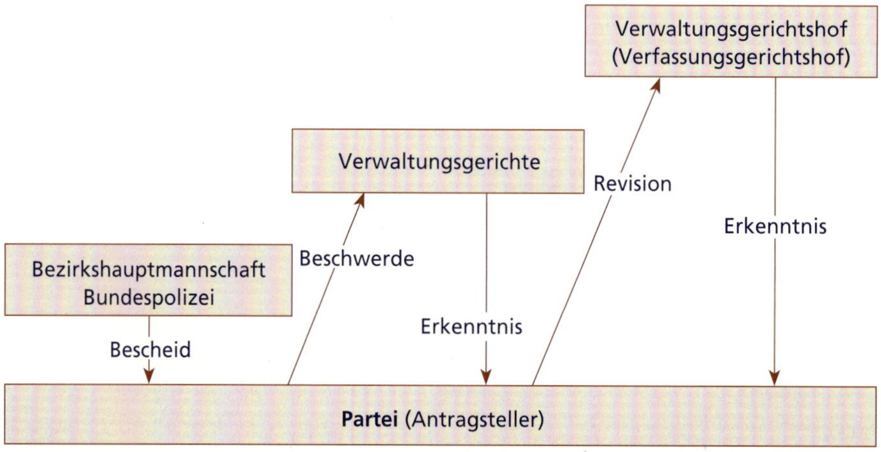

www.volksanwaltschaft.gv.at

3. Die Volksanwaltschaft

Die **Volksanwaltschaft** hat die Aufgabe, behauptete und vermutete Missstände im Bereich der **Bundesverwaltung** zu prüfen und die Einhaltung der Menschenrechte zu kontrollieren.

Die Volksanwaltschaft hat ihren **Sitz** in Wien 1, Singerstraße 17. Um den Zugang zur Volksanwaltschaft zu erleichtern, halten Volksanwälte **Sprechtage in den Bundesländern** ab.

♦ Mitglieder

Die **Volksanwaltschaft** besteht aus **drei Mitgliedern**. Diese werden für die Dauer von sechs Jahren vom Nationalrat gewählt. Eine einmalige Wiederwahl ist zulässig. Bei der Wahl haben die drei **stärksten Parlamentsparteien** das Recht, jeweils ein **Mitglied vorzuschlagen**.

Die **Volksanwälte** sind **unabhängig**, **unabsetzbar** und **nur an das Gesetz gebunden**.

♦ Aufgaben

Die Volksanwaltschaft prüft **Beschwerden** über **Missstände in der öffentlichen Verwaltung.** Sie dient dem Schutz der Bürger vor Fehlverhalten von Ämtern und Behörden. Ebenso obliegt der Volksanwaltschaft die Mitwirkung an der Erledigung der an den Nationalrat gerichteten **Petitionen und Bürgerinitiativen.** Zusätzlich hat die Volksanwaltschaft die Aufgabe, staatliche und private Institutionen zu kontrollieren, in denen Menschen einer Freiheitsbeschränkungen unterliegen (können): z. B. Alten- und Pflegeheime, Justizanstalten, Kasernen, Einrichtungen für behinderte Menschen und psychiatrische Einrichtungen. Die Kontrollen erfolgen präventiv durch beauftragte Kommissionen ohne vorangehende Beschwerden. Geprüft wird die Einhaltung menschenrechtlicher Standards, also eine menschenwürdige Behandlung. Das Ergebnis dieser Prüftätigkeit hat die Volksanwaltschaft dem Nationalrat zu berichten.

♦ Zuständigkeit

Die Prüfung der Volksanwaltschaft bezieht sich auf die gesamte **Bundesverwaltung** sowie die Verwaltungen der **Bundesländer** (einschließlich Gemeinden), mit **Ausnahme** der Länder **Tirol** und **Vorarlberg** (diese haben eigene Landesvolksanwälte geschaffen).

Die Volksanwaltschaft ist **nicht** berechtigt, in Gerichts- oder Verwaltungsverfahren **Parteienvertretungen** zu übernehmen. Sie ist auch **nicht zuständig, gerichtliche Entscheidungen oder privatrechtliche Angelegenheiten** zu prüfen.

♦ **Ablauf des Prüfungsverfahrens**
Jedermann – unabhängig von Alter, Staatsangehörigkeit oder Wohnsitz – kann sich, wenn er glaubt, von einem **Missstand** in der öffentlichen Verwaltung betroffen zu sein, mittels **Beschwerde** an die Volksanwaltschaft wenden.

Voraussetzung ist, dass er keine andere Möglichkeit mehr hat, „sein Recht zu bekommen". In ein anhängiges Verfahren darf die Volksanwaltschaft nicht eingreifen, sie prüft aber Verfahrensverzögerungen oder Verfahrensmängel, die durch Rechtsmittel nicht behoben werden können.

Es ist auch eine **Prüfung von Amts wegen möglich**!

Die Beschwerde kann **schriftlich** oder **persönlich** bei einem/-r Volksanwalt/-anwältin eingebracht werden. Der Beschwerdeführer kann sich durch eine mit einer Vollmacht ausgestattete Person vertreten lassen.

Die eingelangten Beschwerden werden gemäß der **Geschäftsverteilung** zugeteilt. Welcher der **drei** Volksanwälte die Beschwerde behandelt, richtet sich nach dem Verwaltungsbereich, über den man sich beschwert. Die Beschwerde kann bei jedem/er Volksanwalt/-anwältin eingebracht werden und wird dann an den/die **zuständige/n** Volksanwalt/-anwältin **weitergeleitet.**

Die **Volksanwaltschaft kann** zu einer Beschwerde
- **Stellungnahmen** der zuständigen Verwaltungsorgane einholen
- **Einsicht** in alle Verwaltungsakten nehmen
- **Sachverständige** anhören
- **Zeugen** einvernehmen

Die Beschwerdeführer werden über das Ergebnis des Prüfungsverfahrens informiert.
Dieses **Ergebnis** kann sein:
- **Missstandsfeststellung**: Die Beschwerde ist berechtigt.
- Der **Missstand** wird aufgrund einer **Empfehlung** der Volksanwaltschaft **behoben.**
- Eine **Empfehlung** ist **nicht notwendig,** weil der Missstand bereits während des Prüfungsverfahrens **durch die Behörde selbst behoben wurde.**
- Die **Beschwerde** erweist sich als **nicht begründet.**

Die Beschwerdeführung bei der Volksanwaltschaft ist **kostenlos.**

Die Volksanwaltschaft

3 Mitglieder

Funktionsperiode: 6 Jahre

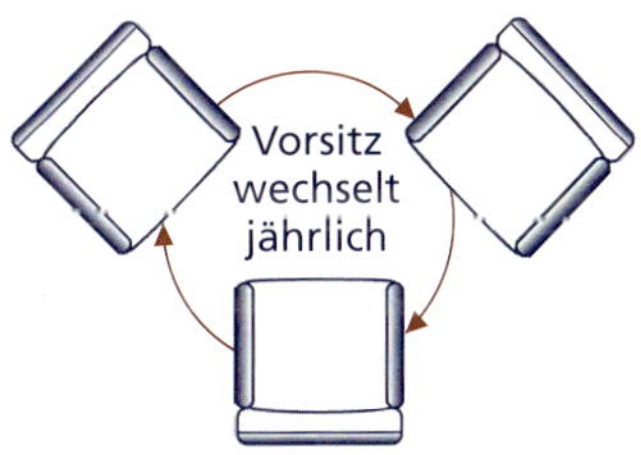

Einmalige Wiederwahl zulässig

JEDER kann sich wegen behaupteter Missstände in der Verwaltung des Bundes und der meisten Länder beschweren,
- wenn er selbst betroffen ist,
- wenn ein Rechtsmittel nicht oder nicht mehr zur Verfügung steht.

Die Volksanwaltschaft prüft die Beschwerden und spricht Empfehlungen an die Verwaltung aus. Über die Medien informiert die Volksanwaltschaft die Öffentlichkeit über ihre Tätigkeit.

Ein **Beschwerde-Formular der Volksanwaltschaft** finden Sie unter www.volksanwalt.gv.at.

www.rechnungshof.gv.at

4. Der Rechnungshof

Der Rechnungshof kontrolliert die Finanzgebarung der Verwaltung.

Er ist eine Behörde, die **direkt dem Nationalrat untersteht**, aber auch als **Organ der Landtage** tätig wird.

♦ **Prüfungsgegenstand**

Der Rechnungshof überprüft die **finanzielle Gebarung**
- des Bundes
- der Länder
- der Gemeindeverbände
- der Gemeinden mit mindestens 20.000 Einwohnern, auf Ersuchen der Landesregierung auch der kleineren Gemeinden
- der Stiftungen, Fonds und Anstalten, die von Organen des Bundes oder von diesem bestellten Organen verwaltet werden
- der Unternehmungen des Bundes, der Länder und Gemeinden
- der Sozialversicherungsträger
- der gesetzlichen beruflichen Vertretungen (Kammern)

♦ **Prüfungskriterien**

Der Rechnungshof prüft:
- **ziffernmäßige Richtigkeit**
- **Rechtmäßigkeit**, d. h. Übereinstimmung mit den bestehenden Vorschriften
- **Sparsamkeit, Wirtschaftlichkeit** und **Zweckmäßigkeit** der Gebarung der geprüften Institutionen

♦ **Prüfungsinitiative**

Der Rechnungshof ist zur Ausübung seiner Kompetenz nicht bloß berechtigt, sondern auch verpflichtet. Er bestimmt grundsätzlich selbst, in welchen Zeitabständen er die Prüfung der Gebarung der einzelnen Rechtsträger und Organe vornimmt. Bestimmte Organe (z. B. Nationalrat, Landtag) sind berechtigt, eine besondere Prüfung zu verlangen.

Der Rechnungshof soll im Zuge seiner Überprüfung Einsparungsmöglichkeiten erfassen.

♦ **Prüfungsbericht**

Der Rechnungshof hat über das Ergebnis seiner Kontrolle Prüfungsberichte („Rohberichte") zu erstellen, zu denen die geprüften Einrichtungen Stellung zu nehmen haben. Diese Prüfungsberichte sind dann an die zuständigen Organe weiterzugeben. Der Rechnungshof legt dem Nationalrat jährlich einen Tätigkeitsbericht vor.

Bundesrechnungsabschluss

Besondere Bedeutung kommt dem Rechnungshof bei der **Prüfung des Budgetvollzuges** zu.

Nach Ablauf eines Budgetjahres hat der Rechnungshof im Bundesrechnungsabschluss die tatsächlichen Einnahmen und Ausgaben des Staates gegenüberzustellen und dem Nationalrat zur Genehmigung vorzulegen.

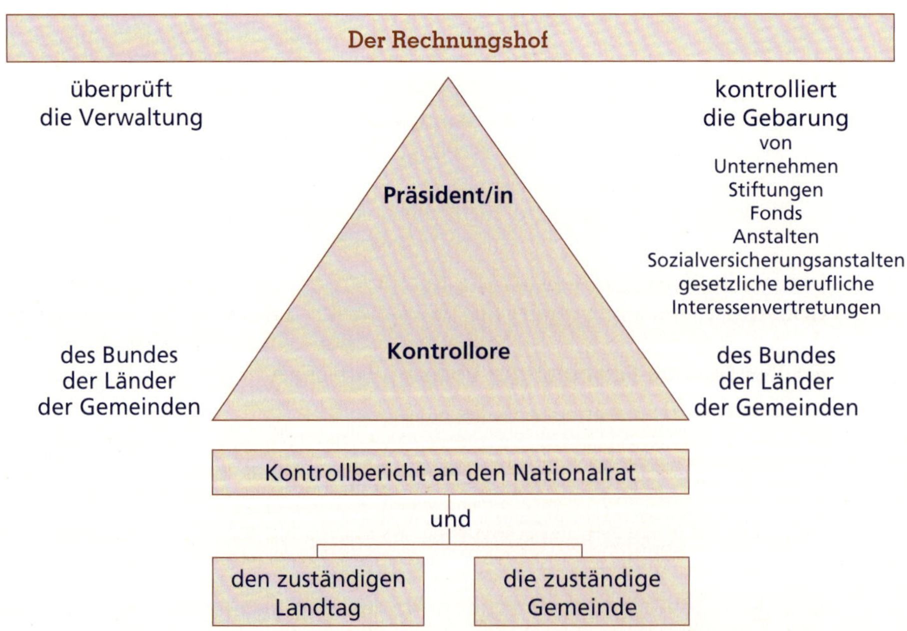

C. Kontrolle der Gerichtsbarkeit

Die **Kontrolle** der **rechtsprechenden** Tätigkeit der Gerichte erfolgt durch den **Instanzenzug**.
Die oberste Instanz in Zivil- und Strafsachen ist der **Oberste Gerichtshof**.

D. Die Weiterentwicklung der Österreichischen Verfassung: Österreich-Konvent www.konvent.gv.at

Die zahlreichen Novellierungen der Bundesverfassung in den vergangenen Jahrzehnten haben diese zu einem unübersichtlichen Gesetzeswerk gemacht.

Die Organisation der Verwaltung entspricht nicht mehr den Anforderungen eines modernen Staates, sodass eine Verfassungsreform notwendig erscheint.

2003 wurde der Österreich-Konvent eingerichtet, der eine grundlegende Staats- und Verwaltungsreform erarbeiten sollte. Es ging auch darum, das rechtlich zersplitterte Bundesverfassungsrecht in einer Verfassungsurkunde zusammenzufassen und daneben nur mehr einige wenige Verfassungsgesetze zu haben sowie die Verwaltung effizient zu organisieren.

(Der Vorsitzende des Konvents, Dr. Franz Fiedler, formulierte eine Zusammenfassung der Arbeitsergebnisse dieser Kommission als Vorschlag für eine neue Bundesverfassung. Der Verfassungsentwurf enthält 298 Artikel und ist in 13 Hauptstücke, die in Abschnitte und Unterabschnitte geteilt sind, gegliedert.) Derzeit steht die weitere Vorgangsweise noch nicht fest.

?

Wiederholungsfragen – Arbeitsaufgaben – Diskussionsanregungen

1. *Interpretieren Sie, wodurch die Unabhängigkeit der Gerichtsbarkeit gewährleistet ist.*
2. *Erörtern Sie die Kontrollmöglichkeiten für die Gesetzgebung.*
3. *Erläutern Sie die Aufgaben des Verfassungsgerichtshofs.*
4. *Nennen Sie die Voraussetzungen für die Zulässigkeit einer Beschwerde an den Verwaltungsgerichtshof.*
5. *Geben Sie einen Überblick über Kontrollinstrumente des Nationalrats gegenüber der Regierung.*
6. *Interpretieren Sie, weshalb ein Misstrauensantrag im politischen Alltag selten eine Mehrheit im Nationalrat findet.*
7. *Zählen Sie die möglichen Situationen auf, in denen sich jemand an die Volksanwaltschaft wenden kann.*
8. *Nennen Sie Beispiele für Angelegenheiten, die die Volksanwaltschaft nicht überprüft.*
9. *Zählen Sie die möglichen Varianten der Erledigung einer Beschwerde bei der Volksanwaltschaft auf und prüfen Sie die Kosten einer Beschwerde bei der Volksanwaltschaft.*
10. *Erläutern Sie die Aufgaben des Rechnungshofs. Nennen Sie einige Beispiele.*
11. *Erklären Sie die Kriterien, nach denen der Rechnungshof seine Prüfungen vornimmt.*
12. *Identifizieren Sie jenes Organ, dem der Rechnungshof unterstellt ist.*
13. *Fassen Sie zusammen, wie die Kontrolle der Gerichtsbarkeit erfolgt.*

VII. Sozialpartnerschaft und Interessenvertretungen

„Verbunden werden auch die Schwachen mächtig." (Friedrich Schiller)

Die Sozialpartnerschaft entwickelte sich in Österreich nach dem Zweiten Weltkrieg.

Gibt es gesetzliche Grundlagen für die Sozialpartnerschaft? Welche Organe oder Institutionen sind daran beteiligt? Welche Aufgaben und Kompetenzen hat die Sozialpartnerschaft? Was sind Interessenvertretungen? Welche Interessenvertretungen gibt es? Wer gehört Interessenvertretungen an? Welche Funktionen haben Interessenvertretungen? Wie sind Interessenvertretungen organisiert?

Diese und damit im Zusammenhang stehende Themen werden in der Folge behandelt.

A. Allgemeines

Sozialpartnerschaft bedeutet institutionalisierte Zusammenarbeit zwischen großen gesellschaftlich bedeutenden Gruppen mittels ihrer Interessenvertretungen sowie dem Staat (repräsentiert durch die Regierung), damit sich die österreichische Volkswirtschaft bestmöglich entwickeln kann.

Hauptaufgabe der Sozialpartner ist es, für die Interessengegensätze (z. B. Höhe des Lohns, Arbeitszeit) gemeinsam Lösungen zu finden, die die Beteiligten akzeptieren können. Weiters bemühen sie sich um einen Interessenausgleich unter ihren Mitgliedern und bieten Serviceleistungen für ihre Mitglieder an (z. B. Rechtsberatung, Aus- und Weiterbildung).

B. Die Sozialpartnerschaft in Österreich

Im Rahmen der österreichischen Sozialpartnerschaft arbeiteten Arbeitnehmer/innen- und Arbeitgeber/innenvertreter sowie staatliche Organe durch Jahrzehnte erfolgreich zusammen. Die im internationalen Vergleich eher niedrige Arbeitslosenrate und insbesondere die niedrige Streikrate werden überwiegend ihrem Wirken zugeschrieben. Der dadurch errungene und von vielen Ländern oft bewunderte **soziale Frieden** bringt Österreich einen Standortvorteil im internationalen Wettbewerb.

Aufbau und Funktionsweise
Zentrales Gremium der Sozialpartnerschaft ist die 1957 gegründete **Paritätische Kommission** für Preis- und Lohnfragen (PKPL).
Die wichtigsten **Verbände, die an der Sozialpartnerschaft mitwirken,** sind:
- der Österreichische Gewerkschaftsbund
- die Arbeiterkammern
- die Wirtschaftskammern
- die Landwirtschaftskammern

Jeder Verband entsendet eine gleiche Anzahl von Delegierten in die Vollversammlung der PKPL. **Beschlüsse** werden **einstimmig** gefasst. Die Zusammenarbeit erfolgt freiwillig.

An der Vollversammlung nehmen auch Regierungsmitglieder teil (den Vorsitz führt der/die Bundeskanzler/in), diese haben jedoch kein Stimmrecht.

Die PKPL hatte zunächst nur den Unterausschuss für Preise und wurde im Lauf der Zeit um den Lohnunterausschuss (1962), den Beirat für Wirtschafts- und Sozialfragen (1963) sowie den Unterausschuss für internationale Fragen (1992) erweitert. Sowohl der Preis- als auch der Lohnunterausschuss haben in den 1990er-Jahren deutlich an Bedeutung verloren. Vor allem im Preisunterausschuss hat sich nach dem EU-Beitritt Österreichs der Schwerpunkt von der Marktkontrolle zur Marktbeobachtung verlagert.

Die Paritätische Kommission in Österreich

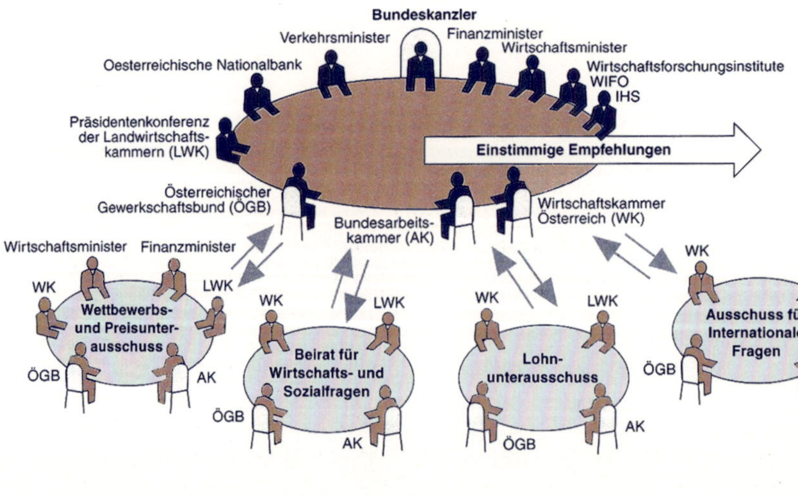

Die **Sozialpartnerschaft** ist wichtig für eine stabile Wirtschaft und Gesellschaft. Sie funktioniert auf Basis wechselseitiger Achtung, Gleichberechtigung und Gleichwertigkeit der Partner. (Näheres im Unterrichtsgegenstand Volkswirtschaft.)

C. Organisation der Interessenvertretungen

Wer in Österreich als Arbeiter/in, Angestellte/r, Gewerbetreibende/r, Landwirt/in oder Unternehmer/in sein Geld verdient, ist meist kraft Gesetzes Mitglied (**Pflichtmitgliedschaft**) in der für ihn/sie zuständigen **gesetzlichen Interessenvertretung (Kammer)**. Die gesetzliche Mitgliedschaft ist Voraussetzung dafür, dass die Kammern als Selbstverwaltungskörper tätig sein können.

Die Mitglieder können mittels Wahlen die Funktionäre und Organbesetzungen der Interessenvertretungen bestimmen.

Mit Ausnahme der vom Staat übertragenen Verwaltungsaufgaben sind die Kammern völlig **autonom**. Der **Staat hat kein Weisungsrecht**. Die Kammern unterliegen jedoch der **staatlichen Aufsicht** durch den jeweils zuständigen Minister bezüglich der Einhaltung der Gesetze.

Interessenvertretungen

gesetzliche Interessenvertretungen	freiwillige Interessenvertretungen
– Wirtschaftskammer Österreichs – Bundesarbeitskammer – Landwirtschaftskammer Österreich – Kammern freier Berufe	– Österreichischer Gewerkschaftsbund – Vereinigung österreichischer Industrieller

Die **Finanzierung** erfolgt **durch Kammerumlagen** (gesetzlich geregelte Mitgliedsbeiträge), die die Unabhängigkeit dieser Institutionen gegenüber dem Staat und anderen Verbanden gewahrleisten sollen.

Daneben gibt es Interessenverbände mit freiwilliger Mitgliedschaft.

1. Die gesetzlichen Interessenvertretungen

Die vier gesetzlich verankerten Interessenvertretungen sind:

♦ **Wirtschaftskammer Österreich**

www.wko.at

Die Wirtschaftskammer Österreich als Dachorganisation der einzelnen Wirtschaftskammern in den Bundesländern und diese Länderkammern haben den gesetzlichen Auftrag, **die wirtschaftlichen, fachlichen und sozialen Interessen ihrer Mitglieder zu vertreten.**

Mitglieder sind alle selbstständigen Unternehmer/innen Österreichs.

Fachlich ist die Wirtschaftskammer in **sieben Sparten/Sektionen** unterteilt:
- Gewerbe & Handwerk
- Industrie
- Handel
- Tourismus und Freizeitwirtschaft
- Banken und Versicherungen
- Transport und Verkehr
- Information und Consulting

Dazu kommen **zahlreiche Fachverbände**.
Regional ist sie in 9 Landeskammern (jeweilige **Wirtschaftskammer**) gegliedert.

Hauptaufgaben:
- Kollektivvertragsverhandlungen mit den Gewerkschaften
- Begutachtung von Gesetzesentwürfen und Verordnungen
- Erarbeitung von Gesetzesvorschlägen
- Vorschlagsrecht für Laienrichter bei Arbeits- und Sozialgerichten
- Weiterbildung: Das Wirtschaftsförderungsinstitut (WIFI) bietet berufliche Aus- und Weiterbildung an.
- Erfüllung von staatlichen Aufgaben in den Bereichen Lehrlingswesen, Meisterprüfungen und Ursprungszeugnisse

- Entsendung von Beisitzern zum Kartellgericht
- Förderung des Außenhandels durch Außenhandelsstellen in zahlreichen Ländern
- Entsendung von Vertretern in den Wirtschafts- und Sozialausschuss der EU

♦ **Bundesarbeitskammer**

www.arbeiterkammer.at

Die neun Länderkammern für Arbeiter/innen und Angestellte und die Bundesarbeitskammer als bundesweite Dachorganisation haben den gesetzlichen Auftrag, die sozialen, wirtschaftlichen, beruflichen und kulturellen Interessen ihrer Mitglieder zu vertreten.

Mitglieder sind alle Arbeitnehmer/innen (ausgenommen öffentlich Bedienstete der Hoheitsverwaltung), Lehrlinge, Karenzurlauber und Arbeitslose.

Hauptaufgaben

- Begutachtung von Gesetzesentwürfen und Verordnungen
- Erarbeitung von Gesetzesvorschlägen
- Vorschlagsrecht für Laienrichter bei Arbeits- und Sozialgerichten
- Weiterbildung: Das Berufsförderungsinstitut (bfi) bietet berufliche Aus- und Weiterbildung an
- Entsendung von Beisitzern zum Kartellgericht
- Entsendung von Vertretern in den Wirtschafts- und Sozialausschuss der EU

♦ **Landwirtschaftskammer Österreich**

www.oekl.at, www.agrar-net.at

Aufgrund der Bundesverfassung fällt die Interessenvertretung der Land- und Forstwirte in die Kompetenz der Bundesländer.

Die Landwirtschaftskammer Österreich ist die Dachorganisation der neun Landwirtschaftskammern.

Die Landwirtschaftskammern haben den gesetzlichen Auftrag, die wirtschaftlichen, sozialen und berufsspezifischen Interessen ihrer Mitglieder zu vertreten.

Ihre Mitglieder sind alle in der Land- und Forstwirtschaft selbstständigen Land- und Forstwirte sowie die im Betrieb mittätigen Familienmitglieder.

Hauptaufgaben

- Betreuung der Mitglieder
- Vertretung gegenüber dem Staat
- Begutachten von Gesetzesentwürfen und Verordnungen
- Erarbeiten von Gesetzesvorschlägen
- Entsendung von Vertretern in staatliche Kommissionen und Beiräte
- Entsendung von Vertretern in den Wirtschafts- und Sozialausschuss der EU

♦ **Bundeskonferenz der Kammern der freien Berufe**

Sie hat die beruflichen Interessen ihrer Mitglieder zu vertreten. Wie bei allen Kammern herrscht Pflichtmitgliedschaft.

Sie kontrollieren die Vergabe von Berufsberechtigungen, verfügen über ein eigenes Disziplinarrecht, aufgrund dessen z. B. einem Mitglied die Berufsausübung untersagt werden kann, und entsenden Vertreter in den Wirtschafts- und Sozialausschuss der EU.

Bundesweit gibt es neun Kammern der freien Berufe:

- Österreichische Apothekerkammer
- Österreichische Ärztekammer
- Bundeskammer der Architekten und Ingenieurkonsulenten
- Österreichische Zahnärztekammer
- Österreichische Notariatskammer
- Österreichische Patentanwaltskammer
- Österreichische Rechtsanwaltskammer
- Bundeskammer der Tierärzte Österreichs
- Kammer der Wirtschaftstreuhänder

2. Die freien Verbände

Neben den gesetzlichen Interessenvertretungen gibt es auch Verbände mit freiwilliger Mitgliedschaft.

Die wichtigsten freien Verbände sind:

♦ **Österreichischer Gewerkschaftsbund (ÖGB)**

www.oegb.at

Der Österreichische Gewerkschaftsbund (ÖGB) ist eine freiwillige Interessenvertretung der Arbeitnehmer. Er ist die **Dachorganisation** von **9 Einzelgewerkschaften:**

- Gewerkschaft der Privatangestellten, Druck, Journalismus, Papier (GPA-DJP)
- Gewerkschaft öffentlicher Dienst (GÖD)

- Gewerkschaft der Gemeindebediensteten (GdG)
- Gewerkschaft Kunst, Medien, Sport, freie Berufe (KMSfB)
- Gewerkschaft der Bau-Holz (GBH)
- Gewerkschaft der Chemiearbeiter (GdC)
- Gewerkschaft vida: Eisenbahner, Handel, Transport, Verkehr, Hotel, Gastgewerbe, persönlicher Dienst
- Gewerkschaft Metall – Textil – Nahrung
- Gewerkschaft der Post- und Fernmeldebediensteten

Der ÖGB soll die Interessen aller Arbeitnehmer/innen gegenüber Arbeitgebern/-innen und dem Staat vertreten und soziale Verbesserungen erzielen.

Das äußerste Mittel zur Durchsetzung dieser Forderungen ist der Streik.

Die Mitgliedschaft ist freiwillig. Dem ÖGB können alle aktiven und pensionierten unselbstständig Erwerbstätigen (Arbeiter, Angestellte, öffentlich Bedienstete), Lehrlinge, Arbeitslose, Schüler und Studenten beitreten. Der ÖGB hat derzeit ca. 1,2 Millionen Mitglieder.

Aufgaben
- Kollektivvertragsverhandlungen
- Begutachtung von Gesetzesentwürfen
- Erarbeitung von arbeitsrechtlichen Vereinbarungen mit den Arbeitgebern
- Entsendung von Vertretern in den Wirtschafts- und Sozialausschuss der EU

Die Gewerkschaften bieten ebenso wie auch die gesetzlichen Interessenvertretungen umfangreiche Serviceleistungen für ihre Mitglieder an: z. B. Rechtsberatung in arbeitsrechtlichen Angelegenheiten, Vertretung in Arbeits- und Sozialgerichtsprozessen, Bildung, Kultur und Freizeit.

♦ **Industriellenvereinigung (IV) – Vereinigung österreichischer Industrieller**
www.iv-net.at , www.voei.at
Die IV hat laut Statuten zur Aufgabe: „ … in Ergänzung zu den gesetzlichen Berufsorganisationen, die Interessen ihrer Mitglieder besonders in beruflicher, gewerblicher und wirtschaftlicher Hinsicht zu vertreten, industrielle Entwicklungen zu fördern und Bestand und Entscheidungsfreiheit des Unternehmertums zu sichern."

Sie sieht sich als eine Lobbyingorganisation für ihre Mitglieder.

Die IV zählt derzeit ca. 3500 österreichische Unternehmen als freiwillige Mitglieder. Die IV ist regional nach Bundesländern und fachlich gegliedert.

Sie ist in allen wichtigen Gremien der Sozialpartner vertreten, wirkt bei der Begutachtung von Gesetzen und Verordnungen mit und entsendet Vertreter in den Wirtschafts- und Sozialausschuss der EU.

Wiederholungsfragen – Arbeitsaufgaben – Diskussionsanregungen

1. *Erläutern Sie das Wesen und den Inhalt der Sozialpartnerschaft.*
2. *Beschreiben Sie die kennzeichnenden Aspekte des österreichischen Systems der Sozialpartnerschaft.*
3. *Analysieren Sie die Unterschiede zwischen gesetzlichen Interessenvertretungen und den freien Verbänden.*
4. *Nennen Sie die gesetzlichen Interessenvertretungen in Österreich.*
5. *Zählen Sie mindestens zwei freie Verbände auf.*
6. *Geben Sie einen Überblick über die Hauptaufgaben der Sozialpartner.*
7. *Erinnern Sie sich an Zeitungsberichte der letzten Wochen, in denen die Sozialpartner zu aktuellen politischen Problemen Stellung nahmen? Diskutieren Sie darüber.*
8. *Argumentieren Sie für und gegen die Pflichtmitgliedschaft bei Interessenvertretungen.*
9. *Diskutieren Sie die Bedeutung, Notwendigkeit und politische Rolle der Interessenvertretungen.*

Privatrecht

I. Einführung und Personenrecht

Wer Streitigkeiten vermeiden will oder mögliche Konflikte regeln möchte, benötigt die entsprechenden Rechtskenntnisse. Zumindest müssen wir Grundkenntnisse beherrschen, um unser privates und geschäftliches Leben rechtlich zu ordnen. Folgende Fragen können dabei Bedeutung erlangen:

Welche Rechte und Pflichten gelten zwischen mir und meinen Mitmenschen? Welche Rechtsvorschriften gelten diesbezüglich? Ab welchem Alter kann ich überhaupt Verträge schließen? Welche Regelungen gibt es über den Tod einer Person und damit das Ende seiner rechtlichen Existenz? Wer setzt für Minderjährige rechtliche Handlungen?

Diese Fragen werden im Folgenden behandelt.

A. Einleitung und Abgrenzung zum öffentlichen Recht

Das **Privatrecht** regelt die Rechtsverhältnisse der Einwohner eines Staates untereinander. Der Mensch wächst im Kreise seiner Familie auf; er erhält in der Regel eine Ausbildung und übt einen Beruf aus, ist Eigentümer von Vermögen oder erwirbt Sachen, heiratet meist und hat selbst Kinder, schließt Verträge ab, gehört Vereinen an und stirbt schließlich eines Tages. Die meisten rechtlichen Normen, die sich auf diese Ereignisse beziehen, gehören zum Privatrecht (= Bürgerliches Recht).

Niemand kann also behaupten, er unterliege nicht dem Privatrecht!

Für Streitigkeiten aus solchen Privatrechtsverhältnissen und deren Entscheidungen sind unabhängige Zivilgerichte zuständig. Dabei muss allerdings der in seinen Privatrechten Verletzte oder vermeintlich Verletzte selbst als „Kläger" das Gericht anrufen (häufig wird ihn ein Rechtsanwalt vertreten).

Den Grundsatz, dass man in privaten Rechtsverhältnissen selbst aktiv werden muss, bezeichnet man als **„Privatautonomie"**.

Unterschiede

Recht

Privates Recht	Öffentliches Recht
regelt die Beziehungen der Einzelnen*) untereinander. Durchsetzung: Privatautonomie	erfasst das Verhältnis des Staates in Ausübung von Hoheitsgewalt zum Einzelnen sowie jenes der Hoheitsträger und ihrer Organe zueinander.
z. B. ABGB, Sondergesetze	z. B. Verfassungs- und Verwaltungsrecht, Völkerrecht, Strafrecht, Verfahrensvorschriften

*) Dazu gehören auch juristische Personen des Privatrechts und juristische Personen des öffentlichen Rechts. So ist etwa ein Kaufvertrag zwischen dem Staat und einem seiner Bürger/innen über ein Grundstück dem Privatrecht zuzuordnen, denn die Rechte und Pflichten aus dem Kaufvertrag haben mit der Funktion des Staates nichts zu tun. Der Staat hat hier die gleiche Rechtsstellung wie jeder private Vertragspartner.

B. Rechtsquellen des Privatrechts

Die **Hauptrechtsquelle** des allgemeinen Privatrechts ist das **„Allgemeine Bürgerliche Gesetzbuch" (ABGB)**, in dem ein großer Teil des Privatrechts enthalten ist.

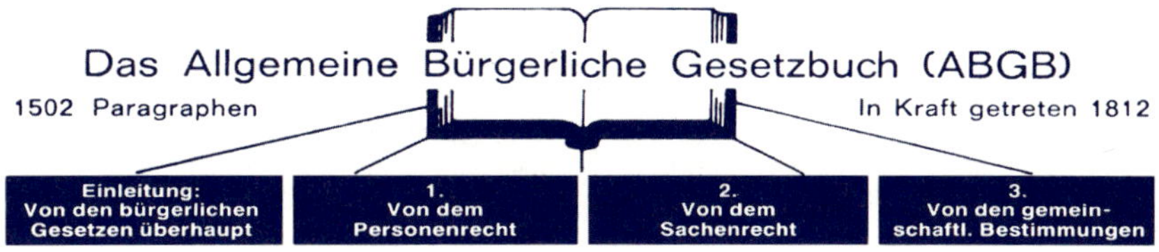

Daneben gibt es zahlreiche **Sondergesetze** (**„Nebengesetze"**), die verschiedene, in der heutigen Zeit wichtige Rechtsgebiete regeln, wie Ehegesetz, Mietrechtsgesetz, Wohnungseigentumsgesetz, Konsumentenschutzgesetz usw.

Trotzdem ist das Privatrecht vielen Menschen wenig bekannt. Viele der „täglichen" Rechtsgeschäfte werden den Bürgern/-innen gar nicht bewusst. Das gilt vor allem beim Kauf beweglicher Sachen, der täglich millionenmal an Schaltern, Automaten, in Selbstbedienungsläden und Geschäften abgewickelt wird. Erst im Falle von Schwierigkeiten, wie Mangelhaftigkeit der Ware oder verspäteter Lieferung, wird e. Bürger/in der rechtliche Charakter der Handlungen bewusst.

Bei anderen, selteneren Rechtsgeschäften, wie z. B. der in feierlicher Form erfolgenden Eheschließung, wird zwar die persönliche Bindung, kaum aber das „Rechtsgeschäft" bewusst werden. Die vermögensrechtlichen Folgen werden den Ehegatten günstigenfalls nie, schlimmerenfalls erst bei Ehescheidung bewusst werden.

Das Bürgerliche Recht greift vielfältig in unser Leben ein: Es regelt Kaufen und Verkaufen, Mieten und Vermieten, Leihen und Schenken, Arbeits- und Werkverträge, Eheschließung und Ehescheidung, Unterhaltsansprüche und Vormundschaft, Vererben und Erben. In Sondergesetzen wird das für **Unternehmer** geltende **„Unternehmensrecht"**, das **„Konsumentenrecht"** und Ähnliches geregelt.

Privatrecht

Allgemeines Privatrecht (= Allgemeines Bürgerliches Recht = Zivilrecht)	**Sonderprivatrechte**
regelt Rechtsverhältnisse, die für **jedermann** bedeutsam sind.	regeln Rechtsverhältnisse **für bestimmte Personengruppen** oder für bestimme **Sachgebiete**.
z. B. Personenrecht, Familienrecht, Erbrecht, Sachenrecht, Schuldrecht	z. B. Unternehmensrecht, Konsumentenrecht, Teile des Arbeitsrechtes, Urheberrecht, Patentrecht

Beispiele für Rechtsverhältnisse des allgemeinen Privatrechts

Rechtsverhältnisse \ Entstehung	Gesetz	Rechtsgeschäfte
Personenrecht	A wird 18 Jahre alt	A-S gründen einen Verein
Familienrecht	W bekommt ein Kind	M und W heiraten
Sachenrecht	Gesetzliches Pfandrecht des Spediteurs	B verpfändet Sachen an C
Erbrecht	E wird gesetzlicher Erbe	X errichtet ein Testament
Schuldrecht	Y beschädigt Sache des Z	Ich schließe einen Kaufvertrag

Zur besseren Übersicht werden die einzelnen Teile des Privatrechts in unserem Lehrbuch nicht nach der Einteilung des ABGB behandelt, sondern in der Reihenfolge:

Einführung und Personenrecht – **Familienrecht** – **Erbrecht** – **Sachenrecht** – **Schuldrecht**

C. Die Rechtsfähigkeit

Jede Person hat Rechte und Pflichten, ist also rechtsfähig. Die Rechtsfähigkeit einer Person ist unabhängig von Alter und Geisteszustand. Wie in allen übrigen Kulturstaaten ist auch in Österreich jeder Mensch rechtsfähig.

Rechtsfähig ist also:

1. Die natürliche Person (der Mensch)

Er hat Forderungen und Schulden, ist Eigentümer beweglicher und unbeweglicher Sachen usw.

Beginn und Ende der natürlichen Person

Die natürliche Person und damit die volle Rechtsfähigkeit des Menschen beginnt mit der vollendeten **Geburt** (das Standesamt stellt die **Geburtsurkunde** aus).

Die Geburt ist mit der natürlichen oder künstlichen Trennung des Kindes vom Mutterleib vollendet. Die Rechtsfähigkeit tritt ein, sobald das Kind ein Lebenszeichen von sich gegeben hat, gleichgültig, ob es später lebensfähig ist oder nicht. Bestehen Zweifel, ob ein Kind lebend oder tot geboren ist, so wird das Erstere vermutet.

Allerdings steht auch das noch Ungeborene unter dem Schutz des Gesetzes. Es kann – unter der Voraussetzung, dass es dann lebend geboren wird – bereits Rechtsträger werden, soweit dies zu seinem Vorteil ist.

Ein Kind, das im Mutterleib durch eine zum Schadenersatz verpflichtende Handlung eines anderen geschädigt wird, ist berechtigt, nach seiner Geburt Ersatz für die erlittenen Nachteile zu fordern. Dies kann geschehen im Falle von Verletzungen des Embryos durch Unfälle oder im Falle der Schädigung durch gefährliche Medikamente, die der Mutter verabreicht wurden (z. B. „Contergan").

Die natürliche Person endet mit dem **Tod.** Der Zeitpunkt des Todes, die Todesart sowie die Todesursache werden von einem **Totenbeschauarzt** im **Totenschein** eingetragen. Mit dem Totenschein können die Angehörigen beim Standesamt des Sterbeortes die Ausstellung der **Sterbeurkunde** beantragen.

Kann eine **Sterbeurkunde** nicht ausgestellt werden, bedarf es eines **Gerichtsbeschlusses**. Dafür gibt es zwei Möglichkeiten:

a) **Beweisführung des Todes:** Beweismittel für den Tod sind vorhanden; z. B. jemand stürzt vor Zeugen in den Krater eines Vulkans.
b) **Todeserklärung**
   Voraussetzung dafür ist Verschollenheit.

Verschollenheit liegt dann vor, wenn der Verschollene
- lange **abwesend** ist,
- wenn **keine Nachrichten** von ihm vorliegen,
- sein **Aufenthalt unbekannt** ist und
- Umstände vorliegen, die seinen **Tod als wahrscheinlich** annehmen lassen.

Entsprechende Regeln enthält das Todeserklärungsgesetz 1950:

Allgemeine Verschollenheit	Jemand ist älter als 25 Jahre und mindestens **10 Jahre** verschollen.
	Jemand ist älter als 80 Jahre und mindestens **5 Jahre** verschollen.
Allgemeine Gefahrenverschollenheit (z. B. nach Teilnahme an Expedition, bei Großbrand)	Zwischen **Ende der Gefahr** und Todeserklärung muss **1 Jahr** liegen.
Kriegsverschollenheit (vermisste Kriegsteilnehmer)	Zwischen **Ende des Krieges** und Todeserklärung muss **1 Jahr** liegen.
Seeverschollenheit (Schiffsunglück)	Seit **Untergang** des Schiffes müssen **6 Monate** vergangen sein.
Luftverschollenheit (Flugzeugabsturz)	Seit **Absturz** des Flugzeuges müssen **3 Monate** verstrichen sein.

Ein weiteres Rechtsproblem, das für die Angehörigen eines Verstorbenen vereinzelt auftritt, ist die Frage nach **der Zulässigkeit einer Obduktion (Leichenöffnung)** und einer **Organentnahme: Eine**

Obduktion muss immer stattfinden, wenn ein Verdacht auf Fremdverschulden gegeben ist (gerichtlich angeordnete Obduktion) sowie aus sanitätspolizeilichen Gründen (z. B. Verdacht auf Seuchen).

Die öffentlichen Spitäler sind berechtigt, alle dort Verstorbenen zur Wahrung anderer öffentlicher oder wissenschaftlicher Interessen (z. B. Klärung der Todesursache) zu obduzieren, sofern der Verstorbene dies nicht zu Lebzeiten untersagt hat oder seine Religion dies verbietet.

Eine **Organentnahme** ist an jedem Verstorbenen zulässig, sofern er dieser nicht zu Lebzeiten ausdrücklich (d. h. beweisbar) widersprochen hat. Bei Minderjährigen bis zum 14. Lebensjahr müssen zu deren Lebzeiten die gesetzlichen Vertreter widersprechen.

Der Widerspruch muss den Ärzten spätestens zum Zeitpunkt der Organentnahme vorliegen. Er kann vorsorglich auch im **Widerspruchsregister** des Österreichischen Bundesinstituts für Gesundheitswesen (www.oebig.at) festgehalten werden.

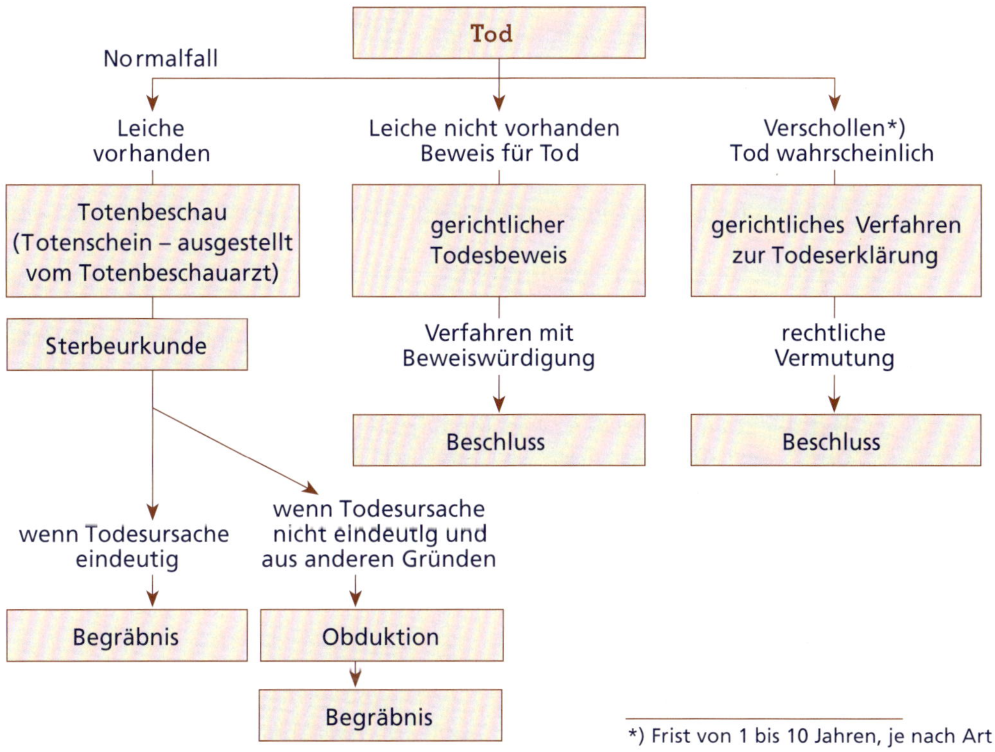

*) Frist von 1 bis 10 Jahren, je nach Art

2. Die juristische Person

Dies ist eine Personenmehrheit oder Vermögensmasse, die als solche rechtsfähig ist. Während die natürliche Person schon kraft ihres Menschseins rechtsfähig ist, wird der juristischen Person diese Eigenschaft vom Gesetz besonders eingeräumt. Diese Erfindung der Juristen kommt dem Bedürfnis des Wirtschafts- und Vereinslebens entgegen (z. B. ein Verein kann **selbst** Vermögen erwerben, nicht nur seine Mitglieder).

Die Rechtsfähigkeit der juristischen Person beginnt mit der Entstehung (z. B. Eintragung in das **Firmenbuch**) und endet mit deren Auflösung (z. B. **Löschung** der Eintragung).

D. Handlungsfähigkeit

Dies ist die Fähigkeit, den – schon durch die Rechtsfähigkeit gegebenen – Kreis an Rechten und Pflichten durch **eigene Handlungen zu verändern**. Nicht alle Personen sind dazu in der Lage. Es fehlt ihnen ganz oder teilweise die Handlungsfähigkeit, die vom Alter, aber auch von anderen Faktoren (z. B. Zurechnungsfähigkeit) abhängt. Die Handlungsfähigkeit unterteilt man in die **Geschäftsfähigkeit** und die **Deliktsfähigkeit**.

1. Die Geschäftsfähigkeit

Die **Geschäftsfähigkeit** ist die Fähigkeit, **verbindliche Willenserklärungen** abgeben zu können.

Es handelt sich dabei um die selbstständige und eigenverantwortliche Teilnahme am Rechtsverkehr, d. h. zu kaufen und zu verkaufen, Darlehen aufzunehmen, Mietverträge abzuschließen usw. Dazu wird eine Urteilskraft sowie eine geistige Reife benötigt, die dem Kind noch fehlt und die normalerweise erst mit einem bestimmten Alter erreicht wird. Dem Reifeprozess trägt das Gesetz durch folgende Altersstufen Rechnung:

Personen im Alter **bis zu 7 Jahren** sind gänzlich **geschäftsunfähig.**

An ihrer Stelle geben die gesetzlichen Vertreter – die Eltern oder der Vormund – Willenserklärungen ab. Schließt ein Kind ein Rechtsgeschäft ab, das eine geringfügige, alterstypische Kleinigkeit darstellt, so wird das Geschäft rückwirkend gültig, sobald es vonseiten des Kindes erfüllt wird – also z. B. bei einem Kauf sofort bezahlt wird. Man bezeichnet diese Regelung als „Taschengeldparagraf".

Personen vom 7. bis zum 18. Lebensjahr sind in **eingeschränktem** Ausmaß **geschäftsfähig.**

- **7. bis 14. Lebensjahr:** Die betreffenden Personen sind noch nicht mündig („Unmündige"). Sie können bereits gewisse Geschäfte selbstständig tätigen, und zwar solche, aus denen sie nur **berechtigt**, nicht aber verpflichtet werden. Wenn ein Vertrag den/die Unmündige/n auch verpflichten soll, ist die Zustimmung des gesetzlichen Vertreters notwendig. Es gilt auch hier der „Taschengeldparagraf".
  Hat der Unmündige ohne Zustimmung seines gesetzlichen Vertreters ein Geschäft geschlossen, das ihn **verpflichten** würde, so ist es nicht schlechthin nichtig (wie beim Kind), sondern lediglich noch nicht voll gültig (so genanntes hinkendes oder schwebendes Rechtsgeschäft). Durch die nachträgliche Zustimmung des gesetzlichen Vertreters erlangt es volle Gültigkeit. Bis zu dieser Zustimmung ist der andere Vertragspartner an seine Erklärung gebunden. Er kann jedoch verlangen, dass sich der Vertreter binnen angemessener Frist äußert, andernfalls wird das Geschäft als von Anfang an ungültig angesehen.

- **14. bis 18. Lebensjahr:** Die mündigen Minderjährigen bedürfen gleichfalls der Einwilligung ihres gesetzlichen Vertreters, damit ihre Willenserklärung gültig ist. Von diesem Grundsatz gibt es jedoch einige Ausnahmen. Der mündige Minderjährige kann selbstständig
  - über Sachen bestimmen, die ihm zur **freien Verfügung** überlassen wurden (z. B. über sein Taschengeld, über Geschenke, nicht jedoch über seine Schulsachen, seine Kleidung);
  - **Dienstverträge schließen** (Ausnahme: Lehr- und Ausbildungsverträge, da diese auch Erziehung umfassen). Der gesetzliche Vertreter kann jedoch aus wichtigen Gründen – z. B. Gefährdung der Gesundheit oder Sittlichkeit – ein vom mündigen Minderjährigen selbstständig eingegangenes Dienstverhältnis vorzeitig lösen. Hat der gesetzliche Vertreter dem Minderjährigen eine Ermächtigung zum selbstständigen Betrieb eines Erwerbsgeschäftes erteilt, so liegt für alle Rechtsgeschäfte, die sich im Rahmen des Betriebes halten, unbeschränkte Geschäftsfähigkeit vor (wichtig für die Geschäftspartner des Minderjährigen);
  - über sein **Einkommen** aus Dienstverträgen oder Erwerbsgeschäften **verfügen**, solange er seinen Lebensunterhalt nicht gefährdet.

Grundsätzlich ist jedoch zu bemerken, dass Rechtsgeschäften von großer (wirtschaftlicher) Tragweite immer der gesetzliche Vertreter zustimmen muss. Ein besonderes Problem stellt die Zustimmung zu medizinischen Behandlungen (z. B. einer Operation) dar: Diese Zustimmung ist nicht von einem bestimmten Alter abhängig, sondern von der **Einsichts- und Urteilsfähigkeit**. Diese wird bei mündigen Minderjährigen vermutet.

Ein/e Minderjährige/r, der/die das **18. Lebensjahr** vollendet hat, ist volljährig (eigenberechtigt).

Damit enden auch die Obsorgepflichten der Eltern. Deren Unterhaltspflichten bleiben jedoch unter Umständen bis zur Erlangung der Selbsterhaltungsfähigkeit des Eigenberechtigten aufrecht.

Stellt sich jedoch heraus, dass der Eigenberechtigte nicht die in seinem Alter erforderliche Einsichts- und Urteilsfähigkeit hat, ist ein **Sachwalter** (siehe Seite 166) zu bestellen. Dieses Verfahren der Sachwalterbestellung kann auch schon vor dem Erreichen der Volljährigkeit eingeleitet werden.

Entwicklungsstufen der Geschäftsfähigkeit

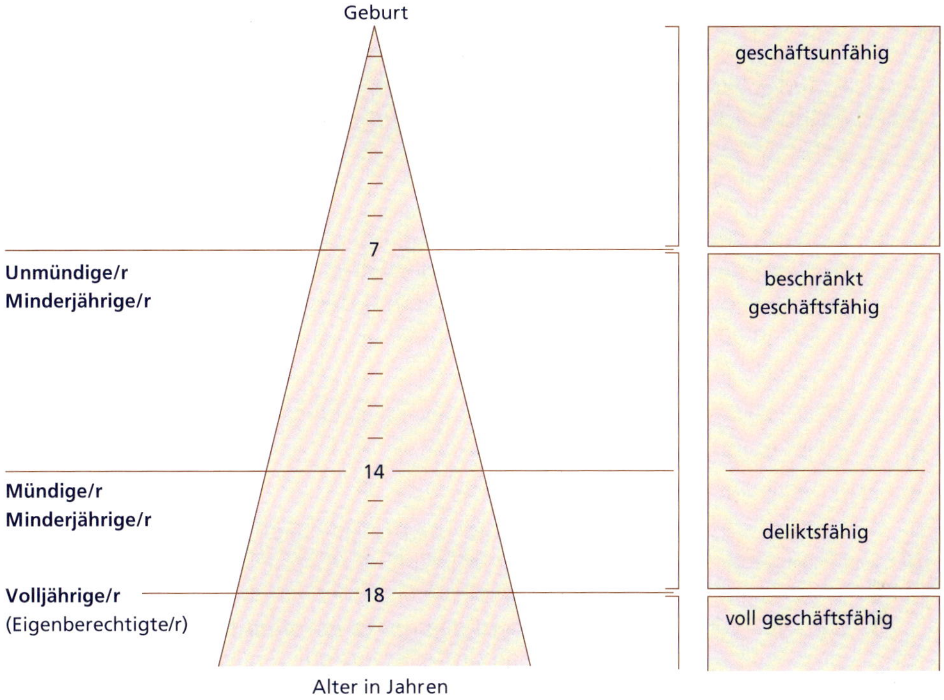

2. Die Deliktsfähigkeit („Zurechnungsfähigkeit")

> **!** Die **Deliktsfähigkeit** (ab dem 14. Lebensjahr) im Privatrecht ist die Fähigkeit, wegen begangener unerlaubter Handlungen **schadenersatzpflichtig** zu sein. In der Regel haften Unmündige nicht, sodass den Schaden der Geschädigte selbst zu tragen hat (bzw. sich allenfalls bei den zur Aufsicht berufenen Personen schadlos halten kann).

Zusammenfassung

Rechtsfähigkeit
Rechte und Pflichten haben

Handlungsfähigkeit
durch eigenes Handeln seinen Kreis an Rechten und Pflichten verändern

- **Geschäftsfähigkeit**
  verbindliche Willenserklärungen abgeben und dadurch wirksame Rechtsgeschäfte abschließen können
- **Deliktsfähigkeit**
  für eigenes unerlaubtes Handeln verantwortlich sein („Zurechnungsfähigkeit")
  - **privatrechtlich**
    schadenersatzpflichtig
  - **strafrechtlich**
    (bis 18 Jugendstrafrecht)

E. Die gesetzlichen Vertreter

1. Die Eltern

Zur Vertretung von Minderjährigen und zur Verwaltung des Vermögens sind beide Elternteile berechtigt und verpflichtet; sie sollen dabei **einvernehmlich** vorgehen.

Grundsätzlich ist jedoch eine Vertretungshandlung auch dann gültig, wenn sie der andere Elternteil nachträglich nicht billigt – d. h., es gilt im Zweifel die Handlung jenes Elternteils, der sie als Erster gesetzt hat.

Kann in **wichtigen Angelegenheiten** (z. B. Änderung des Namens oder der Staatsbürgerschaft) keine Einigung erzielt werden, entscheidet das **Gericht**.

Ist ein Elternteil nicht in der Lage, seinen Verpflichtungen nachzukommen (z. B. Entzug der Vertretung), so steht die Vertretung und Vermögensverwaltung dem zweiten Elternteil **allein** zu. Der andere Elternteil hat jedoch das Recht, mit dem Kind persönlich zu verkehren.

Für minderjährige **uneheliche** Kinder hat die **Mutter** die entsprechenden Berechtigungen und Verpflichtungen.

2. Der Vormund

Wenn nicht wenigstens ein Elternteil in der Lage ist, seinen Verpflichtungen nachzukommen, bzw. wenn beide Eltern gestorben sind, wird vom Gericht ein Vormund bestellt.

Zum Vormund kann der **nächste geeignete Verwandte** oder, falls ein solcher nicht vorhanden ist, jede andere „taugliche" Person bestellt werden.

3. Der Sachwalter

Während im Allgemeinen Handlungsfähigkeit und Verantwortung mit dem Lebensalter zunehmen, kann es vorkommen, dass eine **volljährige** Person wegen einer **psychischen Erkrankung oder geistigen Behinderung** nicht selbstständig Geschäfte tätigen kann**, also beschränkt geschäftsfähig ist.**

Für solche Fälle enthält das ABGB Regelungen, unter welchen Umständen für solche Personen ein Sachwalter zu bestellen ist und welche Handlungen er für den Erkrankten oder Behinderten vorzunehmen hat.

Ein Sachwalter ist dann zu bestellen, wenn der (volljährige) Kranke oder Behinderte
- weder im Rahmen seiner Familie
- noch durch die Hilfe der öffentlichen Behindertenfürsorge oder auf andere Weise

in die Lage versetzt werden kann, seine Angelegenheiten ohne die Gefahr eines Nachteils selbst zu besorgen.

Auf Antrag des/der Kranken oder von Amts wegen hat das **Bezirksgericht** nach Anhörung des/der Kranken sowie unter Beiziehung von Sachverständigen (Ärzten) einen Sachwalter zu bestellen. Dieser soll eine geeignete, dem/der Kranken nahe stehende Person sein. Es kann auch ein hauptberuflicher Sachwalter bestellt werden, der in einem Verein organisiert und besonders geschult ist. Falls Rechtskenntnisse erforderlich sind, wird ein Rechtsanwalt oder Notar bestellt. In jedem Fall hat sich der Sachwalter **ausschließlich vom Wohl des/der Schutzbefohlenen** leiten zu lassen.

Er untersteht dem **Pflegschaftsgericht** (= Bezirksgericht am Wohnort des Schutzbefohlenen), dessen Entscheidungen er in wichtigen Angelegenheiten einzuholen hat. Außerdem hat das Gericht in angemessenen Zeitabständen zu prüfen, ob die Sachwalterschaft aufgehoben oder geändert werden soll.

Bei seiner Bestellung wird der Sachwalter im Einzelfall ermächtigt, für **welche Angelegenheiten** des/der Schutzbefohlenen er handeln soll bzw. zu welchen Angelegenheiten er seine **Zustimmung** geben muss. Neben der Pflicht des Sachwalters, für die ärztliche und soziale Betreuung zu sorgen, gibt es dabei folgende Ermächtigungen:

Handlungen bzw. Zustimmung für

- **einzelne Angelegenheiten** (z. B. Prozessführung, Rechtsgeschäft)
- **bestimmten Kreis** von Angelegenheiten (z. B. Vermögensverwaltung)
- **alle** Angelegenheiten

Rechtshandlungen des/der Schutzbefohlenen, die er/sie im Wirkungskreis des Sachwalters tätigt, sind rückwirkend gültig, sobald er/sie die Pflichten aus dem Geschäft erfüllt.

Weiters kann der/die Schutzbefohlene ein zum eigenen Vorteil gemachtes Versprechen (z. B. eine Schenkung ohne Auflagen) annehmen. Sobald er/sie sich jedoch **verpflichtet**, hängt die Gültigkeit des Vertrages von der Einwilligung des Sachwalters ab. Bis zu dieser Einwilligung ist das Rechtsgeschäft schwebend, danach voll gültig.

Der Sachwalter hat Anspruch auf Ersatz seiner Aufwendungen und kann für seine Tätigkeit bei Gericht eine Entschädigung beantragen.

Befürchtet jemand, dass sich seine Krankheit oder seine Behinderung so verschlechtert, dass er in Zukunft möglicherweise nicht mehr geschäftsfähig handeln kann, besteht für ihn/sie die Möglichkeit, in eigener Handschrift (anderenfalls vor drei Zeugen bzw. vor einem Notar) eine sog. **Vorsorgevollmacht** zu erteilen und diese in einem Verzeichnis bei der Notariatskammer registrieren lassen. In diesem Dokument bevollmächtigt er eine Vertrauensperson, für ihn die nötigen Angelegenheiten wahrzunehmen.

4. Sonstige gesetzliche Vertreter

Es kann vorkommen, dass zwischen einem/einer Minderjährigen und seinem/ihrem gesetzlichen Vertreter ein Rechtsgeschäft abgeschlossen werden soll. In diesem Fall würde der gesetzliche Vertreter einer Interessen- und Pflichtenkollision unterliegen. Daher wird für den Abschluss dieses Geschäftes vom Gericht ein Kurator bestellt, der die Interessen des/der Minderjährigen zu wahren hat **(Kollisionskurator).**

Es gibt jedoch auch andere Arten von Kuratoren, z. B. jenen, der für eine Person, die nicht auffindbar ist, vorläufig zur Führung deren Geschäfte bestellt wird (**Abwesenheitskurator**).

Zusammenfassung

Gesetzliche Vertreter

Eltern	Mutter	Vormund	Sachwalter	Sonstige gesetzliche Vertreter
für minderjährige Kinder	für minderjährige, uneheliche Kinder	für minderjährige Kinder, wenn die Eltern nicht in der Lage oder gestorben sind	für psychisch Kranke oder geistig Behinderte	z. B. für Geschäfte zwischen Minderjährigen und ihren gesetzlichen Vertretern

F. Handlungen der juristischen Person

Eine juristische Person ist nicht selbstständig handlungsfähig und braucht daher zu ihrer Vertretung **Organe**. Diese schließen Rechtsgeschäfte für die juristische Person ab. Sie verwalten auch das Vermögen der juristischen Person.

Andererseits haftet die juristische Person auch für Schäden, die ihre Organe in Ausübung ihrer Funktion Dritten zufügen. Bei Strafdelikten sind die Organe selbst verantwortlich.

BEISPIEL: Der Geschäftsführer einer GesmbH überschreitet seine Befugnisse und fügt einem Kunden der Gesellschaft dadurch einen schweren Schaden zu.

?

Wiederholungsfragen – Arbeitsaufgaben – Diskussionsanregungen

1. *Nennen Sie Beispiele für Rechtsbeziehungen, die durch das Privatrecht geregelt sind, und solche, die das öffentliche Recht regelt.*
2. *Zählen Sie die vier Teile des allgemeinen Privatrechts auf.*
3. *Erklären Sie, wodurch sich eine juristische Person von einer natürlichen Person unterscheidet.*
4. *Erläutern Sie kurz, was man unter Rechtsfähigkeit versteht.*
5. *Vergleichen Sie Beginn und Ende der Rechtsfähigkeit sowohl bei natürlichen als auch bei juristischen Personen.*
6. *Zählen Sie auf, welche Ersatzeinrichtungen es für den Fall gibt, dass für einen Menschen kein Totenschein ausgestellt werden kann.*
7. *Geben Sie wieder, was man unter Handlungsfähigkeit versteht und welche Fähigkeiten sie umfasst. Behandeln Sie dabei auch die Frage, inwieweit Alter und Geisteszustand das Ausmaß der Handlungsfähigkeit beeinflussen.*
8. *Geben Sie an, wofür man einen gesetzlichen Vertreter benötigt.*
9. *Nennen Sie mögliche gesetzliche Vertreter und geben Sie bei jedem an, durch wen er bestellt werden kann.*
10. *Für den psychisch kranken Herrn Weiß wurde vom Bezirksgericht eine Sachwalterin für die Angelegenheiten seiner Vermögensverwaltung bestellt. Wirkt sich die Bestellung dieser Sachwalterin auf die gesamte Geschäftsfähigkeit des Herrn Weiß aus?*
11. *Erörtern Sie die Frage, ob ein drei Monate altes Baby Eigentümer eines Hauses, Gesellschafter eines Unternehmens sein kann.*
12. *Besprechen Sie die Frage, ob ein 35 Jahre alter Gastarbeiter, der kein Wort Deutsch spricht, voll geschäftsfähig ist. Wie kann er rechtsgültig handeln?*
13. *Eine Schülerin des vierten Jahrganges der Handelsakademie betritt im Dezember ein Pelzgeschäft, um einen Pelzmantel zu kaufen. Vom Verkäufer befragt, gibt sie vor, bereits 18 Jahre alt zu sein, worauf der Kaufvertrag abgeschlossen wird. Behandeln Sie die Frage, ob er gültig ist.*
14. *Eine Dreizehnjährige bestellt eine Lieferung Öl für den Ofen in ihrem Zimmer. Die von der Verkäuferin verlangte Zustimmung des gesetzlichen Vertreters bleibt jedoch aus. Erörtern Sie, was die Verkäuferin tun kann.*
15. *Ein Siebzehnjähriger aus einem Bundesland erhält von seiner Mutter zur Finanzierung seines Studienaufenthaltes in Wien monatlich 700 Euro. Am 1. November erhält er 700 Euro für den Monat November, kauft jedoch tags darauf für seine Freundin einen Verlobungsring um 585 Euro. Behandeln Sie die Frage, ob der Kaufvertrag gültig ist.*
16. *Der sechzehnjährige Sohn eines Bauern hat vom Großvater fünf Hektar Wald geerbt. Er möchte einen Teil des Waldes seiner siebzehnjährigen Schwester verkaufen. Bestimmen Sie, wie dabei vorzugehen ist.*
17. *Ein Basketballspieler kauft für seinen Verein ein neues Netz um 450 Euro. Muss der Verein zahlen?*
18. *Ein Vorstandsmitglied einer AG verschuldet auf einer Geschäftsfahrt mit einem Lieferwagen der Firma einen Unfall mit Schäden an einem Gartenzaun. Behandeln Sie die Frage, wer für die Schäden haftet, wenn die Versicherung nicht zahlt.*

II. Familienrecht

Welche rechtlichen Beziehungen gelten zwischen Verwandten und zwischen Ehepaaren? Gilt die kirchliche oder die standesamtliche Eheschließung? Mit welchen Verwandten ist man näher, mit welchen entfernter verwandt? Ist heute noch eine Verlobung sinnvoll? Welchen rechtlichen Sinn und Zweck hat eine Ehe? Hat eine Heirat bedeutsame Folgen? Wie kann eine Ehe aufgelöst werden? Welche Scheidungsgründe gibt es? Was sind die rechtlichen Folgen einer Scheidung? Welche Rechtsbeziehungen gelten zwischen Eltern und Kindern? Wie wird der Vater von unehelichen Kindern festgestellt? Was sind Pflegekinder, was Adoptivkinder? Was ist eine „Eingetragene Partnerschaft"?

Solche und ähnliche wichtige Fragen werden in diesem Kapitel behandelt.

A. Einleitung und Grundbegriffe

Das Familienrecht beinhaltet die rechtliche Gestaltung der Beziehungen zwischen **Eheleuten sowie Eltern und Kindern**.

Kein anderes Rechtsgebiet hat im Lauf der Zeit derart **entscheidende Änderungen** erfahren wie das Familienrecht, da sich auch das Wesen der Familie geändert hat.

Gerade im Familienrecht wird immer wieder versucht, gesellschaftspolitische Absichten zu verwirklichen, weil die einzelnen politischen Gruppierungen im Verhältnis Familie – Staat der Familie jeweils eine andere Bedeutung zumessen. Weiters bestehen auch über das Wesen der Ehe verschiedene religiöse und weltanschauliche Meinungen. Übereinstimmung wurde jedenfalls in der heutigen Vorstellung des **„partnerschaftlichen Prinzips"** erzielt.

Die Aufgabe des Staates ist es, den **rechtlichen Rahmen** sowie die Grundlage für gesunde Familien zu schaffen. Seine Einflussmöglichkeiten sind jedoch begrenzt, da er das Innenleben der Familie zu achten hat und es auch nur wenig beeinflussen kann. Daher versucht er, die typischerweise vorkommenden Konfliktsituationen durch eine rechtliche Regelung möglichst „tragbar" zu lösen.

Die betrifft vor allem die **Ehe:**

In jener Zeit, in der das Allgemeine Bürgerliche Gesetzbuch in Kraft getreten ist (1812) – und natürlich auch schon vorher –, galten **kirchlich** geschlossene Ehen auch für den staatlichen Bereich. Seit 1938 müssen staatlich gültige Ehen vor dem **Standesbeamten** geschlossen werden. Der Ehevertrag bedarf seither zu seiner Gültigkeit zwingend der im Gesetz vorgeschriebenen Form (er ist ein **mündlicher** Vertrag!).

Nach unserem Recht ist also die **Zivilehe** (d. h. die vor dem Standesbeamten/der Standesbeamtin abgeschlossene Ehe) **verpflichtend.** Eine Ehe, die nur vor dem Geistlichen einer Religionsgemeinschaft abgeschlossen wird, hat im Sinne der privatrechtlichen Vorschriften keine Gültigkeit. Sie würde höchstens vor der betreffenden Religionsgemeinschaft Gültigkeit haben.

Die **kirchliche Trauung** darf erst nach der **standesamtlichen Trauung** erfolgen. Dies hindert gläubige Christen nicht daran, eine Ehe erst ab der kirchlichen Trauung als solche anzusehen.

Rechtsgrundlagen für das österreichische Familien- und Eherecht sind das ABGB (§§ 40-283), das Ehegesetz 1938 (1945 wieder verlautbart), in der Fassung des Familienrechts-Änderungsgesetzes 2009 (BGBl I 2009/75), das am 1. 1. 2010 in Kraft getreten ist.
Es gilt der Grundsatz der ehelichen Partnerschaft und **Gleichberechtigung von Mann und Frau**. Das bedeutet, dass die Rechte und Pflichten der Ehepartner zueinander gleich sind und dass die eheliche Lebensgemeinschaft **„einvernehmlich"** gestaltet werden soll.

Im Übrigen räumt der Gesetzgeber im Familienrecht den bloßen **Lebensgemeinschaften** keinerlei Rechtswirkung ein. Wohl haben diese aber im Mietrecht und in einigen Gebieten des Sozialrechts (Krankenversicherung, Arbeitslosenversicherung – nicht aber Pensionsversicherung) Bedeutung.

<table>
<tr><td>Familie</td><td colspan="2">ist nach ABGB ein Stammelternpaar mit allen seinen Nachkommen.</td></tr>
<tr><td rowspan="2">Verwandtschaft („Blutsverwandtschaft“)</td><td>in direkter (= gerader) Linie: besteht zwischen allen Vorfahren und Nachkommen.</td><td rowspan="2">Der Grad der Verwandtschaft wird nach der Anzahl der Zeugungen berechnet, die zwischen den verwandten Personen liegen.</td></tr>
<tr><td>in der Seitenlinie: besteht zwischen allen Personen, die mindestens von einem gemeinsamen Vorfahren abstammen.</td></tr>
<tr><td>Schwägerschaft</td><td colspan="2">besteht zwischen einem Ehegatten und allen Verwandten seines Ehepartners.</td></tr>
<tr><td rowspan="2">Ehe</td><td rowspan="2">Die Ehe ist eine Wohnungs-, Wirtschafts- und Geschlechtsgemeinschaft von Mann und Frau, die auf Dauer geplant ist und gesetzliche Folgen hat. Hinsichtlich dieser Folgen unterscheidet sie sich von der Lebensgemeinschaft. Rechtlich kommt eine Ehe dadurch zustande, dass zwei Personen verschiedenen Geschlechts im Ehevertrag ihren Willen erklären,
♦ in unzertrennlicher Gemeinschaft zu leben,
♦ Kinder zu zeugen, sie zu erziehen und
♦ sich gegenseitig Beistand zu leisten.</td><td>Ehevertrag
§ 44 ABGB
§ 90 ABGB</td></tr>
<tr><td>Auch kinderlose Ehen sind voll gültig und begründen die gegenseitige Beistandspflicht!</td></tr>
<tr><td>Eheverlöbnis (Verlobung)</td><td colspan="2">ist ein vorläufiges Versprechen, einander zu heiraten (ohne Formvorschriften) und ist grundsätzlich rechtlich unverbindlich. Beim Rücktritt vom Verlöbnis können allerdings für den am Rücktritt schuldlosen Teil gewisse Schadenersatzforderungen (z. B. Aufwendungen im Hinblick auf eine gemeinsame Wohnung) entstehen, außerdem kann er gegebene Geschenke zurückfordern.</td></tr>
<tr><td>Form der Eheschließung</td><td colspan="2">Sie erfolgt durch die Eheerklärung („Ja“) der Verlobten bei gleichzeitiger Anwesenheit vor dem Standesbeamten und zwei Trauzeugen und ist im Familienbuch einzutragen (die Heiratsurkunde ist eine Abschrift aus dem Familienbuch).</td></tr>
</table>

B. Grundlagen des Eheabschlusses

1. Ehefähigkeit

Die Brautleute müssen handlungsfähig und ehemündig (Alter!) sein.

Ehefähigkeit

Handlungsfähigkeit	Ehemündigkeit
Handlungsunfähige können eine Ehe nicht eingehen. Minderjährige oder aus anderen Gründen beschränkt Handlungsfähige bedürfen der Einwilligung des **gesetzlichen Vertreters**. Wird die Einwilligung grundlos verweigert, kann sie vom Gericht erteilt werden.	Vollendetes 18. Lebensjahr. Hat eine Person das **16. Lebensjahr vollendet**, kann das Gericht sie auf ihren Antrag für ehemündig erklären, wenn sie für diese Ehe **reif erscheint** und der **künftige Ehegatte volljährig** ist. Zusätzlich benötigt diese Person jedoch die Einwilligung des gesetzlichen Vertreters. Heiratet eine minderjährige Person, wird sie einer volljährigen Person gleichgestellt.

2. Es dürfen keine Eheverbote vorliegen:

Dies sind Umstände, bei deren Vorliegen der/die Standesbeamte/-in die Verlobten nicht trauen darf. Man unterscheidet:

- **Eheverbote ohne Nichtigkeitsfolgen:** Bei diesen werden zwar gesetzliche Vorschriften verletzt; falls die Trauung trotzdem erfolgt, bleibt die Ehe jedoch gültig.
- **Eheverbote mit Nichtigkeitsfolgen** (siehe Übersicht unten): Diese Eheverbote sind zugleich Nichtigkeitsgründe, d. h. die Ehe kann durch Klage angefochten werden. Hat die Klage Erfolg, sind die Ehegatten so anzusehen, als wären sie von Anfang an nicht verheiratet gewesen. Die Kinder gelten trotzdem als ehelich (Schutz!).

!

Eheverbot mit Nichtigkeitsfolge	Betroffener Personenkreis
Verwandtschaft	Verwandte in gerader Linie und voll- und halbbürtige Geschwister, gleichgültig, ob Verwandtschaft auf ehelicher oder unehelicher Geburt beruht.
Doppelehe	Bereits verheiratete Personen.
Adoption	Adoptierende einerseits und Adoptivkind oder dessen Nachkommen andererseits (Aufhebung der Adoption ist jedoch möglich).

C. Wirkungen der Ehe

1. Persönliche Rechtswirkungen

Die persönlichen Rechte und Pflichten der Ehegatten sind grundsätzlich gleich gestaltet. Die Ehegatten sind **gleichberechtigte** Partner und haben die eheliche Lebensgemeinschaft einvernehmlich zu gestalten.

♦ Lebensgemeinschaft

Die Ehegatten sind besonders zum **gemeinsamen Wohnen,** zur **Treue,** zur **anständigen Begegnung** und zum **Beistand** verpflichtet. Dies beinhaltet auch die Pflicht, an der Erziehung und Obsorge von Stiefkindern (d.h. Kindern des Ehepartners/der Ehepartnerin aus einer früheren Ehe) mitzuwirken. Die Beistandspflicht umfasst auch die Pflicht zur Mitwirkung im Erwerb des anderen Ehegatten, soweit dies zumutbar und nach den Lebensverhältnissen der Ehegatten üblich ist (vor allem in gewerblichen und bäuerlichen Klein- und Mittelbetrieben).

♦ Haushaltsführung

Die Ehegatten haben nach Kräften und nach der Gestaltung der Lebensgemeinschaft zur Deckung der angemessenen Bedürfnisse beizutragen, die Tätigkeit im Haushalt ist einer Berufstätigkeit gleichwertig. Sind **beide** Ehegatten **erwerbstätig,** so haben **beide** – entsprechend dem Gedanken der Partnerschaft – gemeinsam den **Haushalt zu besorgen.** Das Maß, in dem jeder Ehegatte bei der Haushaltsführung mitzuwirken hat, richtet sich nach seinen persönlichen Verhältnissen, besonders seinem Leistungsvermögen und seiner beruflichen Belastung. Ist nur ein Ehegatte erwerbstätig, so ist es die Aufgabe des anderen, den Haushalt zu führen.

♦ Familienname

Mit dem **Kindschafts- und Namensrechts-Änderungsgesetz 2013** gibt es seit 1. 4. 2013 neue Regelungen:

Die Ehegatten können einen gemeinsamen Familiennamen bestimmen. Auch ein in einer früheren Ehe eines der Partner erworbener Familienname kann zum gemeinsamen Familiennamen gewählt werden (jedoch kein Doppelname). Wird **kein** gemeinsamer Familienname festgelegt, behält jeder Ehegatte seinen **eigenen Familiennamen**.

Derjenige Verlobte, der den bisherigen Familiennamen des anderen als gemeinsamen Familiennamen zu führen hätte, kann vor oder bei der Eheschließung in öffentlicher oder öffentlich beglaubigter Urkunde erklären, dass er bei der Führung des gemeinsamen Familiennamens seinen **bisherigen Familiennamen** unter Setzung eines Bindestrichs voran- oder nachstellt.

Familienname der Kinder: Haben die Eltern einen gemeinsamen Familiennamen, so erhalten diesen auch die Kinder.

Führt jeder der Ehegatten seinen bisherigen Familiennamen weiter, müssen die Eltern bestimmen, welchen Familiennamen das Kind erhalten soll (dies kann auch ein Doppelname eines Elternteils sein). Die Eltern können aber auch festlegen, dass ein Kind einen aus den Familiennamen beider Elternteile gebildeten Doppelnamen erhält. Dieser Name kann aber **höchstens aus zwei** Namensbestandteilen (unter Setzung eines Bindestrichs) gebildet werden.

Können sich die Eltern nicht auf einen Familiennamen ihres Kindes einigen, erhält das Kind den **Namen der Mutter**, auch wenn dieser ein Doppelname ist.

♦ Wohnung

Es besteht der Grundsatz, dass Ehegatten **gemeinsam** leben und somit auch gemeinsam wohnen sollen. Bei einer Verlegung des Wohnsitzes hat derjenige, der dies gegen den Willen des anderen verlangt, berechtigte Gründe geltend zu machen. Trotz des Vorliegens solcher Gründe muss der andere Ehegatte nicht mitziehen, wenn er seinerseits zumindest Gründe von gleichem Gewicht für seinen Wunsch ins Treffen führen kann. Es kann daher auch zu einem getrennten Wohnen der Ehepartner kommen, doch soll dies eine Ausnahme sein.

Der auf die Wohnung angewiesene Ehegatte (oder ein naher Angehöriger) kann bei der Polizei oder bei Gericht beantragen, dem anderen das Verlassen der Wohnung aufzutragen, wenn dieser ihm durch einen körperlichen Angriff, eine Drohung mit einem solchen oder ein die Gesundheit beeinträchtigendes Verhalten das weitere **Zusammenleben unzumutbar** macht (so genanntes **Wegweisungsrecht** – gilt auch für Lebensgefährten). Gleichzeitig damit kann auch ein Rückkehrverbot für 2 bis 4 Wochen verhängt werden. Ausführlichere Regelungen: Sicherheitspolizeigesetz (§ 38 a).

♦ Schutz des Wohnbedürfnisses
Das Gesetz schützt ausdrücklich davor, dass ein Ehegatte durch einseitige Verfügung über die Wohnung die Lebensgrundlage des anderen gefährdet. Der Ehegatte, der über die von beiden benützte Wohnung **verfügungsberechtigt** (als Mieter/in oder Eigentümer/in) ist, hat alles zu unterlassen und vorzukehren, damit der auf die Wohnung angewiesene Ehegatte diese nicht verliert.

2. Vermögensrechtliche Wirkungen

♦ Vermögen
Grundsätzlich besteht **Gütertrennung,** d. h., durch den Eheabschluss werden die Vermögensverhältnisse nicht geändert und jeder Ehegatte haftet für seine Schulden selbst.

Allerdings gilt der Grundsatz, dass alles, was **während der Ehe** erworben wurde, **im Zweifel von beiden Ehegatten stammt,** unabhängig davon, ob nur ein oder beide Ehegatten erwerbstätig waren.

Vom gesetzlichen Grundsatz der Gütertrennung kann man allerdings durch **Ehepakte (Notariatsakt!)** abweichen, z. B. vereinbaren, was mit dem ehelichen Vermögen geschehen soll **(Gütergemeinschaft)**. Bezüglich der ehelichen Wohnung kann man ebenfalls im Vorhinein durch Ehepakt vereinbaren, wer im Fall einer Scheidung in der Wohnung verbleibt (s. auch Kap. E, Seite 174 unten).

♦ Unterhalt
Wer den gemeinsamen Haushalt führt und kein eigenes Einkommen hat, hat Anspruch auf Unterhalt durch den anderen Ehegatten, der außerhalb des Haushaltes berufstätig ist. Der Anspruch ist **gerichtlich durchsetzbar** und beträgt ca. 33 % des Nettoeinkommens des berufstätigen Ehepartners. Dieser Anspruch besteht auch dann, wenn ein Ehepartner aus gesundheitlichen Gründen seinen Beitrag nicht zu leisten vermag. Sind beide Teile berufstätig oder verfügen beide über eigene Einkünfte, so sind sie bei der Bemessung des Unterhaltsanspruchs zu berücksichtigen. Wird der gemeinsame Haushalt aufgelöst, so behält der den Haushalt führende Teil grundsätzlich seinen Unterhaltsanspruch.

♦ Schlüsselgewalt
Der Ehegatte, der den gemeinsamen Haushalt führt – also nicht nur die Frau – und **keine eigenen Einkünfte** hat, kann Rechtsgeschäfte des täglichen Lebens für den gemeinsamen Haushalt abschließen. Der andere Ehegatte haftet dafür.

♦ Anspruch auf angemessene Abgeltung
seiner Tätigkeit hat der Ehegatte, der im Betrieb des anderen mitarbeitet. Bei Bemessung dieser Abgeltung sind jedoch die gewährten Unterhaltsleistungen und die sonstigen Lebensverhältnisse der Ehegatten zu berücksichtigen. Der Anspruch auf Abgeltung verjährt in sechs Jahren ab dem Ende des Monats, in dem die Leistung erbracht wurde. In der Praxis wird diese Abgeltung häufig erst bei der Scheidung berechnet.

Zusammenfassung

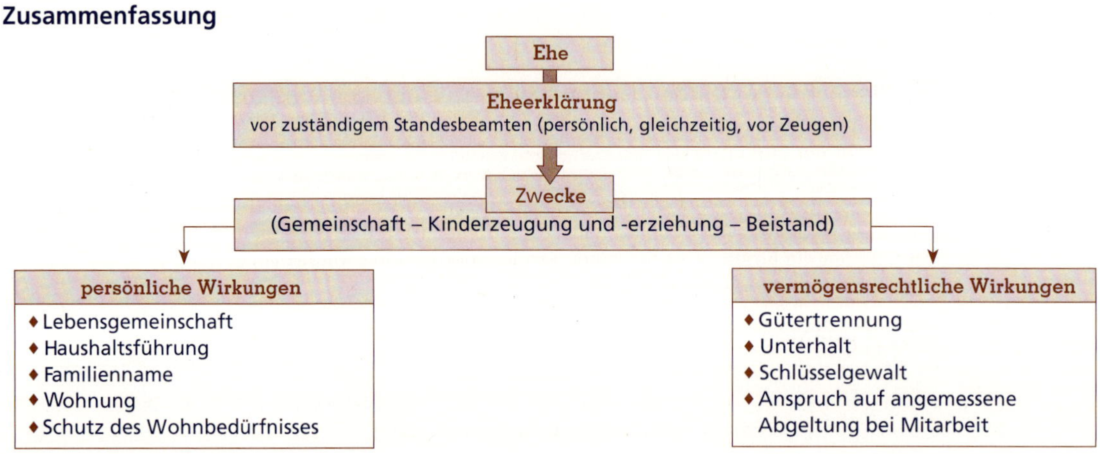

D. Auflösung der Ehe

<table>
<tr><th>Tod eines Ehegatten</th><th>Nichtigerklärung</th><th>Aufhebung</th><th>Scheidung</th></tr>
<tr><td rowspan="4">Häufigster Auflösungsgrund einer Ehe ist der Tod. Etwa jede zweite Ehe endet jedoch durch Scheidung. Dabei sind jährlich ca. 20.000 Kinder betroffen.</td><td colspan="3">Bei Vorliegen von</td></tr>
<tr><td>Nichtigkeitsgründen</td><td>Aufhebungsgründen</td><td>Scheidungsgründen</td></tr>
<tr><td colspan="2">sind bei Eingehen der Ehe bereits vorhanden</td><td>entstehen während der Ehe</td></tr>
<tr><td colspan="3">Geltendmachen durch Klage beim Bezirksgericht. Bei einvernehmlicher Scheidung Antrag im Außerstreitverfahren beim Bezirksgericht</td></tr>
</table>

Bei den Gründen, die zur Nichtigerklärung oder Aufhebung einer Ehe führen können, handelt es sich um schwerwiegende oder leichtere Fehler, die eine Ehe mangelhaft machen.
Sowohl Nichtigerklärung als auch Aufhebung müssen durch richterliches Urteil erfolgen. Bis dahin ist auch die mangelhafte Ehe voll wirksam.
Die Mängel bestehen im Wesentlichen entweder aus Willensmängeln oder jedoch aus einem erfolgten Eheabschluss trotz Vorliegens von Eheverboten:

1. Nichtigkeitsgründe

- Formmangel (gesetzlich vorgeschriebene Form wurde nicht eingehalten)
- Mangel der Geschäfts- und Urteilsfähigkeit (Mangel der Geschäftsfähigkeit, Bewusstlosigkeit, Bewusstseinsstörung)
- Namens- und Staatsangehörigkeitsehe (Eingehung der Ehe nur zur Namensübertragung, zum Erwerb der Staatsangehörigkeit oder der Arbeits- und Aufenthaltserlaubnis)
- Doppelehe
- Verwandtschaft

War die Klage eines Ehegatten (bzw. des Staatsanwalts bei der Namens- und Staatsangehörigkeitsehe) erfolgreich, wird die Ehe behandelt, als hätte sie nie bestanden.

2. Aufhebungsgründe

sind im Wesentlichen Willensmängel.

- Mangel der Einwilligung des gesetzlichen Vertreters bei Minderjährigen
- Irrtum über die Eheschließung oder die Person des anderen Ehegatten
- Irrtum über Umstände, die die Person des anderen Ehegatten betreffen (z. B. Vorstrafen, Impotenz, nicht jedoch: mangelndes Vermögen!)
- Jemand wurde durch arglistige Täuschung zum Eingehen der Ehe bewogen.
- Zwang

War die Klage eines Ehegatten erfolgreich, gilt die Ehe vom Urteil an als aufgelöst.
Die Aufhebungsklage ist innerhalb eines Jahres ab Kenntnis der wahren Umstände, Wegfall des Zwanges usw. zu erheben.

Außerdem sind die Scheidungswilligen schon **vor** dem Beginn des Verfahrens auf außergerichtliche Beratungsangebote hinzuweisen.

3. Scheidungsgründe

Bei vielen Scheidungsgründen spielt das **Zerrüttungsprinzip** eine Rolle: Es bedeutet, dass die eheliche Gemeinschaft schon so zerbrochen ist, dass die Wiederherstellung einer dem Wesen der Ehe (Ehezwecke!) entsprechenden Lebensgemeinschaft nicht mehr erwartet werden kann. Im streitigen Ehescheidungsverfahren hat der/die Richter/in während des gesamten Verfahrens auf Chancen der Versöhnung der Ehepartner Bedacht zu nehmen! Außerdem sind die Scheidungswilligen schon **vor** dem Beginn des Verfahrens auf außergerichtliche Beratungsangebote hinzuweisen.

Scheidung wegen **Eheverfehlungen**	Hier wird die Ehe wegen Verschuldens eines der Ehepartner geschieden. Solche **Eheverfehlungen** sind z. B. Ehebruch, grundlose Verweigerung des Geschlechtsverkehrs, Misshandlungen etc. Frist für die Geltendmachung: 6 Monate ab Kenntnis des Scheidungsgrundes.	
Scheidung aus **anderen Gründen** (Krankheiten)	♦ Auf **geistiger Störung** beruhendes Verhalten, das zur Zerrüttung führte ♦ **Geisteskrankheit** (Aufhebung der geistigen Gemeinschaft) ♦ **Ansteckende oder Ekel erregende Krankheit** (Heilung oder Beseitigung der Ansteckungsgefahr ist in absehbarer Zeit nicht zu erwarten) Keine Scheidung darf erfolgen, wenn das Scheidungsbegehren sittlich nicht gerechtfertigt ist (wenn die Scheidung den anderen Ehegatten außergewöhnlich hart träfe).	„Härteklausel"
Auflösung der häuslichen Gemeinschaft	Nach **drei Jahren** kann man wegen tief greifender unheilbarer Zerrüttung die Scheidung begehren. (Keine Scheidung, wenn nach Überzeugung des Gerichtes eine Wiederherstellung der ehelichen Lebensgemeinschaft zu erwarten ist.) (Keine Scheidung, wenn an der Zerrüttung der/die Kläger/in allein oder überwiegend schuld war und den/die Beklagte/n die Scheidung härter träfe als den/die Kläger/in die Abweisung.) Nach **sechs Jahren** ist dem Begehren stattzugeben.	„Härteklausel"
Einvernehmliche Scheidung	**Voraussetzungen:** ♦ **Einvernehmen** über die Scheidung (gemeinsamer Scheidungsantrag) ♦ Unheilbare **Zerrüttung** ♦ **Auflösung der ehelichen Lebensgemeinschaft** seit mindestens einem halben Jahr ♦ **Schriftliche Vereinbarung** über die Obsorge für minderjährige Kinder, Aufenthaltsvereinbarung (d. h. bei wem das Kind leben soll) im Falle der beiderseitigen Obsorge der Eltern. ♦ **Aufteilung des Vermögens** und Einigung über gegenseitige Unterhaltsansprüche	Scheidung erfolgt durch Beschluss

E. Vermögensrechtliche Ansprüche bei Scheidung der Ehe

1. Aufteilung des Vermögens

Gegenstand der Aufteilung ist bzw. sind

a) **das eheliche Gebrauchsvermögen,** das sind die beweglichen oder unbeweglichen Sachen, die dem Gebrauch beider Ehegatten gedient haben, z. B. Hausrat, Ehewohnung (auch dann, wenn sie ein Ehegatte eingebracht, geerbt oder geschenkt bekommen hat), sowie
b) die **ehelichen Ersparnisse,** das sind Wertanlagen, die während aufrechter ehelicher Lebensgemeinschaft angesammelt wurden und die ihrer Art nach üblicherweise für die Verwertung bestimmt sind.

Der **Aufteilung** unterliegen **nicht** Sachen, die

a) **ein Ehegatte** in die Ehe **eingebracht, geerbt** oder **geschenkt** bekommen hat (Ausnahme: Hausrat und Ehewohnung);
b) dem **persönlichen Gebrauch** eines Ehegatten allein oder der **Ausübung seines Berufes** dienen;
c) zu einem **Unternehmen** gehören;
d) Anteile an einem **Unternehmen** sind, **außer** es handelt sich um **bloße Wertanlagen.**

Die Aufteilung erfolgt **„nach Billigkeit"**, d. h., dem richterlichen Ermessen ist ein weiter Spielraum eingeräumt, sodass besonders berücksichtigt werden kann, was jeder Gatte zum Erwerb des Vermögens, das nun aufgeteilt wird, im Rahmen seines ehelichen Beistands beigetragen hat. Ebenso ist bei der Aufteilung das **Wohl der Kinder** zu berücksichtigen. So wird in der Regel jener Elternteil, dem das Sorgerecht für die Kinder zugesprochen wird, dazu auch den nötigen Hausrat bzw. die Wohnung erhalten.

Wurden bereits **vor** einem Scheidungsverfahren so genannte **„Vorausverfügungen"** getroffen (durch Notariatsakt über die eheliche Wohnung und Ersparnisse oder durch einfache Schriftform über das Gebrauchsvermögen), so sind bei der Aufteilung nach der Scheidung die Partner und das Gericht daran **gebunden.** Das Gericht kann bei seiner Entscheidung von der getroffenen Vereinbarung lediglich dann abgehen, wenn sich durch diese eine deutliche Verschlechterung der Lebensbedürfnisse eines Partners ergeben würden.

Selbstverständlich sind bei der Aufteilung **Schulden,** für die beide Ehegatten die Haftung übernommen haben, entsprechend zu berücksichtigen (z. B. ein gemeinsamer Kredit, die Bürgschaft des einen für die Schulden des anderen). Einer der beiden Ehegatten ist zur Rückzahlung dieser Schulden zu verpflichten **(primäre Haftung).** Die Haftung des anderen Ehepartners bleibt dabei den Gläubigern gegenüber aufrecht **(sekundäre Haftung).** Der Gläubiger muss sich zuerst an den primär Haftenden wenden und darf den sekundär Haftenden erst dann in Anspruch nehmen, wenn er gegen den primär Haftenden **erfolglos Exekution** (= Zwangsvollstreckung) geführt hat.

2. Unterhaltsansprüche

Diese haben

- der **schuldlos oder aus minderem Verschulden geschiedene Ehepartner:**
  Der allein oder überwiegend schuldig geschiedene Ehepartner muss ihm „den nach den Lebensverhältnissen der Ehegatten angemessenen" Unterhalt leisten. Dies allerdings nur dann, wenn der Berechtigte diesen Unterhalt aus den Erträgnissen seines Vermögens oder einer Erwerbstätigkeit, die von ihm „den Umständen nach erwartet werden kann", nicht zu bestreiten vermag.

- **ausnahmsweise** auch der **allein oder überwiegend schuldig geschiedene** Ehepartner **(„Bedarfsunterhalt"** nach § 68a Ehegesetz): Unterhalt ist in der Regel auch unabhängig vom Verschulden an der Scheidung nach dem Lebensbedarf des/der Berechtigten („Billigkeitsunterhalt") zu gewähren.

  Dieser **verschuldensunabhängige Unterhalt** ist für zwei Gruppen gedacht:
  - für junge Mütter (oder Väter), die sich um die Kinder aus der gescheiterten Ehe kümmern und keinem bezahlten Beruf nachgehen können – sie sollen den Unterhalt in der Regel befristet bekommen; und
    für ältere Hausfrauen (oder -männer), die sich zwar nicht (mehr) um Nachwuchs kümmern, aber sich in Folge lang andauernder Ehe und mangelnder Berufsfähigkeit, hohen Alters oder mangelnden Gesundheitszustandes nicht selbst erhalten können.

  Der **Unterhaltsanspruch erlischt oder vermindert** sich, wenn der Unterhaltsbedürftige besonders **schwer wiegende Eheverfehlungen** begangen hat (z. B. Straftaten), seine **Bedürftigkeit grob schuldhaft herbeigeführt** hat (z. B. Spielverluste im Casino) oder andere **schwer wiegende Gründe** vorliegen (z. B. ehrloser oder unsittlicher Lebenswandel, grobe Verletzung der ehelichen Beistandspflicht). Weiters erlischt der Anspruch, wenn der/die Berechtigte wieder heiratet. Er ruht, wenn er eine Lebensgemeinschaft (= Wohnungs-, Wirtschafts- und Geschlechtsgemeinschaft) eingeht.

- das **Kind aus einer geschiedenen Ehe:**
  Für den Unterhalt des Kindes (zur Deckung der „den **Lebensverhältnissen** der Eltern angemessenen Bedürfnisse") haben die Eltern nach ihren Kräften anteilig beizutragen. Jener Elternteil, der den Haushalt führt, in dem das Kind lebt, hat dadurch seinen Beitrag geleistet, und der getrennt lebende Elternteil ist zur Zahlung eines Unterhaltsbeitrages verpflichtet. Der jeweils zu leistende Unterhalt hängt vom Alter und den Bedürfnissen des Kindes sowie vom Einkommen und den Sorgepflichten des Unterhaltsverpflichteten ab. Die Unterhaltspflicht besteht bis zur Selbsterhaltungsfähigkeit des Kindes.
  (Zur Obsorge für das Kind bei Scheidung der Eltern siehe Seite 178.)

F. Gegenseitige Rechte und Pflichten von Eltern und Kindern

Leitgedanken: Die Eltern haben die „Obsorge" für das minderjährige Kind (§ 144, § 146 ABGB). Sie haben das **„Wohl des Kindes"** zu fördern, also eine angemessene Versorgung, Fürsorge, Wertschätzung und Förderung der Fähigkeiten des Kindes. Bei Beurteilung des Kindeswohles sind die **Persönlichkeit** des Kindes und seine **Bedürfnisse,** besonders seine **Anlagen, Fähigkeiten, Neigungen** und **Entwicklungsmöglichkeiten** sowie die **Lebensverhältnisse der Eltern** entsprechend zu berücksichtigen.
Eltern und Kinder haben **einander beizustehen,** die Kinder (auch volljährige) ihren Eltern **Achtung** entgegenzubringen.

Abgrenzung:

Eheliche Kinder	Uneheliche Kinder
Als **ehelich** gelten Kinder, ◆ die **während der Ehe** der Mutter mit dem Vater oder, ◆ wenn die Ehe durch den Tod des Ehemannes aufgelöst wurde, innerhalb von **300 Tagen** danach geboren werden. Hat ein Ehemann **ernsthafte Bedenken**, dass ein Kind seiner Ehefrau von ihm stammt, kann er innerhalb von zwei Jahren ab Kenntnis der Umstände, die für die Unehelichkeit sprechen, bei Gericht einen Antrag stellen, es möge festgestellt werden, dass das Kind nicht von ihm abstammt. Ab Feststellung gilt es dann als unehelich. Abgesehen von der anfänglichen Obsorge durch die Mutter und die Namensgebung durch deren Familiennamen beim unehelichen Kind sind eheliche und uneheliche Kinder rechtlich **gleichgestellt**. Laut Fortpflanzungsmedizingesetz gilt die oben erwähnte Vermutung der Ehelichkeit auch bei künstlicher Befruchtung. Erfolgt diese unter Verwendung des Samens eines anderen Mannes, muss vorher der Ehemann der Mutter in einem Notariatsakt zugestimmt haben. In diesem Fall kann er die Ehelichkeit des Kindes nicht bestreiten und gilt als dessen Vater.	**Unehelich** sind Kinder, die ◆ von einer unverheirateten Mutter, ◆ nach Scheidung, Aufhebung oder Nichtigerklärung der Ehe ihrer Mutter, ◆ nach Ablauf des 300. Tages nach dem Tod des Ehemannes der Mutter geboren werden oder ◆ nach gerichtlicher Feststellung aufgrund des Antrags des Ehemannes der Mutter als unehelich gelten. **Vermutung der Vaterschaft** Sie gilt für jeden Mann, der mit der Mutter innerhalb eines Zeitraumes von 300 bis 180 Tagen vor der Geburt des unehelichen Kindes Geschlechtsverkehr hatte. Dieser Zeitraum ist der mögliche Empfängniszeitraum. **Feststellung der Vaterschaft** ◆ durch **Anerkenntnis** (freiwillig) in einer öffentlichen oder notariell beglaubigten Urkunde. ◆ durch Entscheidung des **Bezirksgerichts** aufgrund eines Antrags des Kindes, vertreten durch seinen gesetzlichen Vertreter oder durch das Jugendamt. Der Antrag richtet sich gegen den vermuteten Vater. ◆ Der vermutete Vater kann die **gesetzliche Vermutung entkräften** durch: – den Beweis der Unwahrscheinlichkeit (z. B. medizinisches Gutachten), – den Beweis der größeren Wahrscheinlichkeit der Vaterschaft eines **anderen**, für den ebenfalls die gesetzliche Vermutung zutrifft.

Nach dem **Fortpflanzungsmedizingesetz**, das die Leihmutterschaft verbietet, gibt es eine eigene **Mutterschaftsvermutung**: Mutter ist die Frau, die das Kind zur Welt gebracht hat. Eine dennoch durchgeführte Leihmutterschaft führt zu keinerlei Rechten der Auftraggeberin.

Das Kind ist je nachdem, ob die Eltern verheiratet sind oder nicht, ehelich oder unehelich.

Rechte und Pflichten	Eheliche Kinder	Uneheliche Kinder
Name	Bei einem **gemeinsamen** Familiennamen der Eltern erhält diesen auch das Kind. Führt jeder der Ehegatten seinen bisherigen Familiennamen weiter, müssen die **Eltern bestimmen**, welchen Familiennamen das Kind erhalten soll (dies kann auch ein Doppelname eines Elternteils sein). Die Eltern können aber auch festlegen, dass ein Kind einen aus den Familiennamen beider Elternteile gebildeten Doppelnamen erhält. Dieser Name kann aber **höchstens aus zwei** Namensbestandteilen (unter Setzung eines Bindestrichs) gebildet werden.	Das Kind erhält zunächst den Familiennamen, den die **Mutter** zum Zeitpunkt der Geburt trägt. Dies kann auch ein Doppelname der Mutter sein. Sind sich die Mutter und der leibliche Vater einig, kann das uneheliche Kind auch den Familiennamen des **Vaters** erhalten oder einen aus **beiden Familiennamen** gebildeten Doppelnamen. Diese Namensbestimmung kann nur einmal vorgenommen werden und muss gegenüber dem Standesbeamten abgegeben werden.
Unterhaltsanspruch des Kindes	Die Eltern haben zur Deckung der **ihren Lebensverhältnissen angemessenen Bedürfnisse** des Kindes unter Berücksichtigung seiner Anlagen, Fähigkeiten, Neigungen und Entwicklungsmöglichkeiten nach ihren Kräften anteilig beizutragen. **Nachrangig** besteht diese Verpflichtung auch für die **Großeltern**. Der Unterhaltsanspruch vermindert sich, wenn das Kind eigene Einkünfte hat oder selbst erhaltungsfähig ist.	
„Ausstattung“	Anlässlich der ersten Eheschließung des Kindes bzw. innerhalb von drei Jahren danach haben die Eltern die Pflicht, dem Sohn bzw. der Tochter eine „Ausstattung“ zu leisten. Diese soll in erster Linie ein finanzieller Beitrag („Starthilfe“) für die Gründung eines Hausstandes bzw. einer eigenen Familie sein. Die Höhe des jeweiligen Anspruches richtet sich nach den Vermögensverhältnissen der Eltern sowie nach denen des Ehepartners (z. B. 25 bis 30% des Jahreseinkommens der Eltern).	
Unterhaltsanspruch der Eltern	Das **Kind** schuldet den **Eltern** und **Großeltern** unter Berücksichtigung seiner Lebensverhältnisse den diesen **mangelnden Unterhalt**. Diese Unterhaltspflicht steht aber der eines Ehegatten, eines früheren Ehegatten sowie der von Vorfahren und von Nachkommen näheren Grades des Unterhaltsberechtigten nach. Durch das in Österreich bestehende **Pensionssystem** kommt die Unterhaltspflicht gegenüber den Eltern meist nicht zum Tragen.	

<table>
<tr><th>Rechte und Pflichten</th><th>Eheliche Kinder</th><th>Uneheliche Kinder</th></tr>
<tr><td>**Unterhaltsvorschuss**</td><td colspan="2">Das **Unterhaltsvorschussgesetz** bestimmt, dass der Staat bei Uneinbringlichkeit der Unterhaltsbeiträge für minderjährige Kinder diese Beträge vorstreckt, sie aber später beim Unterhaltspflichtigen **zwangsweise eintreibt**. Anträge auf Gewährung eines derartigen Vorschusses können bei dem als Pflegschaftsgericht zuständigen Bezirksgericht gestellt werden. Unterhaltsvorschüsse kommen zur Auszahlung, sobald sie vom Gericht mit Beschluss bewilligt wurden.

Die Bedingungen für die Gewährung eines Unterhaltsvorschusses sind dann gegeben, wenn
♦ bereits ein **Exekutionsantrag** gestellt wurde,
♦ der **Aufenthaltsort** des/der Unterhaltspflichtigen **nicht** bekannt ist,
♦ dieser durch sein Verhalten die Heranziehung zur **Unterhaltsleistung vereitelt** oder wegen Verletzung der Unterhaltspflicht **eine Freiheitsstrafe verbüßt.**

Den Antrag auf Gewährung eines Unterhaltsvorschusses kann der mit der Obsorge Betraute stellen, der den Unterhaltsberechtigten in Pflege hat. Meistens stellt das Jugendamt in Vertretung der Mutter den Antrag. Das Kind darf nicht mit dem Unterhaltsverpflichteten im gemeinsamen Haushalt leben oder aufgrund einer Maßnahme des Jugendamtes oder Sozialhilfe in einem Heim oder bei Pflegeeltern untergebracht sein.</td></tr>
<tr><td rowspan="4">**Pflege und Erziehung
§ 144 ABGB
§ 146 ABGB
(„Obsorge")**</td><td colspan="2">Die Betrauung mit der Obsorge für das Kind umfasst neben der gesetzlichen Vertretung in erster Linie Pflege und Erziehung. Dabei ist aber das „Wohl des Kindes" zu fördern, also eine angemessene Versorgung, Fürsorge, Wertschätzung und Förderung der Fähigkeiten des Kindes.

Was bedeutet nun Pflege, was Erziehung?
Die **Pflege** umfasst besonders die Wahrung des körperlichen Wohles und der Gesundheit sowie die unmittelbare Aufsicht.

Die **Erziehung** umfasst besonders
♦ die Entfaltung der körperlichen, geistigen, seelischen und sittlichen Kräfte,
♦ die Förderung der Anlagen, Fähigkeiten, Neigungen und Entwicklungsmöglichkeiten des Kindes
♦ sowie dessen Ausbildung in Schule und Beruf. Das Ausmaß richtet sich nach den Lebensverhältnissen der Eltern.

Die Aufgaben der Pflege und der Erziehung können sich überschneiden. Die Pflicht zur Pflege und Erziehung erstreckt sich auch auf Stiefkinder, d.h. leibliche Kinder des Ehepartners/der Ehepartnerin aus einer früheren Ehe.
Die Eltern haben bei der Pflege und Erziehung auch auf den **Willen des Kindes** zu achten, soweit dem nicht dessen Wohl oder ihre Lebensverhältnisse entgegenstehen.
Das minderjährige Kind hat die **Anordnungen der Eltern** zu befolgen. Zur Pflege ist bei Fehlen des Einvernehmens derjenige Elternteil berechtigt und verpflichtet, der den Haushalt führt, in dem das Kind betreut wird. Kommt zwischen den Eltern und den mündigen Minderjährigen **keine Einigung über seine Ausbildung** zustande, kann das **Gericht** zur Entscheidung angerufen werden.

Mit der Obsorge sind der Reihenfolge nach folgende **Personen** betraut:</td></tr>
<tr><td>♦ beide Eltern einvernehmlich
♦ ein Elternteil, wenn der andere</td><td>Grundsätzlich gilt, dass jener Elternteil, in dessen Haushalt das Kind hauptsächlich betreut wird, mit der gesamten Obsorge betraut ist.
♦ Beide Eltern, wenn es ihrem Willen entspricht und sie es persönlich vor dem Standesbeamten/der Standesbeamtin erklären. Diese Erklärung kann von einem Elternteil und ohne Begründung noch innerhalb von acht Wochen widerrufen werden.
♦ die Mutter
♦ der Vater, dessen Vaterschaft festgestellt ist, wenn es beide wollen und erklären oder wenn die Mutter</td></tr>
<tr><td colspan="2">gestorben ist oder sein/ihr Aufenthalt seit mindestens 6 Monaten unbekannt ist oder ihm/ihr die Obsorge gerichtlich entzogen wurde.

♦ Sind beide Elternteile in der oben beschriebenen Form betroffen, entscheidet das Gericht, welchem Großelternpaar (Großelternteil) Pflege und Erziehung zustehen sollen.</td></tr>
<tr><td>♦ Vormund (der vom Gericht bestellte nächste geeignete Verwandte)</td><td>♦ bis zu dieser Entscheidung Amtsvormundschaft (Jugendamt)</td></tr>
<tr><td rowspan="2">**Vermögensverwaltung und gesetzliche Vertretung**</td><td colspan="2">Das Vermögen eines minderjährigen Kindes ist mit der „Sorgfalt ordentlicher Eltern" zu verwalten.

Der Reihe nach sind zuständig:</td></tr>
<tr><td>♦ beide Eltern einvernehmlich
♦ ein Elternteil (wie bei Pflege und Erziehung)
♦ Vormund oder Sachverwalter (für Teilbereiche)</td><td>♦ beide Elternteile (wie bei Obsorge)
♦ die Mutter
♦ festgestellter Vater bzw. Amtsvormundschaft (wie bei Obsorge)</td></tr>
</table>

Gemeinsame Obsorge bei Scheidung der Eltern

Bei **Scheidung** (Aufhebung, Nichtigerklärung) der Ehe bleiben **beide Eltern** weiterhin mit der Obsorge betraut. Sie können auch vereinbaren, dass ein Elternteil, bei dem sich das Kind hauptsächlich aufhält, die alleinige Obsorge erhält. Kommt binnen angemessener Frist eine Vereinbarung nicht zustande, muss das Gericht – unter Berücksichtigung des Kindeswohls – für einen Zeitraum von **sechs Monaten eine vorläufige Regelung** erlassen, in der festgelegt wird, wer zunächst mit der Obsorge betraut ist (bei diesem Elternteil muss das Kind im Haushalt leben). Dabei müssen für den anderen Elternteil ausreichend **Kontaktmöglichkeiten** mit dem Kind geschaffen werden. Nach Ablauf der Frist wird dann anhand der während der Frist gemachten Erfahrungen festgelegt, wer unter Berücksichtigung des Kindeswohls die **endgültige Obsorge** erhält.

Dabei wird auch angeordnet, wie die Kontaktrechte des anderen Elternteils mit dem Kind wahrgenommen werden sollen und ob vom Gericht ein **„Kinderbeistand"** ernannt wird, der für die ordnungsgemäße Übergabe und Rückübernahme des Kindes durch die/den Kontaktberechtigte/n sorgt.

Bei dieser Gerichtsentscheidung können Richter/innen auch die Dienste von Psychologen/-innen und Sozialarbeitern/-innen in Anspruch nehmen, die vorher entsprechende Erhebungen pflegen.

Wird gemäß Gerichtsentscheid nur ein Elternteil **alleine** mit der Obsorge betraut, hat der **andere** das **Recht**

- auf persönlichen Verkehr mit dem Kind,
- über wichtige Angelegenheiten des Kindes und Maßnahmen rechtzeitig informiert zu werden und
- sich diesbezüglich zu äußern.

Die Äußerung ist zu berücksichtigen, wenn sie dem Kindeswohl besser entspricht.

G. Pflegekindschaft

Pflegeeltern haben von den mit der Obsorge betrauten Personen (z. B. Eltern, Vormund) das Recht zur Pflege und Erziehung einer minderjährigen Person übertragen bekommen.

Die gesetzliche Vertretung bleibt bei den Obsorgebetrauten, die auch weiterhin (neben den Pflegeeltern) zu Pflege und Erziehung berechtigt sind.

Bei den Pflegeeltern handelt es sich also um Personen, **die die Pflege und Erziehung des Kindes ganz – oder teilweise – besorgen und zu denen eine dem Verhältnis zwischen leiblichen Eltern und Kindern nahe kommende Beziehung besteht oder hergestellt werden soll.** Auf Antrag kann das Gericht den Pflegeeltern die Obsorge ganz oder teilweise übertragen, wenn es dem Wohl des Kindes entspricht. Eine lediglich vorübergehende Betreuung (z. B. bedingt durch Auslandsaufenthalt oder Krankheit der Eltern) fällt nicht unter den Begriff der Pflegekindschaft.

H. Adoption

Die Annahme an Kindes statt kommt durch **schriftlichen Vertrag** zwischen dem **Annehmenden** und dem **Wahlkind** sowie durch gerichtliche Bewilligung **(Bezirksgericht)** zustande, wobei Kinder, die über 14 Jahre alt sind, der Adoption zustimmen müssen.

Wahlvater und **Wahlmutter** („Adoptiveltern") müssen das **25. Lebensjahr** vollendet haben und um mindestens **16 Jahre älter** sein als das Wahlkind. Die gerichtliche Bewilligung wird nur erteilt, wenn zwischen den Vertragspartnern ein **echtes Eltern-Kind-Verhältnis** besteht oder hergestellt werden soll. Dies kann auch bei volljährigen Wahlkindern ein Anliegen sein (z. B. Übernahme eines Betriebes oder Bauernhofes). Kein berechtigtes Anliegen sind jedenfalls Umgehungsabsichten (z. B. Übernahme einer Mietwohnung, Steuerersparnis). Durch die Adoption entstehen die **gleichen Rechte,** wie sie **durch die eheliche Abstammung** begründet werden. Durch gerichtliche Verfügung können auch im Ausland erfolgte Adoptionen anerkannt werden.

I. Die eingetragene Partnerschaft

Rechtsgrundlage: Bundesgesetz über die eingetragene Partnerschaft (Eingetragene Partnerschafts-Gesetz, EPG), BGBl I 135/2009 i. d. F. 25/2015

Seit 1.1.2010 gibt es in Österreich für **gleichgeschlechtliche Paare** die Möglichkeit, eine eingetragene Partnerschaft zu begründen. Dies kann bei **gleichzeitiger** und **persönlicher** Anwesenheit beider vor dem zuständigen Beamten/der zuständigen Beamtin der Bezirksverwaltungsbehörde (Bezirkshauptmannschaft bzw. Magistrat) geschehen. Auf Wunsch kann dabei auch eine Zeremonie (Festakt) mit zwei Begleitpersonen stattfinden.

Voraussetzungen für die Begründung:
Volljährigkeit – Geschäftsfähigkeit (ist diese beschränkt, ist die Einwilligung des gesetzlichen Vertreters nötig) – keine Verwandtschaft in gerader Linie oder Geschwister, kein Adoptivverhältnis – keine aufrechte Ehe oder aufrechte eingetragene Partnerschaft.

Namen:
Beide Partner/innen behalten ihre Namen. Eine Namensänderung kann jedoch in der Form beantragt werden, dass beide Partner/innen denselben Nachnamen erhalten. Ein bisheriger Nachname kann dann dem Nachnamen des Partners (jeweils mit Bindestrich) voran- oder nachgestellt werden.

Gegenseitige Rechte und Pflichten:
Auf Grund der Eintragung sind die Partner zur partnerschaftlichen **Lebensgemeinschaft** und **Vertrauensbeziehung** verpflichtet, d.h. wie bei einer Ehe grundsätzlich gemeinsames Wohnen, gemeinsame Finanzierung der Lebensverhältnisse und gemeinsame Haushaltsführung. Führt ein Partner/eine Partnerin den Haushalt, leistet er/sie dadurch einen Beitrag zur Deckung der Lebensverhältnisse und hat einen Anspruch auf Unterhalt.
Wie bei der Ehe, ergeben sich **Beistandspflichten, Treuepflichten** oder z. B. die **Schlüsselgewalt** sowie ein gesetzliches Erbrecht. So wie es bei der Ehe Ehepakte (Notariatspflicht) gibt, besteht auch hier die Möglichkeit für einen **„Partnerschaftsvertrag"**. Allerdings behält der Partner die partnerschaftliche Wohnung nach einer Trennung, wenn er sie in die Partnerschaft eingebracht hat und die Partner eine diesbezügliche Vereinbarung geschlossen haben.

Auflösungsgründe und Auflösungsfolgen:
Die Gründe für eine Auflösung sind grundsätzlich die selben, wie bei Scheidung einer Ehe – **unheilbare Zerrüttung** vorausgesetzt: Tod – Auflösung aus Verschulden (z. B. körperliche oder seelische Gewalt) – Geisteskrankheit, geistige Störung, ansteckende oder ekelerregende Krankheit – Aufhebung der häuslichen Gemeinschaft seit mindestens drei Jahren – einvernehmliche Auflösung.
Wie bei den Scheidungsfolgen ist auch hier eine Vermögensaufteilung vorzunehmen und es können Unterhaltsansprüche eines Partners/einer Partnerin entstehen.

Änderungen in anderen Rechtsgebieten:
Eingetragene Partner haben das Recht, sich bei der Krankenversicherung kostenfrei mitversichern zu lassen. Im Todesfall des/der Partners/-in haben sie ein gesetzliches Erbrecht wie Ehegatten, sind pflichtteilsberechtigt und haben ein Recht auf eine Hinterbliebenenpension.

Wiederholungsfragen – Arbeitsaufgaben – Diskussionsanregungen

1. *Überlegen Sie, mit welchen Personen Ihre Mutter verwandt und mit welchen sie verschwägert ist.*
2. *Nennen Sie die Rechtsfolgen, die durch die Auflösung einer Verlobung entstehen können.*
3. *Erläutern Sie die Voraussetzungen (Alter, Form) für eine gültige Eheschließung.*
4. *Am Tag Ihrer Hochzeit ereilt Sie ein Darmvirus. Um das Fest nicht ausfallen zu lassen, geben Sie Ihrer Anwältin eine Vollmacht, die Sie am Standesamt vertreten soll. Behandeln Sie die Frage, ob das möglich ist.*
5. *Die siebzehnjährige Claudia möchte ihren gleichaltrigen Freund heiraten. Beide Eltern sind einverstanden. Erklären Sie, ob dies möglich ist.*
6. *Beschreiben Sie Konsequenzen fehlender gesetzlicher Voraussetzungen der Eheschließung.*
7. *Geben Sie an, welche persönlichen Rechtswirkungen der Ehe es gibt.*
8. *Frau Klug und Herr Schön wollen heiraten. Erläutern Sie, welche Möglichkeiten es für ihren Familiennamen bzw. den ihrer Kinder gibt.*
9. *Geben Sie an, ob und wie sich die Vermögensverhältnisse der Ehegatten durch die Eheschließung ändern. (Begründung)*
10. *Erläutern Sie Voraussetzungen und Abwicklung der einvernehmlichen Scheidung.*
11. *Ihre Ehegattin/Ihr Ehegatte betrügt Sie und möchte sich scheiden lassen. Sie sind jedoch dagegen. Welche Möglichkeiten hat sie/er, die Scheidung durchzusetzen?*
12. *Geben Sie einen Überblick über die vermögensrechtlichen Folgen einer Scheidung.*
13. *Stellen Sie die gesetzlichen Unterhaltsansprüche der Ehegatten und Kinder in aufrechter Ehe und nach einer Scheidung gegenüber.*
14. *Beide Ehegatten sind berufstätig; die Frau arbeitet 40 Stunden in der Woche, der Mann nur 20. Analysieren Sie, wer in diesem Fall für den Unterhalt der Familie zu sorgen hat.*
15. *Der Sohn Ihrer Nachbarn klagt seine Eltern anlässlich seiner ersten Eheschließung auf Heiratsausstattung in der Höhe von einem Jahresgehalt der Familie. Ihre Nachbarn wenden sich Hilfe suchend an Sie, in der Meinung, eine Heiratsausstattung stehe nur Töchtern zu. Erörtern Sie die Frage, ob das richtig ist.*
16. *Ein Standesbeamter vergisst, die erfolgte Eheschließung in das Familienbuch einzutragen. Es kann daher keine Heiratsurkunde ausgestellt werden. Klären Sie, ob die Ehe gültig ist, und begründen Sie die Antwort.*
17. *Eine Frau erfährt zwei Tage vor der Eheschließung, dass sie aus medizinischen Gründen keine Kinder bekommen kann. Aus Angst vor Schwierigkeiten verschweigt sie diese Tatsache dem Verlobten und heiratet. Diskutieren Sie dieses Rechtsproblem.*
18. *Eine ausschließlich im Haushalt tätige Ehefrau bestellt aus optischen Gründen eine Geschirrspülmaschine mit einer speziellen, teuren, goldfarbenen Métallisé-Lackierung. Wird der berufstätige Ehemann aus diesem Vertrag verpflichtet? Geben Sie eine kurze Begründung.*
19. *Eine berufstätige Ehefrau gibt sämtlichen Kaufleuten des Wohnortes schriftlich bekannt, dass sie für die von ihrem Mann im Rahmen der Schlüsselgewalt getätigten Geschäfte nicht haften werde. Haftet sie nun oder nicht?*
20. *Ein Ehegatte wohnt während aufrechter Ehe in einem Haus, das aufgrund einer Erbschaft im Alleineigentum des anderen Ehepartners steht. Würde die Scheidung für ihn bedeuten, dass er im Obdachlosenheim Unterkunft suchen müsste?*
21. *Ein Vorzugsschüler eines letzten Jahrganges der Handelsakademie möchte maturieren. Unter Hinweis auf ihre schlechten Vermögensverhältnisse wollen ihn seine Eltern als Angestellten in einem Betrieb unterbringen. Erörtern Sie, wie dieses Rechtsproblem gelöst werden kann.*

III. Erbrecht

Die Rechtsfähigkeit des Menschen endet mit seinem Tod – was aber geschieht mit seinem ganzen Eigentum, mit seiner Wohnung, seinem Haus, seinem Auto? Und wer übernimmt etwaige Schulden?

Wie kann man überhaupt Erbe werden? Kann man auch jemand anderem als dem Erben einzelne Sachen zukommen lassen? Wie verfasst man ein Testament – alleine oder bei einem Notar? Was geschieht mit dem Vermögen eines Verstorbenen, wenn er kein Testament hinterlassen hat?

Was geschieht, wenn es überhaupt keine Erben gibt? Kann man Verwandte enterben? Wie sieht das Verfahren aus, in dem man Erbe wird?

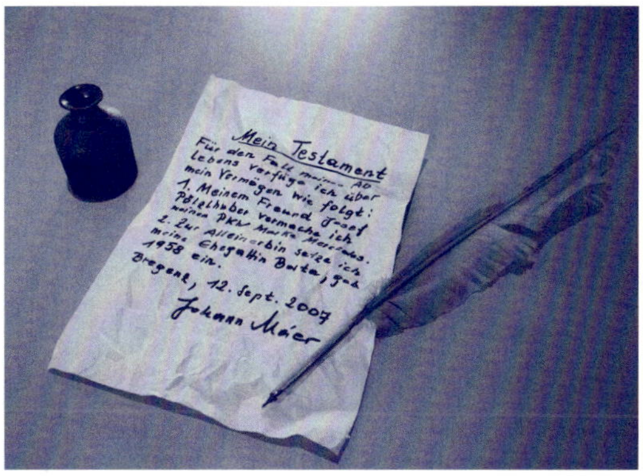

Diese und ähnliche Fragen werden im folgenden Kapitel behandelt.

A. Einleitung und Grundbegriffe

In den meisten Fällen gelangt die Erbschaft (die man auch **Verlassenschaft** nennt) an den Ehepartner, an Kinder, nähere Verwandte oder dem Verstorbenen sonst nahe gestandene Personen.

Dadurch werden einerseits bedürftige Angehörige versorgt, andererseits wird innerhalb einer größeren Familie Vermögen gebildet. Natürlich können dadurch in einer Gesellschaft ungleiche Startbedingungen entstehen (z. B. einer beginnt als kleiner Angestellter in einem Unternehmen, ein anderer mit gleicher Ausbildung erbt gleich das ganze Unternehmen). Aufgabe des Staates ist es, hier mit der Steuergesetzgebung (durch die er ja auch Einnahmen hat), einen Ausgleich zu schaffen.

Damit jemand Erbe werden kann, muss es einen so genannten Erbrechtstitel geben. Einschließlich des Testaments gibt es insgesamt drei Erbrechtstitel:

- **Erbvertrag:** ein Vertrag, in dem sich zwei Personen gegenseitig zu Erben einsetzen
- **Testament:** eine Erklärung und Hinterlassung des „letzten Willens"
- **Gesetz:** Im Gesetz ist festgelegt, welche Angehörige die Erbschaft erhalten, wenn es weder einen Erbvertrag noch ein Testament gibt.

Wenn es keinerlei gültigen Erbrechtstitel gibt und auch niemand vorhanden ist, der einzelne Stücke aus der Erbschaft erhält, fällt die Erbschaft (der so genannte **Nachlass**) an den Staat.

Darüber hinaus kommt es manchmal vor, dass jemand, obwohl er/sie als Erbe eingesetzt ist, die Erbschaft nicht antreten kann, weil er/sie erbunfähig ist, d.h., einer der im Gesetz aufgezählten Gründe liegt vor.

Gegenüber dem Verstorbenen ist z. B. erbunfähig:

- wer gegen ihn ein nicht verziehenes Verbrechen begangen hat;
- wer eine letztwillige Verfügung (z. B. ein Testament) durch Zwang oder Betrug veranlasst oder verhindert hat, sie gefälscht oder verheimlicht hat;
- wer bereits zu Lebzeiten des Verstorbenen auf sein Erbrecht verzichtet hat (vor Gericht oder vor einem Notar);
- wer seine Pflichten, die zwischen Eltern und Kindern bestehen, bereits zu Lebzeiten des Verstorbenen grob vernachlässigt hat.

Den Erben nennt man auch **„Gesamtrechtsnachfolger"**, weil er/sie sämtliche Rechte und Pflichten des Verstorbenen übernimmt (also auch die Schulden).

Daneben gibt es auch die Möglichkeit, einer anderen Person als dem Erben einzelne Stücke aus der Erbschaft zu vermachen. Dies kann z. B. eine goldene Uhr, ein Auto oder eine bestimmte Geldsumme sein. Der Erbe muss dann dem so genannten **Vermächtnisnehmer** diese Stücke oder die Geldsumme übergeben. Dies nennt man **Vermächtnis** oder **Legat**. Wird es in einem eigenen Schreiben festgelegt, nennt man dieses Schreiben, das – ähnlich den Testamenten – gewisse Formerfordernisse aufweisen muss, **Kodizill**.

Der Vermächtnisnehmer ist lediglich **„Einzelrechtsnachfolger"**, weil er/sie nur in Bezug auf die übernommenen Stücke die Rechte und Pflichten des Verstorbenen übernimmt.

Das Recht einer bestimmten Person, einzelne Stücke aus dem Vermögen oder das gesamte Vermögen des Verstorbenen zu bekommen,

nennt man

Einzelrechtsnachfolge

Rechte und Pflichten nur bezüglich der erhaltenen Stücke

begründet durch **Vermächtnis**

Dem/Der Berechtigten werden nur einzelne Stücke vermacht (Form: Kodizill).

Gesamtrechtsnachfolge

Der/Die Berechtigte erhält allein als „Universalerbe" („Alleinerbe") oder gemeinsam mit anderen (Miterben) die gesamten Rechte und Pflichten des Verstorbenen.

begründet durch Erbrechtstitel

Erbvertrag
in Österreich nur gültig zwischen Ehegatten, über drei Viertel ihres Vermögens (Rest: Testament oder Gesetz) und in Form eines Notariatsaktes. Inhalt: gegenseitige Einsetzung zu Erben

Testament
eine letztwillige Verfügung, in der ein Erbe eingesetzt wird oder mehrere Erben eingesetzt werden

Gesetz
Die im ABGB festgelegte Erbfolge tritt ein, wenn weder Erbvertrag noch Testament vorliegt (oder darin nicht über alles verfügt wurde).

Achtung: Die drei Erbrechtstitel gelten genau in dieser Reihenfolge, d. h., liegen z.B. sowohl ein gültiger Erbvertrag als auch ein Testament vor – und beide stehen in Widerspruch zueinander – so geht der Erbvertrag vor!

B. Testamente

Welche Gültigkeitserfordernisse bestehen für Testamente?
Weil es so viele sind, haben wir sie hier gegliedert hinsichtlich Inhalt, Person und Form:

Inhalt:

- Es muss über sämtliche **Vermögensrechte** des Verstorbenen verfügt werden.
- Unbedingt erforderlich ist die **Einsetzung eines Erben**. Dabei kann auch ein Nacherbe festgelegt werden, d. h. eine Person, auf die die Erbschaft als nächste übergehen soll. Der erste Erbe darf dann die Erbschaft zwar nutzen, sie aber nicht belasten oder veräußern.

- Die Erklärung muss **ausdrücklich**, überlegt und besonnen abgegeben werden. Nicht vorliegen darf daher Betrug oder wesentlicher Irrtum. Ein Sonderfall ist dabei der so genannte Motivirrtum. Er wird nur anerkannt, wenn das Motiv entscheidend war. Beispiel: Jemand setzt im Testament als Erbe eine Person ein, die ihm vermeintlich das Leben gerettet hat – in Wirklichkeit war es jedoch deren Zwillingsbruder.

Person des Verstorbenen:

- Handlungsfähige Personen ab vollendetem 18. Lebensjahr können testieren;
- Personen zwischen 14 und 18 sowie jene, denen ein Sachwalter bestellt ist, können nur mündlich vor Gericht oder vor dem Notar ein Testament formulieren;
- Personen, die unter Bewusstseinsstörungen leiden, können überhaupt nicht testieren (siehe oben bei Inhalt).

Form: siehe folgende Übersicht

Testament

- **öffentlich**
  mündlich oder schriftlich
  Gericht oder Notar
- **privat**
  schriftlich
  - **eigenhändig**
    - vom Verfasser handschriftlich geschrieben und unterschrieben
    - häufigste und einfachste Form!
  - **fremdhändig**
    - mit Computer oder von einer anderen Person geschrieben, jedoch vom Verfasser unterschrieben!
    - Drei Zeugen müssen anwesend sein, davon zwei gleichzeitig.

Wer kann nicht Testamentszeuge sein?

- Personen unter 18 Jahren
- Wahrnehmungsunfähige (Blinde, Taube oder solche, die die Sprache nicht verstehen)
- Personen, die im Testament selbst etwas erhalten, sowie deren engste Verwandte und Hausangestellte

Zusätzlich gibt es noch eine weitere Unterscheidung:

ordentliche Testamente	außerordentliche Testamente
eine der in obiger Übersicht angeführten Formen	Sie werden auch **Nottestamente** genannt, da sie für Notsituationen vorgesehen sind (Seuchen, Seenot usw.): Wenn unmittelbar Gefahr besteht, dass jemand stirbt, bevor er auf ordentliche Weise seinen letzten Willen erklären kann, kann er mündlich oder schriftlich vor zwei fähigen Zeugen (siehe oben) testieren, die zugleich anwesend sein müssen. Ein derartiges Testament verliert drei Monate nach Wegfall der Gefahr seine Gültigkeit.

Beispiel für ein gültiges eigenhändiges Testament (enthaltend ein Vermächtnis)

Ich, Hermann Huber, geboren am 2. Mai 1943, Angestellter, 1010 Wien, Gonzagagasse 4/6, setze meine Ehegattin, Maria Huber, geboren am 4. März 1947, Frisörin, zu meiner Universalerbin ein. Meinen Puch-Roller, Baujahr 1954, vermache ich meinem Freund, Johann Weber,

1010 Wien, Kärntner Ring 4.

Dies habe ich eigenhändig geschrieben und unterschrieben.

Wien, am 3. April 1999,

Hermann Huber

Quelle: www.help.gv.at

Beispiel für ein gültiges fremdhändiges Testament (enthaltend ein Vermächtnis)

Ich, Walter Mayer, geboren am 8. März 1944, Kaufmann, 1040 Wien, Wiedner Hauptstraße 17, setze meine Ehegattin, Irene Mayer, geboren am 6. Jänner 1955, Hausfrau, zu meiner Universalerbin ein. Meine goldene Uhr vermache ich meinem langjährigen Geschäftspartner, Johann Wagner, 1030 Wien, Barichgasse 5.
Wien, am 3. April 1999

Walter Mayer

Johann Gruber als ersuchter Testamentszeuge

Isolde Meissner als ersuchte Testamentszeugin

Heinz Wallner als ersuchter Testamentszeuge

Quelle: www.help.gv.at

Beispiel für ein gültiges Nottestament

Nottestament

Niederschrift vom 9. 10. 2006 über das am 9. 10. 2006 erklärte Nottestament von Anna Mayer:

Frau Anna Mayer, Pensionistin, wohnhaft in 5020 Salzburg, Alpenstraße XY, hat uns heute an ihr Krankenbett in der Krankenanstalt gebeten und bei unserer gleichzeitigen Anwesenheit laut und deutlich folgende Worte an uns gerichtet:

„Ich fühle mich heute sehr schlecht und glaube, dass ich bald sterben werde. Ich bin aber im vollen Besitz meiner geistigen Kräfte und möchte, dass meine Nachbarin, Frau Elfriede Markus, für den Fall meines Todes meine Alleinerbin sein soll, da sie mich, bevor ich ins Spital kam, jahrelang aufopfernd gepflegt hat."

Als Testamentszeugen:

....	....
Beatrix Rugonig	*Maria Uhl*

Über die Art und den Ort der Aufbewahrung von Testamenten gibt es keine zwingenden Vorschriften. Damit man aber sichergeht, dass nach dem Tod das Testament noch vorhanden ist und gefunden wird, kann man es bei einem Notar, einem Rechtsanwalt oder bei Gericht hinterlegen. Die Hinterlegung wird dann im **zentralen Testamentsregister der Notariatskammer** eingetragen. Auch die Rechtsanwaltskammer führt ein Testamentsregister. Diese Register werden im Todesfall abgefragt.
Jedes Testament kann vom Errichter jederzeit widerrufen werden; es gilt das zuletzt errichtete, daher ist die Angabe eines **Datums** empfehlenswert!

Nicht zu den Testamenten im engeren Sinne gehört die so genannte **Patientenverfügung**, bei der die Erbseinsetzung fehlt, die aber in Hinblick auf eine Spitalsbehandlung den Kranken oft zusätzlich ein Anliegen ist. Sie wird in der Bevölkerung auch als „Patiententestament" bezeichnet, weil Sie eben auch eine letzte Verfügung beinhaltet.

Beispiel für eine Patientenverfügung

Ich, Walter Huber, geboren am 30.4.1935, 1050 Wien, Grüngasse 1, treffe für den Fall einer künftigen unmittelbar zum Tod führenden Krankheit oder Verletzung, einer nicht rückgängig zu machenden Bewusstlosigkeit, schwerer unheilbarer Dauerschädigung des Gehirns und des dauernden Ausfalls lebenswichtiger, nicht zu ersetzender Funktionen meines Körpers nachstehende Verfügung:

I. Ich wünsche, auf alle künstlichen lebensverlängernden medizinischen Maßnahmen zu verzichten.

II. Ich ersuche, alle Möglichkeiten der Schmerzlinderung ungeachtet der Gefahr allfälliger lebensverkürzender Nebenwirkungen zu nutzen.

III. Ich bitte um eine religiöse Sterbebegleitung.

Wien, am 13.11.1999
Walter Huber, eh.

Quelle: www.help.gv.at

C. Gesetzliche Erbfolge

Ist **kein** Erbvertrag und **kein** Testament vorhanden, so kommen nach dem ABGB (§ 730) der Ehegatte/Partner und jene Personen als Erben in Betracht, die mit dem Verstorbenen in nächster Linie verwandt sind. Dem Ehegatten gleichgestellt sind die Partner der eingetragenen Partnerschaft (Näheres s. Seite 179). Ca. 70 % der Österreicher und Österreicherinnen machen kein Testament, sodass die gesetzliche Erbfolge eintritt.

- **Ehegatten/Partner:** Neben den Verwandten hat zunächst der überlebende Ehegatte/Partner ein gesetzliches Erbrecht. Wie viel er erhält, hängt aber davon ab, welche sonstigen Verwandten noch vorhanden sind.
  Er erhält

  neben Verwandten der 1. Linie **(Kindern)** ein **Drittel**,
  neben Verwandten der 2. Linie **(Vorfahren)** zwei **Drittel**

  der Erbschaft.
  Sofern der Ehegatte/Partner nicht rechtmäßig enterbt worden ist, gebührt ihm noch zusätzlich das so genannte **gesetzliche Vorausvermächtnis**: Er/Sie hat das Recht, weiter in der Ehewohnung zu wohnen und die zum Haushalt gehörenden beweglichen Sachen zu verwenden, soweit dies zur Fortführung der bisherigen Lebensverhältnisse nötig ist.

- **Verwandte:**
  Die gesetzliche Verwandtenerbfolge beruht auf einem **Liniensystem**:

  Die **1. Linie** bildet der Verstorbene mit seinen Nachkommen (Kinder, Enkel usw.).

  Zur **2. Linie** gehören die Eltern des Verstorbenen und deren Nachkommen (dies sind die Geschwister, Neffen und Nichten des Verstorbenen).

  Zur **3. Linie** zählt man seine Großeltern und deren Nachkommen (diese sind die Onkeln und Tanten des Verstorbenen).

  Von der **4. Linie** kommen nur mehr die Urgroßeltern des Verstorbenen in Betracht.

Angehörige der nächstfolgenden Linie sind immer dann Erben, wenn aus der vorhergehenden Linie **niemand vorhanden** ist oder niemand erbt. Innerhalb einer Linie schließt der nähere Verwandtschaftsgrad den entfernteren aus. Dies trifft aber nur auf lebende Mitglieder einer Linie zu: Verstorbene werden durch ihre eigenen Nachkommen **repräsentiert**. Diese erhalten zusammen immer jenen Teil, der auf den durch sie vertretenden Vorfahren entfallen wäre. Beispiel: Ein Verstorbener hatte zwei Söhne, von denen einer – mit zwei Kindern – bereits längere Zeit tot ist. Seine beiden Kinder teilen sich den Erbteil ihres vorverstorbenen Vaters.

Ausnahme bzw. Grenze der Repräsentation: Sind die Eltern und Geschwister des Verstorbenen bereits verstorben, dann können Nichten und Neffen des Verstorbenen nicht in den Erbteil Ihres Vorfahren eintreten und der Ehegatte/Partner erhält alles.

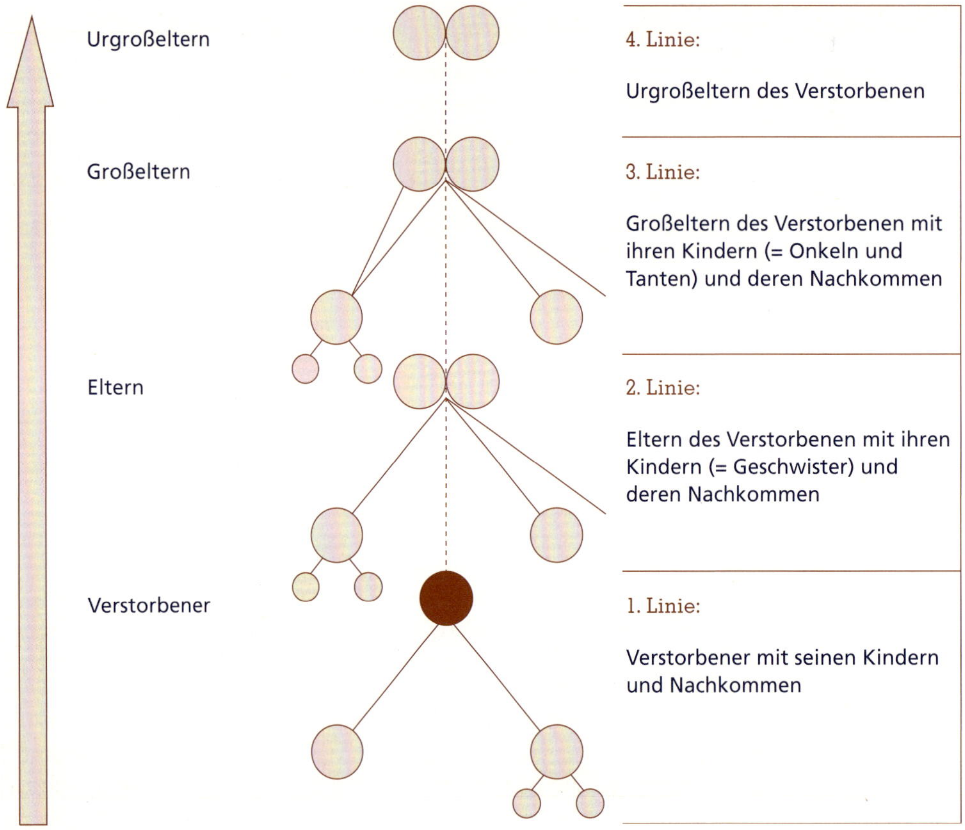

D. Pflichtteil

Da der letzte Wille des Erblassers maßgeblich ist, kann er, auch wenn er verheiratet ist und Kinder hat, eine familienfremde Person zum Erben einsetzen. Eine volle Verwirklichung dieses **Grundsatzes der Testierfreiheit** würde aber von vielen nahen Angehörigen als ungerecht empfunden werden. Daher ist die Freiheit der Erbseinsetzung zugunsten bestimmter Angehöriger eingeschränkt und das Gesetz sichert der Familie wenigstens **einen Teil der Erbschaft**.

Der Ehegatte/Partner und bestimmte Verwandte haben einen Pflichtteilsanspruch, man nennt sie **Noterben** oder **Pflichtteilsberechtigte**. Der Anspruch ist jedoch kein Erbrecht, sondern eine Forderung auf Geldabfindung gegen den oder die Erben.

Der Anspruch beträgt:

für den **Ehegatten, eingetragene Partner** und **Nachkommen** die **Hälfte**,
für **Vorfahren ein Drittel** dessen, was ihnen nach **gesetzlicher Erbfolge** zugefallen wäre.

Herabsetzung des Pflichtteils auf die Hälfte durch letztwillige Verfügung: Der Pflichtteil eines Elternteiles oder Kindes kann herabgesetzt werden, wenn zu **keiner Zeit ein Naheverhältnis** vorlag, wie es in der Familie zwischen Eltern und Kindern gewöhnlich besteht. Diese Herabsetzung steht jedoch nicht zu, wenn der/die Verstorbene den persönlichen Verkehr mit dem Pflichtteilsberechtigten grundlos abgelehnt hatte (Beweis!).

Hat aber der sonst Pflichtteilsberechtigte einen Enterbungsgrund gesetzt, ist er vom Pflichtteil **vollständig ausgeschlossen** – außer, der/die Verstorbene hat ihm bereits zu Lebzeiten nachweislich verziehen. Eine Enterbung kann aber nur aus den im **Gesetz aufgezählten Enterbungsgründen** stattfinden:

- Der/Die Verstorbene wurde im Notfall im Stich gelassen;
- der Pflichtteilsberechtigte führt beharrlich ein anstößiges Leben oder wurde zu einer mehr als 20-jährigen Freiheitsstrafe verurteilt;
- er hat gegen den/die Verstorbene/n zu dessen/deren Lebzeiten eine strafbare Handlung begangen, die mit mindestens einjähriger Freiheitsstrafe bedroht ist;
- er hat die eheliche Beistandspflicht oder die Beistandspflicht eines eingetragenen Partners gegenüber dem/der Verstorbenen verletzt.

- er hat – gegenüber dem/der Verstorbenen – seine Pflichten aus dem Rechtsverhältnis zwischen Eltern und Kindern verletzt.

E. Verfahren

Niemand darf eigenmächtig über die Erbschaft verfügen, sondern es muss ein gerichtliches Verfahren stattfinden, die **Verlassenschaftsabhandlung**. Ein Notar als **Gerichtskommissär** (d. h. als Beauftragter des Gerichts) führt das Verfahren durch. Mit einem **Einantwortungsbeschluss** des Gerichts wird das Verfahren beendet und der Erbe wird (oder die Erben werden) Eigentümer der Erbschaft.

Dieses Verfahren bietet verschiedene Vorteile:

- Es verbietet eigenmächtiges Verhalten und vermeidet **Streit** unter den Erben,
- es sorgt für Ordnung im **Grundbuch**,
- es garantiert den **Pflegebefohlenen** Obsorge und Vertretung.

Bei geringfügigen Erbschaften unterbleibt die Verlassenschaftsabhandlung. Sind keine Erben vorhanden oder lehnen die Erben die Erbschaft ab, fällt sie an den Staat.

Tod

Totenbeschau

Die nächsten Angehörigen erhalten beim Standesamt des Sterbeortes die **Sterbeurkunde** und benachrichtigen den/die Arbeitgeber/in oder die Pensionsstelle des Verstorbenen.

Todesfallaufnahme

Sie erfolgt durch den Notar. Dabei werden sämtliche persönlichen und finanziellen Verhältnisse des/der Verstorbenen ermittelt, seine/ihre erbberechtigten Verwandten und deren Personaldaten, die aufgefundenen Testamente usw.

Unbekannte Gläubiger werden in einem Gerichtsedikt aufgefordert, sich zu melden. (www.edikte.justiz.gv.at)

voraussichtliche **Aktiva über € 4.000,–**

Der Notar führt die Abhandlung durch, eröffnet das Testament, ermittelt die Erben.

voraussichtliche **Aktiva unter € 4.000,–**

Keine Verlassenschaftsabhandlung. Die Erbschaft wird **„armutshalber abgetan"**, die Aktiva werden den Erben oder Gläubigern überlassen.

Erbantrittserklärung

Die Erben erklären, ob sie die Erbschaft ausschlagen oder **annehmen**. Im letzteren Fall gibt es zwei Möglichkeiten.

Bedingte Erbantrittserklärung

Der Erbe haftet für Schulden des/der Verstorbenen nur **betragsbeschränkt** bis zum Wert der übernommenen Erbschaft (z. B. Wert: 12.000 Euro, Schulden: 16.000 Euro, der Erbe haftet bis 12.000 Euro)

Der Wert der Haftung muss durch Errichtung eines **Inventars** ermittelt werden (Sachverständige, Kosten, Dauer).

Unbedingte Erbantrittserklärung

Der Erbe haftet für sämtliche Schulden des/der Verstorbenen **unbeschränkt**, auch mit seinem Privatvermögen.
Achtung: Die Erbantrittserklärung kann **nicht** widerrufen werden!

Kein Inventar, der Erbe bekräftigt in Eidesform **(Vermögenserklärung)** den Wert der Erbschaft. Falscher Eid ist strafbar.

Einantwortungsbeschluss des Gerichts

erfolgt, nachdem alle Verpflichtungen aus dem Testament erfüllt sind (Vermächtnisse, Erbteilung unter mehreren Erben usw.). Der Erbe kann damit über die Erbschaft verfügen.

Erbschaftssteuer: Diese ist am 31.7.2008 ausgelaufen (Urteil des Verfassungsgerichtshofes). Ob es eine Neuregelung geben wird, ist derzeit nicht sicher.

F. Geplantes neues Erbrecht

Seit 2015 gibt es einen Entwurf für ein neues Erbrecht. Das bedeutet, dass zahlreiche Stellen des ABGB (§§ 531 bis 956) geändert werden, andere entfallen. Auch für andere, mit dem Erbrecht zusammenhängende Bestimmungen, soll es Neuregelungen geben (Verjährungsbestimmungen des ABGB, Außerstreitgesetz etc.) Das neue Erbrecht soll am **1.1.2017 in Kraft treten** und die alten Regelungen, die größtenteils noch aus 1812 stammen, ersetzen. Gegenüber den bisherigen Regelungen ist beispielsweise geplant:

Gesetzliches Erbrecht, Erbverträge und Vorausvermächtnis auch für eingetragene Partner;

Außerordentliches Erbrecht auch für Lebensgefährten (der letzten drei Lebensjahre des/der Verstorbenen), wenn keine gesetzlichen Erben vorhanden;

Pflichtteilsrecht:
- Wegfall des Pflichtteilsrechts für Eltern und Großeltern;
- Möglichkeit der Stundung von Pflichtteilsansprüchen gegenüber Erben, Möglichkeit einer Festsetzung von Teilbeträgen für die Auszahlung des Pflichtteils durch das Gericht;
- Möglichkeit der Herabsetzung des Pflichtteilsanspruches von Kindern auf die Hälfte, wenn mindestens zehn Jahre hindurch kein familiärer Kontakt (bisher: überhaupt kein Kontakt) bestand.

Angemessene Abgeltung von **Pflegeleistungen** für gesetzliche Erben und deren Angehörige sowie für Lebensgefährten der letzten drei Lebensjahre des/der Verstorbenen.

?

Wiederholungsfragen – Arbeitsaufgaben – Diskussionsanregungen

1. *Erläutern Sie, wodurch Sie überhaut Erbe werden können.*
2. *Nennen Sie drei Gründe dafür, dass jemand erbunwürdig sein kann.*
3. *Geben Sie an, welcher Unterschied zwischen einem Einzelrechtsnachfolger und einem Gesamtrechtsnachfolger besteht.*
4. *Erklären Sie, was ein Testament jedenfalls enthalten muss, damit es gültig ist, und geben Sie dabei an, ab welchem Alter man testieren kann.*
5. *Wodurch unterscheidet sich ein Testament von einem Erbvertrag?*
6. *Geben Sie einen Überblick über die privaten Testamente.*
7. *Für welche Situationen sind außerordentliche Testamente vorgesehen und wie lange sind sie gültig?*
8. *Erläutern Sie das System der gesetzlichen Erbfolge.*
9. *Erklären Sie, wozu das Pflichtteilsrecht dient und welche Personen pflichtteilsberechtigt sind. Geben Sie dabei auch an, wie hoch die jeweilige Quote der Pflichtteilsberechtigten ist.*
10. *Herr Huber hinterlässt weder Testament noch Erbvertrag, jedoch Eltern, Ehefrau und vier minderjährige Kinder. Wer erbt wie viel? Wie hoch wäre der Pflichtteil der jeweiligen Personen?*
11. *Frau Schwarz stirbt und hinterlässt einen Ehemann und einen Bruder. In ihrem Testament setzt sie die Kirche als Universalerbin ein. Haben Ehemann und Bruder die Möglichkeit der Anfechtung? Geben Sie eine kurze Begründung.*
12. *Nennen Sie drei Enterbungsgründe.*
13. *Geben Sie an, wann der Pflichtteil auf die Hälfte herabgesetzt werden kann.*
14. *Weil Sie die Matura nicht schaffen, werden Sie enterbt. Ist dies möglich?*
15. *Erläutern Sie kurz den Weg des Verlassenschaftsverfahrens vom Tod bis zum Einantwortungsbeschluss des Gerichts.*
16. *Erklären Sie genau den Unterschied zwischen bedingter und unbedingter Erbantrittserklärung.*
17. *Erörtern Sie, was für einen Erben ein Grund sein könnte, eine unbedingte Erbantrittserklärung abzugeben.*
18. *Mit dem Wissen, dass immer das zuletzt errichtete Testament das jeweils gültige ist, hat eine Tochter das letzte Testament ihres verstorbenen Vaters versteckt und das vorletzte, das für sie günstiger ausfiel, dem Notar übergeben. Das letzte Testament wird jedoch von einem darin ebenfalls als Erben eingesetzten Verwandten gefunden. Da beide Testamente datiert sind, fliegt der Schwindel auf. Was sind die Folgen in Bezug auf die Erbschaft?*
19. *Diskutieren Sie, zu welchem rechtspolitischen Zweck das Verlassenschaftsverfahren von Notaren/-innen geleitet und vom Gericht beaufsichtigt wird.*
20. *Nehmen Sie an, Sie wären Eigentümer/in eines Hauses samt Garten sowie zahlreicher Schmuckstücke und eines Autos. Verfassen Sie ein Muster Ihres eigenen möglichen Testaments und setzen Sie dabei ein Vermächtnis aus.*

IV. Sachenrecht

Gibt es einen Unterschied zwischen Besitz und Eigentum? Gelten Tiere auch als Sachen?

Kann man die unzähligen Sachen einteilen? Wer schützt meinen Besitz? Wie läuft ein Besitzstörungsverfahren ab? Bin ich in meinem Eigentum beschränkt? Wie kann ich mich gegen störende Nachbarn rechtlich zur Wehr setzen? Kann ich mir ein herrenloses Haustier aneignen? Wenn ich einen Gegenstand finde – habe ich einen Anspruch auf Finderlohn? Wenn mir jemand eine Sache verkauft, die nicht ihm gehört – muss ich sie zurückgeben? Wie erwirbt man überhaupt Eigentum an Sachen? Wie funktioniert das Grundbuch und wie komme ich zu einem Grundbuchsauszug? Was sind Servituten? Was ist eine Eigentumswohnung?

Solche wichtige und alltägliche Fragen werden im vorliegenden Kapitel behandelt.

A. Einleitung und Grundbegriffe

Die Vorschriften des Sachenrechts sind von großer gesellschaftspolitischer Bedeutung. Sie regeln die Frage, wem die Sachen (Rechtsobjekte) gehören, wer sie beherrschen und darüber verfügen darf. Dies trifft besonders für den Begriff des Eigentums zu. Es hängt jeweils von der Ideologie ab, die hinter der Verfassung eines Staates steht, ob dem Einzelnen über bestimmte Güter ein **absolutes Herrschaftsrecht** zusteht oder ob dieses **Herrschaftsrecht beschränkt** ist.

Die Rechtsordnungen der Staaten müssen danach trachten, dass die grundsätzlich anerkannten Eigentumsrechte des Einzelnen die Interessen seiner Mitbürger/innen und der Allgemeinheit nicht zu stark beeinträchtigen, denn die **schrankenlose Freiheit des einen** würde zu einer **Beschränkung der Freiheit anderer** führen.

Wegen der Herrschaft einer Person über „Dinge" werden die Sachenrechte auch als **„dingliche Rechte"** bezeichnet.

Die Herrschaft des Berechtigten muss von anderen respektiert werden, sie kann gegen jedermann, der den Berechtigten in der Ausübung seines Rechtes stört, verteidigt und durchgesetzt werden **(„absolute Rechte").** Deshalb müssen die Sachenrechte und ihre Beziehung zum Berechtigten erkennbar sein (Grundsatz der **Publizität**, z. B. beim Grundbuch).

Das Sachenrecht, also jener Teil des Zivilrechts, der sich mit den Rechtsverhältnissen an Sachen beschäftigt, ist im **ABGB in den §§ 285–858** geregelt.

Darüber hinaus gibt es für einzelne dingliche Rechte jedoch **Sondergesetze,** wie z. B. das Wohnungseigentumsgesetz.

Sachenrecht	Schuldrecht
Beziehung von Person zur Sache. Recht gegen „alle", d. h. gegen unbestimmten Personenkreis	Beziehung von Person zu Person. Recht gegen eine Person oder mehrere Personen (Schuldner)
Geht alle an	Geht nur Gläubiger und Schuldner bzw Vertragsparteien an
Strafrechtlicher Schutz (z.B. Diebstahl) Vertrauensschutz Form (insbesondere Öffentlichkeitsform)	Kein strafrechtlicher Schutz Kein Vertrauensschutz Formlosigkeit und Vertragsfreiheit

Im rechtlichen Sinn ist alles eine **Sache,** was von der **Person verschieden** ist und von ihr **gebraucht** bzw. verwendet wird.

Dies war nicht immer so: Im römischen Recht wurden sogar Menschen, nämlich die Sklaven, als Sachen angesehen. **Tiere** sind nach heutiger Rechtslage keine Sachen, sondern werden durch besondere Gesetze geschützt (z. B. Tierschutz). Die für Sachen geltenden Vorschriften sind auf Tiere nur insoweit anzuwenden, als keine abweichenden Regelungen bestehen (siehe nächste Seite).

> § 285 ABGB: Alles, was von der Person unterschieden ist und zum Gebrauche der Menschen dient, wird im rechtlichen Sinne eine Sache genannt.
>
> § 285a ABGB: Tiere sind keine Sachen; sie werden durch besondere Gesetze geschützt. Die für Sachen geltenden Vorschriften sind auf Tiere nur insoweit anzuwenden, als keine abweichenden Regelungen bestehen.

1. Einteilung der Sachen

Je nach ihrer Beschaffenheit kann man die Sachen einteilen, wobei besonders die folgenden Gegensatzpaare für die rechtliche Behandlung der Sache wichtig sind (siehe z. B. die Wirkung der Einteilung bewegliche – unbewegliche Sachen auf das Grundbuch!).

bewegliche – unbewegliche	**körperliche – unkörperliche**	**vertretbare – unvertretbare**
können ohne Schaden an einen anderen Ort gebracht werden – oder nicht	können mit den Sinnen wahrgenommen werden – oder nicht	können jederzeit durch gleichartige ersetzt (vertreten) werden – oder nicht
Bücher, Autos – Grundstücke	Tiere, Luft, Häuser – Rechte	Schuhe, Bücher – ein Bild von Dürer

Sachen

verbrauchbare – unverbrauchbare	**freistehende – öffentliche – private**	**Hauptsachen – Nebensachen**
ihr hauptsächlicher Zweck liegt im Verbrauch – oder nicht	jedermann kann sie sich aneignen – oder nicht, weil sie der Öffentlichkeit oder einer Privatperson gehören	die Sachen selbst mit sämtlichen Bestandteilen – oder die Sachen, die in wirtschaftlichem Zusammenhang mit der Hauptsache stehen
Lebensmittel, Benzin – Werkzeug, Kleidung	Luft, Mücken – öffentliche Straßen – Privatautos	Auto – Werkzeug, Reserverad

2. Inhaber – Besitzer – Eigentümer

Während in der Umgangssprache des täglichen Lebens diese drei Begriffe nicht unterschieden werden, haben sie im Rechtsleben eine unterschiedliche Bedeutung.

Man bezeichnet als:

- **Inhaber/in**
  wer eine Sache (in seiner tatsächlichen Gewalt) hat, sie jedoch nicht für sich behalten will. Er/Sie hat **keinen Besitzwillen** und ist jederzeit bereit, die Sache wieder herzugeben (z. B. Garderobier, redlicher Finder).

- **Besitzer/in**
  wer aufgrund eines Rechtstitels (z. B. Miete) oder einer Tatsache (z. B. Diebstahl) eine Sache hat und sie (für eine bestimmte Zeit oder für immer) für sich behalten will. Er/Sie **hat den Besitzwillen** (z. B. Mieter, Diebin).
  Die Rechtsordnung berücksichtigt hier die Bedürfnisse des täglichen Lebens und schützt den **Besitzer einer Sache** durch die Möglichkeit der **Besitzstörungsklage:** Wer in seinem Besitz gestört wird, kann innerhalb von 30 Tagen beim Bezirksgericht klagen, wobei nur über die Tatsache des Besitzes und die erfolgte Störung ermittelt wird.

> Unter **Besitzstörung** versteht man **jeden unbefugten eigenmächtigen Eingriff** in den Besitz eines anderen, wodurch sich für diesen ein wirklicher oder möglicher Schaden ergibt. Eigenmacht liegt nur dann nicht vor, wenn der Eingriff vom Besitzer gestattet wird oder gesetzlich gedeckt ist (z. B. polizeiliche Verfolgungsmaßnahmen).

Der Besitzer hat das Recht, seinen Besitz im Wege der Selbsthilfe zu verteidigen, falls behördliche Hilfe zu spät käme. Der behördliche Schutz wird in einem besonders geregelten und raschen **Besitzstörungsverfahren** verwirklicht, wobei der Kläger in diesem Verfahren lediglich seinen **bisherigen** (ruhigen) **Besitz** und die **Störung** durch den Beklagten **beweisen** muss. Ob der Besitz zu Recht besteht oder nicht, wird in diesem Verfahren nicht geprüft. So ist also das Besitzstörungsverfahren lediglich auf die **Wiederherstellung des vorigen Zustandes und die Unterlassung künftiger Eingriffe** gerichtet.

Die Frage, ob der Besitz zu Recht besteht, ist in einem eigenen Verfahren abzuklären. Vorteil des Besitzstörungsverfahrens ist also eine **rasche** Erledigung, die besonders dann von Vorteil ist, wenn Eigentümer und Besitzer verschiedene Personen sind. Beispiel: Der Eigentümer eines Gartens befindet sich in den USA, der Pächter möchte sich gegen eine Besitzstörung zur Wehr setzen.

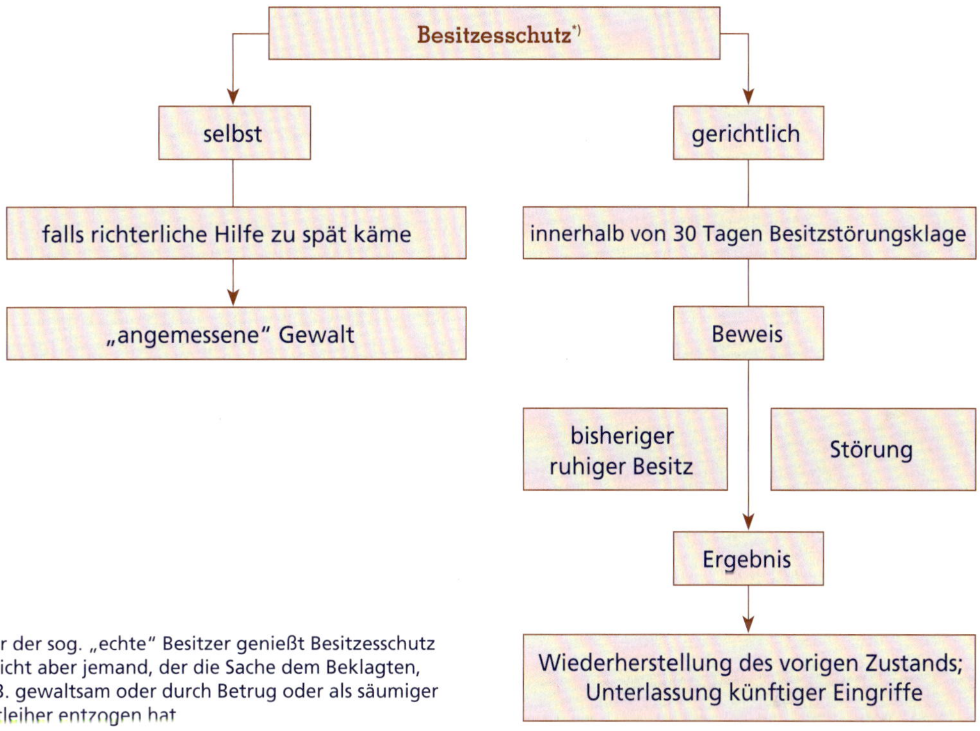

*) Nur der sog. „echte" Besitzer genießt Besitzesschutz – nicht aber jemand, der die Sache dem Beklagten, z. B. gewaltsam oder durch Betrug oder als säumiger Entleiher entzogen hat.

- **Eigentümer/in**
  wer aufgrund eines Rechtstitels ein Vollrecht an einer Sache hat. Er/Sie kann grundsätzlich mit dieser Sache machen, was er/sie will und jeden anderen davon ausschließen. Da jedoch eine vollständige Ausnutzung des Eigentumsrechtes fremde Interessen schädigen könnte, gibt es **Beschränkungen des Eigentums:**

Eigentumsbeschränkungen im öffentlichen Interesse:

Enteignung: Entziehung des Eigentums aufgrund eines Gesetzes und gegen Entschädigung, wenn öffentliches Interesse vorliegt.
Einschränkungen des Eigentums durch Bauvorschriften, Denkmalschutz, Naturschutz u. a.

Eigentumsbeschränkungen im privaten Interesse:

- **Nachbarliche Beschränkungen:**
  - **Schädigende Einwirkungen vom Nachbargrundstück**: Der/Die Eigentümer/in eines Grundstückes kann dem Nachbarn die von dessen Grund ausgehenden Einwirkungen durch Abwässer, Rauch, Gase, Wärme, Geruch, Lärm und Erschütterungen **(= Immissionen)** untersagen, wenn sie das **ortsübliche Maß** überschreiten und zu einer Beeinträchtigung führen.
    Beim Rechtsproblem der Immissionen sind stets die Umstände des Einzelfalls zu berücksichtigen. Da dies, wie man sich vorstellen kann, nicht einfach ist (Sachverständigengutachten!), gestalten sich Prozesse wegen unzulässiger Einwirkungen vielfach recht kompliziert. Nach einer Entscheidung des Obersten Gerichtshofes ist zum Beispiel der Untersagungsanspruch auch dann gegeben, wenn nur ein Teil einer Liegenschaft, ja selbst nur eine Wohnung oder ein Teil einer Wohnung derartig beeinträchtigt wird, dass die Beeinträchtigung das **nach den örtlichen Verhältnissen gewöhnliche Maß** übersteigt.

Das Klagerecht gegen Immissionen steht zwar laut Gesetz nur dem Grundeigentümer zu. Ein Mieter oder Pächter hat aber nach heutiger Rechtsprechung ebenfalls ein Untersagungsrecht.
Als **Beklagten** lässt die Rechtsprechung dagegen nicht bloß den Eigentümer des benachbarten Grundes zu, sondern auch dessen Benützer für eigene Zwecke, insbesondere den Mieter oder Pächter – und zwar, wenn die Einwirkung von diesem veranlasst wurde. Die Klage geht auf Unterlassung und Wiederherstellung, Setzen von Maßnahmen zur Beseitigung der Einwirkung, gegebenenfalls Schadenersatz.

- **Entzug von Licht und Luft durch Pflanzen** des Nachbarn: Jeder Grundstückseigentümer hat einen Unterlassungsanspruch gegen den Nachbarn, dessen Pflanzen ihm Luft und Licht entziehen, wenn dieser Entzug das ortsübliche Maß überschreitet und zu unzumutbarer Beeinträchtigung führt.

♦ **Veräußerungs- und Belastungsverbote**

Das Veräußerungsverbot untersagt die Übertragung, das Belastungsverbot die Beschränkung des Eigentums (durch ein Pfandrecht oder ein Nutzungsrecht). Derartige Verbote können entstehen
- **durch Gesetz** (z. B. bei Eigentumswohnungen, deren Errichtung durch öffentliche Mittel gefördert wurde),
- **durch Richterspruch** (z. B. kann der Richter dem Schuldner – im Fall eines bevorstehenden Zwangsvollstreckungsverfahrens – die Veräußerung bestimmter Sachen verbieten),
- **durch Vertrag oder letztwillige Verfügung:** Sie verpflichten nur den ersten Eigentümer, nicht dessen Erben oder sonstige Rechtsnachfolger. Gegen Dritte wirken sie nur, wenn sie ins Grundbuch eingetragen werden. Beispiel: Ein Vater, der seinen Sohn als leichtfertig kennt, vermacht ihm das Wohnhaus der Familie, belastet es jedoch mit einem Veräußerungs- und Belastungsverbot.

Veräußerungs- und Belastungsverbote kommen in der Praxis nur an Liegenschaften und meist **gemeinsam** vor: Dies vor allem deshalb, weil jede Belastung, insbesondere die Verpfändung, letztlich zur Veräußerung führen kann (denn das Grundstück wird gerichtlich versteigert, wenn die Schulden nicht bezahlt werden). Daher ist ein Veräußerungsverbot ohne Belastungsverbot zumeist nicht zielführend.

3. Arten des Besitzes

rechtmäßig – unrechtmäßig	redlich – unredlich	echt*) – unecht
Der/Die Besitzer/in hat einen gültigen Rechtstitel – oder nicht.	Er/Sie glaubt, einen solchen Rechtstitel zu haben – oder nicht.	Er/Sie hat die Sache weder durch Gewalt oder List noch durch Bittleihe erlangt – oder schon.
z. B. Mieter, Käufer – Diebin, Räuber	z. B. er hält sich für den Mieter – er weiß, dass sein Mietvertrag ungültig ist	z. B. Käufer, Pächter – Räuber, Betrüger oder jemand, der die Leihsache nach Widerruf der Leihe nicht zurückgibt

*) Nur der echte Besitzer kann Besitzesschutz in Anspruch nehmen!

4. Arten des Eigentumserwerbs

Ursprünglicher Eigentumserwerb:
Der Erwerb erfolgt unabhängig vom Recht eines Vormannes oder die Sache hatte bisher keine/n Eigentümer/in.

Abgeleiteter Eigentumserwerb:
Das Eigentum wird vom Recht eines Vormannes „abgeleitet“. Es wird von einer Person auf eine andere übertragen.

Arten des ursprünglichen Eigentumserwerbs:

a) Aneignung

An freistehenden („herrenlosen“) Sachen kann jeder wenigstens beschränkt Geschäftsfähige Eigentum erwerben.

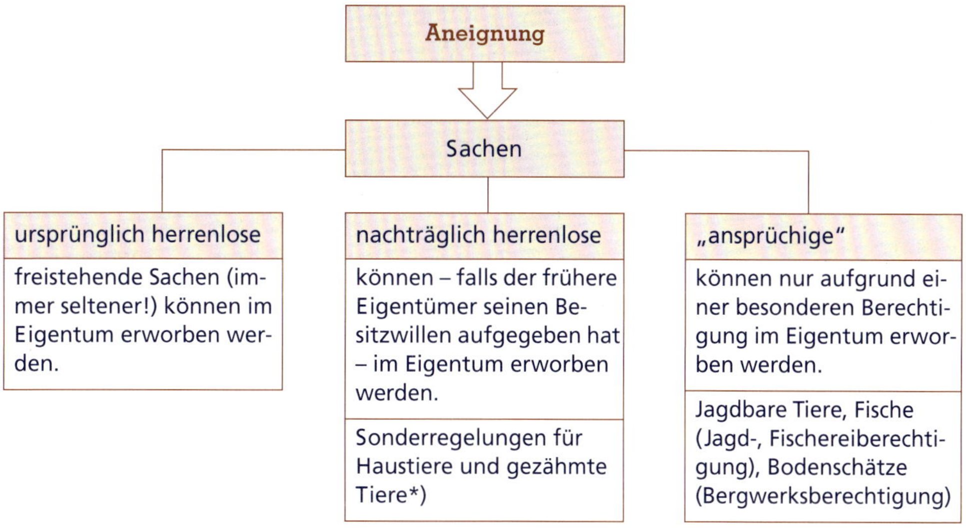

*) Sie können nicht angeeignet werden, solange ihr Eigentümer Gewalt über sie hat. Diese Gewalt gilt im Zweifel als verloren, wenn ein Tier über 42 Tage ausgeblieben ist (gesetzliche Vermutung!). Bei Bienen gilt diese Vermutung dann, wenn ihre Spur durch 2 Tage nicht mehr verfolgt werden kann.

b) Fund:

Finden heißt, eine verlorene Sache an sich zu nehmen. **Verloren** ist eine Sache dann, wenn sie aus der Gewalt ihres früheren Inhabers (ohne dessen Willen) gekommen ist. Solange sich aber der Inhaber in unmittelbarer Nähe befindet, ist eine Sache wegen der Wahrscheinlichkeit der Wiedererlangung nicht verloren (sondern lediglich verlegt). In den Räumen einer Behörde, in der Eisenbahn oder Straßenbahn zurückgelassene Sachen sind nicht gewahrsamsfrei und daher auch kein Gegenstand des Fundes.

Finder können nur natürliche Personen sein. Jemand, der einen Fund nicht an den/die Eigentümer/in zurückgibt oder nicht im Sinne der Fundvorschriften handelt, begeht eine gerichtlich strafbare Handlung (Unterschlagung) und verliert den Anspruch auf Finderlohn!

Das Ausmaß der Pflichten des Finders richtet sich nach dem **Wert des Fundgegenstandes**:

- Funde bis zum **Wert von 10 Euro** müssen nicht bekannt gegeben werden, dürfen jedoch bei Nachfrage des Eigentümers nicht verheimlicht werden. Diese Wertgrenze gilt außerdem dann nicht, wenn für den Finder erkennbar sein musste, dass die Sache für den Verlustträger von **erheblicher Bedeutung** ist. So sind z. B. Schlüssel und Ausweise auf jeden Fall bei der Fundbehörde abzugeben.
- Funde im Wert von **mehr als 10 Euro** müssen der **Fundbehörde** (Bürgermeister, Gemeinde, Magistrat) gemeldet bzw. abgegeben werden. Diese ist ab einem **Fundwert von 100 Euro** zur Bekanntmachung verpflichtet. Die Bekanntmachung kann an der Amtstafel erfolgen, bei Funden im Wert von über **1.000 Euro** muss sie einen größeren Personenkreis (z. B. über Zeitung, Website) erreichen.
- Nach einer Frist von einem Jahr, die mit der Übergabe an die Behörde beginnt, wird der Finder **Eigentümer**, weil das Gesetz annimmt, dass sich der bisherige Eigentümer seines Rechtes „verschwiegen“ habe.

Finderlohn: Meldet sich der Verlustträger vor Ablauf der Verjährungsfrist oder kann ihn der Finder ausfindig machen, hat der Finder einen (klagbaren) Anspruch auf Finderlohn.

Der Finderlohn beträgt
10 % bis zu einem Wert des Fundgegenstandes von 2.000 Euro
5 % vom Mehrbetrag
(z. B. Finderlohn bei einer Sache von 2.500 Euro: 225 Euro)

Anspruch auf den halben Finderlohn hat derjenige, der eine verlorene Sache zwar entdeckt hat, sie aber nicht an sich nehmen kann („Entdeckerlohn“).

c) Ersitzung:
ist der Erwerb eines Rechtes durch eine bestimmte Art des Besitzes, der für eine gewisse Zeit ausgeübt werden muss. Der Besitz muss **rechtmäßig, redlich und echt** sein.

Frist:
3 Jahre bei beweglichen Sachen, 30 Jahre bei unbeweglichen Sachen.
6 Jahre bei beweglichen Sachen, 40 Jahre bei unbeweglichen Sachen, wenn eine Sache ersessen werden soll, die einer juristischen Person gehört.

An Rechten, die ersessen werden können, kommen in Frage: das Eigentumsrecht oder Dienstbarkeiten.

d) Erwerb durch guten Glauben:

!

Angenommen, jemand verkauft mir eine Sache, obwohl er gar nicht deren Eigentümer ist (z. B. ein geliehenes Fahrrad). Muss ich dann die Sache zurückgeben oder erlange ich Eigentum? In welchen Fällen ist es also möglich, Eigentum auch vom Nichteigentümer zu erwerben – es kann doch niemand mehr Rechte übertragen, als er selbst hat?

Hier gelten die §§ 367 und 368 ABGB:

Wenn der Erwerber **gutgläubig** und **entgeltlich** eine **bewegliche** Sache auf eine der nachfolgenden Arten erwirbt, dann wird er Eigentümer der Sache:

!

Gutgläubiger Erwerb	Anmerkungen
bei einer **öffentlichen Versteigerung**	Versteigerung muss mit behördlicher Ermächtigung und unter ordnungsgemäßer Bekanntmachung erfolgen.
von einem **Unternehmer** im gewöhnlichen Betrieb seines Unternehmens	Gilt für alle Geschäfte des Unternehmers, die zum Betrieb seines Unternehmens gehören. Es genügt die Annahme des Erwerbers, der Unternehmer sei befugt, über die Sache zu verfügen.
von **jemandem**, dem der Eigentümer selbst die Sache **anvertraut** hat	„Vertrauensmann“ (= Vertrauensperson) Der Eigentümer hat ihn ja selbst ausgewählt, und es trifft ihn somit der Nachteil, wenn diese Person nicht seinen Erwartungen entspricht.

Der Erwerber wird also in allen drei Fällen Eigentümer der veräußerten Sache, auch wenn z. B. der Verkäufer gar nicht verfügungsberechtigt war. Die **Gutgläubigkeit** des Erwerbers ist ausgeschlossen, wenn er schon aus der Natur der Sache, dem auffallend geringen Preis oder den persönlichen Eigenschaften seines Vormannes oder aus anderen Umständen Verdacht in Bezug auf die Verfügungsberechtigung hätte schöpfen können.

Weitere Arten des ursprünglichen Eigentumserwerbs sind noch der **Schatzfund** (der Entdecker und der Grundeigentümer teilen sich das Eigentum) und die gutgläubig erfolgte **Vermengung und Vereinigung** fremder, vertretbarer Sachen mit den eigenen in der Form, dass sie nicht mehr unterschieden werden können.

Arten des abgeleiteten Eigentumserwerbs:

Es gilt der Grundsatz, dass niemand mehr Rechte übertragen kann, als er/sie selbst hat, d. h., man kann nur so viele Rechte erwerben, wie auch der Vormann hatte.

a) Bei **beweglichen** Sachen wird das Eigentum unmittelbar erworben, wenn der Übergeber Eigentümer ist, ein gültiger **Rechtstitel** vorliegt (z. B. Kaufvertrag, Schenkung) und die Sache übergeben und übernommen wird. Keine Übergabe ist zur Eigentumsübertragung notwendig, wenn der Erwerber bereits im Besitz der Sache ist; dann genügt die Einigung über den Übergang des Eigentums. Rechtstitel für den Eigentumserwerb können auch eine Verfügung auf den Todesfall oder ein richterlicher Spruch sein.

b) Zur Übertragung des Eigentums an **unbeweglichen** Sachen muss der neue Eigentümer darüber hinaus im Grundbuch „einverleibt“ werden. Grundlage für diese **Einverleibung** ist – wie bei beweglichen Sachen – ein Rechtstitel (siehe oben).

Rechtserwerb

Ursprünglich, stützt sich nicht auf einen Vormann	**Abgeleitet** vom Recht eines Vormannes
Aneignung	Erwerb **beweglicher Sachen:** Gültiger Rechtstitel + Übergabe (körperlich oder durch Zeichen)
Fund	
Ersitzung	Erwerb **unbeweglicher Sachen:** Gültiger Rechtstitel + Übergabe + Eintragung in das Grundbuch
Erwerb durch guten Glauben	
Schatzfund, Vermengung, Vereinigung	

B. Das Grundbuch

Das Grundbuch bietet eine verlässliche und umfassende Informationsmöglichkeit über eine Liegenschaft. Es werden aber auch das Eigentumsrecht und andere Rechte, die ein Grundstück oder ein Gebäude betreffen, erst mit der Aufnahme in das Grundbuch **(„Einverleibung")** voll wirksam.

Während man früher durch Einblick in das „Hauptbuch" Klarheit gewinnen konnte, in dem die Grundbuchsbeamten alle Eintragungen handschriftlich vornahmen, kann heute bei jedem Bezirksgericht und – kostenpflichtig – aus dem Internet (z. B. www.jusline.at) ein Ausdruck aus der **Datenbank** angefordert werden.

Dazu braucht man jedoch die **Einlagezahl,** unter der die Liegenschaft gespeichert ist, oder zumindest die **genaue Adresse.**

Ist beides nicht bekannt, können diese Angaben mit Hilfe von so genannten **„Hilfsverzeichnissen",** die beim zuständigen Bezirksgericht aufliegen oder gespeichert sind, erhoben werden.

Notare und viele Rechtsanwälte sind direkt an die Grundstücksdatenbank angeschlossen und können so von ihren Kanzleien aus Auskunft erhalten.

1. Organisation des Grundbuchs

Es wird von den Bezirksgerichten auf dem Weg der Datenverarbeitung geführt.

Es besteht aus der **Grundstücksdatenbank** (früher Hauptbuch) und aus der **Urkundensammlung.**

Die Grundstücksdatenbank enthält die Einlagen der einzelnen Grundstücke. Eine Einlage (EZ = Einlagezahl) fasst jene drei Abschnitte zusammen, unter denen Eintragungen bezüglich einer Liegenschaft gemacht werden:

********************** A-Blatt = Gutsbestandsblatt **********************
(unterteilt in A1- und A2-Blatt)

Grundstücksnummer, Bezeichnung des Grundstückes, Adresse, Flächengröße in m^2; Bestandteile, Kulturart (z. B. Acker, Wiese, Baugrund); mit dem Eigentum an der Liegenschaft verbundene Rechte.

********************** B-Blatt = Eigentumsblatt **********************

Name des Eigentümers und eventuelle Beschränkungen seiner Handlungsfähigkeit wie z. B. Minderjährigkeit; Konkurs; Höhe der Eigentumsanteile am Grundstück.

*********************** C-Blatt = Lastenblatt ***********************

alle die Liegenschaft belastenden Rechte wie Pfandrechte (Hypotheken), Dienstbarkeiten, Belastungs- und Veräußerungsverbote.

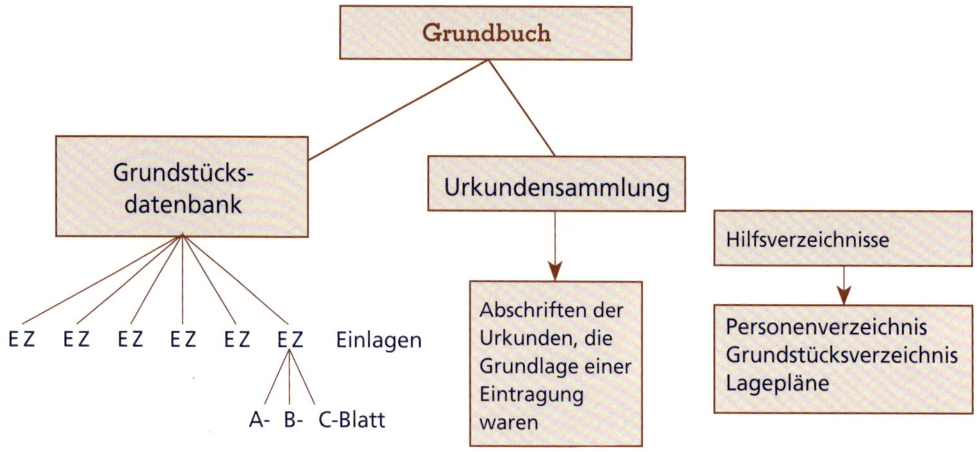

2. Verfahren in Grundbuchssachen

Wenn Sie eine Eigentumswohnung kaufen möchten, sollten Sie zuvor im Grundbuch nachsehen, ob die Wohnung belastet und ob der als Verkäufer Auftretende tatsächlich auch der Eigentümer ist. Falls alle Angaben zu Ihrer Zufriedenheit ausfallen, sollten Sie dennoch den Kaufpreis erst erlegen, wenn Sie als neuer Eigentümer im Grundbuch eingetragen sind.

Da dieser Vorgang in der Praxis mehrere Wochen dauern kann, gibt es Hilfskonstruktionen: Dazu gehört die **Anmerkung einer Rangordnung** für die beabsichtigte Veräußerung im Grundbuch. Diese ist auf Betreiben des Verkäufers zu beantragen und gilt für die Dauer eines Jahres. Wird die Liegenschaft dann auf den Käufer übertragen, erfolgt die Eintragung ins Grundbuch (B-Blatt) in jenem Rang, der angemerkt wurde, d.h. es kann ihm **kein anderer Käufer zuvorkommen.**

Der Eigentumsübergang sowie Beginn und Ende aller mit einer Liegenschaft verbundenen Rechte erfolgt durch **„Einverleibung"**. Darunter versteht man, dass nach Antrag und gerichtlicher Bewilligung (durch Beschluss) die entsprechenden Daten in die Grundstücksdatenbank aufgenommen werden. Gelöschte (nicht mehr gültige) Eintragungen scheinen im Datenausdruck nicht mehr auf.

3. Prinzipien des Grundbuchrechts

Publizitätsprinzip	Jeder kann einen Datenausdruck anfordern bzw. in alte Grundbücher Einblick nehmen. Aus Gründen des Interesses der Öffentlichkeit ist hier der Datenschutz durchbrochen.
Eintragungsprinzip	Es gilt nur das, was eingetragen (einverleibt) ist. Dieser Grundsatz ist in einigen wenigen Fällen durchbrochen (Ersitzung, Einantwortung im Erbrecht).
Vertrauensprinzip	Wer auf die Richtigkeit des Grundbuchstandes vertraut, wird in seinen Rechten geschützt.
Prioritätsprinzip	Der Rang der Eintragung richtet sich nach dem genauen Zeitpunkt des Einlangens des Gesuches beim Grundbuchsgericht.
Antragsprinzip	Die Bewilligung der Eintragung erfolgt grundsätzlich auf Antrag, in einigen Fällen von Amts wegen. Die Bewilligung oder Abweisung erfolgt durch Beschluss (Rechtsmittel möglich).

4. Grunderwerbssteuer und Nebenkosten

Der Erwerb des Eigentums an einer Liegenschaft unterliegt der Grunderwerbssteuer (derzeit 3,5%). Bei der geplanten Steuerreform 2016 fällt auch bei Erbschaften, Schenkungen und Verkäufen eine – nach dem Wert gestaffelte – Grunderwerbssteuer zwischen 0,5 und 3,5 Prozent an.

Zusätzlich entstehen häufig noch andere Kosten, z. B. Maklerprovision, Notargebühren, Eintragungsgebühren. Häufig werden diese Kosten (zusammen etwa 9 bis 11% des Kaufpreises) vom Erwerber einer Liegenschaft nicht einkalkuliert!

Beispiel für Datenausdruck (verkleinert)

```
GRUNDBUCH 01302 Fünfhaus                                   EINLAGEZAHL    56
BEZIRKSGERICHT Fünfhaus
******************************************************* ABFRAGEDATUM  2006-01-11
Letzte TZ  5318/2005
************************************* A1 ************************************
   GST-NR  G BA (NUTZUNG)          FLÄCHE  GST-ADRESSE
   .79       GST-Fläche               868
             Baufl.(Gebäude)          666
             Baufl.(befestigt)        202  Clementinengasse 24
                                           Clementinengasse 22
************************************* A2 ************************************
************************************* B *************************************
   5 ANTEIL: 1/10
     Gulnerits   Michael
     GEB: 1966-03-29 ADR: Clementineng. 24/1/1/1a   1150
      a 5318/2005 Schenkungsvertrag 2005-10-28 Eigentumsrecht
      b 5318/2005 Belastungs- und Veräußerungsverbot
   6 ANTEIL: 9/10
     Gulnerits   Ernst
     GEB: 1939-10-13 ADR: Karl-Leeder-G. 5   1140
      a 834/1980 Einantwortungsurkunde 1979-07-12, Kaufvertrag 1979-12-17
          Eigentumsrecht
      b 3464/1985 Einantwortungsurkunde 1985-08-23 Eigentumsrecht
      c 3464/1985 Zusammenziehung der Anteile
      d 5318/2005 Adressenänderung
************************************* C *************************************
   1  a 374/1898
          REALLAST zur Ausführung von Adaptierungen und
          Trottoirpflasterungen für Gemeinde Wien
   2  a 834/1980 Pfandurkunde 1980-03-10
          PFANDRECHT                                 Höchstbetrag 1,320.000,--
          für Meinl Bank Gesellschaft mbH
   4    auf Anteil B-LNR 5
      a 5318/2005
          BELASTUNGS- UND VERÄUSSERUNGSVERBOT
          gem § 364c ABGB für Ernst Gulnerits, geb 1939-10-13
********************************** HINWEIS **********************************
           Eintragungen ohne Währungsbezeichnung sind Beträge in ATS
für den Amtsgebrauch ******* 2006-01-11 15:55,15912 BJ ********* ZEILEN:    39
```

C. Das Pfandrecht

§ 447ff ABGB. (Seit 1.1.2007 gelten auch die neu eingefügten §§ 466a und 466b ABGB.)

1. Begriff und Arten

Das Pfandrecht ist das Recht eines Gläubigers, aus einer Sache Befriedigung zu erlangen, wenn seine Forderung zur bestimmten Zeit vom Schuldner nicht erfüllt wird.

Die Sache, an der dem Gläubiger dieses Recht zusteht, wird Pfand genannt. Welche Sachen kommen als Pfand in Frage?

Pfand

bewegliche Sachen	unbewegliche Sachen	unkörperliche Sachen
Sie werden Faust- oder Handpfand genannt. Vom Gläubiger werden sie in Verwahrung genommen, er darf sie ohne Zustimmung des Schuldners nicht benutzen und haftet für Beschädigung und Verlust.	Sie werden Hypothek genannt und müssen im Grundbuch (C-Blatt) einverleibt werden. Zur besonderen Sicherheit können auch mehrere Liegenschaften für eine Forderung haften (Simultanhypothek).	Sämtliche vermögenswerte Rechte kommen hier in Betracht (z. B. A hat gegenüber dem B eine Geldforderung und verpfändet sie seinerseits dem C als Sicherheit für den Betrag, den er ihm schuldet).

2. Rechtstitel für das Pfandrecht

a) Gesetz
Das Pfandrecht braucht nicht gesondert vereinbart zu werden, sondern steht dem Gläubiger kraft Gesetzes zu. Beispiele: gesetzliches Pfandrecht des Vermieters an den eingebrachten Sachen des Mieters zur Hereinbringung der Mietzinsforderung; Pfandrecht des Rechtsanwalts an den bei Gericht erlegten Beträgen.

b) Rechtsgeschäft
Aufgrund eines Vertrages oder einer letztwilligen Verfügung steht dem Gläubiger das Pfandrecht zu (z. B. der Schuldner verpfändet dem Gläubiger sein Kraftfahrzeug).

c) Behördliche Verfügung
Aufgrund einer (gerichtlichen) Entscheidung kommt es zur Pfändung von Sachen, wenn der Verpflichtete nicht freiwillig leistet (Exekutionsverfahren). Das Vollstreckungsorgan kennzeichnet das Pfandobjekt und beschreibt es im Pfändungsprotokoll (bei unbeweglichen Sachen: Einverleibung ins Grundbuch).

3. Folgen

- **Erfüllt der Schuldner seine Verbindlichkeit,** erlischt das Pfandrecht, und der Pfandgläubiger ist verpflichtet, die Pfandsache **zurückzugeben.** Bei einer **Hypothek** kann der Schuldner beantragen, dass sie nach Bezahlung der Schuld im Grundbuch **gelöscht** wird.

- **Erfüllt der Schuldner seine Verbindlichkeit nicht,** kann der Gläubiger eine ihm verpfändete Sache auch außergerichtlich verwerten. Er muss dabei ab Fälligkeit der Forderung dem Schuldner den **Verkauf der Sache androhen** und darf sie erst einen **Monat danach** verkaufen. Ein Verkauf hat durch eine gerichtliche Versteigerung zu erfolgen, Sachen mit einem Börsenpreis (Wertpapiere) oder **Marktpreis** können auch **freihändig** (ohne Versteigerung) verkauft werden. Eine verpfändete Forderung kann der Gläubiger nach Fälligkeit einziehen. In allen Fällen verbleibt ein allfälliger Überschuss dem Schuldner.

D. Sonstige Begriffe des Sachenrechts

1. Dienstbarkeiten (Servituten)

! Der/Die Eigentümer/in einer („dienenden") Sache ist verpflichtet, zum Nutzen eines anderen hinsichtlich seiner Sache etwas **zu dulden oder zu unterlassen.**

Dienstbarkeiten

- **Grunddienstbarkeiten** – Der jeweilige Eigentümer des herrschenden Grundstücks ist berechtigt.
  - **Felddienstbarkeit**: wie Wegerechte, Weiderechte, Leitungsrechte
  - **Gebäudedienstbarkeit**: wie Bauvorteile, Ableitung des Regenwassers zum Nachbarn
- **Persönliche Dienstbarkeiten** – Eine bestimmte Person ist berechtigt.
  - **Gebrauchsrecht**: einer Sache
  - **Fruchtgenuss**: Gebrauch und Nutzung einer Sache
  - **Wohnrecht**: Gebrauch einer Wohnung

Beispiele für Grunddienstbarkeiten

Felddienstbarkeit

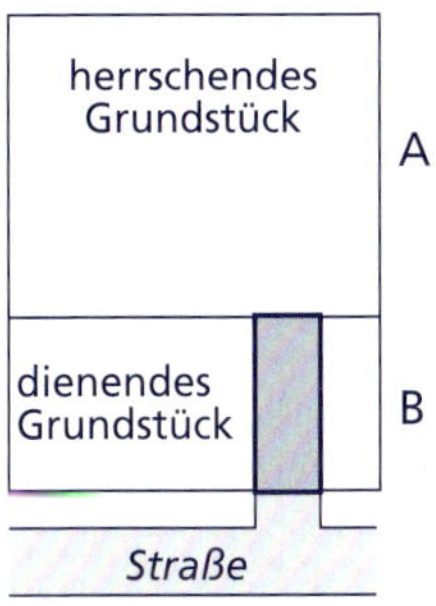

B verpflichtet sich, dem A ein Wegerecht einzuräumen.

Gebäudedienstbarkeit

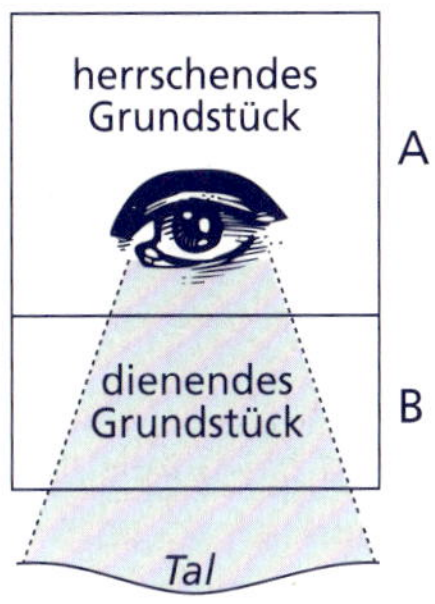

B verpflichtet sich, eine gewisse Bauhöhe nicht zu überschreiten, um A die Aussicht in das Tal nicht zu nehmen.

Beispiele für persönliche Dienstbarkeiten

Gebrauchsrecht – Wohnrecht:

Jemand kann, wann immer es seine persönlichen Bedürfnisse verlangen, ein bestimmtes Kraftfahrzeug – eine bestimmte Wohnung – gebrauchen.

Fruchtgenuss:

Jemand darf einen Wald nutzen (z.B. Holz sammeln und einzelne Bäume – nicht jedoch den ganzen Wald – schlägern) oder von einer Kuh Milch beziehen.

Dienstbarkeiten können durch Vertrag oder letztwillige Verfügung (z. B. Testament) begründet werden. Grunddienstbarkeiten werden im Grundbuch einverleibt. Dadurch wird nicht nur der Vertragspartner des Servitutsberechtigten, sondern der **jeweilige** Grundstückseigentümer gebunden.

Dienstbarkeiten enden z. B. durch Untergang der dienenden Sache, Enteignung, Vereinigung der beiden Grundstücke, Tod eines persönlich Berechtigten.

2. Reallasten

Der/Die Eigentümer/in einer („dienenden") Liegenschaft **ist zu aktiven Leistungen** verpflichtet. Berechtigt ist entweder eine bestimmte Person oder der/die jeweilige Eigentümer/in einer anderen Liegenschaft.

Die wichtigste Reallast ist das im Grundbuch eingetragene **Ausgedinge**. Es kommt in der Landwirtschaft vor. Der Übernehmer (= Sohn oder Tochter des Bauern) verpflichtet sich, an den Übergeber eines Gutes (= den alten Bauern) auf Lebzeiten Geld- und Naturalleistungen zu erbringen.

Ein weiteres Beispiel ist der **Leibrentenvertrag:** Ein Vertragspartner verpflichtet sich, dem anderen das Eigentum an seiner Liegenschaft als einmalige Leistung zu übertragen. Der Empfänger der Liegenschaft wiederum verpflichtet sich zu monatlichen Zahlungen an den früheren Eigentümer der Liegenschaft bis zu seinem Tod. Auch die Reallast wird in der Regel ins **Grundbuch** eingetragen, weil dann **jeder** Eigentümer der Liegenschaft die monatlichen Zahlungen leisten muss. Da der Todeszeitpunkt einer Person ungewiss ist, ist es auch ungewiss, welcher der beiden Vertragspartner aus dem Vertrag einen **Vorteil** bezieht: Daher gehört der Leibrentenvertrag zu den „Glücksverträgen".

E. Das Wohnungseigentum

Rechtsquelle: Wohnungseigentumsgesetz 2002 i. d. F. BGBl I Nr.100/2014

Sämtliche Miteigentümer einer Liegenschaft schließen einen schriftlichen Vertrag (**Wohnungseigentumsvertrag**), mit dem die selbstständigen Räumlichkeiten des Hauses den einzelnen Miteigentümern zur **ausschließlichen Nutzung** (Wohnen oder Betrieb) und **alleinigen Verfügung** (Verkaufen, Schenken, Vererben, Verpfänden, Vermieten uam.) zugeordnet werden.
Durch Eintragung dieses Wohnungseigentumsvertrages ins **Grundbuch** entsteht **Wohnungseigentum.**

Der Miteigentumsanteil, mit dem das Wohnungseigentum an einem bestimmten Objekt verbunden wird, richtet sich nach dem **Nutzwert** des Objekts. Dieser wird aus der **Nutzfläche** und der sonstigen Beschaffenheit des Objekts ermittelt. Die Größe der Miteigentumsanteile ist von Bedeutung für die Aufteilung der Kosten des Hauses (z. B. Betriebskosten wie Wasser, Rauchfangkehrer, Müllabfuhr und Reparaturkosten).

Gegenstand des Wohnungseigentums kann nicht nur eine Wohnung sein, sondern z. B. auch eine Garage, ein KFZ-Abstellplatz oder ein Geschäftsraum. An jenen Teilen der Liegenschaft, die der allgemeinen Benützung dienen (z. B. Stiegenhaus, Waschküche), kann kein Wohnungseigentum begründet werden.

Der **Anteil**, mit dem Wohnungseigentum verbunden ist, ist unteilbar und steht nur **einer Person** oder zwei natürlichen Personen (im Verhältnis 1:1), die eine so genannte **Eigentümerpartnerschaft** bilden, zu. Diese beiden Personen haften für alle Verbindlichkeiten, die sich aus dem gemeinsamen Wohnungseigentum ergeben, **solidarisch** (d. h. jeder für alles) und dürfen über das Wohnungseigentum nur gemeinsam verfügen.

Sämtliche Wohnungseigentümer bilden die **Eigentümergemeinschaft**, die in Angelegenheiten der Verwaltung der Liegenschaft eine **juristische Person** darstellt (also klagen und geklagt werden kann). Sie wird im Allgemeinen vom bestellten Verwalter **vertreten**. Die Willensbildung in der Eigentümergemeinschaft erfolgt zumeist in der **Eigentümerversammlung** durch Mehrheitsbeschluss. Die Minderheit kann gegen solche Beschlüsse das Gericht anrufen.

Häufig werden Wohnungsanlagen von Firmen von vornherein zu dem Zweck errichtet, um sie als Wohnungseigentum an Interessenten zu vergeben. Hierbei hat der Bewerber – nach Entrichtung der vereinbarten Beträge – das unabdingbare Recht, dass ihm der Organisator nach Vollendung der Anlage die ihm zugesagte Wohnung verschaffe. Zum Schutz des Wohnungseigentumsbewerbers gibt es zahlreiche Bestimmungen im Wohnungseigentumsgesetz, im **Bauträgervertragsgesetz 1997** und im **Konsumentenschutzgesetz** (siehe auch Seite 225).

F. Das Baurecht

Rechtsquelle: Baurechtsgesetz 1912 i. d. F. BGBl I Nr. 30/2012

Unter Baurecht versteht man das dingliche, veräußerliche und vererbliche Recht, auf oder unter der Bodenfläche eines **fremden Grundstückes** ein **Bauwerk zu haben.**

Der Zweck des Baurechtes besteht darin, dass jemand – auch wenn er nicht Eigentümer eines Grundstückes ist – auf seine Kosten ein Gebäude errichten und Räumlichkeiten schaffen kann. Jemand anderer bleibt Eigentümer der Liegenschaft. Durch diese Rechtseinrichtung können freie Grundstücksflächen optimal genützt werden.

Der **Bauberechtigte** ist Eigentümer des Bauwerkes und zugleich Nutznießer des Grundstückes. Das Baurecht wird für eine bestimmte Dauer bestellt, die einen Zeitraum von **10 bis 100 Jahren** umfassen kann. Nach Ablauf dieses Zeitraumes ist das Grundstück zurückzustellen und das Bauwerk geht in das Eigentum des Grundeigentümers über. Ob und in welcher Höhe der Bauberechtigte für das Bauwerk entschädigt wird, hängt vom Vertrag ab. Wurde keine Entschädigung vereinbart, muss der Grundeigentümer den Bauberechtigten für ein Viertel des noch vorhandenen Bauwertes entschädigen.

Auf der Grundlage eines Baurechts kann an den errichteten Wohnungen auch Wohnungseigentum begründet werden (= Baurechtswohnungseigentum).

Das Baurecht gilt als unbewegliche Sache und entsteht durch Verbücherung im C-Blatt der belasteten Liegenschaft sowie in einer eigenen **Baurechtseinlage.** Es kann veräußert, vererbt, verpfändet und gepfändet werden. Das Entgelt für ein Baurecht kann in einer einmaligen Leistung oder in wiederkehrenden Leistungen **(= Bauzins)** bestehen.

?

Wiederholungsfragen – Arbeitsaufgaben – Diskussionsanregungen

1. *Geben Sie an, worin der Unterschied zwischen Schuldrecht und Sachenrecht liegt.*
2. *Sachen können nach unterschiedlichsten Kriterien eingeteilt werden. Suchen Sie solche Kriterien bei folgenden Sachen: Buch, Haus, Strom, Ölgemälde, Levis-Jeans, Coca-Cola, Autohupe, Forderung.*
3. *Erläutern Sie die Rechtsstellung der Tiere.*
4. *Erläutern Sie die Besonderheiten des Besitzstörungsverfahrens, im Vergleich zu sonstigen Gerichtsverfahren.*
5. *Erörtern Sie die Frage, ob ein/e Eigentümer/im immer auch Besitzer/in ist. (Beispiel)*
6. *Aus welchen Gründen kann das Eigentumsrecht eingeschränkt werden?*
7. *Geben Sie einen Überblick über die ursprünglichen Eigentumserwerbsarten.*
8. *Erklären Sie, was für den abgeleiteten Eigentumserwerb immer notwendig ist.*
9. *Diskutieren Sie, unter welchen Voraussetzungen man vom Nichteigentümer Eigentum erwerben kann.*
10. *Wodurch können Pfandrechte entstehen?*
11. *Erklären Sie den Begriff Hypothek.*
12. *Sie tragen die Ihnen als Pfand gegebene Perlenkette auf dem Maturaball. Diskutieren Sie, ob dies erlaubt ist.*
13. *Vergleichen Sie Grunddienstbarkeiten und persönliche Dienstbarkeiten hinsichtlich ihrer Gemeinsamkeiten und Unterschiede.*
14. *Gemeinsam mit Ihren 5 Geschwistern erben Sie ein Haus mit 6 gleich großen Wohnungen.*
    a) *Sie werden zu einem Sechstel Miteigentümer des Hauses.*
    b) *Nehmen Sie an, an den 6 Wohnungen wurde Wohnungseigentum begründet. Jeder von Ihnen erbt eine Wohnung. Worin liegt der Unterschied?*
15. *Untersuchen Sie, ob in folgenden Fällen Eigentum erworben wurde:*
    a) *Das Fahrrad Ihrer Mutter schenken Sie Ihrer gutgläubigen Freundin.*
    b) *Sie versetzen vertragswidrig die geliehene Perlenkette Ihrer Tante im Dorotheum. Dort kauft sie Ihre gutgläubige (bösgläubige) Freundin.*
    c) *Die Ihnen als Pfand gegebene Rolex-Uhr verkaufen Sie vor Fälligkeit der Forderung einem gutgläubigen Freund.*
    d) *Ein Dieb verkauft das gestohlene Bild einer gutgläubigen (bösgläubigen) Galeriebesitzerin. Dieser kaufen Sie es gutgläubig (bösgläubig) ab.*
    e) *Sie unterschreiben den Kaufvertrag für einen VW-Golf und bezahlen den vollen Kaufpreis. Einen Tag, bevor Ihnen das Auto übergeben wird, wurde es gestohlen.*
    f) *Ein Juwelier kauft ein gestohlenes Radio und verkauft es Ihnen.*
16. *Vergleichen Sie die Übersicht über die Einteilung der Sachen und versuchen Sie anzugeben, welches Gegensatzpaar für welche Rechtsfragen Bedeutung haben könnte (z. B. bewegliche – unbewegliche Sachen: Bedeutung für Eigentumserwerb).*
17. *Eine Firma für Möbeltransporte stellt anlässlich der Übersiedlung eines Mieters einen Teil der Möbel einige Stunden im unversperrten Vorraum der Nachbarwohnung ab, um Platz für den Transport des schweren Klaviers zu schaffen. Der Nachbar wollte in seiner Wohnung eine Party veranstalten, die natürlich abgesagt werden muss. Erläutern Sie, welche rechtlichen Maßnahmen er ergreifen kann.*

18. Eine Rechtsanwältin wird durch einen geparkten PKW an der Ausfahrt aus ihrer Garage gehindert. Da sie verschiedene Gerichtstermine hat, muss sie zahlreiche Fahrten mit dem Taxi erledigen. Der Lenker des geparkten PKWs erhält zwar von der Polizei eine Organstrafverfügung, doch damit ist der Rechtsanwältin nicht geholfen. Was kann sie unternehmen?

19. Das Wochenendhäuschen war bislang eine Insel der Ruhe und Erholung – plötzlich aber installiert der Nachbar eine Kegelbahn und hat ständig lärmende Gäste. Erläutern Sie, was man tun kann.

20. An einem Wintertag dringt Schmelzwasser, anstatt durch eine Dachrinne abzufließen, in den Nachbargrund ein und verursacht an den Außen- und Innenwänden des Nachbarhauses erhebliche Schäden. Zeigen Sie auf, wie sich der Nachbar rechtlich zur Wehr setzen kann.

21. Die siebzigjährige Eigentümerin eines Grundstückes wird unter Sachwalterschaft gestellt. Erörtern Sie, ob diese Tatsache ins Grundbuch eingetragen wird und wenn ja, wie und weshalb.

22. Erörtern Sie die organisatorischen Fragen bei der Beschaffung eines Grundbuchauszuges.

V. Schuldrecht

Kann ein Schuldverhältnis nur durch einen Vertrag entstehen oder gibt es noch andere Möglichkeiten? Was ist überhaupt ein Rechtsgeschäft und welche sind die Voraussetzungen für dessen Abschluss? Gibt es eine Anfechtung wegen Irrtums? Kann ich nur bestimmte Verträge abschließen oder bin ich in meiner Gestaltung frei? Was ist Wucher? Gilt Schweigen als Zustimmung? Was gilt für Fax- oder Internetbestellungen? Was ist eine Pönale? Was ist eine Bürgschaft? Was geschieht, wenn ein Vertragspartner seine Verpflichtungen nicht einhält? Was ist Garantie, was Gewährleistung? Wie kann ich Mängel geltend machen? Wie wird ein Kaufvertrag abgeschlossen, wie ein Mietvertrag, wie ein Werkvertrag? Wie kann es zum Schadenersatz kommen? Muss ich für Schäden einstehen, die ich selbst gar nicht verursacht habe? Haften Gastwirte für die Garderobe ihrer Gäste?

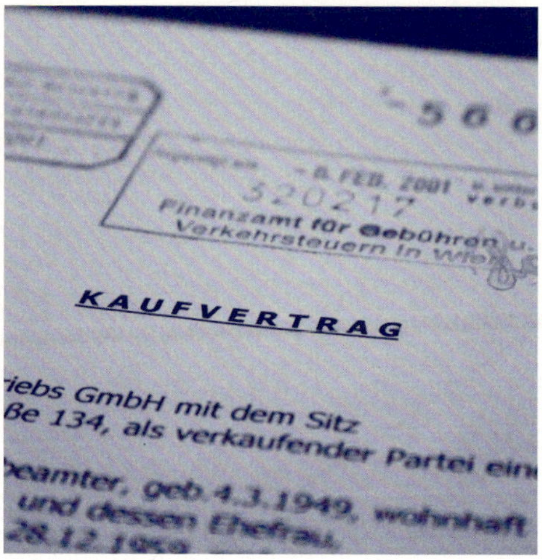

Solche und ähnliche wichtige Fragen, die sich im Alltag ergeben können, werden im vorliegenden Kapitel behandelt.

A. Einleitung und Grundbegriffe

Die Beteiligten an einem Schuldverhältnis heißen **Schuldner** (die Person, die zu einer Leistung verpflichtet ist) und **Gläubiger** (die Person, die das Anrecht auf die Leistung hat). Sowohl auf Schuldner- als auch auf Gläubigerseite kann dabei eine Mehrheit von Personen auftreten.

Ob Ausbildung, Geschäftsleben, Beruf, Ruhestand – der Mensch wird im ganzen Leben vom Bereich des Schuldrechtes umgeben.

In vielen Fällen wird er Schuldner einer Leistung, ebenso häufig Gläubiger. Die jeweiligen Schuldverhältnisse entstehen entweder aufgrund seines Willens (Rechtsgeschäfte) oder aufgrund eines vom Gesetz festgelegten Tatbestandes (z. B. durch eine Schadensverfügung, bei der der Schädiger Schuldner der Schadenersatzleistung wird, der Geschädigte Gläubiger).

Das Schuldrecht ist in den §§ 859–1341 ABGB und in einigen Nebengesetzen geregelt. Einige Bestimmungen des ABGB wurden mit 1.1.2007 geändert.

Schuldverhältnis

- Rechtsfolgen durch Parteienwille
  - Rechtsgeschäfte
- Rechtsfolgen durch Gesetz festgelegt
  - Schadenersatzansprüche
  - Unterhaltsansprüche
  - Ansprüche des Finders einer Sache
  - usw.

B. Rechtsgeschäfte

Durch sie kann der Mensch unter Beachtung der Rechtsordnung nach eigenem Willen seine Lebensverhältnisse gestalten. Er verpflichtet sich z. B. einem anderen gegenüber zu einer Leistung oder kündigt einen bestehenden Mietvertrag, kauft Wertpapiere oder errichtet ein Testament. Die Rechtsgeschäfte werden oft auch als **„Verträge"** bezeichnet, wenn zwei oder mehrere Vertragspartner vorliegen.

Rechtsgeschäfte sind somit **Willenserklärungen** von Personen. Sie sind gerichtet auf
rechtliche Folgen die von der
Rechtsordnung anerkannt sind.

1. Voraussetzungen für Rechtsgeschäfte

Voraussetzungen

- **Geschäftsfähigkeit** dessen, der seinen Willen erklärt (siehe Seite 164).
- **Fehlerfreie Willenserklärung*:** Es darf **nicht** vorliegen: wesentlicher Irrtum – Furcht (Drohung) oder Zwang – List (Betrug) – in solchen Fällen wäre das Geschäft nichtig (ungültig) oder zumindest anfechtbar. Bei zwei- oder mehrseitigen Geschäften müssen die Willenserklärungen übereinstimmen.
- **Möglichkeit und Erlaubtheit des Inhalts:** z. B. unmöglich: A verkauft B den Planeten Mars; unerlaubt: A verspricht B Geld, wenn dieser C ermordet.
- **Wahl der Form:** Allgemein herrscht der Grundsatz der Formfreiheit. In bestimmten Fällen bestimmt jedoch das Gesetz Formvorschriften (z. B. aus Gründen der Beweissicherung, des Schutzes vor Übereilung).

* **„wesentlicher Irrtum"** – Irrtum ist eine falsche oder mangelnde Vorstellung von der Wirklichkeit.

Wenn die Rechtsordnung jeden Irrtum für beachtlich ansähe, würde dies zu großen Unsicherheiten führen. Daher wird unterschieden:

- **wesentlicher Irrtum:** Wenn der Erklärende ohne ihn das Geschäft nicht geschlossen hätte (der Irrtum bezieht sich auf einen Hauptpunkt des Geschäfts): Der Vertrag kann angefochten werden (d. h., ist die Anfechtung erfolgreich, ist er ungültig. Frist: binnen 3 Jahren);
- **unwesentlicher Irrtum:** Wenn das Geschäft ohne diesen Irrtum trotzdem, jedoch anders, geschlossen worden wäre (der Irrtum bezieht sich auf einen Nebenpunkt). Der Vertrag kann korrigiert, d. h. den wahren Umständen angepasst werden.

- **Anfechtung wegen Irrtums (§ 871 ABGB)**
  Der/Die Irrende kann ein abgeschlossenes Geschäft anfechten, wenn der Irrtum **wesentlich** war
  - und entweder **vom anderen veranlasst wurde:**
    z. B. A verkauft dem B eine Madonnenstatue samt Echtheitszertifikat eines Sachverständigen. Etwas später stellt sich heraus, dass die Statue unecht und das Gutachten gefälscht ist. B kann das Geschäft anfechten, selbst wenn A die Unechtheit nicht kannte;
  - oder diesem **aus den Umständen offenbar auffallen musste:**
    z. B. B verspricht sich und bietet für die Statue 3.000 Euro statt 300 Euro, die sie tatsächlich wert ist;
  - oder **rechtzeitig aufgeklärt wurde:**
    z. B. B entdeckt, dass die Madonnenstatue mangelhaft ist, noch bevor er die Wohnung oder das Geschäftslokal von A verlassen hat.

In allen Fällen ist jedoch nur ein **Geschäftsirrtum** (Irrtum über Natur des Geschäfts, über Inhalt bzw. Gegenstand des Geschäfts oder über die Person des Geschäftspartners) beachtlich und nicht ein **Motivirrtum** (Irrtum im persönlichen Beweggrund für das Geschäft).

Ein besonderes Problem stellt jener Irrtumsfall dar, bei dem sich die **Geschäftsgrundlage** des Vertrags, auf der er geschlossen wurde, ohne Verschulden der Vertragsparteien **ändert** (z. B. für die Besichtigung eines Festumzuges wurde ein Fensterplatz in einer Straße gemietet, durch die der Zug führen sollte; er führt jedoch dann durch eine andere Straße). Hier kommt es in erster Linie darauf an, ob die Änderung der Sachlage vorhersehbar war oder nicht.

- **Furcht (Drohung):** Drohung liegt dann vor, wenn sie eine Erpressung oder einen rechtswidrigen Zwang darstellt. Sogar die Drohung mit einer an und für sich rechtmäßigen Handlung kann rechtswidrig sein, wenn durch sie der andere zu einem Geschäftsabschluss bewegt wird, auf den der Drohende keinen Anspruch hat (z. B. A sagt dem B, er werde ihn wegen Diebstahls anzeigen, falls er ihm keine Wohnung vermiete). Die Furcht muss begründet sein, und zwar sowohl nach der Art der Gefahr als auch nach der Gemütsbeschaffenheit des Bedrohten.
- **List (Betrug):** Hier wird der Irrtum bewusst herbeigeführt. Durch Vorspiegelung falscher Tatsachen soll der Vertragspartner zum Abschluss bewogen werden. Auch absichtliches Verschweigen eines erheblichen Umstandes ist List, wenn nach den im Geschäftsverkehr geltenden Gewohnheiten der Irrende aufzuklären wäre.

2. Vertragsfreiheit

Dieser Grundsatz bedeutet Freiheit beim Abschluss von Verträgen hinsichtlich Form und Inhalt (weiters auch hinsichtlich des Vertragspartners und des Zeitpunktes und Ortes des Abschlusses).

- **Form**
  Grundsätzlich kann jedes Rechtsgeschäft in jeder beliebigen Form abgeschlossen und aufgelöst werden. Aus verschiedenen Gründen gibt es jedoch für eine Reihe von Rechtsgeschäften Ausnahmen von diesem Grundsatz, z. B. Schriftform: Abzahlungsgeschäft; Mündlichkeit: Ehevertrag vor dem zuständigen Standesbeamten; Mitwirkung des Notars: Erbverträge.

- **Inhalt**
  Grundsätzlich kann auch der Inhalt eines Rechtsgeschäftes von den Vertragspartnern frei und beliebig festgelegt werden.
  Die Grenzen dieser Freiheit befinden sich allerdings dort, wo der betreffende Vertragsinhalt gegen das **Gesetz** oder **gegen die guten Sitten** verstoßen würde.

Vorliegen kann z. B. ein Verstoß gegen das **Wuchergesetz:** Wucher liegt vor, wenn jemand beim Vertragspartner **Leichtsinn, Unerfahrenheit, Gemütsaufregung, Verstandesschwäche oder dessen Zwangslage** ausnützt, um einen – im Verhältnis zur eigenen Leistung – unverhältnismäßig großen Vorteil zu erlangen.

§ 879 Abs. 1 ABGB: „Ein Vertrag, der gegen ein gesetzliches Verbot oder gegen die guten Sitten verstößt, ist nichtig."

Sittenwidrigkeit ist kein direkter Verstoß gegen ein Gesetz, sondern ein Verstoß gegen oberste Rechtsgrundsätze. Somit verstößt gegen die guten Sitten, was dem Rechtsgefühl der Rechtsgemeinschaft, also aller billig und gerecht Denkenden, widerspricht (z. B. ein Vater verkauft seiner Tochter sein Haus zum halben Preis unter der Bedingung, dass sie ihr ganzes Leben nicht heiratet).

Eine weitere Einschränkung der Vertragsfreiheit besteht im so genannten **Zwang zum Vertragsabschluss (Kontrahierungszwang):** Der Allgemeinheit dienende **Verkehrs- oder Versorgungsunternehmen** (Bahn, Gas-, Wasserversorgung) müssen mit **jedem** Verträge abschließen, außer er ist nicht bereit, sich ihren allgemeinen Bedingungen zu unterwerfen. Eine ähnliche Einschränkung gibt es nach dem **Bundesgesetz zur Verbesserung der Nahversorgung** und der Wettbewerbsbedingungen. Strafbar ist dabei die Verweigerung des Verkaufs von **Waren, „die den notwendigen Bedürfnissen des täglichen Lebens dienen"** (Grundnahrungsmittel, Kohle, Heizöl, Treibstoff für Kfz). Ebenso Einschränkungen beim Arbeitsvertrag (siehe dort).

3. Arten und Abschluss von Rechtsgeschäften

a) Arten der Rechtsgeschäfte

- **Einseitige:** Sie kommen durch die Willenserklärung **einer** Partei zustande, d. h., diese eine Partei ist durch ihre Erklärung allein bereits gebunden (z. B. Auslobung: „Wer mir meinen entlaufenen Hund wiederbringt, erhält eine Belohnung von 200 Euro!"
- **Zweiseitige (mehrseitige):** Bei diesen müssen zwei oder mehrere übereinstimmende Willenserklärungen vorliegen. Sie heißen Verträge (z. B. Kaufvertrag, Miete, Leihvertrag).

b) Vertragsabschluss

♦ Antrag – Annahme

Bei Verträgen ist zu beachten, dass sie nur zustande kommen, wenn sich die **Willenserklärungen decken.** Erklären die Parteien etwas Verschiedenes, dann ist ein Vertrag nicht entstanden.

Der **Antrag** muss innerhalb der vom Antragsteller bestimmten Frist **angenommen** werden. Ist keine Frist gesetzt worden, so kann ein unter **Anwesenden** oder fernmündlich gemachter Vertragsantrag **nur sofort,** der einem **Abwesenden** gemachte Antrag **nur bis zu dem Zeitpunkt** angenommen werden, zu dem der Antragsteller den Eingang der Antwort unter regelmäßigen Umständen **erwarten darf.** Verspätete Annahme gilt als neuer Antrag. **Antwortpflicht** besteht nicht.

♦ Schweigen als Zustimmung?

Schweigen gilt **nicht** als Zustimmung. Das gleiche gilt auch für Unternehmer/innen nach dem UGB (Unternehmensgesetzbuch).

Die Rechtsordnung schafft hier also einen Schutz vor unzumutbaren Belästigungen (z. B. jemand bekommt ohne seinen ausdrücklichen Wunsch ein Buch zur Ansicht für fünf Tage zugesendet. Ein Erlagschein für die Bezahlung liegt bei, ebenso ein Hinweis, dass bei Versäumung der Antwort bzw. Rücksendefrist das Buch als gekauft gilt). Der/Die Empfänger/in von unbestellten Zusendungen ist nicht verpflichtet, diese zurückzusenden. Er/Sie kann sie sogar einfach wegwerfen. Erfolgt die unbestellte Zusendung der Ware aber offenbar aufgrund eines **Irrtums** (z. B. falsche Anschrift), so trifft den/die Empfänger/in die Verpflichtung, die Ware unbenutzt aufzubewahren und den Absender auf den Irrtum hinzuweisen.

♦ Abgabe der Willenserklärung

Die Willenserklärung, die für den Abschluss eines Rechtsgeschäftes maßgeblich ist, kann auf zweierlei Arten zustande kommen.

Willenserklärung	
ausdrücklich	**schlüssig (konkludent)**
Direkte Erklärung durch Worte, Schrift, Zeichen, Gebärden (z. B. Handschlag oder Handheben bei einer Versteigerung).	Es werden Handlungen gesetzt, aus denen jedermann klar und deutlich den Willen zum Vertragsabschluss erkennen kann (daraus „schließen" kann).

♦ **Regelungen im Fernabsatz**
Diese gelten für Verträge, die ausschließlich unter Verwendung von **Fernkommunikationsmitteln** – also ohne körperliche Anwesenheit der Vertragsparteien – zustande kommen. Dazu gehören etwa Internet, Telefon und Fax (z. B. bei Katalogbestellungen). Näheres s. Konsumentenrecht, Seite 225. Es gilt das Fern- und Auswärtsgeschäftegesetz (FAGG).

4. Auslegung

„Auslegung" (Interpretation) bedeutet in der Rechtssprache die Erforschung des Sinnes von Gesetzestexten, aber auch von mündlichen oder schriftlichen Willenserklärungen. Bei der Auslegung von Verträgen ist nicht „an den Buchstaben zu haften", sondern die **Absicht der Parteien** zu erforschen und der Vertrag so zu verstehen, wie es der **Übung des redlichen Geschäftsverkehrs** entspricht.

So entspricht es z. B. dieser Übung, dass ein Händler, der Waren verkauft, die zu ihrer Verwendung bestimmte Kenntnisse voraussetzen, welche nicht von jedermann erwartet werden können, verpflichtet ist, dem Käufer die entsprechende Anleitung zu geben. Handelt es sich um eine schwieriger zu bedienende Maschine, so ist dem Käufer eine schriftliche Bedienungsanweisung (in deutscher Sprache) auszufolgen; unter Umständen kann es notwendig sein, den Käufer bzw. dessen „Leute" an der Maschine einzuschulen.

Bei einem Vertragsentwurf ist es von Vorteil, den Text nach logischen Gesichtspunkten zwecks Übersichtlichkeit in Paragrafen zu ordnen und verwandte Bestimmungen zu Abschnitten – die mit Überschriften versehen sind – zusammenzufassen.

Bei unentgeltlichen Verträgen gilt, dass jener Vertragspartner, der die Leistung erbringt, sich im Zweifel die geringere Last aufbürden wollte.

5. Erfüllung

Aufgrund eines Vertrages entstehen für die Vertragspartner Rechte und Pflichten. In vielen Fällen entspricht dem Recht des einen Partners – **Anspruch auf Leistung** – die **Pflicht des anderen zur Leistung.** Beispiele: Der Käufer hat anlässlich eines Kaufvertrages den Anspruch auf Übereignung der gekauften Sache, den Verkäufer trifft die Pflicht, dem Käufer das Eigentum an der Sache zu verschaffen. Der Verkäufer hat einen Anspruch auf Zahlung des Kaufpreises, der Käufer die Pflicht zur Zahlung. Der Vermieter hat einen Anspruch auf Zahlung des Mietzinses, der Mieter auf Benützung des Mietobjektes. Jeder Anspruch besteht so lange, bis er **erfüllt** worden ist. **Erfüllung** ist die **Leistung des Geschuldeten.**

Wenn nichts anderes vereinbart wurde, dann sind Verträge grundsätzlich **„Zug um Zug"** zu erfüllen, d. h., ein Vertragspartner muss seine Leistung nur so weit erbringen, als auch der andere seine Leistung erbringt. Bis zum Bewirken der Gegenleistung kann man die eigene Leistung zurückbehalten. Wird eine Leistung bezahlt, kann jedenfalls eine **Quittung** (Zahlungsbestätigung) verlangt werden.

Erfüllung

Wo muss erfüllt werden? – **Erfüllungsort**	**Wann** muss erfüllt werden? – **Erfüllungszeit**	**Wie** muss erfüllt werden? – **Erfüllungsart**
Wenn darüber im Vertrag nichts festgelegt ist, ist dort zu leisten, wo der **Schuldner** zur Zeit des Vertragsabschlusses seinen Wohnsitz hatte.	Wenn keine Zeit vereinbart wurde und auch die Gebräuche im Geschäftsverkehr keinen Hinweis geben, kann **jederzeit** Erfüllung verlangt bzw. geleistet werden (z. B. nach Mahnung).	Wie im Vertrag bestimmt oder **Leistung an Erfüllung statt:** Gläubiger nimmt eine andere Leistung an. **Hinterlegung:** Wenn der Gläubiger die Leistung nicht ordnungsgemäß annehmen will oder kann.
Im Zweifel sind Warenschulden Holschulden und Geldschulden Bringschulden (Gegenteil kann vereinbart werden). Ausnahmen: Schickschulden – beim Versendungskauf	Zahlreiche Gebräuche im Geschäftsverkehr gibt es im Unternehmensrecht. Z. B. kann die Leistung nur während der gewöhnlichen Geschäftszeit gefordert werden.	**Aufrechnung** (Kompensation): Bei gleichartigen und fälligen Forderungen des Schuldners. – Erlöschen nur, soweit sich die Forderungen decken.

6. Mittel zur Erfüllungssicherung

Wird die Erfüllung eines Vertrages nicht „Zug um Zug" abgewickelt, geht derjenige, der eine Vorausleistung erbringt, das Risiko ein, dass der andere dann seinen Vertragsverpflichtungen nicht nachkommen kann oder will. Zur Absicherung dieses Risikos können gewisse Vereinbarungen zur Sicherheit der Erfüllung des Vertrages getroffen werden.

♦ **Angeld**

Es wird bei Abschluss eines Vertrages von einer Partei gegeben und hat die Wirkung, dass die an der Nichterfüllung des Vertrages schuldlose Partei das ihr gegebene Angeld behalten bzw. den doppelten Betrag des dem Vertragspartner übergebenen Angeldes zurückfordern kann.
Davon zu unterscheiden ist die **„Anzahlung".** Diese ist **immer** ein Teil der Leistung.

♦ **Reugeld (Storno)**

Es wird vereinbart, dass der vom Vertrag zurücktretende Partner einen bestimmten Betrag zu zahlen hat. Dieser kann – wenn er übermäßig hoch ist – nachträglich vom Richter herabgesetzt werden **(= richterliches Mäßigungsrecht).** Unterschied: Das Angeld wird **gegeben,** das Reugeld **vereinbart.**

♦ **Vertragsstrafe (Konventionalstrafe – „Pönale", § 1336 ABGB)**

Die Vertragspartner vereinbaren: Wenn der Vertrag nicht oder nicht ordnungsgemäß erfüllt wird, muss der schuldige Partner einen bestimmten Betrag zahlen.

Die Vertragsstrafe ist also ein **pauschalierter Schadenersatz** und häufig bei Verträgen mit Berufsgruppen zu finden, bei denen die Ermittlung eines Schadenersatzbetrages **schwierig** wäre (z. B. bei Schauspielern, die eine Aufführung versäumen oder Baufirmen, die einen Fertigstellungstermin überschreiten).

Sie ist auch dann fällig, wenn kein Schaden entstanden ist. Andererseits kann auch ein höherer Schaden geltend gemacht werden (gegenüber Konsumenten jedoch nur, wenn dies eigens vereinbart wurde). Auch die Konventionalstrafe unterliegt dem richterlichen Mäßigungsrecht. Dies gilt auch für Unternehmer nach dem UGB.

◆ **Bürgschaft** (§ 1346 ABGB)

Der Bürgschaftsvertrag bedarf der **Schriftform** (gilt auch für Unternehmer nach dem UGB).

Der Bürge steht für die Schuld des Schuldners ein, er haftet dem Gläubiger. Je nach dem Zeitpunkt, zu dem der Gläubiger den Bürgen in Anspruch nehmen kann, unterscheidet man drei Arten von Bürgschaften:

Bürgschaft

Bei so genannten „Ehegattenhaftungen" als Bürgen gibt es ein richterliches Mäßigungsrecht nach dem Konsumentenschutzgesetz, wenn die Bank bei Abschluss des Kreditvertrages über die mangelnde Leistungsfähigkeit des Partners Bescheid wissen konnte.

Normalfall

Der Gläubiger kann den Bürgen erst dann in Anspruch nehmen, wenn er den Hauptschuldner vergeblich gemahnt hat. Diese Form gilt im Zweifel – d. h., wenn nicht ausdrücklich anderes vereinbart ist – immer, auch für Unternehmer nach dem UGB.

„Bürge und Zahler" (nach Vereinbarung!)

Er kann den Bürgen, ebenso wie den Schuldner, **sofort** in Anspruch nehmen. Es haften ihm somit zwei Personen gleichwertig.

Ausfallsbürgschaft („Schadlosbürgschaft" – nach Vereinbarung!)

Er kann den Bürgen erst in Anspruch nehmen, wenn er die **ergebnislose Zwangsvollstreckung** (nach Klage und Urteil) gegen den Hauptschuldner nachweisen kann.

Nach Bezahlung der Schuld durch den Bürgen hat dieser einen klagbaren Rückgriffsanspruch gegen den Hauptschuldner in Höhe der beglichenen Forderung.

◆ **Bankgarantie**

Bei einer Bankgarantie wird von einer Bank die Gewähr dafür übernommen, dass der/die Begünstigte von einem Dritten eine vertraglich vereinbarte Leistung erhält (z. B. Dienstleistung, Garantie). Bei Nichterbringung der Leistung kann die Bank auf Zahlung eines in der Garantie festgelegten Höchstbetrages in Anspruch genommen werden. Die Bankgarantie ist unwiderruflich und **abstrakt** (d. h. losgelöst vom zugrunde liegenden Geschäft – aus diesem kann es keine Einwendungen geben).

◆ **Wechsel**

Er erleichtert die Kreditaufnahme im Wirtschaftsleben. Hat der Schuldner einen Wechsel akzeptiert (angenommen), so sind Einwendungen gegen das Bestehen seiner Schuld weitgehend unmöglich, der Gläubiger kann den Anspruch im Wechselprozess rasch durchsetzen, wenn der Verpflichtete bei Verfall des Wechsels nicht leistet. Der Wechsel bedeutet daher eine erhöhte Sicherheit für den Berechtigten, dass der Verpflichtete seine Leistung erbringt.

◆ **Pfandrecht**

Dem Gläubiger wird eine bewegliche oder unbewegliche Sache verpfändet (s. Kapitel Pfandrecht). Oft sind auch Gehaltsverpfändungen zur Besicherung von Bankkrediten üblich. Wird eine Liegenschaft verpfändet, muss die „Hypothek" im Lastenblatt (C-Blatt) der jeweiligen Grundbucheinlage einverleibt werden.

◆ **Eigentumsvorbehalt**

Bei Kreditkäufen kann vereinbart werden, dass das Eigentum erst nach vollständiger Bezahlung des Preises auf den Käufer übertragen wird. Der Verkäufer **„behält" sich also das Eigentum bis zur Zahlung des letzten Teilbetrages „vor"**. Zahlt der Käufer nicht oder teilweise nicht, kann der Verkäufer die Sache unter Berufung auf sein Eigentum zurückverlangen.

♦ **Treuhandschaft**
Bei der Übereignung von größeren Geldbeträgen – häufig beim Liegenschaftskauf – wird zur Vertragsabwicklung von den Vertragsparteien ein **unabhängiger Dritter** (z. B. Rechtsanwalt oder Notar) beauftragt, den Kaufpreis vom Käufer entgegenzunehmen. Der Treuhänder erhält den unwiderruflichen Auftrag, die Geldsumme erst dann an den Verkäufer auszuzahlen, wenn z. B. das Eigentumsrecht des Käufers im Grundbuch einverleibt ist. Der Treuhänder unterliegt besonderen Sorgfaltspflichten!

♦ **Abtretung von Forderungen (Zession)**
Ein Gläubiger tritt eine Forderung, die er gegenüber seinem Schuldner hat, an einen neuen Gläubiger ab. Ab der Verständigung des Schuldners kann dieser mit **schuldbefreiender** Wirkung nur mehr an den neuen Gläubiger zahlen.

Zahlt er an den alten Gläubiger, so ist diese Zahlung dem neuen Gläubiger gegenüber unwirksam; allerdings besteht ein Rückforderungsanspruch des Schuldners gegenüber dem alten Gläubiger. Im Wirtschaftsleben dient die Zession meist der Sicherung von größeren Forderungen.
Beispiele: Der Käufer einer Stereoanlage tritt einen Teil seiner Gehaltsansprüche gegenüber seinem Arbeitgeber an den Verkäufer ab; ein Unternehmer tritt seine Kaufpreisforderungen an seine Bank ab.

♦ **Sicherstellung bei Bauverträgen** (§ 1170 b ABGB)
Zur Verminderung von Insolvenzrisiken im Bau- und Baunebengewerbe wird der Werkbesteller („Bauherr") verpflichtet, **auf Verlangen und in angemessener Frist eine Sicherheit** von 20 % des Entgelts (bei kurzfristig zu erfüllenden Verträgen 40 %) für den noch ausstehenden Werklohn zu leisten. Diese Sicherstellung kann nicht ausgeschlossen werden. Als Sicherstellung können Bargeld, Bankeinlagen, Bankgarantien oder Versicherungen dienen. Sie gilt nicht, wenn der Werkbesteller eine **juristische Person** des öffentlichen Rechts ist (z. B. Bundesland, Kammer) oder ein **Verbraucher nach Konsumentenschutzgesetz**, dem eine zusätzliche Belastung durch Sicherstellung nicht zugemutet werden kann.

7. Vertragsstörungen

♦ **Unmöglichkeit der Leistung**
bedeutet, dass der Schuldner die Leistung nicht erbringen kann. Wäre die Leistung schon bei Vertragsabschluss für jedermann unmöglich, entstünde überhaupt kein Schuldverhältnis.

Wird die Leistung **nach** Entstehen der Verpflichtung durch **Zufall** unmöglich, so erlischt die Verpflichtung, wenn es sich um eine **Stückschuld** handelt und der Schuldner nicht die Haftung für zufällige Unmöglichkeit übernommen hat. **Gattungsschulden** können jedoch nicht unmöglich werden (**Stückschuld:** das Pferd „Max", **Gattungsschuld:** ein Pferd). Finanzielle Unmöglichkeit – Zahlungsunfähigkeit – lässt einen Anspruch in keinem Fall untergehen.

♦ **Verzug**
verursacht jener Vertragspartner, der durch sein **Verhalten** (er hält Zeit, Ort oder Art der Erfüllung nicht ein) **die Leistung verzögert**. Folgende Arten des Verzuges sind denkbar:

Verzug

Schuldner (Leistungsverzug)	**Gläubiger** (Annahmeverzug)
– Lieferant: Lieferverzug (s. a) – Kunde: Zahlungsverzug (s. b)	– Lieferant: Zahlung nicht angenommen (s. c) – Kunde: Ware nicht angenommen (s. d)

a) Lieferverzug
Wegen der verschiedenen Rechtsfolgen muss man unterscheiden:

♦ **„Einfache" Zeitgeschäfte (= Nichtfixgeschäfte)**
Dazu gehört die überwiegende Mehrzahl der Verträge.

Wenn der Vertrag von einem Teil nicht zur gehörigen Zeit, am gehörigen Ort oder auf die bedungene Weise erfüllt wird (wenn also Lieferverzug vorliegt), hat der Kunde zwei Möglichkeiten:
1. Er kann **Erfüllung verlangen** und bei Verschulden auch **Schadenersatz** wegen Verspätung.
2. Er kann eine **angemessene Nachfrist** zur Erfüllung setzen und für den Fall des fruchtlosen Verstreichens dieser Frist seinen Rücktritt erklären. Bei Verschulden kann er überdies Schadenersatz wegen Nichterfüllung begehren.

♦ **Fixgeschäfte**
Bei diesen ist die Leistung eines Vertragspartners genau zu einer **bestimmten Zeit** oder innerhalb einer **bestimmten Frist** zu erbringen. Als vereinbart gilt, dass eine verspätete Erfüllung nicht mehr angenommen wird und der Kunde schon bei Vertragsabschluss für den Fall der Verspätung den Rücktritt erklärt.

Das Vorliegen eines Fixgeschäftes ergibt sich häufig schon aus der Natur des Geschäftes (z. B. die Bestellung eines Christbaumes für den Abend des 24. Dezember; die Würstellieferung für einen Ball).

Beim Fixgeschäft **braucht daher der Rücktritt nicht mehr erklärt zu werden**, falls der bedungene Zeitpunkt der Lieferung nicht eingehalten wurde. Bei Verschulden kann der Kunde Schadenersatz wegen Nichterfüllung verlangen.

Der Schaden ergibt sich aus den Mehrkosten, die dem Kunden durch ein „Deckungsgeschäft" erwachsen, das er wegen des Verzuges vornehmen muss.

Will hingegen der Kunde trotz Nichteinhaltung der fixen Zeit die **Erfüllung** des Vertrages durch den Lieferanten beanspruchen, muss er ihm **sofort** nach Eintreten des Termins bzw. bei Fristablauf **anzeigen,** dass er auf Erfüllung besteht.

Aufgrund der Ausführungen über den Lieferverzug lässt sich Folgendes erkennen:

Ein **Zeitgeschäft** wird durch die Setzung einer angemessenen **Nachfrist** und gleichzeitige **Androhung** des **Rücktritts** vom Vertrag in ein **Fixgeschäft** umgewandelt!

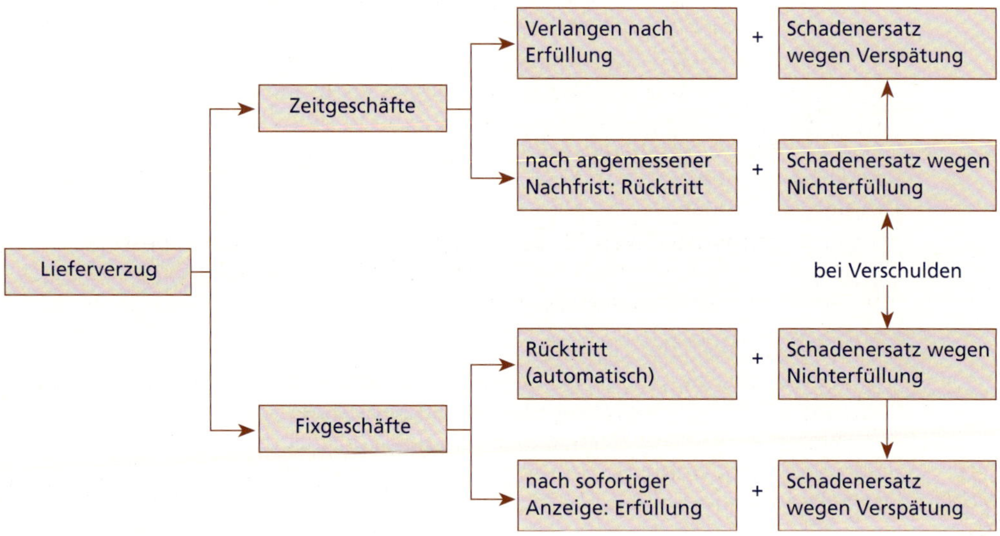

b) Zahlungsverzug
Es gilt, mit umgekehrtem Vorzeichen, dasselbe wie beim Lieferverzug. Ist ein bestimmter Zahltag nicht festgesetzt worden, muss der Lieferant den säumigen Kunden erst durch ein **Mahnschreiben** in Zahlungsverzug setzen (Gewährung einer angemessenen Nachfrist zur Zahlung). In der Praxis ergehen zumeist mehrere Mahnschreiben an den Schuldner/die Schuldnerin.
Sodann kann der Lieferant unter allen Umständen vom Vertrag zurücktreten.

c) Annahmeverzug des Lieferanten
Der Kunde kann die Summe beim Bezirksgericht des Erfüllungsortes **hinterlegen** und wird auf diese Weise von seiner Verbindlichkeit befreit. Eine Verzinsung entfällt.

d) Annahmeverzug des Kunden
Bei Verzug geht die Gefahr des zufälligen Verlustes oder der Beschädigung der Ware auf den Kunden über. Der Lieferant kann für Rückfracht, Lagerkosten etc. Ersatz verlangen.

Er kann die Ware beim Bezirksgericht des Erfüllungsortes mit befreiender Wirkung hinterlegen. Ist die Ware für die Hinterlegung ungeeignet, kann sie bei einem Verwahrer hinterlegt werden.

♦ **Gewährleistung (§§ 922–933b ABGB)**
Die Gewährleistungsbestimmungen sind nur dann **zwingend,** wenn es sich um ein Rechtsgeschäft zwischen Unternehmern und **Verbrauchern** handelt. Sie gelten sowohl für Kaufverträge als auch für Werkverträge (siehe Seite 215) sowie weiters für Miet-, Pacht- und Leasingverträge, aber auch für Dienstleistungverträge (z. B. eine Reise).

Von der Gewährleistung ist die **Garantie** zu unterscheiden: Darunter verstehen wir eine freiwillig gegebene Zusage, dass während der Garantiefrist kein Mangel entsteht. Während die Gewährleistung nur Mängel erfasst, die der Sache im Zeitpunkt der Übergabe anhaften, greift die Garantie in der Regel auch dann, wenn die Ware später, also während der **Garantiefrist,** kaputt wird. Das muss jedoch nicht bedeuten, dass alle Leistungen aus der Garantie kostenlos sind, vielmehr muss man die Verpflichtungen (meistens des Herstellers) genau in den Garantiebedingungen nachlesen!

Entspricht eine Sache oder Leistung nicht dem Vertrag, so ist sie mangelhaft. Nun muss der Schuldner als Teil der Vertragserfüllung „Gewähr" dafür leisten, dass die von ihm erbrachte Leistung der Vertragsvereinbarung entspricht:

> Der Übergeber einer Ware oder Erbringer einer Leistung haftet daher
>
> - für die **ausdrücklich vereinbarten** Eigenschaften (z. B ein Auto soll eine bestimmte Höchstgeschwindigkeit erreichen),
> - für die **gewöhnlich vorausgesetzten** Eigenschaften (z. B. der Motor muss funktionieren).
>
> Weiters hat er dafür zu sorgen, dass die Sache (oder Leistung) gemäß
> - seiner Beschreibung,
> - einer Probe oder einem Muster,
> - der Natur des Geschäftes oder
> - der getroffenen Vereinbarung entsprechend verwendet werden kann.

Die vertragsmäßige Leistung ist weiters auch danach zu beurteilen, was der Übernehmer aufgrund der **öffentlichen Äußerungen** des Übergebers oder Herstellers erwarten kann (z. B. Gebrauchsanleitung, Werbung – ausgenommen offenbar nicht ernst gemeinte Werbeaussagen).

(Als Hersteller gilt jeder, der die Sache in den Europäischen Wirtschaftsraum importiert oder sich durch die Anbringung z. B. von Firmenzeichen einen Anschein als Hersteller gibt.
Keine Verantwortlichkeit für solche öffentlichen Äußerungen besteht,
- wenn sie der Übergeber weder kannte noch kennen musste oder
- wenn sie beim Vertragsabschluss berichtigt wurden oder
- diesen nicht beeinflusst haben.)

Der **Gewährleistungsanspruch** (sowohl für Sach- als auch für Rechtsmängel) gilt unabhängig von der Art und der Schwere des Mangels und beinhaltet:

Vorrangige Ansprüche	
für den Übernehmer: ♦ in angemessener Frist ♦ mit möglichst wenig Unannehmlichkeiten bei Verschulden des Übergebers: Schadenersatz	♦ **Verbesserung** (Nachbesserung oder Nachtrag des Fehlenden) oder ♦ **Austausch der Sache** (kostenlos!) Der Übernehmer kann zunächst zwischen beiden Alternativen wählen. Ist die gewählte Alternative **nicht** oder nur mit unverhältnismäßig hohem Aufwand möglich, hat er einen Anspruch auf die andere.

↓

- Wenn Verbesserung oder Austausch unmöglich oder
- nur mit unverhältnismäßig hohem Aufwand für den Übergeber durchzuführen wäre oder
- wenn der Übergeber Verbesserung oder Austausch verweigert oder verzögert oder diese
- dem Übernehmer erhebliche Unannehmlichkeiten (z. B. Stemmarbeiten) bereiten würde oder
- ihm aus triftigen Gründen, die in der Person des Übergebers liegen (z. B. Nachlässigkeit), die Verbesserung oder der Austausch unzumutbar wäre, gibt es

↓

Nachrangige Ansprüche	
Bei Verschulden des Übergebers: Schadenersatz	♦ **Preisminderung** ♦ **Wandlung** (= Rückgängigmachen des Vertrages), sofern der Mangel nicht geringfügig ist. Der Übernehmer kann – außer bei geringfügigen Mängeln – wählen. Für geringfügige Mängel ist nur die Preisminderung vorgesehen.

Zeitpunkt des Bekanntwerdens des Mangels:
Der Gewährleistungsanspruch des Übernehmers erstreckt sich dabei auf Mängel:
- die bei der Übergabe der Sache vorhanden sind oder
- die innerhalb von 6 Monaten nach der Übergabe hervorkommen.

Hier gilt also die Vermutung, dass der Mangel schon bei der Übergabe vorhanden war. Beweisen muss der Übernehmer nur, dass der Mangel innerhalb von 6 Monaten aufgetreten ist. Ausnahme: Gebrauchs- bzw. Abnützungserscheinungen, unsachgemäße Verwendung etc. – ist dadurch der Übergeber der Meinung, dass die Sache bei der Übergabe in Ordnung war, muss er dies beweisen (Beweislastumkehr!).

Gewährleistungsfrist:
Diese beginnt bei Sachmängeln mit der vollständigen Ablieferung der Sache beim Erwerber, bei Rechtsmängeln mit dem Tag, an dem der Mangel dem Übernehmer bekannt wird.

Bewegliche Sachen	2 Jahre
Unbewegliche Sachen	3 Jahre
Viehmängel	6 Wochen

Bei **Gebrauchtwaren** (Waren, die tatsächlich „gebraucht" wurden) kann eine Verkürzung der Frist bis zu einem Jahr ausgehandelt werden. Sonderregelung für **Gebrauchtwagen**: Verkürzung auf ein Jahr nur zulässig, wenn seit dem Tag der Erstzulassung bereits ein Jahr verstrichen ist. Wenn nicht: Zweijahresfrist!

Keine Gewährleistung gibt es bei **offenen Mängeln,** d. h. Mängeln, die für jedermann bei Vertragsabschluss erkennbar waren, bei Mängeln, die dem Erwerber schon bei Vertragsabschluss **bekannt waren,** und bei **Lasten,** die „aus den öffentlichen Büchern zu ersehen" sind, z. B. die Belastung einer Liegenschaft im Grundbuch.

Rückgriffsrechte und Schadenersatz:
Hat ein Unternehmer einem Verbraucher Gewähr geleistet, kann er die geleistete Gewähr von seinem Vormann (wenn auch dieser Unternehmer ist) auch nach Ablauf der Gewährleistungsfrist fordern. Derartige Ansprüche sind jedoch innerhalb von **zwei Monaten** ab Erfüllung der eigenen Verpflichtung geltend zu machen.

Dieselben Rückgriffsrechte gelten auch für die weiteren Vormänner des Übergebers. Die Haftung eines Rückgriffspflichtigen ist jedoch mit **fünf Jahren** ab Erbringung seiner eigenen Leistung zeitlich begrenzt.

Bei **Verschulden** des Übergebers bzw. eines seiner Vormänner kann statt Gewährleistung auch **Schadenersatz** begehrt werden. Auch im Falle des Schadenersatzes kann der Übernehmer zunächst nur die **Verbesserung** oder den **Austausch** verlangen, wenn dies nicht oder nur mit unverhältnismäßig großem Aufwand zu bewerkstelligen wäre, gibt es **Geldersatz.** Nach Ablauf von **zehn Jahren ab** Übergabe der Sache obliegt jedenfalls dem Übernehmer der Beweis des Verschuldens des Übergebers **(Beweislastumkehr).**

(Zum Schadenersatzrecht allgemein siehe D. Schadenersatz.)

- **Verkürzung über die Hälfte** des wahren Wertes

Hat bei zweiseitigen Geschäften ein Vertragspartner **nicht einmal die Hälfte** dessen erhalten, was er dem anderen geleistet hat, kann er die Aufhebung des Vertrages und die Wiederherstellung des vorigen Zustandes verlangen. Der andere Vertragspartner kann jedoch den Vertrag aufrechterhalten, indem er dem Benachteiligten die **Differenz** zwischen dem gemeinen Wert der von ihm und der vom Benachteiligten erbrachten Leistung **ersetzt**. Beispiel: Ein PKW weist einen Listenpreis von 6.000 Euro auf. Durch die Überredungskunst des Verkäufers zahlt der Käufer dafür 14.000 Euro. Er kann die Rückgängigmachung des Vertrages durchsetzen oder damit einverstanden sein, dass ihm der Verkäufer 8.000 Euro rückerstattet.

Die Verkürzung über die Hälfte kann – außer für Unternehmer/innen nach dem UGB – vertraglich nicht ausgeschlossen werden. Wenn sich in Verträgen für Verbraucher derartige Klauseln finden, sind sie unwirksam!

- **Ungerechtfertigte Bereicherung**

Manchmal kann es im Rechtsleben zu Vermögensverschiebungen kommen, für die es keinen rechtlichen Grund gibt (z. B. die irrtümliche Zahlung einer nicht bestehenden Schuld). Um die gestörte

Vermögensverteilung wieder ins Gleichgewicht zu bringen, gibt es einen **Bereicherungsanspruch** (z. B. kann man die bezahlte Nichtschuld zurückfordern).

Die **Voraussetzungen** eines solchen Anspruches sind (Beweis!):
- Tatsache der Vermögensverschiebung,
- Mangel eines rechtlichen Grundes.

C. Wichtige Vertragstypen

1. Kaufvertrag

Es gelten die §§ 1053–1089 ABGB.

Der Kauf dient der Übertragung des Eigentumsrechts an einer **Sache gegen Geld.** Mit Einigung über **Sache und Preis** ist der Kaufvertrag geschlossen oder, wie man auch sagt, perfekt, d. h. entstanden, nicht aber erfüllt. Eine bestimmte Form ist nicht vorgeschrieben (Ausnahme Kaufvertrag zwischen Ehegatten: Notariatsakt). Der geschlossene, noch nicht erfüllte Kaufvertrag überträgt kein Eigentum. Ob und wann dies erfolgt, ist im Sachenrecht geregelt (**bewegliche Sachen:** Einigung und Besitzübertragung – **unbewegliche Sachen:** Einigung, Übergabe und Eintragung im Grundbuch) und daher nicht an die Bezahlung des Kaufpreises gebunden.

Das **Eigentumsrecht** wird durch den/die Käufer/in also erst mit der **Übergabe** des Kaufgegenstandes erworben. Wird eine Sache gegen eine andere gegeben, liegt ein **Tauschvertrag** vor.

Pflichten

Verkäufer/in	Käufer/in
Der Verkäufer ist verpflichtet, das Kaufgut bis zum Zeitpunkt der Übergabe sorgfältig zu verwahren und dem Käufer das **Eigentumsrecht** an der Sache zu **verschaffen**. Es trifft ihn die Pflicht zur **Gewährleistung**.	Der Käufer ist verpflichtet, den **Preis zu bezahlen**, und zwar im Zweifel Zug um Zug. Wenn er die Sache nicht rechtzeitig übernimmt, gerät er in Annahmeverzug.

Risikoübergang:
- Die Gefahr des zufälligen Untergangs oder einer zufälligen Verschlechterung der Ware geht normalerweise mit der **Übergabe** auf den Käufer über. **Bis zur Übergabe** trägt der **Verkäufer** das Risiko.
- Versendet der Verkäufer auf Verlangen des Käufers die verkaufte Sache nach einem anderen Ort als dem Erfüllungsort, **geht die Gefahr** auf den **Käufer über,** sobald der Verkäufer die Sache dem Spediteur, dem Frachtführer oder der sonst zur Ausführung der Versendung bestimmten Person oder Anstalt **übergeben hat** (§ 429 ABGB).

Hat aber der Käufer eine **besondere Anweisung** über die Art der Versendung erteilt, und weicht der Verkäufer ohne zwingenden Grund davon ab, so haftet er dem Käufer für den daraus entstehenden Schaden.

Auf jeden Fall trägt beim Versendungskauf der Käufer im Zweifel (d. h. mangels anderer Vereinbarung) die Transportkosten.

Besondere Arten des Kaufes

♦ **Kauf auf Probe**
Der Kauf wird unter der **Bedingung** abgeschlossen, dass der Käufer die Ware innerhalb einer bestimmten Frist genehmigt. Ist keine Frist vereinbart worden (Vertragsfreiheit!), so kann der Verkäufer dem Käufer eine angemessene Frist als Probezeit setzen.

♦ **Kauf nach Probe**
Hierbei sind die Eigenschaften der Probe oder des Musters als zugesichert anzusehen. Lieferung einer anderen Ware bedeutet Nichterfüllung.

♦ **Kauf zur Probe**
Der Käufer kauft eine kleine Menge „zur Probe" und gibt die für ihn vollständig unverbindliche Erklärung ab, später weitere derartige Käufe zu tätigen.

♦ **Kauf mit Umtauschrecht**
Die gekaufte Ware kann gegen eine bestimmte Ersatzware umgetauscht werden. Ist Letztere nicht fixiert, dann ergibt sich die gleiche Rechtslage wie bei Ausstellung eines Gutscheins, der zum Einkauf in der Höhe des genannten Betrages berechtigt.

♦ **Spezifikationskauf („Kauf mit Vorbehalt näherer Bestimmung")**
Die gesamte Menge der verkauften Ware wurde wohl vereinbart, der Käufer hat sich jedoch die **näheren Bestimmungen** über Form, Maß, Farbe usw. vorbehalten. Nimmt er diese Bestimmung in angemessener Frist nicht vor, kann der Verkäufer zurücktreten. Der Verkäufer kann aber auch selbst die Bestimmung vornehmen, hat dabei jedoch den Käufer zu verständigen und ihm zugleich eine angemessene Frist zur Vornahme einer anderen Bestimmung zu setzen. Verstreicht auch diese Frist ungenutzt, gilt die Bestimmung des Verkäufers.

♦ **Kauf auf Raten – Abzahlungsgeschäfte (nach Verbraucherkredit-Gesetz)**
Es gilt das Verbraucherkredit-Gesetz, das detaillierte Vorschriften für Kredite enthält. Näheres siehe Kapitel VI. Konsumentenrecht (Seite 225).

Die Bestimmungen gelten auch für Geschäfte, bei denen der gleiche wirtschaftliche Zweck verfolgt wird, wie beim **„drittfinanzierten Kauf"**. Beispiel: Ein Autohändler arbeitet mit einer Bank zusammen. Den Kredit vergibt die mit ihm zusammenarbeitende Bank, der Kunde unterschreibt den vorbereiteten Kreditvertrag beim Händler. Beide Verträge (Kaufvertrag über das Auto und Kreditvertrag) bilden hier eine wirtschaftliche Einheit – Einwendungen, die der Kunde gegenüber dem Händler hat, kann er auch gegenüber der Bank erheben (Einwendungsdurchgriff).

2. Bestandvertrag

Darunter ist entweder ein **Mietvertrag** oder ein **Pachtvertrag** zu verstehen. Beiden gemeinsam ist die **entgeltliche Gebrauchsüberlassung** einer unverbrauchbaren Sache auf ungewisse Zeit. Der „Bestandgeber" heißt entweder Vermieter/in oder Verpächter/in, der „Bestandnehmer" entweder Mieter/in oder Pächter/in. Da Miete und Pacht in mancher Hinsicht rechtlich unterschiedlich behandelt werden, ist die Unterscheidung für die Praxis außerordentlich wichtig.

!

Miete	Pacht
Die Sache lässt sich **ohne weitere Bearbeitung** gebrauchen. Zweck: **Konsumption**, es besteht keine Betriebspflicht.	Die Sache kann nur durch **aktives Handeln** benützt werden. Zweck: **Produktion**, es besteht zumeist Betriebspflicht.

Der Mietvertrag gehört zu den häufigsten Verträgen des Schuldrechts. Auf die Miete vieler Wohnungen, Wohnräume oder Geschäftsräume findet das **Mietrechtsgesetz** Anwendung (siehe Seite 232).
Der Pachtvertrag setzt eine „Betriebspflicht" durch den Pächter voraus. Grundlage ist hier also, dass ein „lebendes Unternehmen" vom bisherigen Betreiber auf den nunmehrigen Pächter übergehen muss. Bei der Pacht eines Unternehmens sind daher nicht die Räumlichkeiten Vertragsgegenstand, sondern das darin betriebene **Unternehmen**! Die Frage, ob eine Miete oder Pacht vorliegt, ist daher nach der Vereinbarung zu beurteilen und nicht lediglich nach der Bezeichnung. Für eine Pacht spricht z. B. die Benützung eines „good will" (Kundenstock, guter Ruf im Geschäftsverkehr), die Verwendung eines Warenlagers, die Betriebspflicht usw.

Rechte und Pflichten aus dem Bestandvertrag

Rechte des Mieters, Pächters = Pflichten des Vermieters, Verpächters	Pflichten des Mieters, Pächters = Rechte des Vermieters, Verpächters
♦ **Unterbestandsrecht** Wenn es vertragsrechtlich gestattet ist, kann der Mieter oder Pächter die Sache weitervermieten (Untervermietung) oder weiterverpachten. ♦ Überlassung des **Gebrauchs** ♦ **Instandhaltung**. Der Pächter muss jedoch die gewöhnlichen Ausbesserungen selbst tragen. Nach dem Mietrechtsgesetz hat für die Erhaltungsarbeiten in der Wohnung größtenteils der Mieter aufzukommen, sofern es sich nicht um ernste Schäden des Hauses handelt.	♦ **Schonung** der Sache: Bei erheblich nachteiligem Gebrauch kann der Bestandgeber kündigen ♦ Zahlung des **Zinses** ♦ **Rückstellung** der Sache nach Beendigung des Vertrages in jenem Zustand, in dem sie übernommen worden war (ausgenommen normale Abnützung bei sorgfältigem Gebrauch) ♦ Gesetzliches **Pfandrecht** des Bestandgebers an den eingebrachten Sachen des Bestandnehmers

3. Arbeitsvertrag

Er kann ein **Dienstvertrag** (Arbeitsvertrag im engeren Sinn) oder ein **Werkvertrag** sein. Unterscheidungsmerkmale sind:

Dienstvertrag (im Arbeitsrecht „Arbeitsvertrag" genannt)	Werkvertrag
Der Dienstnehmer ist **weisungsgebunden** (persönliche Unterordnung).	Beide Vertragspartner bleiben **selbstständig.**
Der Dienstnehmer ist zur Sorgfalt verpflichtet, **Risiko** und Verantwortung für den Erfolg der Tätigkeit trägt der **Dienstgeber**.	Der **Hersteller** eines Werkes (Unternehmer) haftet für den **Erfolg.**
Der Dienstnehmer ist **persönlich** zur Arbeitsleistung verpflichtet.	Der Unternehmer unterliegt **keiner persönlichen** Arbeitspflicht.
Der Dienstnehmer verwendet die **Arbeitsmittel des Dienstgebers.**	Der Unternehmer verwendet **eigene Arbeitsmittel.**

Zum Schutz des wirtschaftlich schwächeren Dienstnehmers (Arbeitnehmers) gibt es eine Reihe von Gesetzen, die in ihrer Summe das **Arbeitsrecht** bilden. Im Abschnitt Arbeitsrecht wird der **Dienstvertrag** näher behandelt. Näheres siehe Seite 303.

Beim **Werkvertrag** haben die Vertragspartner folgende Rechte und Pflichten:

a) Rechte des Bestellers = Pflichten des Unternehmers

Der Unternehmer hat das Werk unter seiner persönlichen Verantwortung auszuführen. Liegen Mängel vor, gelten die Gewährleistungsbestimmungen, d. h., der Besteller hat
- ♦ vorrangige Ansprüche und
- ♦ nachrangige Ansprüche.

(Näheres siehe Seite 211, Gewährleistungsrecht.)

b) Pflichten des Bestellers = Rechte des Unternehmers

Nach Vollendung des Werkes ist das vereinbarte **Entgelt zu leisten.** Wurde der Preis vereinbart und sind unvorhergesehene Mehrkosten notwendig, gilt Folgendes: Bei Verträgen, bei denen ein **Pauschalentgelt** vereinbart wurde, trägt der/die Unternehmer/in die Mehrkosten. Wenn ein detaillierter **Kostenvoranschlag** dem Preis zugrunde gelegt wurde, ist zu unterscheiden:
- ♦ Hat der Unternehmer seinen Kostenvoranschlag **verbindlich** gestellt (im Zweifel **immer**), kann er die unvorhergesehenen Kosten dem Besteller nur verrechnen, wenn sie von diesem verschuldet wurden.
- ♦ Hat der Unternehmer seinen Kostenvoranschlag **ausdrücklich ohne Gewähr** erstellt und wird eine beträchtliche Überschreitung unvermeidlich (Toleranzgrenze nach der Rechtsprechung ca. 15%), so muss er dies dem Besteller – bei sonstigem Verlust jedes Ersatzanspruches auf

Mehrkosten – vorher anzeigen. Der Besteller hat nun die Wahl, die Mehrkosten zu bezahlen oder unter Vergütung des bisher Geleisteten vom Vertrag zurückzutreten.

- Im Zweifel ist die Erstellung von Kostenvoranschlägen **unentgeltlich.**
- Bei Werkverträgen im Baugewerbe und im Baunebengewerbe gibt es für den Besteller eine Pflicht zur Sicherstellung. Näheres siehe Seite 209.

4. Verwahrungsvertrag

Ein Verwahrungsvertrag entsteht, wenn jemand eine **fremde Sache** in seine **Obsorge** übernimmt. Der Verwahrer erwirbt weder Eigentum an der Sache noch ein Gebrauchsrecht. Er ist verpflichtet, die ihm anvertraute Sache vor Schaden zu bewahren und sie nach Ablauf der bestimmten Zeit im selben Zustand, in dem er sie übernommen hat, dem Hinterleger **zurückzustellen.** Der Vertrag kann **entgeltlich oder unentgeltlich** sein.

Gastwirte, die Fremde beherbergen (also nicht Cafetiers, Schankwirte, Unternehmer von Theatern usw.), ferner Besitzer von Badeanstalten oder Garagen haften – meistens betragsbeschränkt – im Fall der Beschädigung oder des Verlustes von eingebrachten Sachen. Die Haftung ist strenger als die des gewöhnlichen Verwahrens, denn es wird auch für Zufall gehaftet.

Näheres zur Gastwirtehaftung siehe Seite 222.

5. Darlehensvertrag

Der Darlehensgeber vereinbart mit dem Darlehensnehmer, diesem zum Zweck der Kreditgewährung bestimmte vertretbare Sachen (z. B. Geld) zu übergeben. Der Darlehensnehmer wird Eigentümer der Sachen und muss die **gleiche Menge** gleichartiger Sachen nach gewisser Zeit **zurückgeben.** Die häufigste Form ist das **Gelddarlehen.** Meistens ist der Vertrag entgeltlich (Zinsen!). Ein Schuldschein, der die wesentlichen Punkte des Vertrages enthält, muss nicht ausgestellt werden.

6. Sonstige Verträge

♦ Schenkung

Der Schenker überlässt dem Beschenkten unentgeltlich eine Sache. Erfolgt die Schenkung durch wirkliche Übergabe **(Handschenkung),** ist sie formfrei, in allen anderen Fällen (so genannte Schenkungsversprechen) muss ein **Notariatsakt** errichtet werden. Gläubiger des Schenkers können wegen Verkürzung ihrer Forderung die Schenkung nach den Bestimmungen der Anfechtungsordnung oder Konkursordnung anfechten.

♦ Leihvertrag

Er unterscheidet sich vom Mietvertrag nur dadurch, dass die **Benützung der Sache unentgeltlich** ist. Der Entlehner muss an den Verleiher keine Gegenleistung erbringen, nach Ablauf der Zeit hat er die Sache **zurückzugeben** („Bringschuld").

♦ Leasing

Das ist ein Vertrag, bei dem ein Leasinggeber dem Leasingnehmer eine Sache gegen Entgelt zum Gebrauch überlässt. Der Vertrag dient insbesondere der Finanzierung von Investitionsgütern (Autos, Maschinen usw). Bei vielen Leasingverträgen über technische Gegenstände besteht die Möglichkeit, während der Leasing-Periode nach Wunsch auf neue, modernere Gegenstände hochzurüsten („Leasingoption").

♦ Auftragsvertrag = Geschäftsbesorgungsvertrag

Der Beauftragte verpflichtet sich, für Rechnung des Auftraggebers Rechtshandlungen vorzunehmen. Beispiel: Handelsvertreter, Rechtsanwältin.

♦ **Bevollmächtigung (Vollmacht)**
Der Bevollmächtigte kann für den Vollmachtgeber nach außen hin tätig werden, er ist direkter Stellvertreter und handelt im fremden Namen und auf fremde Rechnung. Je nach dem Inhalt unterscheidet man folgende Arten:

Vollmacht

Art-	General-	Spezial-
für eine bestimmte Art von Geschäften	zur Besorgung aller Geschäfte	für ein bestimmtes Geschäft

Der Unterschied zwischen Auftragsvertrag und Bevollmächtigung liegt darin, dass Ersterer die **Verpflichtung** (handeln müssen) zum Handeln beinhaltet, Letzterer die **Erlaubnis** (handeln dürfen). Im Unternehmensrecht gibt es besondere Arten der Vollmacht mit gesetzlich bestimmtem Inhalt (z. B. Prokura).

♦ **Versicherungsvertrag**
Gegen Entgelt (Prämie) verspricht der Versicherer dem Versicherungsnehmer eine bestimmte Leistung, wenn sich der Versicherungsfall (z. B. Eintritt eines Schadens) ereignet.

♦ **Kreditvertrag**
Durch diesen Vertrag wird der Kreditnehmer berechtigt, über bestimmte Leistungen gegen Zusicherung späterer Gegenleistungen zu verfügen: Kontokorrentkredit-, Bürgschafts- und Garantiekredit-, Akzeptkredit-, Diskontkredit-, Teilzahlungskreditvertrag usw. Wichtigste Punkte eines Kreditvertrages: Art des Kredites, Höhe der Kreditsumme, Form, Termin und Ort der Kreditleistung, Wertsicherungsklausel, Dauer und Kündigung des Kredites, Vergütung an den Kreditgeber (Verzinsung oder Ertragsbeteiligung), Deckung des Kredites (z. B. Hypothek), Rückzahlung, Auflösung des Vertrages.

♦ **Gesellschaftsvertrag**
Hier verpflichten sich die Vertragspartner, vermögenswerte Leistungen zu gemeinschaftlichem Nutzen zu vereinigen. Der Gesellschaftsvertrag kann auch Grundlage für das Entstehen einer juristischen Person sein (Aktiengesellschaft, Gesellschaft m. b. H.).

♦ **Lizenzvertrag**
Das Recht, den Gegenstand einer patentierten Erfindung gewerbsmäßig herzustellen, wird (gegen Entgelt – Lizenzgebühr) überlassen.

Die **Praxis** bedient sich nicht immer reiner Vertragstypen. Die vertragschließenden Parteien haben ja, soweit nicht gesetzliche Bestimmungen entgegenstehen, das Recht, ihre Beziehungen nach Gutdünken zu regeln **(Vertragsfreiheit).** Die rechtliche Bedeutung kann daher immer nur aus dem **Inhalt der Vereinbarung** beurteilt werden. In den Verträgen der Praxis findet man oft Elemente verschiedener Vertragstypen. Beispiele: Schrankfachvertrag („Safemiete") mit Kreditinstituten (= Miet- plus Verwahrungsvertrag), Pensionsvertrag mit einem Hotelier (Miet- plus Werkvertrag) usw.

D. Schadenersatz

Der Grundsatz, dass jemand, der anderen einen Schaden zufügt, für seine **Wiedergutmachung** einstehen muss, ist ein so elementarer Rechtssatz, dass er keiner weiteren Begründung bedarf. Dieser einfache Satz entfaltet sich jedoch zu einer umfangreichen und keineswegs problemlosen Angelegenheit. Schadenersatzfragen können zu den langwierigsten Prozessen führen.

Einerseits erfüllt das Schadenersatzrecht eine Ausgleichsfunktion – es soll dem Geschädigten einen Ausgleich für die erlittene Einbuße verschaffen –, andererseits ist es vom Gedanken der **Prävention (Vorbeugung)** beherrscht. Durch die Androhung einer Ersatzpflicht soll ein Anreiz ausgeübt werden, durch **sorgfältiges Verhalten** Schädigungen möglichst zu vermeiden (denken wir z. B. an das Problem der Umweltverschmutzung).

1. Begriff und Voraussetzung

§ 1293 ABGB: „Schaden heißt jeder Nachteil, welcher jemandem an Vermögen, Rechten oder seiner Person zugefügt worden ist …" Der Geschädigte hat gegen den Schädiger einen **Schadenersatzanspruch,** wenn folgende Voraussetzungen vorliegen:

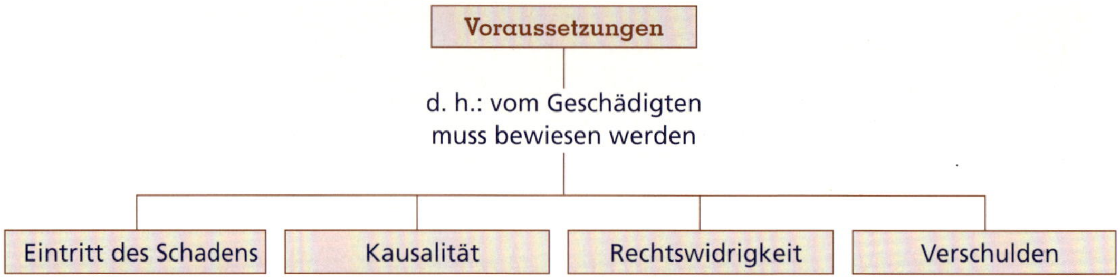

- **Eintritt des Schadens.** Dieser kann herbeigeführt werden durch:
  - eine Handlung,
  - eine Unterlassung eines anderen.
- **Kausalität** = Zusammenhang zwischen dem rechtswidrigen Verhalten des Schädigers (kann sowohl durch Handlungen als auch durch Unterlassungen bewirkt werden) und dem Eintritt des Schadens.
  Bei der Beurteilung der Frage, ob Kausalität vorliegt, ist zu prüfen, inwieweit die Handlung bzw. Unterlassung des Schädigers **ursächlich** für den Eintritt des Schadens war. Dabei braucht man sich nur zu fragen, ob der Schaden entfiele, wenn die Handlung nicht gesetzt worden wäre. Oder – im Falle der Unterlassung – ob bei pflichtgemäßem Verhalten der Schaden nicht eingetreten wäre.
- **Rechtswidrigkeit** des schädigenden Verhaltens liegt bei einem Verstoß gegen Vertragsverpflichtungen oder unmittelbar gegen ein Gesetz vor.
- **Grundsätzlich Verschulden** des Schädigers.

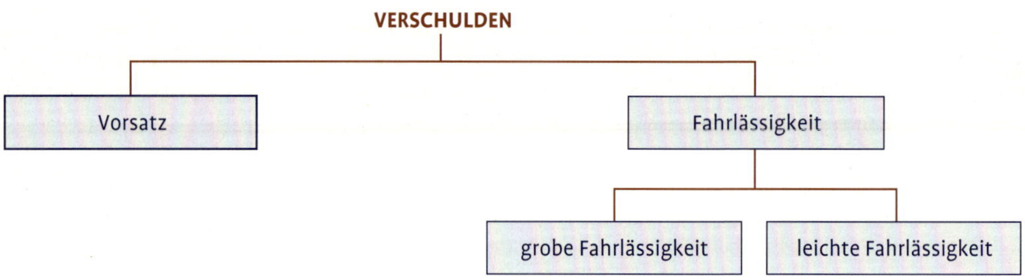

Ein Verschulden gibt es in folgenden Formen:

- **Böser Vorsatz:** Der Schaden wird mit Wissen und Willen zugefügt.
- **Fahrlässigkeit** ist schuldhafte Unwissenheit bzw. Mangel der gehörigen Aufmerksamkeit oder des gehörigen Fleißes.
  - **Grobe** Fahrlässigkeit: Sie ist bei **auffallender Sorglosigkeit** gegeben. Es handelt sich um Fehler, die einem sorgfältigen Durchschnittsmenschen nicht passieren dürfen. Beispiel: Jemand fährt mit einem Fahrzeug und weiß, dass die Bremsen defekt sind.
  - **Leichte** Fahrlässigkeit: Ist ein Verschulden zu bejahen, aber weder Vorsatz noch grobe Fahrlässigkeit gegeben, liegt leichte Fahrlässigkeit vor. Es handelt sich um Fehler, die auch einem sorgfältigen Durchschnittsmenschen **passieren können**. Beispiel: Ein Autofahrer vergisst, beim Spurwechsel zu blinken.

In bestimmten Fällen ist ein Geschädigter jedoch vom Gesetz befugt, von jemand anderem als dem Verursacher des Schadens Schadenersatz zu begehren. Dazu siehe später (Haftung für fremdes Verschulden; Haftung ohne Verschulden).

2. Umfang der Ersatzpflicht

Der Grad des Verschuldens ist für den Umfang der Schadenersatzpflicht maßgebend (andere Regeln im Arbeitsrecht!):

Verschuldensart	Umfang der Schadenersatzpflicht
leichte Fahrlässigkeit	wirklich entstandener **Vermögensschaden**
grobe Fahrlässigkeit	wirklich entstandener **Vermögensschaden, entgangener Gewinn**
Vorsatz	wirklich entstandener **Vermögensschaden, entgangener Gewinn, Wert der besonderen Vorliebe** (Liebhaberwert – nur bei **vorsätzlichen strafbaren** Handlungen oder besonderer Bosheit)

Nach dem Unternehmensgesetzbuch umfasst **zwischen Unternehmern** der zu ersetzende Schaden immer (d.h. bei allen Verschuldensarten) auch den **entgangenen Gewinn**!

♦ Umfang der Schadenersatzpflicht bei Körperverletzung

Heilungskosten, Schmerzengeld, Verdienstentgang; bei bleibenden Schäden: Rente.

Der finanzielle Umfang dieser Ersatzpflicht würde für den Schädiger häufig zu Härten führen, die er mangels ausreichenden Vermögens überhaupt nicht bewältigen könnte. Daher erfolgt in vielen Bereichen aufgrund zwingenden Versicherungsrechts eine Verlagerung der wichtigsten Risiken auf die Gesamtheit der möglichen Betroffenen (Haftpflichtversicherung, Unfallversicherung usw.).

♦ Umfang der Schadenersatzpflicht bei Verletzung eines Tieres

Wird ein Tier verletzt, so gebühren die (versuchten) Heilungskosten auch dann, wenn sie den **Wert des Tieres** übersteigen. Dies jedoch nur, wenn auch ein verständiger Tierhalter – hätte er sich in der Lage des Geschädigten befunden – diese Kosten aufgewendet hätte.

♦ Haftung mehrerer Schädiger

Mehrere Schädiger haften je nach Verschuldensgrad solidarisch (d. h. einer für alle) bzw. anteilsmäßig. Ein Mitverschulden des Geschädigten setzt die Ersatzpflicht der Schädiger herab.

Schädigung durch mehrere Personen	Anteile am Schaden bestimmbar	Anteile am Schaden nicht bestimmbar
vorsätzlich	Solidarhaftung Rückgriff anteilig	Solidarhaftung Rückgriff zu gleichen Teilen
fahrlässig	anteilige Haftung, daher kein Rückgriff	Solidarhaftung Rückgriff zu gleichen Teilen

♦ Bemessung des Schadenersatzes

Der Schadenersatz soll grundsätzlich die Wiederherstellung des vorigen Zustandes bewirken. Wenn dies nicht möglich ist, muss Schadenersatz in Geld erfolgen.

♦ Verjährung von Schadenersatzansprüchen

Schadenersatzansprüche verjähren gemäß § 1489 ABGB **binnen 3 Jahren** ab Kenntnis des Geschädigten von **Schaden und Schädiger**, andernfalls nach 30 Jahren. Die Frist von **30 Jahren** gilt auch, wenn der Schaden durch eine vorsätzlich begangene, mit mehr als dreijähriger Freiheitsstrafe bedrohte gerichtlich strafbare Handlung herbeigeführt wurde.

3. Schadensarten

Schaden

materiell (Vermögen)	**immateriell** (Nichtvermögen)	**unmittelbar** (direkt)	**mittelbar** (indirekt)
immer ersetzt	nur in Ausnahmefällen	immer ersetzt	nur in Ausnahmefällen

♦ Materielle Schäden (Vermögensschäden)

Es handelt sich dabei um alle Schäden am Vermögen.

♦ **Immaterielle Schäden (Nichtvermögensschäden)**
Dies sind Schäden, die nicht das Vermögen einer Person betreffen, sondern Schäden in seiner Gefühlswelt, d. h. in seinem seelischen Bereich („**Gefühlsschaden**" – wie z. B. Schäden an der körperlichen Unversehrtheit, Kränkungen oder Verletzungen der Ehre).

Grundsätzlich werden nur materielle Schäden ersetzt. Der einzige **immaterielle Schaden**, der zu **ersetzen** ist, ist das **Schmerzensgeld:**

Es handelt sich dabei um einen, je nach Verletzungsgrad, vom Gericht festzusetzenden **Pauschalbetrag**, der vom Schädiger zusätzlich zum Vermögensschaden geleistet werden muss. Sinn des Schmerzensgeldes ist es, die mit einer Körperverletzung verbundenen zusätzlichen immateriellen Folgen und Schäden (in erster Linie Schmerzen, aber auch Krankenhausaufenthalte, psychisches Leid, Trennung von der Familie) pauschal abzugelten. Die Höhe des Schmerzensgeldes ist **individuell nicht abgestuft**: Es ist zum Beispiel nicht möglich, dass jemand, der behauptet, besonders wehleidig zu sein, ein höheres Schmerzensgeld bezieht. Wohl ist das Schmerzensgeld aber von der Art und vom **Grad der Verletzung** abhängig. Auch dritten Personen kann in Ausnahmefällen Schmerzensgeld zuerkannt werden (z. B. den Eltern eines getöteten Kindes für die seelischen Qualen).

Beispiel zum Unterschied zwischen immateriellem und materiellem Schaden:

Die Behauptung, ein Arzt könne überhaupt nichts und habe bereits viele Patienten vor der Zeit ins Grab gebracht, ist eine üble Nachrede bzw. Ehrenbeleidigung. Der Schaden, der aus so einer Behauptung dem Arzt entsteht, ist aber nicht immateriell, sondern ein ganz massiver Vermögensschaden: Patienten werden diesen Arzt meiden, wodurch dem Arzt in Zukunft massive Einkommenseinbußen entstehen.

♦ **Unmittelbare Schäden (direkte Schäden)**
sind alle Schäden, die durch das **erste schädigende Ereignis** entstanden sind.

♦ **Mittelbare Schäden (indirekte Schäden)**
sind alle Schäden, die durch den **ersten Schaden** entstanden sind. Es handelt sich hierbei also um dessen **Folgewirkungen („Folgeschaden")**.
Beispiel: Ein Auto fährt gegen einen Lichtmast und knickt diesen. Aufgrund des darauf erfolgenden Stromausfalles verdirbt das Kühlgut in den Kühlschränken und Tiefkühltruhen. Die Gastronomie des Ortes hat daraufhin Verdienstentgang usw. Ersetzt wird nur der Schaden des E-Werkes, alle weiteren Schäden werden vom schuldigen Autolenker nicht ersetzt.

Nur in Ausnahmsfällen ist der mittelbare Schaden **zu ersetzen,** so etwa der Schaden, den die Angehörigen bei Tötung eines Menschen erleiden (entgangener Unterhalt, Rentenansprüche, entgangene Haushaltsführung etc.). Außerdem kann den Angehörigen, die durch Miterleben eines schweren Unfalls oder die Nachricht davon behandlungsbedürftig traumatisiert werden, der Ersatz von Behandlungskosten und Schmerzensgeld zugesprochen werden (siehe oben).

Grundsätzlich werden also nur **materielle unmittelbare** Schäden ersetzt!

4. Haftung für fremdes Verschulden

♦ **Haftung für den Erfüllungsgehilfen**
Erfüllungsgehilfe ist eine Person, der sich ein Geschäftsinhaber (oder ein Privater) zur **Erfüllung** einer **vertraglichen Verpflichtung** bedient. Wer einem andern zu einer Leistung verpflichtet ist, **haftet** ihm für das Verschulden seines gesetzlichen Vertreters sowie der Personen, deren er sich zur Erfüllung bedient, **wie für sein eigenes.**

Der Erfüllungsgehilfe und die Haftung für den Erfüllungsgehilfen ist aus der arbeitsteiligen Wirtschaft nicht wegzudenken. Nur in den seltensten Fällen ist der Vertragspartner zur höchstpersönlichen Erbringung einer Leistung verpflichtet. Die meisten Betriebe beschäftigen **Arbeitnehmer/innen.** Der Vertragsabschluss erfolgt mit dem Eigentümer des Betriebes, den auch die wirtschaftlichen Folgen des Vertrages treffen. Oft bekommt der Vertragspartner den Eigentümer des Betriebes überhaupt nicht zu Gesicht, sondern ein/e Angestellte/r schließt den Vertrag im Namen des Eigentümer ab, ein/e andere/r Angestellte/r erbringt die vereinbarte Leistung und ein/e dritte/r Angestellte/r nimmt die Zahlung entgegen. All dieser Angestellten hat sich d. **Unternehmer/in zur Erfüllung eines Vertrages bedient.**

Wird dem Geschäftspartner im Zuge der Geschäftsabwicklung von dem/der Angestellten des Unternehmers ein Schaden zugefügt, so haftet d. Unternehmer/in. Die Begründung dafür liegt darin, dass d. Unternehmer/in üblicherweise wirtschaftlich stärker ist als seine Angestellten (oder entsprechend versichert ist) und damit dem Geschädigten auch größere Sicherheiten für die Befriedigung seiner Schadenersatzansprüche gegeben werden. Außerdem sollen die wirtschaftlichen Folgen des Vertrages nicht den Angestellten, sondern d. Unternehmer/in treffen.

Der/Die schadenersatzpflichtige Unternehmer/in hat gegen den Schädiger (seine Angestellten) einen **Rückgriffsanspruch,** wobei sich dessen Ausmaß im **Rahmen von Dienstverträgen** nach dem **Dienstnehmerhaftpflichtgesetz** richtet und vom Verschulden des/der Arbeitnehmers/-in abhängt (Näheres dazu im Kapitel Arbeitsrecht, Seite 304).

♦ Haftung für den Besorgungsgehilfen

Besorgungsgehilfe ist eine Person, der sich ein/e Unternehmer/in (oder Private/r) zur **Besorgung** von **Tätigkeiten** bedient. Wer sich einer **untüchtigen** oder **wissentlich einer gefährlichen Person** zur **Besorgung** seiner Angelegenheiten bedient, haftet für den Schaden, den der Gehilfe **in dieser Eigenschaft** einem Dritten zufügt.

Der Besorgungsgehilfe fügt ebenso wie der Erfüllungsgehilfe einem Dritten einen Schaden zu. Während der Erfüllungsgehilfe dies im Zusammenhang mit der Erfüllung eines Vertrages seines Chefs tut, fügt der Besorgungsgehilfe jemandem einen Schaden zu, der nicht Vertragspartner des Unternehmers ist. Dabei haftet der Auftraggeber nur dann, wenn der Gehilfe **untüchtig**, d. h. für die Tätigkeit überhaupt nicht geeignet ist (z. B. keine Ausbildung), oder wenn er nach seinen menschlichen Eigenschaften als **gefährlich** anzusehen ist (z. B. Dieb, Betrügerin, Brandstifter). Im letzteren Fall haftet der Auftraggeber nur, wenn ihm diese Eigenschaft bekannt war („**wissentlich**").

Die Haftung für den **Besorgungsgehilfen** ist daher nur eine ausnahmsweise und kommt relativ **selten** zum Tragen. Die Rückgriffsrechte sind dieselben wie beim Erfüllungsgehilfen.

Gehilfe

- Erfüllungsgehilfe
  - zur Erfüllung einer **vertraglichen Verpflichtung** des Unternehmers/des Privaten
  - Haftung des Unternehmers/des Privaten für das Verschulden dieser Person **wie für sein eigenes**
- Besorgungsgehilfe
  - zur Besorgung von **Tätigkeiten** des Unternehmers/des Privaten
  - Haftung des Unternehmers/des Privaten, der sich in einer **untüchtigen** oder **wissentlich einer gefährlichen*** Person bedient

→ Rückgriff (Regress) gegen den Schädiger möglich

* Ein Gehilfe ist nicht schon dann untüchtig, wenn er irgendeinen Fehler macht. Liegen jedoch ständige Fehler oder eine entsprechende Veranlagung vor, muss der Unternehmer daraus auf die Untüchtigkeit schließen. Für die Gefährlichkeit haftet der Unternehmer nur, wenn sie ihm bekannt war („wissentlich"). Beispiel: Es ist bereits zu Diebstählen durch den Gehilfen gekommen – und er stiehlt wieder.

Beispiele: Ein Installateur wird beauftragt, bei eine Kundin eine Wasserleitung zu reparieren. Der Installateur schickt seinen Gesellen und einen Lehrling zu dem Kunden. Aus Ungeschicklichkeit fällt dem Lehrling im Zuge der Arbeit das Werkzeug aus der Hand und beschädigt den Fliesenboden. Die **Schadenszufügung** durch den Lehrling erfolgte **im Zusammenhang mit der Erfüllung eines Vertrages,** der Lehrling ist **Erfüllungsgehilfe** des Installateurs, dieser haftet daher der Kundin als Vertragspartner für das Verschulden des Lehrlings **wie für sein eigenes Verschulden.**

Am Heimweg von der Kundin ist der Lehrling ob seines Missgeschicks derart unkonzentriert, dass er mit seiner Werkzeugtasche an der Auslagenscheibe eines Spielzeuggeschäftes ankommt und diese zerbricht. Der Installateur steht mit dem Spielzeughändler in keinerlei vertraglicher Beziehung, die **Schadenszufügung** durch den Lehrling erfolgte **ohne Beziehung auf einen Vertrag.**

Der Lehrling ist hier nur jemand, dessen sich der Installateur zur Besorgung seiner Geschäfte bediente, also **Besorgungsgehilfe.** Der Installateur haftet nur, wenn er sich beim Lehrling einer **untüchtigen** oder **wissentlich einer gefährlichen Person** zur **Besorgung** seiner Angelegenheiten bediente, was in der Regel nicht der Fall sein wird.

♦ **Haftung für Personen, die der Aufsicht unterliegen**
Eltern und Lehrer haben die Aufsichtspflicht über die ihnen anvertrauten Kinder bzw. Unmündigen (Deliktsfähigkeit ab 14. Lebensjahr!), Pfleger die Aufsichtspflicht über Geisteskranke und Geistesschwache in ihren Anstalten. Mit der **Aufsichtspflicht** ist die Haftung für Schäden verbunden, die von den der Aufsicht unterstellten Personen anderen widerrechtlich zugefügt werden. Diese Bestimmung wäre sehr hart und würde Eltern und Pfleger erheblich belasten, wenn sie in jedem Fall einträte. Daher entfällt die Schadenersatzpflicht, wenn die entsprechenden Personen beweisen können, dass sie ihre Aufsichtspflicht **ordentlich** wahrgenommen haben. Hierbei ist zu berücksichtigen:
- die Gefährlichkeit der Situation oder Tätigkeit (z. B. Radfahren auf dem Gehsteig),
- die Natur des Kindes (z. B. lebhaft, verhaltensauffällig),
- die Situation des Aufsichtspflichtigen (z. B. eine Mutter hat mehrere Kinder zu beaufsichtigen).

5. Haftung ohne Verschulden
Grundsätzlich wird nur für schuldhaft zugefügte Schäden gehaftet. Es gibt aber auch Fälle, in denen die Haftung nicht durch ein Verschulden begründet sein muss. Wir sprechen dann von **Haftpflicht, Erfolgs- oder Gefährdungshaftung.** Haftpflichtvorschriften bezwecken in erster Linie den Schutz der Allgemeinheit!

♦ Haftung des **Wohnungsinhabers**
Der Wohnungsinhaber haftet für den Schaden, der dadurch entsteht, dass etwas infolge seiner gefährlichen Lage aus der Wohnung fällt oder aus dieser hinausgegossen oder hinausgeworfen wird. Er haftet **auch dann, wenn er gar nicht daheim war** und z. B. seine Wohnung jemandem überlassen hat. Der Grund für diese strenge Haftung besteht darin, dass sich z. B. ein verletzter Passant nicht damit auseinandersetzen kann, was sich innerhalb der Wohnung ereignet hat.

♦ Haftung des **Tierhalters**
Der Halter eines Tieres haftet für jeden durch das Tier angerichteten Schaden, sofern er nicht beweist, dass er für die **erforderliche Verwahrung und Beaufsichtigung** gesorgt hat. Aus dem Wort „erforderlich" ergibt sich, dass das Maß der Beaufsichtigung nicht immer gleich sein muss; es ist von der Tiergattung, von den Ortsverhältnissen und vom Charakter des einzelnen Tieres abhängig.

♦ Haftung der **Gastwirte und Badeanstaltenbetreiber**
Gastwirte, die Fremde **beherbergen,** sowie Besitzer von Badeanstalten haften für den Schaden, den sie selbst, ihre Angestellten oder **ein- und ausgehende Fremde** an den eingebrachten oder übernommenen Sachen eines Gastes oder Badenden in ihrem Haus oder in ihrer Anstalt **verursachen** (ein Verschulden ist demnach nicht erforderlich). Haftungsbegrenzung: 1.100 Euro, für Kostbarkeiten 550 Euro. Gastwirte haben also die Haftung nur für jene Gäste zu übernehmen, die in dem Hotel, der Pension oder dem Gasthof Quartier bezogen haben. Für diese Gäste ist das fast überall angebrachte Schild „Für die Garderobe wird nicht gehaftet" bedeutungslos. Die Badeanstaltenbesitzer haften nur für die üblicherweise zu einem Badbesuch mitgebrachten Sachen.

♦ Haftung für **Schäden aus den Gefahren der Technik**
Da es bei den vorliegenden Fällen zu sehr hohen Schadensbeträgen kommen kann, hat hier wegen der besonderen Gefahren („Gefährdungshaftung") der **Schutz des Geschädigten** eine besondere Bedeutung:
- Das **Eisenbahn- und Kraftfahrzeughaftpflichtgesetz** gibt dem Geschädigten einen Anspruch gegen den **Halter** bzw. Betriebsunternehmer. Halter ist derjenige, der ein Kraftfahrzeug für eigene Rechnung betreibt und die Verfügungsgewalt darüber hat. Die Tatsache des eingetretenen Schadens und die Haltereigenschaft begründen bereits die Pflicht zum Schadenersatz. Der Umfang der Schäden, für die der Halter dem Geschädigten haftet, übersteigt oft seine finanzielle Leistungsfähigkeit. Das Gesetz macht es dem Halter daher zur Pflicht, zur Deckung eine Kraftfahrzeug-**Haftpflichtversicherung** abzuschließen.
- **Luftfahrzeughalter** müssen jeden durch Betriebsunfall entstandenen Schaden ersetzen.
- **Atomkraftwerkbetreiber:** Haftpflicht des Betreibers einer Reaktoranlage
- **Produkthersteller** haften nach dem Produkthaftungsgesetz für fehlerhafte und gefährliche Produkte (Näheres: Produkthaftungsgesetz siehe Seite 230).

6. Schadenersatzpflicht am Arbeitsplatz

Für am Arbeitsplatz entstandene Schäden gibt es Sonderregelungen aus zwei Gründen.

- Eine Schadenersatzverpflichtung nach ABGB würde einen vollen Ersatz auch bei leichter Fahrlässigkeit erfordern. Dies könnte die Existenz des Dienstnehmers vernichten.
- Das Unternehmerrisiko soll nicht auf die Dienstnehmer überwälzt werden.

Eine Übersicht zu diesem Thema befindet sich im Kapitel Arbeitsrecht, siehe Seite 304.

?

Wiederholungsfragen – Arbeitsaufgaben – Diskussionsanregungen

1. *Geben Sie an, wie Schuldverhältnisse überhaupt entstehen können.*
2. *Erläutern Sie die Voraussetzungen für ein gültiges Rechtsgeschäft.*
3. *Vergleichen Sie den wesentlichen mit dem unwesentlichen Irrtum und nennen Sie die Gründe, bei deren Vorliegen man ein Rechtsgeschäft wegen Irrtums anfechten kann.*
4. *Erklären Sie den Grundsatz der Vertragsfreiheit hinsichtlich Form und Inhalt.*
5. *Zeigen Sie Ausnahmen der Vertragsfreiheit auf.*
6. *Erklären Sie, wie und wann ein gestelltes Anbot angenommen werden kann, damit ein Vertrag zustande kommt.*
7. *Geben Sie an, wo, wann und wie ein Vertrag erfüllt werden muss.*
8. *Nennen Sie vier Beispiele für die Mittel zur Erfüllungssicherung.*
9. *Unterscheiden Sie das Reugeld vom Angeld.*
10. *Beschreiben Sie die Stellung des Bürgen/der Bürgin bei den verschiedenen Bürgschaftsarten.*
11. *Erörtern Sie, welches Mittel der Erfüllungssicherung sich bei einem Ratengeschäft anbietet.*
12. *Die Erbringung der vertraglich vereinbarten Leistung wurde unmöglich. Unter welchen Voraussetzungen erlischt die Verpflichtung zur Vertragserfüllung?*
13. *Geben Sie an, was man unter Gewährleistung, was unter Garantie versteht.*
14. *Erläutern Sie, für welche Eigenschaften einer Ware oder Leistung bei der Gewährleistung gehaftet wird und worin vorrangige und nachrangige Ansprüche bestehen.*
15. *Erörtern Sie, welche Verzugsarten beim Kauf denkbar sind und welche Rechtsfolgen ein Lieferverzug haben kann.*
16. *Beschreiben Sie die Gemeinsamkeiten und die Unterschiede von Miet- und Pachtvertrag.*
17. *Nennen Sie die wesentlichen Unterschiede zwischen Dienst- und Werkvertrag.*
18. *Geben Sie die Arten der Vollmacht wieder.*
19. *Zählen Sie auf, welche Möglichkeiten es gibt, jemandem einen Schaden zuzufügen.*
20. *Geben Sie an, unter welchen Voraussetzungen Schadenersatzansprüche entstehen.*
21. *Zeigen Sie auf, in welchem Umfang Schadenersatz geleistet werden muss.*
22. *Beschreiben Sie die Verschuldensarten.*
23. *Erörtern Sie, wofür bei den einzelnen Verschuldensarten gehaftet wird.*
24. *Zählen Sie die Arten der Haftung für fremdes Verschulden auf.*
25. *Beschreiben Sie vier Tatbestände von Haftung ohne Verschulden.*
26. *Sie schließen einen Kaufvertrag über „Haahjöringsköd". Der Verkäufer und Sie glauben, dass es sich dabei um Hering handelt, während es in Wirklichkeit „Haifischfleisch" ist. Was muss nun geliefert werden?*
27. *Der „Telefonbuchverlag" versendet an alle Bewohner/innen von kleinen Gemeinden den gedruckten Telefonbuchauszug des jeweiligen Ortes und bittet bei Nichtgefallen um Rücksendung binnen 14 Tagen; ansonsten sei ein Betrag von 20 Euro zu bezahlen. Was müssen Sie tun?*
28. *Sie haben ein elektronisches Gerät gekauft. Die Gebrauchsanweisung ist auf Chinesisch. Eine deutschsprachige Bedienungsanleitung ist nicht beigefügt. Erklären Sie, was Sie tun könnten.*
29. *Sie haben Herrn Geiz mündlich zugesagt, sein Haus für 300.000 Euro zu kaufen. Bevor es zur Vertragsunterzeichnung kommt, finden Sie ein schöneres und billigeres Haus und sagen Herrn Geiz ab. Geben Sie an, mit welchen Forderungen Sie seitens des Herrn Geiz rechnen können.*
30. *Sie kaufen ein Grundstück um 150.000 Euro, dessen Verkehrswert 52.000 Euro beträgt. Als Sie Ihren Irrtum bemerken, möchten Sie vom Vertrag loskommen. Erklären Sie, welche Möglichkeiten Sie haben.*

31. *Für Ihre Maturafeier bestellen Sie 200 Brötchen à 1 Euro bei der Firma Duria. Als Lieferzeitpunkt wird der 8. Juni, 14 Uhr, vereinbart. Als die Brötchen nicht zeitgerecht eintreffen, teilt man Ihnen auf Anfrage mit, man hätte vergessen und könne erst morgen liefern. Sie kaufen nun bei der Konkurrenz, allerdings für 1,50 Euro pro Brötchen. Erläutern Sie, was Sie tun können.*
32. *Ihr neuer Wohnzimmerschrank weist einen sichtbaren Kratzer auf. Da Sie der Kratzer nicht sehr stört, streben Sie für den Schrank eine Preisminderung an. Ihr Händler bietet Ihnen jedoch die fachgerechte Beseitigung des Kratzers an. Geben Sie an, wer im Recht ist.*
33. *Der Installateurlehrling beschädigt bei Behebung des Wasserrohrbruches Ihren Badezimmerspiegel. Wer haftet für den Schaden?*
34. *A möchte B ein Fahrrad verkaufen. In der irrigen Meinung, er würde sich das Fahrrad nur ausleihen, stimmt B dem Vertrag zu. Gehen Sie darauf ein, ob er das Geschäft anfechten kann.*
35. *Jemand kauft im Vorhinein den Ertrag eines Obstgartens im nächsten Jahr. Infolge einer äußerst schlechten Ernte wirft der Garten jedoch fast keinen Ertrag ab. Erörtern Sie, ob er das Geschäft wegen Änderung der Geschäftsgrundlage anfechten kann.*
36. *Ein schwächlicher Mann droht einem Boxchampion für den Fall, dass er ihm nicht sein Motorrad verkauft, eine Ohrfeige an. Kann der Boxer den so zustande gekommenen Vertrag anfechten?*
37. *Erörtern Sie die Vor- und Nachteile des Kontrahierungszwanges.*
38. *Jemand steigt mit einer Gruppe von Fremden in die Straßenbahn ein. Als er bei einer Kontrolle keine Fahrkarte vorweisen kann, benützt er die Ausrede, er sei irrtümlich eingestiegen und werde bei der nächsten Station wieder aussteigen. Diskutieren Sie, wie dies rechtlich zu beurteilen ist.*
39. *Ein Schauspieler erscheint schuldhaft zu einer Aufführung nicht. Er wird zur Zahlung der vereinbarten Konventionalstrafe aufgefordert. Am Aufführungstag musste jedoch das Theater ohnehin wegen eines Bauschadens geschlossen bleiben. Diskutieren Sie, ob der Schauspieler trotzdem zur Zahlung verpflichtet ist.*
40. *Ein Kraftfahrzeuglenker überschreitet bei schlechter Sicht die zulässige Höchstgeschwindigkeit und fährt im Ortsgebiet mit 70 km/h. An einer unübersichtlichen Stelle liegt ein Betrunkener auf der Straße, der seinen Rausch ausschläft. Er wird überfahren.*

    Erörtern Sie: Worauf wird es in diesem Fall bei der Frage, ob Kausalität gegeben ist oder nicht, ankommen? Wieso wird in diesem Fall dem Urteil eines/einer Kfz-Sachverständigen große Bedeutung zukommen?
41. *Ein Gastwirt beschäftigt – entgegen den gesetzlichen Bestimmungen – nach 23.00 Uhr einen Minderjährigen mit dem Aufstellen von Kegeln. Durch den Schub eines unvorsichtigen Keglers wird der Kegelbub verletzt. Geben Sie an, ob der Gastwirt zum Schadenersatz herangezogen werden kann.*
42. *Maier durfte wegen eines längeren Auslandsaufenthaltes seinen Pkw in Hubers Garage einstellen. Entgegen der Vereinbarung benützt Huber den Wagen, um mit seiner Freundin ins Kino zu fahren. Dort wird an dem vorschriftsmäßig geparkten Fahrzeug durch einen fahrerflüchtigen Lkw-Lenker ein Totalschaden verursacht. Diskutieren Sie, ob Huber ersatzpflichtig ist.*
43. *Drei übermütige Jugendliche beschließen, einen Passanten zu verprügeln. Sie verletzen diesen und laufen anschließend davon. In weiterer Folge wird einer der Jugendlichen ausgeforscht und soll auch schadenersatzrechtlich zur Verantwortung gezogen werden. Erörtern Sie, für welchen Schaden er haften könnte.*
44. *Auf der Suche nach einem Wurm wühlt ein Vogel im Erdreich eines vor einem Wohnungsfenster angebrachten Blumenkistchens. Die herunterfallende Erde beschmutzt das Kostüm einer Passantin. Behandeln Sie die Frage, wer für den Schaden haftet und warum.*

VI. Konsumentenrecht

Muss ich einen Vertrag einhalten, wenn er auf der Straße abgeschlossen wurde? Kann ich von einem bereits geschlossenen Vertrag zurücktreten? Was kann ich machen, wenn eine per Internet bestellte Ware wochenlang nicht geliefert wird? Müssen sich Unternehmen an ihre Kostenvoranschläge halten? Können Sie für die Erstellung von Kostenvoranschlägen eine Bezahlung verlangen? Gelten auch unzumutbare Bedingungen im „Kleingedruckten"? Was mache ich mit einem lebensgefährlichen Produkt oder wenn ich durch ein solches einen Schaden erleide?

A. Einleitung

Unter Konsumentenschutz versteht man sämtliche Regeln, die Verbraucher/innen als zumeist **wirtschaftlich schwächere Vertragspartner vor Nachteilen schützen** sollen, insbesondere bei Massengeschäften oder Vertragsabschlüssen im Internet. Es gelten folgende Gesetze:

B. Konsumentenschutzgesetz (KSchG)	C. Fern- und Auswärtsgeschäfte-Gesetz (FAGG)	D. Verbraucherkreditgesetz (VKrG)	E. Produktsicherheitsgesetz (PSG	F. Produkthaftungsgesetz (PHG)
BGBl 1979/140 BGBl I 2011/22	BGBl I 2014/33	BGBl I 2010/28	BGBl I Nr. 16/2005	BGBl 1988/99

B. Konsumentenschutzgesetz

1. Allgemeine Regeln

Die Vorschriften gelten für alle Rechtsgeschäfte zwischen **Unternehmern/-innen und Verbrauchern/-innen**, ebenso für Rechtsgeschäfte, die ein Privater/eine Private im Zuge der **Gründung** eines Unternehmens unternimmt (sog. Vorbereitungsgeschäfte). Sie gelten also **nicht** für Rechtsgeschäfte, die Unternehmer/innen für ihren Betrieb tätigen, für Rechtsgeschäfte zwischen Unternehmen (z. B. Großhändler, Händler) oder Verbraucher untereinander (z. B . Kauf eines PKW unter Privaten).

Als **Unternehmen** werden alle auf Dauer angelegten Organisationen selbstständiger wirtschaftlicher Tätigkeit bezeichnet.

2. Rücktrittsrechte

Diese haben im KSchG nur eine **ergänzende Funktion** zu jenen im Fern- und Auswärtsgeschäftegesetz geregelten Rücktrittsmöglichkeiten.

Wenn der Vertrag **außerhalb der Geschäftsräumlichkeiten** oder des Verkaufsstandes des Unternehmens (z. B. Messe, Markt) zustande kommt, kann der/die Verbraucher/in zurücktreten. Die Rücktrittsfrist beträgt **14 Tage** und beginnt mit der Ausfolgung der Vertragsurkunde, die die Angaben des/der Unternehmers/-in enthält. Wurde keine Vertragsurkunde ausgefolgt, so gilt eine Frist von 12 Monaten und 14 Tagen ab Vertragsabschluss bzw. Warenlieferung.

Dieses Rücktrittsrecht besteht auch dann, wenn der/die Verbraucher/in durch den/die Unternehmer/in (oder mit ihm zusammenarbeitende Dritte), im Rahmen einer **Werbefahrt**, einer Ausflugsfahrt oder einer ähnlichen Veranstaltung sowie durch persönliches **Ansprechen** auf der Straße in die Geschäftsräume des Unternehmens gebracht wurde.

Kein Rücktrittsrecht besteht, wenn Verbraucher/innen
- die Geschäftsverbindung selbst anbahnen,
- das Geschäft im Geschäftslokal oder im Verkaufsstand abschließen oder
- die beiderseitigen Leistungen sofort erbracht werden und das Entgelt geringfügig ist (50 Euro).

Ein zusätzliches Rücktrittsrecht (Frist **eine Woche**) für Verbraucher/innen besteht dann, wenn maßgebliche Umstände (z. B. Aussichten auf steuerrechtliche Vorteile, auf eine öffentliche Förderung oder auf einen Kredit), die das Unternehmen im Zuge der Vertragsverhandlungen als wahrscheinlich dargestellt hat, nicht oder in erheblich geringerem Ausmaß eintreten. Hier kann das Unternehmen allerdings das Rücktrittsrecht ausschließen, wenn es zu einer angemessenen Anpassung des Vertrags bereit ist.

Die Folgen des Rücktritts sind, dass von jedem/jeder das Empfangene **Zug um Zug zurückzustellen** ist. Das Unternehmen muss Zinsen zahlen, der/die Verbraucher/in muss sich ein Entgelt für allenfalls erfolgte Benutzung abziehen lassen. Bei Unmöglichkeit der Rückstellung hat ein Wertersatz zu erfolgen.

3. Kostenvoranschläge

Sie sind nur dann entgeltlich, wenn vorher darauf hingewiesen wurde. Im Zweifel gilt der KVA von der Unternehmerseite her als **verbindlich** (siehe auch Werkvertrag S. 216).

Wird von einem Unternehmen ein KVA erstellt, in dem ausdrücklich darauf hingewiesen wird, dass die **Richtigkeit nicht gewährleistet** („Ohne Gewähr") **wird**, werden **Kostenüberschreitungen** bis zu **etwa 15 % toleriert**. Sind größere Kostenüberschreitungen absehbar, ist der/die Konsument/in sofort darauf aufmerksam zu machen. Er/Sie kann dann die Mehrkosten in Kauf nehmen oder den Vertrag lösen und nur die bis zu diesem Zeitpunkt erbrachten Leistungen bezahlen.

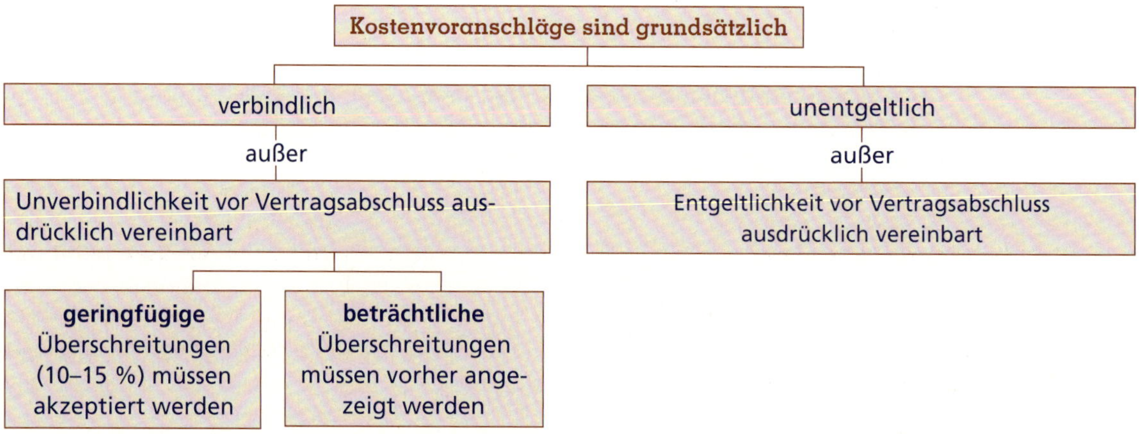

4. Allgemeine Informationspflichten der Unternehmen

Bevor Verbraucher durch Verträge oder Vertragserklärungen gebunden werden, müssen sie von Unternehmen in **klarer und verständlicher Weise** über die wichtigsten Details des Vertrags informiert werden, z. B. wesentliche Eigenschaften der Ware bzw. Dienstleistung, Daten des Unternehmens.

Diese Regelungen gelten nicht für Geschäfte des **täglichen Lebens**, die zum Zeitpunkt des Vertragsabschlusses sofort erfüllt werden, sowie für zahlreiche Geschäfte, für die **eigene gesetzliche Regelungen** bestehen (z. B. Finanzdienstleistungen, Glücksspiele, Baumaßnahmen in Gebäuden).

5. Verbindlichkeit von Gewinnzusagen

Wird beim Verbraucher/bei der Verbraucherin durch eine Zusendung der Eindruck erweckt, er/sie habe einen Preis gewonnen, so ist dieser auch zu leisten und kann gerichtlich eingefordert werden. Zusendungen, die schon von vornherein keinen Zweifel offen lassen, dass Gewinner eines Preisausschreibens erst an einer Ziehung oder auf andere Weise ermittelt werden müssen, fallen nicht unter diese Regelung.

6. Unzulässige Vertragsbestandteile (§ 6 KSchG)

Nach § 6 KSchG versteht man darunter so genannte **„Verbraucherfallen im Kleingedruckten"** – vor allem in **Allgemeinen Geschäftsbedingungen (AGB)**. Solche allgemeinen Geschäftsbedingungen („Kundenrichtlinien, Verkaufs- und Lieferbedingungen") sind meist auf der Rückseite von Bestellformularen abgedruckt und relativ umfangreich. Sie **gelten nur**, wenn sie der Kunde **vor Vertragsabschluss** erhalten hat. Er muss sie allerding nicht tatsächlich gelesen oder verstanden haben. Jedenfalls sind daher AGB, die sich erst auf der Rechnung oder dem Lieferschein befinden und somit vor Vertragsabschluss nicht bekannt waren, nicht gültig.

Ein Teil der Vorschriften des Konsumentenschutzgesetzes richtet sich vor allem gegen **bestimmte Klauseln**. Diese Vertragsklauseln in Allgemeinen Geschäftsbedingungen oder Vertragsformularen sind ganz allgemein **nichtig**, wenn sie **einseitig** oder für den Verbraucher **ungewöhnlich, überraschend** oder **grob benachteiligend** sind, z. B. wenn die Schadenersatzpflicht bei Personenschäden vertraglich ausgeschlossen wird. Im Allgemeinen handelt es sich dabei um Klauseln, mit denen Konsumenten nicht rechnen und die daher **gegen die guten Sitten** im geschäftlichen Verkehr verstoßen.

Besonders **konsumentenschädliche Vertragsklauseln**, die das Konsumentenschutzgesetz einzeln anführt, sind für den Verbraucher nicht verbindlich.

Beispiele:
- Unangemessen lange Frist für das Unternehmen, einen Antrag auf Abschluss eines Vertrages anzunehmen.
- Ein bestimmtes Verhalten (z. B. Schweigen) des/der Verbrauchers/-in gilt als Abgabe oder Nichtabgabe einer Erklärung (außer er/sie wird bei Beginn der hierfür vorgesehenen Frist auf die Bedeutung seines Verhaltens hingewiesen und hat eine angemessene Frist für seine Äußerung).

7. Erfüllung von Geldschulden

Sofern bei Verträgen keine Barzahlung üblich ist, hat das Unternehmen dem/der Verbraucher/in für die Erfüllung seiner Geldschuld ein Bankkonto bekanntzugeben (ausgenommen, es wurde Zahlung mittels Kreditkarte oder Einziehungsauftrag vereinbart).

Werden von **Verbrauchern/-innen Gelder** überwiesen, so reicht es, dass der Überweisungsauftrag bei der Bank am **Tag der Fälligkeit** der Geldschuld erteilt wird.

Diese Regelung besteht **abweichend** von der allgemeinen Regelung des **ABGB**, wonach Banküberweisungen so zu tätigen sind, dass das Geld am **Tag der Fälligkeit** auf dem Konto des Vertragspartners einzulangen hat. Im **Mietrechtsgesetz** besteht die Regelung, dass die Miete eines Monats spätestens am 5. des Monats an die Vermieterin/den Vermieter zu entrichten ist.

8. Gewährleistung

Das gesamte Gewährleistungsrecht des ABGB und die Sonderbestimmungen des Konsumentenschutzgesetzes gelten zugunsten des Verbrauchers als **zwingend**. Dies gilt für sämtliche entgeltliche Verbrauchergeschäfte (z. B. Werkverträge).

Ort: Ist der Unternehmer nach ABGB verpflichtet, Mängel zu beheben oder Fehlendes nachzutragen (siehe Gewährleistung, Seite 211), so hat dies gemäß der Sonderregelung des KSchG an folgenden Orten zu geschehen:

- am **Übergabeort** oder, wenn es der Verbraucher verlangt,
- am **Ort des Unternehmers,** wenn dieser Gefahr und Kosten der Übersendung übernimmt und diese für den Verbraucher **zumutbar** ist.

9. Leistungsfrist bei Verträgen über Waren; Übersendung von Waren

Werden mit Verbrauchern Verträge über Waren geschlossen, so hat der Unternehmer **die Ware** ohne Aufschub, jedenfalls aber längstens innerhalb von **30 Tagen ab Vertragsabschluss**, bereitzustellen oder – wenn die Übersendung der Ware vereinbart ist – diese abzuliefern. Dies gilt jedoch nicht z. B. für die Lieferung von Wasser, Gas, Strom, Fernwärme oder wenn eine andere Frist ausdrücklich vereinbart ist.

Die **Gefahr** für **Verlust oder Beschädigung** einer Ware, die übersendet wird, geht (abweichend vom ABGB) erst dann auf den/die Verbraucher/in über, sobald die Ware bei diesem/dieser **abgeliefert** wird.

Falls jedoch die vom Unternehmen vorgeschlagene Auswahlmöglichkeit für die Beförderung der Ware nicht angenommen wird, weil der/die Verbraucher/in selbst einen Beförderungsvertrag abschließt, so geht die Gefahr bereits mit der **Aushändigung der Ware an den Beförderer** (z. B. Paketdienst, Post) auf den/die Verbraucher/in über. Im Zweifel (mangels anders lautender Vereinbarung) erlangt er/sie zu diesem Zeitpunkt auch das Eigentum an dieser Ware.

10. Sonstige Bestimmungen des KSchG

In den §§ 15 bis 27 werden besondere Vertragsarten und die damit zusammenhängenden Rechte der Verbraucher geregelt, z. B. Kreditgeschäfte von Ehegatten (§ 25 a-d), Wohnungsverbesserungsverträge (§ 26 d) und Vorauszahlungskäufe (§ 27).

Ein wesentliches Merkmal des KSchG ist die Einrichtung einer so genannten **Verbandsklage (§ 28):** Während früher nur der/die Geschädigte klageberechtigt war (der dann als Einzelner einen Rechtsstreit gegen große Unternehmen führen musste, was er sich u. U. nicht leisten konnte), können nach dem Konsumentenschutzgesetz auch (wirtschaftlich stärkere) **Verbände klagen**, wenn Bestimmungen des Gesetzes verletzt wurden oder gegen die guten Sitten verstoßen wird. Dabei kann auch gegen Unternehmen vorgegangen werden, die ihren Sitz im Ausland haben. In diesen Fällen gibt es **kein Kostenrisiko** für den einzelnen Konsumenten, was ein erheblicher **Vorteil** ist.

Klageberechtigt sind beispielsweise die Wirtschaftskammer Österreichs (www.wko.at), der Verein für Konsumenteninformation (www.vki.or.at) und die Bundesarbeitskammer (www.arbeiterkammer.at).

C. Fern- und Auswärtsgeschäfte-Gesetz (FAGG)

Dieses Gesetz gilt für **Geschäfte im Fernabsatz und Verträge, die außerhalb von Geschäftsräumen von Unternehmen** abgeschlossen werden (§ 1 FAGG). Auch diese Regelungen gelten zwischen Unternehmen und Verbrauchern, gleichgültig, ob die Initiative für das Geschäft vom Unternehmer oder vom Verbraucher ausging. Daneben gelten selbstverständlich die allgemeinen Regeln des Konsumentenschutzgesetzes.

Ausnahmen: Dieses Gesetz gilt z. B. **nicht** für Auswärtsgeschäfte über **maximal 50 Euro**, Finanzdienstleistungen, Pauschalreiseverträge und Automatenverträge.

Diese Ausnahmen bestehen teilweise wegen der Geringfügigkeit, teilweise, weil hier andere Gesetze bzw. Vorschriften gelten. Bei einem Teil der ausgenommenen Sachgebiete bzw. Verträge gilt allerdings die Regelung des **Konsumentenschutzgesetzes**, dass der Verbraucher vom abgeschlossenen Vertrag binnen 14 Tagen zurücktreten kann, wenn die Vertragserklärung außerhalb der Geschäftsräume des Unternehmens bzw. außerhalb des Messe- oder Marktstandes abgegeben wird. Näheres dazu siehe B. Konsumentenschutzgesetz, Punkt 2.

Begriffsbestimmungen (§ 3 FAGG)

Fernabsatzgeschäft ist jenes, das unter Zuhilfenahme von **Fernkommunikationmitteln** (z. B.Telefon, Fax, Internet) geschlossen wird.

Als **„außerhalb von Geschäftsräumen geschlossenen Vertrag"** versteht man jeden Vertrag zwischen einem Unternehmen und einem/einer Verbraucher/in,

- der an einem Ort geschlossen wird, der **kein Geschäftsraum** des Unternehmens ist,
- der zwar in den Geschäftsräumen des Unternehmers oder durch Fernkommunikationsmittel (Internet, Fax, Telefon etc.) geschlossen wird, der/die Verbraucher/in jedoch an einem anderen Ort außerhalb des Unternehmens **angesprochen** wurde oder
- der auf einem **Ausflug** geschlossen wird, der vom Unternehmen in der Absicht oder mit dem Ergebnis organisiert wurde, bei Verbrauchern für den Absatz ihrer Produkte zu werben und entsprechende Verträge zu schließen.

Informationspflichten des Unternehmens (§ 4 FAGG)

Es handelt sich um eine umfangreiche Liste von Informationen, die Unternehmen den Verbrauchern vor Vertragsabschluss zu erteilen haben. Dazu gehören unter anderem sämtliche Informationen des Konsumentenschutzgesetzes (B. Konsumentenschutzgesetz, Punkt 4), die Kosten für die Rücksendung einer Ware im Fall eines Rücktritts und Hinweise für die Funktionsweise und technische Behandlung digitaler Inhalte (Hard- und Software).

Alle diese von Unternehmen den Verbrauchern zu erteilenden Informationen gelten automatisch als **Vertragsbestandteil**. Änderungen sind nur dann wirksam, wenn sie zwischen den Vertragsparteien ausdrücklich vereinbart wurden. Für Verstöße gegen die Informationspflichten sind Verwaltungsstrafen vorgesehen.

Für so genannte **„Handwerkerverträge"**, das sind Verträge, bei denen Verbraucher das Kommen und die Dienste eines Unternehmens zur Ausführung von Arbeiten ausdrücklich anfordern (z. B. Installateur, Schlosser bzw. Aufsperrdienst), sind Erleichterungen vorgesehen, sofern der Betrag der **Arbeiten 200 Euro** nicht übersteigt, die Arbeit durchgeführt und gleich bezahlt wird **(„Sofortreparatur")**. Ein Kostenvoranschlag über diese Arbeiten, der die oben erwähnten Informationen enthält, kann nur mit Zustimmung des/der Verbraucher/in entfallen.

Bei einem Vertrag, der im **Internet** abgeschlossen wird und der den/die Verbraucher/in zu einer Zahlung verpflichtet, hat das Unternehmen vor dem Abschluss seine Informationen zu erteilen und dafür zu sorgen, dass der/die Verbraucher/in bei der **Bestellung ausdrücklich bestätigt**, dass diese mit einer **Zahlungsverpflichtung** verbunden ist. Das bedeutet konkret: Wenn der Bestellvorgang durch die Aktivierung einer Schaltfläche oder ähnliches erfolgt, muss diese gut lesbar ausdrücklich mit den Worten „zahlungspflichtig bestellen" oder einer gleichartigen eindeutigen Formulierung gekennzeichnet sein (sog. „Button-Regelung").

Rücktrittsrecht (§§ 11–18 FAGG)

Ohne Angabe von Gründen kann der/die Verbraucher/in von einem im Fernabsatz oder außerhalb der Geschäftsräume geschlossenen Vertrag innerhalb von 14 Tagen zurücktreten.

Beginn der Rücktrittsfrist: Lieferung der Ware, bei Dienstleistungen mit Vertragsabschluss

Form des Rücktritts: Es ist keine bestimmte Form vorgeschrieben. In der Regel sollte der Rücktritt schriftlich oder zumindest per E-Mail (mit Sende- und Lesebestätigung) erfolgen (Beweis!). Rücksendung der Ware allein reicht nicht aus.

Erfolgte durch das Unternehmen keine Information über das Rücktrittsrecht, verlängert sich die Rücktrittsfrist um 12 Monate. Wird in diesem Fall die Information innerhalb dieser Frist nachgeholt, endet die Frist 14 Tage nach Erhalt der Information.

Folgen des Rücktritts: Der/die Verbraucher/in muss die Ware binnen 14 Tagen ab der Rücktrittserklärung zurückstellen und etwaige Rücksendekosten tragen, außer, er wurde auf diese Folgen nicht hingewiesen. Jeder Vertragspartner muss seine bisher erbrachten Leistungen Zug um Zug zurückstellen. Der/die Verbraucher/in hat im Falle des tatsächlichen Gebrauchs der Ware auch einen Wertverlust zu ersetzen.

Kein Rücktrittsrecht gibt es unter anderem für bestimmte Waren und Dienstleistungen, z. B. solche, die nach persönlichen Bedürfnissen des/der Kunden angefertigt wurden sowie bei Handwerkerverträgen über dringende Reparaturen bzw. Instandhaltungsarbeiten. (s. FAGG, S. 228)

D. Verbraucherkredit-Gesetz (VKrG)

BGBl I 2010/28 idF BGBl I 2013/50

Grundlegende Regelungen für den Darlehensvertrag enthält das **ABGB** in den **§§ 983–1000**.

Das Verbraucherkredit-Gesetz hingegen gilt für **entgeltliche** Gelddarlehensverträge (Kreditverträge) zwischen einem Unternehmen als Kreditgeber und **einem/einer Verbraucher/in als Kreditnehmer**. Davon sind zins- und gebührenfreie Kreditverträge ausgenommen. Dabei enthält das Gesetz auch eine **Untergrenze**, d. h. es gilt nur für Kreditverträge mit einem Gesamtbetrag von **mindestens 200 Euro**.

Ausnahmen vom Anwendungsbereich (§ 4)
Dieses Gesetz gilt z. B. **nicht** für Kredite, z. B. jenen, bei denen die Rückzahlungsfrist maximal 3 Monate beträgt und nur geringe Kosten anfallen.

Rücktrittsrecht (§ 12)
Der Verbraucher kann von einem Kreditvertrag innerhalb von **14 Tagen ohne Angabe von Gründen** zurücktreten. Dabei beginnt die Frist für die Ausübung dieses Rechts mit dem Tag, an dem der Kreditvertrag abgeschlossen wurde. Erhält der Verbraucher die Vertragsbedingungen und die vorgeschriebenen Informationen über den Kredit erst später, so beginnt die Frist mit diesem Tag.

Als Folge der Ausübung des Rücktrittsrechts muss der Verbraucher dem Kreditgeber spätestens binnen 30 Tagen nach Absendung der Rücktrittserklärung den bisher ausbezahlten Betrag samt den seit der Auszahlung aufgelaufenen Zinsen zurückzahlen.

Informationspflichten in Kreditverträgen (§ 9)
Der Kreditvertrag muss eine Reihe von ausführlichen Informationen (in klarer und prägnanter Form) enthalten, z. B. die Art, Laufzeit sowie Gesamthöhe des Kredits und die Daten der Vertragsparteien.

Das Gesetz enthält auch Bestimmungen über die **Werbung** für Kreditverträge und damit verbundene Zinssätze (§ 5), Informationspflichten über entsprechende Vorverträge (§ 6), Prüfung der **Kreditwürdigkeit** des Verbrauchers, **Tilgungspläne** (§ 10), beiderseitige **Kündigungsrechte** (§§ 14, 15) sowie vorzeitige Rückzahlung durch den Verbraucher (§ 16).

Eigene Abschnitte regeln die Überziehungsmöglichkeiten auf dem Kreditkonto sowie Leasingverträge für Verbraucher. Das Gesetz sieht für Verstöße durch die Unternehmen Verwaltungsstrafen bis zu 10.000 Euro vor. Der Anhang 2 des Gesetzes enthält Muster für die entsprechenden Formulare.

Regelungen über die Führung von Girokonten, damit verbundene Daueraufträge und Einziehungsermächtigungen enthält hingegen das **Bankwesengesetz**.

E. Produktsicherheits-Gesetz

BGBl I Nr. 16/2005 idF BGBl I Nr. 71/2013

Dieses Gesetz legt bestimmte **Sicherheitsanforderungen** an Produkte fest, um **Verbraucher vor gefährlichen Produkten zu schützen**. Zuständig ist das Bundesministerium für Arbeit, Soziales und Konsumentenschutz, auf deren Homepage (**www.sozialministerium.at**) man Informationen zur Produktsicherheit abrufen kann. Ebenso ist das auf der Homepage des Vereins für Konsumenteninformation (**www.konsumentenfragen.at**) möglich.

Durch das Gesetz werden Hersteller/innen und Importeur/innen gesetzlich verpflichtet, nur **sichere Produkte** in Verkehr zu bringen. Die Sicherheit wird unter anderem nach dem vernünftigerweise **vorhersehbaren Gebrauch** beurteilt. Dabei ist auf „verletzlichere" Verbrauchergruppen wie Kinder, ältere und beeinträchtigte Personen besonders Bedacht zu nehmen.

Maßnahmen gegen gefährliche Produkte werden im Rahmen des sogenannten RAPEX-Verfahren EU-weit abgestimmt. Unter **http://ec.europa.eu/rapex** können die wöchentlichen Produktsicherheits-Meldungen im EU-Raum abgerufen werden. Durch diese Übersicht besteht die **Mög-**

lichkeit, sich **über bekannte Sicherheitsmängel bei Waren zu informieren** und sich so vor dem Kauf solcher Produkte zu schützen. Unter bestimmten Voraussetzungen gibt es für gefährliche Produkte (z. B. Sicherheitsmängel bei Autos) europaweite Rückrufaktionen.

Nach dem Gesetz gibt es eigens geschulte **Aufsichtsorgane der Länder**, die in Betrieben Nachschau halten, Proben ziehen oder auch befristete Sofortmaßnahmen wie ein **Verkaufsverbot** verhängen. Der BM für Arbeit, Soziales und Konsumentenschatz kann dauerhafte Maßnahmen setzen – also z. B. ein permanentes Verkaufsverbot oder nötigenfalls sogar einen Produktrückruf. Unternehmen sind bei Strafandrohung verpflichtet, den angeordneten Maßnahmen Folge zu leisten.

Ablauf der Kontrollmaßnahmen
Der Verbraucher, der bei einer Ware ernsthafte Mängel feststellt, kann sich an einen der großen Verbände wenden (siehe Schaubild unten).

Diese Organisationen entsenden je ein Mitglied (und ein Ersatzmitglied) in den **Produktsicherheitsbeirat beim Bundesministerium** (siehe Grafik). Der Beirat empfiehlt die jeweils zu setzenden Maßnahmen, die bis zu einem Vertriebsverbot für eine bestimmte Ware reichen können.

Alle für den **Bund tätigen Vollziehungsorgane** sowie die Träger der gesetzlichen Unfallversicherung müssen deutliche Wahrnehmungen über gefährliche Produkte und die Daten darüber dem **Bundesministerium sowie dem/der örtlich zuständigen Landeshauptmann/-frau** unverzüglich melden, die Einhaltung der Auflagen für die einzelnen Produkte ständig im Auge behalten und Übertretungen anzeigen. Wer den Maßnahmen aufgrund dieses Gesetzes zuwiderhandelt, muss mit hohen Geldstrafen rechnen.

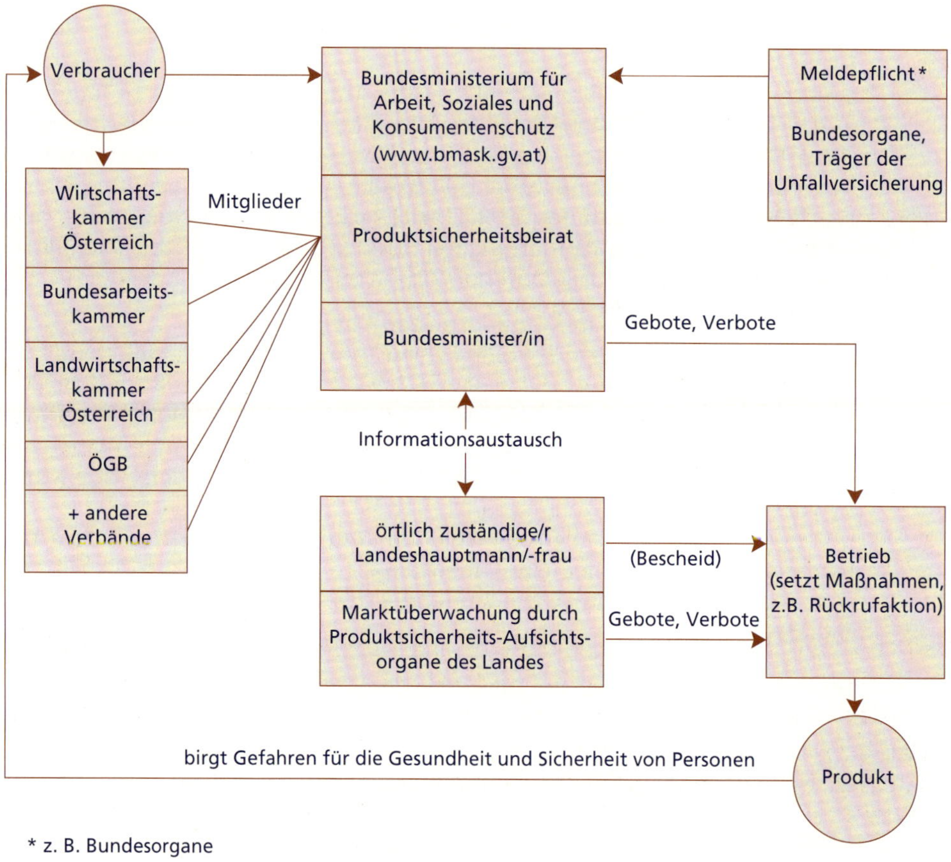

* z. B. Bundesorgane

F. Produkthaftungs-Gesetz (PHG)

Ergänzend zu den Regelungen des Produktsicherheitsgesetzes wird hier ausschließlich für die **Folgen** gehaftet, die sich aus der Benutzung von **fehlerhaften** Produkten ergeben. Verursacht etwa ein explodierender Kochtopf Schäden an der Kücheneinrichtung, muss der Topf nach diesem Gesetz nicht ersetzt werden.

Als Produkt gilt jede bewegliche Sache, auch Einzelteile. Der Beweis, dass das Produkt fehlerhaft war, muss nicht vom Konsumenten erbracht werden, sondern der **Hersteller** muss **beweisen**, dass sein Produkt **ordnungsgemäß** hergestellt wurde (Beweislastumkehr!). Der Händler haftet selbst, wenn er dem/der Konsumenten/-in nicht den Hersteller nennt.

Wird durch den Fehler eines Produktes ein Mensch getötet, am Körper verletzt oder an der Gesundheit geschädigt bzw. eine andere Sache beschädigt, so haftet:

- bei **inländischen Produkten** oder bei Produkten, die in der **EU oder EFTA** erzeugt wurden, deren Hersteller,
- bei **sonstigen ausländischen Produkten**:
  - der **EU- oder EFTA-Importeur**, der das Produkt in die EU oder EFTA importierte,
  - der **österreichische Importeur**, der das Produkt aus einem Staat außerhalb der EU oder EFTA importierte (er kann sich schützen, indem er vom ausländischen Hersteller den Nachweis einer diesbezüglichen Versicherung verlangt) oder
  - der **Händler**, der dem Geschädigten nicht in angemessener Frist den Importeur nennt.

Dauer der Haftung: **Zehn Jahre** ab dem Tag, an dem das Produkt in Verkehr gesetzt wurde. Bei Sachschäden gibt es einen **Selbstbehalt** des Konsumenten. Der diesen Betrag übersteigende Schaden muss in voller Höhe ersetzt werden. Körperschäden müssen zur Gänze – ohne Selbstbehalt – ersetzt werden.

G. Sonstige Einrichtungen und Regelungen zum Schutz der Verbraucher

In Österreich wird durch die Einrichtung des **Vereins für Konsumenteninformation** bereits ein Großteil der Streitfälle geregelt, ohne dass die Gerichte beschäftigt werden müssen. Darüber hinaus wurden auf vielen Gebieten durch die jeweiligen Interessensvertretungen (also zwischen Unternehmens- und Konsumentenvertretern) Schlichtungsstellen als eine Art Zwischeninstanz errichtet.

?

Wiederholungsfragen – Arbeitsaufgaben – Diskussionsanregungen

1. *Geben Sie an, welche Absicht hinter der Einführung des KSchG stand, und für welche Rechtsgeschäfte das KSchG anwendbar ist (und für welche Rechtsgeschäfte es nicht anwendbar ist).*
2. *Sie werden auf der Straße von einem Vertreter angesprochen und in ein Geschäftslokal geführt, wo Sie ein Abonnement für vier verschiedene Zeitschriften unterschreiben. Die Bestellung enthält den Zusatz „unwiderruflich". Sie bezahlen für den ersten Monat sofort und nehmen die ersten vier Hefte mit. Erörtern Sie, ob es eine Rücktrittsmöglichkeit gibt.*
3. *Jemand bestellt auf der Wiener Messe einen Rasenmäher und erhält sofort einen schriftlichen Kaufvertrag. Zu Hause bemerkt er, dass sein alter Rasenmäher noch funktioniert und will vom Vertrag zurücktreten. Untersuchen Sie, ob das möglich ist.*
4. *Zur Installierung eines neuen Badezimmers liegen Ihnen zwei Kostenvoranschläge vor:*
   A: 4.400 Euro mit dem Zusatz „ohne Gewähr";
   B: 5.500 Euro ohne jeden Zusatz
   Sie entscheiden sich für A. Nach den durchgeführten Arbeiten erhalten Sie eine Rechnung über 5.400 Euro. Geben Sie an, welche Möglichkeit Sie haben.
5. *Geben Sie wieder, unter welchen Voraussetzungen kleingedruckte Vertragsbestandteile nichtig sind.*
6. *Diskutieren Sie mit einem/einer Lernpartner/in, welche Vorteile die Möglichkeit der Verbandsklage bringt, und geben Sie drei Beispiele für Verbände an, die klagberechtigt sind.*
7. *Geben Sie einen Überblick über Ziele und Einrichtungen des Produktsicherheitsgesetzes.*
8. *Bei Malerarbeiten stürzen Sie von Ihrer Leiter, da eine Sprosse bricht. Sie brechen sich den Fuß und sind vier Wochen im Krankenstand. Die Leiter, ein ausländisches Fabrikat, haben Sie vor vier Jahren bei einem Wiener Händler gekauft. Erörtern Sie, welche Möglichkeiten Sie haben.*
9. *Sie bestellen im Internet einen Tablet-PC. Daraufhin hören Sie nichts mehr von der Firma und werden auch nicht über das Netz verständigt. Inzwischen sind sechs Wochen vergangen und sie haben bei einem Händler ein Gerät gefunden, das sogar billiger ist. Behandeln Sie die Möglichkeiten, von Ihrer Bestellung loszukommen.*
10. *Recherchieren Sie (eventuell mit einem/r Lernpartner/in) auf einer der genannten Homepages in Kapitel E. Produktsicherheits-Gesetz Informationen über ein fehlerhaftes Produkt und beschreiben Sie, welches Risiko oder welche Gefahr es für den/die Verbraucher/in darstellt.*

Wohnungseigentumsgesetz

VII. Mietrecht

Viele Menschen bewohnen ein eigenes Haus. Die Mehrzahl der Menschen – vor allem im städtischen Bereich – bewohnt jedoch eine Mietwohnung. Welche Rechtsvorschriften gelten für diese Mietverhältnisse?

Gilt das Schutzgesetz für die Mieter (Mietrechtsgesetz) für alle Wohnungen? Auch für Geschäftslokale und Garagen? Was versteht man unter einer Untermietwohnung? Welcher Mietzins darf für eine Wohnung vereinbart werden? Kann der Hausbesitzer für eine Wohnung verlangen, was er will oder gibt es gesetzliche Obergrenzen?

Was bedeutet „Hauptmietzins" und was sind Betriebskosten? Gibt es befristete Mietverträge? Darf ich in einer Wohnung Änderungen und Verbesserungen vornehmen? Erhalte ich dafür einen Ersatz, wenn ich aus der Wohnung ausziehe? Wann darf der Hausbesitzer kündigen? Wann kann ich die Wohnung meiner Großmutter übernehmen?

Diese und ähnliche Fragen werden im folgenden Kapitel erörtert.

A. Begriff und Anwendungsbereich

Rechtsgrundlage für die Miete ist ein Mietvertrag, in dem sich der/die Vermieter/in verpflichtet, dem/der Mieter/in gegen Entgelt auf gewisse Dauer eine Wohnung zur Verfügung zu stellen. Den rechtlichen Rahmen für solche Mietverträge bilden grundsätzlich die Bestimmungen des **ABGB über Bestandverträge.** Diese Bestimmungen dürfen – mit wenigen Ausnahmen – im Vertrag außer Kraft gesetzt werden. Da jedoch einerseits Wohnen zu den Grundbedürfnissen des Menschen zählt, andererseits Vermieter und Mieter von Wohnungen häufig eine wirtschaftlich unterschiedliche Stellung aufweisen, fallen die meisten Mietverträge über Wohnungen und Geschäftsräumlichkeiten zusätzlich unter das **Mietrechtsgesetz** (BGBl. Nr. 520/81 i. d. F. BGBl. I Nr. 124/2006). Dieses Gesetz regelt insbesondere den **Kündigungsschutz** und die **Mietzinsobergrenzen** und enthält größtenteils einseitig zwingendes Recht, d. h. Vereinbarungen zuungunsten des Mieters – gegen die gesetzlichen Bestimmungen – haben keine Gültigkeit.

B. Das Mietrechtsgesetz

1. Geltungsbereich

Das Gesetz gilt für **Wohnungen, einzelne Wohnungsteile, Geschäftsräumlichkeiten aller Art** (also auch Magazine, Werkstätten, Kanzlei- und Büroräume) sowie **mitgemietete Haus- und Grundflächen** (also auch Hausgärten, Abstell-, Lade- und Parkflächen).

Von diesem Geltungsbereich sind Mietgegenstände **ausgenommen,**

♦ **für die das Mietrechtsgesetz überhaupt nicht gilt,**
z. B. Mietgegenstände im Rahmen eines Hotels oder einer Pension, in Gebäuden mit nicht mehr als zwei selbstständigen Mieteinheiten, in Heimen (z. B. Studentenheim), Ferienwohnungen und Dienstwohnungen,

♦ **für die das Mietrechtsgesetz nur in Teilen gilt** (nur der Kündigungsschutz),
z. B. wenn es sich um eine **Eigentumswohnung** in einem Gebäude mit Baubewilligung nach dem 8.5.1945 handelt; um Mietgegenstände in nicht geförderten **Neubauten** mit Baubewilligung nach dem 30.6.1953; um **Dachbodenausbauten** mit Baubewilligung nach dem 31.12.2001; um **Zubauten** mit Baubewilligung nach dem 30.9.2006.

2. Hauptmiete – Untermiete

Bei der Beurteilung der Frage, ob eine Hauptmiete oder Untermiete vorliegt, ist die Rechtsstellung des Vermieters von entscheidender Bedeutung:

Ist der Vermieter Eigentümer des Hauses oder der Eigentumswohnung, liegt ein Hauptmietvertrag vor.

Ist er selbst Hauptmieter der Wohnung und vermietet diese weiter, liegt ein Untermietvertrag vor. Dabei **hängen die Rechte des Untermieters von denen des Hauptmieters ab**. Wird z. B. die Hauptmieterin rechtswirksam gekündigt, so verliert auch der Untermieter sein Mietrecht.

3. Erhaltung des Hauses und der Mietgegenstände

Es ist Pflicht des Vermieters, Haus- und Mietgegenstände im **ortsüblichen Standard** zu erhalten und **Gefahren für die Gesundheit** der Bewohner im Haus und in den Mietgegenständen zu beseitigen. Soweit es möglich ist, sind vom Vermieter auch nützliche Verbesserungen durchzuführen.

4. Ausstattung der Wohnung

Das Mietrechtsgesetz unterscheidet die Wohnungen nach vier Ausstattungskategorien.

Die jeweilige Ausstattungskategorie richtet sich nach dem Zustand der Wohnung zum Zeitpunkt des Abschlusses des Mietvertrags. Die Wohnungen der Kategorien A bis C müssen in **brauchbarem Zustand** sein. Ist dies nicht der Fall, gilt die Wohnung als eine der Kategorie D.

!

Kat.	Mindestausstattung
A	Mindestgröße 30 m^2, Zimmer, Küche oder Kochnische, Vorraum, WC und zeitgemäße Badegelegenheit, Warmwasser, automatische Heizung
B	keine Mindestgröße, sonst wie A, jedoch ohne automatische Heizung
C	mindestens eine Wasserentnahmestelle und ein WC in der Wohnung
D	Wasserentnahmestelle und/oder WC nicht in der Wohnung, sondern am Gang (so genannte „Bassena- oder Substandardwohnung")
D brauchbar	wie D, die Wohnung muss sich aber in einem brauchbaren Zustand befinden. Z. B. ist eine Wohnung mit einer veralteten Elektroanlage ohne Erdung für den Benutzer gefährlich und daher unbrauchbar.

5. Mietzinsobergrenzen

Welcher Mietzins darf vereinbart werden?

- Ein **freier** Mietzins: z. B. für Eigentumswohnungen, die nach dem II. Weltkrieg errichtet wurden, sowie für Wohnungen in Ein- und Zweifamilienhäusern.
- Ein **angemessener** Mietzins: z. B. für Geschäftsräume und für nach dem II. Weltkrieg errichtete Wohnungen, für Wohnungen der Kategorien A und B, die größer als 130 m^2 sind. Der **angemessene** Mietzins unterscheidet sich vom **freien** dadurch, dass er der richterlichen Überprüfungsmöglichkeit unterliegt.
- Ein **Richtwertmietzins:** Dieser gilt für alle anderen Wohnungen, mit Ausnahme jener der Kategorie D. Es handelt sich hier um einen Mietzins, der auf dem so genannten **Richtwert** beruht. Dieser Richtwert gilt für eine brauchbare Wohnung der Kategorie A mit einer Nutzfläche zwischen 30 m^2 und 130 m^2 in einem gut erhaltenen Haus in durchschnittlicher Wohnumgebung. Eine solche wird auch als **Normwohnung** bezeichnet.

Der Richtwert wird jährlich von dem/der Bundesminister/in für Justiz für jedes Bundesland festgesetzt und wird vom Grundkostenanteil sowie den Baukosten für geförderte Wohnungen errechnet. Für werterhöhende oder wertvermindernde Abweichungen vom Standard einer Normwohnung sind – ausgehend vom Richtwert – **Zuschläge** oder **Abschläge** vorzunehmen.

Beispiel: Richtwert für Wien ab 1.4.2015: 5,39 Euro pro m^2 und Monat. Als Abschlag für eine Wohnung der Ausstattungskategorie B werden 25 % empfohlen, für eine Wohnung C 50 %. Für die Ausstattungskategorie D gilt als Obergrenze 0,73 Euro pro m^2 (bzw 1,46 Euro pro m^2, wenn die Wohnung in brauchbarem Zustand ist).

Wird ein Mietzins vereinbart, der über dem zulässigen liegt, kann der Mieter innerhalb von 3 Jahren ab Mietbeginn den Mietzins **vom Gericht herabsetzen** lassen und das zu viel Bezahlte zurückfordern.

6. Die Bestandteile des Mietzinses

Hauptmietzins	Für diesen gelten – von wenigen Ausnahmen abgesehen – die **Obergrenzen** der „Angemessenheit" oder des Richtwertzinses oder des Zinses für eine Wohnung der Ausstattungskategorie D bzw. D - brauchbar.
Anteil an den Betriebskosten und öffentlichen Abgaben des Hauses	Dazu gehören Anteile an **Kosten** für Wasser, Kaminkehrung, Kanalräumung, Müllabfuhr, Schädlingsbekämpfung, Beleuchtung von allgemein zugänglichen Räumen, gesetzlich vorgeschriebene Versicherungen, Grundsteuer sowie Auslagen für die Hausbetreuung und die Hausverwaltung. Die **Höhe** des Kostenanteils richtet sich dabei nach der **Größe** der Wohnung im Verhältnis zur **Gesamtnutzfläche** des Hauses.
Anteil an besonderen Aufwendungen	z. B. Lift und Heizung
Umsatzsteuer	Der Steuersatz bei Wohnungen beträgt für den Hauptmietzins und die Betriebskosten 10 %, für Heizung, Möbel und Autoabstellplatz 20 %, bei Geschäftslokalen 0 % oder 20 % (Wahlrecht des Mieters).

7. Dauer und Beendigung des Mietvertrags

♦ **Befristete Mietverträge („Zeitmietverträge")**
Sie müssen schriftlich vereinbart werden und enden (ohne Kündigung!) mit dem Ablauf der vertraglich vereinbarten Zeit. Bei Wohnungen muss die ursprünglich vereinbarte Vertragsdauer und im Falle einer Verlängerung auch die Zeitdauer, um die verlängert wird, jeweils mindestens 3 Jahre betragen. Der höchstzulässige Hauptmietzins vermindert sich bei befristeten Hauptmietverträgen um 25 %.

♦ **Unbefristete Mietverträge**
Sie können unter Einhaltung bestimmter Fristen zu bestimmten Terminen von beiden Seiten gekündigt werden. Der Mieter genießt jedoch – falls der Mietgegenstand den Bestimmungen des Mietrechtsgesetzes unterliegt – Kündigungsschutz, d. h. der Mietvertrag kann **vom Vermieter** nur aus den im Gesetz aufgezählten **Gründen** und nur **gerichtlich** gekündigt werden. Der Mieter selbst kann formlos (z. B. durch eingeschriebenen Brief) kündigen.

Die häufigsten **Kündigungsgründe für den Vermieter** sind:
- Nichtbezahlung des Mietzinses
- Nachteiliger Gebrauch der Wohnung (z. B. Verwüstung)
- Rücksichtsloses und ungehöriges Verhalten gegenüber Mitbewohnern
- Gänzliche Untervermietung der Wohnung ohne Zustimmung des Eigentümers
- Nichtbenützung der Wohnung (ausgenommen Abwesenheit aus Gesundheits- oder Berufsgründen)
- Tod des Mieters, ohne eintrittsberechtigte Personen zu hinterlassen

Solche **eintrittsberechtigte** Personen, die nach dem **Tod** des Mieters in dessen Mietverhältnis eintreten, ohne der Zustimmung des Vermieters zu bedürfen (Mitteilung jedoch erforderlich!), sind: Ehegatte, eingetragener Partner, Lebensgefährte, Verwandte in gerader Linie, Adoptivkinder, Geschwister. Sie alle müssen mit dem verstorbenen Mieter bis zu dessen Tod in der Wohnung im **gemeinsamen Haushalt gelebt** und ein **dringendes Wohnbedürfnis** haben.

In gewissen Fällen gibt es auch einen **Eintritt unter Lebenden,** d. h. der Mieter darf dem oben erwähnten Personenkreis (ausgenommen: Lebensgefährte) die Wohnung ohne Zustimmung des Vermieters auch zu Lebzeiten überlassen. Allerdings müssen die Personen eine bestimmte Dauer (genauere Fristen enthält das Gesetz) nachweislich mit ihm im gemeinsamen Haushalt gelebt haben.

8. Verbesserungen an der Wohnung durch den/die Mieter/in
Grundsätzlich bedürfen Veränderungen oder Verbesserungen an der Wohnung der **Zustimmung** durch den Vermieter. Geplante Verbesserungen sind daher zu melden, Schweigen des Vermieters durch mehr als zwei Monate gilt allerdings als Zustimmung.

Erfolgt **keine Zustimmung,** dürfen nur **bestimmte** Verbesserungen vorgenommen werden (z. B Etagenheizung, Telefon, Fernsehantenne, energiesparende Maßnahmen). Voraussetzung ist dabei jedoch, dass der Mieter die **Kosten selbst trägt,** die Arbeiten von **befugten Gewerbetreibenden** vornehmen lässt und das **äußere Erscheinungsbild** des Hauses **nicht beeinträchtigt** wird.

Finanzielle Ablöse der Verbesserung **(Investitionsablöse):**

Bei Beendigung seines Mietverhältnisses hat der Hauptmieter Anspruch auf Ersatz des Aufwandes, den er selbst getätigt oder seinem Vormieter abgelöst hat. Der Anspruch besteht aber nur für **wesentliche Verbesserungen**, die **über sein Mietverhältnis hinaus von Nutzen** sind. Vergütet werden die Verbesserungen, vermindert um eine **jährliche Abschreibung**, und zwar um 1/10 jährlich für Erneuerung von Strom-, Wasser- und Gasleitungen, von Heiz- und Sanitäranlagen (inklusive einer Heiztherme oder eines Boilers) sowie des Fußbodens; um 1/20 jährlich für Kosten einer Wohnungszusammenlegung und anderer wesentlicher Verbesserungen. Dabei handelt es sich um eine erlaubte Ablöse im Sinne des Mietrechtsgesetzes.

Ablösen ohne Gegenleistung sind jedoch verboten und können im Falle ihrer Bezahlung zurückgefordert werden.

C. Sonstige Einrichtungen und Regelungen zur Miete

Es handelt sich dabei um eine Reihe weiterer Gesetze oder Verordnungen, die für den Mieter von Wohn- oder Geschäftsräumen bedeutsam sind:

1. Bestimmungen der Gewerbeordnung
über die Tätigkeit der Immobilienmakler und Immobilienverwalter.
Verordnung des Bundesministeriums für wirtschaftliche Angelegenheiten über die Standes- und Ausübungsregeln für Immobilienmakler (BGBl. Nr. 297/1996 i. d. F. BGBl. II Nr. 268/2010)

2. Maklergesetz (BGBl. Nr. 262/1996 i. d. F. BGBl. Nr. 34/2012) regelt insbesondere auch die Tätigkeit der Immobilienmakler.

3. Wohnbauförderungsgesetz (BGBl. Nr. 482/84 i. d. F. BGBl. Nr. 131/2001)

4. Bestimmungen der Zivilprozessordnung
über das Pacht- und Mietrechtsverfahren. Diese enthalten insbesondere die Zuständigkeiten und Verfahrensvorschriften für die gerichtliche Kündigung.

?

Wiederholungsfragen – Arbeitsaufgaben – Diskussionsanregungen

1. *Erklären Sie, wodurch sich grundsätzlich die Mietrechtsbestimmungen des ABGB von jenen des Mietrechtsgesetzes unterscheiden.*
2. *Erörtern Sie, für welche Wohnungen das Mietrechtsgesetz zur Gänze gültig ist.*
3. *Geben Sie an, nach welchen Kriterien der Richtwertmietzins ermittelt wird.*
4. *Erklären Sie den Unterschied zwischen Haupt- und Untermiete.*
5. *Entwickeln Sie eine Übersicht, aus welchen Bestandteilen sich die Miete zusammensetzt.*
6. *Erörtern Sie folgende Fragestellungen:*
   Unter welchen Voraussetzungen können zeitlich befristete Mietverträge geschlossen werden?
   Wie können unbefristete Mietverträge vonseiten des/der Vermieters/-in aufgelöst werden?
   Unter welchen Voraussetzungen sind welche Personen eintrittsberechtigt?
   Für welche Investitionen können Mieter/innen bei Beendigung des Mietverhältnisses eine Ablöse verlangen?
7. *Eine ältere Dame möchte ihren Lebensabend im Altersheim verbringen. Zwei Wochen vor ihrer Übersiedlung zieht ihr zwanzigjähriger Enkel, der einen eigenen Hausstand gründen möchte, in die Wohnung ein und meldet sich auch polizeilich an. Klären Sie, ob er einen Anspruch auf die Wohnung geltend machen kann.*
8. *Ein Mieter hat – aus persönlicher Vorliebe – in seiner Wohnung die Türstöcke auswechseln und Rundbögen einbauen lassen, ohne den Vermieter zu benachrichtigen. Bei Aufgabe der Wohnung verlangt er von der Vermieterin seine Investition zum Zeitwert abgelöst. Die Vermieterin verweigert dies und verlangt darüber hinaus die Wiederherstellung des vorigen Zustandes. Diskutieren Sie, wer im Recht ist.*

Gerichtsbarkeit

Normalerweise werden Löhne ausbezahlt, Schäden verbessert, die Verkehrsregeln eingehalten und Mitmenschen nicht verprügelt oder bestohlen, ohne dass es eines staatlichen Eingriffes bedarf. Was soll aber geschehen, wenn Menschen die Regeln verletzen?

Wie komme ich zu meinem Geld, wenn es mir mein Schuldner nicht zahlen möchte, wie stelle ich ab, dass mein Nachbar immer dann Lärm macht, wenn ich meine Ruhe haben will, wie wehre ich mich gegen ungerechtfertigte Forderungen?

Was passiert mir, wenn ich bei einem Autounfall jemanden verletzt habe, was geschieht, wenn mich jemand überfallen hat? Was geschieht mit dem Täter, wie komme ich zu meinem Schadenersatz?

Diese und ähnliche Fragen werden im folgenden Kapitel behandelt.

I. Einleitung und Grundbegriffe

Im demokratischen Staat ist die Stellung der unabhängigen, weisungsfreien **Richter/innen** in der Verfassung verankert. Die Richter/innen sind nur an die Gesetze und an sonstige Rechtsnormen gebunden und haben die schwierige Aufgabe, der Gerechtigkeit – soweit dies den Menschen möglich ist – Geltung zu verschaffen. Von ihren persönlichen Gefühlen lassen sich viele Menschen zu einer unbekümmert raschen Stellungnahme in Bezug auf manche Probleme des Alltags verleiten. Sie wissen nichts von den Schwierigkeiten, die sich für die Gerichtsbarkeit (und damit für die Richter/innen) bei der Suche nach der **Wahrheit** und der objektiv zu treffenden **Bewertung** der Wahrheit ergeben.

Die **Strafgerichtsbarkeit** dient der Durchsetzung des **staatlichen Strafanspruchs.**

Jeder Person, die einer Straftat verdächtigt wird, muss ihre Schuld in einem eigenen Verfahren nachgewiesen werden. Solange dieser Nachweis nicht gelingt und keine rechtskräftige Verurteilung vorliegt, gilt diese Person als unschuldig. Dieser Grundsatz ist in heutiger Zeit wegen der häufigen Zeitungsberichte in großer Aufmachung wichtig.

Die **Zivilgerichtsbarkeit** dient der Durchsetzung **privatrechtlicher Ansprüche.**

Hat zum Beispiel eine Käuferin einer Sache aufgrund des Sachverhalts (z. B. ein bestimmter technischer Fehler an einem Gerät) und der Rechtslage einen Gewährleistungsanspruch und erfüllt der Verkäufer diesen Anspruch nicht freiwillig, so kann die Käuferin beim zuständigen Gericht eine Klage einbringen. Ein weiteres Beispiel wäre, dass jemand einem anderen einen Schaden zufügt und sodann seinem gesetzlichen Auftrag, Schadenersatz zu leisten, nicht nachkommt.

II. Rechtsquellen (Auswahl)

Strafgerichtsbarkeit	Zivilgerichtsbarkeit
♦ **Strafgesetzbuch** – StGB ♦ **Jugendgerichtsgesetz** – JGG ♦ **Militärstrafgesetz** – MilStG ♦ **Suchtmittelgesetz** – SMG ♦ **Strafprozessordnung** – StPO	♦ **Jurisdiktionsnorm** – JN ♦ **Zivilprozessordnung** – ZPO ♦ **Arbeits- und Sozialgerichtsgesetz** – ASGG ♦ **Exekutionsordnung** – EO ♦ **Konkursordnung** – KO ♦ **Ausgleichsordnung** – AO ♦ **Außerstreitgesetz** – AußStrG

Die angeführten Gesetze wurden vielfach **novelliert.** Die geltenden Fassungen der Gesetze werden von den verschiedensten Verlagen herausgegeben, wie z. B. Kodex des österreichischen Rechtes im Verlag LexisNexis und im Linde-Verlag.

III. Gerichte und Verfahrensgrundsätze

- **Ordentliche Gerichte:**
  Bezirksgerichte – Landesgerichte – Oberlandesgerichte – Oberster Gerichtshof
- **Außerordentliche Gerichte:**
  Verfassungsgerichtshof (VerfGH), Verwaltungsgerichtshof (VGH)

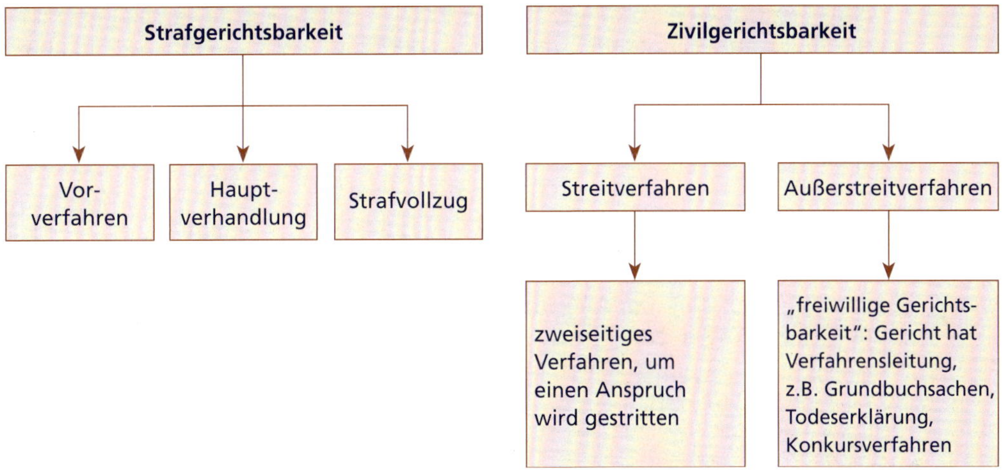

Verfahrensgrundsatz	Beschreibung
Öffentlichkeit und Mündlichkeit	Die Verhandlung vor dem erkennenden Gericht ist öffentlich und mündlich. Ausnahmen vom Grundsatz der Öffentlichkeit bestimmt das Gesetz (z. B. das zivilgerichtliche Verfahren in Ehesachen ist nicht öffentlich; im strafgerichtlichen Verfahren kann aus bestimmten Gründen die Öffentlichkeit ausgeschlossen werden: Sittlichkeit, Betriebsgeheimnisse usw.).
Laienbeteiligung	Das Volk hat an der Rechtsprechung mitzuwirken.
Waffengleichheit	Dem/Der Richter/in ist die Auffindung des Rechts nur möglich, wenn beide Parteien vor Gericht mit **gleichen Mitteln** kämpfen können.
Ermittlung des Sachverhalts	Was nicht eindeutig **bewiesen** werden kann, kann nicht Grundlage einer Entscheidung sein.
Unmittelbarkeit	Entscheidungsgrundlage kann nur sein, was sich vor dem Gericht ereignet hat (Ausnahmen). Das Urteil darf nur von **Richtern** gefällt werden, die **an der gesamten mündlichen Verhandlung** teilgenommen haben.
Freie Beweiswürdigung	Das Gericht hat nach **freier Überzeugung** zu entscheiden, ob es aufgrund der durchgeführten Beweisaufnahme einen Sachverhalt oder eine Tatsachenbehauptung für erwiesen annimmt oder nicht. **Beweismittel**: Urkunden, Zeugen, Sachverständige, Augenschein, Vernehmung der Parteien.
Überprüfbarkeit der Entscheidung	Die Parteien können die Entscheidung des Gerichts durch ein höheres Gericht nachprüfen lassen **(„Instanzenzug“).**

Die aufgezeigten Verfahrensgrundsätze kennzeichnen die Gerichtsbarkeit in einem **demokratischen Staat.** Dazu gehört auch, dass die Richter/innen in Ausübung ihres Amtes **unabhängig** (weisungsfrei), **unabsetzbar** und **unversetzbar** sind. Bei rechtswidrigem Verhalten sind sie jedoch absetzbar und versetzbar. Auf eigenen Wunsch können sie jederzeit versetzt werden.

IV. Wichtige Unterschiede zwischen Strafgerichtsbarkeit und Zivilgerichtsbarkeit

Strafgerichtsbarkeit	Zivilgerichtsbarkeit
Rechtsgrundlage: **Strafprozessordnung**	Rechtsgrundlage: **Zivilprozessordnung**
Offizialprinzip: Der Prozess wird von Amts wegen eingeleitet und vorangetrieben (wenige Ausnahmen: z. B. Privatanklagedelikte wie Ehrenbeleidigung).	**Parteiendisposition:** Die Parteien bestimmen über Einleitung, Gegenstand und Ende des Verfahrens. Setzen sie keine Handlungen, müssen sie mit Nachteilen für ihren Standpunkt rechnen. Sie können auch einen Vergleich schließen.
Ankläger (Staat, vertreten durch den **Staatsanwalt**). Die Öffentlichkeit (= der Staat) hat ein Interesse an der Überführung, Sicherung und Bestrafung des Täters. Der **Angeklagte** wird durch eine/n **Verteidiger/in** vertreten.	**Kläger** klagt (zumeist mit Hilfe eines Rechtsanwaltes) den **Beklagten** wegen eines im Privatrecht begründeten Anspruchs. (Rechtsanwälte: „Klagevertreter und Beklagtenvertreter".)
Der **wahre Sachverhalt** wird von Amts wegen festgestellt. Das Geständnis des Angeklagten genügt nicht.	Die Wahrheit wird mit Hilfe von **Beweisen**, die die **Parteien** beizubringen haben, festgestellt. Zugestandene Tatsachen bedürfen keines Beweises.
Relativ starke Laienbeteiligung (**Schöffen** und **Geschworene** entscheiden).	Laienbeteiligung geringer: Fachkundige Laien als **Beisitzer** in Handelssachen sowie Arbeits- und Sozialrechtssachen.
Verurteilung mit Straffolgen (bedingt oder unbedingt). Folge: Täter/in vorbestraft, Ermahnung (Jugendstrafsachen) oder **Freispruch**.	Urteil auf Leistung, Feststellung oder Änderung eines Rechts.
Rechtsmittelverfahren: zwei Instanzen.	Rechtsmittelverfahren: zwei bis drei Instanzen.

V. Übersicht über die Organisation der Strafgerichtsbarkeit und Zivilgerichtsbarkeit

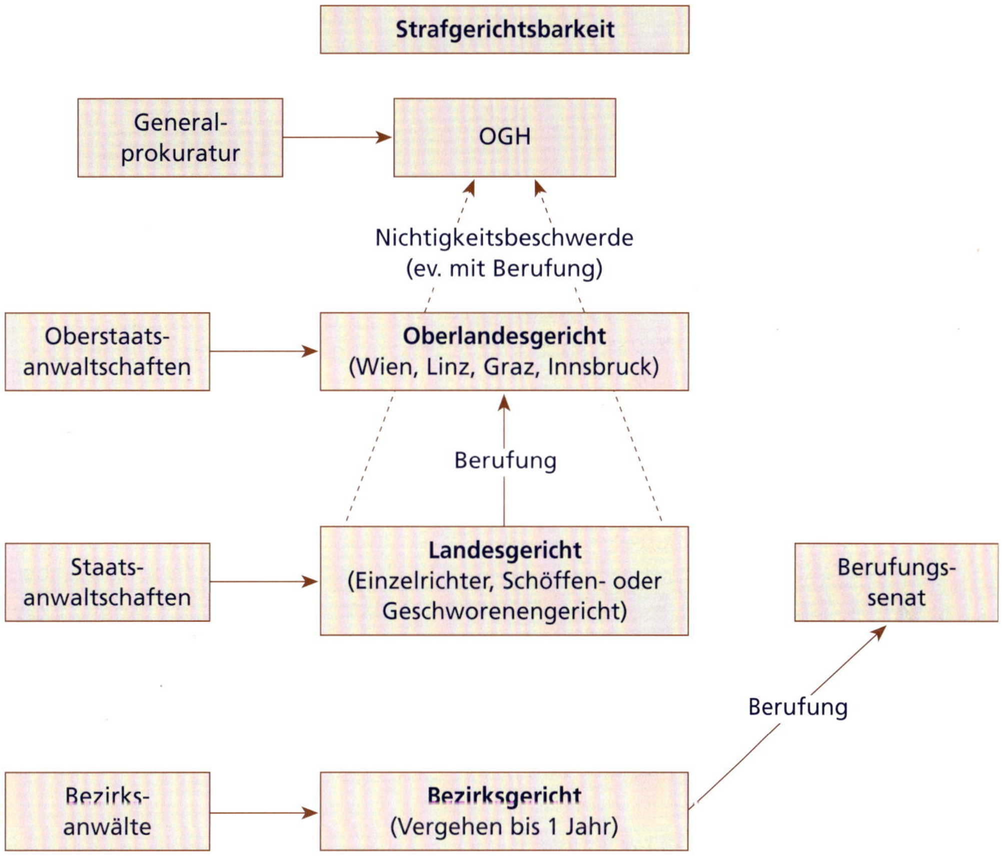

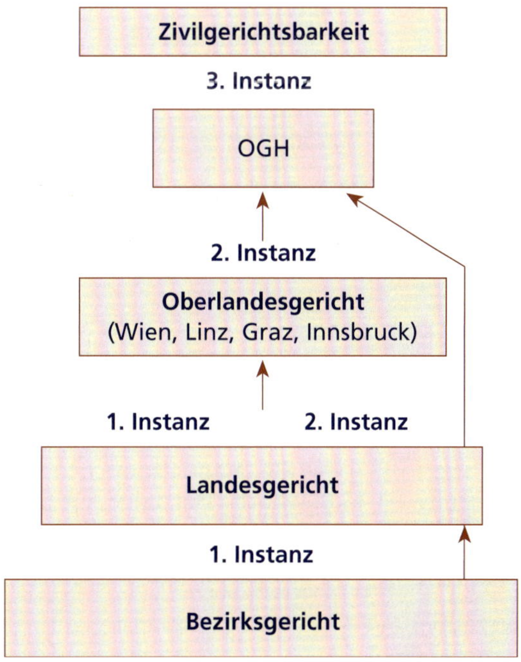

Häufig entspringt einer Straftat **sowohl** ein Strafverfahren **als auch** ein Zivilverfahren. Beispiele:
- **Schwere Körperverletzung:** Im Strafverfahren kann der Täter zu einer Strafe verurteilt werden; im Zivilverfahren geht es um den Schadenersatz für das Opfer (Heilungskosten, Schmerzensgeld, Verdienstentgang und allfällige Sachschäden).
- **Einbruchdiebstahl:** Im Strafverfahren kann der Täter zu einer Strafe verurteilt werden; um den Ersatz des Wertes der gestohlenen Sachen (sofern sie nicht sichergestellt wurden) oder den beim Einbruch verursachten Schaden geht es in einem Zivilverfahren.

VI. Zivilprozess

Wie und wo kann ich meine Ansprüche geltend machen; brauche ich dazu einen Rechtsanwalt; was mache ich, wenn ich nicht genug Geld habe, um einen Prozess zu führen? Ist mit einem Zahlungsbefehl oder einem Urteil schon alles erledigt oder kann ich etwas dagegen tun?

Wie setze ich die mir zustehenden Ansprüche durch, wenn der bereits verurteilte Schuldner nicht freiwillig zur Leistung bereit ist?

Diese und ähnliche Fragen werden im folgenden Abschnitt behandelt.

A. Gerichtsorganisation und Zuständigkeit

Privatrechtliche Ansprüche werden entweder freiwillig erfüllt oder können mit Hilfe des Gerichtes durchgesetzt werden. Dabei ist vorerst zu klären, welches Gericht sachlich und örtlich zuständig ist. Unter sachlicher Zuständigkeit versteht man die Zugehörigkeit einer bestimmten Rechtssache zu einem bestimmten Gerichtstyp, die örtliche Zuständigkeit regelt, an welchem Gerichtsort das Verfahren durchzuführen ist. Sachliche und örtliche Zuständigkeit ergeben, welches Gericht im konkreten Fall zu entscheiden hat.

1. Sachliche Zuständigkeit

Das **Bezirksgericht** ist zuständig:

a) für Streitigkeiten über vermögensrechtliche Ansprüche, wenn der Streitwert **15.000 Euro nicht übersteigt** („Wertzuständigkeit").

b) **ohne Rücksicht** auf den **Wert** des Streitgegenstandes („Eigenzuständigkeit") für:
- Streitigkeiten über die Bestimmung oder Berichtigung von **Grenzen** unbeweglicher Güter;
- Streitigkeiten wegen **Besitzstörung**;
- Streitigkeiten aus **Miet-** oder **Pachtverträgen** über unbewegliche Sachen;
- **Eheangelegenheiten** (Scheidung, Aufhebung, Nichtigerklärung).

c) im so genannten **„außerstreitigen Verfahren"**, für Vormundschaft, Adoption, Pflegschafts-(Sachwalterschafts-)Sachen, Verlassenschaft, Grundbuch und Beglaubigung von Unterschriften oder Abschriften. Im Außerstreitverfahren gibt es keinen Kläger und Beklagten, nur Antragsteller und eventuell Antragsgegner.

Das **Landesgericht** ist zuständig:

a) allgemein für **Streitigkeiten über vermögensrechtliche Ansprüche,** wenn der **Streitwert 15.000 Euro übersteigt** und nicht Eigenzuständigkeit des Bezirksgerichtes gegeben ist;

b) als **„Handelsgericht"** (bzw. als **„Handelsgericht Wien")**
- wenn der Streitwert 15.000 Euro übersteigt, für Streitigkeiten
- aus **unternehmensbezogenen Geschäften,** wenn die Klage gegen ein Unternehmen gerichtet und das Geschäft zugleich auf der Seite des Beklagten ein unternehmensbezogenes Geschäft ist:
- aus der Veräußerung eines Unternehmens;
- aus dem Firmenrecht;
- nach dem Aktiengesetz;
- die sich aus dem Wechsel- und Scheckverkehr ergeben.

Übersteigt der Streitwert in diesen Fällen den Wert von 15.000 Euro nicht, dann sind die **Bezirksgerichte „in Handelssachen"** zuständig.

– Ohne Rücksicht auf den Streitwert gehören vor die Handelsgerichte:
Angelegenheiten (Ansprüche) nach den Schutzvorschriften des wirtschaftlichen Wettbewerbs (rechtswidriger Gebrauch von Erfindungen, Mustern, Modellen, Marken, Streitigkeiten in Zusammenhang mit dem Gesetz gegen den unlauteren Wettbewerb und dem Urheberrechtsgesetz).

c) als **„Arbeits- und Sozialgericht"** (bzw. als **„Arbeits- und Sozialgericht Wien")**
- für aus dem Arbeitsverhältnis entspringende Streitigkeiten
  - zwischen Arbeitgebern/-innen und Arbeitnehmern/-innen,
  - zwischen Arbeitgebern/-innen oder Arbeitnehmern/-innen und Mitgliedern der Organe der Arbeitnehmerschaft im Zusammenhang mit deren Organtätigkeit,
  - zwischen Arbeitnehmern/-innen im Zusammenhang mit der gemeinsamen Arbeit,
  - usw. (Näheres siehe ASGG § 50)
- für aus dem Sozialrecht entspringende Streitigkeiten,
  - die den Bestand, den Umfang oder das Ruhen eines Anspruches auf Versicherungsleistung,
  - die Pflicht zum Rückersatz einer zu Unrecht empfangenen Versicherungsleistung,
  - die Ersatzansprüche der Träger der Sozialhilfe betreffen
  - usw. (Näheres siehe ASGG § 65)

d) In **Außerstreitsachen** sind die Landesgerichte für die Todeserklärung und die Kraftloserklärung von Urkunden und als Handelsgerichte für die Führung des Firmenbuches zuständig.

Die **Oberlandesgerichte** und der **Oberste Gerichtshof** sind Rechtsmittelinstanzen.

2. Örtliche Zuständigkeit („Gerichtsstand")

a) Allgemeiner Gerichtsstand
- Alle Klagen, die nicht aufgrund der Zuständigkeitsvorschriften unbedingt bei einem anderen Gericht eingebracht werden müssen, sind bei dem sachlich zuständigen Gericht einzubringen (Bezirksgericht bzw. Landes- oder Kreisgericht), in dessen Sprengel **der/die Beklagte seinen/ihren Wohnsitz**, Sitz der Verwaltung (bei Personengesellschaften und juristischen Personen) oder gewöhnlichen Aufenthaltsort hat.

b) Besondere Gerichtsstände
- Gerichtsstand der **Niederlassung des Klägers:** Protokollierte Kaufleute können Forderungen wegen Warenlieferungen und Leistungen gegen Kaufleute am Ort der eigenen Niederlassung einklagen.
- Gerichtsstand des **Erfüllungsortes:** Klagen auf Feststellung des Bestehens oder Nichtbestehens eines Vertrages, auf dessen Erfüllung oder Aufhebung sowie auf Entschädigung wegen Nichterfüllung oder nicht gehöriger Erfüllung können bei dem Gericht des Ortes erhoben werden, an dem der Vertrag nach Übereinkunft der Parteien vom Beklagten zu erfüllen ist.
- Der **„Fakturengerichtsstand"** ist ein Sonderfall und wird begründet, wenn die Faktura spätestens mit der Ware übersendet wird und z. B. die Klausel „Zahlbar und klagbar in Wien" enthält. Kläger/in und Beklagte/r müssen ein Unternehmen betreiben, und es muss sich um eine Klage wegen einer Warenlieferung handeln. Wichtig ist, dass der Ort namentlich angeführt ist.
- Gerichtsstand der **Schadenszufügung.**
- **Vermögensgerichtsstand:** Der Wert des gesamten Vermögens darf nicht unverhältnismäßig geringer sein als der Wert des Streitgegenstandes.
- Gerichtsstand des **Ortes der Arbeitsleistung,** des Ortes der **Bezahlung des Arbeitsentgelts** etc. in arbeitsrechtlichen Streitigkeiten.
- Gerichtsstand des Wohnsitzes bzw. gewöhnlichen **Aufenthalts des Versicherten** in Sozialrechtssachen.

B. Übersicht über Instanzenzug und Gerichtsbesetzung

3. Instanz	Oberster Gerichtshof	
Über Rechtsmittelentscheidungen der	Landes- und Handelsgerichte in 2. Instanz	Oberlandesgerichte in 2. Instanz
	durch den 5-Richter-Senat[1)]	
↑	↑	↑
2. Instanz	**Landes-, Handelsgerichte**	**Oberlandesgerichte**
Über Entscheidungen der	Bezirksgerichte	Landes- und Handelsgerichte Arbeits- und Sozialgerichte
	durch den 3-Richter-Senat[2]	durch den 5-Richter-Senat[1] durch den 3-Richter-Senat[3]
↑	↑	↑
1. Instanz	**Bezirksgerichte**	**Landesgericht sowie LG als HG oder ASG**
Entscheidung von Rechtsstreitigkeiten	durch Einzelrichter/innen	durch Einzelrichter/innen
	♦ Streitwert bis 15.000 Euro ♦ uneheliche Vaterschaft ♦ Unterhalt ♦ Besitzstörung ♦ Bestandsachen ♦ Ehesachen	♦ Streitwert bis 100.000 Euro ♦ Wechsel bis 100.000 Euro
		durch den 3-Richter-Senat[2)3)]
		♦ Streitwert (Wechsel) über 100.000 Euro ♦ Amtshaftungssachen ♦ Arbeits- und Sozialrechtssachen
Besondere Verfahrensarten	♦ Besitzstörungs-, ♦ Mandats- und Wechselverfahren	♦ Mandats- und ♦ Wechselverfahren über 15.000 Euro

[1] Im ASG-Verfahren: 3 Berufsrichter, 2 Laienrichter, je einer aus dem Kreis der AG und AN
[2] Im ASG-Verfahren: 1 Berufsrichter, 2 Laienrichter, je einer aus dem Kreis der AG und AN
[3] In Handelssachen: 2 Berufsrichter, 1 Laienrichter

C. Von der Klage bis zur Vollstreckung

Prinzipiell darf es nicht ausschließlich um das Gewinnen des Prozesses gehen, sondern um das Ergebnis, das mit einer gewissen Wahrscheinlichkeit erwartet werden kann. Deshalb muss man einerseits **im Recht sein und dies auch beweisen können** und andererseits die Chance haben, aufgrund des gewonnenen Prozesses den Anspruch erhalten zu können (also z. B. eine Forderung zumindest teilweise hereinzubringen).

Zivilprozess

1. Einleitung des Verfahrens

Das Verfahren in 1. Instanz beginnt immer mit einer **Klage**, die der Kläger in der Regel schriftlich beim zuständigen Gericht einbringt. Darin begehrt er Rechtsschutz durch eine gerichtliche Entscheidung. Wesentlicher **Inhalt der Klage:**
- Gericht,
- Kläger/in,
- Beklagte/r,
- Darstellung des **Sachverhalts,**
- **Beweismittel** und ein
- **bestimmtes Klagebegehren** (Urteilsantrag).

Bei den Bezirksgerichten **können** die Parteien bis zu einem Streitwert von 5.000 Euro selbst auftreten oder sich vertreten lassen, über einem Streitwert von 5.000 Euro und bei den anderen Gerichten **müssen** sich die Parteien durch Rechtsanwälte/-innen vertreten lassen **(Anwaltspflicht)**. Vor den Arbeits- und Sozialgerichten kann die Partei entweder selbst auftreten oder sich durch jede geeignete Person vertreten lassen.

2. Gang des Verfahrens

a) Zahlungsbefehl und Einspruch – Klagebeantwortung – Tagsatzung zur mündlichen Streitverhandlung

Aufgrund der Klage wird bei einem Streitwert bis zu 75.000 Euro, sofern lediglich eine Geldforderung geltend gemacht wird, ohne Anhörung des Gegners sofort ein **Zahlungsbefehl** erlassen. Erhebt der/die Beklagte gegen diesen Zahlungsbefehl keinen Einspruch, so erwächst er in Rechtskraft und der/die Kläger/in kann sofort Exekution führen.

Durch einen innerhalb der 4-wöchigen Einspruchsfrist rechtzeitig erhobenen Einspruch tritt der Zahlungsbefehl außer Kraft und es ist vom Gericht die vorbereitende Tagsatzung und in weiterer Folge die Tagsatzung zur mündlichen Streitverhandlung anzuberaumen.

Übersteigt der Streitwert 75.000 Euro, sind mit dem Zahlungsbegehren auch andere Ansprüche (Dienstzeugnis, Feststellung) verbunden oder werden nur andere Ansprüche (Dienstzeugnis, Feststellung) geltend gemacht, so ist vom Gericht eine Verhandlung, die vorbereitende Tagsatzung anzuberaumen. Erscheinen beide Parteien zum Termin, so wird das Verfahren **streitig**. Erscheint nur eine Partei (meist der Kläger), so kann auf Antrag der erschienenen Partei ein **Versäumungsurteil** erlassen werden (dagegen kann kein Widerspruch erhoben werden). Erscheinen beide Parteien nicht (oder entfernen sie sich vereinbarungsgemäß ohne Antragstellung), so tritt Ruhen des Verfahrens ein. Das Verfahren kann in diesem Fall erst frühestens nach Ablauf von 3 Monaten fortgesetzt werden.

Die vorbereitende Tagsatzung hat eine verfahrensbeschleunigende und prozessökonomische Funktion. Es wird geklärt, ob überhaupt und zu welchen Beweisthemen ein Prozess geführt wird, während es erst in der Tagsatzung zur mündlichen Streitverhandlung regelmäßig zu Beweisaufnahmen kommt. Erscheint der/die Beklagte nicht zur ersten Verhandlung, so kann der/die Kläger/in (nochmals) ein Versäumungsurteil beantragen.

Im Verfahren vor dem Landesgericht (ausgenommen arbeitsrechtliche Streitigkeiten) ist – sofern ein Zahlungsbefehl erlassen wurde, gemeinsam mit dem Einspruch – immer eine Klagebeantwortung vorgesehen. Erstattet der/die Beklagte keine Klagebeantwortung, so kann auf Antrag des Klägers ein Versäumungsurteil ergehen (dagegen kann – nur einmal – Widerspruch erhoben werden, sofern nicht zuvor ein Zahlungsbefehl erlassen wurde). Wird die Klagebeantwortung rechtzeitig erstattet, so ist vom Gericht die vorbereitende Tagsatzung und in weiterer Folge die Tagsatzung zur mündlichen Streitverhandlung anzuberaumen.

Ablauf eines Zivilprozesses

<table>
<tr><td colspan="5">Klage</td></tr>
<tr><td colspan="2">Streitgegenstand nur Geldforderung bis 75.000 Euro</td><td colspan="3">Streitgegenstand Geldforderung über 75.000 Euro und/oder andere Forderung</td></tr>
<tr><td colspan="2">↓
Zahlungsbefehl</td><td colspan="3">↓
vorbereitende Tagsatzung (im Landesgericht nach Klagebeantwortung)
↓</td></tr>
<tr><td>Einspruch (im Landesgericht mit Klagsbeantwortung verbunden) → Verfahren wird streitig</td><td>kein Einspruch → rechtskräftig und vollstreckbar</td><td>beide erscheinen: Verfahren wird streitig</td><td>nur Kläger/in erscheint (im Landesgericht: Beklagter erstattet keine Klagebeantwortung): Kläger/in kann Versäumungsurteil beantragen</td><td>niemand erscheint: Verfahren ruht</td></tr>
<tr><td colspan="2"></td><td></td><td>Widerspruch (nur gegen Versäumungsurteil wegen Nichterstattung der Klagebeantwortung; muss den Inhalt einer Klagebeantwortung haben)</td><td>Fortsetzungsantrag nach 3 Monaten</td></tr>
<tr><td colspan="2">↓</td><td>↓</td><td>↓</td><td>↓</td></tr>
<tr><td colspan="5">Tagsatzung zur mündlichen Streitverhandlung
nur Kläger/in erscheint zur ersten Verhandlung kann Versäumungsurteil beantragen
beide Parteien erscheinen zur ersten Verhandlung
↓
Beweisverfahren
↓</td></tr>
<tr><td colspan="2">Urteil</td><td colspan="3">Vergleich
rechtswirksam und vollstreckbar</td></tr>
<tr><td>Berufung
↓</td><td>keine Berufung → rechtskräftig und vollstreckbar</td><td colspan="3" rowspan="4"></td></tr>
<tr><td colspan="2">Berufungsentscheidung</td></tr>
<tr><td>Revision
↓</td><td>keine Revision → rechtskräftig und vollstreckbar</td></tr>
<tr><td colspan="2">Revisionsentscheidung rechtskräftig und vollstreckbar</td></tr>
</table>

b) Die mündliche Streitverhandlung

♦ **Verhandlungsleitung**

Die Anberaumung der Tagsatzung zur mündlichen Streitverhandlung erfolgt durch den/die Richter/in. Der/Die Richter/in leitet die Verhandlung, erteilt und entzieht das Wort und protokolliert die Verhandlung. Der Ablauf der Verhandlung, die Reihenfolge der durchzuführenden Beweise sowie die Termine für allfällige neue Verhandlungen werden vom/von der Richter/in bestimmt.

Außer seiner Verhandlungsleitungspflicht hat d. Richter/in die Verpflichtung, die Parteien zu einem zweckdienlichen Vorbringen anzuleiten. Diese Anleitungspflicht besteht auch gegenüber den Parteienvertretern. Die Verletzung der Anleitungspflicht stellt einen Verfahrensmangel dar.

♦ **Vorbringen der Parteien**
Die Parteien tragen ihre Schriftsätze wie Klage, Klagebeantwortung und allfällige weitere Schriftsätze vor. Ist eine Partei nicht erschienen, so kann die erschienene Partei ein Versäumungsurteil beantragen (nur zu Beginn des Verfahrens) oder sich gleichfalls entfernen und damit Ruhen eintreten lassen. Handelt es sich um eine fortgesetzte Verhandlung und hat die nicht erschienene Partei bereits ein mündliches Vorbringen erstattet, so ist darauf Bedacht zu nehmen und sind die bereits beschlossenen Beweise auch in Abwesenheit dieser Partei durchzuführen.

♦ **Die einzelnen Beweismittel**
Alle Beweismittel sind gleichwertig und unterliegen der Beweiswürdigung durch das Gericht.

Zeugen
sind unter **Wahrheitspflicht** über die von ihnen gemachten Wahrnehmungen zu befragen. Sie haben dabei nur darüber auszusagen und befragt zu werden, was sie wahrgenommen haben, nicht jedoch über ihre Meinungen oder die Schlüsse, die sie aus ihren Wahrnehmungen ziehen.

Zeugen haben in der Beantwortung von Fragen, mit deren wahrheitsgemäßer Beantwortung sie sich selbst oder einen ihrer Angehörigen einer strafgerichtlichen Verfolgung, einem vermögensrechtlichen Nachteil oder dem Vorwurf der Schande aussetzen würden, ein **Entschlagungsrecht**. Darüber sind sie vor Beginn der Vernehmung von dem/der Richter/in zu belehren.

Steht ein Zeuge unter einem Amts- oder Berufsgeheimnis, so ist er vor seiner diesbezüglichen Aussage vom dazu Berechtigten davon zu entbinden – z. B. Behördenleiter beim Amtsgeheimnis, Patient bei der ärztlichen Verschwiegenheitspflicht.

Das Gericht, die Parteien und ihre Vertreter haben ein Fragerecht an die Zeugen.

Urkunden
halten einen Sachverhalt schriftlich fest.

Sachverständige
haben ihr Gutachten nach bestem Wissen und Gewissen unter Beachtung des Standes ihrer Wissenschaft und ohne Ansehen der Person zu erstatten. Der/Die Sachverständige ist als Organ des Gerichtes tätig und soll die Entscheidungsgrundlagen liefern, bei denen das durchschnittliche Wissen des Richters zur Beurteilung nicht ausreicht.

Augenschein
Zur Aufklärung der Sache kann das Gericht auf Antrag oder von Amts wegen die Vornahme eines Augenscheines, nötigenfalls mit Zuziehung eines oder mehrerer Sachverständiger, anordnen.

Parteienvernehmung
Der Beweis über streitige, für die Entscheidung erhebliche Tatsachen kann auch durch Vernehmung der Parteien geführt werden. Die Parteienvernehmung ist ein den anderen Beweismitteln gleichzuhaltendes Beweismittel.

♦ **Außerstreitstellung**
Eine Partei stellt entweder ausdrücklich oder stillschweigend (indem sie eine Behauptung unbestritten lässt) eine Tatsache außer Streit. In diesem Fall ist das Gericht – im Gegensatz zum Strafverfahren – an die behauptete Tatsache gebunden und hat sie seinen Sachverhaltsfeststellungen (mit) zugrunde zu legen, außer es wurde eine Tatsache gegen die Naturgesetze außer Streit gestellt.

♦ **Beweiswürdigung**
Das Gericht hat unter sorgfältiger Berücksichtigung der Ergebnisse der gesamten Verhandlung und Beweisführung nach freier Überzeugung zu beurteilen, ob eine tatsächliche Angabe für wahr zu halten ist oder nicht. Die für die Überzeugung des Gerichtes maßgeblichen Umstände und Erwägungen sind im Urteil zu begründen. Es besteht der Grundsatz der **„Freien Beweiswürdigung"**, d. h. es gibt weder Beweisregeln noch Wertigkeiten von Beweisen („gebundene Beweiswürdigung").

c) Zwischenfälle während des Verfahrens

♦ **Nichterscheinen**
Erscheint ein ordnungsgemäß geladener **Zeuge** oder **Sachverständiger** unentschuldigt nicht zur Verhandlung, so sind über diesen eine **Ordnungsstrafe** zu verhängen und ihm die Kosten der Verhandlung aufzuerlegen. Bei einem neuerlichen Nichterscheinen ist die Ordnungsstrafe zu verdoppeln und die **Vorführung** des Zeugen anzuordnen.

Bei einer nachträglichen begründeten Entschuldigung sind die Ordnungsstrafen nachzusehen.

Erscheint eine ordnungsgemäß geladene **Partei** unentschuldigt nicht zur Verhandlung, so ist ohne ihre Vernehmung mit dem Verfahren fortzufahren. Die Nichtaussage der Partei unterliegt der **Beweiswürdigung** durch das Gericht.

♦ **ungebührliches Benehmen**
Über Zeugen, Sachverständige, Parteien und ihre Vertreter – mit Ausnahme der nur der standesrechtlichen Disziplinargewalt unterstehenden berufsmäßigen Parteienvertreter – kann das Gericht wegen ungebührlichen Benehmens jeglicher Art eine **Ordnungsstrafe** verhängen. Benimmt sich ein Parteienvertreter weiter ungebührlich, so kann die Partei darüber hinaus angewiesen werden, sich eines anderen Vertreters zu bedienen. Die Kosten der Verhandlung sind dem Parteienvertreter aufzuerlegen.

♦ **Versäumung einer Prozesshandlung**
Ist einer Partei durch die Versäumung einer Prozesshandlung ein Rechtsnachteil erwachsen (z. B. Versäumung einer Frist oder der letzten Verhandlung, sodass die Partei nicht gehört werden konnte), so kann der Partei über ihren Antrag die **Wiedereinsetzung in den vorigen Stand** bewilligt werden. Ein Versehen minderen Grades hindert die Bewilligung der Wiedereinsetzung nicht.

3. Beendigung des Verfahrens

!

Das Verfahren in 1. Instanz kann beendet werden durch
- Zurückziehung der Klage,
- Vergleich,
- Urteil
- oder Ruhen des Verfahrens (für zumindest drei Monate).

a) Zurückziehung der Klage („Klagsrückziehung")
Die Zurückziehung der Klage mit Verzicht auf den Anspruch kann immer erfolgen. Ohne Verzicht auf den Anspruch kann die Klage nach Beginn der mündlichen Streitverhandlung nur mehr mit Zustimmung des Beklagten zurückgezogen werden. Jedenfalls gilt der Prozess als verloren und führt zur Kostenersatzpflicht des Klägers.

b) Vergleich
Die Parteien können sich jederzeit über die geltend gemachten Ansprüche einigen. Es ist auch eine wesentliche Aufgabe des Richters, eine gütliche Einigung der Parteien zu erzielen. Der Vergleich wird vom Gericht protokolliert und ist **vollstreckbar**. Durch einen Vergleich wird das Verfahren endgültig beendet.

c) Urteil
Kommt es weder zu einem Vergleich oder einer Klagsrückziehung oder wird nicht Ruhen des Verfahrens vereinbart, so hat das Gericht mit Urteil über den eingeklagten Anspruch zu entscheiden. Das Urteil ist schriftlich auszufertigen, zu begründen und den Parteien zuzustellen. Jeder, der nicht voll obsiegt hat, kann dieses Urteil binnen 4 Wochen mittels Berufung anfechten.

Bei mündlich verkündeten Urteilen muss binnen einer Woche schriftlich die Erhebung der Berufung angemeldet werden.

4. Gebühren und Kosten
Im Zivilprozess fallen **Gerichtsgebühren** (in Arbeitsrechtssachen erst ab einem Streitwert von 1.450 Euro), Zeugengebühren, Dolmetschkosten und Sachverständigengebühren an.

Der Verlierer hat dem Sieger die zur zweckentsprechenden Rechtsverfolgung notwendigen **Kosten** zu ersetzen. Bei teilweisem Obsiegen und Unterliegen werden die Kosten verhältnismäßig aufgeteilt.

Einer Partei, die ohne Gefährdung ihres notwendigen Unterhalts nicht in der Lage ist, die Kosten des Verfahrens selbst zu tragen, kann **Verfahrenshilfe** gewährt werden. Dabei trägt die Republik Österreich vorläufig alle Kosten dieser Partei. Im Rahmen der Verfahrenshilfe kann auch ein Rechtsanwalt zur Vertretung beigegeben werden. Die Partei kann sich dabei selbst den/die Anwalt/Anwältin aussuchen, wenn dieser mit der Vertretung der Partei als Verfahrenshelfer einverstanden ist.

D. Besondere Verfahrensarten

Besondere Verfahrensarten bezwecken im Wesentlichen die **Abkürzung** des Prozesses.

1. Besitzstörungsverfahren

Die Verhandlung kann schon am Tag der Klageeinbringung angeordnet werden und ist auf die Tatsache des letzten Besitzstandes und der erfolgten Störung zu beschränken. Die Entscheidung des Gerichts heißt **Endbeschluss.** (Siehe auch im Kapitel Sachenrecht.)

2. Mandatsverfahren

Wenn mit einer Klage Forderungen auf Geld oder andere vertretbare Sachen geltend gemacht werden, die durch **Urkunden** belegt sind, kann der/die Kläger/in beantragen, dass gegen den/die Beklagte/n ein **Zahlungsauftrag** – ohne vorhergehende mündliche Verhandlung – erlassen werde. Dieser beinhaltet die Aufforderung, die geltend gemachten Ansprüche zu befriedigen oder **Einwendungen** zu erheben. Erhebt der Gegner keine Einwendungen, wird der Zahlungsauftrag rechtskräftig und vollstreckbar. Werden Einwendungen erhoben, ist vom Gericht eine mündliche Streitverhandlung anzuberaumen. Für die Wirtschaft bedeutsam ist das **Wechselmandatsverfahren,** das für wechsel- und scheckrechtliche Rückgriffsansprüche angewandt werden kann. Die Leistungs- und Einwendungsfrist beträgt hier nur drei Tage (besondere Kürze – formelle Wechselstrenge!).

E. Rechtsmittelverfahren

Rechtsmittel ist jeder Parteienantrag, der auf **Überprüfung** und danach auf **Abänderung** oder **Aufhebung** der Entscheidung des Gerichtes einer unteren Instanz gerichtet ist.

Die **Rechtsmittelfrist** beginnt mit dem Wirksamwerden (Verkündung oder Zustellung) der Entscheidung und beträgt:
- gegen Urteile: 4 Wochen (Berufung, Revision)
- gegen Beschlüsse: 2 Wochen

1. Das Verfahren in 2. Instanz

a) Berufung

! Die Berufung ist durch eine/n Rechtsanwältin/-anwalt binnen 4 Wochen ab Zustellung des Urteils beim Erstgericht einzubringen. Eine Berufung ist nur zulässig, wenn der Berufungswerber in 1. Instanz nicht voll obsiegt hat, anderenfalls mangelt es ihm am Rechtsschutzinteresse.

Die Berufung hat zu enthalten:
- die Anfechtungserklärung, d. h. in welchem Umfang das Urteil angefochten werden soll,
- die Berufungsgründe, d. h. behauptete und ausgeführte Verfahrensmängel, unrichtige Tatsachenfeststellung, unrichtige Beweiswürdigung, Nichtigkeit, Aktenwidrigkeit und unrichtige rechtliche Beurteilung.

b) Berufungsbeantwortung

Die Berufung ist vom Erstgericht dem Berufungsgegner zuzustellen, der die Möglichkeit hat, binnen 4 Wochen zu den Behauptungen in der Berufung und den behaupteten Berufungsgründen Stellung zu nehmen. Es besteht auch die Möglichkeit, dem Erstgericht innerhalb der Berufungsfrist mitzuteilen, dass auf eine Berufungsbeantwortung verzichtet wird.

c) mündliche Berufungsverhandlung

Das LG (gegen Entscheidungen der Bezirksgerichte) bzw. das OLG (gegen Entscheidungen der Landesgerichte) kann über die Berufung in nicht öffentlicher Sitzung oder in öffentlicher mündlicher Berufungsverhandlung entscheiden. Ob die eine oder andere Vorgangsweise gewählt wird, entscheidet der Senat. Eine Beweisaufnahme im Berufungsverfahren (Beweiswiederholung, Beweisergänzung) kann nur in der Berufungsverhandlung erfolgen. Bevor eine Berufungsentscheidung ergeht, haben die Parteien die Möglichkeit, Ruhen des Verfahrens zu vereinbaren oder einen Vergleich abzuschließen, anderenfalls ergeht die Berufungsentscheidung.

d) Berufungsentscheidung

Dem Berufungsgericht stehen drei Möglichkeiten zur Verfügung. Es kann die erstgerichtliche Entscheidung
- bestätigen und damit der Berufung keine Folge geben,
- abändern oder
- aufheben und das Verfahren zur neuerlichen Verhandlung und Entscheidung an das Erstgericht zurückverweisen.

Das Berufungsgericht hat die Akten samt der Berufungsentscheidung dem Erstgericht zu übermitteln. Das Erstgericht stellt die Berufungsentscheidung den Parteien zu.

2. Das Verfahren in 3. Instanz

a) Revision

Die Revisionsfrist beträgt 4 Wochen, im Revisionsverfahren besteht für alle Parteien Anwaltspflicht.

Die Revision hat die Anfechtungserklärung und die Revisionsgründe zu enthalten und genau auszuführen. Der OGH ist eine reine Rechtsinstanz, eine unrichtige Beweiswürdigung kann vor dem OGH nicht mehr angefochten werden.

In der Regel ist die Revision nur zulässig, wenn der Streitwert 30.000 Euro übersteigt. Überdies muss die Entscheidung von der Lösung einer Rechtsfrage des materiellen Rechts oder des Verfahrensrechts abhängen, der zur **Wahrung der Rechtseinheit, Rechtssicherheit oder Rechtsentwicklung erhebliche Bedeutung zukommt.**

b) Revisionsbeantwortung
Das Erstgericht hat die Revision dem Gegner zuzustellen. Dieser hat die Möglichkeit, binnen 4 Wochen in der Revisionsbeantwortung zu den behaupteten Revisionsgründen Stellung zu nehmen und die in der Revision enthaltenen Rechtsausführungen zu widerlegen.

c) Revisionsentscheidung
Die Entscheidung des OGH erfolgt immer in nicht öffentlicher Sitzung.

Der OGH kann die Berufungsentscheidung
- bestätigen,
- abändern oder
- aufheben.

Ordentliche Rechtsmittel im Zivilprozess

	I. Instanz	Rechtsmittel	II. Instanz	Rechtsmittel	III. Instanz
Urteil	BG	Berufung	LG	Revision	OGH
	LG		OLG		
Beschluss	BG	Rekurs	LG	Rekurs an den OGH	OGH
	LG		OLG		

Legende: BG – Bezirksgericht
OLG – Oberlandesgericht
LG – Landesgericht
OGH – Oberster Gerichtshof

Wird gegen eine Entscheidung kein Rechtsmittel ergriffen oder ist dagegen keines mehr möglich (z. B. gegen Entscheidungen des OGH), wird die Entscheidung **rechtskräftig:** „Sie erwächst in Rechtskraft." Wenn der/die Leistungspflichtige der ihm durch die Entscheidung (Urteil oder Beschluss) auferlegten Verpflichtungen dann nicht fristgerecht nachkommt, kann (zwangsweise) **vollstreckt** werden.

F. Vollstreckung (Exekution)

Exekution (Zwangsvollstreckung) ist die Durchsetzung vollstreckbarer Ansprüche auf Erbringung einer Leistung **unter Anwendung staatlicher Zwangsgewalt**.

Die Parteien im Vollstreckungsverfahren heißen „betreibende" und „verpflichtete" Partei. Grundlage für die Vollstreckung sind die **Exekutionstitel:** rechtskräftige und vollstreckbare Urteile, Beschlüsse, Zahlungsaufträge, Zahlungsbefehle, gerichtliche Vergleiche, Rückstandsausweise der Finanzämter und Sozialversicherungsträger usw.

Führen **mehrere Gläubiger** gleichzeitig Exekution gegen einen Schuldner, so kommt derjenige Gläubiger mit seiner Forderung als Erster zum Zug, **der den ersten Exekutionsantrag** gestellt hat. Es entscheidet daher das Zuvorkommen der einzelnen Gläubiger (**Prioritätsprinzip**).

Die Vollstreckung in das bewegliche Vermögen erfolgt durch **Pfändung** und **Verwertung** (Verkauf) bzw. wesentlich häufiger und einfacher durch **Lohnpfändung** und **Überweisung** an die betreibende Partei. Bestimmte Sachen, die für den Verpflichteten unentbehrlich sind, sowie das finanzielle **Existenzminimum** sind der Vollstreckung entzogen. Die Exekution in das unbewegliche Vermögen des Verpflichteten findet durch zwangsweise Pfandrechtsbegründung, Zwangsverwaltung bzw. Zwangsversteigerung statt. Es gibt auch eine Exekution zur Erwirkung von Handlungen und Unterlassungen.

Mit der Fahrnisexekution und der Liegenschaftsexekution sind für den Schuldner wegen des großen Wertverlustes bei Zwangsversteigerungen große wirtschaftliche Nachteile verbunden. Wenn eine Geldforderung innerhalb eines Jahres durch Gehaltsexekution einbringlich gemacht werden kann, sind daher alle anderen Arten der Exekution unzulässig.

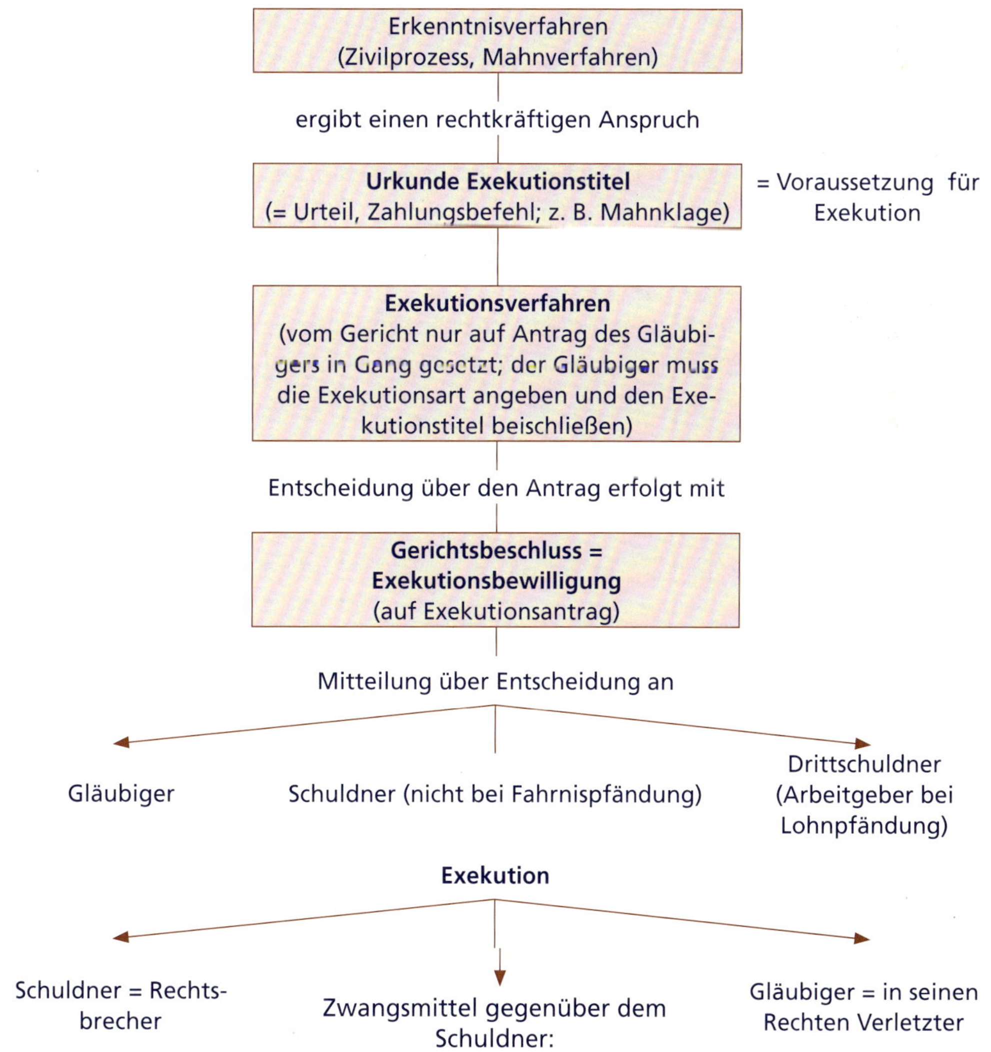

- Pfändung und Überweisung eines Teiles des Arbeitseinkommens
- Pfändung, Verwahrung und Verkauf von beweglichen körperlichen Sachen (Fahrnissen), die sich in der Wohnung des Schuldners bzw. seinem Geschäftslokal befinden oder in Verwahrung anderer Personen sind

- Pfändung von Forderungen (Forderungsexekution)
- Pfändung von unbeweglichen Gegenständen seines Eigentums
- Zwangsversteigerung von Liegenschaften (Haus, Grund)

Wiederholungsfragen – Arbeitsaufgaben – Diskussionsanregungen

1. *Erläutern Sie, wodurch die Unabhängigkeit der Gerichtsbarkeit gewährleistet ist.*
2. *Geben Sie – unter Nennung von Beispielen – an, welche Ansprüche durch die Strafgerichtsbarkeit, welche durch die Zivilgerichtsbarkeit durchgesetzt werden.*
3. *Beschreiben Sie die gerichtlichen Verfahrensgrundsätze.*
4. *Erörtern Sie, was man unter dem Offizialprinzip versteht und welches Gerichtsverfahren diesem unterliegt.*
5. *Stellen Sie gegenüber: Wer ist Kläger im Zivilverfahren, wer im Strafverfahren?*
6. *Stellen Sie gegenüber: Wie wird der wahre Sachverhalt im Strafverfahren ermittelt, wie im Zivilverfahren?*

   Welche Rechtsfolgen hat eine Verurteilung im Strafverfahren, welche im Zivilverfahren?
7. *Erläutern Sie die sachlichen und örtlichen Zuständigkeiten im Zivilverfahren.*
8. *Erklären Sie den Unterschied zwischen Wert- und Eigenzuständigkeit.*
9. *Geben Sie wieder, vor welches Gericht die aufgezählten Streitigkeiten gehören:*

   Streitigkeiten aus dem Arbeitsverhältnis, Mietzinsrückstand, Ehescheidungsklage, Unterhaltsforderung in der Höhe von 17.000 Euro, Kaufpreisforderung über 16.500 Euro, Besitzstörungsklage.
10. *Geben Sie an, was eine Klage alles beinhalten muss.*
11. *Erläutern Sie den Zweck der vorbereitenden Tagsatzung.*
12. *Zählen Sie auf, welche Beweismittel es im Zivilverfahren gibt.*
13. *Erörtern Sie, mit welchen Entscheidungen ein Zivilverfahren enden kann.*
14. *Beschreiben Sie das Rechtsmittelverfahren (Arten und Inhalt der Rechtsmittel, Fristen, Instanzen).*
15. *Stellen Sie fest, wann der OGH angerufen werden kann.*
16. *Gehen Sie auf die Frage ein, was man unter „Rechtskraft einer Entscheidung" zu verstehen hat.*
17. *Erörtern Sie, was geschieht, wenn die im Urteil auferlegte Leistung nicht freiwillig erbracht wird.*
18. *Zählen Sie auf, wie man die Parteien im Exekutionsverfahren nennt.*
19. *Erklären Sie, was die Voraussetzung für jedes Exekutionsverfahren ist und welche Formen der Exekution es gibt.*
20. *Angenommen, Sie sind Unternehmer/in und ein Käufer bleibt den Kaufpreis schuldig. Skizzieren Sie das gesamte gerichtliche Verfahren, das zur Durchsetzung dieser Forderung nötig sein könnte (Klage, Instanzenzug, Exekutionsverfahren).*

VII. Insolvenzverfahren

Was passiert eigentlich, wenn ein Schuldner überhaupt nichts mehr zahlen kann? Spielt es dabei eine Rolle, wodurch der Schuldner in diese Situation gekommen ist? Was passiert jetzt mit den Schulden und dem verbliebenen Vermögen des Schuldners?

Diese Fragen werden im folgenden Abschnitt behandelt.

Kommt ein Schuldner seiner Verpflichtung nicht nach, wird der Gläubiger seine Ansprüche im Klageweg geltend machen und versuchen, seine Forderung im Exekutionsverfahren hereinzubringen. Hat aber der Schuldner nicht bloß Schwierigkeiten, einzelne Schulden zu bezahlen, sondern ist er außerstande, **sämtliche** Verbindlichkeiten zu erfüllen, liegt **Zahlungsunfähigkeit (Insolvenz)** vor. Nach außen hin äußert sich diese in der **Zahlungseinstellung** (nicht bloß vorübergehend, sondern dauernd). Dem Schuldner steht dann eine **Vielzahl** von Gläubigern gegenüber. Einzelne Prozesse und Exekutionsführungen würden zu Unübersichtlichkeit und Zersplitterung sowie zu einer Ungleichbehandlung der einzelnen Gläubiger führen. Ein geschlossenes Verfahren ist daher sinnvoller.

Vor dem Hintergrund der Wirtschaftskrise sollen bei Insolvenz vor allem Sanierungen erleichtert werden. Seit Mitte 2010 gibt es ein einheitliches Insolvenzverfahren, das bei rechtzeitiger Vorlage eines Sanierungsplans als **Sanierungsverfahren**, ansonsten als **Konkursverfahren** zu bezeichnen ist. Damit sollen die Schuldner zu einer möglichst frühen Antragstellung motiviert werden.

Gleichzeitig soll durch die Bezeichnung als Sanierungsverfahren auch für die Vertragspartner des Schuldners die – positive – Ausrichtung des Verfahrens klargestellt werden. Sofern der Schuldner bei Verfahrenseröffnung qualifizierte Unterlagen vorlegt (etwa einen Finanzplan) und im Sanierungsplan eine **Quote von zumindest 30 %** anbietet, soll ihm überdies die Eigenverwaltung unter Aufsicht eines Verwalters belassen werden.

Um die Sanierung im Insolvenzverfahren zu fördern, soll dem Schuldner für einen beschränkten Zeitraum der notwendige Spielraum zur Vorbereitung der notwendigen Maßnahmen gegeben werden: So soll die Auflösung von Verträgen durch Vertragspartner des Schuldners nur in Ausnahmefällen möglich sein. Der Zugriff der besonders gesicherten Gläubiger (z. B. Eigentumsrechte oder Pfandrechte eines Gläubigers) soll für 6 Monate aufgeschoben werden.

1. Insolvenzverfahren: Allgemeines

Das Insolvenzverfahren ist ein außerstreitiges Verfahren, bei dem das gesamte inländische Vermögen des Schuldners seiner unmittelbaren Verfügung entzogen wird. Je nachdem, ob eine Sanierung möglich ist, wird ein Sanierungsverfahren oder ein Konkursverfahren durchgeführt. Der Antrag zur Einleitung des Insolvenzverfahrens kann vom Schuldner oder von einem oder mehreren seiner Gläubiger eingebracht werden.

Insolvenzverfahren
Einleitung: Schuldner- oder Gläubigerantrag

Sanierung möglich	Sanierung nicht möglich
Sanierungsverfahren	Konkursverfahren
wenn erfolgreich, Restschuld erlassen	Gläubiger erhalten Quote Schuldner haftet weiter

Das **Sanierungsverfahren** endet mit der erfolgreichen Sanierung und Erfüllung des Sanierungsplanes. Wird der Sanierungsplan erfüllt, so ist die Restschuld dem Schuldner erlassen

Das **Konkursverfahren** endet mit der gerichtlichen Verwertung des Schuldnervermögens und der **verhältnismäßigen** Aufteilung des Erlöses unter die Gläubiger. Die Befriedigung der Gläubiger erfolgt mit einer **Quote**, die dem Verhältnis von Aktiva und Passiva entspricht. **Für den Ausfall, den die Gläubiger im Konkurs erleiden, haftet der Schuldner auch noch nach dem Konkurs weiter;** meist ist dieser aber in der Folge uneinbringlich.

2. Organe des Insolvenzverfahrens

- Insolvenzgericht (das zuständige Landesgericht bzw. Handelsgericht)
- Insolvenzverwalter (ein/e vom Gericht bestellter Rechtsanwältin/-anwalt, Notar/in oder Wirtschaftstreuhänder, der/die den Stand der Masse zu ermitteln hat, Aktiva sicherstellen muss und die Verbindlichkeiten des Schuldners zu prüfen hat)
- Gläubigerversammlung (wichtigsstes Beschlussorgan)
- Gläubigerausschuss (bei umfangreichen Konkursen mit einer großen Anzahl von Gläubigern)

3. Verfahren

Der **Beschluss** des Gerichtes über die **Eröffnung** des Insolvenzverfahrens ist an der Gerichtstafel anzuschlagen (Edikt) und in bestimmten Zeitungen bzw. im Internet (www.edikte.justiz.gv.at) zu veröffentlichen. Im Edikt werden die Gläubiger aufgefordert, ihre Forderungen innerhalb einer bestimmten Frist anzumelden, und es werden Ort, Zeit und Zweck der ersten Gläubigerversammlung sowie der **Prüfungstagsatzung** bekannt gegeben. Bei Letzterer werden die angemeldeten Forderungen geprüft.

4. Rangordnung der Ansprüche im Insolvenzverfahren

a) Aussonderungsansprüche

Die Eigentümer/innen von Sachen, die nicht dem Schuldner gehören (von diesem gemietete, in Verwahrung genommene Gegenstände usw.), können deren Herausgabe verlangen.
BEISPIEL: Zum Zeitpunkt der Konkurseröffnung hatte der Schuldner einen Pkw gemietet. Der Pkw muss an die Mietwagenfirma als Eigentümerin zurückgestellt werden (die Forderung der Mietwagenfirma auf Bezahlung der Mietwagenrechnung ist unabhängig davon zu behandeln und ist eine Insolvenzforderung).

b) Absonderungsansprüche

sind Ansprüche auf abgesonderte Befriedigung aus bestimmten Sachen des Schuldners, z. B. Pfandrechte. Für sämtliche Absonderungsansprüche ist aus allen gepfändeten Gegenständen eine Sondermasse zu bilden; diese Gegenstände fallen nicht in die allgemeine (gemeinschaftliche) Masse.
BEISPIEL: Ein Gläubiger hat gegen den Schuldner eine Forderung. Durch das Gericht ließ er lange vor Konkurseröffnung eine Maschine des (späteren Insolvenz-)Schuldners pfänden. Diese Maschine wird versteigert, er erhält den Versteigerungserlös, auch wenn die Maschine erst nach Beginn des Insolvenzverfahrens versteigert wurde.

c) Masseforderungen

Nach Durchführung der Aussonderung und Absonderung sind die Masseforderungen vor allen Insolvenzgläubigern zu befriedigen. Beispiele: Kosten des Konkursverfahrens, Forderungen aus Geschäften, die der Masseverwalter abgeschlossen hat oder in die er eingetreten ist; Ausgaben, Abgaben und Beiträge, die mit der Verwaltung der Masse verbunden sind.
BEISPIEL: Möbel des Schuldners werden über Auftrag des Masseverwalters durch eine Spedition ins Dorotheum geführt, um dort versteigert zu werden. Kein Spediteur würde sich bereitfinden, diese Arbeit durchzuführen, wenn nicht durch das Gesetz sichergestellt wäre, dass seine Rechnung eine Masseforderung ist. Ansonsten wäre dies ja eine Insolvenzforderung (s. unten), und der Spediteur hätte keine Gewähr, ob aus der Verwertung des schuldnerischen Vermögens überhaupt etwas übrig bliebe.

d) Insolvenzforderungen

sind nicht verjährte Forderungen, die den Insolvenzgläubigern gegen den Schuldner im Zeitpunkt der Konkurseröffnung zustehen. Das für die Insolvenzforderungen zur Verfügung stehende Vermögen bildet eine gemeinschaftliche Konkursmasse aus der eine quotenmäßige Befriedigung erfolgt.

A. Das Konkursverfahren

! Wird vom Schuldner weder bei der Antragstellung noch im Zuge des Verfahrens seitens des Schuldners ein Sanierungsplan vorgelegt oder erweist sich eine Sanierung als unmöglich, so wird das Konkursverfahren durchgeführt.

1. Verfahrensablauf und Verteilung des Konkursvermögens

Nach der Konkurseröffnung erfolgt die Anmeldung der Forderungen und findet die Prüfungstagsatzung statt. Die Forderungen werden festgestellt. Über strittige Forderungen muss ein Prüfungsprozess geführt werden.

Der Konkurs findet regelmäßig damit sein Ende, dass die Konkursmasse verteilt wird. Durch die Verteilung werden die Aussonderungsansprüche überhaupt nicht berührt. Absonderungsansprüche werden aus der Sondermasse und Insolvenzgläubiger aus der gemeinschaftlichen Masse befriedigt. Masseforderungen werden befriedigt, sobald sie festgestellt und fällig sind. Insolvenzgläubiger werden aus der gemeinschaftlichen Masse befriedigt. Verteilungen dürfen aber erst nach der allgemeinen Prüfungstagsatzung vorgenommen werden.

2. Beendigung des Konkursverfahrens

Der Konkurs ist durch Beschluss des Konkursgerichtes für aufgehoben (beendet) zu erklären:
- nach vollständiger Verteilung der Masse;
- bei Einverständnis sämtlicher Gläubiger, die Forderungen angemeldet haben, nach Ablauf der Anmeldefrist (stiller Ausgleich);
- mangels kostendeckenden Vermögens.

Die Konkursaufhebung ist – wie die Konkurseröffnung – öffentlich bekannt zu machen. Die Aufhebung des Konkurses gibt dem Schuldner die volle Verfügungsfreiheit über sein inländisches Vermögen zurück. Dem Insolvenzgläubiger steht das Recht zu, seinen Forderungsausfall gegen den Schuldner nach Beendigung des Konkurses 30 Jahre lang durch Zwangsvollstreckung geltend zu machen, denn der Schuldner kann ja wieder neues Vermögen erworben haben.

Vor- und Nachteile des Konkursverfahrens*

Vorteile	Nachteile
1. Zur Teilnahme am Verfahren bedarf es weder einer Klage noch eines Exekutionstitels; es genügt die Anmeldung der Forderung.	1. Für den einzelnen Gläubiger ist ein separates Vorgehen gegen den Schuldner nicht möglich.
2. Die Kosten des gesamten Verfahrens sind geringer.	2. Das Vermögen des Schuldners wird auseinandergerissen, veräußert und verteilt. Dabei kommt es zu erheblichen wirtschaftlichen Verlusten.
3. Mit dem Konkurs endet der Wettlauf der Gläubiger um den Rang an einem tauglichen Vermögensstück des Schuldners.	3. Es werden damit unter Umständen lebensfähige Wirtschaftsbetriebe zerstört.

* In zahlreichen Fällen kann ein Konkursverfahren deshalb nicht durchgeführt werden, weil ein „kostendeckendes Vermögen“ nicht vorhanden ist. In diesen Fällen erfolgt eine „Abweisung des Konkursantrages mangels kostendeckenden Vermögens“.

3. Schuldenregulierungsverfahren und Privatkonkurs

Die Konkursordnung sieht ein speziell auf Private zugeschnittenes Konkursverfahren vor. Ziel dieser Regelung ist es, einem redlichen Schuldner, der oft aus Leichtsinn oder Unerfahrenheit in eine wirtschaftlich aussichtslose Situation geraten ist, einen Neubeginn zu ermöglichen.

♦ Außergerichtlicher Ausgleich

Vor Einleitung des Schuldenregulierungsverfahrens muss ein außergerichtlicher Ausgleichsversuch stattgefunden haben. Scheitert dieser Ausgleichsversuch, bei dem die Zustimmung aller Gläubiger erforderlich ist, kommt es zur Eröffnung des Konkurses und Schuldenregulierungsverfahrens beim zuständigen Bezirksgericht. Dieses sieht – je nach Vermögenslage des Schuldners – eine stufenweise Abwicklung des Verfahrens vor, mit dem Ziel der Restschuldbefreiung.

♦ Der Verfahrensablauf

Kein kostendeckendes Vermögen
Außergerichtlicher Ausgleich

↓ bei Scheitern Bezirksgericht

Eröffnung des Konkurs- und Schuldenregulierungsverfahrens

Gerichtliche Pfandrechte erlöschen; vertragliche Pfandrechte am Einkommen bleiben 2 Jahre bestehen; Zinsenstopp

→ **Zwangsausgleich**

Mindestquote 20 % in maximal 2 Jahren oder
Mindestquote 30 % in maximal 5 Jahren
Vermögen bleibt erhalten

Gläubigermehrheit erforderlich!

Vermögensverwertung

↓

Zahlungsplan

Flexibler Zwangsausgleich ohne zahlungsmäßige Mindestquote, maximal 7 Jahre.
Mindestangebot entsprechend dem voraussichtlichen Einkommen der nächsten 5 Jahre.

Gläubigermehrheit erforderlich!

↓ **bei Scheitern**

↕ Werden in der Regel gleichzeitig beantragt. **Einleitungshindernisse beachten!**

Abschöpfungsverfahren mit Restschuldbefreiung

Abschöpfungsverfahren bis auf das Existenzminimum.
Restschuldbefreiung

wenn: mindestens	50 % in 3 Jahren oder
	10 % in 7 Jahren oder
wenn: weniger als	10 % in 7 Jahren bei Billigkeit
und/oder	Verlängerung auf maximal 10 Jahre.

Auch gegen den Willen der Gläubiger!

♦ Einleitungshindernisse beim Abschöpfungsverfahren

Die Möglichkeit der Restschuldbefreiung steht nur redlichen Schuldnern offen. Keine Restschuldbefreiung (Einleitungshindernis) kann er erlangen,
- wenn er wegen bestimmter strafrechtlicher (Krida-)Delikte verurteilt wurde,
- wenn er unverhältnismäßige Verbindlichkeiten begründet hat,
- wenn er schuldhaft Vermögen verschleudert hat.

♦ Mitwirkungspflichten

Darüber hinaus treffen den Schuldner während des Abschöpfungsverfahrens Mitwirkungspflichten.
So ist er verpflichtet;
- einer angemessenen Erwerbstätigkeit nachzugehen bzw. sich darum zu bemühen;
- jede unentgeltliche Zuwendung (z. B. Schenkung, Erbschaft) den Gläubigern auszufolgen;
- keine Einkünfte oder Vermögen zu verheimlichen.

Ein Verstoß gegen diese Mitwirkungspflichten kann auf Antrag jedes Gläubigers zur Einstellung des Abschöpfungsverfahrens führen.

B. Der Sanierungsplan

1. Allgemeines

Der Schuldner kann bereits zugleich mit dem Antrag auf Eröffnung des Insolvenzverfahrens oder in weiterer Folge bis zur Aufhebung des Insolvenzverfahrens den **Abschluss eines Sanierungsplans** beantragen. Im Antrag ist anzugeben, in welcher Weise die Gläubiger befriedigt oder sichergestellt werden sollen.

Wird der Antrag vom Insolvenzgericht nicht als unzulässig zurückgewiesen, so kann das Insolvenzgericht nach Einvernahme des Insolvenzverwalters und des Gläubigerausschusses anordnen, dass mit der Verwertung der Insolvenzmasse bis zur Beschlussfassung durch die Gläubigerversammlung gewartet wird.

Den Insolvenzgläubigern muss angeboten werden, die Quote innerhalb von längstens **zwei Jahren** vom Tag der Annahme des Sanierungsplans an zu zahlen. Die **Quote** hat **mindestens 20 %** der Forderungen zu betragen. Natürliche Personen, die kein Unternehmen betreiben, können eine Zahlungsfrist von über zwei Jahren in Anspruch nehmen; diese Zahlungsfrist darf jedoch **fünf Jahre** nicht übersteigen.

Der Antrag ist unzulässig:
- solange der Schuldner flüchtig ist;
- wenn der Schuldner nach Eintritt der Zahlungsunfähigkeit wegen betrügerischer Krida rechtskräftig verurteilt worden ist;
- solange der Schuldner trotz Auftrag sein Vermögensverzeichnis nicht vorgelegt und nicht vor dem Insolvenzgericht unterfertigt hat;
- wenn der Inhalt des Vorschlags gegen zwingende Rechtsvorschriften verstößt;
- wenn der Schuldner den Sanierungsplan missbräuchlich vorschlägt, insbesondere wenn der Antrag offenbar Verschleppungszwecken dient;
- wenn die Erfüllung des Sanierungsplans offensichtlich nicht möglich sein wird.

Durch das Sanierungsverfahren soll das Unternehmen des Schuldners erhalten bleiben und damit die Vernichtung seiner wirtschaftlichen Existenz vermieden werden. Schuldner und Gläubiger vereinbaren, dass dem Schuldner ein Teil seiner Schuld nachgelassen wird. Der Schuldner kann weiterarbeiten, wird jedoch unter Aufsicht eines Insolvenzverwalters und des Gerichtes gestellt.

In der Sanierungsplantagsatzung entscheidet sich, ob der Sanierungsplan angenommen wird oder nicht.

Neben dem **gerichtlichen Sanierungsplan** gibt es zur Sanierung von Unternehmen noch den **außergerichtlichen Ausgleich**. Bei diesem tritt der Schuldner direkt an seine Gläubiger heran und ersucht sie, ihm einen Teil seiner Schuld nachzulassen oder zu stunden. Einem solchen Vergleich müssen jedoch sämtliche Gläubiger zustimmen.

2. Verfahren

- **Antrag auf Abschluss eines Sanierungsplans**

Zugleich mit dem Antrag auf Eröffnung des Insolvenzverfahrens oder danach bis zur Aufhebung des Insolvenzverfahrens kann der Schuldner den Abschluss eines Sanierungsplans beantragen. Nach der Verfahrenseröffnung erfolgt die Anmeldung der Forderungen und findet die Prüfungstagsatzung statt. Bestehende Forderungen werden festgestellt. Über strittige Forderungen muss ein eigener Prüfungsprozess geführt werden.

- **Sanierungsplan – Tagsatzung**

Bei dieser entscheidet sich das weitere Schicksal des Sanierungsplans. Vor Beginn der Abstimmung hat der Insolvenzverwalter über die wirtschaftliche Lage und die bisherige Geschäftsführung des Schuldners sowie über die Ursachen seines Vermögensverfalls und über die voraussichtlichen Ergebnisse einer Durchführung des Insolvenzverfahrens zu berichten.

Zur Annahme des Sanierungsplans ist erforderlich, dass die Mehrheit der bei der Tagsatzung anwesenden stimmberechtigten Insolvenzgläubiger dem Antrag zustimmt und dass die Gesamtsumme der Forderungen der zustimmenden Insolvenzgläubiger mehr als die Hälfte der Gesamtsumme der Forderungen der bei der Tagsatzung anwesenden stimmberechtigten Insolvenzgläubiger beträgt. Die Annahme des Sanierungsplans und dessen wesentlicher Inhalt sind öffentlich bekannt zu machen.

♦ **Bestätigung des Sanierungsplans**
Der vom Gericht **bestätigte** Sanierungsplan ist für **alle** Gläubiger verbindlich, auch wenn sie nicht am Verfahren teilgenommen haben. Erfüllt der Schuldner den Sanierungsplan, so ist die offene Restschuld **getilgt**. Hält jedoch der Schuldner den Sanierungsplan nicht ein – d. h. gerät er in **Zahlungsverzug** – so leben die Forderungen in voller Höhe wieder auf.

Vergleich zwischen Konkurs und Sanierungsplan

Konkurs	Sanierungsplan
1. Antrag eines Gläubigers oder des Schuldners	1. Antrag des Schuldners
2. Vermögen des Schuldners wird verwertet.	2. Vermögen bleibt grundsätzlich erhalten.
3. Schuldner ist verfügungsunfähig, Verfügungen des Schuldners über das Massevermögen sind den Gläubigern gegenüber wirksam.	3. Schuldner wird in seiner Geschäftsfähigkeit beschränkt, Zustimmung des Ausgleichsverwalters vielfach erforderlich.
4. Der Schuldner haftet für den Ausfall weiter.	4. Die Restschuld wird dem Schuldner erlassen.
5. Restforderungen meist uneinbringlich.	5. Schuldner durch Schuldenerlass zur Erfüllung motiviert.

C. Das Insolvenz-Entgeltsicherungsgesetz (IESG)

Durch das Insolvenz-Entgeltsicherungsgesetz (IESG) werden **Arbeitnehmeransprüche**, die wegen Insolvenz (mit oder ohne Insolvenzverfahren) ihres Arbeitgebers nicht voll befriedigt werden, **gesichert**.

Der Schutz, der durch das Gesetz gewährt wird, besteht darin, dass ein von der Insolvenz seines Arbeitgebers betroffener Arbeitnehmer, Pensionist oder Hinterbliebener aus dem **Insolvenz-Ausfalls-Fonds** seine Ansprüche bezahlt erhält und der Fonds dann die Möglichkeit hat, anstelle des Betroffenen einen Teil dieses Geldes (die Quote) aus der Masse wieder zurückzubekommen.

Finanziert wird dieser Fonds durch einen Zuschlag zum Arbeitgeberanteil am Arbeitslosenversicherungsbeitrag und aus Rückzahlungen aus Insolvenzmassen. Die Abwicklung erfolgt über die IEF (Insolvenz Entgeltsicherungs Fonds) – Service GmbH.

Die Arbeitnehmer/innen müssen binnen sechs Monaten ab Eröffnung des Insolvenz- oder Sanierungsverfahrens oder ab Kenntnis von der Abweisung des Insolvenzantrages mangels kostendeckenden Vermögens einen Antrag stellen.

D. Die Anfechtungsordnung

Von der Anfechtungsordnung werden gewisse Rechtsgeschäfte betroffen, die zwar unter normalen Umständen durchaus zulässig, unter besonderen Umständen aber unzulässig sind, weil Vermögensteiledes Schuldners beiseite geschafft wurden, um sie dem Zugriff der Gläubiger zu entziehen.

FIRMENINSOLVENZEN 2003 BIS 2012

Quelle: Österreichisches Gesellschafts- und Wirtschaftsmuseum 2013

Wiederholungsfragen – Arbeitsaufgaben – Diskussionsanregungen

1. *Geben Sie an, unter welchen wirtschaftlichen Voraussetzungen ein Insolvenzverfahren beantragt wird und welche Arten von Insolvenzverfahren es gibt.*
2. *Zählen Sie punkteweise auf, wodurch sich ein Insolvenzverfahren von einem Exekutionsverfahren unterscheidet.*
3. *Erörtern Sie folgende Fragen:*
   Wo und von wem wird ein Insolvenzverfahren beantragt?
   Wann wird ein Insolvenzantrag abgewiesen?
   Welche Organe gibt es im Insolvenzverfahren?
   Wie erfahren die Gläubiger von der Insolvenzeröffnung?
   Wozu dient die Prüfungstagsatzung?
4. *Beschreiben Sie die bevorrechteten Forderungen im Insolvenzverfahren.*
5. *Geben Sie an, was man unter Insolvenzforderungen versteht, wie diese befriedigt werden und was mit nicht bezahlten Insolvenzforderungen geschieht.*
6. *Beschreiben Sie, wie ein Insolvenzverfahren endet.*
7. *Erörtern Sie, welches Ziel das Schuldenregulierungsverfahren verfolgt.*
8. *Der „Privatkonkurs" sieht einen Stufenplan zur Entschuldung vor. Skizzieren Sie diesen in der richtigen Reihenfolge.*
9. *Erklären Sie, welche Folgen es hat, wenn ein Gläubiger im Privatkonkurs dem Zahlungsplan nicht zustimmt.*
10. *Untersuchen Sie, welchen Mitwirkungspflichten ein Gläubiger im Privatkonkurs unterliegt.*
11. *Behandeln Sie die Frage, in welcher Weise die Bestimmungen der Anfechtungsordnung einem Gläubiger, der eine vollstreckbare Forderung besitzt, helfen.*
12. *Setzen Sie den richtigen Buchstaben ein, je nachdem, welche Art von Anspruch oder Forderung im Insolvenzverfahren vorliegt.*
    Aussonderungsansprüche = A
    Absonderungsansprüche = B
    Masseforderungen = C
    Insolvenzforderungen = D
    ... Grundsteuer für Betriebsgrundstücke
    ... Kaufpreis für eine Maschine, die unter Eigentumsvorbehalt gekauft wurde
    ... Lohn eines Arbeiters für das letzte halbe Jahr vor Insolvenzeröffnung
    ... Telefonrechnung für die Zeit ab Insolvenzeröffnung
    ... Rechnung für eine Warenlieferung, die 6 Monate vor der Insolvenzeröffnung erfolgt ist
    ... Arztforderungen (6 Monate alt)
    ... Lagergebühr für eine in einem Lagerhaus aufbewahrte Sache der Schuldnerin
    ... Gehalt der Buchhalterin, die während der Insolvenzabwicklung noch beschäftigt ist
    ... Arbeitgeberbeiträge an die Gebietskrankenkasse für das Jahr vor Insolvenzeröffnung
13. *Frau Kerschbaumer ist bei der Firma „Warimpex-Gesellschaft mbH" als Buchhalterin beschäftigt. Auf Antrag eines Gläubigers wird über das Unternehmensvermögen die Insolvenz eröffnet. Es ergibt sich eine Insolvenzquote von 8 % für die Insolvenzforderungen. Frau Kerschbaumer hat noch eine Gehaltsforderung aus den letzten Monaten vor Insolvenzeröffnung von 3.000 Euro und für die Zeit danach von 3.500 Euro. Klären Sie, wie viel sie erwarten kann und ob sie ihr Geld auch vor Beendigung des Insolvenzverfahrens erhalten kann.*
14. *Ein zahlungsunfähiges Unternehmen bietet seinen Gläubigern an, ihnen 40 % ihrer Forderungen binnen 15 Monaten zu bezahlen, wenn sie ihm den Rest erlassen. Erörtern Sie in diesem Zusammenhang folgende Fragen: Sind die Voraussetzungen für einen Sanierungsplan gegeben? Wenn nicht, könnten die Gläubiger trotzdem zustimmen? Welche Beweggründe könnten sie dafür haben? Wäre dieser Vorgang rechtlich möglich?*

VIII. Materielles Strafrecht

Wozu brauchen wir ein Strafrecht? Wann wird jemand bestraft? Was passiert, wenn ich mich gegen einen Überfall wehre? Welche Delikte gibt es überhaupt? Was geschieht mit besonders gefährlichen Menschen?

Was geschieht, wenn jemand in den Verdacht einer strafbaren Handlung gerät? Wer ist für die Verfolgung von strafbaren Handlungen zuständig? Gibt es andere Möglichkeiten als einen Schuldspruch oder Freispruch?

Diese und ähnliche Fragen werden im folgenden Abschnitt behandelt.

A. Allgemeines Strafrecht

1. Grundsätzliches

Strafbares Verhalten setzt, wer durch eine **Handlung** oder **Unterlassung** gesetzlich **geschützte Rechtsgüter** (z. B. Leben, Freiheit, Ehre, Eigentum) bedroht oder verletzt. Dieses Verhalten (Delikt) wird teils von Strafgerichten, teils von Verwaltungsbehörden (z. B. Bundespolizeibehörden, Bezirksverwaltungsbehörden) verfolgt und bestraft.

Unterschiede	
Verwaltungsstrafrecht	Gerichtliches Strafrecht

In der Folge wird nur das **gerichtliche Strafrecht** behandelt. Rechtsquellen sind das **Strafgesetzbuch (StGB) 1974** und seine **Nebengesetze** (Suchtmittelgesetz, Lebensmittelgesetz usw.).

2. Begriff und Voraussetzungen einer Straftat

Straftat	
Handlung, die	**Unterlassung,** die

- tatbestandsmäßig,
- rechtswidrig,
- schuldhaft und
- mit gerichtlicher Strafe bedroht ist.

3. Tatbestandsmäßigkeit

Tatbestand ist die genaue, jedoch abstrakte Beschreibung eines strafbaren Verhaltens im Gesetz.
BEISPIEL: § 127 StGB: Wer eine fremde bewegliche Sache einem anderen mit dem Vorsatz wegnimmt, sich oder einen Dritten durch deren Zueignung unrechtmäßig zu bereichern …

Rechtsfolge (Sanktion) ist die **Strafdrohung,** die mit dem Tatbestand verbunden ist.
BEISPIEL: § 127 StGB: … ist mit Freiheitsstrafe bis zu sechs Monaten oder mit Geldstrafe bis zu 360 Tagessätzen zu bestrafen.

Tatbestandsmäßig ist ein tatsächliches Geschehen **(= Sachverhalt)** dann, wenn es alle Merkmale eines gesetzlichen Tatbestandes erfüllt.
BEISPIEL: Hans Dieb hat aus einem fremden Auto einen Fotoapparat an sich gebracht und ihn einem Hehler verkauft. Dieser Sachverhalt erfüllt den Tatbestand des § 127 StGB.

Kann ein Sachverhalt keinem Tatbestand untergeordnet (subsumiert) werden, ist keine Bestrafung möglich („Keine Strafe ohne Strafgesetz"). Auf das ethische oder moralische Fehlverhalten kommt es nicht an. Deshalb ergibt eine moralisch verwerfliche Handlungsweise nicht unbedingt auch einen gerichtlich strafbaren Tatbestand.

4. Rechtswidrigkeit

Rechtswidrigkeit liegt vor, wenn ein Verhalten gegen eine Rechtsvorschrift verstößt und kein Rechtfertigungsgrund gegeben ist.

Rechtfertigungsgründe sind z. B.:
- **Notwehr:** Jemand bedient sich der notwendigen Verteidigung, um einen gegenwärtigen oder unmittelbar drohenden rechtswidrigen Angriff auf Leben, Gesundheit, körperliche Unversehrtheit, Freiheit oder Vermögen von sich oder einem anderen abzuwehren.
- **Festnahmerecht** oder **Waffengebrauchsrecht** der Exekutive.

5. Schuld

Strafbar ist nur, wer schuldhaft handelt. **Schuld** ist die innere Beziehung des Täters zur Tat.

a) Schuldformen

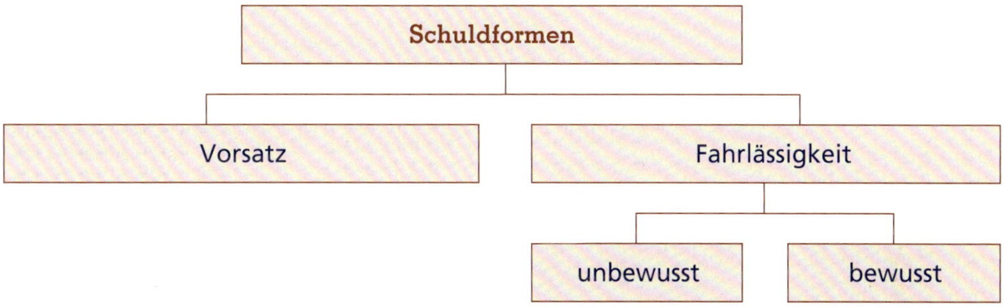

- **Vorsatz:** Der Täter verwirklicht alle Umstände der Tat mit Wissen und Wollen, und es ist ihm bewusst, dass sein Verhalten Unrecht darstellt.
- **Fahrlässigkeit:** Der Täter will zwar den schädlichen Erfolg nicht bewusst, seine Schuld besteht aber in einer pflichtwidrigen Unvorsichtigkeit bzw. in unverantwortlichem Leichtsinn.
- **Unbewusste Fahrlässigkeit:** Der Täter lässt die ihm zumutbare Sorgfalt außer Acht, zu der er nach den Umständen verpflichtet und nach seinen geistigen und körperlichen Verhältnissen befähigt ist, und erkennt deswegen nicht das Tatbestandsmäßige seines Verhaltens.
- **Bewusste Fahrlässigkeit:** Der Täter hält es für möglich, dass sein Verhalten einen Tatbestand verwirklichen kann, er will es jedoch nicht und rechnet nicht mit dessen Eintritt.

b) Schuldunfähigkeit

Schuldunfähigkeit

wegen mangelnder Reife	**wegen geistig-seelischer Gebrechen**
♦ Unmündige (bis 14 Jahre) ♦ Jugendliche (14 bis 18 Jahre) 1. bei verzögerter seelischer Reife 2. wenn sie vor Vollendung des 16. Lebensjahres ein Vergehen begehen, kein schweres Verschulden vorliegt und nicht spezialpräventive[1] Gründe die Anwendung des Jugendstrafrechts fordern.	♦ Geisteskrankheit ♦ Schwachsinn ♦ tief greifende Bewusstseinsstörung ♦ gleichwertige seelische Störung

Die genannten Personen besitzen nicht die Fähigkeit, das Unrecht der Tat einzusehen und dieser Einsicht gemäß zu handeln **(= Zurechnungsfähigkeit).** Sie werden daher nicht bestraft, wohl aber werden zum Schutz der Allgemeinheit vorbeugende Maßnahmen getroffen.

c) Entschuldigungsgründe

Bei Vorliegen eines Entschuldigungsgrundes wird dem Menschen ein **rechtmäßiges Verhalten** von der **Rechtsordnung nicht** mehr **zugemutet.** Der wichtigste Entschuldigungsgrund ist der **entschuldigende Notstand:**

§ 10 StGB: Wer eine mit Strafe bedrohte Tat begeht, um einen unmittelbar drohenden bedeutenden Nachteil von sich oder einem anderen abzuwenden, ist entschuldigt, wenn der aus der Tat drohende Schaden nicht unverhältnismäßig schwerer wiegt als der Nachteil, den sie abwenden soll und in der Lage des Täters von einem mit den rechtlich geschützten Werten verbundenen Menschen kein anderes Verhalten zu erwarten war.

BEISPIEL: A, der auf einer Bergtour mit seiner erschöpften Tochter in einen Schneesturm gerät, bricht die Tür einer Almhütte auf, um dort auf die Bergrettung zu warten.

6. Strafen und vorbeugende Maßnahmen

a) Strafen

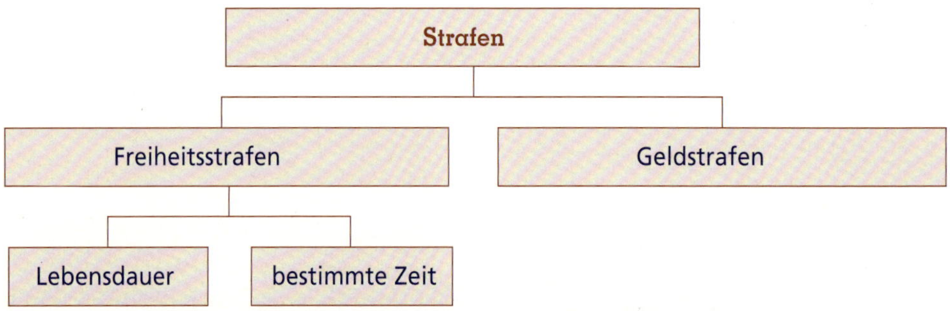

Freiheitsstrafen werden auf **Lebensdauer** oder auf **bestimmte Zeit** verhängt (mindestens ein Tag – maximal 20 Jahre), **Geldstrafen** werden nach der Schwere der Schuld in einer bestimmten Anzahl von **Tagessätzen** ausgesprochen. Bei der Festsetzung der Höhe des Tagessatzes wird auf die persönlichen Verhältnisse und die wirtschaftliche Leistungsfähigkeit des Täters Rücksicht genommen. Die jeweilige Geldstrafe ergibt sich aus der Multiplikation der Anzahl der Tagessätze mit der ermittelten Höhe des einzelnen Tagessatzes. Für den Fall der Uneinbringlichkeit der Geldstrafe ist eine Ersatzfreiheitsstrafe festzusetzen (ein Tag = zwei Tagessätze). Anstelle von **Freiheitsstrafen** bis zu **sechs Monaten** können **Geldstrafen** verhängt werden, wenn für die Tat keine strengere Strafe als bis zu fünf Jahren angedroht und ein künftiges Wohlverhalten zu erwarten ist.

Mit der Strafe können verschiedene **Zwecke** verfolgt werden:

- Vergeltung (kein gesetzlicher Strafzweck)
- Abschreckung der Allgemeinheit (Generalprävention) } im Gesetz ausdrücklich
- Abschreckung und Besserung des Täters (Spezialprävention) } genannte Strafzwecke

Nach der Höhe der angedrohten Strafe unterscheidet das Gesetz zwischen **Verbrechen** – drei bis zwanzig Jahre und lebenslang – und **Vergehen.**

b) Vorbeugende Maßnahmen

Sie setzen immer die Begehung einer strafbaren Handlung mit schweren Folgen voraus (so genannte Anlasstat). Der/Die strafmündige Täter/in kann mangels Zurechnungsfähigkeit nicht bestraft werden, ist aber besonders gefährlich. Vorbeugende Maßnahmen werden wie die Strafe von dem/der Strafrichter/in ausgesprochen und dienen ausschließlich der Spezialprävention. Das Gesetz sieht bei **geistig abnormen Rechtsbrechern** keine zeitliche Begrenzung vor, wobei eine jährliche Prüfung, ob eine weitere Anhaltung notwendig ist, stattzufinden hat. In allen anderen Fällen sind Höchstdauer und Prüfungsintervall genau fixiert.

(Unterbringung in einer Anstalt für **entwöhnungsbedürftige Rechtsbrecher/innen** und für **gefährliche Rückfallstäter/innen**)

	Strafen	Vorbeugende Maßnahmen
Zweck	Vergeltung + General- + Spezialprävention	Spezialprävention
Maßstab	Schuld des Täters	besondere Gefährlichkeit des Täters
Übel	ja (beabsichtigt)	ja (nicht beabsichtigt)
Schuld	erforderlich	nicht erforderlich

c) Nebenfolgen

Ein Geschenk oder eine andere Zuwendung von Geldeswert, die der Täter für die strafbare Handlung im Voraus oder im Nachhinein empfangen hat, ist für **verfallen** zu erklären. Ausnahme: Eine an der strafbaren Handlung nicht beteiligte Person hat einen Rechtsanspruch auf den Gegenstand.

Mit der Verurteilung wegen einer oder mehrerer mit Vorsatz begangener strafbarer Handlungen zu einer mehr als einjährigen Freiheitsstrafe ist bei Beamten der **Verlust des Amtes** verbunden. Nach der Gewerbeordnung kann jemand, der wegen bestimmter Delikte verurteilt worden ist, von der **Ausübung des Gewerbes** ausgeschlossen werden. Auch andere Gesetze kennen ähnliche Rechtsfolgen.

7. Stadien der Straftat

Der verbrecherische Wille soll in einem möglichst frühen Zustand bekämpft werden. Gedanken, Ideen reichen jedoch zur Bestrafung nicht aus. Grundsätzlich ist auch die **Vorbereitungshandlung** straflos (Beispiel: Hans Dieb, der einen Diebstahl beabsichtigt, kauft sich für die Durchführung des Verbrechens eine Leiter). Nur bei Verbrechen gegen den Staat und verbrecherischem Komplott (z. B. konkrete Verabredung eines Mordes oder eines Raubes) sind bereits Vorbereitungshandlungen strafbar.

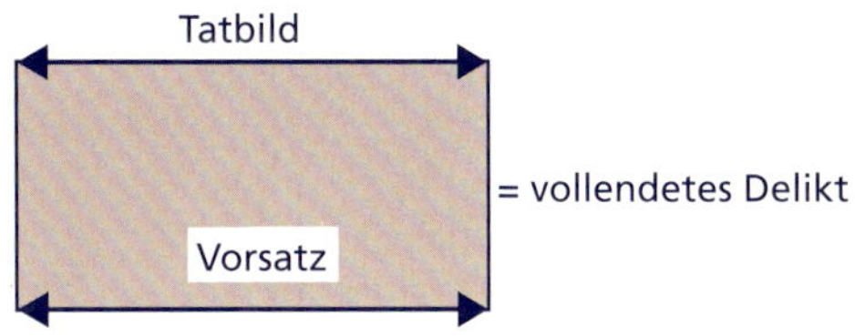

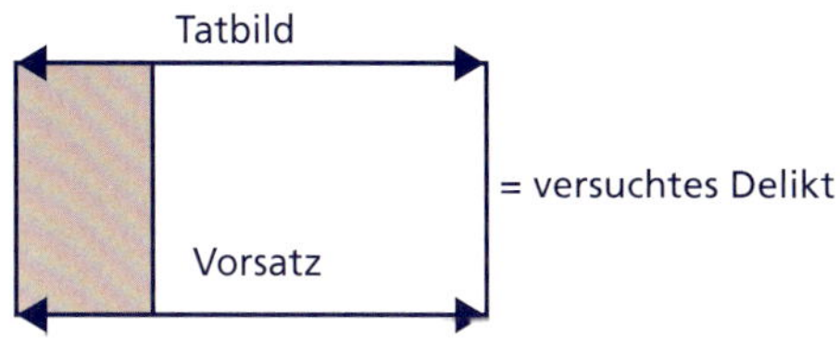

Das **versuchte Delikt** ist im Allgemeinen schon unter Strafdrohung gestellt. Versuch liegt vor, wenn der Täter eine Handlung begeht, die der Vollendung des Deliktes unmittelbar vorausgeht. Der Versuch wird milder bestraft als die vollendete Tat. Das Gesetz gibt dem Täter jedoch die Möglichkeit, vor Vollendung des Delikts zur Straflosigkeit zurückzukehren **(Rücktritt vom Versuch)**.

Handelt es sich um einen **unbeendeten Versuch**, d. h., der Täter müsste nach seinem Tatplan noch weiter handeln (Beispiel: Hans Dieb lehnt seine Leiter an eine Mauer, um über sie in ein fremdes Haus zu gelangen), genügt es, dass der Täter die Ausführung freiwillig und endgültig aufgibt.

Handelt es sich um einen so genannten **beendeten Versuch** (d. h., der Täter hat alles zur Vollendung der Tat Erforderliche getan, ohne dass bereits der Erfolg eingetreten ist), muss der Täter zusätzlich den Eintritt der Tatvollendung durch eigene Tätigkeit verhindern (z. B. der Attentäter entschärft die bereits deponierte Bombe).

8. Formen der Täterschaft

Alle an einer strafbaren Handlung **Beteiligten** werden rechtlich gleich behandelt, für alle besteht **dieselbe Strafdrohung.** Es gibt daher dieselbe Strafdrohung für den:

unmittelbaren Täter	Anstifter (Bestimmungstäter)	und	Gehilfen (Beitragstäter)

1. **Unmittelbarer Täter** ist jeder, der eine Ausführungshandlung setzt, dessen Verhalten also einem Tatbestand entspricht. Auch der **Mittäter**, der nur einen Teilakt setzt, ist unmittelbarer Täter, wenn er mit der ganzen Tat einverstanden ist. (Beispiel: Bei einem Raubüberfall schlägt ein Täter das Opfer, während der andere die Geldbörse wegnimmt.)
2. **Anstifter** ist, wer vorsätzlich einen anderen zu einer Straftat veranlasst.
3. **Beihilfe leistet,** wer zur Ausführung einer Tat eines anderen beiträgt, ohne diese selbst unmittelbar auszuführen oder anzustiften (z. B. Leisten von Aufpasserdiensten bei einem Einbruch).
4. Sind **mehrere Personen** an einer Tat beteiligt, so wird jeder nach seiner Schuld bestraft. Daraus folgt, dass jeder Einzelne der an der Tat Beteiligten – unabhängig von der Verantwortung der anderen – ausschließlich für seine eigene Schuld haftet. Entschuldigungsgründe persönlicher Art wirken nicht zugunsten der übrigen Beteiligten (z. B. Geisteskrankheit, Strafunmündigkeit).

9. Vereinfachtes Schema der strafrechtlichen Fallprüfung

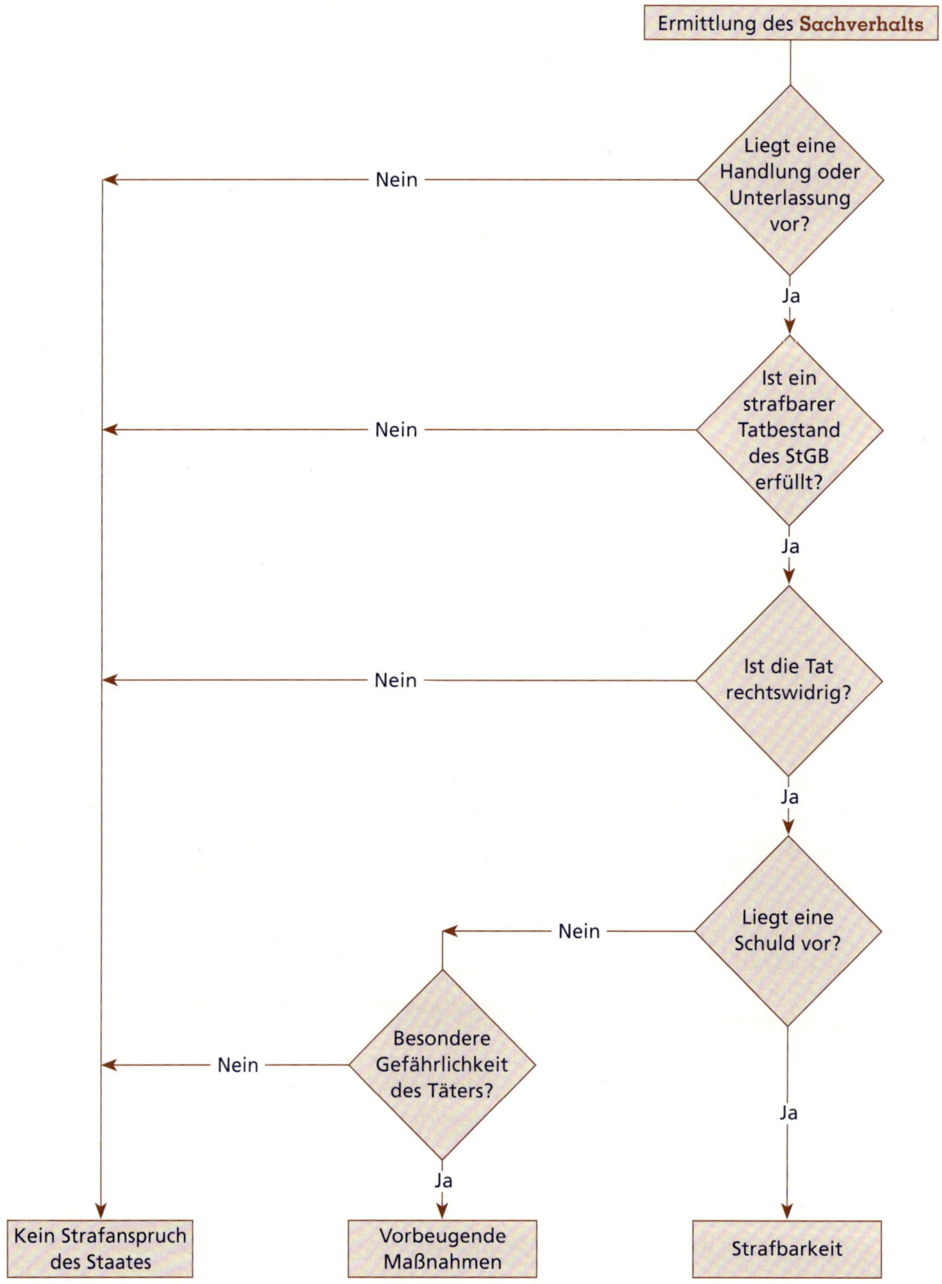

10. Diversion

Das Strafgesetz bietet die Möglichkeit, in Einzelfällen auf strafbares Verhalten auch ohne förmliche Verurteilung, insbesondere Bestrafung, zu reagieren. So kann bei hinreichend geklärtem Sachverhalt das Verfahren gegen Auflagen (z. B. gemeinnützige Arbeit oder Schadensgutmachung) oder einfach nur auf eine Probezeit eingestellt werden. Eine besondere, in den letzten Jahren im Jugendstrafrecht bewährte Form stellt der **außergerichtliche Tatausgleich** dar. Dabei wird mit Hilfe von Sozialarbeitern versucht, eine Konfliktbereinigung zwischen Täter und Opfer herzustellen.

BEISPIEL: Versöhnungsgespräch nach einer Körperverletzung, wobei die Entschuldigung vom Opfer angenommen wird.

B. Besonderes Strafrecht

1. Allgemeines

Der besondere Teil des Strafgesetzbuches (StGB) enthält die **Tatbestände,** beschreibt also strafwürdige Verhaltensweisen und setzt die **Strafdrohung (Sanktion)** fest.

Einteilung der strafbaren Handlungen

Verbrechen	Vergehen
♦ Vorsätzliche Handlungen, die mit lebenslanger oder mehr als dreijähriger Freiheitsstrafe bedroht sind.	♦ Alle übrigen strafbaren Handlungen.

Das StGB 1974 fasst mehr als 200 Vergehen und Verbrechen in 25 Abschnitten zusammen. Wenn das Gesetz nichts anderes bestimmt, ist **nur vorsätzliches** Handeln strafbar.

2. Übersicht

Abschnitte des StGB	Delikte
1. Strafbare Handlungen gegen Leib und Leben	Mord, Totschlag, fahrlässige Tötung, Körperverletzung, Raufhandel, Imstichlassen eines Verletzten, Unterlassung der Hilfeleistung
2. Schwangerschaftsabbruch	Schwangerschaftsabbruch
3. Strafbare Handlungen gegen die Freiheit	Freiheitsentziehung, Entführung einer willenlosen oder wehrlosen Person, Entführung einer unmündigen Person, Sklavenhandel, Nötigung, gefährliche Drohung, Hausfriedensbruch, beharrliche Verfolgung (Stalking)
4. Strafbare Handlungen gegen die Ehre	Üble Nachrede, Beleidigung
5. Verletzung der Privatsphäre und bestimmter Berufsgeheimnisse	Verletzung des Briefgeheimnisses, des Fernmeldegeheimnisses, von Berufsgeheimnissen, eines Geschäfts- oder Betriebsgeheimnisses
6. Strafbare Handlungen gegen fremdes Vermögen	Sachbeschädigung, Diebstahl, Veruntreuung, Unterschlagung, Raub, Erpressung, Betrug, Untreue, betrügerische Krida, Hehlerei, Glücksspiel
7. Gemeingefährliche strafbare Handlungen	Brandstiftung, vorsätzliche Gefährdung durch Kernenergie, durch Sprengmittel, Gemeingefährdung, Gefährdung des Tier- und Pflanzenbestandes, Kurpfuscherei, Luftpiraterie
8. Strafbare Handlungen gegen den religiösen Frieden und die Ruhe der Toten	Herabwürdigung religiöser Lehren, Störung einer Religionsausübung, Störung der Totenruhe
9. Strafbare Handlungen gegen Ehe und Familie	Mehrfache Ehe, Verlassen eines Unmündigen, Verletzung der Unterhaltspflicht
10. Strafbare Handlungen gegen die sexuelle Integrität und Selbstbestimmung	Vergewaltigung, geschlechtliche Nötigung, sexueller Missbrauch einer wehrlosen oder psychisch beeinträchtigten Person oder von Unmündigen, Blutschande, Kuppelei, Zuhälterei, Zuführen zur Prostitution, sexuelle Belästigung
11. Tierquälerei	Tierquälerei

Abschnitte des StGB	Delikte
12. Strafbare Handlungen gegen die Zuverlässigkeit von Urkunden und Beweiszeichen	Urkundenfälschung, Verletzung von Grenzzeichen, Gebrauch fremder Ausweise
13. Strafbare Handlungen gegen die Sicherheit des Verkehrs mit Geld, Wertpapieren und Wertzeichen	Geldfälschung, Weitergabe von Falschgeld, Fälschung besonders geschützter Wertpapiere, Wertzeichenfälschung
14. Hochverrat und andere Angriffe gegen den Staat	Hochverrat, staatsfeindliche Verbindungen, Herabwürdigung des Staates und seiner Symbole
15. Angriff auf oberste Staatsorgane	Gewalt und gefährliche Drohung gegen den Bundespräsidenten, Nötigung verschiedener Organe der Gesetzgebung, Verwaltung und Gerichtsbarkeit
16. Landesverrat	Verrat von Staatsgeheimnissen, Ausspähung von Staatsgeheimnissen
17. Strafbare Handlungen gegen das Bundesheer	Beteiligung an militärischen strafbaren Handlungen, Wehrmittelsabotage
18. Strafbare Handlungen bei Wahlen und Volksabstimmungen	Wahlbehinderung, Täuschung bei einer Wahl oder Volksabstimmung, Bestechung bei einer Wahl, Verletzung des Wahlgeheimnisses
19. Strafbare Handlungen gegen die Staatsgewalt	Widerstand, tätlicher Angriff auf einen Beamten, Siegelbruch
20. Strafbare Handlungen gegen den öffentlichen Frieden	Landfriedensbruch, verbrecherisches Komplott, Bandenbildung, Ansammeln von Kampfmitteln, Aufforderung zum Ungehorsam gegen Gesetze, Verhinderung oder Störung einer Versammlung
21. Strafbare Handlungen gegen die Rechtspflege	Falsche Beweisaussage, Fälschung eines Beweismittels, Verleumdung, Befreiung von Gefangenen
22. Strafbare Verletzungen der Amtspflicht und verwandte strafbare Handlungen	Missbrauch der Amtsgewalt, Geschenkannahme durch Beamte, durch leitende Angestellte eines Unternehmens, Verletzung des Amtsgeheimnisses
23. Amtsanmaßung und Erschleichung eines Amtes	Amtsanmaßung, Erschleichung eines Amtes
24. Störung der Beziehungen zum Ausland	Hochverräterische Angriffe gegen einen fremden Staat, Herabwürdigung fremder Symbole, Neutralitätsgefährdung
25. Völkermord	Völkermord

Neues Strafrechtsänderungsgesetz (Entwurf 2015)

Seit einiger Zeit liegt ein Änderungsentwurf für das Strafgesetz (sowie anderer damit zu ändernder Gesetze, wie des Suchmittelgesetzes) vor. Dieser Gesetzesentwurf trägt einer Veränderung der heutigen gesellschaftlichen Rahmenbedingungen Rechnung, daher sehen die Modernisierungen unter anderem die Umsetzung von EU-Richtlinien, eine bessere Bekämpfung von Bilanzdelikten und ein effizienteres Ermittlungsverfahren vor.

Der Begutachtungsentwurf kann auf der Homepage des Bundesministeriums für Justiz (www.justiz.gv.at) eingesehen werden.

Vorgesehen sind zum Beispiel:
- eine Erhöhung der Wertgrenzen,
- die Einführung einer Definition für die grobe Fahrlässigkeit,
- die Erhöhung der Strafdrohung für qualifizierte Körperverletzung.

3. Strafbare Handlungen gegen Leib und Leben
Lernen Sie anhand des Auszugs aus dem Bundesgesetzblatt „Strafbare Handlungen gegen Leib und Leben" den Text unseres Strafgesetzbuches und die Formulierung von Tatbildern und Strafdrohungen kennen.

Besonderer Teil

Erster Abschnitt

Strafbare Handlungen gegen Leib und Leben

Mord

§ 75. Wer einen anderen tötet, ist mit Freiheitsstrafe von zehn bis zu zwanzig Jahren oder mit lebenslanger Freiheitsstrafe zu bestrafen.

Totschlag

§ 76. Wer sich in einer allgemein begreiflichen heftigen Gemütsbewegung dazu hinreißen läßt, einen anderen zu töten, ist mit Freiheitsstrafe von fünf bis zu zehn Jahren zu bestrafen.

Tötung auf Verlangen

§ 77. Wer einen anderen auf dessen ernstliches und eindringliches Verlangen tötet, ist mit Freiheitsstrafe von sechs Monaten bis zu fünf Jahren zu bestrafen.

Mitwirkung am Selbstmord

§ 78. Wer einen anderen dazu verleitet, sich selbst zu töten, oder ihm dazu Hilfe leistet, ist mit Freiheitsstrafe von sechs Monaten bis zu fünf Jahren zu bestrafen.

Tötung eines Kindes bei der Geburt

§ 79. Eine Mutter, die das Kind während der Geburt oder solange sie noch unter der Einwirkung des Geburtsvorgangs steht, tötet, ist mit Freiheitsstrafe von einem bis zu fünf Jahren zu bestrafen.

Fahrlässige Tötung

§ 80. Wer fahrlässig den Tod eines anderen herbeiführt, ist mit Freiheitsstrafe bis zu einem Jahr zu bestrafen.

Fahrlässige Tötung unter besonders gefährlichen Verhältnissen

§ 81. Wer fahrlässig den Tod eines anderen herbeiführt

1. unter besonders gefährlichen Verhältnissen oder

2. nachdem er sich vor der Tat, wenn auch nur fahrlässig, durch Genuß von Alkohol oder den Gebrauch eines anderen berauschenden Mittels in einen die Zurechnungsfähigkeit nicht ausschließenden Rauschzustand versetzt hat, obwohl er vorhergesehen hat oder hätte vorhersehen können, daß ihm eine Tätigkeit bevorstehe, deren Vornahme in diesem Zustand eine Gefahr für das Leben, die Gesundheit oder die körperliche Sicherheit eines anderen herbeizuführen oder zu vergrößern geeignet sei,

ist mit Freiheitsstrafe bis zu drei Jahren zu bestrafen.

Aussetzung

§ 82. (1) Wer das Leben eines anderen dadurch gefährdet, daß er ihn in eine hilflose Lage bringt und in dieser Lage im Stich läßt, ist mit Freiheitsstrafe von sechs Monaten bis zu fünf Jahren zu bestrafen.

(2) Ebenso ist zu bestrafen, wer das Leben eines anderen, der unter seiner Obhut steht oder dem er sonst beizustehen verpflichtet ist (§ 2), dadurch gefährdet, daß er ihn in einer hilflosen Lage im Stich läßt.

(3) Hat die Tat den Tod des Gefährdeten zur Folge, so ist der Täter mit Freiheitsstrafe von einem bis zu zehn Jahren zu bestrafen.

Körperverletzung

§ 83. (1) Wer einen anderen am Körper verletzt oder an der Gesundheit schädigt, ist mit Freiheitsstrafe bis zu sechs Monaten oder mit Geldstrafe bis zu 360 Tagessätzen zu bestrafen.

(2) Ebenso ist zu bestrafen, wer einen anderen am Körper mißhandelt und dadurch fahrlässig verletzt oder an der Gesundheit schädigt.

Schwere Körperverletzung

§ 84. (1) Hat die Tat eine länger als vierundzwanzig Tage dauernde Gesundheitsschädigung oder Berufsunfähigkeit zur Folge oder ist die Verletzung oder Gesundheitsschädigung an sich schwer, so ist der Täter mit Freiheitsstrafe bis zu drei Jahren zu bestrafen.

(2) Ebenso ist der Täter zu bestrafen, wenn die Tat begangen worden ist

1. mit einem solchen Mittel und auf solche Weise, womit in der Regel Lebensgefahr verbunden ist,

2. von mindestens drei Personen in verabredeter Verbindung,

3. unter Zufügung besonderer Qualen oder

4. an einem Beamten, Zeugen oder Sachverständigen während oder wegen der Vollziehung seiner Aufgaben oder der Erfüllung seiner Pflichten.

Körperverletzung mit schweren Dauerfolgen

§ 85. Hat die Tat für immer oder für lange Zeit

1. den Verlust oder eine schwere Schädigung der Sprache, des Sehvermögens, des Gehörs oder der Fortpflanzungsfähigkeit,

2. eine erhebliche Verstümmelung oder eine auffallende Verunstaltung oder

3. ein schweres Leiden, Siechtum oder Berufsunfähigkeit des Geschädigten zur Folge,

so ist der Täter mit Freiheitsstrafe von sechs Monaten bis zu fünf Jahren zu bestrafen.

Körperverletzung mit tödlichem Ausgang

§ 86. Hat die Tat den Tod des Geschädigten zur Folge, so ist der Täter mit Freiheitsstrafe von einem bis zu zehn Jahren zu bestrafen.

Absichtliche schwere Körperverletzung

§ 87. (1) Wer einem anderen eine schwere Körperverletzung (§ 84 Abs. 1) absichtlich zufügt, ist mit Freiheitsstrafe von einem bis zu fünf Jahren zu bestrafen.

(2) Zieht die Tat eine schwere Dauerfolge (§ 85) nach sich, so ist der Täter mit Freiheitsstrafe von einem bis zu zehn Jahren, hat die Tat den Tod des Geschädigten zur Folge, mit Freiheitsstrafe von fünf bis zu zehn Jahren zu bestrafen.

Fahrlässige Körperverletzung

§ 88. (1) Wer fahrlässig einen anderen am Körper verletzt oder an der Gesundheit schädigt, ist mit Freiheitsstrafe bis zu drei Monaten oder mit Geldstrafe bis zu 180 Tagessätzen zu bestrafen.

(2) Trifft den Täter kein schweres Verschulden und ist entweder

1. die verletzte Person mit dem Täter in auf- oder absteigender Linie verwandt oder verschwägert oder sein Ehegatte, sein Bruder oder seine Schwester oder nach § 72 Abs. 2 wie ein Angehöriger des Täters zu behandeln,

2. der Täter ein Arzt, die Körperverletzung oder Gesundheitsschädigung in Ausübung der Heilkunde zugefügt worden und aus der Tat keine Gesundheitsschädigung oder Berufsunfähigkeit von mehr als vierzehntägiger Dauer erfolgt,

3. der Täter eine im Krankenpflegefachdienst, in medizinisch-technischen Diensten oder im Sanitätshilfsdienst tätige Person, die Körperverletzung oder Gesundheitsschädigung in Ausübung eines dieser Berufe zugefügt worden und aus der Tat keine Gesundheitsschädigung oder Berufsunfähigkeit von mehr als vierzehntägiger Dauer erfolgt oder

4. aus der Tat keine Gesundheitsschädigung oder Berufsunfähigkeit einer anderen Person von mehr als dreitägiger Dauer erfolgt,

so ist der Täter nach Abs. 1 nicht zu bestrafen.

(3) In den im § 81 Z. 1 und 2 bezeichneten Fällen ist der Täter mit Freiheitsstrafe bis zu sechs Monaten oder mit Geldstrafe bis zu 360 Tagessätzen zu bestrafen.

(4) Hat die Tat eine schwere Körperverletzung (§ 84 Abs. 1) zur Folge, so ist der Täter mit Freiheitsstrafe bis zu sechs Monaten oder mit Geldstrafe bis zu 360 Tagessätzen, in den im § 81 Z. 1 und 2 bezeichneten Fällen aber mit Freiheitsstrafe bis zu zwei Jahren zu bestrafen.

Gefährdung der körperlichen Sicherheit

§ 89. Wer in den im § 81 Z. 1 und 2 bezeichneten Fällen, wenn auch nur fahrlässig, eine Gefahr für das Leben, die Gesundheit oder die körperliche Sicherheit eines anderen herbeiführt, ist mit Freiheitsstrafe bis zu drei Monaten oder mit Geldstrafe bis zu 180 Tagessätzen zu bestrafen.

Einwilligung des Verletzten

§ 90. (1) Eine Körperverletzung oder Gefährdung der körperlichen Sicherheit ist nicht rechtswidrig, wenn der Verletzte oder Gefährdete in sie einwilligt und die Verletzung oder Gefährdung als solche nicht gegen die guten Sitten verstößt.

(2) Die von einem Arzt an einer Person mit deren Einwilligung vorgenommene Sterilisation ist nicht rechtswidrig, wenn entweder die Person

4. Vermögensdelikte

Strafbare **Handlungen,** die sich **gegen Vermögenswerte** richten, sind „Wirtschaftsdelikte". Ihre Urtypen sind Diebstahl, Veruntreuung, Sachbeschädigung, Betrug. Daneben lassen sich viele andere Delikte zu den Wirtschaftsdelikten zählen, vor allem auch solche, die nicht im Strafgesetzbuch, sondern in Spezialgesetzen (z. B. Devisengesetz, Lebensmittelgesetz, Finanzstrafgesetz) enthalten sind.

Im Folgenden werden **einige Delikte** besprochen.

♦ **Sachbeschädigung**

Wer vorsätzlich eine fremde Sache zerstört, beschädigt, verunstaltet oder unbrauchbar macht, ist mit Freiheitsstrafe bis zu sechs Monaten oder mit Geldstrafe bis zu 360 Tagessätzen zu bestrafen. Wird die Sachbeschädigung an bestimmten Sachen oder Einrichtungen begangen oder übersteigt der Schaden bestimmte Grenzen, kann die Strafdrohung bis zu fünf Jahre betragen. Die fahrlässige Beschädigung von Sachen erfüllt keinen strafrechtlichen Tatbestand.

♦ **Diebstahl**

Wer eine fremde, bewegliche Sache einem anderen mit dem Vorsatz wegnimmt, sich oder einen Dritten durch deren Zueignung unrechtmäßig zu bereichern, ist mit Freiheitsstrafe bis zu sechs Monaten oder mit Geldstrafe bis zu 360 Tagessätzen zu bestrafen. Bei Vorliegen besonderer Umstände sind höhere Strafsätze vorgesehen, z. B. Wert über 2.000 Euro Einbruch, Bandendiebstahl, Gesellschaftsdiebstahl.

♦ **Veruntreuung**

Wer ein Gut, das ihm anvertraut worden ist, sich oder einem Dritten mit dem Vorsatz zueignet, sich oder den Dritten dadurch unrechtmäßig zu bereichern, ist mit Freiheitsstrafe (w. o.) zu bestrafen. Wer ein Gut veruntreut, dessen Wert 2.000 Euro übersteigt, ist mit Freiheitsstrafe bis zu drei Jahren, wer ein Gut im Wert von über 40.000 Euro veruntreut, mit Freiheitsstrafe von einem bis zu zehn Jahren zu bestrafen.

♦ **Unterschlagung**

Wer ein fremdes Gut, das er gefunden hat oder das durch einen Irrtum oder sonst ohne sein Zutun in seinen Gewahrsam geraten ist, sich oder einem Dritten mit dem Vorsatz zueignet, sich oder den Dritten dadurch unrechtmäßig zu bereichern, ist mit Freiheitsstrafen (w. o.) zu bestrafen. Bei einem höheren Wert des unterschlagenen Gutes (Grenzen 2.000 und 40.000 Euro) sind höhere Strafsätze vorgesehen.

♦ **Betrug**

Wer mit dem Vorsatz, durch das Verhalten des Getäuschten sich oder einen Dritten unrechtmäßig zu bereichern, jemanden durch Täuschung über Tatsachen zu einer Handlung, Duldung oder Unterlassung verleitet, die diesen oder einen anderen am Vermögen schädigt, ist mit Freiheitsstrafe (w. o.) zu bestrafen. Wenn der Täter, der zur Täuschung eine falsche oder verfälschte Urkunde, ein anderes solches Beweismittel oder ein unrichtiges Messgerät benützt, einen 2.000 Euro übersteigenden Schaden anrichtet oder einen Betrug in der Absicht begeht, sich durch dessen wiederkehrende Begehung eine fortlaufende Einnahme zu verschaffen, sind höhere Strafen vorgesehen.

♦ **Versicherungsmissbrauch**

Wer mit dem Vorsatz, sich oder einem anderen eine Versicherungsleistung zu verschaffen,
- eine versicherte Sache zerstört, beschädigt oder beiseite schafft,
- sich oder einen anderen am Körper verletzt oder an der Gesundheit schädigt, verletzen oder schädigen lässt,

ist, wenn die Tat nicht als Betrug mit Strafe bedroht ist, mit Freiheitsstrafe bis zu sechs Monaten oder Geldstrafe bis zu 360 Tagessätzen zu bestrafen.

Wer von der weiteren Verfolgung seines Vorhabens Abstand nimmt, bevor die Versicherungsleistung erbracht worden ist und bevor die Behörde von seinem Verschulden erfahren hat, ist nicht zu bestrafen.

♦ **Untreue**

Wer die ihm durch Gesetz, behördlichen Auftrag oder Rechtsgeschäft eingeräumte Befugnis, über fremdes Vermögen zu verfügen oder eine/n andere/n zu verpflichten, wissentlich missbraucht und dadurch dem anderen einen Vermögensnachteil zufügt, ist mit Freiheitsstrafe (wie oben) zu bestrafen. Bei einem bestimmte Grenzen übersteigenden Schaden sind höhere Strafsätze anzuwenden.

♦ **Geldwucher**
Wer die Zwangslage, den Leichtsinn, die Unerfahrenheit oder den Mangel an Urteilsvermögen eines anderen dadurch ausbeutet, dass er sich oder einem Dritten für eine Leistung, die der Befriedigung eines Geldbedürfnisses dient, insbesondere für die Gewährung oder Vermittlung eines Darlehens oder für die Stundung einer Geldforderung oder die Vermittlung einer solchen Stundung einen Vermögensvorteil versprechen oder gewähren lässt, der in auffallendem Missverhältnis zum Wert der eigenen Leistung steht, ist mit Freiheitsstrafe bis zu drei Jahren zu bestrafen. Ebenso ist zu bestrafen, wer eine solche Forderung, die auf ihn übergegangen ist, wucherisch verwertet. Für Sachwucher ist eine analoge Regelung vorgesehen.

♦ **Betrügerische Krida**
Wer einen Bestandteil seines Vermögens verheimlicht, beiseite schafft, veräußert oder beschädigt, eine nicht bestehende Verbindlichkeit vorschützt oder anerkennt oder sonst sein Vermögen wirklich oder zum Schein verringert und dadurch die Befriedigung seiner Gläubiger oder wenigstens eines von ihnen vereitelt oder schmälert, ist mit Freiheitsstrafe von sechs Monaten bis zu fünf Jahren zu bestrafen. Wer durch seine Tat einen 40.000 Euro übersteigenden Schaden herbeiführt, ist mit Freiheitsstrafe von einem bis zu zehn Jahren zu bestrafen.

♦ **Schädigung fremder Gläubiger**
Ebenso ist zu bestrafen, wer ohne Einverständnis mit dem Schuldner einen Bestandteil des Vermögens des Schuldners verheimlicht, beiseite schafft, veräußert oder beschädigt oder ein nicht bestehendes Recht gegen das Vermögen des Schuldners geltend macht und dadurch die Befriedigung der Gläubiger oder wenigstens eines von ihnen vereitelt oder schmälert.

♦ **Grob fahrlässige Beeinträchtigungen von Gläubigerinteressen**
Mit Freiheitsstrafe bis zu zwei Jahren ist zu bestrafen, wer als Schuldner mehrerer Gläubiger kridaträchtig handelt, d. h.
- entgegen den Grundsätzen ordentlichen Wirtschaftens ein gewagtes Geschäft eingeht,
- mit seinen Vermögensverhältnissen oder seiner wirtschaftlichen Leistungsfähigkeit in auffallendem Widerspruch stehenden Aufwand treibt oder
- es unterlässt, Geschäftsbücher oder geschäftliche Aufzeichnungen oder Jahresabschlüsse (zu deren Erstellung er oder sie verpflichtet wäre) zu führen oder diese unordentlich führt.

♦ **Vollstreckungsvereitelung**
Ein Schuldner, der einen Bestandteil seines Vermögens verheimlicht, beiseite schafft, veräußert oder beschädigt, eine nicht bestehende Verbindlichkeit vorschützt oder anerkennt oder sonst sein Vermögen wirklich oder zum Schein verringert und dadurch die Befriedigung eines Gläubigers durch Zwangsvollstreckung vereitelt oder schmälert, ist mit Freiheitsstrafe bis zu sechs Monaten oder mit Geldstrafe bis zu 360 Tagessätzen zu bestrafen.

♦ **Hehlerei**
Mit Freiheitsstrafe bis zu sechs Monaten oder mit Geldstrafe bis zu 360 Tagessätzen ist zu bestrafen, wer
- den/die Täter/in einer mit Strafe bedrohten Handlung gegen fremdes Vermögen nach der Tat dabei unterstützt, eine Sache, die dieser durch sie erlangt hat, zu verheimlichen oder zu verwerten,
- eine Sache, die ein anderer durch eine mit Strafe bedrohte Handlung gegen fremdes Vermögen erlangt hat, kauft, sonst an sich bringt, oder einem Dritten verschafft.

Übersteigt der Wert der Sache bestimmte Beträge und wird die Hehlerei gewerbsmäßig betrieben, dann sind höhere Strafsätze vorgesehen.

IX. Strafprozess

A. Grundsätze

Anklageprinzip
Das Strafverfahren darf nur auf Antrag eines **berechtigten Anklägers** (Staatsanwalt) eingeleitet und fortgesetzt werden („Wo kein Kläger, da kein Richter"). Die Parteien im Strafprozess sind die/der Staatsanwältin/-anwalt und der/die Angeklagte (im bezirksgerichtlichen Verfahren der Bezirksanwalt und der Beschuldigte).

Offizialprinzip
Die Strafverfolgung geschieht **von Amts wegen** und nicht durch die Initiative von Privatpersonen (Ausnahme: Privatanklagedelikte werden nur über Antrag des Verletzten verfolgt, z. B. Ehrenbeleidigungen, Pressedelikte, Straftaten nach dem Gesetz gegen den unlauteren Wettbewerb, dem Markenschutz-, Patent- und Urheberrechtsgesetz).

Legalitätsprinzip
Die Staatsanwälte sind verpflichtet, **alle strafbaren Taten, die zu ihrer Kenntnis gelangen**, von Amts wegen **zu verfolgen**. Im Allgemeinen muss die Anklage ohne Rücksicht auf ihre Zweckmäßigkeit erhoben werden (Ausnahmen, z. B. Zurücklegung der Anzeige gegen einen Suchtmittelkonsumenten, der sich bereit erklärt, seine Drogenfreiheit periodisch nachzuweisen).

Mündlichkeit
Der Sachverhalt muss in **mündlicher Verhandlung** erörtert werden.

Öffentlichkeit
Jede **erwachsene, unbewaffnete Person** hat ein Recht, an der Hauptverhandlung teilzunehmen. Aus bestimmten Gründen (öffentliche Ordnung, Sittlichkeit, Betriebs- oder Geschäftsgeheimnis) kann die Öffentlichkeit ausgeschlossen werden.

Unmittelbarkeit
Angeklagter und Zeugen sind in der Hauptverhandlung persönlich zu vernehmen. Der (die) erkennende(n) **Richter** soll(en) möglichst **aufgrund eigener Wahrnehmungen** entscheiden.

Grundsatz der materiellen Wahrheit
Es muss alles unternommen werden, damit die Grundlagen der gerichtlichen Entscheidung **objektiv wahr** sind. Das Geständnis des Angeklagten reicht keineswegs aus, um alle in dem Verfahren tätigen Behörden von ihrer Pflicht zur Erforschung der Wahrheit zu befreien.

Freie Würdigung der Beweise
Das Gericht ist an **keine „Beweisregeln"** gebunden (Beispiel für eine Beweisregel: Was drei Zeugen übereinstimmend aussagen, ist auf jeden Fall wahr). Mit Hilfe der Beweismittel, nämlich der Augenscheinobjekte, Urkunden, Zeugenaussagen, Sachverständigengutachten und Erklärungen des Angeklagten, müssen die rechtserheblichen Tatsachen erschlossen werden. Ob eine Tatsache als erwiesen anzusehen ist oder nicht, hat der/die Richter/in nach seiner/ihrer inneren Überzeugung zu entscheiden.

Laienbeteiligung
Bei schweren Verbrechen wirken Schöffen oder Geschworene an der Strafrechtspflege mit.

B. Zuständigkeit

- Zuständigkeit
  - sachliche
  - örtliche

1. Sachliche Zuständigkeit

a) Die **Bezirksgerichte** führen das Strafverfahren bei gerichtlich mit **bis zu einem Jahr** strafbaren **Vergehen** (ausgenommen bestimmte Delikte wie Nötigung, gefährliche Drohung) durch.

b) Die **Landesgerichte** sind berufen:
- als Ermittlungsgericht im Vorverfahren wegen Verbrechen und dabei nicht in die bezirksgerichtliche Zuständigkeit fallende Vergehen durch Einzelrichter/innen **(Haft- und Rechtschutzrichter);**
- im **vereinfachten Verfahren** durch Einzelrichter/innen, wenn nach den Umständen des Falles anzunehmen ist, dass keine strengere Freiheitsstrafe als höchstens fünf Jahre oder eine Geldstrafe zu verhängen ist;
- als **Schöffengericht** in einer Versammlung von **einem/-r Berufsrichter/in** und **zwei Laienrichtern** (Schöffen) für alle Delikte (Verbrechen und Vergehen), die nicht im vereinfachten Verfahren oder durch ein Geschworenengericht abgeurteilt werden;
- als **Geschworenengericht** in einer Versammlung von **drei Berufsrichtern** und **acht Laienrichtern** (Geschworenen) zur Aburteilung aller Verbrechen, die mit einer Freiheitsstrafe von mehr als zehn Jahren bedroht sind;
- als Rechtsmittelsenat in einer Versammlung von **drei Berufsrichtern** bei Berufungen gegen Urteile der Bezirksgerichte.

c) Die **Oberlandesgerichte** und der **Oberste Gerichtshof** sowie die Berufungssenate der **Landesgerichte** sind für die Überprüfung der Entscheidungen der Unterinstanzen zuständig.
Das **Rechtsmittelverfahren** ist im Strafprozess wie folgt gestaltet:
Rechtsmittel gegen **Urteile** sind die **Nichtigkeitsbeschwerde, Strafberufung, volle Berufung** und **Wiederaufnahme des Strafverfahrens.**
Rechtsmittel gegen **Beschlüsse** heißen **Beschwerden.**
Während mit Zivilsachen drei Instanzen beschäftigt werden können, sieht die Strafprozessordnung für Strafsachen nur zwei Instanzen vor:
- Über Berufung gegen bezirksgerichtliche Urteile entscheiden die **Landesgerichte** (siehe oben).
- Die **Oberlandesgerichte** entscheiden über volle Berufungen gegen Urteile der Landesgerichte (als Einzelrichter) und über Beschwerden gegen Beschlüsse dieser Gerichte.
- Der **Oberste Gerichtshof** entscheidet über Nichtigkeitsbeschwerden gegen Urteile der Landesgerichte (als Schöffen- oder Geschworenengerichte) und die damit verbundenen Berufungen.

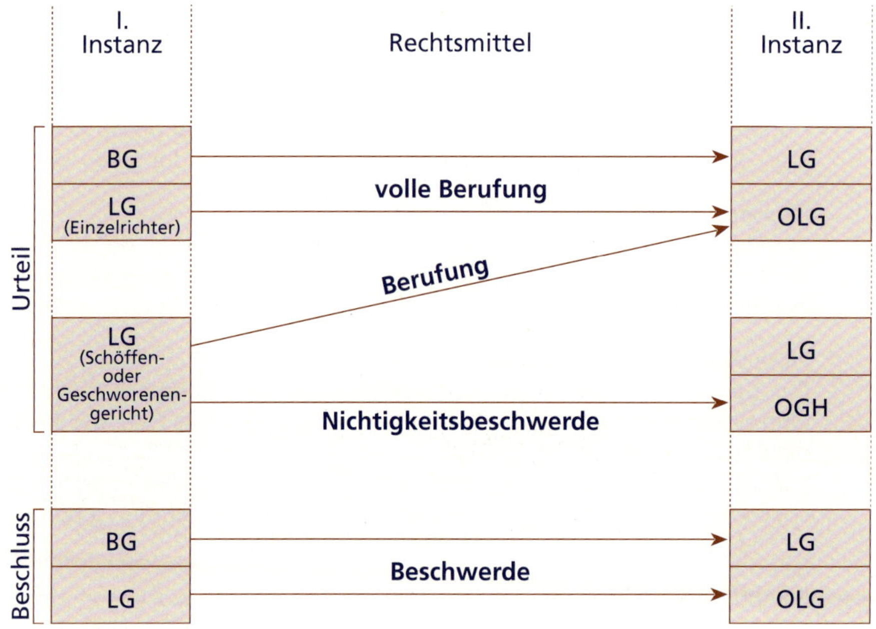

Legende: BG – Bezirksgericht; LG – Landesgericht; OLG – Oberlandesgericht; OGH – Oberster Gerichtshof

2. Örtliche Zuständigkeit

Die Aburteilung einer strafbaren Handlung steht in der Regel dem Gericht zu, in dessen Sprengel die Tat begangen wurde (Gerichtsstand des **Tatortes**).

C. Verfahren

Vorverfahren	Anklageerhebung Hauptverhandlung	eventuell Rechtsmittelverfahren	Strafvollzug

Die ersten Anhaltspunkte für eine Strafverfolgung werden gewöhnlich von der **Sicherheitsbehörde** ermittelt. Wenn dieser das Material als ausreichend erscheint, leitet sie den Akt an die Staatsanwaltschaft weiter. Der/Die **Staatsanwalt/-anwältin** leitet das **Vorverfahren** und nimmt alle Untersuchungshandlungen vor, die zur Aufklärung des Sachverhalts notwendig sind. Der/Die **Richter/in** ist in diesem Stadium für die Einhaltung der Grundrechte (Untersuchungshaft, Hausdurchsuchung, Telefonüberwachung etc.) zuständig.

Im Vorverfahren befindet sich der/die Beschuldigte entweder auf **freiem Fuß** oder in **Untersuchungshaft**. Diese darf nur bei **Fluchtgefahr, Verdunkelungsgefahr** (z. B. der Täter möchte die Tat nachträglich verheimlichen) oder **Wiederholungsgefahr** verhängt werden.

Nach Beendigung des Vorverfahrens kommt es entweder zur Einstellung des Verfahrens, oder der/die Staatsanwalt/-anwältin erhebt die Anklage.

In der Anklageschrift stellt er den Antrag auf Anordnung einer Hauptverhandlung vor dem zuständigen Gericht gegen einen bestimmten Beschuldigten wegen einer bestimmten Straftat.

Den **Ablauf der Hauptverhandlung** charakterisieren nachstehende Schlagworte: Aufruf der Sache – „Generalien" (= Alter, Beruf usw.) des Angeklagten – Vereidigung der Schöffen oder Geschworenen – Vortrag der Anklageschrift – Gegenäußerung der Verteidigung – Vernehmung des Angeklagten – Beweisverfahren (Ermittlung des Sachverhalts mit Hilfe der Beweismittel) – Schlussvorträge des Anklägers und des Verteidigers (Plädoyers) – Beratung des Gerichtes (Urteilsfällung) – **Urteilsverkündung** und **Rechtsmittelbelehrung.**

Bei der **Strafzumessung** muss das Gericht alle Erschwerungs- und Milderungsgründe berücksichtigen, um die Strafe innerhalb des gesetzlichen Strafrahmens bei Wertung von Tat und Schuld richtig festzusetzen. Vom außerordentlichen Strafmilderungsrecht spricht man, wenn die Strafe unter dem gesetzlichen Mindestmaß festgelegt wird.

Die **bedingte Strafnachsicht** (ungenau: „bedingte Verurteilung") ist die Nachsicht der Vollstreckung einer ausgesprochenen Strafe. Nach Ablauf einer bestimmten Probezeit gilt die Strafe als verbüßt. Der/Die Betreffende ist aber „vorbestraft".

Wird vom Verurteilten oder vom Staatsanwalt ein Rechtsmittel ergriffen (Rechtsmittelfrist 4 Wochen ab Zustellung der schriftlichen Urteilsausfertigung), schließt sich an das Verfahren 1. Instanz das Rechtsmittelverfahren an. Die Entscheidung der 2. Instanz ist endgültig.

Wenn kein Rechtsmittel eingebracht wird oder bereits die 2. Instanz entschieden hat, kommt es zum **Strafvollzug.**

D. Jugendgerichtsgesetz

Es enthält Sonderbestimmungen im Bereich Strafrecht und Strafprozess. Grundgedanke ist, dass der/die Jugendliche Täter/in vor allem gebessert und erzogen und in geordnete Verhältnisse zurückgeführt werden soll. Daher sollen die Maßnahmen nicht vorrangig der Vergeltung und Abschreckung dienen.

1. Jugendliche im Sinne des Gesetzes sind **Personen vom 14. bis zum 18. Lebensjahr.** Sie sind strafrechtlich verantwortlich, außer es liegen besondere Umstände vor (z. B. verzögerte Reife). Personen vom **18. bis zum 21. Lebensjahr** (so genannte **junge Erwachsene**) fallen auch in die Zuständigkeit der Jugendgerichte; bei den Strafen gelten die Obergrenzen von Erwachsenen, während es kaum Untergrenzen gibt.

2. Im Jugendstrafverfahren gelten zahlreiche Sondervorschriften. So kann in Fällen **minder schwerer Kriminalität** der/die Staatsanwalt/-anwältin von der Verfolgung überhaupt absehen und das Verfahren eingestellt werden. Es kann aber auch zu einer vorläufigen Verfahrenseinstellung auf Probe oder gegen Auflagen kommen, um Neben- und Spätwirkungen einer Verurteilung zu vermeiden.
   Das Gericht kann sich auch damit begnügen, den/die jugendliche/n Rechtsbrecher/in ohne Rechtsfolge schuldig zu sprechen (Schuldspruch ohne Strafe).

3. **Halbierung des Strafausmaßes**
   Das Höchstmaß aller zeitlichen Freiheitsstrafen ist auf die Hälfte herabgesetzt.
   Statt lebenslanger Freiheitsstrafe ist, wenn der Jugendliche zum Zeitpunkt der Tatbegehung das 16. Lebensjahr noch nicht vollendet hatte, eine Freiheitsstrafe bis zu 10 Jahren, ansonsten eine solche bis zu 15 Jahren angedroht.

4. Der **Jugendstrafvollzug** ist ebenfalls auf die Grundgedanken des Jugendgerichtsgesetzes abgestimmt: Erziehung vor Bestrafung. Auch die Möglichkeiten der gerichtlichen Benachrichtigungen von eingeleiteten oder abgewickelten Strafverfahren sind eingeschränkt.

E. Tilgung

Die **Unbescholtenheit** einer wegen einer strafbaren Handlung rechtskräftig verurteilten Person kann durch Tilgung **wiederhergestellt** werden. Je nach Art der verhängten Strafe betragen die Tilgungsfristen 5, 10 oder 15 Jahre. Ein Leumundszeugnis ist der Nachweis, ob eine nicht getilgte „Vorstrafe" eingetragen ist oder nicht (Bescheinigung über Verurteilungen, „polizeiliches Führungszeugnis"). Bei rechtskräftiger Verurteilung zu einer lebenslangen Freiheitsstrafe ist eine Tilgung ausgeschlossen. Die Tilgung erfolgt kraft Gesetzes, ein Antrag muss daher nicht gestellt werden: automatische Tilgung im Strafregisteramt Wien.

Wiederholungsfragen – Arbeitsaufgaben – Diskussionsanregungen

1. *Geben Sie einen Überblick über die Voraussetzungen einer Straftat.*
2. *Erklären Sie den Unterschied zwischen Tatbestand und Sachverhalt.*
3. *Nennen Sie die gesetzlichen Tatbestandsmerkmale der Sachbeschädigung.*
4. *Diskutieren Sie mit einem Lernpartner oder einer Lernpartnerin folgende Themen:*
   Welche Rechtfertigungsgründe gibt es?
   Wann kann Schuldunfähigkeit eines Täters vorhanden sein?
   Welchen Zweck verfolgt eine Strafe?
   Welche Strafarten gibt es?
   Welche Argumente sprechen für und welche gegen die Todesstrafe?
5. *Erklären Sie, was man unter einer bedingten Verurteilung versteht.*
6. *Beschreiben Sie die wichtigsten Prozessgrundsätze.*
7. *Stellen Sie die Funktionen des/der Staatsanwalt/-wältin und des/der Verteidigers/in im Strafprozess einander gegenüber.*
8. *Geben Sie an, wonach sich die sachliche und örtliche Zuständigkeit der Strafgerichte richtet.*
9. *Schildern Sie den Verlauf eines Strafprozesses mit Rechtsmittelverfahren.*
10. *Erörtern Sie, mit welcher Absicht ein Jugendgerichtsgesetz geschaffen wurde und wodurch die Ziele des Jugendgerichtsgesetzes erreicht werden sollen.*
11. *Geben Sie an, wodurch sich eine bedingte Verurteilung von einer echten bedingten Verurteilung unterscheidet.*
12. *Beschreiben Sie den außergerichtlichen Tatausgleich.*
13. *Erläutern Sie, wie die Unbescholtenheit einer rechtskräftig verurteilten Person wiederhergestellt werden kann.*
14. *Rudi Rübe begeht einen Tag vor seinem 14. Geburtstag einen Diebstahl. Geben Sie an, ob er im Sinne des Jugendgerichtsgesetzes verurteilt werden kann.*

Gewerberecht

I. Gewerbeordnung

(Rechtsquelle: BGBl 194/1994 idF BGBl I Nr. 48/2015)

Wenn ich ein Gewerbe ausüben möchte: Welche Arten von Gewerben kommen überhaupt für mich in Frage? Welche Voraussetzungen und Fähigkeiten muss ich aufweisen? Muss ich für den Erhalt der Gewerbeberechtigung volljährig sein? Können Ausländer ein Gewerbe ausüben?

Wann muss ein Gewerbeinhaber seine Preise im Geschäftslokal aushängen? Wie erlange ich eine Gewerbeberechtigung und welche Behörden sind zuständig?

Solche und ähnliche Fragen werden nun behandelt.

A. Begriff des Gewerbes

Alle gesetzlich nicht verbotenen Beschäftigungen unterliegen den Bestimmungen der Gewerbeordnung (GewO), wenn sie **gewerbsmäßig** betrieben werden und nicht ausdrücklich ausgenommen sind.

1. Merkmale einer gewerbsmäßigen Tätigkeit

Man versteht darunter eine Tätigkeit, die
- **regelmäßig** (auch einmalige Handlungen, wenn auf eine Wiederholungsabsicht geschlossen werden kann),
- **selbstständig** (auf eigene Rechnung und Gefahr – im Gegensatz zu der Tätigkeit eines Arbeitnehmers),
- **erlaubt** (sie darf weder gegen die guten Sitten noch gegen ein Gesetz verstoßen) und
- **entgeltlich** (Gewinnabsicht) ist.

2. Tätigkeiten, die von den Bestimmungen der Gewerbeordnung ausgenommen und zumeist in anderen Bundesgesetzen geregelt sind:

die Land- und Forstwirtschaft und deren Nebengewerbe (Molkereien, Sägewerke u. a.); der Bergbau; Tätigkeiten der Rechtsanwälte/-innen, Notare/-innen, Ziviltechniker/innen, Wirtschaftstreuhänder; die Ausübung der Heilkunde; der Betrieb von Bank- und Bauspargeschäften u. a. Tätigkeiten, die durch Landesgesetze geregelt sind, wie das Theater- und Kinowesen, die Buschenschank, die Tätigkeit der Berg- und Skiführer u. a. Für einen Großteil der ausgenommenen Tätigkeiten gelten **andere Gesetze**, die teilweise **strengere Regelungen** beinhalten.

B. Arten der Gewerbe

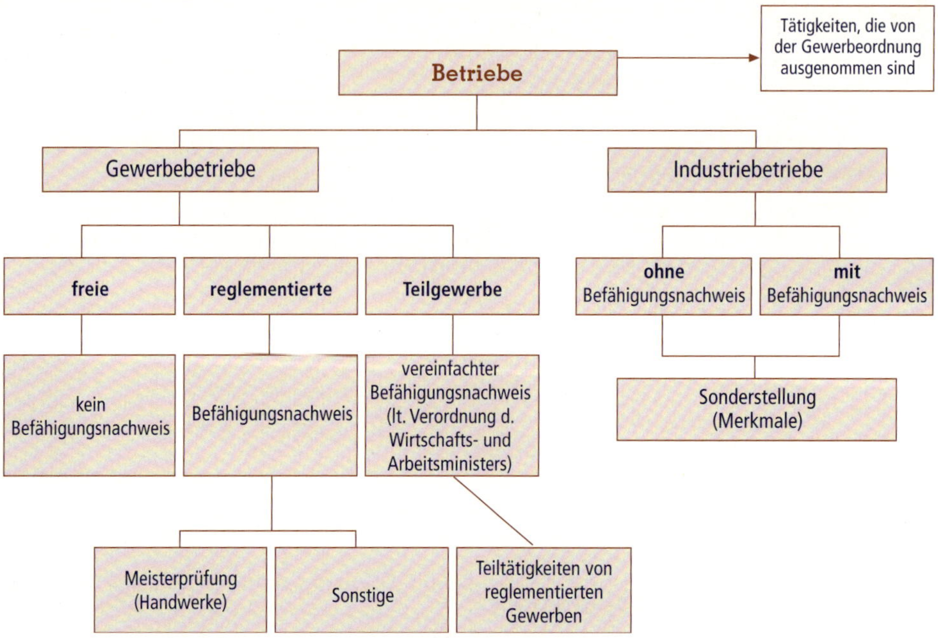

Alle Gewerbe können auf Grund einer **Anmeldung** bei der Gewerbebehörde bei Erfüllung der allgemeinen und etwaigen besonderen Voraussetzungen (Befähigungsnachweis) sofort ausgeübt werden **(Gewerbefreiheit)**.

In bestimmten Fällen schreibt das Gesetz bei vereinzelten reglementierten Gewerben eine **Zuverlässigkeitsprüfung** vor. Bei diesen Gewerben darf mit der Ausübung erst nach Rechtskraft eines Feststellungsbescheides über das Vorliegen der Voraussetzungen begonnen werden.

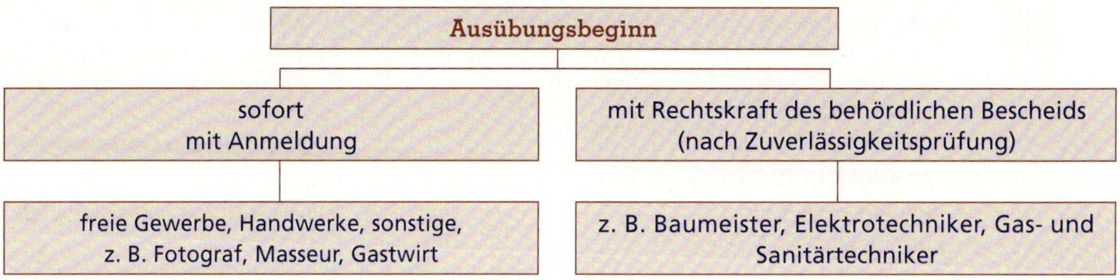

1. Freie Gewerbe

Das Gesetz schreibt **keinen Befähigungsnachweis** vor.
Alle Gewerbe, die nicht ausdrücklich unter den reglementierten Gewerben aufgezählt sind, sind freie Gewerbe **(Generalklausel).**

BEISPIELE: Handel, außer reglementierte Handelsgewerbe (Handel mit Medizinprodukten, Waffenhandel, Handel mit Pyrotechnika), Mietwaschküchen, Fitnesscenter, Tankstellen, Dienstleistungen in der ADV und Kommunikationstechnik

2. Reglementierte Gewerbe

Der/Die Wirtschafts- und Arbeitsminister/in hat für jedes reglementierte Gewerbe einen Befähigungsnachweis zu erlassen. Das Gesetz zählt Elemente dieses Befähigungsnachweises auf (Prüfung, Schulabschluss, Lehrabschlussprüfung, fachliche Tätigkeit, selbstständige Tätigkeit usw.) Die Kombination dieser Elemente wird in der jeweiligen Befähigungsnachweisverordnung festgelegt. Bei den Gewerben, die der EU-Anerkennungsrichtlinie unterliegen, sind unter anderem auch die Zugangsvoraussetzungen vorzusehen, die für andere EU-Bürger/innen gelten.

Absolventen **berufsbildender mittlerer und höherer** Schulen haben Zugang zu verschiedenen reglementierten Gewerben. Je nachdem, wie speziell die Ausbildung an diesen Schulen ist, muss dabei entweder der Abschluss der betreffenden Schule nachgewiesen werden oder zusätzlich zum Abschluss eine fachliche Tätigkeit (diese ist zumeist verkürzt) oder neben Schulabschluss und fachlicher Tätigkeit eine Befähigungsprüfung und Unternehmerprüfung.

a) Handwerke
Bei diesen ist als **Befähigungsnachweis** die **Meisterprüfung** inklusive des Prüfungsteiles „Unternehmerprüfung" vorgesehen. Wer volljährig ist, kann zur Meisterprüfung antreten. In der Praxis kann sie aber nur bei entsprechender Berufsausbildung bzw. Berufserfahrung bestanden werden.

Der **Befähigungsnachweis** wird auch erbracht durch:
- bestimmte Universitätsstudien und eine Tätigkeit in dem betreffenden Handwerk,
- die Ablegung der Matura einer berufsbildenden höheren Schule und eine fachliche Tätigkeit oder
- den Abschluss einer Werkmeisterschule oder einer Fachakademie bei einer Körperschaft öffentlichen Rechtes (WIFI, BFI) und eine fachliche Tätigkeit oder
- Erfüllung der Voraussetzungen, die in der 3. EU-Anerkennungsrichtlinie enthalten sind: z. B. sechsjährige Tätigkeit als Selbstständiger oder Betriebsleiter.

Die **Unternehmerprüfung entfällt** bei Nachweis einer
- Ausbildung, bei der unternehmerische Kenntnisse vermittelt werden (z. B. HAK),
- kaufmännischen Lehrabschlussprüfung,
- 3-jährigen selbständigen Tätigkeit oder einer kaufmännisch leitenden Stellung

Die Unternehmerprüfung ist nur einmal abzulegen und gilt sowohl für Handwerke als auch für andere reglementierte Gewerbe.

Die Bezeichnung **Meister** oder **Meisterbetrieb** dürfen nur Personen verwenden, die die **Meisterprüfung** erfolgreich abgelegt haben.
BEISPIELE: Damen- bzw. Herrenkleidermacher, Schuhmacher, Schlosser, Frisör, Mechaniker, Glaser, Tischler, Maler und Anstreicher, Bäcker, Konditor

Wer den Befähigungsnachweis für ein Handwerk erbringt, kann eine Zusatzprüfung für ein **verbundenes** Handwerk ablegen. Diese Zusatzprüfung gilt als Meisterprüfung im verbundenen Handwerk.

b) Sonstige reglementierte Gewerbe
Bei diesen ist der Befähigungsnachweis in anderer Form als der Meisterprüfung zu erbringen. Je nachdem, ob die Gewerbeausübung von einer Genehmigung durch die Behörde abhängig ist, unterscheidet man:

- **Reglementierte Gewerbe ohne Rechtskraftvorbehalt**

BEISPIELE: Bestatter, Fotografen, Fremdenführer, Fußpflege, Schönheitspflege, Versicherungsagenten

- **Reglementierte Gewerbe mit Rechtskraftvorbehalt**

Sie dürfen erst ausgeübt werden, wenn der Befähigungsnachweis (fachliche Tätigkeit, Unternehmerprüfung etc.) erbracht wurde und das Vorliegen der Voraussetzungen inklusive Zuverlässigkeit von der **Gewerbebehörde mit rechtskräftigem Bescheid** festgestellt wurde, wobei die Gewerbebehörde innerhalb von drei Monaten zu entscheiden hat. Der Rechtskraftvorbehalt und die Zuverlässigkeitsprüfung gründen in den besonderen Gefahren, die mit der Ausübung solcher Gewerbe verbunden sein können.
BEISPIELE: Waffengewerbe, Baumeister, Zimmermeister, Gas- und Sanitärtechnik, Sicherheitsgewerbe (Bewachungsgewerbe), Berufsdetektive, Elektrotechnik

3. Teilgewerbe
Es handelt sich um Teiltätigkeiten von reglementierten Gewerben, für die ein vereinfachter Befähigungsnachweis vorgesehen ist.
BEISPIELE: Lehrabschlussprüfung, fachliche Tätigkeit, Kursbesuch
Insgesamt gibt es 23 Teilgewerbe, die durch Verordnung des Wirtschaftsministers festgelegt sind.
BEISPIELE: Änderungsschneiderei, Fahrradtechnik

4. Individueller Befähigungsnachweis (bisher „Nachsichtsverfahren")
Wer den in der Befähigungsnachweisverordnung festgelegten Befähigungsnachweis nicht erbringt, jedoch auf andere Weise **gleichwertige Kenntnisse, Fähigkeiten und Erfahrungen** für eine ordnungsgemäße Gewerbeausübung erworben hat, kann bei der Gewerbebehörde (Bezirksverwaltungsbehörde) die **Anerkennung** der individuellen Befähigung beantragen. Dies ist auch für Teiltätigkeiten möglich. Der individuelle Befähigungsnachweis wird durch Bescheid festgestellt.

5. Verbundene Gewerbe

Wer ein Gewerbe ausübt, das mit einem oder mehreren anderen Gewerben zu einem verbundenen Gewerbe zusammengefasst ist, kann – wenn er den vollen Befähigungsnachweis für das Ausgangsgewerbe erbringt – uneingeschränkt im verbundenen Gewerbe tätig sein.
BEISPIELE: Tischler – Bootbauer, Damenkleidermacher – Herrenkleidermacher – Wäschewarenerzeugung

6. Sonderstellung der Industriebetriebe

Gewerbe können in der Form eines Industriebetriebes ausgeübt werden.

Ein Befähigungsnachweis ist im Allgemeinen nicht notwendig, außer bei einigen ausdrücklich aufgezählten Gewerben wie Baumeister, Herstellung von Arzneimitteln und Giften, Waffengewerbe usw.

Die Gewerbeordnung zählt verschiedene charakteristische Merkmale für die industrielle Betriebsform auf:
- Hoher Kapitaleinsatz
- Großer Maschinenpark
- Serienfertigung
- Arbeitsteiliges Verfahren
- Automation
- Leitende Tätigkeiten des Betriebsinhabers

Die angeführten Merkmale brauchen nicht alle vorzuliegen, doch müssen sie gegenüber den für eine andere Betriebsform sprechenden Merkmalen **überwiegen**.

Die Ausübung von Handelsgewerben, Verkehrsgewerben, Tourismusgewerben oder Gewerben, die individuell an Kundenbedürfnisse angepasste Leistungen erbringen, wie etwa Planung, Beratung, ist **nicht** in Form eines Industriebetriebes möglich.

C. Voraussetzungen für den Antritt eines Gewerbes

1. Allgemeine und besondere Voraussetzungen

a) Allgemeine und besondere Voraussetzungen der natürlichen Personen

!

Allgemeine Voraussetzungen	Besondere Voraussetzungen
♦ **Eigenberechtigung**, die mit dem 18. Lebensjahr gegeben ist ♦ **Nichtvorliegen** bestimmter **Ausschlussgründe**: – Verstöße gegen Strafgesetz *) – Mangels Kostendeckung nicht eröffnete Konkursverfahren, solange in der Insolvenzdatei einsehbar (3 Jahre) – Konkurseröffnung bei Versicherungsvermittlern. ♦ **Österreichische Staatsbürgerschaft** oder Staatsbürgerschaft eines anderen EWR-Staates oder ♦ eine **Aufenthaltsbewilligung** zur Ausübung einer selbstständigen Erwerbstätigkeit	♦ kein Befähigungsnachweis für freie Gewerbe ♦ Befähigungsnachweis für reglementierte Gewerbe und Teilgewerbe ♦ Zuverlässigkeit bei reglementierten Gewerben mit Rechtskraftvorbehalt ♦ Nachweis einer Haftpflichtversicherung für Vermögensschäden bei Versicherungsvermittlern und Immobilientreuhändern

*) **Verurteilung**
- Wegen betrügerischer Krida, Schädigung oder Begünstigung von Gläubigern, Beeinträchtigung von Gläubigerinteressen
- wegen einer sonstigen strafbaren Handlung zu einer drei Monate übersteigenden Freiheitsstrafe
- wegen einer Übertretung des Suchtmittelgesetzes (Ausschlussgrund gilt für das Gastgewerbe)
- wegen eines Finanzvergehens
- In allen Fällen nur dann, wenn die Verurteilung noch nicht getilgt ist
  Eine **Nachsicht** vom Ausschlussgrund der Verurteilung kann bei der Bezirksverwaltungsbehörde beantragt werden. Voraussetzung für die Nachsichtserteilung ist, dass nach der Eigenart der strafbaren Handlung und nach der Persönlichkeit des Verurteilten bei der Gewerbeausübung gleiche oder ähnliche Straftaten nicht zu befürchten sind. Eine Nachsicht vom nicht eröffneten Konkursverfahren kann erteilt werden, wenn anzunehmen ist, dass der Nachsichtswerber aufgrund seiner nunmehrigen wirtschaftlichen Lage den mit der Gewerbeausübung verbundenen Zahlungspflichten nachkommen wird.

b) Allgemeine und besondere Voraussetzungen der juristischen Personen
Neben natürlichen Personen sind auch juristische Personen (GmbH, AG, Körperschaften öffentlichen Rechts), eingetragene Gesellschaften des Unternehmensgesetzbuches (OG, KG) zur Gewerbeausübung berechtigt, soweit sie eine/n **gewerberechtliche/n Geschäftsführer/in** bestellt haben. (So könnte z. B. auch die Republik Österreich das Konditor-Gewerbe ausüben, würde aber dafür einen Geschäftsführer benötigen.)

2. Betriebsanlagen
Die GewO versteht darunter örtlich gebundene Einrichtungen, die der regelmäßigen Entfaltung einer gewerblichen Tätigkeit dienen. Eine behördliche Genehmigung für die Errichtung und den Betrieb ist erforderlich, wenn wegen der Maschinen, Geräte, Betriebsweise oder -ausstattung folgende Auswirkungen möglich sind:

- **Gefährdung des Lebens** und der **Gesundheit** des Gewerbetreibenden und seiner/ihrer Arbeitnehmer/innen, der Kunden/-innen oder Nachbarn/-innen
- **Beeinträchtigung** der Nachbarn durch Geruch, Lärm, Rauch, Staub oder Erschütterung
- **Beeinträchtigung der Religionsausübung** in Kirchen, **des Unterrichts** in Schulen, **des Betriebes** von **Kranken- und Kuranstalten**
- **Gefährdung** der Sicherheit und der Flüssigkeit **des Verkehrs**
- **Beeinträchtigung** der Reinheit **von Gewässern oder andere Umweltgefährdungen**

Die Genehmigungspflicht besteht auch dann, wenn diese angeführten Gefährdungen nicht vom Betriebsinhaber, sondern von Personen, die den Betrieb in Anspruch nehmen (Kunden), ausgehen. Auch wesentliche **Änderungen und Erweiterungen** einer Betriebsanlage sind genehmigungspflichtig, wenn sich dadurch z. B. das Emissionsverhalten der Anlage u. a. für die Nachbarn oder die Umwelt nachteilig verändern würde (d.h. insbesondere neue bzw. zusätzliche Gefahren oder unzumutbare Belästigungen möglich wären).

Die Behörde hat bei Vorliegen der Genehmigungspflicht der Anlage oder deren Änderung eine **Augenscheinverhandlung** anzuberaumen, zu der alle Personen, die durch die zu errichtende Anlage betroffen sein könnten, zu laden sind. Bestehen Zweifel, ob eine Betriebsanlage genehmigungspflichtig ist, kann diese Tatsache in einem Feststellungsverfahren geklärt werden.

Darüber hinaus kann der/die Bundesminister/in für Wirtschaft und Arbeit im Einvernehmen mit dem/der Bundesminister/in für Land- und Forstwirtschaft, Umwelt und Wasserwirtschaft durch Verordnung Schutzeinrichtungen für Maschinen, Geräte und Ausstattung bezeichnen, damit die oben erwähnten Gefährdungen und Beeinträchtigungen vermieden werden.

Anpassungen der Betriebsanlage an den Stand der Technik, insbesonders zur Erfüllung neu vorgeschriebener Grenzwerte in Umweltschutzbestimmungen oder auf Grund eines genehmigten Sanierungsplanes sind genehmigungsfrei; ebenso Änderungen einer Betriebsanlage von kurzer Dauer (max. 4 Wochen), die keine Gefährdungen für andere darstellen.

Der **Ersatz** von alten Maschinen, Geräten und Ausstattungen gegen neue, gleichartige ist der Behörde anzuzeigen.

D. Umfang der Gewerbeberechtigung

Dieser bestimmt sich in erster Linie nach dem Wortlaut des angemeldeten Gewerbes im Zusammenhang mit den gesetzlichen Vorschriften.

Die Gewerbeordnung zählt auch die **sonstigen Rechte,** die allen Gewerbetreibenden zustehen, auf. Bei der Ausübung dieser Rechte ist der **wirtschaftliche Schwerpunkt und die Eigenart des Betriebes zu wahren**. Soweit es Sicherheit erfordert, sind für die Ausübung dieser Rechte Fachkräfte einzusetzen.

- **Vor- und Vollendungsarbeiten**, die dazu dienen, das eigene Produkt oder die eigene Leistung absatzfähig zu machen; Leistungen anderer Gewerbe in geringem Umfang und wirtschaftlichem Zusammenhang mit dem vorliegenden Gewerbe
- Für die Erbringung von Leistungen des eigenen Unternehmens notwendige **Maschinen** und Werksvorrichtungen anfertigen, diese in Stand halten und in Stand setzen
- **Verpackungen** für die eigenen Produkte herstellen
- **Aufstellen, Montage, Wartung** der hergestellten, verkauften oder vermieteten Gegenstände
- **Planen**
- als **Generalunternehmer** tätig sein, d.h. Gesamtaufträge entgegennehmen, wobei gewerberechtlich nicht zustehende Arbeiten an Subunternehmer vergeben werden
- Waren **kaufen, verkaufen oder vermieten**
- **Teilgewerbe** mit einem/-r befähigten Arbeitnehmer/in ausüben
- Unentgeltliche Ausschank uam.

E. Ausübung des Gewerbes

1. Der Inhaber der Gewerbeberechtigung

kann das Gewerbe entweder **persönlich** oder durch einen gewerberechtlichen **Geschäftsführer** (in fremdem Namen!) ausüben bzw. ausüben lassen.

Juristische Personen und eingetragene Personengesellschaften müssen einen Geschäftsführer bestellen, ebenso Personen, die keinen Wohnsitz im Inland oder im EWR-Raum haben.

Bei reglementierten Gewerben muss der gewerberechtliche Geschäftsführer den Befähigungsnachweis erbringen, den er sozusagen in den Betrieb einbringt.

Er muss in der Lage sein, sich im Betrieb entsprechend zu betätigen, und dies auch tatsächlich tun:

- Bei Einzelunternehmern muss er **Dienstnehmer** des Unternehmens sein, der zumindest zur Hälfte der wöchentlichen Normalarbeitszeit beschäftigt ist.
- Bei eingetragenen Personengesellschaften kann der gewerberechtliche Geschäftsführer entweder **Dienstnehmer** oder unbeschränkt haftender, vertretungsbefugter **Gesellschafter** sein.
- Bei juristischen Personen wie z. B. Kapitalgesellschaften muss er entweder **Dienstnehmer** sein oder die Funktion eines Mitglieds des **Vorstandes** einer AG oder handelsrechtlichen Geschäftsführers einer GmbH innehaben.

2. Das Fortbetriebsrecht

Darunter versteht man das Recht, nach dem Tod des Gewerbeinhabers (wodurch normalerweise die Gewerbeberechtigung erlischt) einen Gewerbebetrieb **mit der Berechtigung des Verstorbenen** fortzuführen. Erbringen die Fortbetriebsberechtigten den erforderlichen Befähigungsnachweis nicht, ist ein Geschäftsführer zu bestellen. Von diesem Erfordernis kann eine Nachsicht erteilt werden, wenn mit der Weiterführung ohne Geschäftsführer keine Gefahr für Leben oder Gesundheit von Menschen verbunden ist.

Fortbetriebsrechte haben:

- die **Verlassenschaft als solche** (bzw. deren Vertreter)
- der **überlebende Ehegatte:** Das Recht zur Fortführung des Betriebes hat der überlebende Ehepartner. Er darf den Gewerbebetrieb fortführen, und zwar ohne zeitliche Beschränkung, also auch bei etwaiger Wiederverehelichung.
- **Kinder und Wahlkinder:** Bis zur Vollendung des **24. Lebensjahres** kann der Betrieb mit der Gewerbeberechtigung des Verstorbenen von den genannten Personen weitergeführt werden.
- die **Konkursmasse**
- der **Zwangsverwalter** oder **Zwangspächter**

F. Standort

Die Gewerbeberechtigung lautet auf einen **bestimmten Standort** (Ort, Straße, Hausnummer). Soll der Standort **verlegt** oder **verändert** werden, ist dies der für den neuen Standort zuständigen Gewerbebehörde anzuzeigen.

Ebenso ist die Ausübung eines Gewerbes an einer weiteren Betriebsstätte der Behörde anzuzeigen. Unter **weiteren Betriebsstätten** versteht man jede weitere standortgebundene Einrichtung zum Zwecke der Entfaltung einer regelmäßigen Tätigkeit an einem anderen Ort als dem, auf den die Gewerbeberechtigung lautet.

Die Genehmigung der **Betriebsanlage** muss dagegen – soweit erforderlich! – an **jedem** Standort neu erwirkt werden.

G. Aufsuchen und Entgegennahme von Bestellungen

Die GewO regelt sehr genau das Sammeln und die Entgegennahme von Bestellungen auf Dienstleistungen und Waren bei Privatpersonen (z. B. vor der Wohnungstür) – also außerhalb des Unternehmens des Gewerbeinhabers.

Für bestimmte Waren (z. B. echter Schmuck, Waffen, Kosmetika) sind das Aufsuchen sowie Werbeveranstaltungen außerhalb des Gewerbestandortes wegen Täuschungsgefahr verboten, bei anderen Waren erlaubt. Bei erlaubten Werbeveranstaltungen gelten das Verbot der Entgegennahme von Bestellungen sowie eine Anzeigepflicht bei der örtlich zuständigen Gewerbebehörde mindestens 14 Tage vorher. Einladungen hiezu müssen bestimmte Mindestangaben (z. B. Name des Gewerbeinhabers) enthalten und dürfen nicht mit Preisausschreiben oder anderen Gewinnspielen verbunden werden.

H. Namensführung – Geschäftsbezeichnung

Zur äußeren Geschäftsbezeichnung und bei der Abgabe der Unterschrift im geschäftlichen Verkehr hat der **nicht im Firmenbuch eingetragene Gewerbetreibende** seinen **Vor- und Familiennamen** zu verwenden. Auf Geschäftsbriefen und Bestellscheinen (auch Fax, E-Mail, Webseiten) ist zusätzlich der **Standort** der Gewerbeberechtigung anzugeben. Im übrigen Geschäftsverkehr und in Ankündigungen dürfen zwar Abkürzungen des Namens oder andere Bezeichnungen verwendet werden, die zur Kennzeichnung des Unternehmens geeignet sind und Unterscheidungskraft besitzen. Diese dürfen aber nicht zur Irreführung geeignet sein. Verboten ist die Angabe bloß einer Telefonnummer, eines Postfachs oder einer nicht kennzeichnungskräftigen E-Mailadresse.

Bei **Gesellschaften** tritt anstelle des Namens die im Firmenbuch eingetragene **Firma**. Diese dürfen auch im **Firmenbuch eingetragene Einzelunternehmer/innen** anstatt ihres Vor- und Zunamens verwenden, wenn dieser in der Firma enthalten ist. Andernfalls müssen sie Vor- und Zunamen zusätzlich angeben.

Die Gewerbetreibenden sind verpflichtet, ihre **Betriebsstätte** mit einer äußeren Geschäftsbezeichnung zu versehen. Diese besteht aus dem
- **Vor- und Zunamen** bzw. der im Firmenbuch eingetragenen **Firma** und
- unmissverständlichen Hinweisen auf den **Gegenstand** und die **Art des Gewerbes.**

I. Betriebspflicht

Es besteht nach GewO keine allgemeine Verpflichtung für den Geweberechtsinhaber, sein Gewerbe auch tatsächlich auszuüben. Nur für einige Gewerbe besteht eine indirekte Betriebspflicht (z. B. für Rauchfangkehrer), weil das Ruhen oder die Einstellung vorher der Behörde anzuzeigen ist bzw. für die Weiterführung der erforderlichen Arbeiten durch einen anderen Gewerbetreibenden vorgesorgt werden muss. Jahrelanges Nichtausüben eines Gewerbes kann außerdem ein Grund für den Entzug der Berechtigung sein.

J. Erlöschen der Gewerbeberechtigung

1. Die Gewerbeberechtigung kann von der Behörde aus verschiedenen Gründen **entzogen** werden, beispielsweise wenn
   a) der Gewerbeinhaber **straffällig** wird (z. B. Verurteilungen nach dem Strafgesetz, Suchtgiftgesetz oder Finanzstrafgesetz), oder gewisse Delikte nach der Gewerbeordnung (z. B. unbefugte Gewerbeausübung oder Nichtgenehmigung einer Betriebsanlage) begeht;
   b) der Gewerbeinhaber das Gewerbe **5 Jahre lang nicht ausgeübt** hat und unbekannten Aufenthalts ist;
   c) der Gewerbeinhaber aus einem Drittstaat die **Aufenthaltsbewilligung** verliert;
   d) die Ausübung des in der Form eines Industriebetriebes angemeldeten Gewerbes untersagt wird, weil **kein Industriebetrieb** mehr vorliegt und der Befähigungsnachweis nicht erbracht wird.
2. Die Gewerbeberechtigung kann **vom Inhaber** zurückgelegt werden.
3. Ferner **endigt** die Gewerbeberechtigung z. B.
   - mit dem **Tod** der natürlichen Person oder mit dem **Untergang** der juristischen Person, die Gewerbeinhaber war;
   - mit **Zeitablauf** oder mit dem **Eintritt einer auflösenden Bedingung.**

K. Konsumenten- und Umweltschutz im Gewerberecht

1. Konsumentenschutz

Zum Schutz der Konsumenten vor Benachteiligung und Gefährdung besteht die Berechtigung (teilweise die Verpflichtung) der zuständigen Bundesminister/innen, auf verschiedenen Gebieten genauere Maßnahmen durch **Verordnung** festzulegen, z. B.:
- für Maßnahmen zur Vermeidung einer Gefährdung von Leben oder Gesundheit von Menschen
- für Maßnahmen zur Vermeidung von Vermögensschäden der Kunden bei bestimmten, in der Gewerbeordnung aufgezählten Gewerben
- über die Preisauszeichnungspflicht (die Preise sind in den Geschäftsräumlichkeiten ersichtlich zu machen) für bestimmte Gewerbe: Lebensmittelhandel, Gastgewerbe, Dienstleistungen (z. B. Friseur)

Das **Preisauszeichnungsgesetz** i. d. F. BGBl I 6/2006 betrifft alle Waren und Leistungen, die von Gewerbetreibenden gegenüber **Verbrauchern** angeboten werden: Sachgüter, die sichtbar ausgestellt sind oder in den Geschäftsräumlichkeiten in anderer Weise zum Verkauf bereitgehalten werden, müssen mit dem verlangten Preis ausgezeichnet werden (gilt auch für Muster und Attrappen). Ausgenommen von dieser Pflicht sind z. B. Antiquitäten, Juwelen, Pelzwaren, Orientteppiche ab einem relativ hohen Preis. Alle Preise müssen so ausgezeichnet werden, dass sie ein **„durchschnittlich aufmerksamer Betrachter"** leicht lesen und zuordnen kann (genügt z. B. auch im Regal). Die Auszeichnung ist jedenfalls unzureichend, wenn der/die Konsument/in erst mühsam nach dem Preis suchen muss. Im Bereich der Dienstleistungen besteht eine Preisauszeichnungspflicht nur für die in der Verordnung (siehe oben) genannten Branchen.

Nicht die Gewerbeordnung, sondern **andere Gesetze** bzw. Richtlinien der EU sind die Grundlage für weitere Verordnungen:
Lebensmittelkennzeichnungsverordnung: Sie schreibt bei einem Großteil der von ihr erfassten Lebensmittel die Bekanntgabe einer Aufbrauchfrist unter bestimmten Lagerbedingungen vor.
Schuhkennzeichnungsverordnung (Leder/Kunststoff), Verordnungen über **Verbrauchsangaben** von elektrischen Haushaltsgeräten usw.

2. Auf dem Gebiet des Umweltschutzes

enthält die Gewerbeordnung einige Vorschriften (vgl. dazu Punkt C. 2. über die Genehmigung einer Betriebsanlage).

Die zuständige Behörde hat die Schließung des Betriebes, die Stilllegung von Maschinen oder sonstige Sicherheitsmaßnahmen zu verfügen:
a) in Fällen drohender Gefahr für das Leben oder die Gesundheit von Menschen,
b) in Fällen unzumutbarer Belästigung durch nicht genehmigte Betriebsanlagen.

L. Der Weg zur Gewerbeberechtigung

Gewerbeberechtigung
Magistratisches Bezirksamt, Bezirkshauptmannschaft
Mitzubringen: Eidesstattliche Erklärung über Voraussetzungen, ggf. Firmenbuchauszug, persönliche Dokumente (Reisepass)

Finanzamt
Steuernummer, UID-Nummer

Überprüfung des Befähigungsnachweises *)
Wirtschaftskammer
Mitzubringen: Personalurkunden, Dienst-, Prüfungszeugnisse

Gründung *)
Rechtsanwalt – Notar (je nach Form) unter Umständen: Eintragung ins Firmenbuch (z. B. GesmbH)

Wahl der Gesellschaftsform
wenn nötig – falls nicht die Form eines Einzelunternehmens gewählt wird

Beratung
Wirtschaftskammer
Gründerservice (www.gruenderservice.net)
Rechts-, Gewerbe-, Steuerabteilung

Entschluss
Voraussetzungen:
EU-Staatsbürgerschaft oder geeigneter Aufenthaltstitel, nicht einschlägig vorbestraft, kein Vorliegen eines eröffneten Konkurses

*) Juristische Personen müssen gegründet worden sein, bevor Schritte zur Erlangung einer Gewerbeberechtigung unternommen werden können.

Die Anmeldung ist auch über das Internet möglich! (www.help.gv.at)

1. Behörden

Zuständig sind die **Bezirksverwaltungsbehörden** (Bezirkshauptmannschaften und Magistrate der Städte mit eigenem Statut, in Wien: Magistratisches Bezirksamt).

Bei ihnen werden die **Gewerbeanmeldungen** erstattet und Ansuchen um Anerkennung der **individuellen Befähigung** eingebracht. Sie führen die **Zuverlässigkeitsprüfung** bei reglementierten Gewerben mit Rechtskraftvorbehalt durch, sie führen das **Gewerberegister**, das in Abteilungen für die einzelnen Gewerbegruppen zerfällt, und sie sind für die Untersuchung und Bestrafung der **Übertretungen** zuständig. Außer der Verhängung von **Geldstrafen** sind die Behörden bei Vollziehung der Straferkenntnisse und sonstigen Anordnungen berechtigt, alle zur Sicherung des Erfolges nötigen Maßregeln zu ergreifen, wie: Beschlagnahme von Waren und Werkzeugen, Außerbetriebsetzung von Maschinen, Schließung von Betriebsstätten. Anmeldungen und Anzeigen können auch auf **elektronischem Weg** eingebracht werden.

In **zweiter Instanz** entscheidet der/die **Landeshauptmann/-frau** bzw. in Gewerbestrafsachen und Betriebsanlagesachen der **Unabhängige Verwaltungssenat** (UVS) als Berufungsinstanz.

Nur mehr in sehr wichtigen Angelegenheiten ist der/die **Bundesminister/in für Wirtschaft und Arbeit** in erster Instanz zuständig (Angelegenheiten militärischer Waffen).

Gegen Entscheidungen der ersten Instanz kann grundsätzlich die Oberbehörde angerufen werden, nach Erschöpfung des Instanzenzuges besteht noch die Möglichkeit einer Beschwerde beim **Verwaltungsgerichtshof.**

2. Verfahren zur Erlangung der Gewerbeberechtigung

a) Anmeldungsverfahren

Eine Gewerbeanmeldung muss enthalten:

- die genaue **Bezeichnung** des Gewerbes
- den in Aussicht genommenen **Standort** (zwei oder mehrere Gewerbe – ausgenommen verbundene Gewerbe – dürfen in einer Anmeldung nicht zusammengefasst werden.)

Ferner sind anzuschließen:

- Urkunden über die **allgemeinen Voraussetzungen**: Gültiger Reisepass oder Staatsbürgerschaftsnachweis, Geburtsurkunde, allenfalls Heiratsurkunde, Erklärung über das Nichtvorliegen von Ausschlussgründen.
- Urkunden über die **besonderen Voraussetzungen** (Befähigungsnachweis)
- Bei juristischen Personen und eingetragenen Gesellschaften (OG, KG) **Firmenbuchauszug** (nicht älter als sechs Monate);

Die Gewerbebehörde prüft sodann die gesetzlichen Voraussetzungen. Liegen sie vor, trägt sie die Anmeldung ins Gewerberegister ein. Die Ausübungsbefugnis beginnt aber bereits mit dem Tag der Gewerbeanmeldung, sofern alle Voraussetzungen vorliegen. Wird ein individueller Befähigungsnachweis erbracht, beginnt die Ausübungsbefugnis erst mit rechtskräftiger Feststellung der individuellen Befähigung. Der Gewerbeinhaber erhält einen Auszug aus dem Gewerberegister als Urkunde.

b) Genehmigungsverfahren – Verfahren bei reglementierten Gewerben mit Rechtskraftvorbehalt

Vor Eintragung ins Gewerberegister hat die Behörde die Zuverlässigkeit zu prüfen und mit Bescheid festzustellen, dass die Voraussetzungen vorliegen. Die Ausübungsbefugnis entsteht erst mit Rechtskraft des Feststellungsbescheides über das Vorliegen der Voraussetzungen.

c) Anzeigeverfahren

Bestimmte Tatsachen müssen (unabhängig vom bereits bestehenden Recht zur Ausübung des Gewerbes) der Behörde angezeigt werden (z. B. Standortverlegung, Gewerbeausübung in einer weiteren Betriebsstätte).

Wiederholungsfragen – Arbeitsaufgaben – Diskussionsanregungen

1. *Geben Sie an, welche Eigenschaften eine Tätigkeit aufweisen muss, wenn sie „gewerbsmäßig" sein soll.*
2. *Nennen Sie Tätigkeiten, für die die Gewerbeordnung nicht anwendbar ist.*
3. *Geben Sie einen Überblick über die Gewerbearten.*
4. *Zählen Sie auf, welche allgemeinen Voraussetzungen Sie erfüllen müssen, um ein Gewerbe ausüben zu dürfen.*
5. *Diskutieren Sie mit einem Lernpartner/einer Lernpartnerin folgende Fragen:*
   Was versteht man unter einem freien Gewerbe? (Beispiele)
   Was ist der Befähigungsnachweis bei Handwerkern?
   Was benötigen Sie, um ein reglementiertes Gewerbe auszuüben?
   Für welche Gewerbe benötigt man eine Unternehmerprüfung, und wann kann diese entfallen?
   Warum benötigen einige reglementierte Gewerbe eine Zuverlässigkeitsprüfung und dürfen erst nach Rechtskraft des Feststellungsbescheides ausgeübt werden?
6. *Zählen Sie einige für einen Industriebetrieb charakteristische Merkmale auf.*
7. *Geben Sie wieder, wann Betriebsanlagen eine behördliche Genehmigung benötigen (mind. 3 Voraussetzungen).*
8. *Erläutern Sie, durch welche Person der Inhaber einer Gewerbeberechtigung sein Gewerbe ausüben lassen kann und was man unter einem Fortbetriebsrecht versteht.*
9. *Nennen Sie einige Gründe für das Erlöschen einer Gewerbeberechtigung.*
10. *Klären Sie, unter welcher Voraussetzung Ausländer/innen aus Drittstaaten Gewerbe ausüben dürfen.*
11. *Diskutieren Sie die Begriffe „völlige Gewerbefreiheit" und „eingeschränkte Gewerbefreiheit" und versuchen Sie, jeweilige Vor- und Nachteile im Zusammenhang mit diesen Begriffen herauszuarbeiten. Gehen Sie dabei von einem länderweisen Vergleich aus, z. B. USA – Österreich.*
12. *Erörtern Sie die Frage, bei Vorliegen welcher Straftaten eine Gewerbeberechtigung erlangt werden kann bzw. nicht erlangt werden kann. Diskutieren Sie den Sinn einer derartigen Bestimmung.*
13. *Versuchen Sie eine Auflistung jener Konsumentenschutzbestimmungen, mit denen sich ein/e Gewerbeberechtigte/r beim Betrieb seines/ihres Gewerbes auseinandersetzen muss.*
14. *Stellen Sie sich vor, Sie wollten die Erlangung einer Gewerbeberechtigung anstreben. Welche einzelnen Schritte müssten Sie unternehmen, um dieses Ziel zu erreichen?*

Besondere Gebiete des Wirtschaftsrechts

I. Datenschutz und Datenschutzgesetz (DSG)

Permanentüberwachung von Telefonverbindungen, E-Mail und SMS gefährden Grundfreiheiten – Wirtschaftsspionage wird auf Knopfdruck möglich – Redaktions-, Anwalts- und Ärztegeheimnis gehen verloren – massive wirtschaftliche Belastung droht. Welche Daten dürfen nun verwendet und weitergegeben werden? Wie erfahre ich, welche Daten über mich gespeichert sind? Wie kann ich mich gegen unbefugte Weitergabe wehren?

Diese und ähnliche Fragen werden im folgenden Kapitel behandelt.

A. Grundrecht auf Datenschutz

„Jedermann hat Anspruch auf Geheimhaltung der ihn betreffenden personenbezogenen Daten, soweit er daran ein schutzwürdiges Interesse, insbesondere im Hinblick auf Achtung seines Privat- und Familienlebens, hat." Mit diesen Worten beginnt das **Datenschutzgesetz (DSG)**. Damit ist ausdrücklich ein **verfassungsmäßiges Grundrecht** verankert. Ausgesagt wird damit vorerst einmal, dass Daten über Personen einer besonderen Geheimhaltungspflicht unterliegen, gleich ob es sich um hand- oder maschinenschriftliche Aufzeichnungen, Bilder, Tonaufzeichnungen oder Computerdaten handelt.

Beschränkungen des Rechtes auf Datenschutz sind nur zur Wahrung berechtigter Interessen eines anderen zulässig. Damit wird eine **Interessenabwägung** angeführt, die sich durch das ganze Gesetz zieht. Es ist also in jedem Einzelfall zu entscheiden, „welches Interesse **überwiegend** ist", das des Betroffenen oder das des Datensammlers, im Gesetz „**Auftraggeber**" genannt. Und vor allem dieses überwiegende Interesse muss durchgesetzt werden.

Hier sind drei Fragen von Bedeutung, und zwar:

- **Erfassungsschutz:** Es dürfen nur Daten erhalten, ermittelt oder vom Betroffenen erfragt werden, die für einen von der Rechtsordnung anerkannten Zweck notwendig sind.
- **Übermittlungen** dürfen nur vorgenommen werden, wenn dafür ein von einem Gesetz anerkannter Übermittlungsgrund vorliegt.
- Die **Durchsetzung** des Anspruches auf Geheimhaltung und Ahndung seiner Verletzung erfolgen gegenüber einer Behörde durch die Datenschutzkommission und durch den Verfassungsgerichtshof, gegenüber Privaten durch die ordentliche Gerichtsbarkeit.

B. Bestimmungen über automationsunterstützt verarbeitete Daten

Fast alle Bestimmungen des DSG beziehen sich ausschließlich auf **„automationsunterstützt verarbeitete Daten"** [1], d. h. auf Daten, die im Laufe ihres Datenlebens zumindest einmal über ADV verarbeitet werden, also zum Beispiel auf die e-card, deren Angaben in den Rechnern der Sozialversicherung gespeichert werden. Wegen dieser späteren ADV-Verarbeitung fallen sie bereits unter die Bestimmung des DSG, aber natürlich auch die Daten in Computer-Speichern selbst oder der Meldezettel, der in der Meldekartei, die Versicherungspolizze, die in den Rechnern der Versicherung landet, und, für Arbeitnehmer/innen besonders wichtig, die Angaben in Personalakten, soweit sie in einer ADV-Anlage gespeichert beziehungsweise verarbeitet werden. Ebenfalls eine Besonderheit des österreichischen Gesetzes ist allerdings, dass nicht nur Daten von so genannten **natürlichen Personen,** also von Menschen, besonders geheim zu halten sind, sondern auch von **juristischen Personen** sowie handelsrechtlichen **Personengesellschaften** (OHG, KG). Damit stehen also auch die Firmendaten unter besonderem Schutz.

1 Automationsunterstützte Datenverarbeitung (ADV) umfasst nicht nur den Computer, sondern auch die mittlere Datentechnik und Bereiche der automatischen Textverarbeitung.

Ausgenommen vom DSG sind
- Datensammlungen zum „Schutz der **verfassungsmäßigen Einrichtungen"**,
- für „Zwecke der **Strafrechtspflege"**,
- zur „Sicherung der **Einsatzbereitschaft des Bundesheers"** sowie für „Zwecke der umfassenden **Landesverteidigung"**.

C. Zulässigkeit der Ermittlung und Verarbeitung und die Rechte der Betroffenen

Das DSG regelt sowohl im **öffentlichen** als auch im **privaten Bereich** im Wesentlichen folgende Schritte:
- **Wann** ist die **Ermittlung** und **Verarbeitung** bestimmter personenbezogener Daten zulässig?
- **Wem** muss die Tatsache einer solchen **Datensammlung mitgeteilt** werden?
- **Welche** behördlichen bzw. betrieblichen **Maßnahmen** müssen zur Einhaltung des Datenschutzes **durchgeführt** werden?
- Das Recht des Betroffenen, eine Auskunft über **„seine" Daten** zu **erhalten** sowie **falsche** Daten **richtig stellen** und überflüssige oder ungesetzlich gespeicherte Daten **löschen** zu lassen.
- **Rechtsschutz** des Betroffenen im Schadensfall.
- Rechte des Betriebsrates.

D. Internationaler Datenverkehr

Das DSG enthält auch Bestimmungen über den **internationalen** Datenverkehr (Beispiel: Personaldatenaustausch mit ausländischer Konzernzentrale). Darin wird im Wesentlichen festgelegt, dass derartige Übermittlungen der besonderen **Bewilligung** durch die Datenschutzkommission bedürfen, sofern in den entsprechenden Ländern nicht gleichwertige Gesetze in Kraft sind.

E. Datenschutzkommission, Datenschutzrat, Datenverarbeitungsregister

Das DSG beschreibt die **Aufgaben** dreier **Datenschutzinstitutionen:**

Datenschutzkommission	**Datenschutzrat**	**Datenverarbeitungsregister**

- Die **Datenschutzkommission** ist jene Stelle, die vor allem Beschwerden über eventuelle Verletzungen des Datenschutzes im **öffentlichen** Bereich zu behandeln hat. Sie besteht aus vier Mitgliedern. Klagen über Verletzungen des DSG im privaten Bereich dagegen sind beim **Landesgericht** einzubringen.
- Der **Datenschutzrat,** der sich vor allem aus Vertretern der Interessenvertretungen und der Parteien zusammensetzt, hat im Wesentlichen die Aufgabe, die **Durchführung** des Datenschutzes zu **beobachten** und die zuständigen Behörden darüber und über **Verbesserungsvorschläge** zu beraten.
- Beim **Datenverarbeitungsregister** müssen alle **Computer-Personaldateien** im öffentlichen Bereich **gemeldet** werden. Darüber hinaus müssen dort auch die Privatunternehmen automatengestützt verarbeitete Daten registrieren lassen. Jedermann kann in das Register Einsicht nehmen!

F. Datenschutz im Betrieb

1. Das Datengeheimnis

a) Die erste praktische Befassung des Arbeitnehmers mit dem Datenschutzgesetz ergibt sich häufig mit der Aufforderung des Arbeitgebers, eine Verpflichtung auf das Datengeheimnis zu unterschreiben.

Die diesbezügliche gesetzliche Bestimmung, § 20 DSG, lautet:

DATENGEHEIMNIS

§ 20. (1) Daten aus Datenverarbeitun-gen, die ausschließlich auf Grund einer berufsmäßigen Beschäftigung anvertraut wurden oderzugänglichgewordensind,dürfenunbeschadet sonstiger Verschwiegenheitspflicht nur auf Grund einer ausdrücklichen Anordnung des Auftrags- oder Arbeitgebers oder dessen Vertreters übermittelt werden (Datengeheimnis).

(2) Auftraggeber und Dienstleister haben sich von ihren Mitarbeitern vertraglich ausdrücklich zusichern zu lassen, dass sie Daten aus Datenverarbeitungen nur aufgrund der Anordnungen gemäß Abs. 1 übermitteln werden und dass sie das Datengeheimnis auch nach Beendigung des Mitarbeiterverhältnisses zum Auftraggeber oder Dienstleister einhalten werden.

(3) Den Arbeitgeber trifft die Verantwortung für die Vollständigkeit und die datenschutzrechtliche Zulässigkeit der Übermittlungsanordnungen sowie darüber hinaus auch dafür, dass die Mitarbeiter über die für sie geltenden Übermittlungsanordnungen ausreichend informiert sind.

(4) Aus der Verweigerung der Ausführung eines Auftrages, der gegen § 18 verstoßen würde, darf dem Mitarbeiter kein Nachteil erwachsen.

(5) In einem behördlichen Verfahren kann sich niemand seiner Zeugungspflicht unter Berufung auf das Datengeheimnis entschlagen.

Auftraggeber ist in diesem Zusammenhang das Unternehmen, das Daten selbst automationsunterstützt verarbeitet oder das die automationsunterstützte Verarbeitung von Daten bei einem anderen Unternehmen (Dienstleister) in Auftrag gibt.
Dienstleister ist ein Unternehmen, das Daten im Rahmen eines Datenverarbeitungsauftrages für ein anderes Unternehmen verwendet.
Verwenden ist das Ermitteln, Verarbeiten, Benützen, Übermitteln und Überlassen von Daten.
Übermitteln von Daten ist jede Weitergabe von automationsunterstützt verarbeiteten Daten an außerhalb des Unternehmens Stehende. Ausgenommen vom Übermittlungsbegriff sind nur Überlassungen an einen Dienstleister sowie die Weitergabe von Daten an den Betroffenen selbst und den Auftraggeber.

Die **Verantwortung für die Zulässigkeit der Datenübermittlung** soll nicht bei dem/der Arbeitnehmer/in liegen, der/die letztlich den faktischen Übermittlungsvorgang vornimmt (zum Beispiel der ein Informationsersuchen telefonisch beantwortet oder der/die ein Magnetband verschickt), sondern bei dessen Vorgesetzten und schließlich bei der Unternehmensleitung. Das Datengeheimnis verpflichtet, innerbetrieblich eine Hierarchie der Verantwortung für Datenübermittlungen auszubauen und festzulegen. Es verlangt eine Umschreibung, welche/r Arbeitnehmer/in oder welche Arbeitnehmergruppe welche Datenarten an wen übermitteln darf und welche nicht. Da schuldhafte unzulässige Übermittlungen gerichtlich strafbar sind, kommt dem Datengeheimnis und seinen innerbetrieblichen Folgerungen große Bedeutung zu.

b) Zusicherung des Datengeheimnisses
Was das Datengeheimnis ist, sagt das DSG. Für den/die Arbeitnehmer/in besteht das Datengeheimnis allerdings nur aufgrund **vertraglicher Verpflichtungen** mit dem Unternehmen, das ihn/sie beschäftigt.

Eine „**Zusicherung**" der Wahrung des Datengeheimnisses sollte wie folgt formuliert sein:

Zusicherung der Wahrung des Datengeheimnisses

____

Zuname Vorname Abteilung

Ich sichere zu, dass ich alle automationsunterstützt verarbeiteten personenbezogenen Daten, die mir aufgrund meiner berufsmäßigen Beschäftigung anvertraut werden oder zugänglich werden beziehungsweise wurden, nur aufgrund einer ausdrücklichen, schriftlichen Anordnung eines zuständigen Vorgesetzten und dem Dienstgeber Verantwortlichen übermitteln werde.

Ich habe zur Kenntnis genommen, dass die Pflicht zur Wahrung des Datengeheimnisses auch nach Beendigung meiner Tätigkeit bei __________fortbesteht. Mir ist bekannt, dass eine Verletzung dieser Geheimhaltungsverpflichtung gerichtlich strafbar ist.

(Firma)

____

Ort, Datum Unterschrift des Mitarbeiters

c) Datengeheimnis und strafrechtliche Folgen

Ein Hinweis auf die strafrechtlichen Folgen in der Erklärung zum Datengeheimnis bezieht sich auf die Bestimmungen des DSG.

2. Die Ermittlung und Verarbeitung von Personaldaten

Das Datengeheimnis betrifft alle in einem privaten Unternehmen automationsunterstützt verarbeiteten personenbezogenen Daten. Unbeachtlich ist dabei, ob solche Daten im Rechenzentrum vorhanden sind oder in anderen Bereichen des Unternehmens. Es schützt damit zum Beispiel Daten über Kunden, über Lieferanten, über sonstige betriebsfremde Personen, über Konkurrenzunternehmen und natürlich auch Daten über das Personal des Unternehmens.

3. Die Übermittlung von Personaldaten

a) Rechtsgrundlagen der Übermittlung

Welche Daten an welche Empfänger von wem übermittelt werden dürfen, ist eine Kernfrage des Datenschutzes.

♦ **Gesetze**

Auch hier gilt wieder, dass zunächst Übermittlungen zulässig sind, soweit der/die Arbeitgeber/in gesetzlich dazu verpflichtet ist. Hier sind zu nennen: die Übermittlung von Daten an das Finanzamt, an die Gebietskrankenkasse, im Zuge eines gerichtlichen Verfahrens (z. B. Drittschuldnerexekution, Lohnpfändung), der Arbeitnehmerliste an die Arbeiterkammer.

♦ **Berechtigter Zweck des Auftraggebers**

Übermittlungen sind weiters zulässig, soweit sie zum berechtigten Zweck des Rechtsträgers gehören, d.h. soweit er die Übermittlung zur Erfüllung von mit dem/der betroffenen Arbeitnehmer/in eingegangenen Verpflichtungen braucht. Ein unproblematisches Beispiel ist die Weitergabe von mit der Auszahlung von Geldleistungen zusammenhängenden Daten an die Kreditunternehmung, bei der der/die Arbeitnehmer/in ein Konto hat.

♦ **Interessen eines Dritten**

Der Dritte gegebene Übermittlungsgrund bezieht sich auf Übermittlungen, die **„zur Wahrung überwiegend berechtigter Interessen eines Dritten notwendig sind"**. Der/Die Arbeitgeber/in muss also prüfen, ob ein Dritter an diesen Daten ein berechtigtes, d. h. ein von der Rechtsordnung anerkanntes, nicht bloß wirtschaftliches Interesse hat und ob die Übermittlung für die Wahrung dieses berechtigten Interesses notwendig ist. Weiters muss eine Interessenabwägung erfolgen, es ist also in jedem Einzelfall zu entscheiden, welches Interesse überwiegend ist. Aus diesen drei Voraussetzungen

zungen zeigt sich, dass die Zulässigkeit solcher Übermittlungen kaum generell beurteilt werden kann, sondern nur im Einzelfall, abhängig vom Empfänger und von den Datenarten, die übermittelt werden sollen.

Die Verantwortung für die Zulässigkeit der Übermittlung trägt wie in allen Fällen der/die Auftraggeber/in der Datenverarbeitung, in unserem Fall also der/die Arbeitgeber/in.

♦ Zustimmung der Betroffenen

Der vierte Fall von zulässiger Übermittlung ist gegeben, wenn der/die **„Betroffene ausdrücklich und schriftlich zugestimmt hat",** wobei ein schriftlicher Widerruf solcher Zustimmungen jederzeit möglich ist.

♦ Statistische Daten

Für statistische Daten, die keine Identifizierung des/der Betroffenen möglich machen, gelten die Übermittlungsbeschränkungen des § 18 DSG nicht.

b) Strafbestimmungen

Vorsätzliche rechtswidrige Übermittlungen sind wie beim Geheimnisbruch gerichtlich strafbare Handlungen.

4. Wie kann der/die Arbeitnehmer/in bzw. der Betriebsrat erfahren, welche Personaldaten vom Arbeitgeber automationsunterstützt verarbeitet werden?

Wenn der Arbeitgeber Daten der Arbeitnehmer/in automationsunterstützt verarbeitet (z. B. Lohnbuchhaltung, Personalführung), so ist er als Auftraggeber verpflichtet, beim Datenverarbeitungsregister (1010 Wien, Hohenstaufengasse 3) die Registrierung zu beantragen.

Bei der Registrierung sind die Kreise der betroffenen Personen (z. B. Arbeitnehmer, freiberufliche Mitarbeiter, Familienangehörige von Arbeitnehmern) anzugeben, die Datenarten sowie ob und an wen regelmäßige oder systematische Übermittlungen stattfinden (zum Beispiel an die Gebietskrankenkasse für ...).

Bei Übermittlungen und Mitteilungen von Daten an den/die Betroffenen muss eine **Datenverarbeitungsregister-Nummer** beigefügt werden (z. B. „DVR: 1234567"). Aus der Angabe einer solchen Nummer, z. B. auf dem Bezugszettel, kann daher ebenfalls die Tatsache der AD-Verarbeitung von Personaldaten erkannt werden; kehrt diese DVR-Nummer in der Folge auf einer Werbezuschrift wieder, so ist daraus zu schließen, dass die Werbung vom/von der Arbeitgeber/in ihren Ausgang genommen hat.

Die Einsichtnahme in das Register ist kostenlos und steht jedem frei. Aus der Eintragung einer Verarbeitung in das Datenverarbeitungsregister kann noch nicht auf deren Rechtmäßigkeit geschlossen werden.

5. Die Rechte des/der Arbeitnehmers/-in und des Betriebsrats auf Auskunft, Richtigstellung und Löschung von Personaldaten

Die generelle Kenntnis darüber, dass der Arbeitgeber Personaldaten automationsunterstützt verarbeitet, wird im Wege der Information oder durch Einsichtnahme in das Register gegeben sein. Für die Beantwortung der Frage, welche Daten nun über den einzelnen Arbeitnehmer tatsächlich verarbeitet werden (Inhalt der Daten), sieht das DSG das Auskunftsrecht des Betroffenen vor.

Recht auf

- Auskunft
- Einsichtnahme
- Richtigstellung und Löschung

G. Bestimmungen für den öffentlichen Bereich

Ermittlung, Verarbeitung und Übermittlung von automationsunterstützt verarbeiteten Daten ist im **öffentlichen** Bereich im Wesentlichen dann zulässig, wenn dies gesetzlich vorgeschrieben oder zur Erfüllung gesetzlich übertragener Aufgaben erforderlich ist bzw. eine Übermittlung (an andere öffentliche Organe) **„für den Empfänger zur Wahrnehmung der ihm gesetzlich übertragenen Aufgaben eine wesentliche Voraussetzung"** bildet.

Es ist offensichtlich, dass diese Formulierung aus der Sicht des Betroffenen sehr wohl „überdehnt" ausgelegt werden kann. Nicht zulässig ist also eine Ermittlung von Daten, die zwar **„gut verwend-**

bar", aber keinesfalls unbedingt erforderlich sind. Außerdem müssen alle öffentlichen Computer-Personaldateien (mit einigen problematischen Ausnahmen, vergleiche weiter oben) beim Datenverarbeitungsregister gemeldet werden. Benachrichtigungspflicht des Betroffenen besteht nicht.

?

Wiederholungsfragen – Arbeitsaufgaben – Diskussionsanregungen

1. *Kreuzen Sie an, auf welche Weise der Anspruch auf Geheimhaltung personenbezogener Daten, soweit sie ein schutzwürdiges Interesse betreffen, durch das DSG geschützt ist.*
   ○ *Vertrag* ○ *Gesetz* ○ *Verordnung* ○ *Bundesverfassung*
2. *Kreuzen Sie an, ob automationsunterstützt verarbeitbare Daten nur dann geschützt sind, wenn sie in einem Computer gespeichert sind.*
   ○ *ja* ○ *nein*
3. *Erörtern Sie, ob Beschränkungen des Grundrechts auf Datenschutz zulässig sind, und geben Sie eine Begründung an, wenn Sie die Frage mit „Ja" beantworten.*
   ○ *ja* ○ *nein*
4. *Ist der Austausch personenbezogener Daten im automationsunterstützten internationalen Datenverkehr bei Vorliegen besonderer betrieblicher Bedeutung grundsätzlich frei?*
   ○ *ja* ○ *nein*
5. *Erläutern Sie, welche Behörde bei einer allfällig notwendigen Bewilligung zuständig ist und unter welchen Voraussetzungen eine Bewilligung nicht erforderlich ist.*
6. *Nennen Sie drei Datenschutzinstitutionen des DSG.*
7. *Geben Sie an, welche Daten aus der Datenverarbeitung unter das Datengeheimnis fallen.*
8. *Ist jede/r Arbeitnehmer/in aufgrund des Betriebsgeheimnisses automatisch zur Geheimhaltung von Daten aus der Datenverarbeitung verpflichtet?*
   ○ *ja* ○ *nein*
   Worauf gründet sich diese Verpflichtung?
9. *Erläutern Sie, welche Folgen die Verletzung des Datengeheimnisses hat.*
10. *Nennen Sie die Rechtsgrundlage der Personaldatenübermittlung und -verarbeitung!*
11. *Reicht für die Rechtmäßigkeit der Ermittlung und Verarbeitung von Daten die Behauptung der Notwendigkeit für das Unternehmen aus?*
    ○ *ja* ○ *nein*
12. *Diskutieren Sie folgende Frage: Wenn bei der Einführung von technischen Systemen zur Kontrolle von Arbeitnehmer/innen die Menschenwürde verletzt wird, reicht dann die Zustimmung des Betriebsrates aus?*
13. *Wie können Arbeitnehmer/innen bzw. Betriebsrat/-rätin erfahren, welche Personaldaten vom Arbeitgeber automationsunterstützt verarbeitet werden?*
    Durch Einsichtnahme in das ______________________________.
    Die Einsicht ist ______________ *und steht* ________________ *frei.*
    Vervollständigen Sie die Merksätze!
14. *Nennen Sie die Rechte von Arbeitnehmer/innen bezüglich automationsunterstützter Personaldaten!*
15. *Diskutieren Sie die Problematik des Grundrechts auf Datenschutz!*
16. *Welchen Umfang hat die automationsunterstützte Datenverarbeitung (ADV)?*
17. *Welche Daten aus Datenverarbeitungen fallen unter das Datengeheimnis?*
18. *Diskutieren Sie den Zweck der gesetzlichen Bestimmungen betreffend das Datengeheimnis.*

II. Gewerblicher Rechtsschutz

Welche Handlungen sind bei ehrlicher Konkurrenz erlaubt, welche verboten? Wie ist mein Firmenname, wie meine Domain geschützt? Kann ich auch mein Firmenlogo vor Nachahmung schützen lassen? Kann ich das Design meiner Erzeugnisse schützen lassen? Wie schütze ich meine technische Erfindung vor Nachahmung und Verwertung durch einen Konkurrenten?

Wie kann ich meine Rechte in Bezug auf geistige Schöpfungen (Romane, Theaterstücke) ausschließlich wahren? Wann ist ein Werk überhaupt schützenswert? Können Lehrer und Lehrerinnen fremde Werke für den Unterricht verwenden?

Diese und ähnliche Fragen werden im vorliegenden Kapitel behandelt.

A. Einleitung und Übersicht

Der freie Wettbewerb liegt im Wesen der Marktwirtschaft; er ist die Antriebskraft der wirtschaftlichen Tätigkeit. Die wirtschaftliche Freiheit ist aber nur dann geschützt, wenn die Unternehmen keinen zügellosen Kampf gegeneinander führen dürfen. Wohl gewährt die Rechtsordnung grundsätzlich keinen Schutz gegen Konkurrenz. Von diesem Prinzip gibt es **notwendige Ausnahmen,** die der Lenkung und Steuerung zum Zweck des allgemeinen Wohls und dem Schutz der Interessen des Einzelnen dienen.

Die **Rechtsvorschriften,** die die Verwirklichung dieser Ziele ermöglichen sollen, finden wir nicht in einem einzigen Gesetzbuch, sondern in verschiedenen Rechtsquellen: Neben dem Gesetz gegen den **unlauteren Wettbewerb,** dem **Marken- und Musterschutz-,** dem **Patent-,** dem **Urheberrechts-** und **Kartellgesetz** ist vor allem die **Gewerbeordnung** besonders wichtig. Einige Gesetze eröffnen zur **Durchsetzung** ihrer Bestimmungen die Möglichkeit, eine **zivilrechtliche Klage** einzubringen, während andere ein **Verwaltungsverfahren** entweder auf Antrag oder von Amts wegen vorsehen. Eine moderne Gewerbeordnung darf die Gewerbefreiheit nur so weit beschränken, als dies das öffentliche Interesse erfordert (z. B. Verhinderung von Gefahren, von Umweltschäden oder zum Schutz der Konsumenten).

Gesetze zum Schutz der wirtschaftlichen Tätigkeit

- Schutz des Wettbewerbs
- Marken- und Musterschutz
- Patentschutz
- Urheberschutz
- Kartellrecht
- Gewerbeordnung

B. Gesetz gegen den unlauteren Wettbewerb (UWG)

Rechtsquelle: Gesetz gegen unlauteren Wettbewerb 1984 idF. BGBl I Nr. 49/2015.

1. Begriff der unlauteren Geschäftspraktik (Generalklausel)

Im Gesetz gegen den unlauteren Wettbewerb besteht eine Generalklausel, durch die alle möglichen **unlauteren Geschäftspraktiken** erfasst werden:

„Wer im geschäftlichen Verkehr eine unlautere Geschäftspraktik oder sonstige unlautere Handlung anwendet, die geeignet ist, den Wettbewerb zum Nachteil von Unternehmen nicht nur unerheblich zu beeinflussen" oder eine solche anwendet „die den Erfordernissen der beruflichen Sorgfalt widerspricht und in Bezug auf das jeweilige Produkt geeignet ist, das wirtschaftliche Verhalten des **Durchschnittsverbrauchers" wesentlich zu beeinflussen,** kann auf Unterlassung und bei Verschulden auf Schadenersatz in Anspruch genommen werden.

Unter einer **unlauteren Geschäftspraktik** im Sinne des Gesetzes versteht man jede Handlung, Unterlassung, Verhaltensweise oder Erklärung (einschließlich Werbung und Marketing), die mit der Absatzförderung, dem Verkauf oder der Lieferung eines Produkts oder einer Dienstleistung zusammenhängt.

Solche Vorgangsweisen sind verboten, wenn sie aggressiv oder irreführend sind:

aggressiv:	wenn sie geeignet sind, die **Entscheidungs- oder Verhaltensfreiheit** eines Marktteilnehmers in Bezug auf das Produkt oder die Dienstleistung zu **beeinträchtigen**. Das bedeutet, er/sie wird z. B. durch Belästigung, psychischen Zwang oder sonstige Beeinflussung veranlasst, eine geschäftliche Entscheidung zu treffen, die er andernfalls nicht getroffen hätte.
irreführend:	wenn sie **unrichtige Angaben** enthalten oder sonst geeignet sind, einen Marktteilnehmer in Bezug auf das Produkt oder die Dienstleistung über einen oder mehrere Punkte zu täuschen, sodass er veranlasst wird, geschäftliche Entscheidungen zu treffen, die er andernfalls nicht getroffen hätte.

Wenn allerdings ein solches Verhalten unter Berücksichtigung der berechtigten Interessen des Unternehmers und anderer Markteilnehmer wegen der Umstände des Einzelfalls angemessen erscheint, so hat dies der Unternehmer im Verfahren zu beweisen (Beweislastumkehr).

2. Spezialtatbestände

In einem Anhang zählt das Gesetz verschiedene Tatbestände auf, die als aggressive oder irreführende Geschäftspraktiken anzusehen sind.

♦ Beispiele für aggressive Geschäftspraktiken:

- Das Erwecken des Eindrucks, der Umworbene könne die **Räumlichkeiten** ohne Vertragsabschluss nicht verlassen bzw. bei Wohnungsbesuchen die Nichtbeachtung der Aufforderung des Umworbenen, die Wohnung zu verlassen;
- die Anwerbung von Kunden durch hartnäckiges und unerwünschtes **Ansprechen** über Telefon, Fax, E-Mail oder sonstige für den **Fernabsatz** geeignete Medien;
- die Aufforderung an einen Verbraucher, der eine **Versicherungspolizze** in Anspruch nehmen möchte, Dokumente vorzulegen, die als für die Gültigkeit des Anspruchs nicht maßgeblich anzusehen sind (dazu gehört auch das systematische Nichtbeantworten einschlägiger Schreiben des Kunden, der damit seine Rechte ausüben möchte);
- die Aufforderung an **Kinder** in der Werbung, die beworbenen Produkte zu kaufen bzw. ihre Eltern zum Kauf zu überreden;
- die an den Verbraucher gerichtete Aufforderung zur sofortigen oder späteren Zahlung oder zur Rücksendung oder Verwahrung von **unbestellten Waren** oder Dienstleistungen;
- der ausdrückliche Hinweise gegenüber dem Verbraucher, Arbeitsplatz oder **Lebensunterhalt des Unternehmers** seien gefährdet, falls er nicht abschließe;
- das Erwecken des Eindrucks, der Verbraucher habe einen **Preis oder sonstigen Vorteil** gewonnen oder werde einen gewinnen, obwohl es einen solchen nicht gibt oder er von der Zahlung eines Betrages oder der Übernahme erhöhter Telefonkosten abhängig gemacht wird.

♦ Beispiele für irreführende Geschäftspraktiken:

- Die ungerechtfertigte Verwendung von Gütezeichen, **Qualitätszeichen** oder Ähnlichem;
- die ungerechtfertigte Behauptung des Unternehmers, zu den Unterzeichnern eines **Verhaltenskodex** zu gehören;
- die Aufforderung (z. B. in der Werbung), Produkte zu einem bestimmten Preis zu kaufen, obwohl der Unternehmer annehmen kann, dass er die Produkte zu diesem Preis nicht bereitstellen oder liefern kann (so genannte **Lockangebote**) oder
- in diesem Zusammenhang die Vorführung eines fehlerhaften Exemplars in der Absicht, den Kunden stattdessen zu einem anderen Produkt zu überreden **(„bait-and-switch" – Technik)**;
- die unrichtige Behauptung, dem Verbraucher ohnehin **zugestandene Rechte** seien eine Besonderheit des unternehmerischen Angebots;
- das sogenannte **Schneeballsystem** zur Verkaufsförderung: dabei erzielt der Verbraucher eine Vergütung, wenn er dem Unternehmer weitere Kunden zuführt;
- die unrichtige Ankündigung, der Unternehmer werde demnächst sein **Geschäft aufgeben** oder seine Geschäftsräume verlegen;
- die unrichtige Ankündigung, gekaufte Produkte können die **Gewinnchancen** bei Glückspielen erhöhen oder ein Produkt könne **Krankheiten**, Funktionsstörungen oder Missbildungen heilen;
- die Beschreibung eines Produkts als **„gratis"** oder „kostenfrei" oder ähnlich, obwohl der Umworbene weitergehende Kosten zu tragen hat;
- das unrichtige Erwecken des Eindrucks, dass der **Kundendienst** im Zusammenhang mit einem Produkt in einem anderen Mitgliedstaat der EU verfügbar sei, als in demjenigen, in dem das Produkt verkauft wird.

♦ Weitere unzulässige Handlungen nach dem UWG

• Herabsetzung eines Unternehmens
(„Anschwärzung", z. B. Behauptung mangelnder Reinlichkeit bei der Erzeugung von Lebensmitteln). Ein Preisvergleich (selbst unter Nennung des Konkurrenten) ist jedoch möglich, sofern er sachlich vorgenommen wird und den Konkurrenten nicht unnötig bloßstellt.

• **Vergleichende Werbung,**
die aggressiv oder irreführend ist oder die ein anderes Unternehmen oder seine Waren oder Leistungen herabsetzt, sofern die Tatsachen nicht nachweislich wahr sind. Das bedeutet, dass objektiv wahre vergleichende Werbung möglich ist.

• **Gebrauch von Kennzeichen**
anderer Unternehmen, wenn dadurch die Möglichkeit der Verwechslung gegeben ist. Dies gilt auch dann, wenn die Zeichen nicht besonders geschützt sind: z. B. der Missbrauch der sog. Geschäfts- oder Etablissementbezeichnung wie etwa „Gasthof zur Post".

• **Ankündigung von Zugaben:**
Darunter versteht man, dass der/die Unternehmer/in öffentlich neben Waren oder Dienstleistungen unentgeltliche Zugaben oder Prämien anbietet, ankündigt oder gewährt. Ausgenommen sind allerdings handelsübliches Zubehör, handelsübliche Nebenleistungen, Warenproben, mit dem Unternehmenslogo und -namen gekennzeichnete Reklamegegenstände oder geringwertige Kleinigkeiten.

• **Verkauf gegen Vorlage von Ausweisen und/oder Berechtigungsscheinen:**
Dabei handelt es sich um die Ausgabe von Berechtigungsscheinen oder -karten an Verbraucher oder den Verkauf von Waren an Verbraucher gegen Vorlage derselben. Dadurch wird meistens der Eindruck hervorgerufen, es handle sich um Großhandelspreise.

• **Geben und Nehmen von Schmiergeldern:**
Aktive und passive Bestechung von Arbeitnehmern/-innen, z. B. für Verrat von Geschäftsgeheimnissen oder für Begünstigungen anderer Art.

• **Missbrauch anvertrauter Vorlagen:**
Missbrauch eines Vertrauensverhältnisses: z. B. technische Zeichnungen werden von einer Kopieranstalt an die Konkurrenz des Kunden weitergegeben.

3. Folgen von Verstößen gegen das Gesetz

Als Folgen kommen in Frage:

♦ **zivilrechtliche Ansprüche** des in seinen Rechten Verletzten:
Der/Die verurteilte Unternehmer/in kann zu Unterlassung weiterer Handlungen, zur Urteilsveröffentlichung in Massenmedien (auf seine Kosten) sowie zum Schadenersatz verpflichtet werden.

♦ Neben den zivilrechtlichen Folgen können sich in einzelnen Fällen auch **strafrechtliche Konsequenzen** ergeben.

♦ Daneben zählt das Gesetz auch **verwaltungsrechtliche Tatbestände** auf, d.h. einige typische, in der geschäftlichen Praxis vorkommende Verhaltensweisen können auch als Verwaltungsstraftat mit einer Geldstrafe geahndet werden. Dazu gehören beispielsweise:

- das **Schneeballsystem:** Der Kunde erhält Begünstigungen, wenn er weitere Kunden zuführt;
- der Vertragsabschluss wird vom Ergebnis einer **Verlosung** abhängig gemacht,
- der Hinweis, die Ware stamme aus einer **Konkursmasse** (auch wenn es stimmt!);
- die fälschliche **Anmaßung** von **Auszeichnungen** und **Vorrechten** (z. B. bestimmter Befähigungen).
- die nicht korrekt erfolgende **Ankündigung von Ausverkäufen**. Das Gesetz enthält genaue Regeln, welche Ankündigung von Ausverkäufen zulässig ist (z. B. ist die Ankündigung nur mit Bewilligung der zuständigen Bezirksverwaltungsbehörde erlaubt).

4. Sonstige Bestimmungen

Auf Grund des Gesetzes können auch auf verschiedenen Gebieten Verordnungen erlassen werden, wie zum Beispiel:

♦ Verordnungen über **Kennzeichnungsvorschriften:** für bestimmte Waren und Dienstleistungen (z. B. Beschreibung der Ware oder Leistung, Maß, Zeit und Beschaffenheit; Beigabe einer deutschsprachigen Betriebsanleitung).

♦ Verordnungen über die **Grundpreisauszeichnung:** Da gleiche Waren oft in verschiedenen Gewichtseinheiten abgepackt angeboten werden, kann vorgeschrieben werden, dass auf der Verpackung auch der Grundpreis dieser Ware (z. B. Kilopreis) angegeben werden muss, um Preisvergleiche zu erleichtern.

♦ **Verordnungen zur Verpackung:** Für bestimmte Waren kann eine bestimmte Verpackungsart oder die Einhaltung eines bestimmten Verhältnisses zwischen Verpackungsgröße und Füllmenge vorgeschrieben werden (z. B. zur Vermeidung so genannter „Mogelpackungen").

C. Rechtsschutz der Firma

1. Nach dem UGB

Nach dem **Unternehmensgesetzbuch (UGB 2007)** muss die Firma zur Kennzeichnung eines Unternehmers geeignet sein und **Unterscheidungskraft** besitzen. Demnach ist derjenige, der eine Firmenbezeichnung unbefugt gebraucht, vom Firmenbuchgericht zur Unterlassung des Gebrauchs durch **Ordnungsstrafen** anzuhalten. Unbefugter Gebrauch ist gegeben, wenn er gegen firmenrechtliche Grundsätze verstößt. Wer in seinen Rechten dadurch verletzt wird, dass ein anderer seine Firma unbefugt gebraucht, kann von diesem die **Unterlassung** des Gebrauchs der Firma verlangen.

2. Nach dem ABGB

Im **Allgemeinen Bürgerlichen Gesetzbuch** (ABGB) heißt es: Wird jemand durch unbefugten Gebrauch seines Namens (Decknamens) beeinträchtigt, so kann er auf **Unterlassung** und, bei Verschulden, auf **Schadenersatz** klagen. Auch **Domains** sind namensrechtlich geschützt. Bei ihnen kann eine Verwechslungsgefahr bereits bei nicht vollständiger Zeichendentität gegeben sein.

3. Nach dem UWG

Nach dem **Gesetz gegen den unlauteren Wettbewerb** (UWG) und dem **Markenschutzgesetz** kann verlangt werden, dass im geschäftlichen Verkehr die Benützung des Namens, der Firma, Geschäftsbezeichnungen, Marken und Warenausstattungen, deren sich ein anderer – auch befugterweise, jedoch in einer zur Verwechslung geeigneten Art – bedient, verboten wird (Klage auf Unterlassung und, bei Verschulden, auf Schadenersatz möglich). Auch hier sind **Domains** von der Regelung des UWG betroffen. Daneben kann auch das sog. **„Domain-Grabbing"** nach der Generalklausel des UWG sittenwidrig sein: Darunter versteht man, dass jemand die Marke oder den Namen eines Anderen oder eines Unternehmens auswählt, sich als Domain registrieren lässt und solcherart in das Schutzrecht des Anderen eingreift.

D. Markenschutzgesetz

Rechtsquelle: Markenschutzgesetz 1970. BGBl 1970/260 i. d. F. BGBl I Nr. 126/2013

1. Begriff

Marken sind alle Zeichen, die sich grafisch darstellen lassen und dazu dienen, eine Ware oder Dienstleistung eines Unternehmens von gleichartigen Erzeugnissen oder Leistungen anderer Unternehmen **zu unterscheiden**. Es gibt Wort- und Bildmarken, Ziffernmarken, gemischte Marken. Der Sinn der Marke besteht darin, die **Herkunft eines Erzeugnisses** aus einem Unternehmen zu kennzeichnen **(„Warenzeichen")**.

2. Erwerb des Markenrechtes

Es gilt grundsätzlich der **Registrierungsgrundsatz.** Die Marke wird für eine bestimmte Warenklasse, Ware oder Dienstleistung beim **Patentamt** als Registerbehörde angemeldet, wo die Marke **auf Ähnlichkeit** mit bereits registrierten Marken überprüft wird. Nach der Prüfung auf Gesetzmäßigkeit wird die Registrierung durchgeführt und damit das Alleinrecht an der Marke erworben. Dieses Alleinrecht wird aber nicht endgültig erworben, d. h., trotz Registrierung kann sich ein anderes Unternehmen zivilrechtlich gegen die weitere Verwendung einer Marke zur Wehr setzen, z. B. wenn die Verwechslungsmöglichkeit mit einer älteren Marke dieses Unternehmens gegeben ist.

Von der Registrierung ausgeschlossen (zum Erwerb eines Alleinrechts nicht geeignet) sind „Marken", die

- ausschließlich aus dem Bild des Bundespräsidenten, aus staatlichen **Hoheitszeichen** (Wappen, Fahnen) oder aus amtlichen Prüfungs- oder Punzierungszeichen bestehen (verboten ist gleichfalls das Bild des roten Kreuzes auf weißem Grund);
- zur Bezeichnung von bestimmten **Warengattungen** im Verkehr allgemein üblich sind (z. B. Nylon, Perlon);
- gegen die **öffentliche Ordnung** verstoßende Darstellungen oder **unrichtige Angaben** enthalten, die zur Täuschung des Publikums geeignet sind.

3. Übergang und Erlöschen des Markenrechtes

a) Die Marke kann mit dem Unternehmen übertragen werden.

b) Erlöschen

- durch **Zeitablauf**: Die Schutzdauer einer registrierten Marke beträgt **zehn Jahre,** vom Tag der Registrierung an gerechnet. Sie kann durch **rechtzeitige Erneuerung** immer wieder um zehn Jahre verlängert werden. Unterbleibt die **rechtzeitige Erneuerung,** so erlischt das Markenrecht mit Ablauf der Schutzdauer.

- durch **Verzicht** des Berechtigten.
- durch **Löschung** aufgrund einer vom Patentamt gefällten Entscheidung. Grund wäre z. B. Obsiegen einer Partei in einem Zivilprozess, der aufgrund einer Löschungsklage begonnen wurde. Im Urteil kann die Löschung einer bereits registrierten Marke angeordnet werden.

4. Rechte des Verletzten

- Der Verletzte kann zivilrechtlich vorgehen und auf **Unterlassung** der Führung der Marke durch einen Nichtberechtigten sowie gegebenenfalls auf **Schadenersatz** klagen. Darüber hinaus gibt ihm das Markenschutzgesetz
- das Recht auf **Privatanklage** (= Einleitung eines **Strafverfahrens** auf Verlangen des Verletzten). Bei Verurteilung (Geld-, Freiheitsstrafen) gilt der Täter als vorbestraft. Der Verletzte hat ein Recht auf Geldbuße und kann auf Kosten des Schuldigen die **Verurteilung öffentlich (Zeitung!) bekannt** machen.

5. Gemeinschaftsmarke und internationale Marke

Durch die EU wurde die Möglichkeit geschaffen, eine für den ganzen Bereich der EU wirksame „Europamarke" zu erwerben. Zuständig dafür ist das **Harmonisierungsamt der EU** in **Alicante** (Spanien). Die **Schutzdauer** beträgt **5 Jahre** (mit Verlängerungsmöglichkeit).

Von besonderer Bedeutung für das Markenrecht ist das **Madrider Abkommen** über die internationale Markenregistrierung, nach dem die Möglichkeit besteht, durch Registrierung beim internationalen Büro zum Schutz des geistigen Eigentums in **Genf** ein **Bündel mehrerer Marken** in verschiedenen Ländern (die das Abkommen unterzeichnet haben) zu erwerben. Die **Schutzdauer** einer internationalen Marke beträgt **20 Jahre**.

E. Musterschutz

Rechtsquellen: Musterschutzgesetz BGBl 1990/497 i. d. F. BGBl I Nr. 126/2013
Gebrauchsmustergesetz BGBl 1994/211 i. d. F. BGBl I Nr. 126/2013

Beim Musterschutz unterscheidet man:

1. Geschmacksmuster

a) Begriff

! Hier ist das Muster ein Vorbild für das **Aussehen** eines gewerblichen Erzeugnisses. Geschützt ist also die äußere Aufmachung bzw. das **Design** eines Produktes in Form von gezeichneten oder auf andere Art gestalteten Vorlagen und Modellen. Der Schutz bezieht sich dabei sowohl auf die Form als auch auf die Farbe.

b) Erwerb und Benutzung

Mit der Anmeldung beim Österreichischen Patentamt oder bei der Anmeldestelle der Wirtschaftskammer Österreich (unter Vorlage einer Musterabbildung und Musterbeschreibung) wird das **Eintragungsverfahren** eingeleitet. Für mehrere ähnliche Muster gibt es die Möglichkeit einer Sammelmusteranmeldung.

Das Patentamt prüft z. B., ob das Muster Ärgernis erregend ist oder gegen die öffentliche Ordnung verstößt, **nicht** jedoch, ob eine **Ähnlichkeit** mit bereits angemeldeten Mustern vorliegt. Dies entscheiden die **Gerichte** aufgrund einer Klage, die auch wegen Verletzung des Gesetzes gegen den unlauteren Wettbewerb eingereicht werden kann. Nach der Prüfung durch das Patentamt erfolgt die Veröffentlichung, dann die **Registrierung** im Musterregister. Die **Schutzdauer** beträgt **5 Jahre** (Verlängerung möglich). Zugleich mit der Anmeldung wird der Vorrang **(Priorität)** gegenüber einer späteren Anmeldung eines ähnlichen Musters erworben.

c) Internationaler Schutz

Aufgrund des Haager Musterabkommens kann für die beim Internationalen Büro für den Schutz des geistigen Eigentums in Genf hinterlegten Muster und Modelle Schutz in allen Vertragsstaaten dieses Abkommens beansprucht werden. (Österreich hat dieses Abkommen noch nicht unterzeichnet!)

2. Gebrauchsmuster

a) Begriff

Hier geht es um den Schutz neuer, dem **Gebrauchszweck** dienender technischer Gestaltungen, wobei in gewissem Umfang auch die Funktion eines Produktes schützbar ist. Geschützt sind also **Innovationen**, die nicht den für eine Patenterteilung erforderlichen hohen Erfindungsgehalt aufweisen. Trotzdem muss das Muster eine gewisse erfinderische Leistung aufweisen („kleines Patent").

b) Erwerb und Benutzung

Da im Zuge des Anmeldeverfahrens beim Österreichischen Patentamt die **Neuheit nicht** überprüft wird, erfolgt die Veröffentlichung und dann die Registrierung im Gebrauchsmusterregister wesentlich **rascher** als bei Patenten. Der Anmelder erlangt zeitlichen Vorrang **(Priorität)** vor allen später angemeldeten gleichen Gebrauchsmustern. Die **Schutzdauer** beträgt **10 Jahre.**

Im Rahmen des Anmeldeverfahrens kann jederzeit eine **Umwandlung** in eine Patentanmeldung (siehe später) vorgenommen werden. Auch der umgekehrte Weg ist möglich (Umwandlung einer Patentanmeldung in eine Gebrauchsmusteranmeldung).

In einem eigenen Gesetz (**Halbleiterschutzgesetz**) gibt es ähnliche Regelungen für den Schutz von Neuschöpfungen in der Halbleitertechnik (**Mikrochips**).

c) Internationaler Schutz

Ist noch nicht gegeben. Gewisse Grundregeln enthält die Pariser Verbandsübereinkunft, die einen Schutz gewerblichen Eigentums garantiert.

F. Patentrecht

Rechtsquelle: Patentgesetz 1970 BGBl 1970/259 i. d. F. BGBl I Nr. 126/2013

1. Begriff

Patente werden nach dem Patentgesetz erteilt für **Erfindungen,** die
- **neu** sind,
- sich für den Fachmann **nicht** in nahe liegender Weise **aus dem Stand der Technik** ergeben und
- **gewerblich** anwendbar sind.

Eine Erfindung gilt daher als **neu,** wenn sie nicht zum Stand der Technik gehört (sofern der Stand der Technik der Öffentlichkeit zugänglich ist).

Nicht patentierfähig sind Erfindungen bei bestimmten Sachen (Salz, Branntwein, Tabak), weiters bei Nahrungs- und Genussmitteln für Menschen, chemischen Stoffen und Arzneimitteln.

2. Erwerb und Benutzung

Das Recht auf das Patent hat der/die **Erfinder/in** oder sein/ihre Rechtsnachfolger/in. Wenn mehrere eine Erfindung unabhängig voneinander gemacht haben, dann steht das Recht auf das Patent dem zu, der die Erfindung zuerst beim **Patentamt** angemeldet hat.

Der **Erwerb** eines Patents geht so vor sich, dass das Patentamt aufgrund eines schriftlichen Antrags die Erfindung zunächst nach Form und Inhalt prüft. Es folgen die öffentliche Bekanntmachung im Patentblatt und die Auslegung der Erfindung zur Einsicht für jedermann, die Eintragung im Patentregister, Ausstellung der Patenturkunde, Drucklegung und Veröffentlichung der Patentbeschreibung.

Dem/Der Patentinhaber/in steht das **Alleinrecht** zu, den patentierten Gegenstand gewerbsmäßig herzustellen, in Verkehr zu bringen, anzubieten oder zu gebrauchen, ohne an die Bestimmungen für die Erreichung einer Gewerbeberechtigung gebunden zu sein. Das Patent ist veräußerlich und vererblich. Es kann einem anderen zur Benutzung **(Lizenzvertrag)** überlassen werden.

Das Patent erlischt **18 Jahre nach Erteilung** (Tag der Bekanntmachung im Patentblatt), längstens jedoch **20 Jahre** ab dem Anmeldetag, weiters bei Verzicht, Verzug bei Leistung der Jahresgebühren oder Nichtigerklärung durch das Patentamt (weil z. B. die Erfindung nicht neu war).

Für die Zukunft ist auch ein „Europapatent" geplant, das beim Europäischen Patentamt in München bereits für 32 europäische Länder angemeldet werden kann.

3. Diensterfindungen

Durch den fortgeschrittenen Stand der Technik ist es heute fast die Regel, dass Erfindungen nicht von Einzelnen gemacht, sondern in Laboratorien, technischen Büros und dergleichen **gemeinsam ausgearbeitet** werden.

So eine Diensterfindung liegt vor, wenn sie

a) ihrem Gegenstand nach in das **Arbeitsgebiet des Unternehmers,** in dem d. Dienstnehmer/in tätig ist, fällt und wenn

b) entweder
- die **normale Dienstverrichtung** des/der Dienstnehmers/-in zu ihr führte,
- d. Dienstnehmer/in die **Anregung** zur Erfindung durch seine/ihre Tätigkeit **im Unternehmen** erhalten hat oder
- das Zustandekommen der Erfindung durch die Benützung der **Erfahrungen** oder der **Hilfsmittel des Unternehmens** wesentlich erleichtert worden ist.

Der Anspruch auf Patenterteilung steht grundsätzlich dem/der Erfinder/in – dem/der **Dienstnehmer/in** – zu.

G. Urheberrecht

Rechtsquelle: Urheberrechtsgesetz 1936 idF. BGBl I Nr. 11/2015).

Das Urheberrecht schützt das „geistige Eigentum". Unter diesen Schutz fallen Werke der **Literatur** (Bühnenstücke, Romane, Gedichte), der **Tonkunst** (Musikstücke), der **bildenden Künste** (Bilder, Plastiken etc.) und der **Filmkunst.** Voraussetzung ist, dass das Werk die Verbindung mit seinem Schöpfer erkennen lässt (zumindest eine persönliche Note aufweist, durch die es sich von ähnlichen Erzeugnissen unterscheidet).

Maßstab für den Schutz ist daher **Individualität und Originalität.** In diesem Sinn sind **auch Computerprogramme geschützt,** soferne sie diesem Maßstab gerecht werden.

1. Grundlagen

Das Urheberrecht gehört begrifflich zu den so genannten „Immaterialgüterrechten". Solche **Immaterialgüterrechte** beruhen zumeist auf persönlichem Schaffen, es handelt sich also um Vermögensrechte an geistigen Gütern. Diese Vermögensrechte sind durch Gesetz verselbstständigt und damit Gegenstand des rechtlichen Verkehrs – sie **sind vererblich** und im Allgemeinen auch unter Lebenden übertragbar. Beim Urheberrecht gibt es allerdings eine Einschränkung, denn es ist unter Lebenden nicht übertragbar. Das Urheberrecht beruht auf „eigenpersönlichem Schaffen", es hat also, abgesehen vom vermögensrechtlichen Charakter, auch persönlichkeitsrechtliche Elemente. Daher sollen auch ideelle Interessen des Berechtigten geschützt werden.

Urheberrecht

persönlichkeitsrechtliches Element	vermögensrechtliches Element
die **ideellen Interessen** (Nennung als Autor, Erhaltung des Werkes und Schutz vor Veränderungen …)	**wirtschaftliche Nutzung** **Verwertungsrechte** (sog. Werknutzungsrechte) durch andere gegen Entgelt etc.

2. Welche Schöpfungen sind überhaupt schützenswert?

Zur Klärung dieser Frage können wir von folgender Definition ausgehen:

Urheberrecht ist das dem/der Urheber/in eines **Werkes** zustehende **alleinige Verfügungsrecht** über sein/ihr Werk.

- Der Begriff „**Urheberrecht"** wird hier als „Berechtigung" verstanden.
- **Urheber/in eines Werkes „ist, wer es geschaffen hat".**
- Ein Werk ist nach § 1UrhG jede **eigentümliche geistige Schöpfung** auf den Gebieten der Literatur, der Tonkunst, der bildenden Künste und der Filmkunst.
- Dem/Der Urheber/in allein steht das **Recht zur Verfügung über das Werk** zu. Dies betrifft sowohl Verfügungen in **ideeller** Hinsicht („Schutz geistiger Interessen") als auch solche in **materieller** Hinsicht („Verwertungsrechte").
- Aktuell ist auch das Recht der „**Zurverfügungstellung**" (z. B. eines Werkes im Internet). Dadurch stellt etwa das Anbieten von Privatkopien und wohl auch das Herunterladen von Werken in In-

ternet-Tauschbörsen eine Urheberrechtsverletzung dar! Auch das Layout einer Webseite ist urheberrechtlich geschützt.

3. Wie kann der/die Berechtigte seine/ihre Verwertungsrechte ausüben?

Der Urheber eines Werkes kann darüber entscheiden, wie er sein geistiges Eigentum verwerten möchte und wie er am finanziellen Ergebnis seiner Verwertung beteiligt wird. Er kann sein Werk selbst verwerten, er kann aber auch anderen gestatten, die Verwertung seines Werkes vorzunehmen.

Je nachdem, in welchem Umfang dies geschieht, unterscheidet man:

a) Werknutzungsrechte
Hier räumt er anderen die **ausschließliche Befugnis** ein, das Werk unter Nennung seines Namens oder Pseudonyms (Fantasienamens) zu verwerten.

Zu ihnen zählt man **beispielsweise:**

Verlagsrecht	Verfilmungsrecht	Recht der Erstaufführung	Übersetzungsrecht

Derartige Verträge gehören, wie gesagt, jedoch nur dann zu den Werknutzungsrechten, wenn sie eine **ausschließliche** Befugnis beinhalten.

b) Werknutzungsbewilligungen
Handelt es sich bei den unter „Werknutzungsrechte" erwähnten Verträgen um **keine ausschließliche Befugnis,** so liegt jeweils lediglich eine Werknutzungsbewilligung vor. Bei Werknutzungsbewilligungen besteht keine Verpflichtung (z. B. des Verlegers zur Herausgabe des Werkes), sondern nur eine **Berechtigung.**

c) Wahrnehmungsverträge
Da es dem Urheber zumeist nicht möglich ist, mit allen Kontakt zu halten, die sein Werk verwenden wollen, und mit ihnen entsprechende Verträge zu schließen, kann er mit Hilfe eines so genannten „Wahrnehmungsvertrages" sein Recht, Werknutzungsbewilligungen zu erteilen, einer **Verwertungsgesellschaft** übertragen. Diese Gesellschaften verwalten sein Recht, erteilen Werknutzungsbewilligungen, heben **Tantiemen** ein und geben diese nach Abzug ihrer Spesen an den Urheber weiter. Genauere Regelungen enthält das **Verwertungsgesellschaftengesetz** (z. B. **AKM:** Gesellschaft der Autoren, Komponisten und Musikverleger).

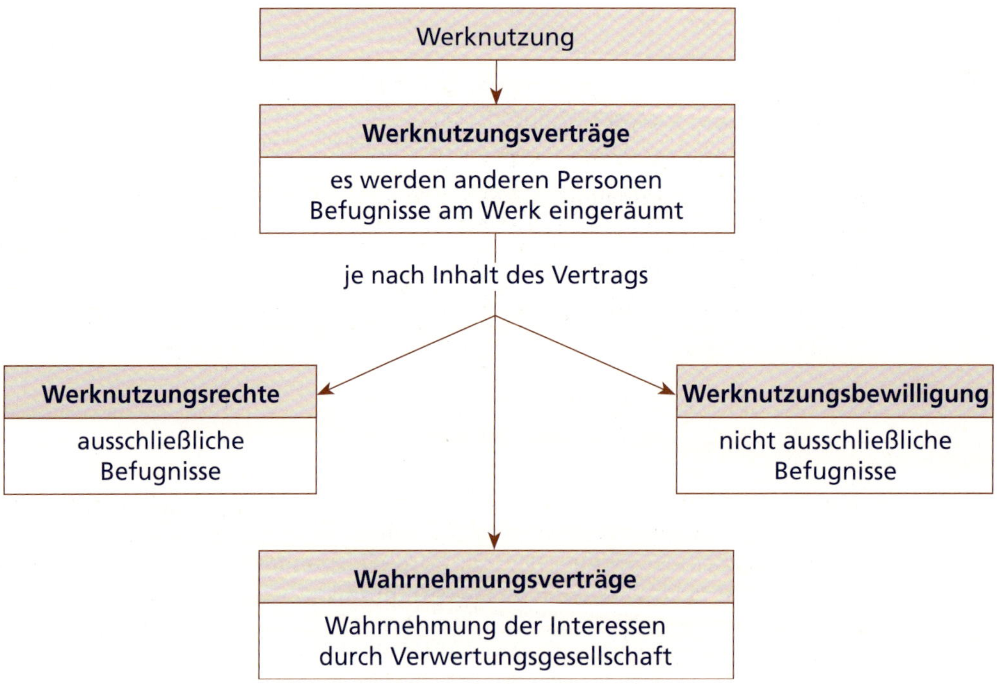

4. Freie Werknutzung

Das Urheberrechtsgesetz kennt hier den Begriff der so genannten **„freien Werknutzungen":** Es handelt sich dabei um Nutzungsrechte an einem urheberrechtlich geschützten Werk, die **nicht** dem/der Urheber/in vorbehalten sind. Innerhalb eines gewissen Rahmens sind daher solche Nutzungen durch andere durchaus möglich, z. B.:

Freie Werknutzungen	
Im Interesse der **Rechtspflege und Verwaltung**	Ein Werk kann zu Beweiszwecken verwendet werden.
Vervielfältigung zum **eigenen und privaten Gebrauch** durch natürliche Personen (nicht jedoch juristische Personen!).	Einzelne Vervielfältigungsstücke – auch auf anderen Trägern als Papier – darf man zum eigenen Gebrauch herstellen oder herstellen lassen, nicht jedoch für Geschäftszwecke.
Berichterstattung über Tagesereignisse	Wenn bei den Vorgängen, über die berichtet wird, Werke wahrnehmbar werden.
Zeitungsartikel oder **Zeitschriftenartikel** über wirtschaftliche, politische oder religiöse Tagesfragen	Dürfen nach deren Erscheinung abgedruckt werden, außer es ist ausdrücklich verboten (z. B. durch Hinweis „Alle Rechte vorbehalten").
Vervielfältigung für den **Unterricht** an Schulen und Hochschulen	Dürfen in gerechtfertigtem Umfang (z. B. für eine Klasse oder Lehrveranstaltung) angefertigt werden. Strenges **Verbot der Vervielfältigung** aus Werken, die für Lehre oder Unterricht hergestellt wurden! Während also z. B. das Kopieren eines Literaturtextes für den Unterricht zulässig ist, besteht für Schulbücher und Lehrwerke ein **strenges Kopierverbot**. Der Grund dafür ist, dass es für diese Werke außerhalb des Unterrichtsbereiches keinen Markt gibt, weshalb das Werknutzungsrecht des Berechtigten (Autor, Verleger) durch Kopieren vollständig verhindert würde.
Festhalten eines Werkes auf einem **Bild**- oder **Schallträger** für den **eigenen privaten Gebrauch**	Für den eigenen Gebrauch möglich.

5. Dauer des Urheberschutzes

Das Recht erlischt:

70 Jahre nach dem Tod des Urhebers	für geschützte Werke eines Urhebers
70 Jahre nach dem Tod des letztlebenden Beteiligten (Regisseur, Drehbuchautorin)	bei Filmwerken
50 Jahre nach der Aufnahme, bei Veröffentlichungen 50 Jahre ab Veröffentlichung	für Schallträger
50 Jahre nach der Sendung	für Rundfunksendungen
50 Jahre ab Aufnahme	für Lichtbilder (Fotos, Video)
15 Jahre ab Abschluss, bei Veröffentlichung 15 Jahre ab Veröffentlichung	für Datenbanken

6. Recht am eigenen Bild

Bildnisse von Personen dürfen – wenn dadurch berechtigte Interessen des/der Abgebildeten verletzt würden – weder öffentlich ausgestellt noch auf eine andere Art, durch die sie der **Öffentlichkeit** zugänglich gemacht werden, verbreitet werden. Ausgenommen davon sind jene Fälle, in denen eine Zustimmung des/der Abgebildeten vorliegt. Diese wird jedenfalls angenommen, wenn die abgebildete Person aus den Umständen, unter denen die Abbildung vorgenommen wird, den Zweck der Veröffentlichung entnehmen kann (z. B. bei Filmaufnahmen drängt sich eine Passantin ins Bild; bei einer Modeschau wird ein Kleid vorgeführt).

7. Welche Folgen drohen jemandem im Falle der Verletzung von Urheberrechten?
Das Urheberrechtsgesetz sieht **zwei Gruppen** von Maßnahmen vor:

a) Zivilrechtliche Maßnahmen

Der in seinen Urheberrechten oder Werknutzungsrechten Verletzte kann begehren:
- **Unterlassung** weiterer Eingriffe in sein Recht;
- **Beseitigung** des rechtswidrigen Zustandes bzw. Vernichtung widerrechtlich hergestellter Gegenstände (statt der Vernichtung kann er auch verlangen, dass ihm diese zum angemessenen Preis überlassen werden);
- **Urteilsveröffentlichungen** (z. B. in der Zeitung);
- eine **angemessene Geldzahlung** für die unerlaubte Nutzung;
- je nach Verschulden des Verletzers: **Schadenersatz**, unter Umständen einschließlich des entgangenen Gewinns und ideellen Schadens.

b) Strafrechtliche Maßnahmen
- Auf Verlangen des Verletzten (so genanntes **„Privatanklagedelikt")** kann ein Eingriff in Urheber- oder Schutzrechte als **Vergehen** verfolgt werden.
- Darüber hinaus **Vernichtung** der Eingriffsgegenstände.
- Zur Sicherung der Maßnahmen kann auch eine **Beschlagnahme** erfolgen.

H. Sonstige Regelungen zum Schutz des Wettbewerbs

Derartige Regelungen, die ebenfalls einen fairen Wettbewerb zum Ziel haben, finden sich auch in zahlreichen anderen Wirtschaftsgesetzen. Beispiele:

♦ **Kartellgesetz:**
Nach dem seit 1. 1. 2006 gültigen „Gesetz gegen Kartelle und andere Wettbewerbsbeschränkungen" (BGBl I Nr. 61/2005 i. d. F. BGBl I Nr. 13/2013) sind alle Vereinbarungen, Beschlüsse und abgestimmte Verhaltensweisen verboten, die eine **Verhinderung, Einschränkung oder Verfälschung des Wettbewerbs** bezwecken oder bewirken. Ausgenommen sind z. B. lediglich Preisempfehlungen, in denen ausdrücklich auf die Unverbindlichkeit hingewiesen wird, oder Bagatellkartelle (Marktanteil österreichweit unter 10 % bzw. auf einem räumlichen Teilmarkt unter 15 %).

Ab einem bestimmten Umsatzerlös sind Zusammenschlüsse der **Bundeswettbewerbsbehörde** oder dem Bundeskartellanwalt zu melden und das **Kartellgericht** (Berufsrichter/in, fachkundige Laienrichter/in) prüft das Kartell und stellt fest, ob der geplante Zusammenschluss untersagt oder nicht untersagt wird (2. Instanz: Kartellobergericht). Im Falle eines Verstoßes gegen das Gesetz sind empfindliche Geldbußen vorgesehen. Zusätzlich strafbar nach dem Strafgesetzbuch sind so genannte Bieterabsprachen bei der öffentlichen Vergabe von Aufträgen (§ 168b Strafgesetzbuch).

♦ **Preisauszeichnungsgesetz:**
siehe Gewerbeordnung, Seite 280. Waren und Dienstleistungen, die dem gewerblichen Verkehr unterliegen, müssen – von Ausnahmen abgesehen – mit dem verlangten Preis ausgezeichnet werden.

♦ **Bundesgesetz zur Verbesserung der Nahversorgung und der Wettbewerbsbedingungen**
i. d. F. BGBl I Nr. 62/2012: Hier besteht ein allgemeines, an den Einzelhändler gerichtetes Verbot, den Verkauf von Waren zu verweigern, wenn dadurch die Nahversorgung gefährdet wäre.

I. Zusammenfassung

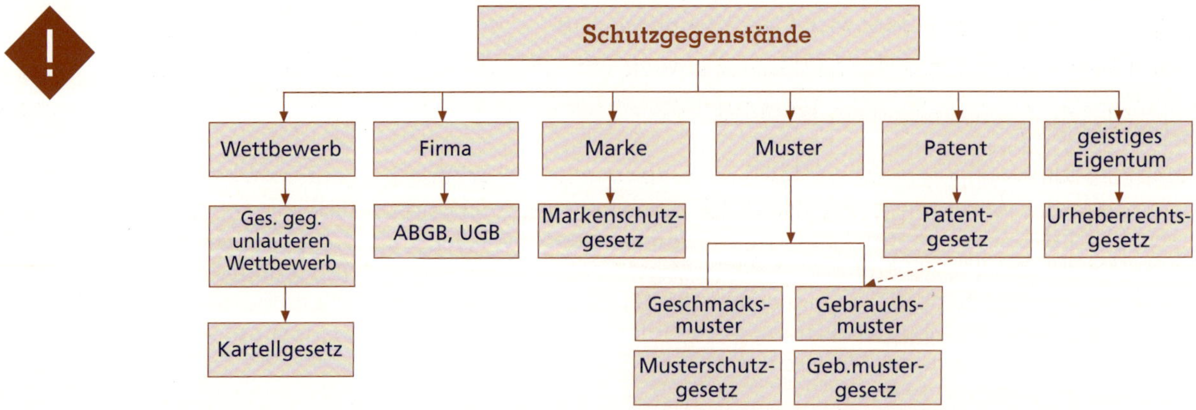

Gesetz	Schutzgegenstand	Rechte des Verletzten	Schutzfrist (Jahre)	Verlängerung möglich	Internationaler Schutz
Unlauterer Wettbewerb	ehrliche Konkurrenz	Unterlassung Schadenersatz Strafgerichtliche Verurteilung	–	–	EU
Markenschutz	registrierte Marke („Warenzeichen")	Unterlassung Schadenersatz Strafgerichtliche Verurteilung	10	ja	ja + EU
Musterschutz	Geschmacksmuster: Vorlagen, Modelle	Unterlassung Schadenersatz Löschung Strafgerichtliche Verurteilung	5	–	ja
	Gebrauchsmuster: Innovationen, technische Gestaltungen		10	–	teilweise
Patente	neue technische und gewerblich verwertbare Erfindungen	Unterlassung Schadenersatz Strafgerichtliche Verurteilung	18 (20)	–	ja
Urheberrecht	„geistiges Eigentum"	Unterlassung Schadenersatz u. U. strafgerichtliche Verurteilung	70* (50, 15)	–	ja
Kartelle	ehrliche Konkurrenz Verbraucher	(staatliche Aufsicht)	–	–	EU

* ab Todesjahr

Wiederholungsfragen – Arbeitsaufgaben – Diskussionsanregungen

1. *Erklären Sie, welche Gesetze den fairen Wettbewerb schützen.*
2. *Geben Sie an, was der Inhalt der Generalklausel im Gesetz gegen den unlauteren Wettbewerb ist.*
3. *Zählen Sie Spezialtatbestände des UWG auf.*
4. *Erläutern Sie, welche Rechtsfolgen sich bei Verletzungen von Bestimmungen des UWG ergeben können.*
5. *Erklären Sie, was man unter einer Marke im Sinn des Markenschutzgesetzes versteht.*
6. *Erläutern Sie, wie, wo und wie lange man eine Marke schützen lassen kann.*
7. *Geben Sie wieder, ob Marken auch über die Landesgrenzen hinweg geschützt werden können.*
8. *Beschreiben Sie die Rechte, die ein/e Verletzte/r nach dem Markenschutzgesetz hat.*
9. *Erarbeiten Sie die Unterschiede von Musterschutz und Markenschutz.*
10. *Geben Sie wieder, was nach dem Patentgesetz eine Erfindung ist.*
11. *Beschreiben Sie das Verfahren zur Erlangung eines Patents.*
12. *Erklären Sie, was ein Lizenzvertrag ist.*
13. *Geben Sie an, was man unter dem Urheberrecht versteht und was das Urheberrechtsgesetz schützt.*
14. *Erklären Sie den Begriff „freie Werknutzungen" und nennen Sie Beispiele – insbesondere solche aus dem Schulbereich.*
15. *Geben Sie an, welche Aufgaben eine Verwertungsgesellschaft erfüllt.*
16. *Erläutern Sie den Grundsatz, von dem das österreichische Kartellgesetz beherrscht ist.*

Arbeitsrecht

Die Mehrheit der Menschen ist gezwungen, ihren Lebensunterhalt durch eigene Arbeit zu verdienen. Nur wenige können von den Einkünften ihres Vermögens leben.

Unter welchen Bedingungen wird heute Arbeit verrichtet? Welche Rechte und Pflichten haben dabei Chefs und Untergebene? Welche Rechtsvorschriften regeln das Arbeitsverhältnis?

Wie kann man überhaupt ein Arbeitsverhältnis eingehen? Welche Vereinbarungen kann man treffen? Was ist zulässig – was ist nicht zulässig? Wie werden Menschen in der Arbeit geschützt? Wie viel Urlaub steht uns zu? Wie kann ein Arbeitsverhältnis beendet werden?

Diese und ähnliche Fragen werden im folgenden Kapitel behandelt.

Das Arbeitsrecht regelt die rechtlichen Beziehungen zwischen jener Mehrheit der Bevölkerung, die ihren Lebensunterhalt durch Anbieten der eigenen Arbeitskraft gegen Entgelt, in wirtschaftlicher und persönlicher Unterordnung verdienen und ihren Arbeitgebern.

Es ist ein relativ junges Rechtsgebiet, dessen Entwicklung mit den sozialen Phänomenen einzelner Epochen der jüngeren Zeitgeschichte einhergeht. Die industrielle Revolution und ihre nachteiligen Entwicklungen, der wirtschaftliche Aufschwung und auch die Krisen in Gewerbe, Handel, Bergbau und Industrie vor allem am Anfang des 20. Jahrhunderts führten mehr und mehr dazu, dass ursprünglich ausschließlich im ABGB geregelte Rechte und Pflichten des Dienst- bzw. Werkvertrages durch zusätzliche arbeitsrechtliche Normen ergänzt und erweitert wurden. Das Arbeitsrecht präsentiert sich nicht als geschlossenes Rechtsgebiet, sondern untergliedert sich in mehrere Teilbereiche.

Individualarbeitsrecht (Arbeitsverhältnis)	Kollektives Arbeitsrecht (Arbeitsverfassung)
♦ **Arbeitsvertragsrecht**	♦ **Betriebsverfassungsrecht**
♦ **Arbeitnehmerschutzrecht**	♦ **Berufsverfassungsrecht**

Arbeitgeber/innen und Arbeitnehmer/innen stehen einander zwar meist rechtlich gleich gegenüber, **wirtschaftlich** besteht jedoch in der Regel eine **Abhängigkeit des/der Arbeitnehmers/-in** vom Arbeitgeber, d. h., normalerweise ist der/die Arbeitgeber/in wirtschaftlich wesentlich stärker. Dies ist schon deshalb der Fall, da nahezu alle Arbeitnehmer/innen auf die Einkünfte aus ihrem Arbeitsverhältnis angewiesen sind, um daraus ihren Lebensunterhalt zu finanzieren. Damit der/die Arbeitgeber/in den/die wirtschaftlich schwächere/n Arbeitnehmer/in nicht unter Druck setzen kann, gibt es eine Reihe von Arbeitnehmerschutzvorschriften.

Je nach Art des Dienstverhältnisses sind die Rechte und Pflichten beider Teile entweder überhaupt zur Gänze im Gesetz geregelt – wie dies im öffentlichen Dienst der Fall ist – oder aber das Gesetz gibt Mindestvorschriften vor, die für jedes Dienstverhältnis gelten und von denen zwar **zugunsten** des Arbeitnehmers abgegangen werden kann, nicht aber zu dessen Lasten.

Im gesamten Arbeitsrecht gilt das **Günstigkeitsprinzip**; d. h., vom Gesetz abweichende Vereinbarungen zwischen Arbeitgeber/in und Arbeitnehmer/in haben nur insoweit Gültigkeit, als der/die Arbeitnehmer/in dadurch günstiger gestellt ist als im Gesetz.

Stufenbau der Rechtsvorschriften im Arbeitsrecht

GESETZE
VERORDNUNGEN
Kollektivverträge
Betriebsvereinbarungen
Dienstverträge

Der Reihe nach gelten daher im Arbeitsrecht:

Gesetz – Kollektivvertrag – Betriebsvereinbarung – Dienstvertrag

Für den öffentlichen Dienst (Dienstverhältnisse zu Gebietskörperschaften) gilt dies nur mit Einschränkungen, weil der Inhalt dieser Dienstverhältnisse zur Gänze auf Gesetzen beruht. Es kann aber auch im öffentlichen Dienst immer nur zugunsten, nie aber zulasten des Dienstnehmers vom Gesetz abgegangen werden (z. B. Verkürzung oder Verzicht auf die Probezeit, Wartezeit beim Urlaub etc.).

I. Dienstverhältnis

Die heutige Arbeitswelt kennt viele Arten von Dienstnehmern und dienstnehmerähnlichen Rechtsverhältnissen. Wann ist mein Vertrag ein Dienstvertrag, wann ein Werkvertrag, was gilt eigentlich, wenn meinem Arbeitsverhältnis ein „Werkvertrag" zugrunde liegt. Wie weit wirkt sich das Günstigkeitsprinzip auf meine Arbeit aus?

A. Begriffsbestimmungen

♦ **Dienstvertrag und öffentlich-rechtliches Dienstverhältnis (Beamte)**
Wenn sich jemand (vertraglich oder auf Grund eines öffentlich-rechtlichen Ernennungsaktes) verpflichtet, für einen anderen auf gewisse Zeit Arbeitsleistungen gegen Entgelt zu erbringen, so entsteht ein Dienstverhältnis. Die beiden am Dienstverhältnis beteiligten Parteien bezeichnet man als Arbeitgeber oder Dienstgeber und Arbeitnehmer oder Dienstnehmer. Die wesentlichste Pflicht des Arbeitnehmers ist seine Arbeitspflicht, die des Arbeitgebers ist die Pflicht zur Entlohnung des Arbeitnehmers. Daneben gibt es eine Reihe anderer Verpflichtungen des Arbeitnehmers, wie die Treuepflicht und die Verschwiegenheitspflicht etc., sowie Pflichten des Arbeitgebers wie die Fürsorgepflicht und die Pflicht, Urlaub gegen Entgelt zu gewähren.

Die wesentlichen Merkmale eines Dienstverhältnisses sind:
- die **Bereitstellung der eigenen Arbeitskraft** (persönlich)
- unter **Leitung und Verfügung des Dienstgebers** (in Bezug auf Arbeitszeit, -ort, -stelle)
- die **Arbeit für einen anderen,** d. h. dass der wirtschaftliche Erfolg dem Dienstgeber zugute kommt
- die Verwendung von **Arbeitsmitteln des Dienstgebers** sowie die Einordnung unter seine Organisation oder in einen Betrieb
- die persönliche Weisungsgebundenheit
- die **wirtschaftliche Abhängigkeit** vom Dienstgeber
- die **Haftung** (nur) für die **Sorgfalt** der Arbeitsleistung

Dienstgeber ist jede juristische oder natürliche Person, die im Rahmen eines Dienstverhältnisses über die Arbeitskraft einer anderen Person verfügen kann.
Dienstnehmer ist jeder, der zur persönlichen Arbeitsleistung für einen anderen verpflichtet ist, d. h. unselbstständig berufstätig ist.

◆ **Werkvertrag und freier Dienstvertrag**

Übernimmt jemand gegen Entgelt die Herstellung eines Werkes (= bestimmter Erfolg), entsteht ein Werkvertrag. Dies ist eine zivilrechtliche Vertragsform, bei der ein Auftragnehmer als selbstständiger Unternehmer oder in Form der freiberuflichen Tätigkeit für einen Auftraggeber eine Leistung erbringt (Näheres siehe Privatrecht).

Beim freien Dienstvertrag handelt es sich im Kern um einen Dienstvertrag, d. h., es stellt jemand seine persönliche Arbeitskraft zur Verfügung. Er ist jedoch nicht persönlich abhängig, d. h., der Dienstgeber hat keinen unmittelbaren Einfluss darauf, welche konkrete Arbeit ausgeführt werden soll oder auf welche Art und Weise dies geschehen soll.

B. Einteilung der Dienstnehmer und der Dienstverhältnisse

Das österreichische Arbeitsrecht kennt keinen einheitlichen Arbeitnehmerbegriff. Teils sind die Unterschiede zwischen den einzelnen Arbeitnehmergruppen historisch gewachsen und heute überholt, teils sind jedoch branchenspezifisch Unterschiede notwendig.

In den letzten Jahren hat es immer wieder Angleichungen zwischen den einzelnen Arbeitnehmergruppen gegeben (z. B. Abfertigungen für alle mit Ausnahme der Beamten, einheitliche Entgeltfortzahlung für Arbeiter/innen und Angestellte). Die unterschiedlichen Gegebenheiten der einzelnen Branchen machen jedoch eine unterschiedliche Regelung notwendig (z. B. Unmöglichkeit gleicher Kündigungsfristen und Kündigungstermine für Arbeiter/innen und Angestellte in der Baubranche, da die einen witterungsabhängig und die anderen kontinuierlich in der Planung und Verwaltung tätig sind).

1. Unterscheidung nach der Person des Dienstnehmers

Danach unterscheidet man Arbeiter/innen, Angestellte und Lehrlinge. Keine Dienstnehmer im engeren Sinn sind Heimarbeiter/innen, die aber aus sozialen Gründen den Dienstnehmern weitgehend gleichgestellt sind.

– **Arbeiter**

Arbeiter/innen sind alle Dienstnehmer, die sich weder in Ausbildung befinden noch Angestellte sind.

– **Angestellte**

Angestellte sind alle Dienstnehmer, die aufgrund eigener gesetzlicher Vorschriften (Angestelltengesetz, Journalistengesetz, Schauspielergesetz etc.) als solche bezeichnet werden.

Angestellte nach dem **Angestelltengesetz** verrichten kaufmännische Dienste, höhere nicht kaufmännische Dienste (z. B. Dienstnehmer in Beratungsberufen wie Architekturbüro, Patentanwaltskanzlei, fast alle Gesundheitsberufe sowie im gewerblichen Bereich die Meister) oder Kanzleidienste. Auf Grund vertraglicher Vereinbarung können auch Arbeiter/innen in das Angestelltenverhältnis übernommen werden.

– **Lehrlinge**

Lehrlinge sind Personen, die aufgrund eines Lehrvertrages bei einem Lehrherrn einen Lehrberuf im Arbeiterbereich (z. B. Bäcker, Koch, Schlosser, Tischler) oder im Angestelltenbereich (z. B. Bürokaufmann, Verkäufer, Buchhändler) erlernen. Die einzelnen Lehrberufe (über 200) sind in der Lehrberufsliste zum Berufsausbildungsgesetz aufgezählt.

– **Heimarbeiter**

Heimarbeiter/innen sind Personen, die, ohne Gewerbetreibende nach den Bestimmungen der Gewerbeordnung zu sein, in der eigenen Wohnung oder einer selbst gewählten Arbeitsstätte im Auftrag und für Rechnung von Personen, die Heimarbeit vergeben, mit der Herstellung, Bearbeitung, Verarbeitung oder Verpackung von Waren beschäftigt sind.

2. Unterscheidung nach der Person des Dienstgebers

Danach unterscheidet man privatwirtschaftliche und öffentliche Dienstverhältnisse.

– **Privatwirtschaftliche Dienstverhältnisse**

Bei privatwirtschaftlichen Dienstverhältnissen ist der Dienstgeber entweder eine natürliche Person oder eine juristische Person mit Ausnahme der Gebietskörperschaften.

– **Dienstverhältnisse im öffentlichen Dienst**
Öffentlich Bedienstete sind alle Personen, die in einem Dienstverhältnis zu einer Gebietskörperschaft (Bund, Land oder Gemeinde) stehen. Sie werden dabei aufgrund eines privatrechtlichen Vertrages als **Vertragsbedienstete** oder aufgrund eines einseitigen Ernennungsaktes des Dienstgebers (**Pragmatisierung**) als **Beamte** angestellt.

II. Arbeitsvertragsrecht

Wie kommt ein Arbeitsverhältnis zustande? Was sind seine wesentlichen Inhalte? Wie, wann und von wem kann es aufgelöst werden? Welche finanziellen Folgen hat eine bestimmte Art der Auflösung eines Dienstverhältnisses? Sind nach Ende eines Dienstverhältnisses sämtliche Verpflichtungen erloschen?

Diese und ähnliche Fragen werden im folgenden Kapitel behandelt.

A. Dienstvertrag

Der Dienstvertrag ist eine privatrechtliche Vereinbarung, in der sich jemand gegen Entgelt zur Leistung von Arbeit für einen anderen verpflichtet. Als zweiseitiges Rechtsgeschäft kommt er durch übereinstimmende Willenserklärung der Vertragspartner zustande. Grundsätzlich ist der Arbeitsvertrag formfrei, deshalb kann er mündlich, schriftlich oder durch schlüssiges Verhalten (konkludent) abgeschlossen werden.

Voraussetzung für den Abschluss eines Arbeitsvertrages:
- auf Seiten des **Dienstgebers** die volle Geschäftsfähigkeit;
- auf Seiten des **Dienstnehmers** gilt Folgendes:
  Mündige Minderjährige, die nicht mehr der Schulpflicht unterliegen, können sich selbstständig zu Arbeitsleistungen verpflichten. Aus wichtigen Gründen (z. B. Verfolgung von Erziehungszielen) haben die gesetzlichen Vertreter auch gegen den Willen des Minderjährigen ein vorzeitiges Lösungsrecht.
  Nur bei **Lehrverträgen** oder sonstigen Ausbildungsverträgen ist die Zustimmung des gesetzlichen Vertreters notwendig.
  Schulpflichtige Personen (Kinder im Sinne des Kinder- und Jugendlichen-Beschäftigungsgesetzes) dürfen, von bestimmten Ausnahmen abgesehen, nicht beschäftigt werden.
  Ausländische Dienstnehmer aus Staaten außerhalb des EWR[1] oder der Schweiz benötigen eine Beschäftigungsbewilligung, die unter Berücksichtigung der Bedürfnisse der österreichischen Wirtschaft und der Lage des Arbeitsmarktes vom Arbeitsmarktservice erteilt wird.
  Bei einer **Beschäftigung ohne Beschäftigungsbewilligung** ist der Arbeitsvertrag rechtlich nichtig. Trifft den Dienstgeber ein Verschulden an der illegalen Beschäftigung, hat der ausländische Dienstnehmer Anspruch auf Schadenersatz.

B. Rechte und Pflichten aus dem Dienstvertrag

Das Dienstverhältnis ist eine Rechtsbeziehung zwischen Dienstgeber und Dienstnehmer, mit Rechten und Pflichten, wobei zumeist des einen Recht des anderen Pflicht ergibt und umgekehrt.

Dienstnehmer-Pflichten (= Rechte des Dienstgebers)	Dienstgeber-Pflichten (= Rechte des Dienstnehmers)
Arbeitspflicht (Sorgfaltspflicht, Haftpflicht)	**Entgeltpflicht** (Bezahlung, Entgeltfortzahlung, Beurlaubung)
Treuepflicht (Verschwiegenheitspflicht, Konkurrenzverbot)	**Fürsorgepflicht** (Dienstnehmerschutz, Arbeitszeitschutz, Gleichbehandlungsgebot)

[1] Die volle Freizügigkeit für Arbeitnehmer aus Kroatien ist derzeit noch nicht gegeben und erfolgt spätestens bis 1.7.2020.

1. Dienstnehmer-Pflichten (= Rechte des Dienstgebers)

♦ Arbeitspflicht

Der Dienstnehmer ist verpflichtet, die mit ihm vereinbarten Dienste **persönlich** zu leisten. Zeit, Ort, Art und Umfang der Arbeitsleistung ist durch den Arbeitsvertrag bestimmt. Im Rahmen des Vertrages wird die Tätigkeit des Dienstnehmers durch Anordnungen und Weisungen des Dienstgebers näher bestimmt. Ist der Dienstnehmer durch Krankheit oder Unfall an der Arbeitsleistung verhindert, so hat er unverzüglich selbst oder durch eine dritte Person die Arbeitsverhinderung bekannt zu geben und auf Verlangen des Dienstgebers eine ärztliche Bestätigung vorzulegen.

♦ Sorgfalts- und Haftpflicht

Der Dienstnehmer ist verpflichtet, seine Arbeitsleistung nach besten Kräften und mit der notwendigen Sorgfalt zu erbringen. Berufsrechtliche Bestimmungen über Berufsbild und die verschiedenen Tätigkeitsbereiche sind dabei einzuhalten. Soweit der Dienstnehmer die Sorgfalt, die ein durchschnittlicher Mensch leisten würde, außer Acht gelassen hat, haftet er nach dem **Dienstnehmerhaftpflichtgesetz** für jenen Schaden, den er dem Dienstgeber oder einem Dritten zugefügt hat. Das Ausmaß der Schadenersatzpflicht richtet sich nach dem Grad des Verschuldens (Vorsatz, grobe Fahrlässigkeit, leichte Fahrlässigkeit, entschuldbare Fehlleistung). Zusätzlich kann eine strafrechtliche Verantwortlichkeit oder eine Verwaltungsstrafe hinzutreten.

<table>
<tr><th>Schädiger</th><th colspan="2">Schadenszufügung</th></tr>
<tr><td>(bei Erbringung der Dienstleistung)</td><td>dem Dienstgeber selbst</td><td>dritten, außenstehenden Personen</td></tr>
<tr><td rowspan="2">Dienstnehmer in privatrechtlich organisierten Unternehmen</td><td>Dienstnehmerhaftpflichtgesetz (DNHG)</td><td>Dienstnehmerhaftpflichtgesetz</td></tr>
<tr><td colspan="2">– Bei „entschuldbarer Fehlleistung" haftet der Dienstnehmer überhaupt nicht. („Wenn der Eintritt des Schadens lediglich bei außerordentlicher Aufmerksamkeit des Dienstnehmers vorhersehbar gewesen wäre.")
– Bei Fahrlässigkeit kann das Gericht die Ersatzpflicht mäßigen oder erlassen („minderer Grad des Versehens").
– Bei Vorsatz Haftung nach ABGB (unbegrenzt).
– Ansprüche nach DNHG erlöschen binnen 6 Monaten.</td></tr>
</table>

♦ Treuepflicht

Der Dienstnehmer ist verpflichtet, alles zu unterlassen, was seinem Dienstgeber und dessen betrieblichen Interessen schadet. Dazu zählen unter anderem

- die Verpflichtung zur Wahrung von **Geschäfts- und Betriebsgeheimnissen;**
- das Verbot, auch berechtigte **Kritik** an innerbetrieblichen Vorgängen nach außen (z. B. in die Medien) zu tragen; Kritik im Rahmen der vorgesehenen Form – Beschwerde bei Dienstgeber, Betriebsrat, Gewerkschaft, Arbeiterkammer, Arbeitsinspektorat oder Strafanzeige wegen Missständen – ist hingegen keine Verletzung der Treuepflicht;
- das Verbot der (pflichtwidrigen) Annahme von **Geschenken** (ausgenommen bloße Aufmerksamkeiten von geringem Wert);
- die Verpflichtung, vom Dienstgeber im Rahmen der Fürsorgepflicht zur Verfügung gestellte **Schutzmaßnahmen** einzuhalten (Verwendung von Schutzkleidung, Schutzbrillen, Verabreichung von Schutzimpfungen).

♦ Konkurrenzverbot

Der Dienstnehmer darf ohne Bewilligung des Dienstgebers weder ein selbstständiges Unternehmen betreiben noch im Geschäftszweig des Dienstgebers unselbstständig beruflich tätig werden. Eine **Nebenbeschäftigung** bedarf einer ausdrücklichen Bewilligung.

♦ Verschwiegenheitspflicht

Der Dienstnehmer ist zur Verschwiegenheit über die ihm aus seiner dienstlichen Tätigkeit bekannt gewordenen Tatsachen verpflichtet. Er hat die Geschäfts- und Betriebsgeheimnisse zu wahren. Die Verschwiegenheitspflicht gilt nicht gegenüber Vorgesetzten und Mitbediensteten im Rahmen der gemeinsamen Arbeit.

2. Dienstgeber-Pflichten (= Rechte des Dienstnehmers)

♦ **Entgeltpflicht**
Zum Entgelt gehört alles, was der Dienstnehmer als Vergütung für seine Arbeit vom Dienstgeber erhält. Die Höhe des Entgelts (Lohn, Gehalt, Bezug) richtet sich nach der individuellen Vereinbarung zwischen Dienstgeber und Dienstnehmer, mindestens jedoch nach Kollektivvertrag, selten nach der Ortsüblichkeit. Wenn nichts anderes vereinbart ist, so erfolgt die Entlohnung im Angestelltenbereich am Letzten eines jeden Monats im Nachhinein. Im Arbeiterbereich erfolgt die Lohnauszahlung je nach Kollektivvertrag wöchentlich oder monatlich im Nachhinein.

♦ **Entgeltfortzahlung**
Der Dienstnehmer hat ein Recht auf Entgeltfortzahlung bei Arbeitsverhinderung in Folge von Krankheit oder Unfall, aber auch bei kurzfristiger Arbeitsverhinderung aus persönlich wichtigem Grund.

♦ **Beurlaubung**
Der Dienstnehmer hat das Recht auf Erhaltung seiner Arbeitskraft. Deshalb ist nach dem Urlaubsgesetz – Näheres siehe dort – jährlich ein Erholungsurlaub zu gewähren.

♦ **Fürsorgepflicht**
Der Dienstgeber hat den Arbeitsplatz und die Arbeitsvorgänge so einzurichten, dass schutzwürdige Interessen des Dienstnehmers (Leben, Gesundheit, körperliche Unversehrtheit, Sittlichkeit und Eigentum) möglichst nicht gefährdet werden. Der Dienstgeber hat daher insbesondere für die Sicherheit am Arbeitsplatz zu sorgen.

BEISPIELE: Veranlassung der Schneeräumung im Winter, Zurverfügungstellen von Schutzkleidung, Schutzhelmen, Schutzbrillen etc. sowie versperrbarer Kästen und hygienischer Umkleideräume und Sanitäranlagen, Absicherung von Gerüsten, Sicherheitsmaßnahmen in den Gebäuden, bei den Betriebsmitteln, Veranlassung der Wartung der Betriebsfahrzeuge

♦ **Beistellung von Dienstkleidung**
Wenn zur Verrichtung der Arbeit eine Dienstkleidung erforderlich ist oder vom Dienstgeber verlangt wird, so ist diese vom Dienstgeber beizustellen.

C. Das Recht auf Beschäftigung

Jeder Dienstnehmer hat die Verpflichtung, die mit ihm vereinbarten Leistungen zu erbringen und die ihm angeordneten Arbeiten zu verrichten. Daraus ergibt sich aber keinesfalls der Umkehrschluss, dass der Dienstnehmer auch das Recht hat, eine bestimmte Arbeit zu machen. Dienstnehmer haben im allgemeinen **kein Recht auf Beschäftigung.**

Das einzige während eines Dienstverhältnisses **immer** bestehende Recht ist das **Recht auf Entlohnung.** Bleibt das Dienstverhältnis aufrecht und ist der Dienstnehmer arbeitsbereit, dann ist er unabhängig davon, ob der Dienstgeber ihn beschäftigen kann oder will, zu entlohnen.

Ein **Recht auf Beschäftigung** haben nur einige wenige Dienstnehmergruppen, wie **Schauspieler, Lehrlinge** und einige andere **in Ausbildung befindliche Dienstnehmer.** Das hat mit der Besonderheit des Schauspielerberufes einerseits zu tun, andererseits beim Lehrling mit der Tatsache, dass bei diesem weniger die Arbeitsleistung, als der Ausbildungszweck im Vordergrund steht. Dies gilt auch für Turnusärzte, Notariatskandidaten, Rechtsanwaltsanwärter und alle anderen Berufsgruppen, bei denen eine bestimmte Praxiszeit in einem Dienstverhältnis für die spätere Niederlassung Voraussetzung ist.

Ein Recht auf Beschäftigung haben auch Schüler/innen, die nach schulrechtlichen Vorschriften Ferialpraxis bei e. Arbeitgeber/in absolvieren.

D. Inhalte des Dienstvertrages

Der Dienstvertrag regelt insbesondere jene Inhalte, welche sich für die Vertragsparteien nicht automatisch aus dem Gesetz, Kollektivvertrag, etc. ergeben können. Unverzichtbare Bestandteile jedes Dienstvertrages sind daher:

- **Beginn-Zeitpunkt** des Dienstverhältnisses
- **Arbeitsort**
- **Dauer** (befristet/unbefristet)
- **Art der Tätigkeit** bzw. Verwendung
- **Entgelt** (Grundentgelt bzw. weitere Entgeltbestandteile)
- **Beschäftigungsausmaß** (Voll- oder Teilzeitbeschäftigung)

Darüber hinaus können von den Vertragspartnern **weitere Inhalte** in den schriftlichen Dienstvertrag aufgenommen werden, z. B. Urlaubsausmaß, Bezeichnung anzuwendender Normen (Kollektivvertrag, Betriebsvereinbarung), geänderte Kündigungsfristen.

Dem Dienstnehmer ist am Beginn des Dienstverhältnisses ein schriftlicher Dienstvertrag oder ein „Dienstzettel" mit den wesentlichen Inhalten eines Dienstvertrages auszuhändigen.

Stampiglie der Firma: [ ] *Gebührenfrei*

Dienstzettel

Der/Die Arbeitnehmer/in, Herr/Frau ....
(Name, Anschrift) ....
ist/wird bei oben angeführter Firma als .... (vorgesehene Verwendung)
eingestuft in .... (allenfalls generelles Schema) beschäftigt.

Das Dienstverhältnis beginnt/begann am ....

Als Probezeit wird/wurde .... vereinbart. Während dieser Zeit kann/konnte das Arbeitsverhältnis von beiden Seiten jederzeit ohne Angabe von Gründen gelöst werden.
Wird/Wurde das Arbeitsverhältnis über die Probezeit hinaus fortgesetzt, gilt es als auf unbestimmte Zeit (bestimmt Zeit bis ....) vereinbart.
An Vordienstzeiten werden/wurden angerechnet
für die Einstufung ....
für den Urlaub ....
für die Abfertigung ....

Zusätzlich wurden .... an nichtangerechneten Vordienstzeiten nachgewiesen, für die noch keine Abfertigung gezahlt wurde (Feststellung für Zwecke der Steuerberechnung).

Der Anfangsbezug beträgt .... In diesem Betrag sind .... Überstunden samt 50 Prozent Zuschlag inkludiert. Darüber hinaus über ausdrückliche Anordnung abgeleistete Überstunden sowie Sonn-, Feiertags- und Nachtarbeitsstunden werden gesondert gemäß den gesetzlichen und kollektivvertraglichen Bestimmungen honoriert. Die betriebs- und verwendungsüblichen Prämien, Provisionen, etc. werden der voraussichtlichen Höhe nach monatlich akontiert.

Für das Ausmaß der Arbeitszeit, für den Urlaubsanpruch, für den gewöhnlichen Arbeits-(Einsatz-)Ort, für Angaben über weitere Gehaltsbestandteile und die Fälligkeit des Entgelts sowie über Kündigungsfristen und den Kündigungstermin gelten die gesetzlichen Bestimmungen, der Kollektivvertrag für .... sowie die Betriebsvereinbarungen, die bei/im ...... zur Einsicht aufliegen.[1])

Sonstige Vereinbarungen: ....
....

Dienstzettel übernommen am: ....

Unterschrift des Arbeitnehmers/der Arbeitnehemerin: ....

[1]) Werden Angaben dieses Absatzes näher spezifiziert („Sonstige Vereinbarungen"), ist jede Änderung dem/der Arbeitnehmer/in unverzüglich, spätestens jedoch einen Monat nach ihrem Wirksamwerden schriftlich mitzuteilen.

E. Dauer der Dienstverhältnisse

1. Dienstverhältnis auf Probe

Beim Dienstverhältnis auf Probe kann das Dienstverhältnis während einer Probezeit von jedem der beiden Vertragsteile jederzeit **ohne Angabe von Gründen** und **ohne Einhaltung einer Frist aufge-**

löst werden. Die Probezeit beträgt bei Angestellten höchstens einen Monat und bei Arbeitern je nach Kollektivvertrag meist bis zu 14 Tage. Bei Lehrlingen beträgt die Probezeit höchstens 3 Monate. Die Vereinbarung von längeren Probezeiten ist unwirksam.

2. Befristetes Dienstverhältnis

Beginn und Ende des Dienstverhältnisses sind schon bei Vertragsabschluss vereinbart, daher **endet** der Dienstvertrag **durch Zeitablauf**. Während der bestehenden Vertragszeit kann das Dienstverhältnis nicht gekündigt werden (außer es wurde ausdrücklich das Gegenteil vereinbart), eine einvernehmliche Lösung ist aber jederzeit möglich. Jeder der beiden Teile ist überdies berechtigt, aus wichtigem Grund das Dienstverhältnis vorzeitig aufzulösen (Entlassung, Austritt). Eine Aneinanderreihung von mehreren befristeten Dienstverhältnissen (so genannter **Kettendienstvertrag**) ist nur in begründeten Ausnahmefällen zulässig (Karenzvertretung, bestimmtes Arbeitsprojekt etc.). Dient das Dienstverhältnis Ausbildungszwecken, so ist auch eine mehrmalige Verlängerung der Befristung möglich.

3. Unbefristetes Dienstverhältnis

Der Beginn des Dienstverhältnisses ist vereinbart, die **Vertragsbeziehung** wird **auf Dauer** eingegangen. Das Dienstverhältnis endet durch Tod des Dienstnehmers, einvernehmliche Lösung, Kündigung (durch Dienstgeber oder Dienstnehmer), Entlassung oder Austritt. In der Praxis kommen Probezeit, befristetes und unbefristetes Dienstverhältnis häufig in Kombination vor. So kann beispielsweise vereinbart werden, dass das Dienstverhältnis vorerst auf einige Monate befristet ist und danach in ein unbefristetes Dienstverhältnis übergeht, sofern keiner der beiden Vertragspartner eine Erklärung abgibt. Das erste Monat wird dabei gleichzeitig als Probezeit vereinbart.

F. Entgelt

Zum Entgelt zählen alle Leistungen des Dienstgebers, die in Geld bewertet werden können:

- **(Grund-)Lohn** bzw. **Gehalt**
- **Sonderzahlungen** („Urlaubsgeld", „Weihnachtsgeld")
- **Überstundenvergütungen**
- **Abgeltung von erschwerenden Arbeitsumständen** (Gefahr/Erschwernis)
- **Prämien, Belohnungen, Remunerationen**
- **Sachbezüge**
- **Abfertigung** (bei Beendigung des Dienstverhältnisses, soferne ein Anspruch besteht)
- **Pensionskassenbeiträge** (bei laufendem Dienstverhältnis)

G. Entgeltfortzahlung

1. Entgeltfortzahlung bei Krankheit oder Unfall

Bei Arbeitsverhinderung wegen Krankheit oder Unfall hat der Dienstnehmer Anspruch auf Entgeltfortzahlung, wenn diese Verhinderung vom Dienstnehmer nicht vorsätzlich oder grob fahrlässig herbeigeführt wurde. Der Anspruch auf Entgeltfortzahlung besteht auch bei Kur- und Erholungsaufenthalten. Eine Arbeitsverhinderung ist unverzüglich (d. h. ohne schuldhafte Säumnis) vom Dienstnehmer selbst mündlich, schriftlich oder durch Boten dem Dienstgeber bekannt zu geben und auf sein Verlangen eine Bestätigung durch Arzt, Krankenhaus, oder Krankenkasse über Beginn und voraussichtliche Dauer vorzulegen. Die Ursache der Arbeitsverhinderung muss nicht bekannt gegeben werden.

Je nach bisheriger Dauer des Dienstverhältnisses erhält der Dienstnehmer bei Krankheit **sechs bis zwölf Wochen die volle Entlohnung** und danach weitere **vier Wochen** die **halbe Entlohnung**. Während der Fortzahlung des vollen Entgelts durch den Dienstgeber zahlt die Krankenkasse kein Krankengeld, während der Fortzahlung des halben Entgelts zahlt die Krankenkasse das halbe Krankengeld. Dauert die Krankheit über die genannten Fristen hinaus an, so zahlt die Krankenkasse das volle Krankengeld bis zu 26 Wochen, unter bestimmten Umständen bis zu 52 Wochen.

2. Entgeltfortzahlung bei kurzzeitiger Arbeitsverhinderung (Dienstfreistellung)

Bei kurzzeitiger Arbeitsverhinderung aus anderen wichtigen, seine Person betreffende Gründen (Arztbesuch, Vorladung durch Behörde, Wohnungswechsel, Tod naher Angehöriger, Eheschließung, Ausübung des Wahlrechtes ...) hat der Dienstnehmer **Anspruch auf Entgeltfortzahlung**. Die Arbeitsverhinderung muss behauptet werden, der Dienstgeber kann einen Nachweis verlangen. Nähere Regelungen sind oft in Kollektivverträgen enthalten.

3. Entgeltfortzahlung bei Arbeitsverhinderung in der Risikosphäre des Dienstgebers

Ist der **Dienstnehmer zur Arbeitsleistung bereit** und wird er durch Umstände, die in die Risikosphäre des Dienstgebers fallen (z. B. bei Ausfall von Arbeitsgeräten, Mangel an Arbeitsmaterialien, Auftragsmangel, vorübergehende Stilllegung des Betriebes ...), an der Arbeitsleistung gehindert, so hat der Dienstgeber das Entgelt vertragsgemäß zu leisten.

4. Ende der Entgeltfortzahlung mit Auflösung des Dienstverhältnisses

Der Anspruch auf Entgeltfortzahlung im Falle der Krankheit endet grundsätzlich mit Ende des Dienstverhältnisses.

Erfolgt eine Kündigung oder ungerechtfertigte Entlassung **während eines Krankenstandes**, so endet der Entgeltfortzahlungsanspruch mit Ende des Krankenstandes, auch wenn dieses erst nach Beendigung des Dienstverhältnisses gelegen ist. Allerdings ist auch hier der Entgeltfortzahlungsanspruch mit der gesetzlichen (je nach Dienstzeit sechs bis zwölf Wochen volles Entgelt, danach vier Wochen halbes Entgelt) oder kollektivvertraglichen Maximaldauer beschränkt.

H. Auflösung von Dienstverhältnissen

Auflösung

Tod	sofort	Zeitablauf	Einvernehml. Lösung	Kündigung	Entlassung	Austritt
Dienstnehmer	Probedienst-verhältnis	Befristung	Vereinbarung	Termine, Fristen	durch Dienstgeber	durch Dienst-nehmer

1. Tod des Arbeitnehmers

Der **Tod** des **Arbeitnehmers beendet alle Dienstverhältnisse**, da die Pflicht zur **Arbeitsleistung** eine **höchstpersönliche Verpflichtung** des **Arbeitnehmers** ist.

Bei Tod des **Arbeitgebers** bleibt das Dienstverhältnis **aufrecht**, da die **Verpflichtungen des Arbeitgebers** (insbesondere Entgeltzahlung) keine höchstpersönliche Verpflichtungen sind und **auf den Nachlass** und in weiterer Folge **auf die Erben übergehen**. Der Vertreter des Nachlasses und in weiterer Folge der Erbe hat darüber zu entscheiden, ob der Betrieb fortgeführt oder eingestellt wird. Will der Erbe – oder auch der Dienstnehmer selbst – das Dienstverhältnis nicht mehr fortführen, so muss dieses auf andere Art (siehe die weiteren Beendigungsmöglichkeiten im Folgenden) beendet werden.

2. Sofortige Auflösung

Die Beendigung eines Dienstverhältnisses durch sofortige Auflösung gibt es nur beim **Dienstverhältnis auf Probe.**

3. Zeitablauf

Die Beendigung eines Dienstverhältnisses durch Zeitablauf gibt es nur bei **befristeten Dienstverhältnissen.** Die Beendigung tritt durch den Ablauf der vereinbarten Dauer von selbst ein, ohne dass es einer weiteren Erklärung seitens des Dienstgebers oder des Dienstnehmers bedarf.

4. Einvernehmliche Lösung

Dienstgeber und Dienstnehmer **vereinbaren** einen (allenfalls neuen) Endtermin für das Dienstverhältnis. Inhaltlich ist die einvernehmliche Lösung ein Auflösungsvertrag.

5. Kündigung

Die Kündigung ist die Auflösung des Dienstverhältnisses unter Einhaltung einer **Kündigungsfrist** zu einem bestimmten **Kündigungstermin**. Die Kündigung kann mündlich oder schriftlich erfolgen.

Inhaltlich stellt die Kündigung die einseitige Umwandlung eines ursprünglich unbefristeten in ein befristetes Dienstverhältnis dar, d. h., ein Teil legt durch die Kündigung einseitig den Endzeitpunkt für das Dienstverhältnis fest. **Bis zum Kündigungstermin** bleibt das Dienstverhältnis mit allen Rechten und Pflichten **aufrecht.**

Die Kündigung ist die einseitige und empfangsbedürftige Willenserklärung des Dienstgebers oder Dienstnehmers, ein Dienstverhältnis zu einem bestimmten, in der Zukunft gelegenen, Termin beendigen zu wollen. Da sie in Rechte und Pflichten des Vertragspartners eingreift, muss sie diesem zur Kenntnis gebracht werden. Die Weigerung, eine Kündigung in Empfang zu nehmen, hindert allerdings nicht daran, dass die Kündigung dem/der Gekündigten zugeht.

– **Kündigungsfrist**

Unter **Kündigungsfrist** versteht man die Zeit, die zwischen dem Ausspruch der Kündigung und dem Ende des Dienstverhältnisses liegen muss. Die Dauer der Kündigungsfrist ist

- im **Arbeiterbereich** für beide Seiten äußerst kurz. So beträgt sie nach ABGB meist 14 Tage, kann aber durch Kollektivvertrag verlängert oder verkürzt werden. So gibt es beispielsweise für Maler/innen und Glaser/innen in den ersten 20 Dienstjahren keine Kündigungsfrist, danach beträgt sie 3 Tage.
- Im **Angestelltenbereich** nach dem Angestelltengesetz ist die Kündigungsfrist auf **Arbeitgeberseite** immer von der bisherigen Dauer des Dienstverhältnisses abhängig, für die **Angestellten** beträgt die Kündigungsfrist einen Monat.

Kündigungsfristen nach dem Angestelltengesetz	
Dienstzeit	**Kündigungsfrist**
bis 2 Jahre	6 Wochen
ab 2 Jahre	2 Monate
ab 5 Jahre	3 Monate
ab 15 Jahre	4 Monate
ab 25 Jahre	5 Monate

– **Kündigungstermin**

Unter Kündigungstermin versteht man jenen Zeitpunkt, zu dem das Dienstverhältnis beendet wird.

Im **Arbeiterbereich** ist oft der letzte Arbeitstag einer Kalenderwoche Kündigungstermin. Nach dem **Angestelltengesetz** gibt es **gesetzliche** Kündigungstermine: für Dienstgeberkündigungen nur zum jeweiligen Quartalsende (31.3., 30.6., 30.9. und 31.12.) und für Dienstnehmerkündigungen nur jeweils zum Monatsletzten. **Vertraglich** können sowohl für Dienstgeber als auch für Dienstnehmer zusätzliche Kündigungstermine zu jedem Monatsletzten und zum 15. jedes Monats vereinbart werden.

Die Verkürzung oder Verlängerung von Fristen sowie die Vereinbarung anderer Kündigungstermine ist durch vertragliche Regelung zulässig, sofern dies für den Dienstnehmer günstiger ist.

Grundsätzlich müssen Kündigungsgründe nicht vorliegen, doch muss eine Kündigung immer frist- und termingerecht erfolgen.

– **Fristwidrige Kündigung und Kündigungsentschädigung**

Als fristwidrig bezeichnet man alle Kündigungen mit zu kurzer Frist oder zu frühem Termin. Das Dienstverhältnis wird jedenfalls zum angegebenen früheren Zeitpunkt beendet. Die fristwidrige Kündigung durch den Dienstgeber wird wie eine **ungerechtfertigte Entlassung** behandelt. Der Dienstnehmer erhält für jenen Zeitraum, der bis zur ordnungsgemäßen Kündigung verstreichen hätte müssen, einen Schadenersatz in der Höhe seiner vertraglichen Ansprüche als **Kündigungsentschädigung**. Eine Arbeitsleistung hat er nach dem Kündigungstermin nicht mehr zu erbringen.

Übersteigt der Zeitraum, für den der Dienstgeber die Kündigungsentschädigung zahlen muss, **drei Monate,** so muss sich der Arbeitnehmer für diesen Zeitraum das anrechnen lassen, was er inzwischen verdiente oder absichtlich zu verdienen unterlassen hat.

Die fristwidrige Kündigung durch den Dienstnehmer wird wie ein **unbegründeter vorzeitiger Austritt** behandelt. Wenn dem Dienstgeber ein Schaden (beispielsweise Mehraufwand durch die

Notwendigkeit der Leistung von Überstunden durch andere Dienstnehmer oder Einsatz von Leiharbeitskräften zum Ersatz des fristwidrig kündigenden Dienstnehmers) entsteht, so hat er einen Anspruch auf Schadenersatz.

– **Kündigungsanfechtung**
Nach dem Arbeitsverfassungsgesetz hat der/die Betriebsinhaber/in vor jeder Kündigung eines Dienstnehmers den Betriebsrat zu verständigen, der innerhalb von fünf Arbeitstagen dazu Stellung nehmen kann. Wird der Betriebsrat nicht verständigt oder die Kündigung vor Ablauf der Fünftagefrist (außer der Betriebsrat hat bereits Stellung genommen) ausgesprochen, so ist die Kündigung rechtsunwirksam.

Hat der Betriebsrat einer Kündigung **nicht ausdrücklich zugestimmt,** so kann diese Kündigung **binnen 14 Tagen** beim **Arbeits- und Sozialgericht angefochten** werden.

Die Kündigung ist für rechtsunwirksam zu erklären, wenn sie aus verpönten Motiven (z. B. wegen der Zugehörigkeit zur Gewerkschaft oder wegen einer Betriebsratstätigkeit in der Vergangenheit) erfolgte oder bei mindestens sechsmonatiger Betriebszugehörigkeit des Gekündigten sozial ungerechtfertigt war, es sei denn, dass die Kündigung durch Umstände in der Person des Dienstnehmers notwendig war, welche die betrieblichen Interessen nachteilig berühren, oder dass betriebliche Erfordernisse einer Weiterbeschäftigung des Gekündigten entgegenstehen.

Ist kein Betriebsrat eingerichtet, so entfällt zwar die Fünftagefrist für die Äußerung des Betriebsrates, eine Kündigungsanfechtung durch den Dienstnehmer binnen 14 Tagen ist aber immer möglich.

6. Entlassung

Die Entlassung ist die vorzeitige Auflösung eines Dienstverhältnisses durch den Dienstgeber. Sie ist an keine Fristen gebunden und beendet das Dienstverhältnis mit **sofortiger Wirkung.**
Die Entlassung ist
- **gerechtfertigt,** wenn ein anerkannter Entlassungsgrund vorliegt und sie unverzüglich erfolgt;
- **ungerechtfertigt,** wenn kein anerkannter Entlassungsgrund vorliegt oder die Entlassung verspätet ausgesprochen wurde.

In beiden Fällen ist die Entlassung **sofort wirksam.**

Im Fall einer ungerechtfertigten Entlassung ist der Dienstnehmer finanziell so zu stellen, als wäre er vom Dienstgeber ordnungsgemäß gekündigt worden (Kündigungsentschädigung in der Höhe des Entgeltanspruches bis zum nächstmöglichen Kündigungstermin, Ersatzleistung für Urlaubsentgelt, allenfalls Abfertigung).

Im Fall einer gerechtfertigten Entlassung wird der Dienstnehmer zum Ende des Dienstverhältnisses abgerechnet und hat allenfalls zu viel konsumierten (aliquoten) Urlaub zurückzuzahlen.

♦ **Entlassungsgründe und Rechtzeitigkeit**
Als die Entlassung **rechtfertigende** Entlassungsgründe kommen einerseits alle möglichen Arten von gröblichen Dienstpflichtverletzungen in Frage, wie z. B. Verletzung von Geschäfts- und Betriebsgeheimnissen, Arbeitsverweigerung, Trunkenheit im Dienst, Tätlichkeiten und erhebliche Ehrverletzungen gegenüber dem Dienstgeber oder Mitbeschäftigten, andererseits aber auch objektive Umstände, wie die Unfähigkeit des Dienstnehmers, in Hinkunft die vereinbarten Dienste zu leisten.

Rechtzeitig ist die Entlassung dann, wenn der Dienstgeber sie unmittelbar nach Kenntnis des Entlassungsgrundes ausspricht. Allerdings muss dem Dienstgeber die Möglichkeit eingeräumt werden, zu überprüfen, ob wirklich ein Entlassungsgrund vorliegt, etwa durch Befragen des/der Betroffenen oder seiner/ihrer Arbeitskollegen. Diese Prüfung muss sofort erfolgen.

♦ **Entlassungsanfechtung, Umdeutung einer Entlassung in eine Kündigung**
Wurde das Dienstverhältnis durch Entlassung beendet, so kann diese so wie eine Kündigung **binnen 14 Tagen** beim **Arbeits- und Sozialgericht angefochten** werden.

Die Entlassung ist für **rechtsunwirksam** zu erklären, wenn sie einerseits **unbegründet** war und andererseits entweder aus **verpönten Motiven** (z. B. wegen der Zugehörigkeit zur Gewerkschaft oder wegen einer Betriebsratstätigkeit in der Vergangenheit) erfolgte oder bei **mindestens sechsmonatiger Betriebszugehörigkeit** des Gekündigten **sozial ungerechtfertigt** war, es sei denn, dass die Entlassung durch Umstände in der Person des Dienstnehmers notwendig war, welche die betrieblichen Interessen nachteilig berühren, oder dass betriebliche Erfordernisse einer Weiterbeschäftigung des Gekündigten entgegenstehen.

War die Entlassung gerechtfertigt oder lag weder ein verpöntes Motiv noch Sozialwidrigkeit vor, so bleibt die Entlassung aufrecht.

War die Entlassung zwar ungerechtfertigt, lag aber weder ein verpöntes Motiv noch Sozialwidrigkeit vor, so bleibt die Entlassung als ungerechtfertigt aufrecht und wird wie eine Dienstgeberkündigung mit allen Rechtsfolgen wie Kündigungsentschädigung, Ersatzleistung für Urlaubsentgelt und Abfertigung abgerechnet.

7. Austritt

Der Austritt ist die vorzeitige Auflösung eines Dienstverhältnisses durch den Dienstnehmer. Er ist an keine Frist gebunden und beendet das Dienstverhältnis mit **sofortiger Wirkung.**
Der Austritt ist
- **berechtigt**, wenn ein anerkannter Austrittsgrund vorliegt und er unverzüglich erfolgt;
- **unberechtigt**, wenn kein anerkannter Austrittsgrund vorliegt oder der Austritt verspätet erklärt wurde.

In beiden Fällen ist der Austritt **sofort wirksam.**

Als den Austritt **rechtfertigende** Gründe kommen einerseits alle möglichen gröblichen Pflichtverletzungen des Dienstgebers in Frage, wie z. B. Nichtbezahlung des Lohnes trotz Mahnung, Tätlichkeiten und erhebliche Ehrverletzungen seitens des Dienstgebers oder Mitbeschäftigter, andererseits aber auch objektive Umstände, wie die Unmöglichkeit, in Hinkunft die vereinbarten Dienste ohne gesundheitlichen Schaden für den Dienstnehmer zu leisten.

Rechtzeitig ist der Austritt dann, wenn der Dienstnehmer ihn unmittelbar nach Vorliegen des Austrittsgrundes erklärt. Allerdings muss beim Austritt aus gesundheitlichen Gründen dem Dienstgeber die Möglichkeit gegeben werden, den Dienstnehmer zu denselben Lohnbedingungen an einem anderen Arbeitsplatz einzusetzen. Lehnt der Dienstnehmer die Weiterbeschäftigung an einem zumutbaren Arbeitsplatz ab, so ist der Austritt unberechtigt.

Im Fall eines berechtigten Austritts ist der Dienstnehmer finanziell so zu stellen, als wäre er vom Dienstgeber ordnungsgemäß gekündigt worden (Kündigungsentschädigung in der Höhe des Entgeltanspruches bis zum nächstmöglichen Kündigungstermin, Ersatzleistung für Urlaubsentgelt, allenfalls Abfertigung alt).

Im Fall eines unberechtigten Austritts wird der Dienstnehmer zum Ende des Dienstverhältnisses abgerechnet, verliert seine Urlaubsansprüche für das laufende Urlaubsjahr und hat allenfalls bereits konsumierten (aliquoten) Urlaub zurückzuzahlen. Überdies kann der Dienstgeber, falls ihm durch den Austritt ein Mehraufwand – etwa durch den sofortigen und oftmals teureren Einsatz von Ersatzarbeitskräften – entstand, Schadenersatz fordern.

I. Ansprüche bei Beendigung des Dienstverhältnisses

1. Ansprüche des Dienstnehmers

Bei Beendigung des Dienstverhältnisses hat jeder Dienstnehmer den Anspruch auf eine ordnungsgemäße Abrechnung bis zum Ende des Dienstverhältnisses und auf die Ausstellung eines Dienstzeugnisses. Darüber hinausgehende Ansprüche hängen von der Dauer und der Art der Lösung des Dienstverhältnisses ab.

♦ Dienstzeugnis

Bei Beendigung des Dienstverhältnisses hat der Dienstgeber dem Dienstnehmer ein Dienstzeugnis auszustellen. Dieses muss die Dauer und die Art der Beschäftigung enthalten. Auf Wunsch kann auch ein (qualifiziertes) Arbeitszeugnis durch den Dienstgeber erstellt werden, bei der eine Beurteilung von Persönlichkeit und Arbeitserfolg vorgenommen wird. Das Dienstzeugnis darf nichts enthalten, was das Fortkommen des Dienstnehmers in Zukunft beeinträchtigen könnte.

♦ Abfertigung (alt)

Hat das Dienstverhältnis vor dem 1.1.2003 begonnen und mindestens **3 Jahre** gedauert, so steht dem Dienstnehmer ein Abfertigungsanspruch zu. Dieser ist nach der Dienstzeit gestaffelt und beträgt nach drei Jahren zwei Monatsentgelte (Monatsbezüge) und steigert sich auf bis zu zwölf Monatsentgelte (Monatsbezüge) nach 25 Jahren.

Das **Monatsentgelt** besteht aus dem Gehalt, allfälligen Zulagen, den regelmäßig geleisteten Überstunden und den aliquoten Sonderzahlungen.

Kündigt der Angestellte selbst (außer aus Anlass der Pensionierung), trifft ihn ein Verschulden an seiner gerechtfertigten Entlassung oder tritt er unberechtigt aus, so verliert er den Abfertigungsanspruch.

Tritt eine Dienstnehmerin innerhalb eines halben Jahres ab Geburt eines Kindes aus, so erhält sie ab einer 5-jährigen Dienstzeit die halbe Abfertigung.

Bei Tod des Dienstnehmers gebührt den gesetzlichen Erben die halbe Abfertigung.

Ansprüche auf Abfertigung (alt)	
Tatbestand	
Selbstkündigung	keine Abfertigung
berechtigte Entlassung	keine Abfertigung
unbegründeter vorzeitiger Austritt	keine Abfertigung
Selbstkündigung nach mindestens 10 Dienstjahren wegen Pensionierung	volle Abfertigung
einvernehmliche Auflösung	volle Abfertigung
Verschulden an der AG-Kündigung	volle Abfertigung
Zeitablauf	volle Abfertigung
Selbstkündigung nach mindestens 5 Dienstjahren wegen Geburt eines Kindes	halbe Abfertigung
Tod	halbe Abfertigung

♦ Abfertigung (neu)

Hat das Dienstverhältnis nach dem 1.1.2003 begonnen, so unterliegt es den Regelungen des Betrieblichen Mitarbeiter- und Selbständigenvorsorgegesetzes (BMSVG). Danach zahlt der Arbeitgeber ab dem ersten Arbeitstag 1,53 % der Lohnsumme über die Gebietskrankenkasse in eine **Abfertigungskasse** und es gibt immer eine Abfertigung, wenn ein Arbeitnehmer insgesamt zumindest 3 Jahre gearbeitet hat. Der Arbeitnehmer kann sich die Abfertigung nur dann sofort auszahlen lassen (sofern gewollt), wenn er gekündigt wurde, ihn kein Verschulden an seiner Entlassung trifft oder er berechtigt ausgetreten ist.

In allen anderen Fällen verbleibt der Abfertigungsbetrag in der Abfertigungskasse und wird entweder bei der nächsten Auszahlungsmöglichkeit, 5 Jahre nach Beendigung der letzten unselbstständigen Erwerbstätigkeit oder bei Pensionierung ausbezahlt.

Die Abfertigung neu ist im Durchschnitt niedriger als die Abfertigung alt, kann aber im Gegensatz zur alten Regelung nie verloren gehen.

Die alte Abfertigungsregelung für vor dem 1.1.2003 bestehende Dienstverhältnisse bleibt weiter aufrecht, sodass jahrelang beide Abfertigungsregelungen nebeneinander gelten. Ein Übertritt vom alten in das neue System kann zwischen Arbeitgeber/in und Arbeitnehmer/in vereinbart werden.

♦ Postensuchtage

Wurde der Dienstnehmer vom Dienstgeber gekündigt, so ist ihm auf sein Verlangen während der Kündigungsfrist wöchentlich mindestens ein Fünftel der regelmäßigen wöchentlichen Arbeitszeit zum Aufsuchen eines neuen Dienstpostens ohne Schmälerung des Entgelts freizugeben.

♦ Ersatzleistung für Urlaubsentgelt

Dem Dienstnehmer gebührt für das Urlaubsjahr, in dem das Dienstverhältnis endet, eine **Ersatzleistung** für den noch **offenen Urlaub**. Dabei ist der Urlaubsanspruch zu aliquotieren, vom aliquoten Urlaubsanspruch sind die bereits konsumierten Tage abzuziehen, der Rest ist auszuzahlen. Hat der Dienstnehmer bereits mehr konsumiert, so erhält er nichts mehr, muss aber auch nichts zurückzahlen.

Endete das Dienstverhältnis durch gerechtfertigte Entlassung oder unberechtigten Austritt, so ist zu viel konsumierter Urlaub **zurückzuzahlen.** Darüber hinaus verliert der Dienstnehmer bei unberechtigtem Austritt sämtliche Urlaubsansprüche, auch den Anspruch auf Ersatzleistung für Urlaubsentgelt.

2. Ansprüche des Dienstgebers

Bei Beendigung des Dienstverhältnisses hat der Dienstgeber – unabhängig von der Dauer und der Art der Lösung des Dienstverhältnisses – den Anspruch auf

♦ **Rückgabe**

der dem Dienstnehmer übergebenen Arbeitsgeräte, Dienstkleidung, Dienstabzeichen und Dienstausweise, sowie aller Schlüssel und Legitimationen, welche den Zutritt zum Betrieb ermöglichen.

Darüber hinaus bleiben einige Ansprüche des Dienstgebers auch **nach Beendigung** des Dienstverhältnisses **aufrecht,** wobei diese zum Teil von der Dauer abhängen.

♦ **Verschwiegenheitspflicht**

Der Dienstnehmer ist auch nach Beendigung seines Dienstverhältnisses zur Verschwiegenheit sowie zur **Wahrung von Geschäfts- und Betriebsgeheimnissen** verpflichtet. Diese Verpflichtung besteht unabhängig von Dauer und der Art der Lösung des Dienstverhältnisses.

Eine Verletzung der Verschwiegenheitspflicht kann zu **Schadenersatzforderungen** des Dienstgebers führen.

♦ **Konkurrenzklausel**

Ausschließlich bei privatwirtschaftlichen Dienstverhältnissen im Angestelltenbereich kann der Dienstnehmer im Dienstvertrag verpflichtet werden, nach Beendigung des Dienstverhältnisses **maximal ein Jahr lang** im Geschäftszweig des Dienstgebers nicht tätig zu werden. Eine derartige Konkurrenzklausel ist an sich nur dann gültig, wenn der Dienstgeber ein berechtigtes Interesse an ihrer Einhaltung hat und das Fortkommen des/der Angestellten nicht unbillig erschwert wird.

Hat das Dienstverhältnis durch ungerechtfertigte Entlassung oder gerechtfertigten Austritt geendet, so ist der/die Angestellte an das Konkurrenzverbot nicht gebunden. Endete das Dienstverhältnis ohne Verschulden des/der Angestellten durch Dienstgeberkündigung, so ist der/die Angestellte nur dann an das Konkurrenzverbot gebunden, wenn der Dienstgeber für die Dauer des aufrechten Konkurrenzverbotes das bisherige Entgelt weiterzahlt.

♦ **Ersatz von Ausbildungskosten**

Sind die Ausbildungskosten erheblich, also nicht bloß geringfügige Beträge, und ist die Ausbildung oder Fortbildung nicht ausschließlich im Interesse des Dienstgebers gelegen, so kann eine Vereinbarung darüber getroffen werden, dass sich der Dienstnehmer nach Ende der Ausbildung zu einer zeitlich befristeten Mindesttätigkeit für den Dienstgeber verpflichtet, widrigenfalls er die gesamten Kosten oder einen Teil der Ausbildungskosten an den Dienstgeber zurückzuzahlen hat.

III. Urlaubsrecht

Wie viel Urlaub habe ich? Wann kann ich auf Urlaub gehen? Bekomme ich im Urlaub Geld? Kann ich einfach meinen Urlaub planen, kann der Chef meinen Urlaub widerrufen?

Diese und ähnliche Fragen werden in diesem Abschnitt behandelt.

Unter Urlaub versteht man die Zeit, in der ein Dienstnehmer von der Verpflichtung zur Arbeitsleistung befreit ist. Die Gesetze unterscheiden dabei eine Reihe von bezahlten Urlauben und unbezahlten Urlauben (Karenzurlaub).

A. Die bezahlten Urlaube

Unter bezahltem Urlaub versteht man die Zeit, in welcher der arbeitsfähige Dienstnehmer bei Aufrechterhaltung des vollen Anspruches auf sein Entgelt von der Verpflichtung zur Arbeitsleistung befreit ist. Der Urlaub dient in erster Linie der Erholung und der Erhaltung der Arbeitskraft des Dienstnehmers. Es ist dabei zwischen mehreren Arten des Urlaubs zu unterscheiden.

1. Erholungsurlaub

♦ Entstehen und Verfall des Urlaubsanspruchs

Der Anspruch auf Urlaub entsteht in den ersten sechs Monaten des ersten Arbeitsjahrs **aliquot** zur Dauer des Dienstverhältnisses, d. h., er wächst pro Arbeitsmonat um 2,5 Werktage an. Sofern nichts Günstigeres vereinbart ist, besteht in dieser Anfangszeit auch eine **Wartezeit,** d. h., der erste Urlaub kann erstmals sechs Monate nach dem Arbeitsantritt konsumiert werden. Danach wird der gesamte Urlaubsanspruch am Beginn des jeweils folgenden Urlaubsjahres/Kalenderjahres fällig.

Das **Urlaubsjahr** ist – sofern nichts anderes vereinbart wurde – in der Privatwirtschaft das **Arbeitsjahr.**

BEISPIEL: Eine Angestellte hat am 2.5.2015 in ihrem derzeitigen Dienstverhältnis zu arbeiten begonnen. Das Urlaubsjahr (= Arbeitsjahr) läuft vom 2.5.2015 bis zum 1.5.2016, das nächste Urlaubsjahr beginnt am 2.5.2016. Der erste volle Urlaub wird am 2.11.2015 fällig, jeder weitere Urlaub am 2.5.2016, 2.5.2017 usw.

Hätte sie jedoch bereits Mitte August 2015 auf Urlaub gehen wollen, so wäre dies zwar möglich, es stünden ihr aber nur als aliquotierter Urlaubsanspruch 9 Werktage zur Verfügung.

♦ Urlaubsausmaß

Das Urlaubsausmaß beträgt bei einer Gesamtdienstzeit bis zu 25 Jahren 30 Werktage, ab dem 26. Dienstjahr 36 Werktage.

Werktage sind alle Tage, die weder Sonntage noch Feiertage sind.

Bei der Berechnung des Urlaubsausmaßes ist der Samstag immer ein Werktag, unabhängig davon, ob im Betrieb oder der Dienststelle am Samstag gearbeitet wird oder nicht. **Vordienstzeiten** bei anderen Arbeitgebern sind bis zum Ausmaß von 5 Jahren anzurechnen, wobei Dienstzeiten unter 3 Monaten nicht zu berücksichtigen sind. Ebenso ist eine gesetzliche Anrechnung von Teilen der Schul- und Studienzeiten vorgesehen. Vertraglich können dabei auch weitere Zeiten zur Erreichung eines höheren Urlaubsausmaßes angerechnet werden.

♦ Urlaubsverbrauch und Urlaubsverfall

Der Urlaub ist nach Möglichkeit im laufenden Urlaubsjahr zu verbrauchen. Ein Ansparen des Urlaubs über längere Zeit ist nicht möglich und widerspricht dem Erholungszweck. Deshalb verfällt der Urlaub mit Ablauf des zweiten auf das laufende Urlaubsjahr folgenden Urlaubsjahres.

BEISPIEL: Das Urlaubsjahr beginnt am 2.5.2015. Der Urlaub ist nach Möglichkeit bis 1.5.2016 zu konsumieren und verfällt am 1.5.2018.

Vertraglich kann die Frist für den Verbrauch des Urlaubes einvernehmlich verlängert werden.

Der Urlaub kann nicht in Geld abgelöst werden. Diesbezügliche Vereinbarungen sind rechtsunwirksam. Wurde entgegen dem gesetzlichen Verbot eine Urlaubsablöse vereinbart, kann der Urlaub dennoch konsumiert werden, das dafür erhaltene Geld muss der Dienstnehmer aber zurückzahlen.

♦ Urlaubsantritt

Jeder Urlaubsantritt muss zwischen Dienstgeber und Dienstnehmer **vereinbart** werden. Dabei sind die Wünsche des Dienstnehmers und die betrieblichen Erfordernisse gegeneinander abzuwägen. Es ist weder die einseitige Anordnung von Urlaub möglich noch der eigenmächtige Urlaubsantritt durch den Dienstnehmer. Die einseitige Anordnung von Urlaub ist dem arbeitsbereiten Dienstnehmer gegenüber unwirksam, das heißt, der Urlaubsanspruch bleibt ungeschmälert aufrecht, der eigenmächtige Urlaubsantritt ist ein Entlassungsgrund.

Durch Betriebsvereinbarung können nähere Vorgangsweisen über den Verbrauch von Urlaub festgelegt oder Betriebsurlaube eingeführt werden. Bei Betriebsurlauben darf die maximale Dauer drei Wochen nicht übersteigen, über den Rest muss der Dienstnehmer immer frei disponieren können.

Die Hälfte des jährlichen Urlaubsanspruches muss ungeteilt gewährt werden. Haben mehrere Dienstnehmer denselben Zeitraum als Urlaubswunsch, so sind jene zu bevorzugen, die nicht auf einen anderen Zeitraum ausweichen können (z. B. Ferienzeiten schulpflichtiger Kinder oder Betriebsurlaub des Ehepartners oder Lebensgefährten). Das Alter und die Dauer der Betriebszugehörigkeit spielen dabei keine Rolle.

♦ **Erkrankung während des Urlaubs**

Erkrankt (verunglückt) der Dienstnehmer während des Erholungsurlaubes, ohne dies vorsätzlich oder grob fahrlässig herbeigeführt zu haben oder dass dies aus einer Erwerbstätigkeit während des Urlaubs herrührte, so werden auf Werktage fallende Tage der Erkrankung auf das Urlaubsausmaß nicht angerechnet, wenn die Erkrankung länger als drei Kalendertage gedauert hat.

BEISPIEL: Die Erkrankung dauert von Freitag bis Montag: drei Werktage werden auf den Urlaub nicht angerechnet.

Voraussetzung dafür, dass die Krankheit den Urlaub unterbricht, ist, dass der Dienstgeber nach dreitägiger Krankheitsdauer **unverzüglich** von der Erkrankung **in Kenntnis gesetzt** wird. Bei Wiederantritt des Dienstes ist eine **ärztliche Bestätigung** vorzulegen. Der Dienst ist zur vereinbarten Zeit wieder anzutreten. Dauert die Krankheit länger, so ist der Dienst unmittelbar nach Ende des Krankenstandes anzutreten.

♦ **Aufzeichnungen (Urlaubskartei)**

Alle wesentlichen urlaubsrechtlichen Belange (Urlaubsanspruch, angemeldeter Urlaub, verbrauchter Urlaub) des Dienstnehmers sind vom Dienstgeber in Form einer Urlaubskartei (auch mittels EDV) aufzuzeichnen. Dem Dienstnehmer ist über seine offenen Urlaubsansprüche Auskunft zu erteilen.

2. Zusatzurlaub

Mit einem Zusatzurlaub können entweder erschwerende Arbeitsumstände oder eine geminderte Erwerbsfähigkeit infolge Behinderung ausgeglichen werden. Der Zusatzurlaub ist also ein zum Erholungsurlaub hinzutretender Urlaub.

Als Rechtsgrundlagen kommen dafür bei Arbeitern und Angestellten der Kollektivvertrag, bei Vertragsbediensteten und Beamten die einschlägigen Gesetze (VBG, BDG) in Betracht. Auch eine einzeldienstvertragliche Vereinbarung zwischen Dienstgeber und Dienstnehmer ist denkbar.

3. Pflegefreistellung

Dienstnehmer, die wegen der notwendigen Pflege eines im **gemeinsamen Haushalt** lebenden **erkrankten** oder **verunglückten nahen Angehörigen** nachweislich **an der Dienstleistung verhindert** sind, haben **Anspruch auf Pflegefreistellung.**

Nahe Angehörige sind die Eltern, Großeltern, Kinder, Enkelkinder, Stief- und Schwiegereltern, Ehepartner/in und Lebensgefährte/-in. Der Anspruch auf Pflegefreistellung ist nur gegeben, wenn der gemeinsame Haushalt vor Beginn der Erkrankung bestanden hat. Die Zeit der Pflegefreistellung wird auf den Urlaub nicht angerechnet, der volle Entgeltanspruch bleibt aufrecht.

Das Ausmaß der Pflegefreistellung beträgt 6 Werktage pro Arbeitsjahr. Erkrankt ein Kind unter 12 Jahren im selben Arbeitsjahr neuerlich, so besteht ein Anspruch auf weitere 6 Werktage Pflegefreistellung. Die Inanspruchnahme von Pflegefreistellung ist dem Dienstgeber bloß mitzuteilen und bedarf keiner gesonderten Vereinbarung. Der Grund für die Pflegefreistellung ist auf Verlangen des Dienstgebers zu bescheinigen.

Anmerkung:
Wenn die Zeit der Pflegefreistellung vollständig aufgebraucht ist, so ist der Dienstnehmer berechtigt, sofort (ohne vorherige Vereinbarung) Urlaub anzutreten. Ist kein Urlaub mehr vorhanden, bleibt immer noch die Möglichkeit einer Dienstfreistellung oder eines Karenzurlaubes. Die Gewährung derartiger Vergünstigungen steht im alleinigen Ermessen des Dienstgebers.

B. Die unbezahlten (Karenz-)Urlaube

Karenz heißt die **Aussetzung** der gegenseitigen Rechte und Pflichten aus dem Dienstverhältnis. Während der Karenzzeit **ruhen** für die Dauer des Karenzurlaubes die gegenseitigen Hauptpflichten, d. h., es ruht für den Dienstnehmer die Arbeitspflicht und für den Dienstgeber die Entgeltzahlungspflicht. Das Dienstverhältnis an sich und seine **Nebenpflichten** – soweit sie zum Tragen kommen – **bleiben aufrecht** (Treuepflicht, Verschwiegenheitspflicht, Fürsorgepflicht, diverse Meldepflichten etc.).

Wir unterscheiden Karenzurlaube **mit Rechtsanspruch,** d. h., der Dienstnehmer hat einen gesetzlichen Anspruch darauf, dass ihm ein Karenzurlaub gewährt wird, und solche **ohne Rechtsanspruch,** d. h., der Dienstnehmer kann um Gewährung des Karenzurlaubes ersuchen, es steht aber im Ermessen des Dienstgebers, ob er mit einem Karenzurlaub einverstanden ist oder nicht.

1. Karenzurlaube mit Rechtsanspruch

Der Dienstnehmer hat einen Rechtsanspruch, dass ihm ein Karenzurlaub gewährt wird, im Fall von
- Karenzurlaub wegen Geburt oder Adoption eines Kindes nach MSchG bzw. Väterkarenzgesetz
- Karenzurlaub wegen Präsenzdienst oder Zivildienst nach Arbeitsplatz-Sicherungsgesetz
- Karenzurlaub zur Sterbebegleitung

♦ **Karenzurlaub aus Anlass der Geburt oder Adoption eines Kindes**

– **Karenzurlaub nach dem Mutterschutzgesetz**

Einen Anspruch darauf hat die in einem **Dienstverhältnis** stehende **Mutter** im Zusammenhang mit der **Geburt** eines eigenen Kindes oder der **Adoption** eines Kindes unter 2 Jahren. **Voraussetzung** ist, dass die **Mutter** mit dem **Kind im gemeinsamen Haushalt** lebt und das **Kind pflegt.** Der Karenzurlaub beginnt bei Geburt des Kindes nach Ablauf der Schutzfrist, bei Adoption mit Übernahme des Kindes und endet spätestens am 2., 3. oder 4. Geburtstag des Kindes. Die Dauer des Karenzurlaubes **bestimmt die Mutter** selbst, indem sie vor Antritt des Karenzurlaubes dem Dienstgeber mitteilt, wie lange der Karenzurlaub dauern wird. Der Karenzurlaub ist spätestens 8 Wochen nach der Geburt des Kindes bekannt zu geben, eine Verlängerung des Karenzurlaubes über den ursprünglich festgesetzten Termin hinaus spätestens 3 Monate vor Ablauf des ursprünglich festgesetzten Karenzurlaubes.

An die Mitteilung der Mutter über die Dauer des Karenzurlaubes sind sowohl der Dienstgeber als auch die Mutter gebunden, das heißt, eine einseitige Abänderung der Dauer des Karenzurlaubes (mit Ausnahme der einmaligen Verlängerung des Karenzurlaubes über den ursprünglich festgesetzten Termin hinaus) ist nicht mehr möglich. Weder kann der Dienstgeber die Mutter zu einem früheren Dienstantritt auffordern, noch kann die Mutter vorzeitig den Dienst antreten. Eine einvernehmliche Abänderung des ursprünglich von der Mutter einseitig festgesetzten Karenzurlaubes ist jederzeit möglich.

Bei Festsetzung des Karenzurlaubes kann die **Mutter** wählen, ob sie bis zum **2. Geburtstag** alleine den **vollen Karenzurlaub** in Anspruch nimmt oder ab Ende der Schutzfrist oder ab einem beliebigen Zeitpunkt vor dem 2. Geburtstag des Kindes **Teilzeitbeschäftigung** und **Teilzeitkarenzurlaub** in Anspruch nimmt. Überdies können bis zu 3 Monate Karenzurlaub bis zum 7. Geburtstag des Kindes aufgehoben und in der Zeit des Schuleintrittes konsumiert werden.

Während die Mutter die maximal 2-jährige Vollkarenz einseitig festsetzt, bedarf eine **Teilzeitkarenz** – verbunden mit Teilzeitbeschäftigung – in Betrieben mit bis zu 20 Dienstnehmern einer **Vereinbarung mit dem Dienstgeber**; in größeren Betrieben hat die Mutter einen Rechtsanspruch auf Teilzeitbeschäftigung.

– **Karenzurlaub nach dem Väterkarenzgesetz**

Der Karenzurlaub kann **wahlweise** von **Vater oder Mutter** konsumiert werden. Er kann auch **aufgeteilt** werden, wobei die **Mindestdauer** für einen Elternteil **3 Monate** beträgt. Voraussetzung für den Karenzurlaub des Vaters ist – ebenso wie bei der Mutter –, dass der Vater mit dem Kind **im gemeinsamen Haushalt lebt** und es **überwiegend betreut.**

Der Vater hat denselben Anspruch auf Karenzurlaub wie die Mutter. Wenn die Ansprüche von Vater und Mutter zusammentreffen, kann zur selben Zeit nur ein Elternteil Karenzurlaub in Anspruch nehmen, wobei die **Mutter Vorrang** gegenüber dem Vater hat und zu seinen Gunsten verzichten müsste. Ein **Tausch** ist **zweimal** möglich; aus Anlass des Tausches können beide Elternteile bis zu einem Monat gemeinsam Karenzurlaub in Anspruch nehmen.

Der Karenzurlaub für Väter beginnt mit Ende der Schutzfrist bzw. wenn der Karenzurlaub zwischen Vater und Mutter aufgeteilt wird, mit Ende des Karenzurlaubes der Mutter und endet spätestens am 2., 3. oder 4. Geburtstag des Kindes, je nachdem, in welcher Form der Karenzurlaub konsumiert wird. Überdies können auch hier bis zu 3 Monate Karenzurlaub bis zum 7. Geburtstag des Kindes aufgehoben und in der Zeit des Schuleintrittes konsumiert werden.

♦ **Karenzurlaub aus Anlass von Präsenzdienst oder Zivildienst**
Während der Ableistung des Präsenzdienstes oder Zivildienstes ist jedes Dienstverhältnis nach dem Arbeitsplatzsicherungsgesetz karenziert. Zeiten des Präsenzdienstes oder des Zivildienstes sind bezüglich Ansprüchen des Dienstnehmers, die sich nach der Dauer der Gesamtdienstzeit richten, anzurechnen. Bezüglich des laufenden Urlaubsanspruches erfolgt eine Aliquotierung, sofern der Präsenzdienst oder Zivildienst länger als 30 Tage gedauert hat.

♦ **Karenzurlaub zur Sterbebegleitung**
Jede/r Arbeitnehmer/in hat zur Betreuung eines schwersterkrankten nahen Angehörigen einen Rechtsanspruch auf Karenzurlaub nach dem Arbeitsvertragsrechtsanpassungsgesetzt (AVRAG) in der Dauer von 3 Monaten. Liegt diese Voraussetzung nach 3 Monaten immer noch vor, so kann der/die Arbeitnehmer/in den Karenzurlaub einseitig um weitere 3 Monate verlängern.

2. Karenzurlaube ohne Rechtsanspruch

♦ **Bildungskarenz**
Sofern das **Dienstverhältnis ununterbrochen 6 Monate** gedauert hat, kann zwischen Dienstnehmer und Dienstgeber eine Bildungskarenz gegen Entfall des Arbeitsentgeltes unter Rücksichtnahme auf die Interessen des Dienstnehmers und auf die Erfordernisse des Betriebes für die Dauer von **mindestens zwei Monaten bis zu einem Jahr** vereinbart werden. In Betrieben, in denen ein für den Dienstnehmer zuständiger Betriebsrat errichtet ist, ist dieser auf Verlangen des Dienstnehmers den Verhandlungen beizuziehen. Eine neuerliche Bildungskarenz kann erst drei Jahre nach Rückkehr aus einer Bildungskarenz vereinbart werden. Unter den gleichen Voraussetzungen kann Bildungsteilzeit von mind. 10, max. 20 Stunden pro Woche für Aus- und Weiterbildung in Anspruch genommen werden. Die Bildungsteilzeit dauert mind. 4 Monate, max. 24 Monate in einem Zeitraum von 4 Jahren.

♦ **Frei vereinbarte Karenzurlaube**
Über seinen Antrag kann dem Dienstnehmer **aus wichtigen Gründen** Karenzurlaub bewilligt werden. Auf diesen Karenzurlaub hat der Dienstnehmer **keinen Rechtsanspruch.**

Als wichtiger Grund käme eine länger dauernde, mit Pflegebedürftigkeit verbundene Erkrankung eines nahen Angehörigen, Verlängerung des Mutterschafts- oder Elternkarenzurlaubes, eine länger dauernde außerdienstliche Fortbildung oder ein zeitlich begrenzter längerer dienstlicher Auslandsaufenthalt des Lebenspartners in Frage.

IV. Arbeitszeitregelung

Wie lange muss ich arbeiten, wie lange darf ich durchgehend arbeiten? Kann der Chef einfach Überstunden anordnen? Habe ich zusätzlich Freizeit, wenn ich einmal länger arbeite?

Diese und ähnliche Fragen werden in diesem Abschnitt behandelt.

Die Arbeitszeit ist die Zeit, die der/die Arbeitnehmer/in im Betrieb verbringt und in der er seine/ihre Arbeitskraft ausschließlich dem/der Arbeitgeber/in zur Verfügung stellt. Während dieser Zeit hat d. Arbeitnehmer/in ausschließlich die vereinbarten Arbeiten zu leisten und ausschließlich für d. Arbeitgeber/in zu arbeiten. Tätigkeiten, die nur im Interesse des/der Arbeitnehmers/-in gelegen sind, wie z. B. Privattelefonate, Privateinkäufe, sonstige Besorgungen, Bankwege etc. sind nicht während der Arbeitszeit, sondern ausschließlich während der Freizeit zu erledigen, außer .d. Arbeitgeber/in genehmigt derartige Tätigkeiten in dringenden Fällen.

Aus wichtigem Grund (Behördenwege, Begräbnisse etc.) kann um Dienstfreistellung angesucht werden.

A. Begriffsbestimmungen

Zu unterscheiden sind folgende Begriffe:

1. Arbeitszeit

Arbeitszeit ist die Zeit vom **Arbeitsbeginn** bis zum **Arbeitsende.** Nach dem Arbeitszeitgesetz **(AZG)** fallen die **Ruhepausen** (z. B. Mittagspause) **nicht** in die **Arbeitszeit.**

Die Zeiten der persönlichen Vorbereitung für die Arbeit oder für den Heimweg fallen niemals in die Arbeitszeit. Wird der Dienst nicht in Straßenkleidung, sondern in Dienstkleidung versehen, so ist der Dienst zu Beginn der Arbeitszeit in Dienstkleidung anzutreten und am Ende der Arbeitszeit in Dienstkleidung zu beenden. Die Zeiten des Umkleidens fallen nicht in die Arbeitszeit **(persönliche Arbeitsvorbereitung).**

Hingegen fallen die Zeiten des Herrichtens und Versorgen der Geräte, Werkzeuge etc. bei Arbeitsbeginn und Arbeitsschluss immer in die Arbeitszeit **(sachliche Arbeitsvorbereitung).**

2. Tagesarbeitszeit

Tagesarbeitszeit ist die Arbeitszeit innerhalb eines ununterbrochenen Zeitraumes von 24 Stunden ab Arbeitsantritt (unabhängig vom Kalendertag).
BEISPIEL: Der Dienst wurde am Montag um 18 Uhr angetreten und am Dienstag um 6 Uhr beendet. Die Tagesarbeitszeit beträgt 12 Stunden.

3. Wochenarbeitszeit

Wochenarbeitszeit ist die Arbeitszeit innerhalb des Zeitraumes von Montag 0.00 Uhr bis einschließlich Sonntag, 24.00 Uhr.

4. Gleitende Arbeitszeit

Gleitende Arbeitszeit liegt vor, **wenn der/die Arbeitnehmer/in innerhalb eines vereinbarten zeitlichen Rahmens Beginn** und **Ende** seiner **täglichen Normalarbeitszeit selbst bestimmen** kann.

Die gleitende Arbeitszeit muss durch **Betriebsvereinbarung,** in Betrieben, in denen kein Betriebsrat errichtet ist, durch **schriftliche Vereinbarung** geregelt werden (**Gleitzeitvereinbarung**).
Die Gleitzeitvereinbarung hat zu enthalten:

- die Dauer der **Gleitzeitperiode,**
- den **Gleitzeitrahmen** (enthält meist eine Rahmenzeit, ab der mit der Arbeit begonnen werden darf und bis zu der die Arbeit beendet werden muss, sowie eine Kernzeit, in der alle Arbeitnehmer anwesend zu sein haben),
- das **Höchstausmaß** allfälliger **Übertragungsmöglichkeiten** von **Zeitguthaben** und **Zeitschulden** in die **nächste Gleitzeitperiode** und
- Dauer und Lage der **fiktiven Normalarbeitszeit.**

Die **tägliche Normalarbeitszeit** darf **neun Stunden nicht überschreiten.** Der **Kollektivvertrag** kann eine Verlängerung der täglichen Normalarbeitszeit **bis auf zehn Stunden** zulassen oder die **Betriebsvereinbarung** zur Verlängerung ermächtigen.

Die **wöchentliche Normalarbeitszeit** darf innerhalb der Gleitzeitperiode **vierzig Stunden** im Durchschnitt nur insoweit **überschreiten,** als **Übertragungsmöglichkeiten von Zeitguthaben** vorgesehen sind.

5. Durchrechnungszeitraum

Zwischen Arbeitgeber und Arbeitnehmervertretung kann vereinbart werden, dass die gesetzliche tägliche und wöchentliche Normalarbeitszeit (grundsätzlich 8-Stunden-Tag und 40-Stunden-Woche) an einzelnen Tagen und in einzelnen Wochen regelmäßig überschritten wird und dafür an anderen Tagen und in anderen Wochen wieder unterschritten wird. Dabei wird ein Zeitraum (**Durchrechnungszeitraum**) von mehreren Wochen oder Monaten vereinbart, in dem die Summe der tatsächlich gearbeiteten unterschiedlichen Tages- und Wochenarbeitszeiten die Summe der gesetzlichen Arbeitszeit aller Wochen ergibt.
BEISPIEL: Arbeitgeber und Arbeitnehmervertretung vereinbaren einen Durchrechnungszeitraum von 20 Wochen. Die Summe der gesetzlichen Arbeitszeiten ergibt 800 Stunden. Tatsächlich wurde von einer Arbeitnehmerin in diesem Zeitraum in einigen Wochen 60 Stunden und in anderen Wochen weniger oder gar nicht, zusammengerechnet aber auch 800 Stunden gearbeitet.
Der Durchrechnungszeitraum kann sowohl bei fix festgelegten Arbeitszeiten als auch bei Gleitzeit vereinbart werden.

B. Die Regelung der Arbeitszeit

Für die meisten Dienstverhältnisse gelten das **Arbeitszeitgesetz (AZG)** und das **Arbeitsruhegesetz.** Der öffentliche Dienst, alle Permanenzdienste wie z. B. Rettung, Feuerwehr, Polizei sowie die Krankenanstalten haben wegen ihrer Besonderheiten eigene Arbeitszeitregelungen, auf die hier nicht gesondert eingegangen wird.

Die tägliche Normalarbeitszeit darf **8 Stunden,** die wöchentliche Normalarbeitszeit darf **40 Stunden** nicht überschreiten.

Bei einer täglichen Normalarbeitszeit von mehr als 6 Stunden hat der Arbeitnehmer einen Anspruch auf eine **Ruhepause** von mindestens einer halben Stunde.

Zur Erreichung einer längeren **Freizeit,** die mit der Ruhezeit zusammenhängen muss, kann die Normalarbeitszeit an einzelnen Tagen regelmäßig gekürzt und die ausfallende Normalarbeitszeit auf die übrigen Tage der Woche verteilt werden. Die tägliche Normalarbeitszeit darf neun Stunden nicht überschreiten.

Fällt in Verbindung mit **Feiertagen** die Arbeitszeit an Werktagen aus, so kann, um den Arbeitnehmern eine längere zusammenhängende Freizeit zu ermöglichen, die ausfallende Normalarbeitszeit auf die Werktage von höchstens sieben zusammenhängenden, die Ausfallstage einschließenden Wochen verteilt werden. Die tägliche Normalarbeitszeit darf **zehn Stunden** nicht überschreiten. Der Einarbeitungszeitraum kann durch **Betriebsvereinbarung** auf bis zu 13 Wochen verlängert werden. Der Kollektivvertrag kann die Betriebsvereinbarung zur weiteren Verlängerung des Einarbeitungszeitraumes ermächtigen oder den Einarbeitungszeitraum selbst verlängern.

BEISPIEL: Montag bis Donnerstag je 9 Stunden, Freitag 4 Stunden; ein Arbeitstag zwischen Feiertag und Wochenende kann eingearbeitet werden.

Durch Kollektivvertrag kann vereinbart werden, dass in einzelnen Wochen eines Durchrechnungszeitraumes von bis zu 52 Wochen die Normalarbeitszeit auf höchstens 50 Stunden ausgedehnt wird, wenn die Normalarbeitszeit innerhalb dieses Zeitraumes im Durchschnitt 40 Stunden nicht überschreitet. Der Kollektivvertrag kann einen längeren Durchrechnungszeitraum unter der Bedingung zulassen, dass der zur Erreichung der durchschnittlichen Normalarbeitszeit erforderliche **Zeitausgleich** jedenfalls in mehrwöchigen zusammenhängenden Zeiträumen verbraucht wird. Die tägliche Normalarbeitszeit darf **neun Stunden** nicht überschreiten.

Durch Kollektivvertrag kann vereinbart werden, dass bei
- regelmäßiger Verteilung der gesamten Wochenarbeitszeit auf **vier zusammenhängende Tage,**
- Durchrechnung der Normalarbeitszeit mit einem **Durchrechnungszeitraum von bis zu 52 Wochen,** wenn der **Zeitausgleich** in **mehrtägigen zusammenhängenden Zeiträumen** verbraucht wird,
- Durchrechnung der Normalarbeitszeit **mit einem Durchrechnungszeitraum von mehr als 52 Wochen,** wenn der **Zeitausgleich** in **mehrwöchigen zusammenhängenden Zeiträumen** verbraucht wird,

die tägliche Normalarbeitszeit auf **zehn Stunden** ausgedehnt wird.

Bei **Schichtarbeit** kann die **tägliche Normalarbeitszeit** bis auf **zwölf Stunden** und die **wöchentliche Normalarbeitszeit** durch **Kollektivvertrag** in einzelnen Wochen bis auf **56 Stunden** ausgedehnt werden,

Wird die wöchentliche Normalarbeitszeit oder die tägliche Normalarbeitszeit überschritten, so liegen **Überstunden** vor, die je nach zeitlicher Lagerung mit dem Stundenlohn und einem Zuschlag von 50 bis 200 % abzugelten sind. Überstunden sind zu leisten, wenn sie von Haus aus vereinbart waren oder wegen unaufschiebbarer betrieblicher Notwendigkeit vom Arbeitgeber angeordnet wurde. Die näheren Regelungen trifft der Kollektivvertrag.

Am Ende einer Gleitzeitperiode bestehende Zeitguthaben, die nach der Gleitzeitvereinbarung in die nächste Gleitzeitperiode übertragen werden können, gelten nicht als Überstunden.

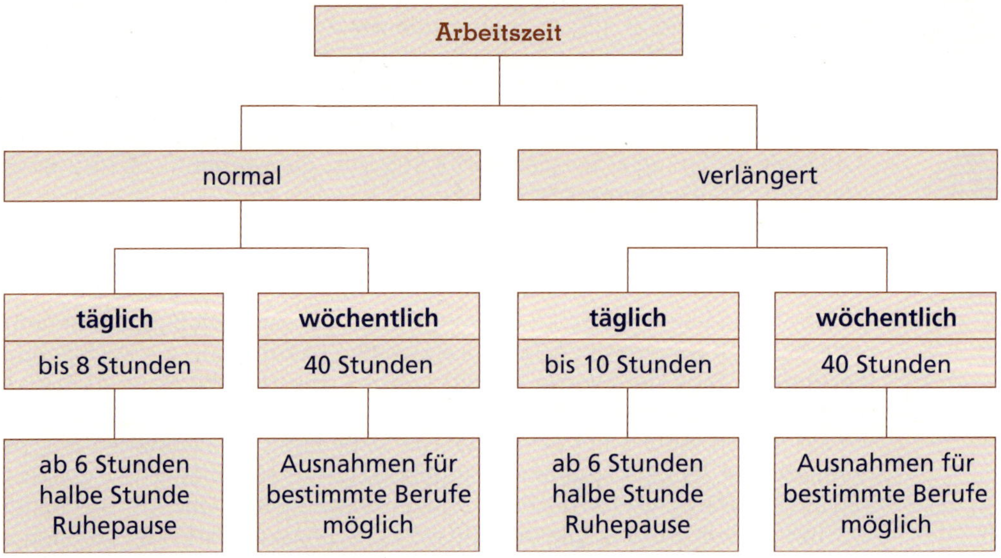

V. Geschützte Dienstverhältnisse

Eine Frau bekommt ein Kind, ein Mann erhält einen Einberufungsbefehl. Was geschieht jetzt mit dem Dienstverhältnis?

Diese und ähnliche Fragen werden in diesem Abschnitt behandelt.

Der Schutz der Dienstnehmer besteht entweder im Verbot bestimmter Arbeiten oder bestimmter Arbeitszeiten, wie z. B. im Bundesgesetz über die Beschäftigung von Kindern und Jugendlichen, in einem besonderen Kündigungs- und Entlassungsschutz, wie z. B. im Arbeitsplatzsicherungsgesetz oder im Väterkarenzgesetz, oder sowohl im Verbot bestimmter Arbeiten oder bestimmter Arbeitszeiten als auch in einem besonderen Kündigungs- und Entlassungsschutz, wie z. B. im Mutterschutzgesetz.

A. Mutterschutz

Für Dienstnehmerinnen gilt das Mutterschutzgesetz.

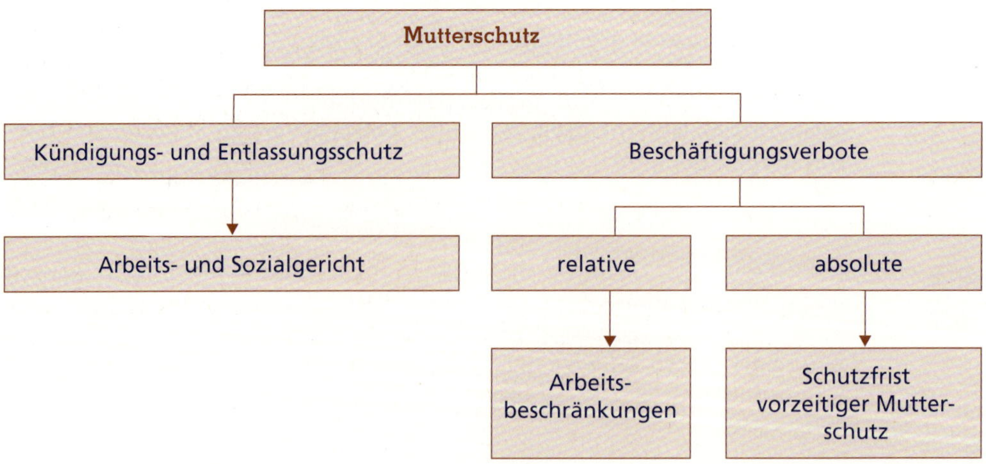

Werdende Mütter haben, um in die Vergünstigungen des Mutterschutzes zu gelangen, dem Dienstgeber ein ärztliches Zeugnis über ihre Schwangerschaft und den voraussichtlichen Entbindungstermin vorzulegen. Ab der Vorlage des Zeugnisses genießt die Frau folgenden Mutterschutz:

1. Kündigungsschutz und Entlassungsschutz

Die werdende Mutter darf nur mit **Zustimmung des Arbeits- und Sozialgerichtes** gekündigt oder entlassen werden. Der Entlassungsschutz wurde deshalb gewährt, damit der Dienstgeber nicht durch eine ungerechtfertigte Entlassung den Kündigungsschutz unterlaufen kann.

Der Kündigungs- und Entlassungsschutz besteht **ab Meldung der Schwangerschaft bis mindestens 4 Monate nach der Entbindung.** Wird der Karenzurlaub nach dem Mutterschutzgesetz in Anspruch genommen, so endet der Kündigungs und Entlassungsschutz 4 Wochen nach Ende des Karenzurlaubes.

Wird eine Schwangere gekündigt oder entlassen, ohne dass der Dienstgeber von der Schwangerschaft Kenntnis hatte, so wird die Kündigung oder Entlassung unwirksam, wenn innerhalb von 5 Arbeitstagen ab Übermittlung der Kündigung oder Entlassung an die Schwangere eine ärztliche Schwangerschaftsbestätigung vorgelegt wird.

Der Entlassungsschutz betrifft insbesondere auch befristete Dienstverhältnisse. Läuft ein befristetes Dienstverhältnis vor Beginn der Schutzfrist ab, so verlängert es sich bis zu Beginn der Schutzfrist (außer in Saisonbetrieben oder es ist dem Dienstgeber die Weiterbeschäftigung bis zum Beginn der Schutzfrist nicht zumutbar).

Auf Probedienstverhältnisse hat der Kündigungs- und Entlassungsschutz nur theoretischen Einfluss, da die sofortige Auflösung während der Probezeit vom Mutterschutzgesetz nicht betroffen ist.

2. Relative Beschäftigungsverbote

Zum Schutz der Gesundheit der Schwangeren und zum Schutz des werdenden Lebens gibt es während der Schwangerschaft eine Reihe von **Arbeitsbeschränkungen**. Fällt eine bis zur Schwangerschaft ausgeübte Tätigkeit unter die Arbeitsbeschränkungen, so ist der Schwangeren eine **andere Arbeit** zuzuweisen. Dies darf aber zu keinem Einkommensverlust der Schwangeren führen.

Verboten sind **schwere körperliche Arbeiten** sowie Arbeiten, die nach der Art des Arbeitsvorganges oder der verwendeten Arbeitsstoffe oder Arbeitsgeräte für den Organismus der Mutter während der Schwangerschaft oder für das werdende Kind schädlich sind, insbesondere

- regelmäßiges Heben und Tragen von Lasten über 5 kg;
- gelegentliches Heben und Tragen von Lasten über 10 kg;
- Arbeiten überwiegend im Stehen, es sei denn, dass Sitzgelegenheiten zum kurzen Ausruhen benützt werden können;
- ab dem 6. Monat alle Arbeiten im Stehen, die länger als 4 Stunden am Tag verrichtet werden;
- Arbeiten, die mit der Gefahr einer Berufserkrankung verbunden sind;
- Arbeiten, bei denen die Schwangere schädlichen Einwirkungen von gesundheitsgefährdenden Stoffen oder Strahlen, von Staub, Gasen oder Dämpfen, von Hitze, Kälte oder Nässe ausgesetzt ist;
- Bedienung von Geräten und Maschinen unter hoher Fußbeanspruchung;
- Arbeiten auf Beförderungsmitteln;
- Akkordarbeiten, Fließbandarbeiten und Arbeiten unter erhöhtem Leistungsdruck;
- Nachtarbeit (zwischen 20 Uhr und 6 Uhr);
- Sonn- und Feiertagsarbeit;
- Überstunden.

In einigen Branchen ist die Arbeit bis 22 Uhr gestattet, ebenso die Sonn- und Feiertagsarbeit. Lediglich Überstunden sind unzulässig; auch regelmäßig vor der Schwangerschaft geleistete Überstunden werden daher weder erbracht noch bezahlt.

Stillenden Müttern ist über ihr Verlangen die zum Stillen erforderliche Zeit freizugeben.

Ob Arbeiten unter die Beschäftigungsverbote fallen, entscheidet im Streitfall das Arbeitsinspektorat, ebenso ob Stillräume einzurichten sind und wie die Stillzeit zu verteilen ist.

Während der ersten 7 Monate der Schwangerschaft erhält die werdende Mutter ihren Lohn weiter vom Dienstgeber ausbezahlt.

3. Absolute Beschäftigungsverbote

♦ **Schutzfrist**
Acht Wochen vor und nach der Geburt besteht ein absolutes Beschäftigungsverbot. Diese Zeit wird Schutzfrist genannt.

Die Schutzfrist beginnt 8 Wochen vor dem vom Arzt **errechneten** und in der ärztlichen Bestätigung aufscheinenden voraussichtlichen Geburtstermin und endet 8 Wochen nach der **tatsächlichen** Geburt.

Erfolgt die Geburt **früher als 8 Wochen** nach Beginn der Schutzfrist, so verlängert sich die Schutzfrist nach der Geburt um die Zeit, die das Kind früher zur Welt gekommen ist, höchstens jedoch auf 16 Wochen.

Erfolgt die Geburt **später als 8 Woche**n nach Beginn der Schutzfrist, so beträgt die Schutzfrist nach der Geburt jedenfalls 8 Wochen.

Bei **Frühgeburten, Mehrlingsgeburten und Kaiserschnittentbindungen** beträgt die Schutzfrist nach der Geburt immer 12 Wochen, gerechnet ab der tatsächlichen Geburt, frühestens jedoch ab dem ursprünglich errechneten Geburtstermin.

Während der Schutzfrist hat die Dienstnehmerin keinen Entgeltanspruch gegen den Dienstgeber, sondern sie erhält das Wochengeld von der Krankenversicherung. Das **Wochengeld** beträgt das Durchschnittseinkommen der letzten 13 Wochen vor Beginn der Schutzfrist.

♦ **Vorzeitiger Mutterschutz**
Wenn das Leben oder die Gesundheit von Mutter oder Kind bei Fortdauer der Beschäftigung gefährdet wäre, darf die Mutter aufgrund eines amtsärztlichen oder arbeitsinspektionsärztlichen Zeugnisses nicht weiterbeschäftigt werden. Auch in diesem Fall erhält die Mutter Wochengeld anstelle ihrer Entlohnung.

B. Kinder- und Jugendlichenschutz

Nach dem Bundesgesetz über die Beschäftigung von Kindern und Jugendlichen – **KJBG** dürfen Kinder grundsätzlich überhaupt nicht, sowie Jugendliche nur eingeschränkt beschäftigt werden.
- **Kinder** sind Minderjährige, die die allgemeine Schulpflicht noch nicht beendet haben;
- **Jugendliche** sind Personen bis zur Vollendung des 18. Lebensjahres.

Die Tagesarbeitszeit darf 8 Stunden, die Wochenarbeitszeit darf 40 Stunden nicht überschreiten. Zur Erreichung einer längeren Wochenfreizeit darf die Tagesarbeitszeit auf 9 Stunden verlängert werden.

Jugendliche dürfen im Allgemeinen zu Nachtdiensten sowie Sonn- und Feiertagsdiensten nicht herangezogen werden.

C. Andere geschützte Dienstverhältnisse

1. Väter

Väter, die Karenzurlaub in Anspruch nehmen, dürfen nur mit Zustimmung des Arbeits- und Sozialgerichtes gekündigt oder entlassen werden.

Der Kündigungsschutz beginnt mit der Bekanntgabe eines Karenzurlaubes, nicht jedoch vor der Geburt des Kindes. Der Karenzurlaub ist spätestens 8 Wochen nach der Geburt des Kindes bekannt zu geben, eine Verlängerung des Karenzurlaubes über den ursprünglich festgesetzten Termin hinaus spätestens 3 Monate vor Ablauf des ursprünglich festgesetzten Karenzurlaubes.

Der Kündigungs- und Entlassungsschutz endet vier Wochen nach Beendigung des Karenzurlaubes. Nimmt auch die Mutter Karenzurlaub in Anspruch, d. h., wird der Karenzurlaub zwischen Vater und Mutter geteilt, so endet der Kündigungs und Entlassungsschutz vier Wochen nach Ende des **letzten** Karenzurlaubes, spätestens vier Wochen nach dem 2., 3. oder 4. Geburtstag des Kindes.

2. Behinderte

Als begünstigte **Behinderte** gelten alle Personen mit einer **Minderung der Erwerbsfähigkeit (MdE)** von mindestens 50 %. Ab einer Dienstnehmerzahl von mindestens 25 ist pro 25 Dienstnehmern mindestens je eine behinderte Person einzustellen oder die Behindertenausgleichstaxe zu zahlen. Die Kündigung eines Behinderten kann nur mit Zustimmung des Behindertenausschusses beim **Bundessozialamt** erfolgen.

3. Präsenzdiener und Zivildiener

Unter Präsenzdienst versteht man die Zeit des Grundwehrdienstes (6 Monate). Der Zivildienst dauert 9 Monate.

Der Kündigungs- und Entlassungsschutz besteht ab dem Tag der Zustellung des Einberufungsbefehles und endet einen Monat nach Ende des Grundwehrdienstes oder Zivildienstes.

Der Präsenzdiener oder Zivildiener verliert den Kündigungs- und Entlassungsschutz, wenn er nicht innerhalb von 5 Arbeitstagen den Dienstgeber vom Einberufungsbefehl verständigt.

Wie bei Müttern und Vätern darf eine Kündigung oder Entlassung von Präsenzdienern oder Zivildienern nur mit Zustimmung des Arbeits- und Sozialgerichtes erfolgen.

Bezüglich des Kündigungs- und Entlassungsschutzes sind sowohl bei Präsenzdienst als auch bei Zivildienst Staatsangehörige anderer EWR-Staaten den österreichischen Staatsbürgern gleichgestellt.

4. Betriebsräte (Privatunternehmen) und Personalvertreter (öffentlicher Dienst)

genießen während ihrer Funktionsperiode Kündigungs- und Entlassungsschutz.

Die Auflösung des Dienstverhältnisses durch Kündigung oder Entlassung kann – soweit es sich nicht um Beamte handelt – nur mit Zustimmung des Arbeits- und Sozialgerichtes erfolgen.

VI. Arbeitnehmerschutz

Der Arbeitnehmerschutz ist ein Ausfluss der Fürsorgepflicht des Arbeitgebers, der sowohl innerbetrieblich zum Tragen kommt als auch überbetrieblich von staatlichen Organen überwacht wird.

A. Innerbetrieblicher Schutz nach dem ArbeitnehmerInnenschutzgesetz

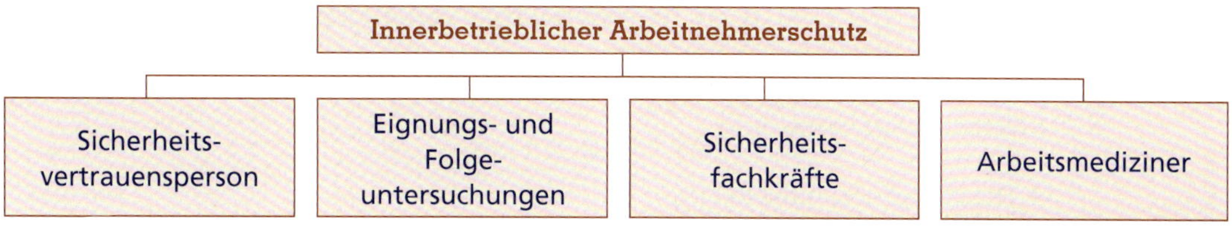

Zum innerbetrieblichen Schutz der Dienstnehmer sind nach dem ArbeitnehmerInnenschutzgesetz Eignungs- und Folgeuntersuchungen sowie ab einer bestimmten Betriebsgröße eine Anzahl von weisungsfreien Sicherheitsvertrauenspersonen, Sicherheitsfachkräften und Arbeitsmedizinern vorgesehen.

B. Überbetrieblicher Schutz nach dem Arbeitsinspektionsgesetz

Zum überbetrieblichen Schutz der Dienstnehmer sind als Behörden des Bundes die **Arbeitsinspektorate** eingerichtet. Ihre Aufgabe ist es, in den Betrieben die Einhaltung von Arbeitsschutzvorschriften zu überwachen und die Einhaltung notfalls zu erzwingen.

Die Arbeitsinspektorate haben die dem Schutz der Dienstnehmer dienenden **Rechtsvorschriften** und **behördlichen Verfügungen** zu **überwachen,** insbesondere soweit diese betreffen:
- den Schutz des Lebens, der Gesundheit und der Sittlichkeit;
- die Beschäftigung von Kindern und Jugendlichen;
- die Beschäftigung von Dienstnehmerinnen, vor allem auch während der Schwangerschaft und nach der Entbindung;
- die Beschäftigung besonders schutzbedürftiger Dienstnehmer (Behinderter);
- die Arbeitszeit, die Ruhepausen und die Ruhezeit, die Arbeitsruhe, die Urlaubsaufzeichnungen und
- die Heimarbeit.

Die Arbeitsinspektoren dürfen den Betrieb, Betriebsstätten, Betriebsräume, Aufenthaltsräume, Personalunterkünfte und Wohlfahrtseinrichtungen **jederzeit** ohne Voranmeldung **betreten** und besichtigen, müssen sich aber vor Beginn ihrer Kontrolltätigkeit bei den Betriebsinhaber/innen oder Dienststellenleiter/innen melden.

Im Zuge seiner Kontrolltätigkeit ist der Arbeitsinspektor berechtigt, mit jedem einzelnen Dienstnehmer alleine zu sprechen und ihn auf das Vorliegen allfälliger Missstände zu befragen.

Der Arbeitsinspektor kann den Dienstgeber zur unverzüglichen Herstellung des gesetzmäßigen Zustandes auffordern oder Anzeige bei der Bezirksverwaltungsbehörde erstatten.

VII. Arbeitsverfassung

Die Arbeitsverfassung regelt die Beziehungen des einzelnen Dienstnehmers zu seiner **betrieblichen Vertretung** (Betriebsrat, Personalvertretung), die rechtlichen Beziehungen zwischen den einzelnen Dienstgebern und der betrieblichen Vertretung, den Zusammenschluss von Dienstgebern und Dienstnehmern zu eigenen Vereinigungen und die Vereinbarungen zwischen den Dienstgeber- und Dienstnehmervereinigungen.

A. Die Arbeitnehmervertretung

1. Freiwillige Vereinigungen

Die Dienstnehmer können sich auf freiwilliger Basis zur Wahrung ihrer Interessen zusammenschließen.

Der wichtigste derartige Zusammenschluss sind die Gewerkschaften. In Österreich sind derzeit über 1.200.000 Dienstnehmer im **Österreichischen Gewerkschaftsbund (ÖGB)** auf freiwilliger Basis organisiert. Der ÖGB ist ein überparteilicher **Verein** und gliedert sich in 7 Einzelgewerkschaften. Er vertritt die Interessen seiner Mitglieder inner- und außerbetrieblich.

2. Gesetzliche Vertretung

♦ **Die Arbeiterkammern**

Die Arbeiterkammern sind die gesetzliche Interessenvertretung der Arbeitnehmerschaft. Alle Dienstnehmer mit Ausnahme der Bediensteten von Bund, Land und Gemeinde in der Hoheitsverwaltung sind **Pflichtmitglieder** der Arbeiterkammern.

♦ **Betriebliche Vertretung**

Diese ist für Gebietskörperschaften und sonstige Betriebe verschieden geregelt. Alle Unternehmen, die nicht zu Bund, Land oder Gemeinde gehören, unterliegen dem **Arbeitsverfassungsgesetz**.

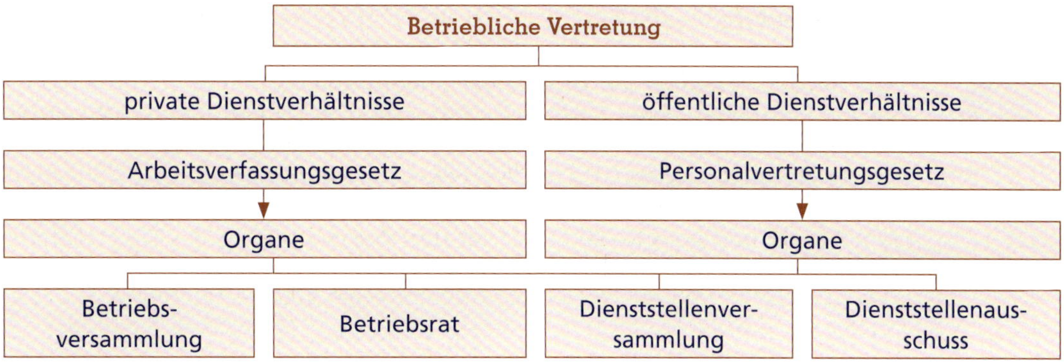

Das Arbeitsverfassungsgesetz sieht als Vertretung der Dienstnehmer zwei Organe vor:

♦ **Die Betriebsversammlung**
ist die Versammlung sämtlicher Dienstnehmer eines Betriebes, die das 18. Lebensjahr vollendet haben.

Wichtigste Aufgabe der Betriebsversammlung ist die Wahl des Wahlvorstandes für die Betriebsratswahl und die Enthebung des Betriebsrates oder einzelner Mitglieder. **Stimmberechtigt sind alle Dienstnehmer ohne Unterschied der Staatsbürgerschaft.**

♦ **Der Betriebsrat**
wird von der gesamten Belegschaft für **4 Jahre** gewählt und **vertritt die Interessen** der Belegschaft dem Dienstgeber gegenüber. Seine wichtigsten Aufgaben sind unter anderem die Zustimmung zu betrieblichen Maßnahmen, Anhörung bei Kündigung und Entlassung und der Abschluss von Betriebsvereinbarungen. Zur Wahrung der Rechte der Belegschaft hat der Betriebsrat für die Dauer seiner Funktionsperiode einen besonderen Kündigungs- und Entlassungsschutz.

Für Bund, Land und Gemeinde gilt das jeweilige **Personalvertretungsgesetz.**

Die Personalvertretung vertritt ebenso wie der Betriebsrat alle Mitglieder eines Betriebes bzw. einer Dienststelle unabhängig von der Zugehörigkeit zur Gewerkschaft oder zu einer politischen Partei. Die Personalvertreter/innen werden für 4 Jahre gewählt und genießen für die Dauer ihrer Funktionsperiode besonderen Kündigungs- und Entlassungsschutz.

B. Die Dienstgebervertretung

Ebenso wie die Dienstnehmer können sich die Dienstgeber **freiwillig** zusammenschließen (Gewerbeverein, Industriellenvereinigung etc.).

Neben den freiwilligen Zusammenschlüssen bestehen eine Reihe von gesetzlichen Interessenvertretungen mit **Pflichtmitgliedschaft,** wie z. B. Wirtschaftskammer, Landwirtschaftskammer, Ärztekammer, Apothekerkammer, Rechtsanwaltskammer, Ingenieurkammer u. a.

C. Vereinbarungen zwischen Dienstgeber(vertretung) und Dienstnehmer(vertretung)

1. Der Kollektivvertrag

Der Kollektivvertrag ist eine Vereinbarung zwischen einem Dienstgeberverband (z. B. Bauinnung) und einem Dienstnehmerverband (z. B. Gewerkschaft der Bau- und Holzarbeiter) über die Rechte und Pflichten aller von diesem Vertrag betroffenen Dienstgeber und Dienstnehmer. Kollektivverträge regeln zumeist Löhne, Arbeitszeit und weitere Arbeitsbedingungen.

Der Kollektivvertrag darf **zugunsten des Dienstnehmers** vom Gesetz **abweichen** (z. B. 39-Stunden-Woche), eine Abweichung vom Gesetz zum Nachteil des Dienstnehmers ist unwirksam.

Längere als die gesetzlichen Arbeitszeiten können vereinbart werden (ohne Genehmigung des Arbeitsinspektorates bis zu 5 Überstunden pro Woche), wenn die Überstunden dabei abgegolten werden.

Ebenso können im Kollektivvertrag Durchrechnungszeiten und Zeitausgleiche vereinbart werden.

2. Die Betriebsvereinbarung

Die Betriebsvereinbarung ist eine Vereinbarung zwischen dem Betriebsrat eines Betriebes und dem Dienstgeber dieses Betriebes. Oft werden darin betriebliche Überstundenregelungen, besondere Arbeitszeitregelungen (z. B. Gleitzeit, Kernzeiten, Einarbeitung, Zeitausgleich), innerbetriebliche Fortbildungen, Urlaubseinteilungen, Betriebsurlaub und Ähnliches geregelt.

Vom Gesetz und vom Kollektivvertrag darf nur zugunsten des Dienstnehmers abgewichen werden.

3. Der Dienstvertrag

Der Dienstvertrag ist die Vereinbarung zwischen dem einzelnen Dienstnehmer und seinem Dienstgeber. Von Gesetz, Kollektivvertrag und Betriebsvereinbarung darf nur zugunsten des Dienstnehmers abgewichen werden **(Günstigkeitsprinzip).**

VIII. Streitigkeiten aus dem Dienstverhältnis

Normalerweise werden Löhne ausbezahlt, Urlaube gewährt, enden Dienstverhältnisse friedlich und werden Dienstwohnungen, Dienstautos oder Diensthandys zurückgegeben, ohne dass es eines staatlichen Eingriffes bedarf. Was soll aber geschehen, wenn Menschen die Regeln verletzen?

Diese und ähnliche Fragen werden im folgenden Kapitel behandelt.

A. Privatwirtschaftliche Dienstverhältnisse und Vertragsbedienstete

Diese Streitigkeiten gehören ausnahmslos vor das **Arbeits- und Sozialgericht,** das beim jeweiligen Landesgericht eingerichtet ist. Für Wien besteht ein eigenes Arbeits- und Sozialgericht Wien. Die Gerichte entscheiden durch Senate, bestehend aus einem/-r Berufsrichter/in als Vorsitzende/m und je einem/-r Laienrichter/in aus dem Kreis der Dienstgeber und der Dienstnehmer.

Die Urteile der Arbeits- und Sozialgerichte können mit Berufung an das **Oberlandesgericht,** dessen Urteile mit Revision an den **Obersten Gerichtshof** angefochten werden.

Das Arbeits- und Sozialgericht ist in Arbeitsrechtssachen unter anderem für folgende Streitigkeiten zuständig:

- **Streitigkeiten zwischen Dienstnehmern und Dienstgebern** (bzw. umgekehrt), die dem Dienstverhältnis entspringen
- **Streitigkeiten zwischen Dienstnehmern untereinander,** wenn diese aus der gemeinsamen Arbeit entstammen.
- **Betriebsverfassungsrechtliche Streitigkeiten**

B. Beamte

Alle Streitigkeiten aus dem Beamtendienstverhältnis – mit Ausnahme insbesondere der Schadenersatzprozesse, in einigen Ländern auch Streitigkeiten über den Ersatz von Ausbildungskosten – werden im **Verwaltungsweg** ausgetragen. Zuständig sind Dienststelle, Dienstbehörde und Organe der Gebietskörperschaft gemäß der jeweilig gültigen Geschäftsordnung und Geschäftseinteilung.

Nach Ausschöpfen des Instanzenzuges ist in den meisten Fällen eine Beschwerde an den **Verwaltungsgerichtshof** möglich.

Regressprozesse nach dem **Amtshaftungsgesetz** und **Schadenersatzprozesse** nach dem **Organhaftpflichtgesetz** sowie Streitigkeiten aus vertraglich vereinbarten Rückzahlungsverpflichtungen für Ausbildungskosten werden nicht im Verwaltungsweg ausgetragen, sondern gehören vor die **Arbeits- und Sozialgerichte.**

Wiederholungsfragen – Arbeitsaufgaben – Diskussionsanregungen

1. *Erklären Sie das arbeitsrechtliche Günstigkeitsprinzip.*
2. *Zählen Sie auf, welche Arten von Dienstverhältnissen Sie kennen.*
3. *Wodurch wird der Grundsatz der Vertragsfreiheit im Arbeitsrecht eingeschränkt?*
4. *Erläutern Sie, was ein Dienstvertrag ist.*
5. *Zählen Sie die Hauptpflichten von Arbeitgeber/innen und Arbeitnehmer/innen auf.*
6. *Erklären Sie die Fürsorgepflicht.*
7. *Wie kann ein Dienstvertrag enden?*
8. *Erklären Sie den Unterschied zwischen Kündigung, Entlassung und Austritt.*
9. *Nennen Sie Fälle der Entgeltfortzahlung.*
10. *Beschreiben Sie, wie ein Dienstzeugnis abgefasst sein muss.*
11. *Geben Sie an, welche Urlaubsregelung für Arbeitnehmer/innen besteht.*
12. *Wie lange dauert der Karenzurlaub, wer kann ihn in Anspruch nehmen?*
13. *Zählen Sie Karenzurlaube auf, die Sie kennen, und nennen Sie die dafür jeweiligen Voraussetzungen.*
14. *Geben Sie an, unter welchen Umständen ein Vater Karenzurlaub beanspruchen kann und wie sich der Karenzurlaub auf sein Dienstverhältnis auswirkt.*
15. *Wie wird Krankheit während des Urlaubes gewertet?*
16. *Erklären Sie, nach welcher Zeit ab Beginn des Arbeitsverhältnisses der Urlaubsanspruch entsteht.*
17. *Wie ist die Entlohnung geregelt?*
18. *Erklären Sie die Pflegefreistellung.*
19. *Erläutern Sie, wann das Gericht die Schadenersatzpflicht für Arbeitnehmer/innen mäßigen kann.*
20. *Geben Sie an, welche Rechtsfolge eintritt, wenn der Betriebsrat von der beabsichtigten Kündigung e. Arbeiters/-in von d. Arbeitgeber/in nicht verständigt wurde.*
21. *Nennen Sie wesentliche Bestimmungen des Mutterschutzgesetzes.*
22. *Wie ist die Arbeitszeit geregelt?*
23. *Nennen Sie Gründe, aus denen eine Kündigung beim Arbeits- und Sozialgericht angefochten werden kann.*
24. *Zählen Sie auf welche geschützten Dienstverhältnisse Sie kennen.*
25. *Geben Sie an, wie lange man beim selben Arbeitgeber beschäftigt sein muss, damit man einen Abfertigungsanspruch erworben hat.*
26. *Nennen Sie die Arbeitsbeschränkungen für die werdende Mutter.*
27. *Erläutern Sie, was man unter Schutzfrist versteht und wie lange die Schutzfrist nach dem Mutterschutzgesetz vor und nach der Geburt dauert.*
28. *Was ist ein Kollektivvertrag?*
29. *Erläutern Sie Wesen und Aufgaben des Arbeitsinspektorats.*
30. *Wann hat der/die Arbeitnehmer/in keinen Anspruch auf Abfertigung?*
31. *Zählen Sie die Schutzbestimmungen der werdenden Mutter auf.*
32. *Bringen Sie Beispiele für das Recht auf Beschäftigung.*

Beurteilen Sie folgende Vorgänge rechtlich:

33. *In einem Unternehmen wird zwischen Arbeitgeber und Betriebsrat vereinbart, dass die Arbeitnehmer/innen bis auf weiteres nur mehr auf drei Wochen Urlaub Anspruch haben. Bei einer Betriebsversammlung in Anwesenheit des Personaldirektors stimmt die Belegschaft stillschweigend zu.*
34. *Für eine bestimmte Arbeitnehmergruppe wurde durch Kollektivvertrag eine Erhöhung der Kollektivvertragslöhne um 9 % vereinbart. Frau Lechner, die dieser Gruppe angehört, freut sich, merkt aber bei ihrem nächsten Lohn, dass sie nur eine Erhöhung um 2 % bekommen hat.*
35. *Das Urlaubsgesetz sieht bekanntlich einen fünfwöchigen Mindesturlaub für alle Arbeitnehmer/innen vor. Einer rührigen Fachgewerkschaft gelingt es, für ihren Bereich durch Kollektivvertrag mit der zuständigen gesetzlichen Arbeitgebervertretung drei Werktage mehr zu vereinbaren. In einem Unterneh-*

men dieser Branche überzeugt aber der Personaldirektor den Betriebsrat, dass man sich in erster Linie an das Gesetz halten müsse (also 30 Werktage) und dass die schlechte Auftragslage nur eine Erhöhung um einen Werktag zulasse. Darüber wird eine Betriebsvereinbarung abgeschlossen.

36. *Herr Höllwieser verschläft am Montagmorgen. Er ist Mitglied einer „Discoband". Nach Ende der Darbietung wird meist noch gezecht und daher ist es schon öfter vorgekommen, dass er deswegen am nächsten Morgen nicht am Arbeitsplatz erschienen ist. Weil ihn der Chef schon einige Male verwarnt hat, schickt er diesmal seinen Bruder, der denselben Beruf hat und sich im Urlaub befindet, als Vertretung. Der Chef schickt diesen wieder fort und teilt Herrn Höllwieser telefonisch seine Entlassung mit.*
37. *Frau Graser ist als Kassiererin in einem großen Lebensmittelmarkt aufgenommen worden. Als der Geschäftsgang nachlässt, ersucht sie der Geschäftsführer, sein Büro aufzuräumen. Sie weigert sich und er entlässt sie wegen Arbeitsverweigerung.*
38. *Herr Schreder ist zur Bedienung einer Datenverarbeitungsanlage angestellt worden. Vor seiner Umschulung war er als Elektriker tätig. Seine Chefin beauftragt ihn, während der Dienstzeit in ihrem Büro einige Steckdosen zu versetzen und ihre Kaffeemaschine zu reparieren. Er weigert sich trotz ihres Hinweises, dass er mit seinem Computer ohnedies nicht ausgelastet sei. Daraufhin wird ihm zum nächstmöglichen Termin seine Kündigung mitgeteilt.*
39. *Herr Strobl ist in einem großen Industriebetrieb beschäftigt. Eines Tages bekommt er eine schriftliche Kündigung und erfährt, dass auch der Betriebsrat zugestimmt habe. Er vermutet, dass die Kündigung deswegen erfolgt ist, weil er einer mehrmaligen Aufforderung seines direkten Vorgesetzten, einer bestimmten Partei beizutreten, der übrigens auch der gesamte Betriebsrat angehört, nicht entsprochen hat.*
40. *Herr Weiß schließt einen Arbeitsvertrag ab, in dem vereinbart wird, dass er erst im zweiten Arbeitsjahr einen Urlaub bekommt.*
41. *Frau Gruber, für die die gesetzlichen Kündigungsfristen und Kündigungstermine des Angestelltengesetzes gelten, wird am 1. September mitgeteilt, dass sie mit 30. September gekündigt ist.*
42. *Frau Bauer ist im dritten Monat schwanger. Sie bewirbt sich in der X-Bank um einen Posten als Buchhalterin. Die Frage des Personalchefs nach einer Schwangerschaft verneint sie. Als sie im 6. Monat die Schwangerschaft meldet, wird sie vom Personalchef wegen falscher Angaben in der Bewerbung entlassen.*
43. *Herr Hofer ist nach Abschluss der Schule in einem Schneiderbetrieb beschäftigt. Eine Kundin hat dem Meister den Auftrag erteilt, aus einem von ihr mitgebrachten teuren Leder ein Kostüm zu nähen. Beim Zuschneiden beschädigt er das Leder. Welche Ansprüche kann die Kundin gegenüber dem Meister und gegenüber Hofer geltend machen? Kann der Meister von Hofer Ersatz begehren, wenn er zur Zahlung herangezogen wird?*

Sozialrecht

I. Begriff und Wesen des Sozialrechts

Der erwachsene Mensch ist normalerweise in der Lage, für sich selbst und auch für seine Familie zu sorgen. Was passiert, wenn man krank wird, einen Unfall hat oder arbeitsunfähig wird? Was soll geschehen, wenn Menschen alt oder pflegebedürftig werden? Wovon leben Menschen, die ihre Arbeit verloren haben?

Diese und ähnliche Fragen werden im folgenden Kapitel behandelt.

A. Allgemeines

Gegenstand und Sinn des **Sozialrechts** ist es, die Risiken und Schicksalsschläge, die jeden Einzelnen irgendwann in seinem Leben treffen können, so zu regeln, dass der Einzelne bei Eintritt eben dieses Risikos weiter existieren kann. Der Grundgedanke ist die Überwälzung der Risiken des täglichen Lebens vom Einzelnen auf die Allgemeinheit, die durch Übernahme dieser Risiken dem Einzelnen bzw. dessen Angehörigen ein Weiterexistieren nach Eintritt des Risikos ermöglicht.

Aus: Schöler/Pongratz: Lehrverhaltenstraining für Unterricht in Schule und Betrieb, Schöningh

Die den Einzelnen und seine Familie am meisten bedrohenden Risiken sind und waren zu aller Zeit **Tod, Krankheit, Unfall, Erwerbslosigkeit** und dauernde **Pflegebedürftigkeit**, verbunden mit unmittelbarer Not. Zur Beseitigung wenigstens der schwerwiegendsten Folgen dieser Schicksalsschläge hat sich im Laufe der Jahre ein System der sozialen Sicherheit entwickelt. Da sich dieses mit Ausnahme der Arbeitslosenvorsorge und Teilen der Pflegegeldvorsorge aus privaten Ansätzen entwickelt hat, haben wir viele verschiedene Sozialversicherungsanstalten und Auszahlungsstellen für Pflegegeld sowie mit Ausnahme der einheitlichen Arbeitslosenregelung und Pflegegeldregelung verschiedenste Sozialversicherungssysteme. Mit der Pensionsharmonisierung wurde ab 01.01.2005 für die meisten Berufsgruppen ein einheitliches Pensionssystem geschaffen. Grundlage dafür ist das **Allgemeine Pensionsgesetz (APG)**.

Vom Vorsorgebereich des heutigen Sozialrechts werden fünf Risiken erfasst:

- Krankheit
- Unfall
- Pension
- Pflegebedürftigkeit
- Arbeitslosigkeit

Für Krankheit, Unfall und Pension bestehen eigene Sozialversicherungen. Die Sozialversicherungsgesetze werden nicht von staatlichen Behörden, sondern von eigenen Anstalten, den so genannten **Sozialversicherungsträgern**, vollzogen. Die Sozialversicherungsträger waren ursprünglich Zusammenschlüsse bestimmter Berufe oder Berufszweige oder Einrichtungen bestimmter Betriebe, was man heute noch aus den Namen ersehen kann: Sozialversicherungsanstalt der gewerblichen Wirtschaft, Betriebskrankenkasse der Wiener Stadtwerke usw. Die Sozialversicherungen unterstehen der Aufsicht durch den/die zuständige/n Minister/in bzw. den Landeshauptmann/-frau und entscheiden über an sie gerichtete Ansprüche in 1. Instanz.

Die Pflegegeldansprüche werden für Pensionisten von der Unfall- oder Pensionsversicherung, für alle anderen von verschiedensten staatlichen Behörden vollzogen.

Für Beschäftigungsprobleme im Allgemeinen sind als private Unternehmen die Geschäftsstellen des **Arbeitsmarktservice** eingerichtet.

B. Sozialversicherungen

Sozialversicherungen werden von eigenen Sozialversicherungsträgern durchgeführt. Wir unterscheiden:
- Krankenversicherung,
- Unfallversicherung,
- Pensionsversicherung.

Nach dem **Allgemeinen Sozialversicherungsgesetz (ASVG,)** ebenso wie nach den einschlägigen öffentlich-rechtlichen Dienstrechtsvorschriften sind alle Arbeitnehmer/innen sozialversichert. Ebenso sind die meisten Selbstständigen sozialversichert (GSVG, BSVG, FSVG). Liegt eine Versicherung in allen 3 Sparten vor, so spricht man von einer **Vollversicherung**. Diese ist für die meisten Arbeitnehmer Pflicht. Daneben gibt es für manche Bereiche eine **Teilversicherung.**

Nach dem ASVG sind Dienstnehmer vor Antritt einer Beschäftigung bei der Krankenkasse zur Sozialversicherung anzumelden. Der Versicherte erhält eine Durchschrift der Anmeldung. Aus der Anmeldung ist der Beginn der Beschäftigung und die Höhe der Bezüge des Versicherten ersichtlich. Die Höhe der Bezüge in der Krankenkassenanmeldung bildet die **Beitragsgrundlage**, die für alle Leistungen der Sozialversicherung maßgeblich ist.

Nach Beendigung eines Dienstverhältnisses endet die Versicherungspflicht, es besteht jedoch die Möglichkeit zur **freiwilligen Weiterversicherung**.

Alle **Leistungen** der Sozialversicherungen werden nur über **Antrag des Versicherten** erbracht, ebenso erfolgt die freiwillige Weiterversicherung nur über Antrag. Im Bereich der Sozialversicherung herrscht – ausgenommen einige Fälle der Unfallversicherung – das **Antragsprinzip**.

<table>
<tr><th colspan="3">Die österreichische Sozialversicherung</th></tr>
<tr><td colspan="3">Hauptverband der österreichischen Sozialversicherungsträger</td></tr>
<tr><td>Unfallversicherung</td><td>Krankenversicherung</td><td>Pensionsversicherung</td></tr>
<tr><td rowspan="2">Allgemeine Unfallversicherungsanstalt</td><td>9 Gebietskrankenkassen
6 Betriebskrankenkassen</td><td>Pensionsversicherungsanstalt</td></tr>
<tr><td colspan="2">Sozialversicherungsanstalt der gewerblichen Wirtschaft</td></tr>
<tr><td>(Bergbau)</td><td colspan="2" rowspan="2">Versicherungsanstalt für Eisenbahnen und Bergbau</td></tr>
<tr><td>(Eisenbahner)</td></tr>
<tr><td colspan="3">Sozialversicherungsanstalt der Bauern</td></tr>
<tr><td colspan="2">Versicherungsanstalt öffentlich Bediensteter</td><td></td></tr>
<tr><td colspan="2"></td><td>Versicherungsanstalt des österreichischen Notariates</td></tr>
</table>

II. Leistungen der Sozialversicherungen

A. Krankenversicherung

1. Arten der Leistungen

Im Bereich der Krankenversicherung ist zwischen Leistungen, auf die der Versicherte einen Rechtsanspruch hat, den **Pflichtleistungen**, und Leistungen, deren Gewährung im pflichtgemäßen Ermessen der Versicherung steht, den **freiwilligen Leistungen**, zu unterscheiden. Darüber hinaus sind die Krankenkassen die **Auszahlungsstellen** für das **Kinderbetreuungsgeld**.

2. Anspruchsberechtigung

Anspruchsberechtigt im Bereich der Krankenversicherung sind
- der Versicherte und
- seine im Inland befindlichen Angehörigen.

Angehörige sind Ehepartner, Eingetragene Partner, in Ausnahmefällen der frühere Ehepartner und der Lebensgefährte sowie die Kinder.

Eheliche, uneheliche, adoptierte Kinder und Pflegekinder sind immer anspruchsberechtigt, Stiefkinder und Enkelkinder dann, wenn sie mit dem Versicherten im gemeinsamen Haushalt leben.

Die Anspruchsberechtigung der Angehörigen ist gegeben, solange diese nicht als Erwerbstätige eine eigene Krankenversicherung haben. Geben die Angehörigen diese Erwerbstätigkeit wieder auf (Ehegatte bleibt zu Hause, Kind beendet seine Ferialarbeit und setzt die Schule oder das Studium fort), so lebt die Mitversicherung wieder auf.

Bei **Kindern** in Ausbildung ist die Anspruchsberechtigung nur gegeben, solange die **Kindeseigenschaft** (siehe bei der Pensionsversicherung, Waisenpension) besteht, grundsätzlich jedoch längstens bis zur Vollendung des 27. Lebensjahres.

3. Die Pflichtleistungen

Die Krankenversicherung trifft Vorsorge
- für die **Verhütung** und **Früherkennung von Krankheiten**;
- für die **Versicherungsfälle** der **Krankheit**, der **Arbeitsunfähigkeit infolge Krankheit** und der **Mutterschaft**;
- für **Zahnbehandlung** und **Zahnersatz**;
- für die **Hilfe bei körperlichen Gebrechen**;
- für die Früherfassung der für Maßnahmen der **Rehabilitation** in Betracht kommenden Personen.

Die wichtigsten Leistungen sind:

♦ Versicherungsfall **Krankheit**
- **Krankenbehandlung**, diese umfasst:
  ärztliche Hilfe:
  Diese wird durch **Vertragsärzte** (haben einen Vertrag und rechnen direkt mit der Krankenkasse ab) und **Wahlärzte** (Patient zahlt und erhält von der Krankenkasse die tarifmäßigen Kosten ersetzt) sowie durch Ärzte in **Ambulatorien** und **Krankenhausambulanzen** erbracht.
  Heilmittel:
  Die Heilmittel umfassen die notwendigen Arzneien und die sonstigen Mittel, die zur Beseitigung oder Linderung der Krankheit und zur Sicherung des Heilerfolges dienen. Der Versicherte trägt einen Teil der Kosten in Form der Rezeptgebühr.
  Heilbehelfe:
  Brillen, orthopädische Schuheinlagen, Bruchbänder und sonstige Heilbehelfe werden in einfacher und zweckentsprechender Ausführung gewährt. Der Versicherte trägt grundsätzlich einen Selbstbehalt.
- **Hauskrankenpflege**
  anstelle von Anstaltspflege für maximal vier Wochen
- **Anstaltspflege**
  in der allgemeinen Gebührenklasse einer öffentlichen Krankenanstalt in unbegrenzter Dauer

♦ Versicherungsfall Arbeitsunfähigkeit infolge Krankheit
Hier erhält **der Versicherte** zusätzlich zu den Leistungen bei Krankheit an Stelle seines Arbeitseinkommens maximal 52 Wochen lang **Krankengeld**. Berechnungsgrundlage ist die Beitragsgrundlage.

- ♦ Versicherungsfall **Mutterschaft**
  - **Beistand** durch **Arzt, Hebamme** und **diplomierte Kinderkrankenschwestern, Heilmittel** und **Heilbehelfe** sowie **Anstaltspflege** werden **allen Müttern** wie bei Krankenbehandlung gewährt.
  - **Wochengeld**

    Das Wochengeld gebührt – anstelle des Arbeitseinkommens – der weiblichen **Versicherten** (nicht mitversicherten Müttern) während der gesamten **Schutzfrist** sowie während eines allenfalls gegebenen **vorzeitigen Mutterschutzes** nach dem Mutterschutzgesetz.

    Das Wochengeld beträgt den **Nettodurchschnittsverdienst** (Entlohnung inklusive aliquoter Sonderzahlungen) der **letzten 13 Wochen** bzw. **drei Monate** vor Beginn des absoluten Beschäftigungsverbotes (Schutzfrist, vorzeitiger Mutterschutz).

4. Die freiwilligen Leistungen

Auf diese haben der Versicherte bzw. dessen anspruchsberechtigte Angehörige keinen Rechtsanspruch, die Gewährung steht im Ermessen der Krankenkasse. Näheres wird in der Satzung geregelt. Die wichtigsten sind die

- ♦ **Kur- und Erholungsaufenthalte** zur Festigung der Gesundheit sowie zur Verhütung des Eintritts und der Verbreitung von Krankheiten.

Österreichs Sozialausgaben – in den EU-Top-5

Bei den Sozialausgaben ist Österreich in der Europäischen Union unter den Top-5. Einberechnet werden: Pensionen, Kindergeld, Arbeitslosengeld, Sozialhilfe etc.

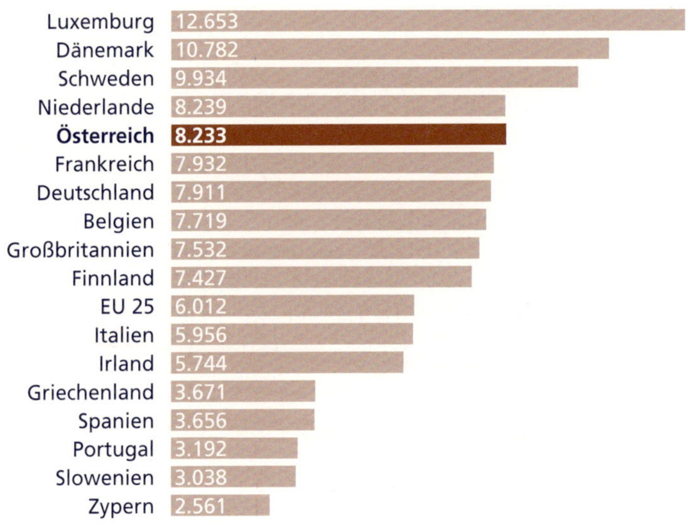

Quelle: Eurostat, Angaben in Euro

B. Unfallversicherung

Die Unfallversicherung trifft Vorsorge zur Verhütung von Arbeitsunfällen und Berufskrankheiten und sorgt für Erste-Hilfe-Leistungen nach Arbeitsunfällen, für Unfallheilbehandlung sowie die Rehabilitation von Versehrten und die Entschädigung nach Arbeitsunfällen und Berufskrankheiten.

Arbeitsunfall ist ein Unfall in der Arbeit, am Weg zur Arbeit und am Weg von der Arbeit. Geschützt ist nur der direkte Heimweg ohne Unterbrechung. Dem Arbeitsunfall gleichgestellt sind einige andere Unfälle, z. B. bei Errettung eines Menschen aus Lebensgefahr, bei Herbeiholung eines Arztes oder Seelsorgers bei Unfall, Unfall bei Teilnahme in freiwilliger Feuerwehr, Bergrettung etc. Auch Schüler und Studenten sind in die Unfallversicherung einbezogen. Als Arbeit gilt dabei der Schulbesuch.

Berufskrankheit ist eine Krankheit, die mit hoher Wahrscheinlichkeit mit der Ausübung eines bestimmten Berufes erworben wurde. Die Berufskrankheiten sind je nach Beruf einzeln aufgezählt.

BEISPIELE: Infektionskrankheiten für Arbeitnehmer in Heil- und Pflegeanstalten, Laboratorien für wissenschaftliche und medizinische Untersuchungen; Staublungenerkrankungen in allen Berufen; Hornhautschädigungen in der chemischen Industrie.

Die Unfallversicherung erbringt Leistungen bei Körperschaden und Tod.

Die Leistungen werden zum Teil von Amts wegen, zum Teil aber nur auf Antrag erbracht.

1. Leistungen bei Körperschaden

- **Unfallheilbehandlung**
- **Familien- und Taggeld**
- **Berufliche und soziale Rehabilitationsmaßnahmen**
  Der Versehrte soll in die Lage versetzt werden, seinen früheren Beruf wieder auszuüben. Ist dies nicht möglich, soll er einen neuen Beruf ausüben können.
- **Körperersatzstücke, orthopädische Behelfe und andere Hilfsmittel**
  Diese müssen den persönlichen und beruflichen Verhältnissen des Versehrten angepasst sein. Ein Selbstbehalt ist nicht vorgesehen.
- **Versehrtenrente**
  Die **Versehrtenrente** steht Versehrten bei einer **M**inderung **d**er **E**rwerbsfähigkeit (**MdE**) von mindestens 20% zu, wobei diese Minderung der Erwerbsfähigkeit mindestens 3 Monate über den Versicherungsfall hinaus bestehen muss.
- **Übergangsrente**
  Besteht durch die weitere Beschäftigung im bisherigen Beruf die Gefahr des Entstehens oder der Verschlechterung einer Berufskrankheit, so kann zur Erleichterung des Überganges in eine andere Berufstätigkeit eine Übergangsrente gewährt werden.

2. Leistungen bei Tod des Versicherten

- **Bestattungskostenbeitrag**
- **Hinterbliebenenrente**

Diese beziehen die Witwe, der Witwer und die Kinder sowie allenfalls die Eltern und Geschwister des Versicherten, wenn dieser den Unterhalt der Eltern oder Geschwister überwiegend bestritten hat.

C. Pensionsversicherung

Die Pensionsversicherung trifft Vorsorge für die Versicherungsfälle des Alters, der geminderten Arbeitsfähigkeit und des Todes. Darüber hinaus kommt die Pensionsversicherung für Rehabilitationsmaßnahmen und Gesundheitsvorsorgemaßnahmen auf.

Mit der Pensionsharmonisierung wurde für alle ab dem 1.1.1955 Geborenen ab 01.01.2005 für die meisten Berufsgruppen ein einheitliches Pensionssystem geschaffen. Grundlage dafür ist das **Allgemeine Pensionsgesetz (APG)**.

1. Anspruchsvoraussetzungen

Allgemeine Voraussetzung für den Erhalt von Leistungen in den Versicherungsfällen Alter, geminderte Arbeitsfähigkeit und Tod ist die Erfüllung der **Wartezeit**. Während Krankenversicherung und Unfallversicherung ab dem ersten Tag der Versicherungspflicht Leistungen zu erbringen haben, müssen in der Pensionsversicherung **Mindestversicherungszeiten** vorliegen. Überdies müssen diese Versicherungszeiten **in einem bestimmten Zeitraum vor Eintritt des Versicherungsfalles** gelegen sein. Wir unterscheiden dabei zwischen Beitragszeiten und Ersatzzeiten. Ist die Wartezeit nicht erfüllt, so besteht überhaupt kein Anspruch auf eine Pension.

Beitragszeiten sind Zeiten, in denen Pensionsversicherungsbeiträge geleistet wurden.
Ersatzzeiten sind Zeiten, in denen keine Pensionsversicherungsbeiträge geleistet wurden, die jedoch als Versicherungszeiten angerechnet werden, z. B. Zeiten des Bezuges von Krankengeld, Arbeitslosengeld, Wochengeld, Karenzgeld; Präsenzdienst, Zivildienst; Kindererziehungszeiten.

Kindererziehungszeiten können im Ausmaß von maximal 48 Monaten ab der Geburt des Kindes für jedes Kind angerechnet werden. Sich deckende Zeiten bei der Geburt von mehreren Kindern sind nur einmal zu berücksichtigen.

Ewige Anwartschaft: Wenn **180 Beitragsmonate** oder **300 Versicherungsmonate** (Beitrags- und/oder Ersatzmonate) vorhanden sind, so ist die Wartezeit erfüllt, unabhängig davon, wann die Versicherungsmonate erworben wurden und ein Pensionsanspruch bei Eintritt des Versicherungsfalles gegeben.
Stichtag: Sämtliche Leistungen der Pensionsversicherung werden nur über Antrag gewährt. Mit seinem Antrag löst der/die Anspruchswerber/in den Stichtag aus, von dem aus alle maßgeblichen Daten berechnet werden (Wartezeit, Bemessungsgrundlage). Stichtag ist der auf den Antrag folgende Monatserste.

2. Die einzelnen Versicherungsfälle

♦ **Versicherungsfall Alter**
Das derzeit **unterschiedliche Pensionsalter** für Männer und Frauen wurde vom Verfassungsgerichtshof als dem **Gleichheitsgrundsatz widersprechend** aufgehoben. Mit Bundesverfassungsgesetz vom 29.12.1992 wurde das unterschiedliche Pensionsalter zwar **vorübergehend für zulässig erklärt**, beginnend mit 1.1.2024 wird jedoch die Altersgrenze für die Alterspension bei Frauen um 6 Monate pro Jahr erhöht, sodass die Altersgrenzen für die Alterspension ab 2033 für Männer und Frauen gleich sind. Von der Neuregelung des Pensionsalters sind daher Frauen ab dem Geburtsjahrgang 1964 betroffen.

♦ **Alterspension (Regelpension)**
Die Alterspension (Regelpension) fällt mit Vollendung des 65. Lebensjahres an (bei Frauen für eine Übergangszeit bis 2023 mit Vollendung des 60. Lebensjahres). Die Wartezeit beträgt 180 Versicherungsmonate in den letzten 360 Monaten.

♦ **Versicherungsfall geminderte Arbeitsfähigkeit**
In der Pensionsversicherung der Arbeiter/innen wird die **Invaliditätspension**, in der Pensionsversicherung der Angestellten die **Berufsunfähigkeitspension** gewährt. Voraussetzung ist, dass die Arbeitsfähigkeit des Versicherten aufgrund seines geistigen oder körperlichen Zustandes auf weniger als die Hälfte derjenigen eines körperlich und geistig gesunden Versicherten von ähnlicher Ausbildung und gleichwertigen Kenntnissen und Fähigkeiten herabgesunken ist, sowie für alle ab dem 1.1.1964 Geborenen, dass eine Rehabilitation in einem anderen Beruf nicht möglich ist (Vorrang der Rehabilitation vor der Pensionierung).

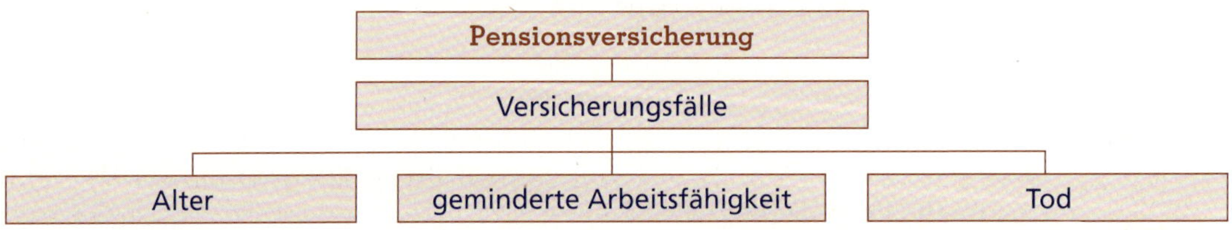

♦ **Versicherungsfall Tod**
- **Witwenpension** (Witwerpension)
  Die/Der Witwe/r erhält je nach Eigeneinkommen bis zu **60 %** der Pension des/der Verstorbenen.
- **Waisenpension**
  Die Pension für **Halbwaise** beträgt **24 Prozent** der Pension des verstorbenen Elternteils. **Vollwaise** bekommen **36 Prozent** der Pension der Eltern – wobei sie diesen Anteil sowohl vom Vater als auch von der Mutter bekommen, wenn beide Anspruch auf Pension hatten.
  Die Waisenpension wird gewährt, solange die **Kindeseigenschaft** besteht. Die Kindeseigenschaft besteht bis zum vollendeten 18. Lebensjahr. Darüber hinaus besteht sie bis zum vollendeten 26. Lebensjahr, wenn sich das Kind in einer Schul- oder Berufsausbildung befindet, die seine Arbeitskraft überwiegend in Anspruch nimmt. Eine weitere Voraussetzung ist allerdings das regelmäßige Ablegen von Prüfungen.
- **Abfindung**
  Hinterbliebene, die keinen Anspruch auf eine Hinterbliebenenpension haben, erhalten eine Abfindung. Das ist der Fall, wenn der Verstorbene noch keinen Pensionsanspruch hatte (Wartezeit nicht erfüllt) oder die Ehe zu kurz dauerte.

3. Gemeinsame Bestimmungen für alle Pensionen

– **Pensionsberechnung**
Maßgeblich für die Pensionsberechnung sind das **Pensionsantrittsalter**, die **Anzahl der Versicherungsmonate** und die **Höhe der Beitragsgrundlagen**.

- **Bemessungsgrundlage** für die Pension sind die (aufgewerteten) höchsten **480 Beitragsmonate**. Seit dem Jahr **2003** bis zum Jahr **2028** wird der Bemessungszeitraum jährlich stufenweise von ursprünglich **180 Beitragsmonaten** ausgedehnt.
- **Pro Jahr** Versicherungszeit erhält man **1,78 % der Bemessungsgrundlage**.
- Die **Höchstpension** beträgt **80 % der Bemessungsgrundlage**.
- Wird die Pension **vor** Vollendung des **Regelpensionsalters** angetreten, so sind **Abschläge** von jährlich **4,2 % bis zu maximal 15 % der Pension** vorgesehen.
- Versicherte, die die Geltendmachung des Pensionsanspruches über das Regelpensionsalter hinaus aufschieben, erhalten demgegenüber einen Bonus von jährlich **4,2 % der Gesamtbemessungsgrundlage**. Die maximale Pension beträgt 91,76 %.

– **Pensionsauszahlung**
Alle Renten und Pensionen werden monatlich am **Ersten des Folgemonats im Nachhinein** ausbezahlt.

– **Kinderzuschuss**
Der Kinderzuschuss wird allen Pensionsbeziehern, die noch für Kinder zu sorgen haben, gewährt. Voraussetzung für die Gewährung des Kinderzuschusses ist das Bestehen der Kindeseigenschaft.

– **Ausgleichszulage**
Pensionisten, deren Einkommen nicht einmal den Richtsatz für Mindestpensionen erreicht, erhalten eine Ausgleichszulage in der Höhe der Differenz zwischen tatsächlicher Pension und Richtsatz.

Der Richtsatz für **Mindestpensionen** beträgt für das Jahr **2015** monatlich

für Alleinstehende	€	872,31
für Ehepaare und eingetragene Partner/innen	€	1.307,89
Erhöhung für jedes Kind	€	134,59
für Halbwaisen bis zur Vollendung des 24. Lebensjahres	€	320,84
für Halbwaisen nach der Vollendung des 24. Lebensjahres	€	481,75
für Vollwaisen bis zur Vollendung des 24. Lebensjahres	€	570,14
für Vollwaisen nach der Vollendung des 24. Lebensjahres	€	872,31

D. Pflegegeld

Ziel der Bundes- und Landespflegegeldgesetze ist es, allen in Österreich lebenden Pflegebedürftigen eine ihren Bedürfnissen angemessene Hilfe als Rechtsanspruch zukommen zu lassen.

Als Entscheidungs- und Auszahlungsstellen kommen in 1. Instanz in Frage:
- **für alle Pensionisten:** die pensionsauszahlende Stelle (Sozialversicherung, Bundesrechenamt, Besoldungsamt etc.)
- **für Renten- und Beihilfenbezieher:** das Bundessozialamt
- **für alle anderen:** die Pensionsversicherungsanstalt (PVA)

1. Anspruchsvoraussetzungen

Pflegegeld gebührt, wenn
- aufgrund einer körperlichen, geistigen oder psychischen Behinderung oder
- einer Sinnesbehinderung

ein ständiger Betreuungs- und Hilfsbedarf (Pflegebedarf) besteht und mindestens 6 Monate andauern wird.

2. Ausmaß des Pflegegeldes

Je nach Ausmaß der Pflegebedürftigkeit ist das Pflegegeld in 7 Stufen eingeteilt.

Stufe	Pflegebedarf mehr als	Pflegegeld in € 2015
1	65 Stunden pro Monat	154,20
2	95 Stunden pro Monat	284,30
3	120 Stunden pro Monat	442,90
4	160 Stunden pro Monat	664,30
5	180 Stunden pro Monat und außergewöhnlicher Pflegeaufwand	902,30
6	180 Stunden pro Monat und dauernde Beaufsichtigung	1.260,00
7	180 Stunden pro Monat und praktische Bewegungsunfähigkeit	1.655,80

Das Pflegegeld wird **zwölfmal** jährlich **im Nachhinein** ausbezahlt.
Sachleistungen und Geldleistungen:
Das Pflegegeld ist in erster Linie ein Geldanspruch. Wird der durch das Pflegegeld angestrebte Zweck nicht erreicht, so können an Stelle des gesamten oder eines Teiles des Pflegegeldes Sachleistungen erbracht werden.

3. Verfahren

Das Pflegegeld ist bei einem der oben genannten Entscheidungsträger zu beantragen. Dieser entscheidet – allenfalls nach Einholung von ärztlichen Gutachten – über den Antrag mit Bescheid.

Ein Bescheid mit dem der Antrag auf Pflegegeld entweder zur Gänze abgewiesen wurde oder der/die Antragsteller/in niedriger eingestuft wurde, kann mit Klage beim Arbeits- und Sozialgericht angefochten werden.

E. Kinderbetreuungsgeld und Karenzgeld

Das Kinderbetreuungsgeld wurde mit 1.1.2002 eingeführt und ersetzte das bis dahin gewährte Karenzgeld. Personen, die keinen Anspruch auf Kinderbetreuungsgeld haben, jedoch die Anwartschaft auf das Karenzgeld erfüllen, können Karenzgeld in Höhe des Kinderbetreuungsgeldes beziehen.

1. Kinderbetreuungsgeld

♦ **Leistungen**
Als Leistungen werden das **Kinderbetreuungsgeld** und der **Zuschuss zum Kinderbetreuungsgeld** gewährt.

♦ **Zuständigkeit**
In allen Angelegenheiten des Kinderbetreuungsgeldes ist der **Krankenversicherungsträger** zuständig, bei dem der/die **Antragsteller/in versichert** ist oder zuletzt versichert war. Als **versichert** gelten **auch Angehörige,** für die Anspruch auf Leistungen der Krankenversicherung besteht oder bestanden hat.

♦ **Anspruchsberechtigung**
Anspruch auf Kinderbetreuungsgeld hat ein **Elternteil** (Adoptivelternteil, Pflegeelternteil) für sein Kind (Adoptivkind, Pflegekind), sofern
- für dieses Kind Anspruch auf Familienbeihilfe oder auf eine gleichartige ausländische Leistung besteht,
- der Elternteil mit diesem Kind im gemeinsamen Haushalt lebt und
- der Gesamtbetrag der Einkünfte des Elternteiles im Kalenderjahr den Grenzbetrag von 16.200 Euro nicht übersteigt.

♦ **Höhe**
Das **Kinderbetreuungsgeld** beträgt **14,53 Euro** täglich, der **Zuschuss** beträgt **6,06 Euro** täglich. Bei Mehrlingsgeburten gebührt darüber hinaus ein **Zuschlag** von **7,27 Euro** täglich pro Mehrlingskind.

Wird das Kinderbetreuungsgeld nur für 20 Monate (plus 4 Monate für den anderen Elternteil) in Anspruch genommen, so beträgt es täglich € 20,80.

Wird das Kinderbetreuungsgeld nur für 15 Monate (plus 3 Monate für den anderen Elternteil) in Anspruch genommen, so beträgt es täglich € 26,60.

Wird das Kinderbetreuungsgeld nur für 12 Monate (plus 2 Monate für den anderen Elternteil) in Anspruch genommen, so beträgt es € 33,00 (allenfalls zuzüglich 50% pro Mehrlingskind).

Einkommensabhängiges Kinderbetreuungsgeld für 12 Monate (plus 2 Monate für den anderen Elternteil): 80% des letzten Nettoeinkommens, täglich mindestens € 33,00, maximal € 66,00 (allenfalls zuzüglich 50% pro Mehrlingskind).

Werden die vorgesehenen Mutter-Kind-Pass-Untersuchungen nicht nachgewiesen, so wird das Kinderbetreuungsgeld ab dem 25. (bei Variante 20+4 Monate ab dem 17. und bei Variante 15+3 ab dem 13.) Lebensmonat des Kindes halbiert.

♦ **Anspruchsdauer**
Das Kinderbetreuungsgeld gebührt längstens bis zur Vollendung des **36. Lebensmonates** des Kindes, nimmt nur **ein Elternteil** das Kinderbetreuungsgeld in Anspruch, längstens bis zur Vollendung des **30. Lebensmonates** des Kindes (siehe dazu auch die obigen Ausführungen zur Höhe).

Der Bezug von Kinderbetreuungsgeld kann **abwechselnd** durch **beide Elternteile** erfolgen, wobei ein **zweimaliger Wechsel** pro Kind zulässig ist. Das Kinderbetreuungsgeld kann jeweils nur in **Blöcken** von **mindestens drei Monaten** beansprucht werden.

Der Anspruch auf Kinderbetreuungsgeld **endet** spätestens mit einem **neuen Anspruch** für ein **weiteres Kind.**

Der Anspruch auf Kinderbetreuungsgeld **endet vorübergehend** bzw. **vorzeitig** mit einem für einen bestimmten Zeitraum ausgesprochenen **Verzicht.** Zeitpunkt und Dauer müssen **im Vorhinein** zu **Beginn** eines Kalendermonats **bekanntgegeben** werden.

2. Karenzgeld

Karenzgeld wird **nur** der weiblichen (oder an deren Stelle dem männlichen) **Versicherten** (nicht mitversicherten Müttern) von den Gebietskrankenkassen im Anschluss an den Wochengeldbezug ausbezahlt. Nimmt der **Vater** den **Elternkarenzurlaub** in Anspruch, so wird das **Karenzgeld** an ihn ausbezahlt.

III. Arbeitsmarktrecht

Die Menschen im erwerbsfähigen Alter leben von ihrer Erwerbsarbeit. Was hat nun zu geschehen, wenn ein Mensch seine Arbeit verliert? Was passiert, wenn der Arbeitsmarkt sich so verändert, dass die bisherige Tätigkeit gar nicht mehr gefragt ist? Was machen diese Menschen und wovon leben sie in Zukunft?

Diese und ähnliche Fragen werden im folgenden Kapitel behandelt.

1. Arbeitsmarktservice

Das **Arbeitsmarktservice** (früher Arbeitsamt) wird unter anderem auch **als mit dem Vollzug** des Arbeitslosenversicherungsgesetzes **betrautes Privatunternehmen** im Rahmen der **Arbeitslosenversicherung** tätig.

Arbeitslosenversichert sind – von geringfügig Beschäftigten abgesehen – **alle Arbeitnehmer/innen** mit **Ausnahme** der **Beamten.** Beamte zahlen weder Beiträge zur Arbeitslosenversicherung noch erhalten sie Leistungen für den Fall der Arbeitslosigkeit.

2. Leistungen der Arbeitslosenversicherung

♦ **Arbeitslosengeld**
Das **Arbeitslosengeld** wird bei Arbeitslosigkeit grundsätzlich für maximal 20 Wochen gewährt; bei längerer Beschäftigungsdauer vor Eintritt der Arbeitslosigkeit, in Krisengegenden und bei bestimmten älteren Arbeitnehmern wird das Arbeitslosengeld auch länger gewährt.

Bezugsberechtigt sind Personen, die **arbeitsfähig**, **arbeitswillig** und **arbeitslos** sind.

♦ **Arbeitsfähigkeit**
Der/Die Arbeitnehmer/in darf weder krank noch berufsunfähig bzw. invalid sein. In diesen Fällen erhielte er/sie eine Leistung aus der Krankenversicherung (Krankengeld) oder aus der Pensionsversicherung (Berufsunfähigkeitspension oder Invaliditätspension).

♦ **Arbeitswilligkeit**
Der/Die Arbeitnehmer/in muss bereit sein, eine ihm/ihr zumutbare, d. h. seiner/ihrer Ausbildung und bisherigen Tätigkeit entsprechende Arbeit anzunehmen.

♦ **Arbeitslosigkeit**
Das letzte Dienstverhältnis muss endgültig beendet sein, ein neues darf noch nicht begonnen haben.

Nicht als arbeitslos gelten Selbstständige (auch bei Verlust ihres unselbstständigen Nebenerwerbs), unentgeltlich im Familienbetrieb mittätige Ehegatten und Kinder sowie Schüler und Studenten, die vor Eintritt der Arbeitslosigkeit berufstätig waren.

♦ **Anspruchsvoraussetzungen**
Arbeitslose über 25 Jahren benötigen für den **Erst**bezug von Arbeitslosengeld 52 Wochen arbeitslosenversichungspflichtige Tätigkeit in den letzten 24 Monaten, für **jeden Weiter**bezug 28 Wochen in den letzten 12 Monaten.
Arbeitslose unter 25 Jahren benötigen für **jeden** Bezug von Arbeitslosengeld entweder 52 Wochen arbeitslosenversichungspflichtige Tätigkeit in den letzten 24 Monaten oder 28 Wochen in den letzten 12 Monaten.

♦ **Notstandshilfe**
Die Notstandshilfe wird im Anschluss an das Arbeitslosengeld gewährt, solange die sonstigen Voraussetzungen für den Bezug von Arbeitslosengeld andauern. Weitere Voraussetzungen sind das Vorliegen von **Notstand,** wobei das Familieneinkommen zusammengerechnet wird, sowie die österreichische Staatsbürgerschaft oder die Staatsbürgerschaft eines anderen EWR-Staates. Sonstige Ausländer/innen erhalten Notstandshilfe nur bei Vorliegen eines Befreiungsscheines oder längerer Versicherungsdauer.

♦ **Kurzarbeiterunterstützung**
Die Kurzarbeiterunterstützung wird zur Erhaltung der Arbeitsplätze bei **Kurzarbeit** erbracht.

♦ **Produktive Arbeitslosenfürsorge**
Im Rahmen der produktiven Arbeitslosenfürsorge werden **Zuschüsse** und **Kredite** an Betriebe zur **Vermeidung** von **Arbeitslosigkeit** gegeben. Überdies werden zeitlich befristet Arbeitsplätze durch das Arbeitsmarktservice teilweise oder zur Gänze bezahlt.

Im Rahmen der produktiven Arbeitslosenfürsorge werden auch Weiterbildungen und Qualifikationskurse für Arbeitslose bezahlt.

IV. Weitere Einrichtungen der sozialen Sicherheit

A. Beihilfen
Der **Familienlastenausgleich** soll den Familien einen teilweisen Ausgleich für den finanziellen Mehraufwand bieten, der mit der Ernährung, Pflege und Erziehung von Kindern entsteht. In diesem Zusammenhang werden Familienbeihilfen, Schulfahrtbeihilfen, Schülerfreifahrten, ein Zuschuss zu den Schulbüchern und Studienbeihilfen gewährt.

B. Fürsorgeeinrichtungen

Aus allgemeinen Steuermitteln wird Personen, die einkommens- und vermögenslos sind, zur Sicherung ihrer Existenz **Sozialhilfe** gewährt. Daneben gibt es noch Fürsorgeleistungen zur Versorgung von Kriegsopfern und Verbrechensopfern sowie nach dem Heeresversorgungsgesetz.

Wiederholungsfragen – Arbeitsaufgaben – Diskussionsanregungen

1. *Zählen Sie auf, welche Risiken vom Vorsorgebereich des Sozialrechts erfasst sind.*
2. *Geben Sie an, was die Vollversicherung nach dem ASVG umfasst.*
3. *Klären Sie folgende Fragen bezüglich der Krankenversicherung:*
   Welche Personen sind gegenüber der Krankenversicherung anspruchsberechtigt?
   Welche Pflichtleistungen erbringt die Krankenkasse?
   Welche Leistungen übernimmt die Krankenkasse bei Krankheit?
   Welche Leistungen erbringt die Krankenkasse anlässlich der Mutterschaft einer Versicherten?
4. *Klären Sie, was man unter Wochengeld versteht.*
5. *Zählen Sie auf, unter welchen Voraussetzungen die Unfallversicherung Leistungen erbringt.*
6. *Erklären Sie, was eine Versehrtenrente ist.*
7. *Geben Sie an, was man unter Wartezeit in der Pensionsversicherung versteht.*
8. *Erläutern Sie, was die Ausgleichszulage ist.*
9. *Zählen Sie die Leistungen der Arbeitslosenversicherung auf.*
10. *Nennen Sie die Voraussetzungen für den Bezug des Arbeitslosengeldes.*
11. *Geben Sie an, wem und wie lange das Kinderbetreuungsgeld gebührt.*
12. *Erläutern Sie, was das Pflegegeld ist.*

Beurteilen Sie folgende Vorgänge rechtlich:

13. *Andrea Berger beginnt nach der Abschlussprüfung, bei der Firma Modefix als Schneiderin zu arbeiten. Vereinbart wird, dass der Dienst am Montag um 8.00 Uhr anzutreten ist. Andrea verlässt um 7.20 Uhr ihre Wohnung. Auf dem Weg zur Straßenbahn wird sie von einem Auto niedergestoßen und bricht sich die Hand. Welche Ansprüche kann Andrea gegen wen geltend machen?*
14. *Theresia Zimmermann ist als Büroangestellte bei der Firma Weginger beschäftigt. Als sie von einem Regal die Buchhaltungsunterlagen herunterholen will, stürzt sie so unglücklich von der Leiter, dass sie einen Wirbelsäulenbruch erleidet. Nach Heilbehandlung und Rehabilitation bleibt in weiterer Folge eine teilweise Lähmung zurück, die Minderung der Erwerbsfähigkeit wird mit 50 % festgestellt. Theresia tritt zwar die Arbeit wieder an, ihr Arbeitseifer ist aber so gering, dass sie zu jeder sich bietenden Gelegenheit einen Krankenstand in Anspruch nimmt. Ihre Arbeitgeberin beabsichtigt daher, sich von Theresia zu trennen. Welche beiden Institutionen haben die Minderung der Erwerbsfähigkeit eingeschätzt? Welche Leistungen erhält Theresia von welcher Sozialversicherung? Wie könnte sich die Arbeitgeberin von Theresia trennen? Bestehen Aussichten auf Leistungen der Pensionsversicherung?*

Straßenverkehrsrecht

Welche Rechtsvorschriften gelten überhaupt im Straßenverkehr? Was versteht man unter dem „Vertrauensgrundsatz“ und worauf muss ich dabei achten? Ab welchem Alter darf ich ein Mofa lenken, ab welchem Alter ein Motorrad? Kann ich mit der Fahrausbildung schon mit 15 beginnen? Welche Pflichten hat ein Kfz-Lenker? Was passiert, wenn ich alkoholisiert fahre? Wie wird die Alkoholisierung von der Polizei überprüft? Zahlt die Haftflichtversicherung immer?

Solche und andere grundsätzliche Fragen – die auch für jene interessant sind, die den Führerschein bereits besitzen – werden im folgenden Kapitel kurz behandelt.

I. Grundbegriffe und Rechtsquellen

Das Straßenverkehrsrecht beinhaltet sämtliche Rechtsvorschriften, die das Verhalten im Straßenverkehr, die Ausstattungen der Kraftfahrzeuge und die Voraussetzungen für deren Benutzung regeln. Grundsätzlich sind **alle** Straßenbenützer/innen (Lenker/innen von Kraftfahrzeugen, Radfahrer/innen, Fußgänger) verpflichtet, die für die Benützung der Straßen maßgeblichen Rechtsvorschriften zu befolgen.

Dabei gelten:

- **die Straßenverkehrsordnung (StVO**, BGBl Nr.159/1960 i. d. F. BGBl I Nr. 88/2014):
  Sie ist anwendbar für Straßen, die von jedem unter den gleichen Bedingungen benutzt werden können (= Straßen mit öffentlichem Verkehr). Sie enthält die Verhaltensvorschriften für die Verkehrsteilnehmer/innen;
- **das Kraftfahrgesetz 1967 (KFG**, BGBl Nr. 267/1967 i. d. F. BGBl I Nr. 26/2015):
  Es enthält Vorschriften für Kraftfahrzeuge und deren Lenker/innen;
- **das Führerscheingesetz 1997** (BGBl I Nr. 120/1997 i. d. F. BGBl I Nr. 52/2014):
  Es enthält Vorschriften über den Erwerb der Lenkberechtigung und deren Klassen.
- **sonstige Vorschriften:** Dabei handelt es sich um eine **große Anzahl** verwaltungsrechtlicher Bestimmungen, Vorschriften des Strafrechts, des Schadenersatzrechtes, des Versicherungsrechtes sowie Durchführungsverordnungen zu den einzelnen Gesetzen.

II. Wichtige Bestimmungen

A. Vertrauensgrundsatz

Jede/r Straßenbenützer/in darf darauf **vertrauen**, dass andere Personen die maßgeblichen Vorschriften befolgen, außer er müsste annehmen, dass es sich um

- Kinder, Seh- oder Hörbehinderte (mit weißem Stock oder gelber Armbinde),
- offensichtlich Körperbehinderte oder Gebrechliche oder um
- Personen handelt, aus deren augenfälligem Gehaben geschlossen werden muss, dass sie unfähig sind, die Gefahren des Straßenverkehrs einzusehen oder sich dieser Einsicht gemäß zu verhalten (z. B. schwankender Fußgänger).

Der/Die Lenker/in eines Fahrzeuges hat sich gegenüber Personen, die vom Vertrauensgrundsatz ausgenommen sind, durch Verminderung der Fahrgeschwindigkeit und durch Bremsbereitschaft so zu verhalten, dass eine Gefährdung ausgeschlossen ist.

Der Vertrauensgrundsatz verpflichtet somit **jede/n Verkehrsteilnehmer/in** zu Vorsicht und **Rücksicht auf andere.**

B. Rechtsfahrordnung

In Österreich hat der/die **Lenker/in eines Fahrzeuges** so weit **rechts** zu fahren, wie ihm/ihr dies unter Bedachtnahme auf die Leichtigkeit und Flüssigkeit des Verkehrs zumutbar und dies ohne Gefährdung, Behinderung oder Belästigung anderer Straßenbenützer und ohne Beschädigung von Sachen möglich ist.

(Ausnahmen: Nebeneinanderfahren bei Kolonnenbildung, freie Wahl des Fahrstreifens im Ortsgebiet)

C. Fußgänger/innen

Sie haben Gehsteige und Gehwege zu benützen und dürfen nicht überraschend die Fahrbahn betreten. Falls sie Zeuge eines Unfalls werden, unterliegen sie der Hilfeleistungspflicht.

Fußgängerübergang (und Radfahrüberfahrt): Fahrzeuglenker/innen (außer Lenker/innen von Schienenfahrzeugen) haben Fußgänger/innen (oder Radfahrer/innen bzw. Inline-Skater/innen) das ungehinderte und ungefährliche Überqueren der Fahrbahn zu ermöglichen, auch wenn nur **aus deren Verhalten** geschlossen werden muss, dass sie die Fahrbahn überqueren wollen.

D. Verstöße gegen die Verkehrsregeln

Insbesondere der/die Kraftfahrer/in hat, wenn er/sie sich im Straßenverkehr unvorsichtig verhält, d. h., wenn es durch Nichtbeachtung einer Bestimmung der Straßenverkehrsordnung, des Kraftfahrgesetzes oder der Eisenbahnkreuzungsverordnung zu einem Verkehrsunfall kommt, nicht nur mit einem **Verwaltungsstrafverfahren** und – bei Verletzung oder tatsächlicher Gefährdung von Personen – mit einem gerichtlichen **Strafprozess** zu rechnen, sondern gegebenenfalls auch mit erheblichen zivilrechtlichen **Schadenersatzforderungen**.

Letztere werden durchaus nicht immer durch die obligatorische **Haftpflichtversicherung** gedeckt.

Besonders verheerend sind die Folgen für die Schuldtragenden, wenn sie in einem durch Alkohol oder Drogen beeinträchtigten Zustand das Fahrzeug gelenkt haben! Dabei gilt der Grundsatz, dass man bei einem Blutalkoholgehalt von **mehr als 0,8 ‰ auf jeden Fall** als vom Alkohol beeinträchtigt anzusehen ist.

Wer fahrlässig eine Gefahr für das Leben, die Gesundheit oder die körperliche Sicherheit eines anderen herbeiführt, hat eine **gerichtlich strafbare** Handlung begangen, wenn die Tat stattgefunden hat:

- unter besonders **gefährlichen Verhältnissen** oder
- nachdem sich der/die Täter/in vor der Tat (wenn auch nur fahrlässig) durch Genuss von Alkohol oder den Gebrauch eines anderen berauschenden Mittels in einen **Rauschzustand** versetzt hat, obwohl er/sie **vorhergesehen** hat oder vorhersehen hätte können, dass ihm/ihr eine Tätigkeit bevorsteht, deren Vornahme in diesem Zustand eine Gefahr für das Leben, die Gesundheit oder die körperliche Sicherheit eines anderen herbeizuführen oder zu vergrößern geeignet ist.

E. Lenker/innen von einspurigen Kraftfahrzeugen

Wissenschaftlichen Untersuchungen zufolge verhält sich die Unfallerwartung eines motorisierten Einspurigen zu jener eines Autofahrers wie 10 : 1. Wenn auch ein Motorfahrrad (Mofa) entsprechend den gesetzlichen Bestimmungen keine höhere Bauartgeschwindigkeit als 45 km/h erreichen darf, ist zu bedenken, dass auch diese relativ niedrige Geschwindigkeit bei einem Sturz schwere Verletzungen, vor allem Schädelverletzungen verursachen kann. Bei 20 km/h entstehen bereits Kräfte in Höhe des zehnfachen Körpergewichts!

Ein besonderes Phänomen aller Kraftfahrer ist es, dass kaum einer mit der Möglichkeit eines Verkehrsunfalls, an dem er selbst beteiligt ist, rechnet bzw. dass sich mehr als 90 % für überdurchschnittlich gute Fahrer halten.

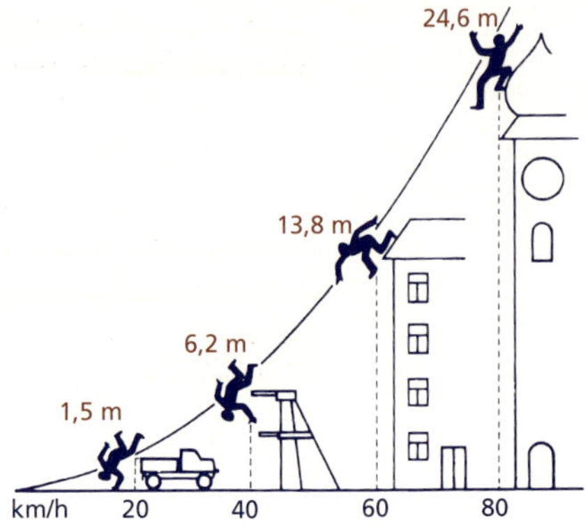

Leichtmotorräder dürfen mit Prüfung ab dem 18. Lebensjahr gelenkt werden, nach weiteren 2 Jahren dürfen Vollmotorräder gelenkt werden.

Außerdem gilt für diese Motorräder sowie für Mofas die **unbedingte Sturzhelmpflicht** (für Lenker/innen **und** beförderte Person).

F. Erwerb des „Führerscheins" mit 17

(Nähere Informationen: www.help.gv.at)

Für die Lenkberechtigung ist eine Mehrphasenprüfung vorgeschrieben. Es gibt aber bereits den Führerschein mit 17 (L17; Verordnung – aufgrund des § 19 Abs. 10 Führerscheingesetzes – über die **vorgezogene Lenkberechtigung**).

An die 4.000 Jugendlichen pro Jahr legen die B-Lenkprüfung bereits mit 17 ab. Eine Zahl, die ständig größer wird und die gefährdete Gruppe der jugendlichen Mofa-Lenker/innen reduziert. Die Ausbildung kann mit **15 Jahren und 6 Monaten** begonnen werden:

Voraussetzungen:

- **Antrag bei einer Fahrschule** (bei der bereits 12 Fahrstunden und die Theorieausbildung absolviert werden mussten) **sowie bei der Wohnsitzbehörde für die Ausbildungsfahrten** (Verkehrszuverlässigkeit des Bewerbers, erforderliche geistige und körperliche Reife, gesundheitliche Eignung). Genannt werden müssen eine oder zwei **geeignete Personen** (mit einem Naheverhältnis zum Bewerber), die gemeinsam mit ihm die nötigen Ausbildungsfahrten durchführen.
- **3.000 km Ausbildungsfahrten** mit der Begleitperson (0,1-‰-Limit für Fahrer und Begleiter, Tafel „L17-Ausbildungsfahrt" vorne und hinten am Kfz, Anfertigung eines Fahrtenprotokolls), dabei jedoch:
- **Theoretische und praktische Schulung** in der Fahrschule sowie Überprüfung nach jeweils 1.000 km Ausbildungsfahrt;
- **Perfektionsschulung** in der Fahrschule (theoretisch und praktisch) nach Abschluss der Ausbildungsfahrten;
- **Lenkprüfung:** Damit gilt die Fahrerlaubnis bis zum 18. Lebensjahr für Fahrten in Österreich und in Deutschland – ab dem 18. Lebensjahr überall. Das 0,1-‰-Limit gilt bis zum 20. Lebensjahr.
- **Fahrsicherheitstraining** innerhalb von 3 bis 9 Monaten **und Perfektionsfahrt** in der Fahrschule innerhalb von 6 bis 12 Monaten nach Erhalt der Fahrerlaubnis.

G. Pflichten des Kraftfahrzeuglenkers

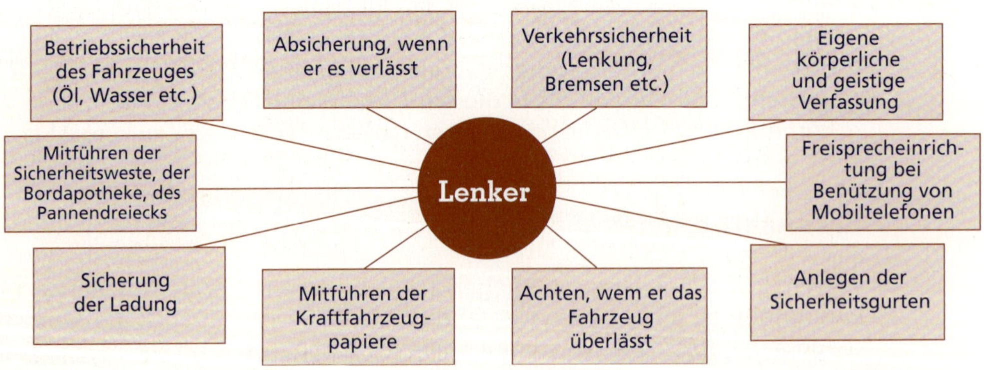

H. Alkohol

1. Allgemeines

Durch den Genuss auch schon geringster Alkoholmengen (bzw. Suchtgiftmengen) wird die **Reaktionsfähigkeit herabgesetzt** (dadurch wird der Anhalteweg verlängert), die Leistungsfähigkeit und das Sehvermögen vermindert.

Wer sich in einem durch Alkohol oder Suchtgift beeinträchtigten Zustand befindet, darf ein Fahrzeug weder lenken noch in Betrieb nehmen. Bei einem Blutalkoholgehalt von 0,8 ‰, bei einem Alkoholgehalt der Atemluft von 0,4 mg/l (Alkomat) oder darüber **gilt** der Zustand einer Person als beeinträchtigt. Wird hingegen eine Grenze von **0,5 ‰** erreicht, darf – unabhängig von einer Beeinträchtigung – das Fahrzeug **nicht in Betrieb genommen** werden.
Die angegebenen Grenzen geben also **keine Sicherheit**, dass nicht auch schon **bei geringerer** Alkoholmenge die Fahrtüchtigkeit beeinträchtigt werden kann.

0,3–0,5 ‰ reichen bereits aus, um die Voraussicht und das Urteilsvermögen hinsichtlich von Entfernungen und Verkehrssituationen sowie die Anpassungsfähigkeit bei Dunkelheit zu vermindern. Die Aufmerksamkeit lässt nach, man spürt ein Gefühl der Entspannung und Fröhlichkeit.
Bei **0,5–0,8 ‰** sind Aufmerksamkeit und Konzentrationsfähigkeit verschlechtert. Der/Die „Angeheiterte" erscheint selbstzufrieden und gut gelaunt, die Wachsamkeit lässt nach. Er/Sie überschätzt die eigenen Fähigkeiten und unterschätzt das Risiko. D. Fahrer/in neigt zu Unvorsichtigkeiten.
0,8–1,5 ‰: Für d. Fahrer/in wird es immer schwieriger, den Wagen unter Kontrolle zu halten. Er/Sie kann sich nicht mehr konzentrieren, Nerven und Muskeln arbeiten nicht mehr zusammen, Handlungen erfolgen vorwiegend instinktiv. Die Reaktionszeit ist stark verlängert. Der/Die Fahrer/in ist **„fahruntüchtig"**.
1,5–2,5 ‰: Bei einem Blutalkohol von etwa 2 ‰ kann man von regelrechter Betrunkenheit sprechen. Bei 2,5 ‰ und mehr tritt eine **Alkoholbetäubung** ein. Der/Die Fahrer/in ist total **„fahrunfähig"**.

!

Darstellung des Anhalteweges bei verschiedenen Fahrgeschwindigkeiten im Maßstab 1 : 1000. Jeder Millimeter der Zeichnung bedeutet **einen Meter** auf der Straße! Reaktionsweg (strichliert), Bremsweg (schwarz).

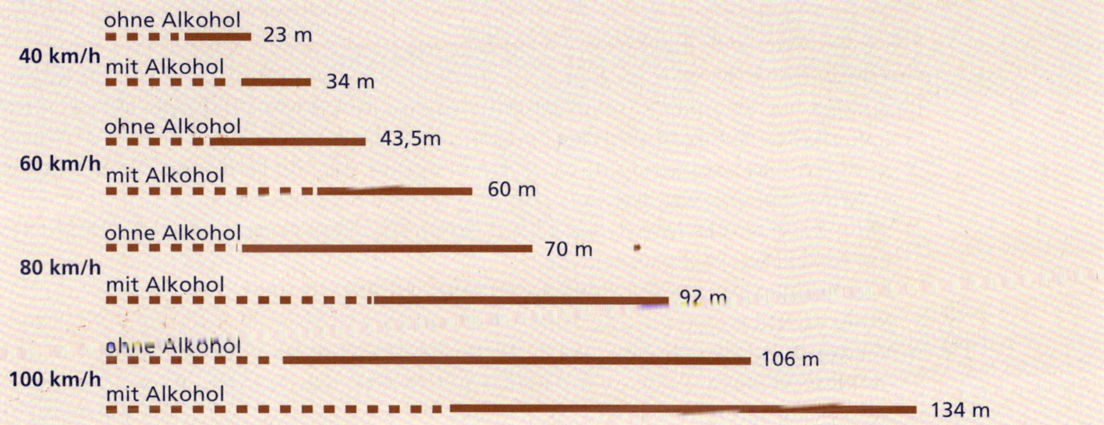

2. Überprüfung der Alkoholisierung

Der **Aufforderung** zur Untersuchung der Atemluft **ist** (auch ohne begründeten Verdacht) **nachzukommen**. Sogar Fußgänger, die verdächtig sind, in einem vermutlich beeinträchtigten Zustand einen Verkehrsunfall verursacht zu haben bzw. ein Fahrzeug gelenkt zu haben, dürfen überprüft werden. Dabei gibt es auch einen „Vortest", ob eine Alkoholisierung vorliegt oder nicht.

Erforderlichenfalls dürfen Verdächtige auch zur nächstgelegenen Dienststelle zum Zweck der Überprüfung gebracht werden.

Die Straßenaufsichtsorgane dürfen auch **Zwangsmaßnahmen** durchführen (z. B. Abnahme der Fahrzeugschlüssel, Absperren oder Einstellen des Fahrzeuges).

Zum Zweck der Feststellung des Grades der Beeinträchtigung sind folgende Personen einem im öffentlichen Sanitätsdienst oder bei einer Bundespolizeibehörde tätigen **Arzt/Ärztin vorzuführen** (Blutabnahme):

Personen,

- bei denen die Untersuchung der Atemluft aus in der Person liegenden Gründen nicht durchgeführt werden konnte (z. B. Asthmakranke) oder
- bei denen die Untersuchung keinen den gesetzlichen Grenzwert übersteigenden Alkoholgehalt ergeben hat, obwohl vermutet werden kann, dass sie sich in einem beeinträchtigten Zustand befinden (z. B. durch Drogen, Medikamente).

In der überwiegenden Zahl der Fälle ist jedoch die Atemluftkontrolle (durch Alkomat) die Norm, die Blutabnahme die Ausnahme. Bei einer **Verweigerung** der Atemluftkontrolle wird in der **Praxis** angenommen, dass eine Alkoholisierung von zumindest **1,6 ‰** gegeben ist (Folgen: zumindest verkehrspsychologischer Test; Höchstsumme der Verwaltungsstrafe 5.900 Euro).

Durchschnittswerte sind (je nach Körpergewicht):	0,4 ‰ eine Flasche Bier 0,5 ‰ ein Viertel Wein 0,6 ‰ doppelter Whisky	abgebaut wird ca. 0,1 ‰ pro Stunde.

Die Folgen für den Fall, dass eine **Alkoholbeeinträchtigung** vorliegt, sind schlimm z. B.
- Bezahlung des Alkotests bzw. der Blutuntersuchung
- Festnahme, Führerscheinentzug
- Verwaltungsstrafe von 5.900 Euro oder Ersatzarrest und evtl. auch Gerichtsstrafen.

3. Gerichtlich strafbar

Zu beachten ist auch die gerichtliche Strafbarkeit: So sieht zum Beispiel § 81 StGB (Strafgesetzbuch) bei fahrlässiger Tötung durch jemanden, der übermäßig Alkohol konsumierte, obwohl er vorhergesehen hat oder hätte vorhersehen können, dass ihm eine Tätigkeit bevorstehe, deren Vornahme in dem alkoholisierten Zustand eine Gefahr für das Leben, die Gesundheit oder die körperliche Sicherheit eines anderen herbeizuführen oder zu vergrößern geeignet sei, **ein höheres Strafausmaß** (bis zu drei Jahren **Freiheitsstrafe**) vor als bei sonstiger fahrlässiger Tötung (Freiheitsstrafe bis zu einem Jahr). Eine erhöhte Strafandrohung gilt auch bei fahrlässiger Körperverletzung in alkoholisiertem Zustand.

I. Die gesetzliche Haftpflichtversicherung

Die zwingend vorgeschriebene Haftpflichtversicherung ersetzt grundsätzlich **Personen- und Sachschäden des schuldlosen Unfallgegners** sowie auch die Ansprüche der Insassen des eigenen Fahrzeuges. In bestimmten Fällen kann jedoch die Haftpflichtversicherung ihre Leistung ganz oder teilweise zurückfordern (**Regress- oder Rückgriffsrecht**):

Beispiele:
- schuldhafte Nichtzahlung der Erstprämie;
- Anerkenntnis von Schäden ohne Einwilligung der Versicherung; Verweigerung der Prozessvollmacht für eine/n von der Versicherung beigestellte/n Anwalt/Anwältin;
- Verletzung der Hilfeleistungspflicht durch KFZ-Lenker/in nach dem Unfall; keine Verständigung der Polizei bei Personenschäden;
- Alkoholisierung des/der Lenkers/-in zum Unfallzeitpunkt bzw. Verweigerung der Atemluftkontrolle oder der Vorführung zum/-r Amtsarzt/-ärztin;
- Verwendung des Kfz trotz wesentlicher technischer Mängel (z. B. abgefahrene Reifen, Bremsbeläge);
- Nichtbestehen einer Lenkberechtigung;
- Kfz wird zu einem anderen Zweck verwendet oder ist anders ausgestattet, als im Versicherungsvertrag vereinbart.

?

Wiederholungsfragen – Arbeitsaufgaben – Diskussionsanregungen

1. *Geben Sie an, aus welchen Rechtsvorschriften wir Regelungen für den Straßenverkehr ableiten können und wie diese Rechtsvorschriften heißen.*
2. *Zählen Sie Straßenbenützer auf, die vom Vertrauensgrundsatz ausdrücklich ausgenommen sind.*
3. *Erläutern Sie, welche Rechtsfolgen Verstöße gegen die Verkehrsregeln haben können.*
4. *Schildern Sie die negativen Auswirkungen des Alkoholgenusses in Bezug auf die Fahrtüchtigkeit.*
5. *Zählen Sie auf, welche Pflichten für Lenker/innen von einspurigen Kraftfahrzeugen gelten.*
6. *Zählen Sie einige Beispiele dafür auf, welche Pflichten Kraftfahrzeuglenker/innen im Allgemeinen haben.*
7. *Schildern Sie, wie durch die Behörde eine Überprüfung der Alkoholisierung vorgenommen werden kann.*
8. *Wodurch kann ein/e Autofahrer/in zu einer gerichtlichen Verurteilung kommen?*
9. *Zählen Sie Fälle auf, in denen die gesetzliche Haftpflichtversicherung beim Schuld tragenden Kraftfahrzeuglenker Rückgriff nehmen kann.*

Anhang 1: Übersicht über juristische Berufe

Art	Voraussetzungen	Tätigkeit
Richter/innen	Studium d.Rechtswissenschaften, körperliche u. psychische Eignung, Gerichtspraxis, 4-jährige Praxis als Richteramtsanwärter/in; Richteramtsprüfung, Ernennung in den öff. Dienst	Rechtsprechung in Zivil- und Strafgerichtsbarkeit, auch in der Verfassungs- und Verwaltungsgerichtsbarkeit; weisungsungebunden, unabsetzbar, unversetzbar. Von diesen Berufsrichtern/-innen zu unterscheiden sind die Laienrichter/innen, die – aus anderen Berufen kommend – eine ehrenamtliche Tätigkeit ohne juristische Ausbildung ausüben z. B. Beisitzer beim Arbeitsgericht; Schöffen und Geschworene beim Strafgericht
Staatsanwalt/-anwältin	Richter/in oder ehemalige/r Richter/in (s.oben)	Vertritt die Interessen des Staates im Bereich der Rechtspflege, insbesondere bei Strafverfahren; als weisungsgebundener Beamter an die Weisungen der vorgesetzten Behörde gebunden. Weisungsrecht des Bundesministers für Justiz. 1. Instanz: Staatsanwaltschaft 2. Instanz: Oberstaatsanwaltschaft OGH: Generalprokuratur
Rechtspfleger/in	Reifeprüfung; insgesamt 3-jährige Praxis bei Gericht, diese umfasst: Ausbildungslehrgänge; Gerichtskanzleiprüfung; Fachdienstprüfung – Diplom Ernennung in den öff. Dienst	Gerichtsbeamter/-in zur Unterstützung der Richter/innen; selbstständige Erledigung einfacherer Zivilrechtssachen der 1. Instanz, z. B. Mahnverfahren, Führung des Grundbuches, des Firmenbuches etc. Weisungsgebunden an Weisungen des Richters
Rechtsanwalt/-anwältin, Verteidiger/in in Strafsachen	Studium d. Rechtswissenschaften Gerichtspraxis; 5-jährige Praxis als Rechtsanwaltsanwärter/in, Rechtsanwaltsprüfung, Eintragung in Rechtsanwaltsliste Mitglied d. Rechtsanwaltskammer	Freiberufliche Tätigkeit der berufsmäßigen Parteienvertretung in allen gerichtlichen und außergerichtlichen Angelegenheiten. Vertretung in öffentlichen und privaten Angelegenheiten vor allen Gerichten und Behörden; Beratungsfunktion. Tarifregelung für Tätigkeiten vor Gericht; Standesregeln (z. B. Anwaltsgeheimnis)
Notar/in	Studium d. Rechtswissenschaften, Gerichtspraxis; mindestens 7-jährige Praxis als Notariatskandidat/in; Notariatsprüfung; Ernennung durch d. Bundesminister/in für Justiz Mitglied der Notariatskammer	Öffentliches Amt mit freiberufl.Tätigkeit: Errichtung öffentlicher Urkunden, Beglaubigungen, Beurkundungen, Treuhandverwahrung von Geldbeträgen, Verwahrung von Testamenten, Durchführung v. Verlassenschaftsverfahren; Parteienvertretung in diversen gerichtlichen und außergerichtlichen Verfahren
„Verwaltungsjurist/in"	Studium d. Rechtswissenschaften; häufig Gerichtspraxis sowie mehrjährige Praxis bei einer Verwaltungsbehörde; Verwaltungsdienstprüfung; Aufnahme in den öffentlichen Dienst	Vertragsbedienstete/r oder Beamter/-in in verschiedenen Verwaltungsbereichen an Zentralstellen (z. B. Bundesministerium) oder nachgeordneten Dienststellen (z. B. als Polizeijurist/in oder bei Finanzämtern); weisungsgebunden
„Wirtschaftsjurist/in"	Studium d. Rechtswissenschaften, zumeist Gerichtspraxis; mehrjährige Praxis bei einem/-r Rechtsanwalt/-anwältin oder in einem Unternehmen (Rechtsabteilung)	Angestellte/r, zumeist in der Rechts- oder Personalabteilung eines größeren Unternehmens
Professor/in für Politische Bildung und Recht an berufsbildender mittlerer oder höherer Schule	Studium d. Rechtswissenschaften; 4-jährige Praxis als Jurist/in	Lehrer/in für Politische Bildung, Recht (und Volkswirtschaft) mit Vertrag oder als Beamter/-in

Anhang 2: Die Zustellung von Schriftstücken

Rechtsquelle: Zustellgesetz 1982 (BGBl Nr.200/1982 i. d. F. BGBl I Nr. 33/2013)

Die Zustellung von behördlichen oder gerichtlichen Schriftstücken, mit der oft wichtige Fristen, Rechte oder Pflichten wirksam werden, ist an Formen gebunden, die genau eingehalten werden müssen. In jedem Fall sollte man daher auch das Kuvert des entsprechenden Schriftstückes aufbewahren, um nachträglich den Zeitablauf des Zustellvorganges genau rekonstruieren zu können.

Zustellungsart	Verwendung	Zustellort und -vorgang
Rsa–Brief („blauer Brief“)	Zahlungsbefehle, Verwaltungsstrafsachen, Kündigungen etc.	Zugestellt wird an den/die **tatsächlich** Betroffene/n persönlich. Keine Übernahme möglich, z. B. durch Mitbewohner, Angestellte. Dabei gilt für den/die Betroffene/n der **Empfangszwang**, d. h., verweigert er/sie die Annahme, wird er/sie so behandelt, als ob er/sie das Schriftstück in Empfang genommen hätte. (Annahmeverweigerung nur möglich, wenn die Zustellung nicht gesetzeskonform erfolgt ist, z. B. nicht am richtigen Zustellort). **Abgabestelle (Zustellort):** Wohnung, sonstige Unterkunft, Betriebsstätte, Sitz der Gesellschaft, Geschäftsräume, Arbeitsplatz. **Ersatzzustellung bzw. Hinterlegung:** Ist eine Zustellung nicht möglich, verbleibt im Briefkasten eine **Benachrichtigung** vom erfolglosen Zustellversuch. Damit kommt es zur Hinterlegung des Schriftstückes beim Postamt, im Briefkasten verbleibt die Hinterlegungsanzeige. Wenn dabei alle Vorschriften eingehalten werden, die es dem Empfänger ermöglichen, von der Zustellung und der Hinterlegung rechtzeitig Kenntnis zu erlangen, werden damit die Folgen einer rechtmäßigen Zustellung ausgelöst. Ist der **Empfänger nicht anwesend** (z. B. Urlaub, Geschäftsreise), ist zu unterscheiden: ◆ Kehrt der Empfänger **während der Abholfrist** des hinterlegten Schriftstückes an die Abgabestelle zurück, wird die Zustellung wirksam an dem **Tag**, der der Rückkehr des Empfängers an die Abgabestelle **folgt**. ◆ Kehrt er erst **nach Ablauf der Abholfrist** zurück, ist die Hinterlegung unwirksam. In jedem Fall ist es daher bei **längerer Abwesenheit günstig**, das zuständige Postamt darüber zu informieren (Ausfüllen eines Formblattes), dass man während dieses Zeitraumes keine behördlichen oder gerichtlichen Schriftstücke abholen kann.
Rsb–Brief („weißer Brief“)	Gerichtliche Klagen, Urteile, Versäumungsurteile; sonstige behördliche u. gerichtliche Mitteilungen	Gleiche Regelung wie bei Rsa-Briefen, jedoch mit dem Unterschied, dass auch eine **Ersatzzustellung** an andere Personen **(Ersatzempfänger)** erfolgen kann: Dazu gehört jede erwachsene Person, die an derselben Abgabestelle wohnt wie der Empfänger, außerdem dessen Arbeitnehmer/in, Arbeitgeber/in. Leben die Ersatzpersonen mit dem Empfänger im **gemeinsamen Haushalt**, gilt auch für sie der **Empfangszwang** mit den rechtlichen Wirkungen der Annahmeverweigerung, andere Personen müssen zur Empfangnahme ausdrücklich bereit sein.
eingeschriebene Briefsendung	private und geschäftliche Schreiben, einfache behördliche und gerichtliche Mitteilungen im In- und Ausland	Diese Form der Übersendung kann auch von Privatpersonen oder Firmen gewählt werden, wenn es entweder um **heikle Inhalte** geht oder um solche, bei denen es – nachträglich im Falle eines etwaigen Rechtsstreites – darum geht, die Absendung des Schriftstückes **beweisen** zu können. Davon abgesehen kann eine eingeschriebene Briefsendung auch von **Ersatzpersonen** übernommen werden. Sind der Betroffene oder seine Ersatzpersonen an der Abgabestelle nicht anwesend, verbleibt im Briefkasten eine Benachrichtigung über die Hinterlegung am Postamt. Im Unterschied zu behördlichen und gerichtlichen Schriftstücken gibt es hier aber **keinen Empfangszwang**.

Stichwortregister

W

Z